O Direito do Trabalho por Especialistas, Volume II

O Direito do Trabalho por Especialistas, Volume II

Monografias

Orientandas e Orientandos do Professor Jorge Luiz Souto Maior

10ª Turma de Especialização em Direito do Trabalho

Faculdade de Direito da USP — 2018/2019

LACIER

LACIER
Lacier Livraria e Editora
www.livrarialacier.com.br

Rua Doutor Quirino, 808 – Centro
CEP 13015-081 – Campinas, SP – Brasil

Setembro, 2021

Diretor: *Lacier José de Rezende*

Diretor assistente: *Eduardo Soares Aureliano*

Projeto de capa: *Fabio Giglio*

Projeto gráfico e editoração eletrônica: *Peter Fritz Strotbek – The Best Page*

Ficha Catalográfica

Dados Internacionais de Catalogação na Publicação (CIP)
(Câmara Brasileira do Livro, SP, Brasil)

O direito do trabalho por especialistas, volume II / [coordenação Jorge Luiz Souto Maior]. — Campinas, SP : Lacier Editora, 2021.

ISBN 978-65-88805-11-4

1. Direito do trabalho 2. Direito do trabalho — Brasil I. Maior, Jorge Luiz Souto.

21-77157 CDU– 34:331(81)

Índices para catálogo sistemático:

1. Direito do Trabalho : Brasil 34:331(81)

Cibele Maria Dias - Bibliotecária û CRB-8/9427

Sumário

Prefácio

Professor Jorge Luiz Souto Maior

Já disse várias vezes e não me cansarei de dizer que a implementação do curso de Especialização no âmbito do Departamento de Direito do Trabalho e da Seguridade Social foi uma das experiências mais exitosas e gratificantes da minha trajetória pessoal. Repare-se que não falo na perspectiva acadêmica, especificamente, mas de vida mesmo. Isto porque o convívio, sempre renovado, com os alunos e alunas do curso de especialização tem se constituído uma fonte rara de convívio humano, com o qual se recuperam as energias e se aprimora o conhecimento.

O presente livro, que tenho a enorme honra de prefaciar, é mais um exemplo disso. Aqui não se reúnem apenas grandes juristas, alunas e alunos da 10ª edição do curso, mas, sobretudo, pessoas que admiro e que me permitem, por generosidade, tratá-las como amigas e amigos.

O que inspira este livro é, primeiramente, o senso de responsabilidade pública, entregando para a comunidade jurídica e, em especial, para a classe trabalhadora, o resultado dos estudos que se teve o privilégio de realizar em uma universidade pública. Mas é também a explicitação dos laços de amizade e respeito que se perpetuaram entre os integrantes da Turma.

Verdade que neste livro encontram-se, unicamente, aquelas e aqueles cujos trabalhos de conclusão do curso foram por mim orientados, mas esta delimitação se justifica apenas pelo aspecto da delimitação temática, que possibilitou, inclusive, extrair do conjunto dos textos a coesão necessária para que fossem publicados em obra única.

O resultado, como verão, é espetacular, pois permite ao leitor entender como algumas características da história do Direito do Trabalho no Brasil explicam o tratamento atual dado a questões fundamentais para a vida da classe trabalhadora nacional.

São todos, sem exceção, textos realizados com muito cuidado, tanto na forma quanto no conteúdo, atingindo um estágio de qualidade que vai muito além das exigências de um trabalho de conclusão de curso.

Na verdade, pode ser dito que cada texto é um projeto já muito bem desenvolvido de uma dissertação de mestrado ou, até mesmo, de uma tese de doutorado.

Foi este o motivo, aliás, que me conduziu a desafiar as autoras e autores a realizarem este livro!

E como é bom, mais uma vez, ter em mão uma obra de Direito do Trabalho escrita por especialistas, pois os "leigos", ou aqueles que costumeiramente arriscam palpites sobre o Direito do Trabalho, quase sempre preconceituosos ou sem muitos fundamentos, têm feito muito mal ao nosso objeto de investigações, estudos e análises.

Com tudo isto, só me resta, bem ao estilo na linguagem atual, dizer-lhes: parabéns, vocês arrasaram!!!

São Paulo, 02 de setembro de 2021.

Apresentação

É com grande alegria que ora publicamos nossas monografias, fruto do 10º Curso de Especialização em Direito do Trabalho na Faculdade de Direito da USP, no interstício de março de 2018 a agosto de 2019, sob orientação do professor Jorge Luiz Souto Maior.

Foram grandes os desafios apresentados aos estudiosos do Direito do Trabalho nesse período, com os ataques mais diversos à legislação trabalhista, o que ensejou, de nossa parte, um amplo espectro de resposta. Essa perspectiva ampla pode ser observada nos temas abordados por cada um dos orientandos e orientandas nestas monografias.

Tentamos, dessa forma, organizar a disposição das monografias de modo que seja observada a linha histórica que perpassa o Direito do Trabalho, aproximando as temáticas que se relacionam.

Assim, começamos com a monografia de Erazê Sutti, que nos apresenta um panorama geral, desde a criação da Organização Internacional do Trabalho, perpassando os Direitos Humanos na ordem internacional, até a precarização assente na Reforma Trabalhista de 2017. Felipe Augusto de Azevedo Marques Arruda, por seu turno, descreverá a própria Justiça do Trabalho desde seus primórdios, vinculando-se à visão de Anna Beatriz de Alencar Reis que, na sequência, partirá de uma análise de caso para investigar a formação da classe trabalhadora na Zona Leste paulistana no período de 1940 a 1960. As escritas de Helena Pontes dos Santos e de Danilo de Carvalho Cremonini perpassarão o período de Ditadura Empresarial-Militar, abordando, respectivamente, as relações laborais no setor portuário e a evolução do instituto do Fundo de Garantia do Tempo de Serviço. A nossa linha histórica seguirá com Érika Cristhiane Camargo Marques, cuja pesquisa envolve o processo constitucional que culmina no direito de greve. Bruna Fonseca Uchoa investigará a responsabilidade do Estado brasileiro no plano internacional a partir do trágico acidente de trabalho de Brumadinho/MG. Já Roberto Alves de Andrade Barbosa e Gabriela Menezes Zacareli abordarão temas tão correntes neste momento pandêmico, como o teletrabalho e o direito à desconexão. Por fim, Pedro Tarozzo Tinoco Cabral Lima adentrará uma seara filosófica, envolvendo, em sua monografia, momentos transitórios do Direito do Trabalho.

Não poderíamos deixar de agradecer a todos os professores que se dispuseram a contribuir com este Curso de Especialização, bem como a todos os servidores e servidoras da Faculdade de Direito, cujo apoio foi igualmente fundamental. Aos nossos caros e caras colegas, que nos legaram grandes embates teóricos em sala de aula e amizade fraterna, nossa gratidão.

Desejamos que este livro seja útil às futuras turmas do Curso de Especialização, bem como a todos aqueles e aquelas que desejem se debruçar sobre este universo que é tão rico e tão complexo como o Direito do Trabalho, para que possam se preparar para os desafios mais pujantes que virão.

A todos e todas, nosso grande abraço!

São Paulo, dezembro de 2020

As autoras e os autores

OIT, Direitos Humanos Internacionais e Reforma Trabalhista

Erazê Sutti[1]

Resumo: Nestes últimos cem anos, a fundação da Organização Internacional do Trabalho em 1919, como marco internacional do Direito Social do Trabalho e dos Direitos Humanos dos Trabalhadores, representou um período de progresso nas condições de dignidade nas relações de trabalho. Contudo, desde a crise do capitalismo da década de 1970 até as atuais implicações ultraliberais no Brasil, consequências precarizantes da Lei n. 13.467 de 2017, principal marco da chamada Reforma Trabalhista, cujo viés para agravar as perdas de direitos dos trabalhadores permanece em curso através das medidas impostas no presente ano e pelas novas propostas ameaçadoras do atual governo, há patente e recorrente tentativa de esfacelamento dos direitos sociais, principalmente para regredir as condições de exploração da mão de obra, em muitos dos casos, para período anterior ao início do século passado, desafiando, assim, os trabalhadores, no Brasil principalmente, a resistir por manter seus parâmetros nos patamares civilizatórios na dignidade do trabalhador e no trabalho decente na relação de emprego, além de prosseguir na luta pelo necessário e sustentável progresso dos direitos sociais ao lado do avanço tecnológico a favor da humanidade.

Palavras-chave: Direito do Trabalho — OIT — Organização Internacional do Trabalho — Direitos humanos dos trabalhadores — Reforma Trabalhista — Relação de emprego— Princípio da norma mais favorável — Princípio *pro homine* — Princípio do não retrocesso social.

1. Introdução

O direito social do trabalho se desenvolve de forma mais marcante internacionalmente, a partir de 1919, como resultado da trajetória da organização dos trabalhadores e da atuação mundial das principais nações na pacificação diante da Primeira Grande

(1) Advogado Trabalhista (desde 1997) e Sindical (desde 1999). Integrante do atual corpo docente da Escola da ABRAT (Associação Brasileira dos Advogados Trabalhistas). Pesquisador integrante do GPTC-USP (Grupo de Pesquisa Trabalho e Capital) desde 2018, e do NTADT-USP (Grupo de Pesquisa e Extensão "Trabalho Além do Trabalho") desde 2020. Graduado (1996) e Pós-Graduado pela Faculdade de Direito da USP, com Especialização em Direito e Processo do Trabalho (2018/2019). É atual Vice-Presidente da AATJ (Associação da Advocacia Trabalhista de Jundiaí).

Guerra Mundial, especialmente na concepção normativa de patamares civilizatórios atinentes à exploração do trabalho, razão pela qual, pelo Tratado de Versalhes, também houve a criação da Organização Mundial do Trabalho (OIT), cujo centenário, portanto, foi comemorado em 2019.

A principal missão histórica da OIT continuamente foi a disciplina de um arcabouço internacional jurídico que pudesse proteger minimamente os trabalhadores, na qualidade de direitos humanos internacionais, contra os excessos da pressão econômica do capitalismo *versus* os conceitos de dignidade da pessoa humana e de um trabalho decente — conceito contemporâneo. Com o fortalecimento do neoliberalismo nas últimas décadas, a pressão do capital sobre a exploração dos trabalhadores voltou a acender em confronto a tais limites civilizatórios, ficando cada vez mais exacerbada. O resultado é a retração nos direitos sociais nas principais economias capitalistas do planeta, de forma ainda mais acentuada em países com o frágil perfil socioeconômico do Brasil, onde a chamada Reforma Trabalhista de 2017, que ainda prossegue na ambição de maiores precarizações na relação capital/trabalho, inseriu no ordenamento jurídico laboral dispositivos que retroagem grande parte dos direitos conquistados desde o início do século passado, aos séculos anteriores, desregulando a ponto de assombrar pelas memórias das perversidades da escravidão, em período prévio à industrialização nacional.

No entanto e contraditoriamente, o discurso oficial brasileiro para essa precarização também se utiliza de uma chamada "modernidade", razão pela qual o estudo das bases civilizatórias internacionais que justificaram a criação da centenária OIT, aliado ao desvelamento da história do direito social originado na profundidade das lutas e das resistências dos trabalhadores, conjuntura responsável, em grande parte, pela CLT de 1943 e pelo pacto constitucional que originou a Constituição Cidadã em 1988, passa a ser primordial tanto para o enfrentamento teórico contra as perdas de direitos na relação capital/trabalho, quanto na aplicabilidade técnica dos princípios e dispositivos do direito social, consolidados em tratados internacionais e no ordenamento pátrio, especialmente aqueles que dignificam o trabalho como decente e garantem direitos humanos fundamentais internacionais para o progresso da humanidade e contra o retrocesso nos limites do conceito de dignidade da pessoa humana trabalhadora e do sentido de civilização.

2. Desenvolvimento

O presente trabalho terá por metodologia a pesquisa histórica dos contextos da relação de emprego e da evolução da legislação e o comparativo com as bases doutrinárias, incluindo análises pontuais sociológicas e econômicas, especialmente acerca do direito social do trabalho internacional emanado da Organização Internacional do Trabalho (OIT), dos direitos humanos internacionais e da legislação nacional, principalmente do ponto de vista do retrocesso da legislação trabalhista pelas reformas legislativas diante do princípio do não retrocesso, da dignidade da pessoa humana dentro de patamares civilizatórios da relação de emprego e do conceito de trabalho decente.

Em um primeiro momento, será realizada uma análise histórica da OIT e sua representatividade de um contexto de mobilização internacional dos trabalhadores e tentativa de pacificação internacional, pela qual se tornou fonte de normas e de diretrizes para um direito social do trabalho internacional, incluindo direitos humanos laborais.

Posteriormente, será traçada a relação histórica nacional com o direito social do trabalho, sua correlação com os fatos históricos internacionais e a linha cronológica dos direitos em seus avanços e retrocessos.

Após, será analisada a chamada "Reforma Trabalhista" e sua correlação com a CF/88 e as normas históricas nacionais e internacionais do trabalho, bem como sobre a confrontação com parâmetros históricos de direitos humanos internacionais e demais institutos civilizatórios da relação capital/trabalho.

E nas considerações finais e conclusivas, será apresentada a correlação entre o conjunto histórico, os levantamentos estatísticos e as perspectivas do atual cenário, desenvolvendo uma correspondência entre as análises das alterações legislativas nacionais lesivas, as normas internacionais e as bases civilizatórias do direito social do trabalho e dos direitos humanos internacionais fundamentais dos trabalhadores, somadas às garantias constitucionais.

3. OIT — Fundação

Fundada em 1919 como parte do Tratado de Versalhes, que assentou fim à Primeira Guerra Mundial, a Organização Internacional do Trabalho (OIT) tem como objetivo promover a justiça social,[(2)] e é responsável pela formulação e aplicação de suas convenções e recomendações, normas internacionais do trabalho que, após ratificadas por decisão soberana de um país, passam a fazer parte de seu ordenamento jurídico.

É a única agência das Nações Unidas que tem estrutura tripartite, na qual representantes de governos, de organizações de empregadores e de trabalhadores de 183 Estados-membros participam em situação de igualdade das suas diversas instâncias.

Surge, conforme bem relata o jurista Jorge Luiz Souto Maior,[(3)] para enfrentar o desprezo pelas condições de trabalho e de vida dos trabalhadores, advindas do modelo capitalista de produção já seguido internacionalmente, e que foram causas inequívocas da 1ª Grande Guerra Mundial deflagrada em 1914.

(2) OIT, *site* no Brasil. Disponível em: <https://www.ilo.org/brasilia/conheca-a-oit/história/lang--pt/index.htm>.

(3) SOUTO MAIOR, Jorge Luiz. *Curso de direito do trabalho:* teoria geral do direito do trabalho. Vol. I: parte I. São Paulo: LTr, 2011. p. 251.

Veja-se que, nos EUA, o fordismo já era realidade em 1914, o que poderia, com tal implemento nos meios de produção e em plena guerra na Europa, agravar ainda mais a disputa entre os Estados nacionais nas disputas por mercados estrangeiros, origem da guerra, e continuamente sob abusos e exploração dos trabalhadores.

Não à toa, os movimentos de trabalhadores já participavam das discussões sobre as causas da 1ª Grande Guerra, ainda durante sua vigência, expondo e debatendo seus pleitos e a necessidade de um organismo internacional para tratar legislação trabalhista internacional.

Neste sentido, entre janeiro e abril de 1919, a Constituição da OIT foi redigida pela Comissão da Legislação Internacional do Trabalho, constituída pelo Tratado de Versalhes e composta por representantes de Bélgica, Cuba, Checoslováquia, Estados Unidos, França, Itália, Japão, Polônia e Reino Unido, sendo presidida por Samuel Gompers, presidente da Federação Americana do Trabalho (*American Federation of Labour,* AFL). De suas discussões, surge a ideia de uma organização tripartida, a única do gênero, cujos órgãos executivos são compostos por representantes de governos, empregadores e trabalhadores.[(4)]

Consequentemente, no Tratado de Versalhes, finalmente assinado em 28 de junho de 1919, há dispositivos para levar os países signatários a promover avanços nos direitos dos trabalhadores para assegurar e manter condições de trabalho equitativas e humanas a homens, mulheres e crianças, tanto no território de cada país, quanto nos países com os quais haja relações comerciais, estabelecendo-se uma base internacional de direitos.

Referidos dispositivos resultaram das discussões pela reconstrução das Nações no pós-guerra, que se orienta por um novo modelo de sociedade, com outra racionalidade, buscando uma fórmula mais viável ao reconhecer a classe dos trabalhadores e seus interesses para integrá-los na sociedade.

Convém compreender que o Tratado de Versalhes ocorre pouco tempo depois da Revolução Operária na Rússia em 1917, razão pela qual seus objetivos também foram para apaziguar os anseios dos trabalhadores para se evitarem revoluções operárias contra o modelo capitalista, portanto, uma sistemática protetiva não só do trabalhador, mas do próprio sistema de produção e organização social.

Nesse sentido, pode-se constatar seus ideais norteadores já no preâmbulo da Constituição da Organização Internacional do Trabalho, e que se sustentam no ano em que completa um século:

> Considerando que a paz universal e duradoura só pode ser estabelecida se for baseada na justiça social; E considerando que nas condições de

(4) OIT, *site* em Portugal. Disponível em: <https://www.ilo.org/public/portugue/region/eurpro/lisbon/html/portugal>.

> trabalho existem dificuldades envolvendo tal injustiça e privação a um grande número de pessoas a produzir agitação tão grande que a paz e a harmonia do mundo estão em perigo, e uma melhoria dessas condições é necessária com urgência; Considerando também o fracasso de qualquer nação em adotar condições humanas de trabalho é um obstáculo no caminho de outras nações que desejam melhorar as condições nos seus próprios países.[5]

Somado a isso, analisando-se o art. 427 do Tratado de Versalhes, cerne da constituição da OIT, constata-se que ele deixa nítida a natureza fundamental dos direitos trabalhistas,[6] limitando o modelo capitalista do século XIX e estabelecendo diretrizes para limitação de jornada, representação sindical, descanso semanal remunerado, igualdade entre os sexos, bem como que trabalho não deve ser considerado como mercadoria ou artigo de comércio, e deve ser proibido às crianças e não supressivo do direito à formação para os jovens, dentre outros dispositivos.

Essa concepção de direitos trabalhistas fundamentais influenciou, consequentemente, as Constituições dos países afins, concebendo o chamado "constitucionalismo social", base do direito do trabalho, do direito social e do Estado Social.

Contudo, apesar da transformação no ordenamento jurídico, a realidade não se transformou da mesma forma, nem tampouco as conquistas se demonstraram fundamentais na cultura da sociedade a ponto de serem consideradas, após quase um século, alicerce para o progresso social diante do capital.

Sem dúvida, de outro lado, a criação da OIT com a participação dos movimentos de trabalhadores representou um avanço no reconhecimento da classe trabalhadora que ultrapassava, em muitos países, o acesso à cidadania, uma vez que o direito universal a voto ainda não era, neles, realidade em 1919.

Certamente, essa conquista da classe trabalhadora, trilhada ainda durante a 1ª Grande Guerra Mundial, por invadir as discussões políticas sobre as condições de consagração e manutenção da paz, e, nesse sentido, um direito social do trabalho, estabelecido e reconhecido como tal e internacionalmente, como direitos humanos sociais e fundamentais civilizatórios, com operários e operárias, representou um marco democrático de enfrentamento dos problemas do modelo capitalista na exploração da mão de obra; tanto que é base da OIT, em sua fundação, a reunião dos representantes dos trabalhadores em assembleia e de forma tripartite com o Estado e empregadores para as deliberações.

---

(5) *Idem.*

(6) SOUTO MAIOR, Jorge Luiz. *Curso de direito do trabalho:* teoria geral do direito do trabalho. Vol. I: parte I. São Paulo: LTr, 2011. p. 259.

Essa posição da classe trabalhadora advém da sua luta de resistência diante da exploração do capitalista desde os acentuados sinais da Revolução Industrial com o surgimento da máquina a vapor na Inglaterra do final do século XVIII.

4. Contexto histórico do século XIX e início do século XX

Nesse sentido, é relevante entender o contexto histórico para a compreensão do surgimento da OIT.

A luta da classe trabalhadora, levando-se em conta a sua organização, provocara, já em 1864, o surgimento da Assembleia Internacional dos Trabalhadores, que ocorreu em Paris e aconteceu em confluência com o manifesto comunista de Marx e Engels (1848), tendo em vista que pleiteava uma legislação social internacional, defendendo a união dos trabalhadores para elevar a discussão sobre a necessidade de regulação internacional do trabalho.

Em consonância, outros congressos e diferentes conferências ocorreram nos anos seguintes, destacando-se, entre eles, os encontros de Berlim (1890), Bruxelas (1897) e Zurique (1897), e o Congresso de Paris, realizado em 1900, de onde surgiu a "Associação Internacional para a Proteção Legal dos Trabalhadores", cuja missão era de investigar e divulgar as questões trabalhistas mais relevantes; em 1914, tal organização já era composta por 15 países.

Ressalta-se que Karl Marx já desvendava, em meados do século XIX, em sua mais relevante obra, *O Capital* (1867), que a *"divisão manufatureira do trabalho é um método especial de produzir mais-valia relativa ou aumentar a autovalorização do capital à custa dos trabalhadores"*. Sua teoria demonstrou que o lucro do capital, fonte de sua acumulação, decorria diretamente da exploração da mão de obra.

Assim, com a alteração, historicamente nada voluntária, da detenção dos meios de produção na fórmula política da Revolução Industrial, com a expulsão dos camponeses do campo e a formação de um exército de pessoas precisando vender sua mão de obra para subsistir, a pressão do capital acentuava a exploração ultrapassando limites nas extensas jornadas superiores a 13h/16h ao dia, nas péssimas condições de trabalho e de miséria consequente, especialmente, com o uso de mulheres e crianças de forma ainda mais vil, situação em que a classe trabalhadora viu seu trabalho livre se transformar em mercadoria dentro de um sistema de mercado sem regulação humanitária.

Diante dos problemas, as relações de trabalho passaram a ser de massa, coletivas, ainda mais porque as cidades foram se deformando para criar aglomerados de trabalhadores desestruturados em torno das fábricas, tanto pela distância destas dos centros, quanto pelas extensas jornadas mediante miseráveis salários, inviabilizadores dos deslocamentos.

A lei, por sua vez, servia ao capitalista, detentor do poder, criminalizando os movimentos de trabalhadores, combatendo as lutas operárias com violência.

No decorrer das décadas, chegando ao final do século XIX, os acidentes de trabalho, a miséria, as péssimas condições de trabalho que foram se agravando diante do aumento de produção, ou seja, todas as explorações desse modelo geraram sofrimentos que ultrapassaram as barreiras das fábricas e tomaram a sociedade nas cidades, tanto que surgiu o uso desses temas na produção cultural de artistas nas ruas, através da pintura, da literatura, do teatro e demais formas de manifestação.

Apesar desse quadro de tensão diante da exploração dos trabalhadores como item da mercadoria, normas de proteção não tiveram sucesso para regular a situação, ainda que haja apontamentos de tentativas nada concretas e, inclusive, pontuais, mas sem o condão de efetividade: há notas doutrinárias sobre uma norma inglesa nos idos de 1802 para limitar a jornada de crianças, mas que, de fato, não se concretizou; há ainda registros de uma lei francesa para limitar jornada de crianças, mas que também, de fato, não se efetivou.

Consequentemente, é certo que as leis formuladas no século XIX não foram concretizadas para limitar a exploração no trabalho – nem tinham tal objetivo, fruto coerente do Estado Liberal (*Laissez-faire*) imperante.

Convém ainda observar, por relevância histórica, a origem do Dia do Trabalho (1º de maio) no ano de 1886, na industrializada cidade americana de Chicago, onde milhares de trabalhadores foram às ruas reivindicar melhores condições de trabalho, entre as quais, a redução da jornada diária de trabalho de 13 (treze) para 8 (oito) horas, ocasionando uma grande greve geral nacional dos trabalhadores nos Estados Unidos, mas sem sucesso no pleito.(7) Apesar de ter marcado a história, não foi dessa greve que os trabalhadores de Chicago obtiveram algum direito, "apenas" mais uma reação extremamente violenta do governo.

Portanto, isso não significa que, durante o século XIX, não havia discussões e embates sobre a necessidade de uma regulação estatal mínima para enfrentar os problemas do Estado Liberal, mas, pela ausência de efetividade no resultado concreto, ainda não existiam elementos para configurar um direito do trabalho, apenas sintomas como ponto de partida do surgimento de um futuro direito social pela preocupação com as consequências da exploração mercantil da mão de obra, e, mormente, pelos acidentes de trabalho e suas consequências sociais.

Caso já houvesse um direito social nesse contexto histórico do século XIX, ele seria profícuo para superar a relação contratual desigual, inserindo solidariedade como obrigação jurídica nas relações sociais, permitindo ao Estado interferir na realidade social de todos, nos vínculos sociais, alterando a concepção do indivíduo diante do Estado, para uma concepção social e coletiva.

---

(7) DEL ROIO, José Luiz. *1º de Maio, sua origem, seu significado, suas lutas*. Ed. 2016, p. 71-78.

Já no início do século XX, algumas legislações operárias esparsas começaram a surgir, mas isso ocorreu nas bases do direito civil, sem evidenciar uma legislação trabalhista.(8)

Apesar das discussões e dos conflitos, certo é que o modelo capitalista não encontrou freios suficientes, e essa ausência de regramentos civilizatórios na exploração mercantil da classe operária provocou tensões econômicas internacionais suficientes para eclodir a 1ª Grande Guerra Mundial em 1914, ainda mais porque a relação dos Estados estava bastante interligada com a atividade industrial, e atuante nas conquistas de mercados internacionais, e isso tudo sendo construído ao lado de uma frágil, mas conveniente, situação de "paz armada".

Nesse sentido, a crise pela 1ª Grande Guerra Mundial serviu, então, para tornar necessário um primeiro marco civilizatório, capaz de viabilizar, ao menos, a discussão de nações sobre limites à exploração mercantil das pessoas, dos povos e das nações, em busca de um pacto capaz de evitar novas guerras.

De outro lado, cumpre-se ressaltar, havia também o temor das revoluções operárias contra o sistema capitalista, tal qual a citada Revolução Proletária na Rússia de 1917. O desafio, portanto, era "pacificar" para evitar guerras entre nações e revoluções entre classes, ameaças aos sistemas sociopolítico e de produção.

5. Direito social internacional do trabalho

A fase de internacionalização dos direitos dos trabalhadores tomou, desse modo, outra dinâmica com a criação da Organização Internacional do Trabalho(9) em 1919, fruto desse vital marco civilizatório capitalista, e surge com suas bases fundamentais estabelecendo a possibilidade de um direito social internacional, cuja concepção penetrou as constituições federais dos países que estabeleceram o chamado "constitucionalismo social", ápice do Direito Social e de um Estado Social.

Veja-se que, por um direito social do trabalho limitando o Estado Liberal, então permissivo à descomunal exploração do trabalho pelo lucro, o art. 427 do Tratado de Versalhes(10) estabeleceu métodos e princípios importantes, dentre os quais:

1. o princípio diretivo de que o trabalho não há de ser considerado como mercadoria ou artigo de comércio;

2. (...)

---

(8) SOUTO MAIOR, Jorge Luiz. *Curso de direito do trabalho:* teoria geral do direito do trabalho. Vol. I: parte I. São Paulo: LTr, 2011. p. 235.

(9) RIBEIRO, Enoque. O Direito Coletivo do Trabalho sob a perspectiva histórica. In: SOUTO MAIOR, Jorge Luiz; CORREIA, Marcus Orione Gonçalves (Orgs.). *Curso de Direito do Trabalho*. Ed. 2008. p. 16.

(10) Tratado de Versalhes (Planalto — Decreto n. 13.990 de 1920) — Diário Oficial de: 13.01.1920, p. 809.

3. a adoção da jornada de oito horas;
4. a adoção de um descanso semanal de vinte e quatro horas, sempre que possível nos domingos;
5. a supressão do trabalho das crianças e a obrigação de impor aos trabalhos dos menores de ambos os sexos, as limitações necessárias para permitir-lhes continuar sua formação e assegurar seu desenvolvimento físico.

Somente por esses quatro preceitos, extrai-se um direito fundamental mínimo dos trabalhadores, seja nos limites à jornada de trabalho e nos parâmetros de idade e para dignidade ao trabalho infantil, seja por enfrentar e vedar a abordagem mercantil sobre a mão de obra.

Ressalta-se, mais uma vez, que a participação direta de trabalhadores nas discussões dos problemas relacionados ao capital-trabalho representa uma reviravolta na história da humanidade, como exercício da ideia de democracia.(11)

Também é relevante o fato de que, durante os seus primeiros 40 anos de existência, a OIT dedicou parte expressiva dos seus esforços à elaboração de normas internacionais do trabalho e à garantia da sua aplicação.(12) Só em suas primeiras duas décadas, entre os pacíficos anos de 1919 e 1939, foram formuladas 67 convenções e 66 recomendações na OIT. Contudo, cumpre ressalvar que a maioria dos países demorou a aderir às convenções — e, quando ocorreu, foi de forma parcial — como resultado das mesmas mazelas que resultaram nas disputas por mercados, causas da 1ª Guerra Mundial.

Analisando-se a formulação inicial da OIT, constata-se que suas normas visavam, sobretudo, às condições de trabalho, tanto que a primeira convenção, adotada em 1919, regulamentava a duração do trabalho no limite de 8 horas ao dia e, na semana, de 48 horas.

Assim, o histórico da integração das convenções nos ordenamentos dos países signatários demonstra que a demora na regulamentação de direitos aos operários se deveu menos ao reconhecimento social dos direitos trabalhistas, e mais às disputas capitalistas entre as economias nacionais, tendo em vista que um país condicionava a vigência de sua ratificação a uma convenção à equivalente adesão de outros países (concorrentes!).(13)

---

(11) SOUTO MAIOR, Jorge Luiz. *Curso de direito do trabalho:* teoria geral do direito do trabalho. Vol. I: parte I. São Paulo: LTr, 2011. p. 253.

(12) OIT, *site* em Portugal. Disponível em: <https://www.ilo.org/public/portugue/region/eurpro/lisbon/html/portugal>.

(13) SOUTO MAIOR, Jorge Luiz. *Curso de direito do trabalho:* teoria geral do direito do trabalho. Vol. I: parte I. São Paulo: LTr, 2011. p. 264.

A própria crise de 1929 nos EUA serviu para a adoção de políticas públicas intervencionistas na linha de Keynes, adotadas por Roosevelt pelo *New Deal* — tanto que os americanos só ratificaram em 1938 sua primeira convenção da OIT.

Com a deflagração da 2ª Grande Guerra Mundial em 1939, as atividades da OIT, consequentemente, ficaram bastante prejudicadas, praticamente paralisadas.

Até que, em 1944, as nações integrantes da OIT elaboraram a "Declaração de Filadélfia" na Conferência Internacional do Trabalho, a qual passou a integrar o corpo da Constituição da OIT como anexo, compondo, ainda hoje, a "Carta dos Fins e Objetivos". Essa Declaração, de tão importante, antecipou e serviu de modelo à Carta das Nações Unidas e à Declaração Universal dos Direitos do Homem.

Pela "Declaração de Filadélfia", tem-se, provavelmente, a primeira manifestação internacional que *eleva os direitos sociais ao nível dos demais direitos humanos*, afirmando que todos devem gozar do direito de viver com segurança econômica e oportunidades iguais.

Em virtude de seu teor relevante ao direito social como limite no sistema capitalista, resgatando e aprofundando a importância dos princípios e fundamentos da OIT[(14)] instituídos pelo Tratado de Versalhes (1919) e por suas Convenções e recomendações formuladas até a 2ª Grande Guerra Mundial (1939), é importante a transcrição, com inserções de grifos e destaques, de teor da Declaração, integrante da Constituição da OIT (1944) como anexo:[(15)]

A Conferência Geral da Organização Internacional do Trabalho, reunida em Filadélfia na sua vigésima sexta sessão, adopta, neste décimo dia de Maio de 1944, a presente *Declaração dos fins e objetivos da Organização Internacional do Trabalho*, bem como dos *princípios* nos quais se deveria inspirar a política dos seus Membros.

> I – A Conferência afirma novamente os *princípios fundamentais* sobre os quais se funda a Organização, isto é:
>
> a) *o trabalho não é uma mercadoria*;
>
> b) *a liberdade de expressão e de associação* é uma condição indispensável para um *progresso* constante;
>
> c) a *penúria*, onde quer que exista, constitui um *perigo* para a *prosperidade* de todos;
>
> d) a *luta contra a carência* deve ser conduzida com uma energia inesgotável por cada nação e através de um esforço internacional contínuo e organizado pelo qual os representantes dos trabalhadores e dos empregadores, colaborando em *pé de igualdade* com os dos Governos, participem em discussões livres e em decisões de carácter democrático tendo em vista promover o *bem comum*.

---

(14) *Ibidem*, p. 364.

(15) SCALERCIO, Marcos; MINTO, Tulio Martinez. *Normas da OIT*. LTr, 2017. p. 16.

II – Convencida de que a experiência demonstrou plenamente o fundamento da declaração contida na Constituição da Organização Internacional do Trabalho, e segundo a qual só se pode estabelecer uma *paz duradoura com base na justiça social*, a Conferência afirma que:

a) *todos os seres humanos, qualquer que seja a sua raça, a sua crença ou o seu sexo, têm o direito de efetuar o seu progresso material e o seu desenvolvimento espiritual em liberdade e com dignidade, com segurança econômica e com oportunidades iguais*;

b) A realização das condições que permitem atingir este resultado deve constituir o objetivo central de qualquer *política nacional e internacional*;

c) todos os programas de ação e medidas tomadas no plano nacional e internacional, nomeadamente no domínio econômico e financeiro, devem ser apreciados deste ponto de vista e aceites apenas na medida em que pareçam favorecer, e não prejudicar, o cumprimento deste objetivo fundamental;

d) cabe à Organização Internacional do Trabalho examinar e considerar à luz deste objetivo fundamental, no domínio internacional, todos os programas de ação e medidas de ordem econômica e financeira;

e) ao executar as tarefas que lhe são confiadas, a Organização Internacional do Trabalho, depois de ter considerado todos os fatores econômicos e financeiros pertinentes, está autorizada a incluir nas suas decisões e recomendações todas as disposições que considerar apropriadas.

III – A Conferência reconhece a obrigação solene de a Organização Internacional do Trabalho secundar a execução, entre as diferentes nações do mundo, de programas próprios à realização:

a) *do pleno emprego e da elevação do nível de vida*;

b) do emprego dos trabalhadores em ocupações nas quais tenham a satisfação de aplicar toda a sua habilidade e os seus conhecimentos e de contribuir da melhor forma para o *bem-estar comum*;

c) para atingir esse objetivo, da concretização, mediante garantias adequadas para todos os interessados, de possibilidades de formação e meios próprios para facilitar as transferências de trabalhadores, incluindo as migrações de mão de obra e de colonos;

d) da possibilidade para todos de uma *participação justa nos frutos do progresso em termos de salários e de ganhos, de duração do trabalho e outras condições de trabalho, e um salário mínimo vital para todos os que têm um emprego e necessitam dessa proteção*;

e) do *reconhecimento efetivo do direito de negociação coletiva* e da cooperação entre empregadores e os trabalhadores para a melhoria contínua da organização e da produção, assim como da colaboração dos trabalhadores e dos empregadores para a elaboração e aplicação da política social e econômica;

f) da *extensão das medidas de segurança social* com vista a assegurar um rendimento de base a todos os que precisem de tal proteção, assim como uma *assistência médica completa*;

g) de uma *proteção adequada da vida e da saúde* dos trabalhadores em todas as ocupações;

h) da *proteção da infância e da maternidade*;

i) de um *nível adequado de alimentação, de alojamento e de meios recreativos e culturais*;

j) da garantia de *igualdade de oportunidades no domínio educativo e profissional*.

IV – Convencida de que uma utilização mais completa e mais alargada dos recursos produtivos mundiais, necessária para o cumprimento dos objetivos enumerados na presente Declaração, pode ser assegurada através de uma ação eficaz no plano internacional e nacional, nomeadamente através de medidas que tendam a promover a *expansão da produção e do consumo*, a evitar flutuações econômicas graves, a realizar o *progresso econômico e social* das regiões cuja valorização esteja pouco desenvolvida, a assegurar uma maior estabilidade dos preços mundiais das matérias-primas e dos gêneros e a promover um comércio internacional de elevado e constante volume, a Conferência promete uma colaboração integral da Organização Internacional do Trabalho com todos os organismos internacionais aos quais poderá ser confiada uma parte da responsabilidade nesta grande tarefa, assim como na *melhoria da saúde, da educação e do bem-estar de todos os povos*.

V – A Conferência afirma que os princípios enunciados na presente Declaração são plenamente aplicáveis a todos os povos do mundo e que, se nas modalidades da sua aplicação tem de ser devidamente considerado o grau de desenvolvimento social e econômico de cada povo, a sua aplicação progressiva aos povos que ainda são dependentes, assim como àqueles que atingiram o estado de se governarem a si próprios, é um assunto que *diz respeito ao conjunto do mundo civilizado*. (Destaques acrescidos)

Consequentemente, na 29ª reunião da "Conferência Internacional do Trabalho" (Montreal, 1946), o texto em vigor da "Constituição da Organização Internacional do Trabalho", já sob a influência da "Declaração de Filadélfia", foi alterado e cuja transcrição do seu "Preâmbulo", com inserções de alguns grifos e destaques, considera-se relevante para a compreensão da OIT:[16]

Considerando que a *paz* para ser *universal e duradoura* deve assentar sobre a *justiça social*;

Considerando que existem *condições de trabalho* que implicam, para grande número de indivíduos, *miséria e privações*, e que o *descontentamento* que daí decorre *põe em perigo a paz e a harmonia universais*, e considerando que é urgente *melhorar essas condições* no que se refere, por exemplo, à *regulamentação das horas de trabalho*, à fixação de uma *duração máxima do dia e da semana de trabalho*, ao *recrutamento da mão de obra*, à *luta contra o desemprego*, à garantia de um *salário que assegure condições de existência convenientes*, à *proteção dos trabalhadores contra as moléstias graves ou profissionais e os acidentes do trabalho*, à *proteção das crianças, dos adolescentes e das mulheres*, às *pensões de velhice e de invalidez*, à defesa dos interesses dos trabalhadores empregados no estrangeiro, à afirmação do princípio "*para igual trabalho, mesmo salário*", à afirmação do princípio de *liberdade sindical*, à organização do ensino profissional e técnico, e outras medidas análogas;

(16) *Ibidem*, p. 9.

Considerando que a não adoção por qualquer nação de um *regime de trabalho realmente humano* cria obstáculos aos esforços das outras nações desejosas de melhorar a sorte dos trabalhadores nos seus próprios territórios. (Destaques acrescidos)

Nesse contexto internacional, apenas dois anos após à referida 29ª Conferência da OIT, nascia, em dezembro de 1948, a "Teoria dos Direitos Humanos" com a "Assembleia Geral das Nações Unidas", na qual restou aprovada a "*Declaração Universal dos Direitos Humanos*", (17) já sob forte influência americana e de seu Plano Marshall. A internalização dos direitos humanos foi uma resposta contra as atrocidades da 2ª Guerra, notadamente aquelas praticadas pelo nazismo.

Em proeminência, cumpre-se transcrever pela importância de seu teor, com inserções de alguns grifos, partes relevantes dos arts. 23 a 26 da "Declaração Universal dos Direitos Humanos"(18) e que se relacionam com o trabalho dentro do sistema capitalista:

Art. 23

I. Todo ser humano tem direito ao trabalho, à livre escolha de emprego, a condições justas e favoráveis de trabalho e à proteção contra o desemprego.

II. Todo ser humano, sem qualquer distinção, tem direito a igual remuneração por igual trabalho.

III. Todo ser humano que trabalha, tem direito a uma remuneração justa e satisfatória que lhe assegure, assim como à sua família, uma existência compatível com a dignidade humana e a que se acrescentarão, se necessário, outros meios de proteção social.

IV. Todo ser humano tem direito a organizar sindicatos e a neles ingressar para proteção de seus interesses.

Art. 24

Todo ser humano tem direito a repouso e lazer, inclusive à limitação razoável das horas de trabalho e às férias remuneradas periódicas.

Art. 25

I. Todo ser humano tem direito a um padrão de vida capaz de assegurar a si e à sua família saúde, bem-estar, inclusive alimentação, vestuário, habitação, cuidados médicos e os serviços sociais indispensáveis e direito à segurança em caso de desemprego, doença invalidez, viuvez, velhice ou outros casos de perda dos meios de subsistência em circunstâncias fora de seu controle.

II. A maternidade e a infância têm direito a cuidados e assistência especiais. Todas as crianças, nascidas dentro ou fora do matrimônio, gozarão da mesma proteção social.

---

(17) *Ibidem*, p. 419.

(18) *Idem*.

Art. 26

I. Todo ser humano tem direito à instrução. A instrução será gratuita, pelo menos nos graus elementares e fundamentais. A instrução elementar será obrigatória. A instrução técnico-profissional será acessível a todos, bem como a instrução superior, esta baseada no mérito.

Apesar disso, a "*Teoria dos Direitos Humanos*" desprezou as construções teóricas em torno do direito social, tendo em vista que não fez a crítica do capitalismo pela supressão da verdadeira liberdade por indução dos interesses econômicos, assim como pelas desigualdades humanas produzidas em consequência disso, relegando o direito social, por influência americana, a um plano secundário.(19)

De outro lado, juntamente com formulações doutrinárias históricas, o direito social conquista maior reconhecimento como *direitos humanos* sob o prisma não individual, com a "*Declaração de Princípios Sociais da América*" (1945), a "*Declaração Americana dos Direitos e Deveres dos Homens*" (1948) e sua "*Carta Interamericana de Garantia Sociais*", e "*Convenção Americana de Direitos Humanos*" (1969 – *Pacto de San José da Costa Rica*). Pelo Pacto da ONU de 1966, há o reconhecimento do princípio da autonomia sindical, organizações sindicais supranacionais e do direito à greve como direito humano.(20)

Fato é que, diante do pós 2ª Grande Guerra Mundial, o capitalismo passou por três décadas gloriosas, em que foi possível, aos europeus, viver sob o Estado de Bem-Estar Social, e, aos americanos, experimentar grande progresso com altos salários e benefícios trabalhistas e previdenciários pela alta demanda.

Em 1969, na condição de única agência das Nações Unidas com estrutura tripartite, com representantes de governos, de organizações de empregadores e de trabalhadores de 183 Estados-membros, participando em situação de igualdade em suas diversas instâncias, a OIT foi ganhadora do Prêmio Nobel da Paz.

6. Crise do capitalismo e neoliberalismo

A despeito desse avanço social, sob o pretexto da Crise do Petróleo de 1973,(21) que teria abalado a economia mundial, somada à criação do toyotismo, que modificou a lógica de produção, assim como à viabilização da globalização da economia, adveio o fortalecimento do modelo capitalista liberal ainda mais agressivo, por meio de um neoliberalismo estruturado contra o modelo de Estado Social e contra o direito social do trabalho, engendrando, dentre tantos acontecimentos, o emblemático "*Consenso de Washington*", representante de um pensamento econômico específico, um capitalismo de finanças e influente nos "mercados emergentes".

(19) SOUTO MAIOR, Jorge Luiz. *Curso de direito do trabalho:* teoria geral do direito do trabalho. Vol. I: parte I. São Paulo: LTr, 2011. p. 378 e 389.

(20) *Ibidem*, p. 389-410 e 456.

(21) *Ibidem*, p. 437.

Veja-se que o referido toyotismo já existia desde 1960, como modelo de produção para ser "mais eficiente" economicamente que o modelo fordista das grandes indústrias, disciplinando o planejamento de fabricação sem estoques desnecessários e com estrutura descentralizada de organização, o que, também, apontava a quebra da organização dos trabalhadores (então facilitada no modelo fordista e seu ambiente centralizado de produção), retirando-lhe de uma grande linha de produção para dividir em células; e mais, afetando a própria identidade funcional dos trabalhadores ao fomentar a multifuncionalidade e a terceirização como bases de retomada do terreno perdido na relação de exploração do trabalho pelo capital.

Nesse cenário e com a possibilidade de sucesso no contexto da forte crise capitalista, substrato do próprio modelo de acumulação do capital, deflagrou-se o processo de construção da hegemonia do liberalismo econômico extremado no Ocidente dos anos 1970.[22]

Esse pensamento liberal reformulado vem, portanto, como contraponto ao *Welfare State* (representante de um modelo multifacetado, normatizador e intervencionista), propondo, então, uma atuação estatal restrita a um modo muito substantivo, na gestão monetária e em condições favoráveis ao mercado privado; sustentando, em síntese, na linha da velha matriz (*Laissez-faire*) oriunda dos séculos XVIII e XIX, o primado do mercado econômico privado na estruturação e no funcionamento da economia e da sociedade, com a submissão do Estado e das políticas públicas a tal prevalência.[23]

Assim, com a hegemonia cultural, política e econômica pela matriz neoliberal (ou ultraliberal) de pensamento, surgem a elaboração e a organização das políticas públicas de desvalorização do trabalho e do emprego no capitalismo ocidental — e que vigora até os dias atuais.[24]

Com a intensificação do processo de globalização econômica e a consolidação do neoliberalismo, reforça-se a ideia (estratégica) de não intervenção estatal nas relações particulares, sobretudo na relação capital-trabalho, a fim de não obstaculizar o crescimento econômico. Nessa conjuntura, os direitos trabalhistas sofrem uma acomodação aos interesses econômicos das empresas, então, diante da acentuação de precárias condições de trabalho, a OIT inicia, na década de 1990, o processo de identificação dos direitos fundamentais no trabalho.[25]

---

(22) DELGADO, Mauricio Godinho. *Capitalismo, trabalho e emprego* — entre o paradigma da destruição e os caminhos de reconstrução. Ed. 2017. p. 71.

(23) *Ibidem*, p. 24.

(24) *Ibidem*, p. 69.

(25) ARAÚJO, Wallanna Dantas Oliveira de. *Direitos fundamentais do trabalhador e a Declaração de 1998 da OIT*. Pós-Graduação Em Ciências Jurídicas. UFPB, 2008. p. 2.

7. Contraponto da OIT à precarização

Em decorrência dessas perdas de direitos sociais pelo neoliberalismo, em junho de 1998, a 86ª sessão da Conferência Internacional do Trabalho proclamou a "*Declaração da OIT sobre os Princípios e Direitos Fundamentais no Trabalho*", cuja transcrição de seu principal teor se faz pertinente, e com destaques, seja pelo retrato histórico e consolidado da OIT em cumprir com seus objetivos e com seus dispositivos essenciais constantes em suas convenções e recomendações desde 1919, seja diante dos tempos em que o neoliberalismo assombra, nas últimas décadas, ainda mais a sociedade mundial com os mesmos riscos que justificaram a criação de um organismo internacional diante das Grandes Guerras Mundiais:(26)

> Considerando que a OIT foi fundada com a convicção de que a *justiça social* é essencial para assegurar uma paz universal e duradoura;
>
> Considerando que *o crescimento econômico é essencial mas não é suficiente para assegurar a equidade, o progresso social e a erradicação da pobreza*, o que confirma a necessidade de que a OIT promova políticas sociais fortes, a justiça e as instituições democráticas;
>
> Considerando que para isso a OIT deve mais do que nunca mobilizar todos os seus meios de ação normativa, de cooperação técnica e de investigação em todos os domínios da sua competência, em particular os do emprego, da formação profissional e das condições de trabalho, a fim de que *as políticas econômicas e sociais se reforcem mutuamente, no quadro de uma estratégia global de desenvolvimento econômico e social*, com vista a criar um desenvolvimento amplo e duradouro;
>
> Considerando que a OIT deve prestar uma especial atenção aos problemas das pessoas com necessidades sociais particulares, nomeadamente os desempregados e os trabalhadores migrantes, que deve mobilizar e encorajar os esforços nacionais, regionais e internacionais orientados para a resolução dos seus problemas e promover *políticas eficazes dirigidas à criação de empregos*;
>
> Considerando que, a fim de manter a *ligação do progresso social ao crescimento econômico*, a garantia dos princípios e dos direitos fundamentais no trabalho tem uma importância e um significado especiais, por possibilitar que *os próprios interessados reivindiquem livremente e com oportunidades iguais a sua justa participação nas riquezas que contribuíram para criar e que realizem plenamente o seu potencial humano*;
>
> Considerando que a OIT é a organização internacional com mandato constitucional e instituição competente para adoptar as normas internacionais do trabalho e se ocupar delas, e que se beneficia de um apoio e um reconhecimento universais na *promoção dos direitos fundamentais no trabalho como expressão dos seus princípios constitucionais*;
>
> Considerando que, numa situação de interdependência econômica crescente, é urgente reafirmar a permanência dos princípios e direitos fundamentais inscritos na Constituição da Organização, bem como promover a sua *aplicação universal*;
>
> A Conferência Internacional do Trabalho

(26) SCALERCIO, Marcos; MINTO, Tulio Martinez. *Normas da OIT*. Ed. 2017. p. 417.

1. Recorda:

a) Que ao aderir livremente à OIT, todos os seus Membros aceitaram os princípios e direitos enunciados na sua Constituição e na Declaração de Filadélfia, e comprometeram-se a trabalhar na realização dos objetivos gerais da Organização, em toda a medida das suas possibilidades e da sua especificidade;

b) Que esses princípios e direitos foram formulados e desenvolvidos sob a forma de direitos e de obrigações específicos nas convenções que são reconhecidas como fundamentais dentro e fora da Organização.

2. Declara que *todos os Membros, mesmo que não tenham ratificado as convenções em questão, têm o dever, que resulta simplesmente de pertencerem à Organização, de respeitar, promover e realizar, de boa fé e de acordo com a Constituição, os princípios relativos aos direitos fundamentais que são objeto dessas convenções, a saber*:

a) *A liberdade de associação e o reconhecimento efetivo do direito de negociação coletiva*;

b) *A eliminação de todas as formas de trabalho forçado ou obrigatório*;

c) *A abolição efetiva do trabalho infantil*;

d) *A eliminação da discriminação em matéria de emprego e de profissão*. (Destaques acrescidos)

Nesses termos, a "*Declaração da OIT sobre os Princípios e Direitos Fundamentais no Trabalho*" representou, inequivocamente, um divisor de águas na estratégia de regulação do trabalho adotada pela OIT desde a sua criação em 1919.(27)

Contudo, sem retirar a inquestionável importância da *Declaração de 1998 da OIT*, tendo em vista se tratar de um valioso paradigma para os direitos fundamentais do trabalhador à medida que impõe, por parte dos Estados-membros da Organização, observância de mencionados direitos e respeito a eles, constata-se que os quatro princípios e direitos previstos em seu texto — *liberdade sindical, não discriminação no emprego e na profissão, eliminação do trabalho forçado e erradicação do trabalho infantil* — são restritos e insuficientes para a garantia da dignidade, intrínseca à noção de trabalho decente, até porque não possuem mecanismos para tornar a norma cogente.(28)

Nesse sentido, disposições sobre ausência de direitos relativos à saúde física e mental do trabalhador, à limitação da sua jornada de trabalho e a uma remuneração digna e justa, são mais alguns exemplos de (ausentes) direitos fundamentais essenciais à dignidade do trabalhador.(29)

---

(27) FREITAS JUNIOR, Antonio Rodrigues. Direitos Sociais e Direitos Fundamentais na Perspectiva da Declaração da OIT — um caso de *Soft Law* no rumo de sua efetividade. In: GOMES, Ana Virgínia Moreira; FREITAS JUNIOR, Antonio Rodrigues (Orgs.). *A Declaração de 1998 da OIT sobre Princípios e Direitos fundamentais no Trabalho*. 2014. p. 13-18.

(28) ARAÚJO, Wallanna Dantas Oliveira de. *Direitos fundamentais do trabalhador e a Declaração de 1998 da OIT*. Pós-Graduação Ciências Jurídicas. UFPB, 2008. p. 2 e 46.

(29) *Idem*.

Demonstrando toda a sua preocupação com o assunto, a OIT assinala, no ano de 1999, com a *promoção de trabalho decente* — ou seja, após um ano após a *Declaração sobre princípios e direitos fundamentais do trabalhador*.[30] A proposta de se garantir, em nível internacional, um trabalho decente se estende a homens e mulheres na realização de um trabalho produtivo, em condições de liberdade, igualdade, segurança e dignidade humana, com a implementação de políticas específicas, para melhorar as condições de trabalho, geração de empregos, proteção aos trabalhadores que ocupam tanto o setor formal como o setor informal na defesa de seus direitos humanos fundamentais. O trabalho decente é o ponto de convergência dos quatro objetivos estratégicos da OIT: 1) o respeito aos direitos no trabalho, especialmente aqueles definidos como fundamentais (liberdade sindical, direito de negociação coletiva, eliminação de todas as formas de discriminação em matéria de emprego e ocupação e erradicação de todas as formas de trabalho forçado e trabalho infantil); 2) a promoção do emprego produtivo e de qualidade; 3) a ampliação da proteção social; e 4) e o fortalecimento do diálogo social.[31]

8. Controle da aplicação das Normas da OIT

O mecanismo de controle da aplicação das Normas Internacionais do Trabalho é ainda hoje considerado como um dos mais eficazes no âmbito do sistema das Nações Unidas, porque é objeto de um permanente controle por parte dos órgãos da OIT.[32]

No plano jurídico e na prática, cada Estado-membro é obrigado a apresentar periodicamente um relatório sobre as medidas adotadas, com vista a aplicar cada uma das convenções por ele ratificadas, bem como deverá enviar cópias desse relatório às respetivas organizações de empregadores e de trabalhadores, que possuem o direito de anexar comentários e informações adicionais; ou seja, tais relatórios, comentados pelos parceiros sociais, são inicialmente examinados pela Comissão de Peritos para a Aplicação das Convenções e Recomendações, um órgão constituído por vinte eminentes juristas, independentes dos respetivos governos e nomeados a título pessoal. A Comissão apresenta um relatório anual que é atentamente examinado pela Comissão da Conferência para a Aplicação das Convenções e Recomendações, um órgão tripartido.

As organizações de empregadores e de trabalhadores também podem instaurar contra um Estado-membro, com fundamento na violação de uma convenção por este ratificada, processos contenciosos designados "reclamações", que, se for considerada

(30) *Idem.*

(31) OIT, *site* no Brasil. Disponível em: <https://www.ilo.org/brasilia/temas/trabalho-decente/lang--pt/index.htm>. Acesso em: 08 out. 2019.

(32) OIT, *site* em Portugal. Disponível em: <https://www.ilo.org/lisbon/visita-guiada/WCMS_650779/lang--pt/index.htm>. Acesso em: 07 ago. 2019.

admissível pelo Conselho da Administração, um comitê tripartite será concebido para examinar a questão, e que deverá apresentar um relatório com as respetivas conclusões e recomendações.

Além disso, qualquer Estado-membro pode apresentar uma queixa junto do Bureau Internacional do Trabalho contra qualquer outro Estado-membro suspeito de não ter assegurado, de forma satisfatória, a aplicação de uma convenção que ambos tenham ratificado; e que poderá ser avaliada por Comissão de Inquérito, criada pelo Conselho de Administração para analisar a questão e apresentar um relatório sobre o assunto.

Sobre o domínio da liberdade sindical, em 1950, a OIT estabeleceu um procedimento especial baseado nas queixas apresentadas sobretudo pelas organizações de trabalhadores ou de empregadores contra um Estado-membro, mesmo que este não tenha ratificado a convenção (n. 87) sobre liberdade sindical. Esse procedimento é possível porque, ao aderirem à OIT, esses países se comprometem a respeitar o princípio da liberdade de associação consagrado na própria Constituição da Organização.

O principal mecanismo de controle especial é o *Comité da Liberdade Sindical* (CFA), órgão tripartite nomeado pelo Conselho de Administração dentre os seus próprios membros, e que, desde a sua criação, examinou milhares de processos relativos a: detenção e desaparecimento de sindicalistas, interferência nas atividades sindicais, legislação não conforme com os princípios da liberdade sindical, dentre outros.

9. Centenário da OIT

Veja-se, assim, que a OIT, que é a mais antiga agência especializada das Nações Unidas, ao longo dos seus 100 anos, até o início de 2019, havia formulado 189 convenções internacionais e 205 recomendações sobre um vasto leque de matérias do mundo do trabalho, sendo certo que mais de cento e quarenta Estados-membros ratificaram todas as 8 convenções fundamentais. No total contabilizado até 2017, foram 8.080 ratificações.

Em sua 108ª Reunião da Conferência Internacional do Trabalho, realizada em Genebra em junho de 2019, parte dos eventos de comemoração a seu centenário de fundação, os membros tripartites da OIT, após anos de debates sobre o tema, aprovaram a Convenção de número 190, sobre a violência e o assédio no mundo do trabalho, causas relevantes de violação e abuso dos direitos humanos, ameaças à igualdade de oportunidades e ao conceito de trabalho decente.

Nesse panorama normativo desses 100 anos da OIT, torna-se notadamente importante a análise do papel do Brasil, membro fundador, atinente às convenções que, efetivamente, ratificou, sendo conveniente uma rápida visualizada nos temas e nos períodos do trâmite internamente para internalizar nosso ordenamento jurídico:[33]

Convenção n. 3: Relativa ao Emprego das Mulheres antes e depois do parto (Proteção à Maternidade). Adoção OIT: 1919. Ratificação Brasil: 26.04.1934. *Status*: Não está em vigor. Nota: Denunciada, como resultado da ratificação da Convenção n. 103 em 26.07.1961.

Convenção n. 4: Relativa ao Trabalho Noturno das Mulheres. Adoção OIT: 1919. Ratificação Brasil: 26.04.1934. *Status*: Não está em vigor. Nota: Denunciada em 12.05.1937.

Convenção n. 5: Idade Mínima de Admissão nos Trabalhos Industriais. Adoção OIT: 1919. Ratificação Brasil: 26.04.1934. *Status*: Não está em vigor. Nota: Denunciada, como resultado da ratificação da Convenção n. 138 em 28.06.2001.

Convenção n. 6: Trabalho Noturno dos Menores na Indústria. Adoção OIT: 1919. Ratificação Brasil: 26.04.1934. *Status*: Em vigor. Nota: Instrumento pendente de revisão.

Convenção n. 7: Sobre a Idade Mínima para Admissão de Menores no Trabalho Marítimo (revista). Adoção OIT: 1920. Ratificação Brasil: 08.06.1936. *Status*: Não está em vigor. Nota: Denunciada, como resultado da ratificação da Convenção n. 58 em 09.01.1974.

Convenção n. 11: Direito de Sindicalização na Agricultura. Adoção OIT: 1921. Ratificação Brasil: 25.04.1957. *Status*: Em vigor. Nota: Instrumento em situação provisória.

Convenção n. 12: Indenização por Acidente do Trabalho na Agricultura. Adoção OIT: 1921. Ratificação Brasil: 25.04.1957. *Status*: Em vigor. Nota: Instrumento em situação provisória.

Convenção n. 14: Repouso Semanal na Indústria. Adoção OIT: 1921. Ratificação Brasil: 25.04.1957. *Status*: Em vigor.

Convenção n. 16: Exame Médico de Menores no Trabalho Marítimo. Adoção OIT: 1921. Ratificação Brasil: 08.06.1936. *Status*: Em vigor. Nota: Instrumento pendente de revisão.

Convenção n. 19: Igualdade de Tratamento (Indenização por Acidente de Trabalho). Adoção OIT: 1925. Ratificação Brasil: 25.04.1957. *Status*: Em vigor. Nota: Instrumento em situação provisória.

Convenção n. 21: Inspeção dos Emigrantes a Bordo dos Navios. Adoção OIT: 1926. Ratificação Brasil: 18.06.1965. *Status*: Em vigor. Nota: Deixado de lado (não é pertinente no contexto atual).

Convenção n. 22: Contrato de Engajamento de Marinheiros. Adoção OIT: 1926. Ratificação Brasil: 18.06.1965. *Status*: Em vigor. Nota: Instrumento pendente de revisão.

Convenção n. 26: Métodos de Fixação de Salários Mínimos. Adoção OIT: 1928. Ratificação Brasil: 25.04.1957. *Status*: Em vigor. Nota: Instrumento em situação provisória.

Convenção n. 29: Trabalho Forçado ou Obrigatório. Adoção OIT: 1930. Ratificação Brasil: 25.04.1957. *Status*: Em vigor.

---

(33) OIT, *site* no Brasil. Disponível em: <https://www.ilo.org/brasilia/convencoes/lang--pt/index.htm>. Acesso em: 02 ago. 2019.

Convenção n. 41: Relativa ao Trabalho Noturno das Mulheres (Revista, 1934). Adoção OIT: 1934. Ratificação Brasil: 08.06.1936. *Status*: Não está em vigor. Nota: Denunciada, como resultado da ratificação da Convenção n. 89 em 24.04.1957.

Convenção n. 42: Indenização por Enfermidade Profissional (revista). Adoção OIT: 1934. Ratificação Brasil: 08.06.1936. *Status*: Em vigor. Nota: Instrumento desatualizado.

Convenção n. 45: Indenização por Enfermidade Profissional (revista). Adoção OIT: 1935. Ratificação Brasil: 22.09.1938. *Status*: Em vigor. Nota: Instrumento em situação provisória.

Convenção n. 52: Férias Remuneradas. Adoção OIT: 1936. Ratificação Brasil: 22.09.1938. *Status*: Não está em vigor. Nota: Denunciada, como resultado da ratificação da Convenção n. 132 em 23.09.1998.

Convenção n. 53: Certificados de Capacidade dos Oficiais da Marinha Mercante. Adoção OIT: 1936. Ratificação Brasil: 12.10.1938. *Status*: Em vigor. Nota: Instrumento em situação provisória.

Convenção n. 58: Idade Mínima no Trabalho Marítimo (Revista). Adoção OIT: 1936. Ratificação Brasil: 12.10.1938. *Status*: Não está em vigor. Nota: Denunciada, como resultado da ratificação da Convenção n. 138 em 26.06.2001.

Convenção n. 80: Revisão dos Artigos Finais. Adoção OIT: 1946. Ratificação Brasil: 13.04.1948. *Status*: Em vigor.

Convenção n. 81: Inspeção do Trabalho na Indústria e no Comércio. Adoção OIT: 1947. Ratificação Brasil: 11.10.1989. *Status*: Em vigor. Nota: Instrumento atualizado.

Convenção n. 88: Organização do Serviço de Emprego. Adoção OIT: 1948. Ratificação Brasil: 25.04.1957. *Status*: Em vigor. Nota: Instrumento em situação provisória.

Convenção n. 89: Trabalho Noturno das Mulheres na Indústria (Revista). Adoção OIT: 1948. Ratificação Brasil: 25.04.1957. *Status*: Em vigor. Nota: Instrumento em situação provisória.

Convenção n. 91: Férias Remuneradas dos Marítimos (Revista). Adoção OIT: 1949. Ratificação Brasil: 18.06.1965. *Status*: Não está em vigor. Nota: Denunciada, como resultado da ratificação da Convenção n. 146 em 24.09.1998.

Convenção n. 92: Alojamento de Tripulação a Bordo (Revista). Adoção OIT: 1949. Ratificação Brasil: 08.06.1954. *Status*: Em vigor. Nota: Instrumento em situação provisória.

Convenção n. 93: Sobre Salários, Duração de Trabalho a Bordo e Tripulação (Revista em 1949). Adoção OIT: 1949. Ratificação Brasil: 18.06.1965. *Status*: Não está em vigor. Nota: Instrumento desatualizado.

Convenção n. 94: Cláusulas de Trabalho em Contratos com Órgãos Públicos. Adoção OIT: 1949. Ratificação Brasil: 18.06.1965. *Status*: Em vigor.

Convenção n. 95: Proteção do Salário. Adoção OIT: 1949. Ratificação Brasil: 25.04.1957. *Status*: Em vigor.

Convenção n. 96: Concernente aos escritórios remunerados de empregos. Adoção OIT: 1949. Ratificação Brasil: 21.06.1957. *Status*: Não está em vigor.

Convenção n. 97: Trabalhadores Migrantes (Revista). Adoção OIT: 1949. Ratificação Brasil: 18.06.1965. *Status*: Em vigor.

Convenção n. 98: Direito de Sindicalização e de Negociação Coletiva. Adoção OIT: 1949. Ratificação Brasil: 18.11.1952. *Status*: Em vigor.

Convenção n. 99: Métodos de Fixação de Salário Mínimo na Agricultura. Adoção OIT: 1951. Ratificação Brasil: 25.04.1957. *Status*: Em vigor. Nota: Instrumento em situação provisória.

Convenção n. 100: Igualdade de Remuneração de Homens e Mulheres Trabalhadores por Trabalho de Igual Valor. Adoção OIT: 1951. Ratificação Brasil: 25.04.1957. *Status*: Em vigor.

Convenção n. 101: Férias Remuneradas na Agricultura. Adoção OIT: 1952. Ratificação Brasil: 25.04.1957. *Status*: Não está em vigor. Nota: Denunciada, como resultado da ratificação da Convenção n. 132 em 23.09.1998.

Convenção n. 102: Normas Mínimas da Seguridade Social. Adoção OIT: 1952. Ratificação Brasil: 15.06.2009. *Status*: Em vigor. Nota: Aceita as partes II-X.

Convenção n. 103: Amparo à Maternidade (Revista). Adoção OIT: 1952. Ratificação Brasil: 18.06.1965. *Status*: Em vigor. Nota: Com exceção dos trabalhos a que se refere o art. 7º, § 1, b) e c).

Convenção n. 104: Abolição das Sanções Penais no Trabalho Indígena. Adoção OIT: 1955. Ratificação Brasil: 18.06.1965. *Status*: Em vigor. Nota: Deixada de lado (não é "pertinente" no contexto atual).

Convenção n. 105: Abolição do Trabalho Forçado. Adoção OIT: 1957. Ratificação Brasil: 18.06.1965. *Status*: Em vigor.

Convenção n. 106: Repouso Semanal no Comércio e nos Escritórios. Adoção OIT: 1957. Ratificação Brasil: 18.06.1965. *Status*: Em vigor. Nota: O Governo declarou que a Convenção se aplica também às pessoas empregadas nos estabelecimentos especificados no art. 3º, § 1, a), c) e d).

Convenção n. 107: Populações Indígenas e Tribais. Adoção OIT: 1957. Ratificação Brasil: 18.06.1965. *Status*: Não está em vigor. Nota: Denunciada, como resultado da ratificação da Convenção n. 169 em 25.7.2002.

Convenção n. 108: Documentos de Identidade dos Marítimos. Adoção OIT: 1958. Ratificação Brasil: 05.11.1963. *Status*: Não está em vigor. Nota: Denunciada, como resultado da ratificação da Convenção n. 185, em 21.01.2010.

Convenção n. 109: Sobre os Salários, a Duração do Trabalho a Bordo e as Lotações (revista em 1958). Adoção OIT: 1958. Ratificação Brasil: 30.11.1966. *Status*: Não entrou em vigor.

Convenção n. 110: Sobre as Condições de Emprego dos Trabalhadores em Fazendas. Adoção OIT: 1958. Ratificação Brasil: 1º.03.1965. *Status*: Não está em vigor. Nota: Denunciada em 28.08.1970.

Convenção n. 111: Discriminação em Matéria de Emprego e Ocupação. Adoção OIT: 1958. Ratificação Brasil: 26.11.1965. *Status*: Em vigor.

Convenção n. 113: Exame Médico dos Pescadores. Adoção OIT: 1959. Ratificação Brasil: 1º.03.1965. *Status*: Em vigor. Nota: Instrumento pendente de revisão.

Convenção n. 115: Proteção Contra as Radiações. Adoção OIT: 1960. Ratificação Brasil: 05.09.1966. *Status*: Em vigor.

Convenção n. 116: Revisão dos Artigos Finais. Adoção OIT: 1961. Ratificação Brasil: 05.09.1966. *Status*: Em vigor.

Convenção n. 117: Objetivos e Normas Básicas da Política Social. Adoção OIT: 1962. Ratificação Brasil: 24.03.1969. *Status*: Em vigor. Nota: Instrumento em situação provisória.

Convenção n. 118: Igualdade de Tratamento entre Nacionais e Estrangeiros em Previdência Social. Adoção OIT: 1962. Ratificação Brasil: 24.03.1969. *Status*: Em vigor.

Convenção n. 119: Proteção das Máquinas. Adoção OIT: 1963. Ratificação Brasil: 16.04.1992. *Status*: Em vigor. Nota: Instrumento pendente de revisão.

Convenção n. 120: Higiene no Comércio e nos Escritórios. Adoção OIT: 1964. Ratificação Brasil: 24.03.1969. *Status*: Em vigor.

Convenção n. 122: Política de Emprego. Adoção OIT: 1964. Ratificação Brasil: 24.03.1969. *Status*: Em vigor.

Convenção n. 124: Exame Médico dos Adolescentes para o Trabalho Subterrâneo nas Minas. Adoção OIT: 1965. Ratificação Brasil: 21.08.1970. *Status*: Em vigor.

Convenção n. 125: Certificados de Capacidade dos Pescadores. Adoção OIT: 1966. Ratificação Brasil: 21.08.1970. *Status*: Em vigor.

Convenção n. 126: Alojamento a Bordo dos Navios de Pesca. Adoção OIT: 1966. Ratificação Brasil: 12.04.1994. *Status*: Em vigor.

Convenção n. 127: Peso Máximo das Cargas. Adoção OIT: 1967. Ratificação Brasil: 21.08.1970. *Status*: Em vigor. Nota: Instrumento pendente de revisão.

Convenção n. 131: Fixação de Salários Mínimos, Especialmente nos Países em Desenvolvimento. Adoção OIT: 1970. Ratificação Brasil: 04.05.1983. *Status*: Em vigor.

Convenção n. 132: Férias Remuneradas (Revista). Adoção OIT: 1970. Ratificação Brasil: 23.09.1998. *Status*: Em vigor. Nota: Duração especificada das férias: 30 dias. Aceitou as disposições do art. 15, § 1, *a* e *b*.

Convenção n. 133: Alojamento a Bordo de Navios (Disposições Complementares). Adoção OIT: 1970. Ratificação Brasil: 16.04.1992. *Status*: Em vigor. Nota: Instrumento em situação provisória.

Convenção n. 134: Prevenção de Acidentes do Trabalho dos Marítimos. Adoção OIT: 1970. Ratificação Brasil: 25.07.1996. *Status*: Em vigor. Nota: Instrumento pendente de revisão.

Convenção n. 135: Proteção de Representantes de Trabalhadores. Adoção OIT: 1971. Ratificação Brasil: 18.05.1990. *Status*: Em vigor.

Convenção n. 136: Proteção Contra os Riscos da Intoxicação pelo Benzeno. Adoção OIT: 1971. Ratificação Brasil: 24.03.1993. *Status*: Em vigor. Nota: Instrumento pendente de revisão.

Convenção n. 137: Trabalho Portuário. Adoção OIT: 1973. Ratificação Brasil: 12.08.1994. *Status*: Em vigor. Nota: Instrumento em situação provisória.

Convenção n. 138: Idade Mínima para Admissão. Adoção OIT: 1973. Ratificação Brasil: 28.06.2001. *Status*: Em vigor. Nota: Idade mínima especificada: 16 anos.

Convenção n. 139: Prevenção e Controle de Riscos Profissionais Causados por Substâncias ou Agentes Cancerígenos. Adoção OIT: 1974. Ratificação Brasil: 27.06.1990. *Status*: Em vigor.

Convenção n. 140: Licença Remunerada para Estudos. Adoção OIT: 1974. Ratificação Brasil: 16.04.1992. *Status*: Em vigor.

Convenção n. 141: Organizações de Trabalhadores Rurais. Adoção OIT: 1975. Ratificação Brasil: 27.09.1994. *Status*: Em vigor.

Convenção n. 142: Desenvolvimento de Recursos Humanos. Adoção OIT: 1975. Ratificação Brasil: 24.11.1981. *Status*: Em vigor.

Convenção n. 144: Consultas Tripartites sobre Normas Internacionais do Trabalho. Adoção OIT: 1976. Ratificação Brasil: 27.09.1994. *Status*: Em vigor.

Convenção n. 145: Continuidade no Emprego do Marítimo. Adoção OIT: 1976. Ratificação Brasil: 18.05.1990. *Status*: Em vigor.

Convenção n. 146: Relativa às Férias Anuais Pagas dos Marítimos. Adoção OIT: 1976. Ratificação Brasil: 24.09.1998. *Status*: Em vigor. Nota: Duração especificada das férias anuais: 30 dias.

Convenção n. 147: Normas Mínimas da Marinha Mercante. Adoção OIT: 1976. Ratificação Brasil: 17.01.1991. *Status*: Em vigor.

Convenção n. 148: Contaminação do Ar, Ruído e Vibrações. Adoção OIT: 1977. Ratificação Brasil: 14.01.1982. *Status*: Em vigor.

Convenção n. 151: Direito de Sindicalização e Relações de Trabalho na Administração Pública. Adoção OIT: 1978. Ratificação Brasil: 15.06.2010. *Status*: Em vigor.

Convenção n. 152: Segurança e Higiene dos Trabalhos Portuários. Adoção OIT: 1979. Ratificação Brasil: 18.05.1990. *Status*: Em vigor.

Convenção n. 154: Fomento à Negociação Coletiva. Adoção OIT: 1981. Ratificação Brasil: 10.07.1992. *Status*: Em vigor.

Convenção n. 155: Segurança e Saúde dos Trabalhadores. Adoção OIT: 1981. Ratificação Brasil: 18.05.1992. *Status*: Em vigor.

Convenção n. 158: Término da Relação de Trabalho por Iniciativa do Empregador. Adoção OIT: 1982. Ratificação Brasil: 05.01.1995. *Status*: Não está em vigor. Nota: Denunciada em 20.11.1996: constitucionalidade questionada perante o STF: Ação Direta de Inconstitucionalidade (ADI) n. 1.625.[34]

(34) STF, *site*. Disponível em: <http://www.stf.jus.br/portal/cms/verNoticiaDetalhe.asp?idConteudo=325338>. Acesso em: 02 ago. 2019.

Convenção n. 159: Reabilitação Profissional e Emprego de Pessoas Deficientes. Adoção OIT: 1983. Ratificação Brasil: 18.05.1990. *Status*: Em vigor.

Convenção n. 160: Estatísticas do Trabalho (Revista). Adoção OIT: 1985. Ratificação Brasil: 02.07.1990. *Status*: Em vigor. Nota: De acordo com o art. 16, § 2, da Convenção, os arts. 7 a 10, 12, 13 e 15 da parte II foram aceitos.

Convenção n. 161: Serviços de Saúde do Trabalho. Adoção OIT: 1985. Ratificação Brasil: 18.05.1990. *Status*: Em vigor.

Convenção n. 162: Utilização do Amianto com Segurança. Adoção OIT: 1986. Ratificação Brasil: 18.05.1990. *Status*: Em vigor. Nota: Instrumento atualizado.

Convenção n. 163: Bem-Estar dos Trabalhadores Marítimos no Mar e no Porto. Adoção OIT: 1987. Ratificação Brasil: 04.03.1997. *Status*: Em vigor.

Convenção n. 164: Proteção à Saúde e Assistência Médica aos Trabalhadores Marítimos. Adoção OIT: 1987. Ratificação Brasil: 04.03.1997. *Status*: Em vigor.

Convenção n. 166: Repatriação de Trabalhadores Marítimos. Adoção OIT: 1987. Ratificação Brasil: 04.03.1997. *Status*: Em vigor.

Convenção n. 167: Sobre a Segurança e Saúde na Construção. Adoção OIT: 1988. Ratificação Brasil: 19.05.2006. *Status*: Em vigor.

Convenção n. 168: Promoção do Emprego e Proteção Contra o Desemprego. Adoção OIT: 1988. Ratificação Brasil: 24.03.1993. *Status*: Em vigor.

Convenção n. 169: Sobre Povos Indígenas e Tribais. Adoção OIT: 1989. Ratificação Brasil: 25.07.2002. *Status*: Em vigor.

Convenção n. 170: Segurança no Trabalho com Produtos Químicos. Adoção OIT: 1990. Ratificação Brasil: 23.12.1996. *Status*: Em vigor.

Convenção n. 171: Trabalho Noturno. Adoção OIT: 1990. Ratificação Brasil: 18.12.2002. *Status*: Em vigor. Nota: atualizada.

Convenção n. 174: Sobre a Prevenção de Acidentes Industriais Maiores. Adoção OIT: 1993. Ratificação Brasil: 02.08.2001. *Status*: Em vigor.

Convenção n. 176: Sobre segurança e saúde nas minas. Adoção OIT: 1995. Ratificação Brasil: 18.05.2006. *Status*: Em vigor.

Convenção n. 178: Relativa à Inspeção das Condições de Vida e de Trabalho dos Trabalhadores Marítimos. Adoção OIT: 1996. Ratificação Brasil: 21.12.2007. *Status*: Em vigor.

Convenção n. 182: Sobre Proibição das Piores Formas de Trabalho Infantil e Ação Imediata para sua Eliminação. Adoção OIT: 1999. Ratificação Brasil: 02.02.2000. *Status*: Em vigor.

Convenção n. 185: Sobre os Documentos de Identidade da gente do mar (Revista). Adoção OIT: 2003. Ratificação Brasil: 21.01.2010. *Status*: Em vigor.

Convenção n. 189: Convenção e Recomendação sobre Trabalho Decente para as Trabalhadoras e os Trabalhadores Domésticos. Adoção OIT: 2011. Ratificação Brasil: 31.01.2018. *Status*: Em vigor.

Assim, a história do direito social do trabalho no Brasil deve também ser analisada, de um lado, a partir das convenções ratificadas, suas influências e das recomendações, somadas, de outro lado, às pressões sociais dos trabalhadores diante do mesmo capital implacável em explorá-los, mergulhando na linha histórica do tempo do direito social do trabalho brasileiro, assim como na dissonância entre sua existência e a dificuldade em sua efetivação, e, até mesmo, nos tímidos progressos e nos atuais e sistemáticos retrocessos, frutos do neoliberalismo em uma nação sem forças para a soberania.

10. Contexto histórico no Brasil — Final do século XIX e século XX

Ante essa trajetória histórica da Organização Internacional do Trabalho, também é importante fazer a correlação entre seu surgimento em 1919 e os direitos trabalhistas no Brasil durante esse século, ainda mais porque é um país que está entre os membros fundadores da OIT e participa da Conferência Internacional do Trabalho desde sua primeira reunião.

Analisando-se a legislação trabalhista nacional no começo do século passado, tem-se que o seu desenvolvimento já era percebido, paralelamente a movimentos internacionais, no sentido de dar suporte ao processo de industrialização e enfrentar os problemas pelo fim não estruturado da escravidão após mais de três séculos, bem como para disciplinar os conflitos sociais de operários diante das péssimas condições de trabalho e da crescente organização dos trabalhadores com participação também de imigrantes e ex-escravizados.

Como quadro simplificado do início do século XX, vale frisar dois pontos no Brasil: uma greve geral já em 1907, e, no período de 1917 a 1920, mais 108 greves no país, ressaltando-se que a greve geral de 1917 teve adesão de mais 100 operários.(35) Tanto que, em 1917, um deputado federal apresentou um projeto de Código do Trabalho como consequência das greves e do temor pelos reflexos da Revolução Russa que poderiam acarretar no país. Contudo, diante de suas propostas de jornada diária de 8h, proteção do trabalho das crianças e mulheres, incluindo licença a grávidas, o projeto não teve êxito ante a reação dos industriais, ressalvando-se a parte que regulava proteção aos acidentes de trabalho, aprovada em 1919 (Decreto n. 3.724). Também em 1919, foi instaurada a *Comissão Especial de Legislação Social* na Câmara dos Deputados com o objetivo de tratar das obrigações do Tratado de Versalhes, assinado pelo país.(36)

---

(35) SOUTO MAIOR, Jorge Luiz. *História do direito do trabalho no Brasil:* curso de direito do trabalho. Vol. I: parte II. São Paulo: LTr, 2017. p. 144.

(36) *Idem.* Outras conquistas pontuais no âmbito do trabalho ocorreram em seguida, a se destacar: a) criação do Conselho Nacional do Trabalho (1923 — Decreto n. 16.027); b) criação da Caixa de Aposentadoria e Pensões para os ferroviários (1923 — Decreto n. 4.982 - Eloy Chaves) e que já concedia estabilidade decenal no emprego; e c) férias de 15 dias (1925 — Decreto n. 4.982), primeira lei trabalhista de âmbito nacional.

Indiscutível marco histórico foi a assinatura, pelo Brasil, do Tratado de Versalhes em 1919, haja vista que impôs que se colocasse em discussão a conveniência da adoção de uma legislação trabalhista no país, sendo o período coincidente com o aumento da consciência dos trabalhadores em torno da organização política.[37]

Na década de 1920 e com a situação do trabalho precário, da miséria e do desemprego, a mobilização operária descontente, que incluía movimentos revolucionários, perseverava, ainda mais porque o Brasil não tinha projeto de Nação com definição de classes sociais — unicamente uma oligarquia que tudo dominava.

Com a "*Revolução de 1930*", Getúlio Vargas assumia o poder propagando um projeto de Estado e com o objetivo de transformar a predominância da produção agrária em industrial, o que enfrentava a resistência da então classe dominante e que detinha o capital na política do Café com Leite que o antecedeu.

Perante esse objetivo de industrialização e na tensão dessas lutas e ameaças de revoluções operárias, o governo então formulou uma série de decretos para transformar em lei, em nível nacional urbano, os direitos já praticados em alguns segmentos, para, assim, resistir às lutas dos sindicatos "não oficiais", com forte influência dos imigrantes socialistas e anarquistas — mesmo com a restrição de sindicatos de trabalhadores àqueles oficiais, e da base mínima de trabalhadores brasileiros com a composição de 2/3 em cada empresa.

Em 26 de novembro de 1930, pelo Decreto n. 19.443, o Governo Federal, em tentativa de mudar a situação de ausência de cumprimento da legislação trabalhista, criou o Ministério do Trabalho, que, no entanto, apenas foi concretizado pelo Decreto n. 19.671-A de 1931, sob a denominação de "*Ministério do Trabalho, Indústria e Comércio*", e com um "*Departamento Nacional do Trabalho*".

Somente em abril de 1934, o Brasil ratificaria suas primeiras Convenções da OIT (criadas em 1919): n. 3 (proteção à maternidade), n. 4 (trabalho noturno das mulheres — denunciada em 1937), n. 5 (idade mínima para admissão na indústria) e n. 6 (trabalho noturno dos menores na indústria).

Poucos meses após, com a CF/1934, houve expressa previsão de uma legislação do trabalho que visasse melhorar as condições do trabalho, tendo em vista que, pelo seu art. 121, a lei deveria promover "*o amparo da produção*" e estabelecer "*as condições do trabalho, na cidade e nos campos, tendo em vista a proteção social do trabalhador e os interesses econômicos do País*", estabelecendo diversos direitos; bem como, em seu art. 122, constou a criação da Justiça do Trabalho. De outro lado, tal constituição serviu para combater o chamado "perigo comunista" como ameaça à segurança nacional — tanto que, em 1935, a greve foi considerada como delito pela Lei n. 38 (*Lei Monstro*).

(37) *Ibidem*, p. 480.

Com a Constituição de 1937, após um golpe de Estado sob argumento de "*ameaça comunista dos operários*", foi promulgado um texto que contemplava, de um lado e pela primeira vez, a menção de direito operário (art. 16, XVI), e, de outro lado, considerava greve como recurso antissocial nocivo ao trabalho (art. 138). Nos arts. 135 a 137, havia contemplação de direitos trabalhistas. No art. 139, havia nova disposição criando a Justiça do Trabalho, que, no entanto, apenas foi concretizada com o Decreto n. 1.237 de 1939.

A Justiça do Trabalho, cujo projeto era discutido no Congresso desde 1935, apenas surgiu com Decreto n. 1.237/1939 — que a instituiu e organizou — e para pacificar as relações entre capital e trabalho, ou seja, para evitar disputas, confrontos e revoltas por parte dos trabalhadores, tendo, assim, caráter civilizatório. Apenas em 1941 a Justiça do Trabalho foi instalada — portanto, antes mesmo da CLT, que somente viria em 1943!

Diante da pressão internacional, em 1942, contra o governo brasileiro, por ser ditatorial e ainda não ter aderido à 2ª Guerra ao lado dos aliados, Getúlio usou do fenômeno do "trabalhismo" como forma populista de manutenção no poder; levando à assinatura, em 1º de maio de 1943, da CLT, que nada mais é do que uma Consolidação (como o próprio nome define), ou seja, um agrupamento histórico de leis, decretos legislativos e decretos-lei que, tomando-se, também em parte, por base cláusulas fixadas em acordos coletivos, que disciplinava as diversas relações de trabalho no Brasil durante anos, contemplando, ainda, as Convenções da OIT já ratificadas; tanto que, no texto original de cada artigo da CLT, havia a menção a cada respectivo decreto original usado como referência.

Ressalta-se que a comissão de juristas encarregada pelo governo para organizar a legislação trabalhista, composta por Luiz Augusto de Rego Monteiro, Arnaldo Lopes Süssekind, Dorval de Lacerda, José de Segadas Vianna e Oscar Saraiva, fez, é verdade, mais do que agrupar as leis, haja vista que agregou conceitos e preencheu vazios legislativos, concebendo quase que um Código do Trabalho, apesar de não ter sido projeto de lei com tramitação no legislativo, mas um ato do governo. Logo, a crítica que se faz à CLT até os dias de hoje,[38] como relacionada à "*Carta Del Lavoro*" do governo italiano fascista de Mussolini (que era uma carta política com meros 30 artigos), é infundada e só tem coincidência quanto à estratégia de vinculação do sindicato ao Estado, porque, como já visto, todo o teor da CLT decorreu de preceitos normativos já estabelecidos na legislação nacional, principalmente, pelos decretos desde 1932, sendo alguns, todavia, desde a década de 1920.

---

(38) É digno de nota que a CLT sofreu, em praticamente todos os governos posteriores (salvo no de Jânio Quadros), dezenas e dezenas de alterações em seus dispositivos, restando pouco de seus textos originais.

Da leitura da exposição de motivos da CLT,[39] pode-se extrair muito do seu contexto histórico e de seus desígnios como materialização de uma gama de leis já existentes e sua organização para a concepção de um documento coeso, chamado Consolidação: "*9. Entre a compilação ou coleção de leis e um código — que são, respectivamente, os momentos extremos de um processo de corporificação do direito — existe a consolidação, que é a fase própria da concatenação dos textos e da coordenação dos princípios, quando já se denuncia primeiro o pensamento do sistema depois de haverem sido reguladas, de modo amplo, relações sociais em determinado plano da vida política. (...) 11. Esse o significado da Consolidação, que não é uma coleção de leis, mas a sua coordenação sistematizada.*"

Prosseguindo no comparativo histórico, em 1946, pelo art. 157 da nova Constituição promulgada pelo presidente Gaspar Dutra, ficaram estabelecidos preceitos para melhoria das condições dos trabalhadores; quanto ao direito à greve, contudo, apesar da permissão genérica, condicionava seu exercício aos termos da lei, jamais existente. Se, por um lado, o país vivia forte repressão ao movimento sindical por melhorias; avanços pontuais existiram, como a Lei n. 605/49, que instituía o DSR.

No retorno ao poder de Getúlio em 1950, o Ministério do Trabalho, então criado em 1930, torna-se fortalecido com a atuação do ministro Jango[40] (1953) em interlocução com os sindicatos de trabalhadores e empresários; com a implementação de fiscalização das empresas acerca do cumprimento das leis trabalhistas, conferindo-lhe o caráter de "*Ministério de proteção aos trabalhadores*".

E isso decorre de um contexto político adequado somado ao cumprimento da Convenção de n. 81 da OIT que, apesar de aprovada em 1947, somente passou a integrar nosso ordenamento interno, efetivamente, pelo Decreto n. 41.721/57. Tal convenção reforçava a necessidade da criação de um serviço governamental de Inspeção do Trabalho, dando especiais poderes aos inspetores para ingressarem a qualquer horário do dia ou da noite nos locais de trabalho, com a finalidade de assegurar o cumprimento da legislação social.

Convém ressaltar que, desde o advento da primeira lei trabalhista no Brasil, com o Decreto n. 1.313, de 17 de janeiro de 1890, que proibiu o trabalho das crianças menores de 12 anos nas fábricas, já havia previsão de criação de mecanismos de fiscalização para o cumprimento da lei, mas a fiscalização não era prioridade nem objeto de política pública para a efetividade, com raríssimas exceções, como o citado período de Jango à frente do Ministério do Trabalho.

(39) Exposição de motivos da CLT. Disponível em: <http://honoriscausa.weebly.com/uploads/1/7/4/2/17427811/expmot-clt.pdf>. Acesso em: 27 ago. 2019..

(40) Jango era o apelido de João Goulart.

Na década seguinte, em 1962, já no governo de Jango, surgiu o direito ao 13º salário estabelecido em lei, e que já era praticado por diversos empregadores; e, em 1963, o Estatuto do Trabalhador Rural. Também fora criada uma comissão de juristas para produzir um Estatuto do Trabalho, melhorando a CLT, mas que não se realizou.

Nesse período, o país estava vivendo um raro lapso de progresso nas discussões sobre os direitos, especialmente os trabalhistas.

Em 1964, em reação inclusive ao progresso social e aos avanços dos direitos trabalhistas, ocorreu o denominado Golpe Civil-Empresarial-Militar de 64, instaurando-se, com decisiva participação dos empresários influentes, um Regime ditatorial.(41)

E o contexto internacional era favorável aos golpes militares nos países da América Latina, principalmente diante da Guerra Fria (1947 – 1991) e de sua conjuntura sobre o poder econômico capitalista e a política imperialista dos EUA no pano de fundo: a) 1954 — Golpe Militar no Paraguai; b) 1964 — Golpe Militar no Brasil; c) 1966 — Golpe Militar na Argentina; d) 1968 - Golpe Militar no Peru; e) 1971 — Golpe Militar na Bolívia; f) 1971 — Golpe Militar no Uruguai; g) 1972 — Golpe Militar no Equador; e h) 1973 — Golpe Militar no Chile.

Na legislação, como principal pilar que justificava o golpe militar, a precarização do direito social avança com a derrota dos trabalhadores em diversos pontos: pela proibição da greve em atividades essenciais e no setor público (Lei n. 4.330/64), com política de intervenção em sindicatos; pelo parcelamento do 13º salário (Lei n. 4.749/65); pela permissão de redução de salários por autuação judicial (Lei n. 4.923/65); pela fissura no conceito de subordinação do representante comercial (Lei n. 4.886/65); criação do Fundo de Garantia do Tempo de Serviço em substituição da estabilidade decenal (Lei n. 5.107/66), o criação do trabalho temporário e terceirização (Lei n. 6.019/74), do estágio (Lei n. 6.494/77), da terceirização do vigilante (Lei n. 7.102/83), dentre outras.(42)

Assim, entre as medidas de primeira ordem, já em 1966 (Lei n. 5.107), o governo ditatorial brasileiro criou o FGTS (Fundo de Garantia do Tempo de Serviço), exatamente para minar a estabilidade decenal prevista na CLT e possibilitar um retrocesso de direitos pelas rescisões imotivadas e sem garantias dos contratos de trabalho.

Em 1967, uma nova Constituição é imposta por esse Regime ditatorial, cujo teor veda greve nos serviços públicos e serviços essenciais; surpreendentemente, digno de nota é o teor de seu art. 158, com o uso da expressão "*assegura* aos trabalhadores os seguintes direitos", ou seja, no sentido de garantia, resultando em uma redação progressista por ser mais favorável do ponto de vista de direitos e garantias — mas foi só.

---

(41) SOUTO MAIOR, Jorge Luiz. *História do direito do trabalho no Brasil:* curso de direito do trabalho. Vol. I: parte II. São Paulo: LTr, 2017. p. 144.

(42) *Ibidem*, p. 318-327.

A Lei do contrato temporário (Lei n. 6.019/74) quebrou a estrutura lógica constante na CLT sobre vínculo e relação de emprego, permitindo contratos contra o princípio da continuidade da relação de emprego, com menos direitos e que acarretaram diminuição de benefícios além do achatamento salarial — somado a isso, tais modalidade dificultam a organização da classe trabalhadora.

Já a terceirização teve sua primeira "demanda" na iniciativa privada no setor bancário e foi atendida pelo governo militar pelo Decreto-lei n. 1.034/1969, ou seja, sobreveio para possibilitar aos bancos (e afins) a contratação de vigilantes por empresa interposta, evitando-se a jornada de seis horas aplicável aos vigias empregados, estabelecida pelo art. 226 da CLT, desde sua alteração pela Lei n. 3.488/58.[43]

Antes disso, surgiu o primeiro ataque ao modelo ordinário de contrato de trabalho firmado entre empregado e empregador por meio do Decreto-lei n. 200/1967, que versava sobre a organização administrativa da União, e introduziu a noção de descentralização administrativa, distanciando o trabalhador daquele para quem ele prestava serviços, ou seja, o Estado. Dessa maneira, a União poderia contratar com empresas da iniciativa privada "a realização material de tarefas executivas", institucionalizando a triangulação entre tomadora de serviços e trabalhador, com a intermediação de empresa interposta. A posterior promulgação da Lei n. 5.645/1970 supriu a falta de definição das chamadas "tarefas executivas" mencionadas no art. 3º, parágrafo único, do Decreto-lei n. 200/1967, complementando sua redação.[44]

Assim, a terceirização então chegava ao país como uma das formas encontradas pelo capital para se afastar do Direito do Trabalho e para, com isso, promover uma maximização de seu próprio acúmulo ocasionada pelo incremento da exploração de mão de obra.[45]

Da mesma forma, o governo militar propôs uma Lei do Estágio (Lei n. 6.494/77) para retirar da definição de empregado o estagiário subordinado e habitual, retirando-lhe direitos já consolidados. Antes disso, pela diretriz desenvolvimentista do governo militar, focada na administração de obras, e como reflexo do impulso econômico experimentado pelo país no início de 1970, aveio o Decreto n. 66.546 de 11 de maio de 1970, pelo qual foram criados os "estágios práticos" de nível superior nas áreas prioritárias de engenharia, tecnologia, economia e administração, induzindo a um sentido de trabalho para algumas áreas consideradas desenvolvimentistas, em que havia deficiência de mão de obra preparada. Para as atividades de estágio foram previstas bolsas de

(43) MAEDA, Patrícia. Terceirização no Brasil: histórico e perspectivas. In: *Revista do Tribunal Regional do Trabalho da 15ª Região*, n. 49, 2016. p. 132.

(44) *Ibidem*, p. 130.

(45) BRENDA, Laura. Terceirização: um disfarce que precariza, adoece e mata. In: SOUTO MAIOR, Jorge Luiz; SEVERO, Valdete Souto (Orgs). *Resistência* — Aportes teóricos contra o retrocesso trabalhista. 2017. p. 99.

estudos, tanto no setor público como no privado, mas com a previsão de que isso não significaria geração de vínculo empregatício.

Diante das lutas contra o regime autoritário e por melhores condições de trabalho e renda, diversas greves e mobilizações sociais ocorreram mediante forte repressão do regime militar.

Em destaque acerca das 429 greves que ocorreram somente em 1979, o movimento grevista desencadeado pelo Sindicato dos Metalúrgicos de São Bernardo e Diadema, liderados por Luiz Inácio Lula da Silva, cuja pauta continha o reajuste de 78,1% nos salários, piso de três salários mínimos, garantia de emprego, redução de 48h para 40h/semanais e estabilidade para os acidentados.(46) Mesmo diante da decisão de ilegalidade pelo TRT-2, a mobilização dos trabalhadores conquistou mais adesões, chegando a 150 mil na histórica assembleia no Estádio da Vila Euclides, e também condições melhores daquelas estabelecidas na decisão judicial.

O movimento operário se intensificou, ingressando também no debate político pela redemocratização, o que resultou na maior repressão do governo, ainda mais com a recessão econômica vivida pelo país. No começo dos anos 1980, o movimento operário passa a ser decisivo também na mobilização, em 1983, pelas "Diretas Já" (para eleição direta para presidente da República), ainda mais com o apoio da recém-criada Central Única dos Trabalhadores (CUT), vinculada ao Partido dos Trabalhadores (PT), criado três anos antes.

Apesar do início da redemocratização, as eleições diretas ocorreram, mas o governo Sarney apresentou, diante desse contexto histórico de mobilização operária, algumas leis com avanços aos direitos trabalhistas, tais como: a) limitação de 8h/dia aos vigias (Lei n. 7.313/85 sobre art. 62, "*b*", da CLT); b) aumento de 10 para 30 dias do período de participação do empregado sobre as férias (Lei n. 7.314/85 — sobre art. 135 da CLT); c) equipara os empregados da CEF acerca de jornada de 6h/dia e permite sindicalização (Lei n. 7.430/85, que altera o art. 224 da CLT, e Lei n. 7.449/85, que altera o art. 566 da CLT); d) estabilidade ao empregado associado investido de cargo de direção em associação como extensão do direito do direito previsto no art. 543, § 3º, da CLT, alterando-o (Lei n. 7.543/86); e e) retomada da vigência da Convenção n. 81 da OIT, sobre inspeção do trabalho, por meio do Decreto n. 95.461/87.

11. Constituição Cidadã — 1988

Nessa conjuntura de mobilizações e de expectativa de retomada de conquistas da classe trabalhadora, foi instalada a Assembleia Nacional Constituinte em 1987.(47)

(46) SOUTO MAIOR, Jorge Luiz. *História do direito do trabalho no Brasil:* curso de direito do trabalho. Vol. I: parte II. São Paulo: LTr, 2017. p. 344.

(47) *Ibidem*, p. 354.

Como resultado desse processo histórico e democrático, foi promulgada, em 1988, a atual Constituição Federal, chamada "constituição cidadã", um acaso pelo avanço histórico e pelo contexto político nacional das forças tradicionais já se reorganizando, ainda mais porque, na conjuntura internacional, já havia forte presença do neoliberalismo vigente da crise do petróleo até hoje.

A CF/88 tem por diretriz implantar um Estado Democrático de Direito estruturado a partir de um tripé conceitual: pessoa humana e sua dignidade; a sociedade política, democrática e inclusiva; e a sociedade civil, também democrática e inclusiva.(48)

Isso porque, repete-se, foi consequência de um processo intenso de mobilização social que ganhou força na luta pela redemocratização e contra a repressão do regime militar desde o golpe de 1964, principalmente desde os referidos movimentos operários surgidos em 1979.

Foi construído pela CF/88 um avanço em valores sociais e, principalmente, da valorização social do trabalho, mesmo com alguns pontos ficando aquém das expectativas dos trabalhadores no fechamento das últimas votações.

Dentro dos princípios fundamentais, asseguraram-se a cidadania, a dignidade da pessoa humana, os valores sociais do trabalho e a livre-iniciativa (art. 1º), bem como a construção de uma sociedade livre, justa e solidária, a erradicação da pobreza e a redução das desigualdades sociais e vedação de quaisquer formas de discriminação, como objetivos fundamentais da República (art. 3º). Somado a isso, os direitos humanos devem prevalecer nas relações internacionais do País (art. 4º).

Já no art. 5º, nos direitos e garantias individuais, a propriedade privada é garantida (inc. XXII), mas vinculada à sua função social (inc. XXIII). Enquanto que, no art. 186, a função social da propriedade deve observar as disposições que regulam a relação de trabalho e seu bem-estar.

A CF/88, pelo art. 170, ainda determina expressamente que a ordem econômica deve ser fundada na valorização do trabalho humano, ou seja, assegurando a todos uma existência digna, sob os ditames da justiça social, atentando-se para a função social da propriedade, a redução das desigualdades sociais e o pleno emprego.

---

(48) DELGADO, Mauricio Godinho. *Curso de Direito do Trabalho*. São Paulo: LTr, 2018. p. 117. Neste período, os direitos trabalhistas sofreram diversos e profundos ataques: intervenção nos sindicatos, restrição ao direito de greve (Lei n. 4.330/64), política salarial recessiva (Lei n. 4.923/64), ofensiva à estabilidade decenal pela regra do FGTS (Lei n. 5.107/66); alterações depreciativas da medicina e segurança no trabalho (Decreto-lei n. 229); trabalho temporário (Lei n. 6.019/74); origem da terceirização com a lei do vigilante (Lei n. 7.102/83) para beneficiar o sistema bancário; restringe reconhecimento de vínculo ao representante comercial (Lei n. 4.886/65); redução salarial (Lei n. 4.923/65); dentre outras.

E o direito social do trabalho está notadamente inserido no Título III, "Dos Direitos e Garantias Fundamentais", Capítulo II: "Dos Direitos Sociais", cujos arts. 6º a 11 regulam os direitos sociais individuais e coletivos.

Dessa forma, a CF/88, regulando o sistema capitalista de produção, mas não sob uma ordem jurídica liberal, fixou parâmetros essenciais para um "desenvolvimento sustentável", ou seja, de um capitalismo socialmente responsável a partir dos postulados do Direito Social.(49)

Contudo, repete-se, além de certos avanços propostos terem sido tolhidos ainda dentro da constituinte (estabilidade no emprego, plenitude do direito de greve, liberdade sindical plena etc.), quando o poder econômico viabilizou a sua reação, isso ficou ainda mais perceptível no período posterior à promulgação, tendo em vista o intenso ataque formulado às novas bases constitucionais, construindo "interpretações" que negavam o próprio texto constitucional e que tolhem, até hoje, o seu alcance literal.(50)

Apesar dessa resistência e reação do poder econômico, fato é que a CF/88, ao estruturar o Estado Democrático de Direito, colocou a pessoa humana no vértice da ordem constitucional e, nesta medida, de toda a ordem jurídica do País — e, por consequência, de sua ordem social, econômica, cultural e institucional, assim impondo ao Direito e a todos os seus intérpretes o dever de compreender e aplicar a nova e civilizatória lógica constitucional.

Nesse sentido, a CF/88 também produziu resultados exponenciais em todo o período seguinte à sua promulgação, transformando, de maneira impactante, a dimensão do Direito Coletivo do Trabalho, resgatando a negociação coletiva de seu limbo jurídico e de sua inércia factual, e estabelecendo direitos e garantias fundamentais sociais no texto constitucional.

Se direito social, nos ensinamentos do mestre Cesarino Jr., é a superação do direito liberal, vê-se, de outro lado, no já citado fortalecimento do neoliberalismo nas relações de trabalho, o consequente ataque no campo do direito social.

12. "Reforma Trabalhista" — Recorrente e persistente ataque a direitos sociais

Diante desse cenário globalizado, estabelecido nas últimas décadas, de domínio acentuado do poder econômico global, a denominada "reforma trabalhista" representa, certamente, o maior desafio do direito social do trabalho brasileiro diante das alterações

---

(49) SOUTO MAIOR, Jorge Luiz. *História do direito do trabalho no Brasil:* curso de direito do trabalho. Vol. I: parte II. São Paulo: LTr, 2017. p. 355-379.

(50) MACHADO, Gustavo Seferian Scheffer. *A Ideologia do Contrato de Trabalho.* São Paulo: LTr, 2016. p. 113.

feitas em desrespeito aos princípios e à constituição histórica do ordenamento jurídico nacional e internacional do trabalho.

Não se trata de ataques pontuais, mas de graves lesões aos direitos sociais diante da pressão persistente do poder econômico contra décadas de conquistas de direitos pela classe trabalhadora no último século, principalmente. Tanto que o processo reformista que culminou com as Leis n. 13.429 e 13.467 de 2017 continua com a mesma gana em 2019, pelo governo Bolsonaro então eleito em 2018.

Mas antes mesmo de dezembro de 2016, mês em que foi apresentado o anteprojeto de lei (PL n. 6.787/16) pelo governo Temer no Congresso Federal e que resultou na Lei n. 13.467/17, a obsessão do mercado por reformas contra direitos sociais se fez presente.

Cumpre ressaltar, em um necessário recorte histórico, que os governos imediatamente posteriores à CF/88, principalmente Collor[51] e FHC,[52] porque mais alinhados à cartilha econômica neoliberal, tentaram ataques incisivos às bases dos direitos trabalhistas, mas a mobilização social conseguiu resistir e pressionar o parlamento contra tais fins.[53]

Senão vejamos. Logo após promulgada, ainda no governo Sarney,[54] a CF/88 foi espremida pela pressão neoliberal do mercado, que baixou a MP n. 59/1989 para destruir o direito de greve garantido no texto constitucional, o que foi complementado pela Lei n. 7.783/89.

Com as políticas a partir do eleito governo Collor, iniciado em 1990, a cartilha neoliberal passou a ser pregada com maior força pela flexibilização dos direitos sociais.

Em destaques no governo Itamar,[55] a Lei n. 8.949/94, que alterou o art. 442 da CLT para tentar viabilizar cooperativas de trabalho em conflito com a relação de emprego, o que foi declarado inconstitucional poucos anos depois de sua proliferação; a Lei n. 8.966/94, que alterou o art. 62 da CLT para tentar flexibilizar jornada de alguns trabalhadores, excluindo a limitação de jornada.

Já no governo FHC, cabem ser enfatizadas: a Lei n. 10.101/00 (MP n. 860/95) que regulou o PLR/PPR vedando-lhe qualquer natureza salarial; a MP n. 1.053/95

(51) Fernando Collor de Melo — presidente da República eleito em 1989 e empossado em 1990.

(52) Fernando Henrique Cardoso — presidente da República eleito em 1994 e empossado em 1995.

(53) SOUTO MAIOR, Jorge Luiz. *História do direito do trabalho no Brasil:* curso de direito do trabalho. Vol. I: parte II. São Paulo: LTr, 2017. p. 387-404.

(54) José Sarney — presidente da República eleito indiretamente como vice de Tancredo Neves em 1985 e empossado em 1985 em virtude de falecimento do titular.

(55) Itamar Franco — presidente da República eleito inicialmente como vice de Collor em 1989, e empossado como presidente em 1992 em virtude de renúncia do titular.

(Plano Real), que proibia a negociação salarial automática pelos sindicatos; a MP n. 1.709/98 (e suas versões), que instituiu o regime a tempo parcial, banco de horas (art. 59, § 2º, da CLT) e suspensão temporária do contrato de trabalho (art. 476-A da CLT); a denúncia da Conv. 158 da OIT pelo Decreto n. 2.100/96, na tentativa de impedir a vedação da rescisão imotivada (cuja forma está sendo contestada perante o STF desde então); a Lei n. 9.504/97, que afastou o vínculo de emprego em campanhas eleitorais; a Lei n. 9.601/98, que criou o contrato provisório, banco de horas; a Lei n. 9.608/98, que afastou vínculo de emprego de trabalho voluntário à entidade pública.

Mesmo diante de governos eleitos sob a bandeira progressista e do trabalhismo, os direitos trabalhistas também sofreram perdas: no governo Lula,(56) tal como a Lei de Recuperação Judicial (Lei n. 11.101/05) e seu permissivo de "calote" a direitos trabalhistas; e no governo Dilma(57), como, por exemplo, nos retrocessos trabalhistas diante da Copa 2014, onde houve precarização da relação de trabalho e emprego em detrimento da CF/88 e da CLT.

Cumpre frisar, de outro lado, que, em dezembro de 2012, apesar do histórico da economia aquecida e do baixo índice de desemprego (quase pleno emprego, motivando o que foi chamado de "apagão de mão de obra", haja vista a carência de trabalhadores para os postos de trabalho abertos pelas empresas), a CNI (Confederação Nacional da Indústria), por sua vez, apresentou um documento denominado "101 Propostas para Modernização Trabalhista" com a inequívoca intenção de precarizar a relação de emprego para aumentar os lucros.

Conforme a divulgação no *site* da entidade, o *"objetivo do estudo é abrir as discussões para reduzir os altos custos do emprego formal, que a CNI vê como um dos mais graves gargalos ao aumento da competitividade das empresas brasileiras"*.(58)

E prossegue:

> O documento lista 101 "irracionalidades" da legislação trabalhista, aponta as consequências de cada uma delas, dá a solução e a forma legal para adotá-la e ainda enumera os ganhos das mudanças. Sugere, para eliminar as "irracionalidades", 65 projetos de lei, três projetos de lei complementar, cinco projetos de emenda à Constituição (PECs), 13 atos normativos, sete revisões de súmulas do Tribunal Superior do Trabalho (TST), seis decretos, cinco portarias e duas normas de regulamentação (NR) do Ministério do Trabalho na área de saúde e segurança do trabalho.

---

(56) Luís Inácio Lula da Silva — presidente da República eleito em 2002 e empossado em 2003.

(57) Dilma Rousseff — presidenta da República eleita em 2010 e empossada em 2011.

(58) CNI. *CNI propõe 101 Propostas para Modernização Trabalhista*. Disponível em: <https://noticias.portaldaindustria.com.br/noticias/leis-e-normas/cni-propoe-101-medidas-para-modernizar-relacoes-trabalhistas-incluindo-fim-de-norma-criada-para-ferroviarios-nos-anos-30/>. Acesso em: 03 ago. 2019.

Somente para se ter rasa noção dos objetivos dessa proposta da CNI em 2012 e sua relação com o teor da posterior aprovação da Lei n. 13.467/17, chamada "reforma trabalhista", vale a transcrição do indicativo das propostas através de seu índice:[59]

(59) *Idem.*

Assim, ao se comparar o texto aprovado da Reforma Trabalhista (Lei n. 13.467/17), em sua tramitação recorde, com essas propostas da CNI apresentadas em 2012, portanto cerca mais de 5 anos antes, há inegável e assustadora sintonia.[(60)]

Desse modo e já tratando da proposta que resultou na chamada "Reforma Trabalhista" apresentada ao Congresso Nacional pelo governo Temer[(61)] em dezembro de 2016, constata-se que, entre o seu efetivo trâmite em 09.02.2017, já sob a forma de PL n. 6.787/16 e relatoria do deputado federal Rogério Marinho (PSDB-RN), com seus onze artigos originalmente propostos, e sua proposta final para votação em 12.04.2017 e com alteração de mais de 200 dispositivos da CLT, passaram-se 2 meses e sem nenhuma discussão com a sociedade, ainda mais pela discrepância entre o projeto

(60) CNI. *101 Propostas para Modernização Trabalhista.* Disponível em: <http://conexaotrabalho.portaldaindustria.com.br/publicacoes/detalhe/trabalhista/modernizacao-e-desburocratizacao-trabalhista/101-propostas-para-modernizacao-trabalhista/>. Acesso em: 03 ago. 2019.

(61) Michel Temer — presidente da República reeleito como vice de Dilma em 2014 e empossado como presidente em 2016 em virtude de golpe parlamentar na titular.

original e o aprovado na votação de 26.04.2017. No Senado, o trâmite foi ainda mais inacreditável, já que o seu teor nem foi apreciado pelos senadores para o voto, nem mesmo o relatório apontando diversas inconstitucionalidades foi lido no plenário, deixando-se, portanto, de cumprir com a republicana responsabilidade legislativa exigida na CF/88, aprovando-se a tal reforma trabalhista.[62]

Assim, o PL n. 6.787/16, em seu trâmite formal, descumpriu preceitos básicos das normas internacionais da OIT sobre alterações das regras trabalhistas mediante consulta prévia e com amplo debate na sociedade, e a necessidade de discussão tripartite (Convenção n. 144), bem como os preceitos constitucionais sobre o trâmite legislativo acerca do debate público, da análise jurídica formal e da responsabilidade de cada casa legislativa, principalmente da revisora (Senado). [63]

É importante ressaltar que, meses antes da aprovação acima referida, houve "*tumultuada aprovação, em 22.03.2017, pela Câmara dos Deputados*", referente ao "*projeto de Lei Federal n. 4.302, de 1998, que altera dispositivos da Lei Federal n. 6.019/74, que regulamenta o Trabalhador Temporário, além de indiretamente normatizar a subcontratação de empregados no Brasil (ou contratação por empresa interposta), conhecida como sendo terceirização da mão de obra, é sancionado pelo presidente Temer em edição extraordinária do DOU em 31.03.2017, sexta-feira*".[64]

Trata-se da Lei n. 13.429/17 e que foi aprovada em manobra da Câmara Federal ao resgatar um projeto inerte nas gavetas do parlamento desde o final do governo FHC: "*Importante destacar que o projeto que ensejou a mencionada Lei Federal já fora apreciado pela Câmara no ano 2000, e, após, pelo Senado, em 2002, razão pela qual não foi possível, na votação ocorrida no último mês, a alteração do texto que fora apresentado para votação, cabendo tão somente aos Deputados escolher a manutenção do texto aprovado pelo Senado (integral ou parcial) ou se retomavam a redação feita pela Câmara.*"

13. Lei n. 13.429/17 e Lei n. 13.467/17 (chamada "Reforma Trabalhista")

Assim, o pacote de maldades da chamada "reforma trabalhista" surge para o aumento do sofrimento no trabalho, a ampliação da precariedade de direitos e a piora das condições de trabalho, além de uma diminuição generalizada de benefícios e

(62) SEVERO, Valdete Souto; SOUTO MAIOR, Jorge Luiz. *Manual da Reforma Trabalhista* — pontos e contrapontos. AATSP, 2017. p. 13-14.

(63) MELO FILHO, Hugo Cavalcanti; ACIOLI, José Adelmy da Silva. A Inconvencionalidade formal da Lei n. 13.467/2017. In: SOUTO MAIOR, Jorge Luiz; SEVERO, Valdete Souto (Orgs.). *Resistência* — Aportes teóricos contra o retrocesso trabalhista. 2017. p. 79-96.

(64) PEDROSO, Mariana Machado. *Terceirização* — O PL n. 4.302, de 1998 é sancionado pelo presidente Michel Temer em 31 de março de 2017 e ganha o n. 13.429/17 - Seus principais pontos e seus novos capítulos. Disponível em: <https://www.migalhas.com.br/dePeso/16,MI256768,91041-Terceirizacao+O+PL+4302+de+1998+e+sancionado+pelo+presidente+Michel>. Acesso em: 03 ago. 2019.

ganhos normativos, como a flexibilização da jornada e da terceirização, a restrição ao acesso à justiça, a desqualificação da realidade regulada historicamente pelos princípios trabalhistas, dentre outros tantos elementos desafiadores da dignidade como garantias fundamentais no direito social.(65)

De outro lado, o objetivo oficialmente declarado pelo legislador no então projeto de lei "reformista", em sua exposição de motivos e nas entrevistas dos representantes do governo, pautava-se em: a) eliminar a insegurança jurídica; b) gerar empregos (ou reduzir o desemprego); c) não eliminar ou reduzir direitos; d) respeitar a CF/88; e) autorizar a flexibilização, como forma de melhorar a vida dos trabalhadores; f) modernizar a legislação, acompanhando a evolução tecnológica; e g) fortalecer a atuação sindical.(66)

Em análise contextual da chamada reforma, pode-se perceber facilmente seus objetivos para desestruturação dos trabalhadores em sua organização coletiva e em sua identidade como categoria; para a precarização da sua renda e das relações dignas de trabalho; no incentivo da terceirização irrestrita e desregulada; no ataque ao patamar civilizatório histórico na relação capital/trabalho, regredindo a exploração ao período anterior ao século XX; além da ausência de qualquer preocupação econômica nacional, tendo em vista que a precarização do emprego e da renda impacta diretamente no mercado consumidor interno, assim como em sua sustentabilidade para fomentar a produção e o comércio.

Alguns de seus principais pontos, diante dos mais de 200 dispositivos da CLT e de leis afins que sofreram alterações, merecem destaque:(67)

1. Flexibilização da jornada e dos contratos de trabalho para precarizar as relações de emprego;

2. Banco de horas por acordo individual (período de até 6 meses), incluindo até uma possibilidade tácita (dentro do mês); além do banco de horas por instrumento coletivo (até 12 meses);

3. Jornada 12/36 por acordo individual e sem intervalo real para refeição, somente indenizado;

4. Contrato de trabalho intermitente e de forma irrestrita, sem salário mínimo/mês e obrigatoriedade de recolhimento previdenciário ininterrupto;

(65) SOUTO MAIOR, Jorge Luiz. *O "fascimo" como retórica e a democracia em risco.* Disponível em: <https://www.jorgesoutomaior.com/blog/o-fascismo-como-retorica-e-a-democracia-em-risco>. Acesso em: 03 jan. 2019.

(66) SEVERO, Valdete Souto; SOUTO MAIOR, Jorge Luiz. *Manual da Reforma Trabalhista* — pontos e contrapontos. AATSP, 2017, p. 17.

(67) *Ibidem*, p. 13-14.

5. Jornada em teletrabalho e sem controle de horário, na tentativa de afastar horas extras, mas com socialização dos custos operacionais;

6. Terceirização irrestrita e viabilização da chamada PJotização (patrão de si mesmo);

7. Contrato temporário com prazos maiores (até 270 dias) e com menos garantias na responsabilização final do tomador e sócios;

8. Fim da contribuição sindical compulsória e presumida;

9. Fim da homologação sindical das rescisões contratuais com mais 1 ano de vínculo;

10. Fim da ultratividade de Acordos Coletivos e Convenções Coletivas;

11. Negociado sobre o legislado para retirada de direitos — inversão do princípio da proteção e contra os princípios do não retrocesso e da progressão social;

12. Restrição ao Acesso à Justiça, dificultando a gratuidade, e, mesmo diante de sua concessão, imposição de custeio de honorários periciais e de sucumbência recíproca;

13. Dispensa em massa equiparada à individual;

14. Abrangência maior do regime por tempo parcial, que permite salário inferior ao mínimo legal ou convencional;

15. Tentativa de desconfigurar a ocorrência de horas extras *in itinere;*

16. Tentativa de flexibilização ou desconfiguração do tempo à disposição;

17. Redução de intervalo de descanso e refeição de forma facilitada e sem fiscalização da autoridade estatal;

18. Dispensa por mútuo acordo possibilitada na forma de uma relação meramente civil, com renúncia velada de direitos;

19. Acordo extrajudicial para viabilizar a quitação irrestrita de direitos (renúncia de direitos);

20. PDV com quitação geral (renúncia de direitos);

21. Taxação do Dano Extrapatrimonial com vinculação ao salário recebido pela vítima;

22. Recebimento de férias em três parcelas;

23. Criação do conceito de empregado "hipersuficiente" com poderes para negociar individualmente como se entidade sindical fosse, e submissão à arbitragem;

24. Requalificação de verbas salariais para retirada de seu caráter salarial;

25. Equiparação salarial dificultada (quase impossibilitada), aumenta requisitos, restringe ao estabelecimento;

26. Quitação anual – aos moldes do direito do consumidor (mas com proteção invertida!);

27. Trabalho de gestante e lactante viabilizado, em regra, em ambiente insalubre;

28. Trabalho autônomo exclusivo — tentativa de excluir vínculo de emprego;

29. Restrição à execução das dívidas trabalhistas em proteção aos tomadores do serviço e aos sócios retirantes;

30. Restrição à desconsideração da personalidade jurídica, exigindo procedimento incidental prévio;

31. Estimular arbitragem como meio de transacionar direitos, muitos dos quais irrenunciáveis;

32. Restrição às súmulas dos tribunais, na tentativa de limitar o poder jurisdicional; dentre outros!

Não é difícil de antever, portanto, o efeito devastador às bases de nação social e economicamente sustentáveis que pode acarretar essa fórmula que une a precarização de direitos com terceirização irrestrita e na representatividade forjada por categoria profissional vinculada ao empregador locador de mão de obra, isso somado com ausência de liberdade sindical.

Só para consignar, a primeira Convenção da OIT, trata, em 1919, da redução da jornada de trabalho para 8 horas diárias!

Para apimentar ainda mais essa indigesta receita do caos aos trabalhadores, é indiscutível o poder da terceirização para gerar a pulverização da força de trabalho, principalmente quando viabiliza a distribuição da mão de obra entre diversos tomadores de serviços, e, consequentemente, em diferentes atividades econômicas dissociadas da representatividade sindical permitida em lei.

Ressalta-se que, diante da terceirização e das amarras da unicidade sindical, o trabalhador não tem liberdade para escolher seu representante sindical com base no produto final que gera a contribuição de seu trabalho, e vê esfacelada a sua identidade de categoria pela estratégia do poder econômico dominante — tudo para que este possa, além de sonegar a sua responsabilidade integral na relação direta entre capital e trabalho na produção — aumentar o seu poder econômico, que irá intensificar, mais e mais, a exploração, principalmente pela desarticulação dos trabalhadores diante dos meios de produção.

Ao invés de privilegiar a similitude de condições de vida, a vivência de semelhantes condições de trabalho, e o senso de comunidade entre os trabalhadores na busca de melhores condições de trabalho, a terceirização provoca a lesão à isonomia, tanto que os trabalhadores "tradicionais" e os terceirizados (discriminados), caso colocados lado a lado e no desempenho de semelhantes funções, com enquadramentos sindicais diferentes e, assim, com níveis distintos de conquista de direitos trabalhistas, sofrerão efeito oposto àquele almejado pelo histórico legislador de quase 100 anos atrás, fomentando a discriminação intrínseca, fruto de disputas entre os próprios trabalhadores, fórmula de sucesso para sabotar o efetivo engajamento sindical representativo, e aprofundar as desigualdades pela exploração do capital no trabalho em busca do lucro.

A "reforma" trabalhista, nesse sentido, demonstra, em todo o contexto, a atualidade da teoria do valor-trabalho em Karl Marx, ao pretender ampliar os limites legais de exploração econômica da classe trabalhadora, gerando, por via de consequência, o aumento do montante do trabalho não remunerado pelo capital (mais-valia) e o rebaixamento geral das condições de labor, com especial ênfase para a jornada de trabalho.[(68)]

É manifesto, portanto, o minucioso descortinamento que Marx fez, 150 anos atrás, em sua mais relevante obra, *O Capital*, quando escreveu que a "*divisão manufatureira do trabalho é um método especial de produzir mais-valia relativa ou aumentar a autovalorização do capital à custa dos trabalhadores*".

Desenvolvendo tal ensinamento, Ana Tércia Sanches[(69)] relata em seu trabalho que a

> (...) manufatura aglomerou trabalhadores para atuarem em conjunto e assim promover o que Marx (*O Capital*) denominou caráter social do trabalho. Essa situação possibilitou que os trabalhadores não qualificados, no processo de cooperação e divisão de tarefas, fossem menos custosos, já que realizavam o mesmo trabalho necessário do antigo artesão só que de forma parcelada. A terceirização, por sua vez, conforme experiência aqui tratada, ao contrário de centralizar, descentraliza. Mesmo assim, consegue refazer o trajeto da manufatura como nos primórdios do capitalismo, na medida em que as atividades de trabalho que estavam dentro do banco eram remuneradas em um *quantum* "x" de dinheiro, e

---

(68) MURADAS, Daniela; COUTINHO, Grijaldo Fernandes. Reforma Trabalhista — a potencialização do valor do trabalho como mercadoria em tempos de governança burguesa ilegítima. In: SOUTO MAIOR, Jorge Luiz; SEVERO, Valdete Souto. (Orgs.). *Resistência* — Aportes teóricos contra o retrocesso trabalhista. 2017. p. 75.

(69) SANCHES, Ana Tércia. *A terceirização diante da noção de trabalhador coletivo em Marx*. Disponível em: <http://www.uel.br/grupo-pesquisa/gepal/terceirosimposio/anatercia.pdf>. Acesso em: 02 ago. 2019.

> que, ao serem terceirizadas, são remuneradas por "x – y", ainda que sob o controle do banco ou da grande empresa em outras condições politicas dadas pelas mediações contemporâneas.

E prossegue demonstrando que a terceirização constitui, assim,

> (...) um diferencial de caráter político, pois o trabalhador terceirizado não vende mais sua força de trabalho diretamente para o demandante e principal controlador da atividade que realiza. Sua relação de subordinação e conflito é mediada por um outro capitalista, o que implica, dentre outros aspectos, em uma maior fragmentação da classe em si e, consequentemente, em maiores dificuldades de percepção da classe para si, em meio ao cenário de alto desemprego vivido nos dias atuais, sobretudo no Brasil e países ditos emergentes, inseridos na disputa da nova divisão internacional do trabalho.(70)

Assim, a terceirização apresenta dificuldades *"à sua regulação civilizatória pelo Direito do Trabalho, apresenta manifesto desajuste à estrutura do sistema sindical do País, fundado na ideia matriz de categoria. É que os trabalhadores terceirizados não constituem, do ponto de vista real e sob a perspectiva jurídica, uma categoria profissional efetiva, uma vez que não apresentam, regra geral, similitude de condições de vida oriunda da profissão ou trabalho em comum"* expressa no § 2º do art. 511 da CLT.(71)

Lamentavelmente, a "*terceirização generalizada (...) é uma destruição completa do projeto de Direito Social, em favor do grande capital, o qual possui uma estruturação compatível com a intermediação*", ensina, sob sólidos fundamentos, Souto Maior, certamente o jurista pátrio que possui os mais admiráveis trabalhos em combate à sua consequente precarização(72) — a ponto de firmar importante e recente tese pelo

---

(70) *Idem.*

(71) DELGADO, Mauricio Godinho. *Direito Coletivo do Trabalho.* São Paulo: LTr, 2017. p. 106.

(72) SOUTO MAIOR, Jorge Luiz, em seu artigo *Terceirização da atividade-fim é o fim da terceirização*, argumenta ainda que *"a identificação jurídica da relação de emprego como questão de ordem pública, para que o Direito do Trabalho possa, concretamente, cumprir a sua função, não vai ao ponto de negar vigência ao negócio jurídico firmado entre as empresas e sim de invalidar a cláusula que tenta transferir a configuração da relação de emprego para a empresa prestadora de serviços, que, assim como o trabalhador, também não é detentora dos meios de produção e que apenas tem a oferecer no mercado a mercadoria força de trabalho, que compra dos trabalhadores com o dinheiro que lhe é transferido pela empresa capitalista, eis que tal tentativa afronta os arts. 2º e 3º da CLT, que definem a qualidade de empregado e empregador a partir do pressuposto da responsabilização jurídica do capital frente ao trabalho, em conformidade com o projeto do Direito Social. É totalmente impróprio, portanto, falar em terceirização no sentido do oferecimento de força de trabalho para a realização de atividades integradas a uma produção específica, que não passa, pois, de mera intermediação, cujo resultado final, para os trabalhadores, será sempre a redução de seus ganhos, já que o intermediador pretende extrair lucro com a venda da mercadoria força de trabalho e o capitalista, claro, não se prestará a investir mais capital na força de trabalho do que investiria na contratação direta dos trabalhadores, sendo que, ainda, tal fórmula confere ao capitalista a grande vantagem de, por meio de variadas intermediações, conseguir quebrar*

fim da unicidade sindical em decorrência da integral desestruturação do conceito de categoria pela terceirização irrestrita.(73)

Somado a esse cenário sombrio da escandalosa terceirização e da aterrorizante "PJotização", o contrato intermitente irrestrito, certamente, irá esfacelar ainda mais as relações de emprego e a organização da classe trabalhadora na defesa de sua dignidade, significando, ao lado do teletrabalho, meios de ilidir a eficiência de um legítimo movimento operário grevista em grande parte das atividades nas empresas de porte significativo.

O contrato de trabalho intermitente constante na Lei n. 13.467/17 não contempla limites e patamares dignos, setorização, direitos ou renda contratuais mínimos, apenas contraprestação pelas horas efetivamente prestadas, além de afastá-lo do ambiente de trabalho por ato unilateral do empregador e torná-lo passível de substituição por outros empregados intermitentes em *stand by*, assim colocando tal "*trabalhador numa condição de mero objeto, como ferramenta, equipamento, maquinário, à disposição da atividade econômica empresarial*".(74) Quando o trabalhador presta o serviço, recebe o salários daquelas horas; caso contrário, durante sua inatividade, não faz jus a nenhuma remuneração ou garantia à sua subsistência, assim representando um "*rebaixamento de status civilizatório que contraria, ao mesmo tempo, a vedação de tratamento desumano (art. 5º, III) e a finalidade constitucional do direito do trabalho da melhoria da condição social do trabalhador (art. 7º,* caput*).*"(75)

Da mesma forma, o teletrabalho implantado pela dita "reforma", antes de regular situações típicas e condizentes com novas modalidades de regramentos, almeja sua adoção permitida como ilimitada e própria para precarizar a relação de emprego e a renda, "*completamente desequilibrada e inconsequente*",(76) haja vista que tenta retirar o controle de jornada e tipificação de horas extras, bem como, mais uma vez, afasta o empregado do ambiente do trabalho e das relações coletivas, impedindo a identidade e a mobilização próprias da relação entre capital e trabalho. É mais fórmula para superexploração dos trabalhadores, apta para causar muitos danos, inclusive, à saúde,

---

a socialização no trabalho, que é base da ação coletiva reivindicatória dos trabalhadores, estimulando-se, além disso, uma lógica de concorrência entre estes". Acesso em: 1º ago. 2019

(73) SOUTO MAIOR, Jorge Luiz; SEVERO, Valdete Souto; YAMAMOTO, Paulo. *Quem tem medo de mudança e da liberdade sindical.* Disponível em: <https://www.jorgesoutomaior.com/blog/quem-tem-medo-de-mudancas-e-da-liberdade-sindical>. Acesso em: 1º ago. 2019).

(74) MAEDA, Patrícia. O Contrato de Trabalho Intermitente. *In*: SOUTO MAIOR, Jorge Luiz; SEVERO, Valdete Souto (Orgs.). *Resistência* — Aportes teóricos contra o retrocesso trabalhista. 2017. p. 323.

(75) *Idem.*

(76) CARELLI, Rodrigo. O Teletrabalho. In: SOUTO MAIOR, Jorge Luiz; SEVERO, Valdete Souto (Orgs.). *Resistência* — Aportes teóricos contra o retrocesso trabalhista. 2017. p. 331.

conforme alerta da OIT, haja vista que a ausência de restrição de jornada em teletrabalho e sua marginalização do ambiente de trabalho em convivência identitária com seus pares, representam sérios riscos à saúde mental.

Por sua vez, a precarização do emprego e da renda, acentuada com a flexibilização da jornada diária além dos limites das 8h, agrava, por si só, ainda mais o quadro de acidentes de trabalho, cujos índices já eram historicamente alarmantes — ainda antes dessa reforma. Veja-se que foram os acidentes de trabalho dos séculos XVIII e XIX um dos principais pilares da mobilização da classe trabalhadora diante das consequências da Revolução Industrial e da exploração ilimitada do trabalho, exatamente por causar deficientes ou órfãos, deixando as famílias desprotegidas, e a classe operária em desespero.

Na flexibilização da jornada, a Lei n. 13.467/17 incentiva a exploração daquilo que é mais caro ao trabalho: o tempo em que emprega sua força laboral, o tempo de vida que troca por sua subsistência. E desse tempo explorado, há o lucro do capital sobre o trabalho.

No permissivo de flexibilização pelo banco de horas (art. 59 da CLT), incluindo o tácito e aquele por acordo individual, somado ao negociado por acordo coletivo, há a superação da jornada diária de 8h, objeto, repete-se, da Convenção n. 1 da OIT, ainda em 1919. O que ainda piora na possibilidade de jornada 12x36 do art. 59-A da CLT, de uso irrestrito e por acordo individual.

Experiências nesse sentido de ataque neoliberal ao direito social do trabalho também ocorreram em diversos países do globo, com cunho precarizante das relações laborais, como recentemente se tenta na Argentina e acabou ocorrendo na França, na Espanha e em Portugal(77) — tornando relevante a análise da experiência portuguesa por sua capacidade jurisdicional de reverter o quadro de forma eficiente,(78) somada à mudança política.

Mas a chamada "Reforma Trabalhista" brasileira não se limitou nas leis aprovadas em 2017 e prossegue em seu intento precarizante, tendo em vista que o mercado exigiu mais.

14. MP n. 870/19 — Extinção do Ministério do Trabalho

Isso porque o presidente Bolsonaro,(79) em seu primeiro dia de mandato, extinguiu, através da MP n. 870 de 1º.01.2019,(80) o Ministério do Trabalho, reforçando

(77) D'AMBROSO, Marcelo José Ferlin. A negociação coletiva de direitos humanos do trabalho. In: ARAÚJO, Adriane Reis; D'AMBROSO, Marcelo José Ferlin (Orgs.). *Democracia e Neoliberalismo*. Ed. 2018. p. 361.

(78) DRAY, Guilherme. O direito do trabalho na jurisprudência constitucional da crise — o caso português. In: ARAÚJO, Adriane Reis; D'AMBROSO, Marcelo José Ferlin (Orgs.). *Democracia e Neoliberalismo*. Ed. 2018. p. 121.

(79) Jair Messias Bolsonaro — presidente da República eleito em 2018 e empossado em 2019.

(80) SOUTO MAIOR, Jorge Luiz. *Uma Defesa do Ministério do Trabalho*. Disponível em: <https://www.jorgesoutomaior.com/blog/uma-defesa-do-ministerio-do-trabalho>.

ainda o seu discurso contra a existência da Justiça do Trabalho. E prega além, propondo um contrato de trabalho precário, através da denominada "carteira de trabalho verde e amarela" ("Brasil tem direitos em excesso. A ideia é aprofundar a reforma trabalhista"),(81) onde os novos empregados iriam ingressar no mercado de trabalho sem direitos!

Veja-se que a forma legislativa "Medida Provisória" foi utilizada para questão nada urgente ou relevante, em desrespeito à separação de poderes garantida pela CF, que outorga ao legislativo federal a competência para apreciar a matéria através de projeto de lei, nos termos já decididos pelo STF em diversas ocasiões (RE n. 592.377, ADI n. 2.736, ADI n. 1.055, dentre outras), sendo abusivo o uso de MPs para marginalizar o constitucional processo legislativo e tolher o debate, ainda mais em assunto histórico e com consequências na aplicação de dispositivos de tratados internacionais.

E o objeto abrange justamente a existência do Ministério do Trabalho, criado em 26 de novembro de 1930 pelo Decreto n. 19.443 na tentativa de mudar a situação de ausência de cumprimento da legislação, apenas foi concretizado, como "*Ministério do Trabalho, Indústria e Comércio*", e com um "*Departamento Nacional do Trabalho*" pelo Decreto n. 19.671-A de 1931 — agora, extinto pela MP n. 870 de 1º.01.2019.

Veja-se ainda que a fiscalização por um ente estatal se insere como ponto central dessa regulação, conforme, inclusive, atesta a OIT pela Convenção de n. 81, aprovada em 1947, mas que somente passou a integrar nosso ordenamento interno, efetivamente, pelo Decreto n. 41.721 de 1957, que fixou a necessidade da criação de um serviço governamental de Inspeção do Trabalho, dando especiais poderes aos inspetores para ingressarem a qualquer horário do dia ou da noite nos locais de trabalho, com a finalidade de assegurar o cumprimento da legislação social.(82)

Isso apesar das inúmeras previsões anteriores, tanto que, desde o advento da primeira lei trabalhista no Brasil, com o Decreto n. 1.313, de 17 de janeiro de 1890, que proibiu o trabalho das crianças menores de 12 anos nas fábricas, já havia previsão de criação de mecanismos de fiscalização para o cumprimento da lei.(83)

---

(81) EL PAÍS BRASIL. *Bolsonaro: "Brasil tem direitos em excesso. A ideia é aprofundar a reforma trabalhista".* Disponível em: <https://brasil.elpais.com/brasil/2018/10/22/politica/1540230714_377475.html> Acesso em: 03 ago. 2019.

(82) SOUTO MAIOR, Jorge Luiz. *Uma Defesa do Ministério do Trabalho.* Disponível em: <https://www.jorgesoutomaior.com/blog/uma-defesa-do-ministerio-do-trabalho>.

(83) Idem. Há outros exemplos: Lei n. 4.682/23 (Eloy Chaves — Ferroviários); Lei n. 4.982/25 (Férias); Decreto n. 17.934/27 (Trabalho Infantil). Em 1918, até existiu um projeto (Decreto n. 3.550) não concretizado de criação do Departamento Nacional do Trabalho; e em 30 de abril de 1923 (Decreto n. 16.027), foi criado o Conselho Nacional do Trabalho, com 12 membros escolhidos pelo Presidente, sendo 2 operários, dois empregadores, 2 funcionários públicos do Ministério e 6 pessoas de reconhecida competência nos assuntos trabalhistas, para o desenvolvimento de um diálogo social.

No entanto, a alteração de política pública no sentido de não se privilegiar a fiscalização das leis trabalhistas, em grande parte normas mínimas civilizatórias para estabelecer limites pela dignidade na relação de trabalho e emprego, aponta para o permissivo de desregulamentação, pela precarização pelo abuso ilegal, pelo descumprimento das normas públicas em aposta na impunidade.

Veja-se que a ausência pública de mecanismos valorizados para controle e fiscalização significa, na prática, o retorno da barbárie do início do capitalismo industrial dos séculos XVIII e XIX, o que, consequentemente, aumentou a incidência de relações de emprego não formalizadas e até dos casos de exploração equiparada a escravidão, do abuso das jornadas extraordinárias e dos inadimplementos salariais, além dos acidentes de trabalho e dos riscos ocupacionais, para abordar alguns dos problemas mais relevantes.

Ademais, convém, por fim, ressaltar que a chamada Reforma Trabalhista já havia afastados os sindicatos e o então Ministério do Trabalho das homologações das rescisões, assim como este do controle de acordos coletivos sobre jornada e insalubridade.

15. PEC n. 06 — Ataque ao FGTS inserido na proposta de Reforma da Previdência

É importante se frisar que, em sua proposta inicial na Reforma da Previdência (PEC n. 6/2019 — apresentada em 20.02.2019), o governo Bolsonaro, além de dificultar a aposentadoria, propunha retirar os direitos ao FGTS e à multa fundiária aos aposentados, em patente confronto ao já decidido pelo STF sobre inconstitucionalidade do assunto, conforme parecer técnico da OAB/SP.(84)

A proposta de Reforma da Previdência propõe o fim à aposentadoria por tempo de contribuição e, praticamente, à aposentadoria especial (despreza os danos da atividade insalubre e exclui o direito em atividade periculosa), além de impor idade mínima de 65 anos para pleitear o direito ordinário urbano entre os homens e 62 entre as mulheres.(85)

Se tal não bastasse, a precarização do direito à aposentadoria significa aumentar a dependência do trabalhador ao emprego com menor renda e direitos, tendo em vista que, ao prolongar o tempo de contribuição e a idade para a aposentadoria, aumenta-se a quantidade do conhecido exército de reserva, já tão significativo diante dos altos níveis

(84) OAB/SP. *Nota Técnica* — PEC da Previdência e a Exclusão dos Trabalhadores Aposentados do FGTS. Disponível em <:http://www.oabsp. org.br/noticias/2019/04/nota-tecnica-2013-exclusao-dos-trabalhadores-ao-regime-constitucional.12914>. Acesso em: 09 ago. 2019.

(85) CONGRESSO NACIONAL. *PEC n. 6*. Disponível em: <https://www25.senado.leg.br/web/atividade/materias/-/materia/137999>. Acesso em: 07 jul. 2019.

de desemprego, desalento, subemprego e trabalho informal apresentados e agravados nos últimos três anos.

16. MP n. 873/19 — Restrição ao custeio para sustentação sindical

Em primeiro de março de 2019, publicada no Diário Oficial da União, em edição extraordinária às vésperas do feriado de Carnaval, o Governo Federal editou a MP n. 873/19(86) para alterar a redação dos arts. 545, 578, 579-A e 582 da Consolidação das Leis do Trabalho (CLT), com o objetivo indissociável de bloquear o poder da assembleia para deliberar sobre direito coletivo de custeio e, ainda, impedir seu desconto em folha, mesmo disciplinado em instrumento coletivo, fruto de negociação coletiva e consenso entre as partes.

Mais uma vez, a forma legislativa "Medida Provisória" é utilizada para questão não urgente ou relevante, marginalizando o objetivo constitucional acerca do processo legislativo.

Em seu teor, a MP n. 873 alterava o art. 543 da CLT para, além da contribuição sindical, custeio que era, em sua origem, imposto por lei e sem negociação, regular também a mensalidade do associado sindical e demais verbas de custeio coletivo; bem como alterava o art. 578 da CLT para exigir manifestação "voluntária e individual" do empregado, aprofundando nos §§ 1º e 2º do art. 579 a restrição para proibir a forma coletiva de deliberação através de assembleia representativa, em patente afronta à CF/88 em seu art. 8º, especialmente atinente ao inciso IV, que dispõe que:

> IV – a <u>assembleia geral</u> fixará a contribuição que, em se tratando de categoria profissional, será <u>descontada em folha</u>, para custeio do sistema confederativo da representação sindical respectiva, independentemente da contribuição prevista em lei; (Destaques acrescidos)

Somado a isso, ainda quanto à vedação de poder à assembleia para deliberar sobre questão coletiva, a MP n. 873 conflitava com os próprios dispositivos da chamada "Reforma Trabalhista", cuja exposição de motivos e teor dos artigos modificados e inseridos, apresentam inequívoca disposição de incentivar o negociado sobre o legislado, apenas vedando as restrições constitucionais, também repetidas no art. 611-B da CLT. Também o TST e Conselho do MPT possuem posicionamentos que contrariam o teor da MP n. 873.

Isso sem falar da discriminação de tratamento das entidades sindicais frente ao poder de decisão das assembleias em todas as associações permitidas em direito, conforme as garantias do art. 5º da CF/88: "*XVII – é plena a liberdade de associação para fins lícitos, vedada a de caráter paramilitar*", ainda mais porque o *caput* garante que

(86) CONGRESSO NACIONAL. *MP n. 873/2019* — Contribuição sindical. Disponível em: <https://www.congressonacional.leg.br/materias/medidas-provisorias/-/mpv/135531>. Acesso em: 09 ago. 2019.

"Todos são iguais perante a lei, sem distinção de qualquer natureza, garantindo-se aos brasileiros e aos estrangeiros residentes no País a inviolabilidade do direito à vida, à liberdade, à igualdade, à segurança e à propriedade".

A MP n. 873 ainda incluía o art. 579-A da CLT para restringir as formas de custeio aos filiados diante da entidade sindical representativa, impedindo a representatividade por solidariedade; além de contrariar o art. 8º da CF/88, pelo qual as entidades sindicais são legítimas representantes dos trabalhadores de sua base representativa, mesmo sem o vínculo como associado, que deve ser entendida como filiação, nos termos do art. 8º da CF/88 e os incisos de I a VI, que impõe o sindicato nas negociações coletivas e estabelece a unicidade na base territorial:

> Art. 8º (...)
>
> I - a lei não poderá exigir autorização do Estado para a fundação de sindicato, ressalvado o registro no órgão competente, vedadas ao Poder Público a interferência e a intervenção na organização sindical;
>
> II - é vedada a criação de mais de uma organização sindical, em qualquer grau, representativa de categoria profissional ou econômica, na mesma base territorial, que será definida pelos trabalhadores ou empregadores interessados, não podendo ser inferior à área de um Município;
>
> III - ao sindicato cabe a defesa dos direitos e interesses coletivos ou individuais da categoria, inclusive em questões judiciais ou administrativas;
>
> IV - a assembleia geral fixará a contribuição que, em se tratando de categoria profissional, será descontada em folha, para custeio do sistema confederativo da representação sindical respectiva, independentemente da contribuição prevista em lei;
>
> V - ninguém será obrigado a filiar-se ou a manter-se filiado a sindicato;
>
> VI - é obrigatória a participação dos sindicatos nas negociações coletivas de trabalho;

Pelo princípio da autonomia sindical, o Comitê de Liberdade Sindical da OIT reconheceu que é vedado ao Poder Público impor restrições à administração financeira dos sindicatos, conforme suas Recomendações de ns. 466, 468 e 469:

> **466** - O direito dos trabalhadores a constituir organizações de sua escolha e o direito destas organizações elaborarem seus estatutos e regulamentos administrativos e a organizar sua gestão e sua atividade supõem a independência financeira, o que implica que as organizações não estejam financiadas de maneira tal que estejam sujeitas ao poder discricionário dos poderes públicos.
>
> **468** - As disposições referentes à administração financeira das organizações de trabalhadores não devem ser de índole tal que as autoridades públicas possam exercer faculdades arbitrárias sobre as mesmas.
>
> **469** - As disposições que restringem a liberdade dos sindicatos de administrar e utilizar seus fundos segundo seus desígnios para levar a cabo atividades sindicais normais e legais são incompatíveis com os princípios da liberdade sindical.

Também pelo princípio constitucional da autonomia sindical, a CF/88 veda expressamente ao Poder Público a interferência e a intervenção na organização sindical (art. 8º, inciso I).

A MP n. 873 alterava o art. 582 da CLT para impor o uso de boletos bancários como único meio de arrecadação, vedando qualquer desconto em folha do custeio sindical — em patente afronta à CF/88 atinente à liberdade entre as partes, haja vista que o instrumento coletivo é fruto de negociação entre empregadores e empregados, estes representados por sua entidade sindical; ainda mais pela expressa previsão no inciso IV do art. 8º. Gerando, assim, custos à representatividade coletiva pela emissão de boletos e reserva de mercado aos bancos, tal imposição de recolhimento interfere na livre disposição entre as partes e, que, pior, favorece o sistema bancário injustificadamente; somado a isso, a imposição de boletos acarretam custos com a emissão de cada qual e que serão suportados coletivamente pelos trabalhadores; e, ainda, a interferência do governo ao exigir boletos como forma de contribuição exclusiva, tem por objetivo dificultar a opção e a concretização do custeio.

Inegável foi a intenção do governo, pela MP n. 873/2019, em alterar, individual e unilateralmente, as disposições acerca de custeio sindical e sua forma de deliberação, e sem discutir o assunto em comissão paritária e deliberativa, portanto, em afronta à Convenção n. 144 da OIT, haja vista que a proposta deveria ter obedecido a exigência de audiências entre os representantes dos trabalhadores, dos empregadores e do governo, para se chegar a uma maior quantidade possível de soluções compartilhadas por ambas as partes antes de virar norma:

> Art. 2º da Convenção n. 144 da OIT
>
> 1. Todo Membro da Organização Internacional do Trabalho que ratifique a presente Convenção compromete-se a pôr em prática procedimentos que assegurem consultas efetivas, entre os representantes do Governo, dos Empregadores e dos trabalhadores, sobre os assuntos relacionados com as atividades da Organização Internacional do Trabalho a que se refere o Art. 5, § 1, adiante.

Da mesma forma, a MP n. 873/2019, ao alterar, individual e unilateralmente, as disposições acerca de custeio sindical e sua forma de deliberação, e sem discutir o assunto em comissão paritária e deliberativa, afronta o art. 10 da CF/88: *"Art. 10. É assegurada a participação dos trabalhadores e empregadores nos colegiados dos órgãos públicos em que seus interesses profissionais ou previdenciários sejam objeto de discussão e deliberação".*

Assim sendo, a liberdade sindical na forma coletiva como consta nos direitos e garantias sociais fundamentais da CF/88, restou dificultada em sua subsistência na regulação intrínseca e coletiva de seu custeio, configurando flagrantes práticas antissindicais vedadas, inclusive, internacionalmente pela OIT, da qual o Brasil faz parte desde sua fundação em 1919, a interferência estatal, na forma da deliberação do direito coletivo e do desconto de seu custeio, é das modalidades mais lesivas ao direito social coletivo do trabalho e aos direitos e garantias fundamentais sociais e coletivas do trabalho; ou seja, com conteúdo e trâmite inconstitucionais e, ainda, ofensa a Convenções Internacionais da OIT e à própria história do direito social coletivo do trabalho.

Flagrante abuso de poder institucional do governo no uso de Medida Provisória, bem como de patente desvio de poder institucional, por seu conteúdo, para cometer leonina ilegítima prática antissindical em afronta à CF/88 e em desrespeito às convenções e recomendações internacionais da OIT, provavelmente acarretaram o decurso de prazo da MP n. 873/19 sem apreciação pelo Congresso Nacional, o que lhe acarretou sua expiração.(87)

17. MP n. 889/19 — Desconfiguração do FGTS

Em 24 de julho de 2019, o governo Bolsonaro editou a MP n. 889/19,(88) que altera a sistemática do saque FGTS contra a sua concepção intrínseca de proteção à dispensa arbitrária e ao desemprego.

A MP n. 889/19, além de possibilitar um saque extraordinário indistinto (em seu art. 7ª), acrescentou mais uma hipótese de saque do FGTS no art. 20 da Lei do FGTS (n. 8.036/90): o saque-aniversário (art. 20, inc. XX e § 23, da Lei n. 8.036/90), e que pode excluir algumas das demais, já que significa optar por receber o saldo de FGTS em parcelas anuais e não mais diante da rescisão contratual sem culpa. Ou seja, um risco para o sistema de proteção ao desemprego porque retira do FGTS sua função de origem e irá deixar o trabalhador ainda mais vulnerável diante do desemprego persistente.

> Assim, o empregado optante pelo saque-aniversário, pela MP n. 889/19, não poderá sacar o saldo integral do FGTS em caso de rescisão contratual sem culpa. Caso queira retornar à modalidade de saque-rescisão, há carência (art. 20-C, §1º, da Lei n. 8.036/90):
>
> I. a alteração será efetivada no primeiro dia do 25º (vigésimo quinto) mês subsequente ao da solicitação;
>
> II. a solicitação poderá ser cancelada pelo titular antes da sua efetivação; e
>
> III. na hipótese de cancelamento, a nova solicitação estará sujeita ao disposto no inciso I.

Ao contrário, a CF/88 garante, em seu art. 7º, que são *"direitos dos trabalhadores urbanos e rurais, além de outros que visem à melhoria de sua condição social": "III – fundo de garantia do tempo de serviço"*, ou seja, como garantia fundamental social, não cabe ao Estado reter um direito sob nenhum outro pretexto que contraria seu objetivo essencial.

---

(87) CONGRESSO NACIONAL. *MP n. 873/2019* — Contribuição sindical. Disponível em: <https://www.congressonacional.leg.br/materias/medidas-provisorias/-/mpv/135531>. Acesso em: 09 ago. 2019.

(88) CONGRESSO NACIONAL. *MP n. 889/2019* — Saque de FGTS. Disponível em: <https://www.congressonacional.leg.br/materias/medidas-provisorias/-/mpv/137834>Acesso em: 09 ago. 2019.

Somado a isso, convém lembrar que o FGTS surgiu em 1966, exatamente, como alternativa à estabilidade decenal e à indenização de 1 salário por ano, tornando-se, com seus 50 anos de existência, o maior fundo da América Latina e oitavo maior do mundo, e foi criado sob a argumentação para ser uma reserva de segurança para o trabalhador em caso de demissão sem justa causa, tendo em vista que seu objetivo foi conceder ao trabalhador demitido sem justa causa uma indenização em troca da sua estabilidade decenal.

Isso porque a estabilidade decenal era um direito inserido na Consolidação das Leis do Trabalho (CLT) e que assegurava garantia no emprego a todos os trabalhadores que ficassem por 10 anos no mesmo vínculo. Antes de adquirir a estabilidade decenal, ou seja, para empregados com menos de 10 anos no vínculo, havia uma indenização por tempo de serviço: para cada ano em que o empregado demitido trabalhou, ele era indenizado no valor do salário de um mês (ou seja, 1/12, cerca de 8% de tudo que havia recebido como empregado) — a indenização deveria ser feita de uma vez só. Mas tais direitos, tanto a estabilidade decenal, quanto a indenização, eram criticados pelos empregadores da época, que argumentavam que restringia o emprego e atrapalhava a economia.

Assim, o Regime Militar, em atendimento ao pedido dos empregadores, propôs o FGTS como alternativa, cujas contribuições do fundo (8% do salário do trabalhador) podem ser vistas como um parcelamento da indenização por tempo de serviço prevista no regime da estabilidade decenal. Ou seja, o FGTS foi concebido em 1966 com duplo objetivo: facilitar a demissão de trabalhadores e, ainda, financiar a construção de imóveis — como uma poupança pública.

Quando entrou em vigor o FGTS, a partir de 1967, o trabalhador submetido à CLT "podia escolher" entre dois regimes: o da estabilidade decenal ou o FGTS (falso poder de escolha: na prática a opção se limitava a emprego com FGTS ou desemprego). Além disso, em caso de demissão sem justa causa, o empregador passou a ser obrigado a pagar multa fundiária.

Com a Constituição de 1988, a jurisprudência e a doutrina dominante entenderam pela extinção da estabilidade decenal. Desde então, todos os empregados passaram a ter apenas direito à conta do FGTS, bem como à multa de 40% em caso de rescisão sem justa causa, justificativa utilizada para atender ao limite da CF/88 à dispensa imotivada e arbitrária, constante em seu art. 7º, inc. I.

Agora, o sistema de FGTS está sob o risco de ser esvaziado com o saque imotivado e irrestrito de R$ 500,00 por conta, incluindo a ativa, bem como a alternativa de alterar o saque diante da rescisão para "aniversário", assim possibilitando a fragilização do trabalhador diante do empregador e da dependência do emprego, minando suas resistências contra abusos, exploração e precarização, incluindo assédio moral, já que o montante de reserva, chamado FGTS — expressamente: Fundo de Garantia do Tempo de Serviço — será menor pelos saques.

Pelos dados do próprio governo, atualmente, existem cerca de 260 milhões de contas ativas e inativas de FGTS, sendo certo que, desse total, cerca de 211 milhões, em torno de 80%, têm saldo de até no máximo R$ 500,00.(89)

Assim, o saque de R$ 500,00 por conta ativa de FGTS terá o impacto de contemplar a grande maioria (80%) das contas dos empregados no esvaziamento integral de seu saldo de FGTS, ou seja, tais empregados terão seu FGTS zerado, não mais servindo para o seu institucional.

Apesar de contrariar a essência do FGTS, a garantia constitucional e seu histórico, a MP n. 889/19 tramita, ao que tudo indica, para ser aprovada pelo Congresso Nacional,(90) produzindo seus efeitos.

18. MP n. 881/19 — "Liberdade econômica" contra o trabalhador (Lei n. 13.874/19)

A Medida Provisória n. 881/19(91), editada pelo governo Bolsonaro em 30.04.2019, surgiu sob o pretexto de tratar de "Liberdade Econômica", e, mais uma vez, sem justificar qualquer necessidade de urgência ou relevante, conforme garante a CF ao estabelecer a separação de poderes e a competência do Legislativo.

Em mais um flagrante de desvio do processo legislativo, tal MP recebeu, em seu trâmite legislativo, emendas de parlamentares para restrição dos direitos trabalhistas e dissociados de seu objetivo, mas sob o pretexto "de que o progresso econômico do país depende da redução dos custos dos direitos trabalhistas".(92) Diante das emendas, o quadro que se configura representava sérias lesões aos direitos dos trabalhadores: a) afrouxamentos sobre expedição e anotação da Carteira de Trabalho e Previdência Social; b) restrições ao Repouso Semanal Remunerado e em sua coincidência com o domingo (1 a cada sete semanas); c) autorização irrestrita para o trabalho aos domingos e feriados, com o requisito do pagamento de remuneração em dobro; d) não pagamento

(89) O GLOBO. *Saque do FGTS terá limite de R$ 500 por conta e vai começar em agosto, diz Onyx*. Disponível em: <https://g1.globo.com/politica/noticia/2019/07/24/calendario-de-saques-do-fgts-vai-comecar-em-agosto-diz-onyx.ghtml>. Acesso em: 07 jul. 2019.

(90) CONGRESSO NACIONAL. *MP n. 889/2019* — saque de FGTS. Disponível em: <https://www12.senado.leg.br/noticias/audios/2019/08/instalada-comissao-de-mp-que-amplia-possibilidade-de-saques-do-fgts>. Acesso em: 26 ago. 2019.

(91) CONGRESSO NACIONAL. *MP n. 881/2019* — Liberdade Econômica. Disponível em: <https://www.camara.leg.br/proposicoesWeb/fichadetramitacao?idProposicao=2199763>. Acesso em: 22 ago. 2019.

(92) SOUTO MAIOR, Jorge Luiz. *MP n. 881*: a ruptura democrática fazendo escola. Disponível em: <https://www.jorgesoutomaior.com/blog/mp-881-a-ruptura-democratica-fazendo-escola?fbclid=IwAR06x6OEICtiS8O8la_ZXf0VZDrmZWxcH61Nr-Awj4vHDJSRsrH78shtThA>. Acesso em: 13 ago. 2019.

da dobra pelo trabalho em domingos e feriados por meio da concessão de folga específica em outro dia determinado pelo empregador; e) faculdade de pré-assinalação do período de repouso (intervalo para refeição e descanso) no registro de horário; f) autorização para, mediante acordo individual escrito, convenção coletiva ou acordo coletivo de trabalho, a formalização de registro de ponto por exceção à jornada regular de trabalho (só consignação das horas extras trabalhadas); g) obrigatoriedade de anotação do horário de trabalho apenas para os estabelecimentos com mais de 20 trabalhadores; h) tentativa de evitar a participação dos sindicatos na atuação da Inspeção do Trabalho; i) criação do monstrengo jurídico, meio civilista, meio trabalhista constitucional, com pitadas de CLT e legislação do trabalho, para os contratos de trabalho de remuneração mensal acima de 30 (trinta) salários mínimos, cujas partes contratantes tenham sido assistidas por advogados de sua escolha no momento do pacto; j) enormes restrições à atuação da fiscalização do trabalho.(93)

Após considerável pressão da sociedade, inclusive do meio acadêmico, somado ao risco patente de inconstitucionalidade, as alterações parlamentares inseridas durante o seu trâmite legislativo na MP e relacionadas à legislação trabalhista, tiveram a maioria dos pontos excluída no texto final apresentado para votação na Câmara Federal e que, apesar de suas demais graves consequências negativas a outros direitos, restou aprovado.(94) Mesmo diante desse aparente recuo, como bem ressalta Souto Maior:

> (...) fato é que, no final de agosto de 2019, foi concluída, em tempo recorde, a aprovação da Lei da Liberdade Econômica, que inviabiliza a atuação da inspeção do trabalho, dificulta a responsabilização dos sócios por dívida da empresa e cria o cartão de ponto por exceção e exclui a obrigatoriedade da realização de qualquer cartão de ponto para empregadores com menos de 20 empregados, o que equivale a mais de 90% dos empregadores brasileiros. Tudo para facilitar a realização de horas extras sem o devido pagamento, alimentando uma lógica novamente recessiva, porque quanto mais se explora o trabalho para além da jornada de oito horas e sem sequer o pagamento do custo adicional, menos vagas de trabalho se abrem, mais acidentes do trabalho se contabilizam, mais elevado é o custo social e maior é a acumulação da riqueza produzida.(95)

---

(93) *Idem.*

(94) CONGRESSO NACIONAL. *MP n. 881/2019* (Liberdade Econômica) texto aprovado pela Câmara. Disponível em: <https://legis.senado.leg.br/sdleg-getter/documento?dm=7946806&ts=1566596984774&disposition=inline>. Acesso em: 26 ago. 2019.

(95) SOUTO MAIOR, Jorge Luiz. *Sobre "modernização das relações de trabalho", "altos estudos", "pacotes" e o percurso consciente em direção à barbárie*. Disponível em: <https://www.jorgesoutomaior.com/blog/sobre-modernizacao-das-relacoes-de-trabalho-altos-estudos-pacotes-e-o-percurso-consciente-em-direcao-a-barbarie>. Acesso em: 07 det. 2019.

19. Revisão (?) das NRs

Somado a tal cenário, também no ano de 2019 houve o anúncio pelo governo atual da revisão das NRs, chamadas Normas Regulamentadoras, não para o seu aprimoramento técnico e atualização, mas em propagada meta de reduzir as normas em 90%,(96) "desburocratizando" para permitir "maior liberdade" ao empresário; em outras palavras, retirando normas de segurança e saúde do trabalho, em sentido oposto aos passos de relações mais dignas e civilizadas, ao trabalho decente.

Assim, referida revisão foi anunciada em patente atuação para fragilizar a capacidade eficiente de regulação da saúde e da segurança do trabalho da NRs, surgidas quase meio século atrás em elogiável trabalho científico e técnico da FUNDACENTRO, representando notável símbolo de competência técnica advinda de um órgão público criado e estruturado para tanto.

Lamentavelmente, a FUNDACENTRO, que possui um dos maiores acervos de livros e publicações do assunto no país, viu sua estrutura definhando ao longo das últimas décadas, chegando ao ponto de ter muitos de seus setores desativados por falta de profissionais ou de manutenção de equipamentos — situação conveniente ao propósito de marginalizar a ciência para dar lugar ao lucro inconsequente e delinquente.

20. Outros ataques aos direitos sociais trabalhistas

Se não bastassem os ataques já relatados acima, o governo Bolsonaro ainda alterou a composição do Conselho Nacional do Trabalho, reduzindo o número de participantes, instituindo a Comissão Tripartite Paritária Permanente e revogando o decreto que criava o Fórum Nacional do Trabalho (FNT),(97) bem como ameaça com nova Reforma Trabalhista para desregulamentar "tudo" nas relações de trabalho, propaga seu anseio em extinguir a Justiça do Trabalho e sua aspiração de tolher a existência e a subsistência das entidades sindicais.

21. Direitos fundamentais x Reformas neoliberais

Assim, o centenário da OIT e os direitos humanos internacionais laborais, de um lado, e os ataques à dignidade da pessoa humana trabalhadora, ao trabalho decente e a todo o normativo histórico nesse sentido, de outro, são simbólicos em mais essa

(96) O GLOBO. *Governo quer reduzir em 90% as normas de segurança e saúde do trabalho vigentes no país.* Disponível em: <https://oglobo.globo.com/economia/governo-quer-reduzir-em-90-as-normas-de-seguranca-saude-do-trabalho-vigentes-no-pais-23661380>. Acesso em: 07 set. 2019.

(97) CAPITAL NEWS. *Fórum Nacional do Trabalho é extinto, e conselho reformulado por Bolsonaro.* Disponível em: <https://www.capitalnews.com.br/nacional/forum-nacional-do-trabalho-e-extinto-e-conselho-reformulado-por-bolsonaro/332064> Acesso em: 07 set. 2019.

fase na opressão atroz do capital sobre trabalho, influindo na exploração da mão de obra para o lucro, para tornar a concorrência essencialmente "desumana" e desleal, e para fomentar a coisificação do ser humano como mercadoria descartável.

Em decorrência das perdas de direitos sociais pelo neoliberalismo, repete-se, a 86ª sessão da Conferência Internacional do Trabalho proclamou a "*Declaração da OIT sobre os Princípios e Direitos Fundamentais no Trabalho*", cujo teor impõe a todos os Estados integrantes da OIT a obrigação de cumprir as 8 convenções de direitos fundamentais independentemente da ratificação formal: 1) liberdade sindical e fomento da negociação coletiva constantes na Convenção n. 87 (pluralidade sindical — não ratificada pelo Brasil!) e na Convenção n. 98; que se referem a liberdade de associação; proibindo-se qualquer tipo de constrangimento para filiação ou desfiliação, e liberdade sob perspectiva coletiva — critério voluntarista; 2) não discriminação de trabalho e emprego, igualdade de salários entre homens e mulheres — constantes nas Convenções ns. 100 e 111; 3) proibição do trabalho forçado, constante nas Convenções ns. 29 e 105; e, 4) idade mínima para o trabalho, constante na Convenção n. 138, e eliminação das piores formas de exploração do trabalho infantil, constante na Convenção n. 182.

Atente-se que, dessa base OIT de 8 convenções que versam sobre os princípios e direitos fundamentais do trabalhador, apenas uma não foi ratificada pelo Brasil: a Convenção n. 87, exatamente aquela que trata sobre a liberdade sindical e mantém o ranço da influência estatal da Era getulista: essa é a mais antiga convenção à espera de apreciação do Congresso Nacional – desde 1949!

Isso porque o direito social do trabalho decorre legitimamente da luta coletiva dos trabalhadores, que faz parte, como visto, de sua espinha dorsal, tanto que, somente dessa mobilização coletiva, pode se fortalecer! De outro lado, somente quando distante da luta social e democrática dos trabalhadores, o direito social do trabalho acaba sofrendo precarização mais acentuada – objeto de muitos dos pontos atacados pela dita reforma trabalhista tanto na Lei n. 13.467/17, quanto nas demais intervenções posteriores.

Veja-se que o Estado brasileiro historicamente sempre atuou para restringir a legitimidade da mobilização dos trabalhadores, seja quanto ao movimento sindical sem plena liberdade, seja quanto ao exercício do direito de greve – quando não proibida, tem tolhida sua capacidade imanente de existir sem cerceamentos, muitas das vezes sufocantes.

Ademais, somado a esse conjunto de 8 Convenções base da "*Declaração da OIT sobre os Princípios e Direitos Fundamentais no Trabalho*", a partir de 1999, a OIT agregou o conceito de Trabalho Decente usado, então já integrante da Convenção n. 158.

22. Controle de convencionalidade

Certo é que há um histórico ordenamento internacional de direitos humanos e que precisa ser respeitado em um Estado Democrático de Direito, principalmente quando Estado-Membro fundador da OIT, razão pela qual o controle de convencionalidade passou a ser ainda mais primordial para a salvaguarda dos patamares civilizatórios conquistados pelo direito social do trabalho.

Veja-se que, no ordenamento jurídico nacional, as convenções internacionais possuem força cogente, principalmente todas aquelas que tratam de direitos humanos, porque possuem, no mínimo, hierarquia de supralegalidade, ou seja, superior às leis ordinárias e complementares.

Esse reconhecimento de supralegalidade dos tratados internacionais sobre direitos humanos decorreu de julgamento pelo STF (*Habeas Corpus* n. 87.585 e Recursos Extraordinários ns. 349.703 e 466.343-1), onde ocorreu a discussão sobre o controle de convencionalidade das normas jurídicas no Brasil.(98) O posicionamento que prevaleceu foi do Min. Gilmar Mendes, que julgou no sentido de que "*o caráter especial desses diplomas internacionais sobre direitos humanos (Pacto Internacional de Direitos Civis e Políticos e Pacto de São José da Costa Rica) lhes reserva lugar específico no ordenamento jurídico, estando abaixo da Constituição, porém acima da legislação interna*".

Por sua vez, a CF/88, em seu art. 5º, § 2º, reconhece os direitos e as garantias expressos em tratados internacionais que o Brasil seja parte, bem como, no § 3º, eleva os tratados e as convenções internacionais sobre direitos humanos ao *status* constitucional, quando aprovados pelo respectivo quórum qualificado de emenda — ou seja, os direitos e as garantias fundamentais expressos em tratados internacionais nos quais o Brasil seja parte, são normas, quando não constitucionais, supralegais, portanto, aptas, no mínimo, ao controle de convencionalidade de toda a legislação nacional infraconstitucional.

Dessa forma, deve ser aplicado, quanto ao controle de convencionalidade, o:

> Princípio internacional *pro homine* para atribuir a primazia no concreto à norma que melhor assegure a concretização do princípio da dignidade da pessoa humana, um dos fundamentos da República Federativa do Brasil (art. 1º, III, da CF/88) e a prevalência dos direitos humanos, princípio vetor das relações internacionais mantidas pelo país (art. 4º, II, da CF/88).(99)

---

(98) MELO FILHO, Hugo Cavalcanti; ACIOLI, José Adelmy da Silva. A Inconvencionalidade formal da Lei n. 13.467/17. In: SOUTO MAIOR, Jorge Luiz; SEVERO, Valdete Souto (Orgs.). *Resistência* — Aportes teóricos contra o retrocesso trabalhista. 2017. p. 79.

(99) *Ibidem*, p. 86.

Segundo entendimento da Corte Internacional de Direitos Humanos, é indiscutível que as Convenções da OIT são tratados internacionais de direitos humanos, haja vista que, segundo seu expresso entendimento, são "*derechos humanos laborales*".[(100)]

Conforme ensina Souto Maior, "Aos direitos humanos integram-se, de forma indissolúvel e sem possibilidade de retrocessos, os direitos sociais".[(101)]

Nessa circunstância, pela Constituição da OIT, da qual o Brasil é país integrante e fundador, figuram no ordenamento pátrio como normas supralegais o princípio da norma mais favorável (*pro homine*), por expressa disposição do § 8º do seu art. 19:

> Em caso algum, a adoção, pela Conferência, de uma convenção ou recomendação, ou a ratificação, por um Estado-membro, de uma convenção, deverão ser consideradas como afetando qualquer lei, sentença, costumes ou acordos que assegurem aos trabalhadores interessados condições mais favoráveis que as previstas pela convenção ou recomendação.

Ressalta-se que o referido art. 19, § 8º, da Constituição da OIT, apresenta teor mais extenso que o direito constante no art. 29, "b", da Convenção Americana sobre Direitos Humanos de 1969, que prevê que nenhuma de suas disposições pode ser interpretada no sentido de "*limitar o gozo e exercício de qualquer direito ou liberdade que possam ser reconhecidos em virtude de leis de qualquer dos Estados-partes ou em virtude de Convenções em que seja parte um dos referidos Estados*".

Somado a isso, também merecem destaque, conforme estudo dos relatórios do Comitê de Direitos Econômicos, Sociais e Culturais da ONU, dois outros princípios importantes em matéria de direitos sociais, igualmente constantes na estrutura normativa da OIT e condizentes com o respeito a direitos universais e fundamentais trabalhistas que possam garantir o padrão civilizatório mínimo para resguardar a dignidade do trabalhador: a) princípio da observância do *minimum core obligation*, pelo qual a jurisprudência internacional "*tem endossado o dever dos Estados de observar um* minimum core obligation *no tocante aos direitos sociais*":[(102)] e b) princípio da aplicação progressiva, que sustenta o princípio da proibição do retrocesso social, obrigando os países membros, de acordo com o Comentário Geral n. 3 do Comitê, a adotar medidas por meio de ações concentradas, de modo mais efetivo possível, voltadas à

(100) *Ibidem*, p. 90.

(101) SOUTO MAIOR, Jorge Luiz. Direito Social: uma ordem para o capital e o trabalho. In: BENDA, Laura Rodrigues (Org.). *A Reforma Trabalhista na Visão da AJD.* Casa do Direito, 2018/BH, Juízes para a Democracia.

(102) PIOVESAN, Flávia. Direito ao trabalho e a proteção dos direitos sociais nos planos internacional e constitucional. In: PIOVESAN, Flávia; CARVALHO, Luciana Paula Vaz (Orgs.). *Direitos humanos e direito do trabalho.* São Paulo: Atlas, 2010. p. 3-31.

implantação dos direitos sociais, ainda mais porque "*há medidas de aplicação imediata concernente aos direitos sociais, como é o caso da cláusula da proibição da discriminação*".[103]

E mais, há princípios e garantias também amparados constitucionalmente, especialmente o "princípio do não retrocesso" constante no *caput* do art. 7º da CF/88, e que, aliado a seus incisos e ao supranacional "princípio da proteção",[104] forjam nosso direito social ao lado de uma doutrina trabalhista com nomes valorosos e também secular, com juristas clássicos que trazem os pilares sólidos dessa construção que não pode ser subjugada pela atual doutrina mercantil do direito do trabalho, cunhada especialmente e sob encomenda para sustentar a precarização dos direitos sociais desde a constituinte e a posterior interpretação da CF de 1988.

Merece destaque, ainda, o princípio da não discriminação, que, além de presente na CF/88 (preâmbulo, art. 3º, IV, 5º, *caput* e inc. I, e 7º, XXX), é assegurado em diferentes normas internacionais: 1) na esfera da ONU, há a Carta das Nações Unidas, a Declaração Universal dos Direitos Humanos, o Pacto dos Direitos Civis e Políticos, e o Pacto dos Direitos Sociais Econômicos, Sociais e Culturais, além da Convenção Internacional sobre a Eliminação de todas as formas de Discriminação Racial, Convenção Internacional sobre a Eliminação de todas as formas de Discriminação contra Mulheres, Convenção sobre Direitos da Criança, Convenção Internacional sobre Proteção dos Direitos dos Trabalhadores Migrantes e Membros de suas Famílias, Convenção sobre os Direitos das Pessoas com Deficiência; 2) na esfera dos estados americanos, há Declaração Americana sobre os Direitos e Deveres do Homem, Convenção Americana sobre os Direitos Humanos (Pacto de São José da Costa Rica), Protocolo Adicional à Convenção Americana sobre os Direitos Humanos em matéria de Direitos Econômicos, Sociais e Culturais (Protocolo de São Salvador); e no âmbito da OIT, temos a própria Constituição da OIT (Tratado de Versalhes – Parte XIII), a Declaração de Filadélfia (anexo), a Declaração sobre os Princípios e Liberdades Fundamentais no Trabalho, as Recomendações ns. 90 e 111, e as Convenções ns. 100 e 111 da OIT.[105]

Desse modo e do ponto de vista especificamente das convenções internacionais, é inegável que a Lei n. 13.467/17 além de violar, em grande medida, a estrutura de proteção ao trabalho humano, desnatura tanto o conceito de direito fundamental ao trabalho digno, quanto de justiça social, bem como desrespeita o direito fundamental pela flexibilização da jornada (arts. 59, § 5º; 59-A; 59-B; CLT), pela flexibilização

(103) *Idem.*

(104) PLÁ RODRIGUEZ, Américo. *Princípios do Direito do Trabalho.* São Paulo:LTr, 2015. p. 83-138.

(105) PIMENTA, Raquel Betty de Castro. A Reforma Trabalhista brasileira e as normas internacionais do trabalho de proteção contra a discriminação. In: POLIDO, Fabrício Bertini Pasquot; BARBATO, Maria Rosaria Barbato; MOURA, Natália das Chagas (Orgs.). *Trabalho, Tecnologias e os Desafios Globais dos Direitos Humanos, Estudos e Perspectivas.* Rio de Janeiro: Lumen Juris, 2019. p. 181-187.

das verbas salariais (arts. 71, § 4º, e 457 da CLT), pela flexibilização da negociação coletiva (art. 611-A da CLT), pela flexibilização das medidas de proteção e à saúde e segurança do trabalhador (art. 611-A, I, II, III e XII, e § único do art. 611-B CLT).[(106)]

Veja-se que, ao dificultar a inclusão social regulada e protegida do obreiro no mercado de trabalho, a Lei n. 13.467/17 lesa o direito fundamental ao trabalho digno, mercantilizando o trabalho humano em franco desrespeito à Declaração Universal dos Direitos Humanos e à Declaração de Filadélfia. Somado a isso, quando impede o essencial acesso à justiça, há violação da meta da OIT alicerçada nos princípios da proteção, da progressividade social e da vedação do retrocesso, além da violação à promoção da dignidade constante na Declaração de Filadélfia, anexa à constituição da OIT, e ao teor da Declaração da OIT sobre os Princípios Fundamentais e Direitos do Trabalho, a Agenda Internacional para o Trabalho Decente, e a Declaração da OIT sobre Justiça Social para uma Globalização Equitativa.[(107)]

Quando a Lei n. 13.467/17 admite flexibilização da jornada de trabalho por meio de banco de horas e da jornada 12x36, há violação da Declaração Universal dos Direitos do Homem (art. XXIV), do Pacto Internacional Relativo aos Direitos Econômicos, Sociais e Culturais (art. 7º, "d"), e da Convenção n. 155 da OIT (art. 5º). Da mesma forma, no caso da flexibilização de verbas trabalhistas, transformada sua natureza para indenizatória, há também violação da Declaração Universal dos Direitos do Homem (art. XXIII, item 3).[(108)]

Somado a isso, com a imposição de flexibilização *in pejus* da negociação coletiva, a Lei n. 13.467 viola a Convenção n. 98 da OIT (direito à sindicalização e negociação coletiva) e a Convenção n. 154 da OIT (direito ao fomento à negociação coletiva), assim como, diante da flexibilização de medidas de proteção à saúde e segurança do trabalhador, também viola a Convenção n. 155 da OIT.[(109)]

Cabem ainda destaques sobre outras garantias: 1) proteção do diálogo social (Convenções ns. 144 e 154 da OIT); 2) prevalência da norma mais favorável para o chamado hipersuficiente (Convenção n. 111 da OIT); 3) vedação do trabalho da gestante em condições insalubres (Convenções ns. 103 e 183 da OIT); 4) proibição da dispensa coletiva (Convenções n. 98 e 154 da OIT); 5) bloqueio da transferência

(106) DELGADO, Mauricio Godinho; DELGADO, Gabriela Neves. As Normas Internacionais de Direitos Humanos e a Lei da Reforma Trabalhista no Brasil. In: MARANHÃO, Ney; TUPINAMBÁ, Pedro Tourinho (Orgs.). *Direito Internacional do Trabalho* — estudos em homenagem ao centenário da OIT. Amatra. São Paulo: LTr, 2019. p. 38-40.

(107) *Idem.*

(108) *Idem.*

(109) *Idem.*

de custos da empresa para o trabalhador (Convenção n. 155 da OIT); 6) obrigatoriedade da fiscalização do ambiente laboral, inclusive no teletrabalho (Convenção n. 155 da OIT); 7) contra a ausência de apuração de horas em teletrabalho (PDESC e Recomendação n. 116 da OIT); 8) contra a vedação de ultratividade das normas coletivas (Convenções ns. 98 e 154 da OIT); e 9) pela limitação à jornada de trabalhado em ambiente insalubre (Convenção n. 155 da OIT).(110)

Nessa conjuntura, por essência do contexto histórico entre capital e trabalho e a razão de ser dos direitos sociais, cumpre reverenciar que o

> Direito do Trabalho se rege pelos princípios da progressividade e do não retrocesso. Suas normas são direitos fundamentais. Neste quadro, em que os direitos trabalhistas estão impressos como conquistas históricas que decorrem de muitas lutas sociais, não se pode dar respaldo jurídico a qualquer interesse econômico que vislumbre a supressão de direitos fundamentais e a imposição de retrocessos à condição humana dos trabalhadores e trabalhadoras como tábua de salvação.(111)

23. OIT e o "Futuro do Trabalho" — 2019

Nesse panorama de resistência do direito social em sua concepção histórica e diante da comemoração de seu 100º aniversário em meio a constantes ataques, tanto no Brasil quanto nas demais nações desse mercado internacional globalizado e submisso ao Grande Capital, a OIT divulgou deliberações pelas quais se desafia a discutir o mundo do trabalho e sua capacidade de relegar a pobreza à história, proporcionar trabalho decente e um bom padrão de vida em escala universal e ampliar a todas as pessoas a proteção contra os riscos da vida profissional, principalmente diante da realidade distante desse potencial, ainda ineficiente para corrigir os problemas de desemprego, subemprego, desigualdade e injustiça que estão se agravando. (112)

Compreendendo que a ação no mundo do trabalho é decisiva para alcançar uma globalização mais equitativa, um desenvolvimento equilibrado e sustentável e um crescimento econômico que impulsione o progresso social; concomitantemente, o próprio mundo do trabalho está evoluindo rapidamente, a OIT, em seu desafio global para garantir trabalho decente para todos os homens e mulheres, divulgou, em 2013,

---

(110) MENESES, Luiz Manoel Andrade. A Inconvencionalidade da Reforma Trabalhista ante a ausência de diálogo social em sua tramitação legislativa. In: BENDA, Laura Rodrigues (Org.). *A Reforma Trabalhista na Visão da AJD.* Juízes para a Democracia. Belo Horizonte: Casa do Direito, 2018. p. 93-102.

(111) SOUTO MAIOR, Jorge Luiz. *MP n. 881:* a ruptura democrática fazendo escola. Disponível em: <https://www.jorgesoutomaior.com/blog/mp-881-a-ruptura-democratica-fazendo-escola?fbclid=IwAR06x6OEICtiS8O8la_ZXf0VZDrmZWxcH61Nr-Awj4vHDJSRsrH78shtThA>. Acesso em: 13 ago. 2019.

(112) OIT, *site* no Brasil. Disponível em: <https://www.ilo.org/brasilia/temas/fow/lang--pt/index.htm> Acesso em: 02 ago. 2019.

os desafios enfrentados pela organização no relatório Rumo ao seu centenário:(113) realidades, renovação e compromisso tripartite, que introduziu as sete Iniciativas do Centenário.

A primeira e principal iniciativa do Centenário da OIT se refere ao "Futuro do Trabalho", tendo em vista que avalia que o mundo do trabalho se encontra em meio a um grande processo de mudança, impulsionado por várias forças de transformação: desde a evolução das tecnologias, passando, por exemplo, pelo impacto das mudanças climáticas e as constantes mudanças na produção e no emprego.

Somada à referida iniciativa sobre o "Futuro do Trabalho", há outras seis que também foram lançadas pela OIT:(114) 1) Iniciativa para o Fim da Pobreza: para promover uma resposta multidimensional através do mundo do trabalho, dos mercados de trabalho e da proteção social e do emprego para erradicar a pobreza no mundo; 2) Iniciativa sobre Mulheres no Trabalho: para examinar o lugar que as mulheres ocupam no mundo do trabalho e suas condições de trabalho, envolvendo trabalhadores, empregadores e governos em ações concretas para transformar em realidade a igualdade de oportunidades e de tratamento; 3) Iniciativa Verde: para reforçar em toda a OIT os conhecimentos, o assessoramento em políticas e as ferramentas para administrar uma transição justa para um futuro sustentável, com baixas emissões de carbono; 4) Iniciativa sobre Normas: para consolidar o consenso tripartite sobre um sistema de controle reconhecido e melhorar a relevância das normas internacionais do trabalho através do mecanismo de revisão das normas; 5) Iniciativa sobre Empresas: para estabelecer uma plataforma de colaboração entre a OIT e as empresas que contribua para a sustentabilidade delas e para os objetivos da OIT; e 6) Iniciativa sobre Governança: para reformar as estruturas de governança da OIT, avaliando o impacto da Declaração de 2008 sobre a Justiça Social e adotando medidas de acordo com os resultados e conclusões de tal avaliação.

24. Considerações conclusivas finais

O desafio da humanidade ainda é o de progredir sem colocar em risco sua sobrevivência coletiva, base da civilização e do sentido de dignidade e de solidariedade que nos diferencia do ser sem sensibilidade racional, característica já percebida por Aristóteles passados quase 2.400 anos, quando disse que *"o homem é um animal social"*.

De sua evolução em seus 350 mil anos, a humanidade vive suas revoluções industriais faz mais de 250 anos, auferindo intensos progressos nas possibilidades sobre a capacidade de sobreviver mais e viver melhor — trajetória contemporânea do sistema capitalista.

---

(113) OIT, *site* internacional. Disponível em: <https://www.ilo.org/global/topics/future-of-work/lang--en/index.htm>. Acesso em: 02 ago. 2019.

(114) *Idem.*

No entanto, ao se analisar somente o último século, é fato incontestável que o uso da tecnologia não "serviu" eficientemente à liberdade da humanidade da exploração vil do trabalho como mercadoria, proporcionando conglomerados empresariais globais, verdadeiras potências que superam as nações, concentrando cada vez mais renda (1% x 99%)(115) em detrimento da sustentabilidade humana e ambiental. Há um novo proletariado diante dos desafios complexos da era digital;(116) e a classe trabalhadora mudou bastante e em pouco tempo, assim como também viu se transformar o ambiente em que ela se encontrava e no qual formava sentimentos e juízos.(117) Efeitos esses do contumaz neoliberalismo, que, na análise da filósofa Marilena Chauí,(118) não decorre apenas de uma mutação histórica do capitalismo com a passagem da hegemonia econômica do capital produtivo para o capital financeiro, mas de uma mutação sociopolítica: é uma nova forma do totalitarismo.

Diante da economia globalizada e do final dos riscos políticos do então Segundo Mundo com a "queda do muro de Berlim" em 1989, o sistema capitalista, em sua compreensão neoliberal, conquistou quase todos os territórios do planeta, tornando a relação entre Primeiro e Terceiro Mundo mais uma oportunidade intrínseca de exploração dos mercados dentro dos países em foco, do que a relação entre países desenvolvidos (exploradores) e subdesenvolvidos (explorados) de outrora. As nações fortes cederam lugar a corporações transnacionais no protagonismo político-econômico — o grande capital globalizado e transnacional extrapolou o conceito de nacionalidade e da necessidade indissociável dos países.(119)

Dos impactos dessa globalização, prossegue,(120) vivemos sob o fortalecimento desse neoliberalismo, ou melhor, ultraliberalismo, assim como presenciamos a assustadora retomada agressiva do capital sobre os limites da exploração do trabalhador e a mercantilização do trabalho, implementando reformas (ou contrarreformas) nas principais economias do planeta, precarizando as relações de trabalho e as organizações de trabalhadores.

Nesta última década, principal e consequentemente, a humanidade presencia, com preocupação, algumas das principais economias do planeta se movimentando em sentido contrário daquela "paz mundial" preconizada pelo Tratado de Versalhes

(115) Ver *site The Rules*. Disponível em: <https://therules.org/#/home>.

(116) ANTUNES, Ricardo. *O Privilégio da Servidão* — o novo proletariado de serviços na era digital. 2018. p. 19-113.

(117) POCHMANN, Márcio; MORAES, Reginaldo. *Capitalismo, classe trabalhadora e luta política no início do século XXI*. Perseu Abramo. 2017. p. 112-113.

(118) Marilena Chauí, pelo *site* Tutameia. Disponível em: <https://tutameia.jor.br/chaui-neoliberalismo-gera-odio-e-violencia/>. Acesso em: 02 jun. 2019.

(119) *Idem*.

(120) *Idem*.

no fim da Primeira Guerra, e retomada e fortalecida na criação da ONU no fim da Segunda Guerra, ainda mais porque, agora, presencia os esfacelamentos dos suados limites centenários conquistados socialmente contra a exploração do homem pelo homem e pelo lucro, em retorno acentuado das relações coloniais do século XIX fortalecidas economicamente pelo Estado Nacional conquistador do início do século passado, bem ao reencontro da essência mais sórdida do *Laissez-faire*, agora apurado com convenientes regramentos sob direção corporativa transnacional no lugar das "nações".

Nesse cenário histórico e diante de relevantes marcos: dos 100 anos da OIT (1919), dos 70 anos das Declarações Universais dos Direitos Humanos (1949), dos 31 anos da Declaração da OIT sobre Princípios e Direitos Fundamentais no Trabalho (1998), somados com os advindos 76 anos da CLT (1943) e os 80 anos da ameaçada Justiça do Trabalho (1939),[121] e, ainda, dos 87 anos do "finado" Ministério do Trabalho,[122] o Brasil da maioria que vive de seu próprio labor, dos trabalhadores e das trabalhadoras, enfrenta o desafio de resgatar, em meio à sua suada história nacional e internacional, a força de sua identidade e dos alicerces do direito social do trabalho, bases da resistência aos ataques neoliberais que tanto maculam a dignidade e os direitos fundamentais da pessoa trabalhadora na relação de trabalho,[123] distanciando-se de qualquer marco civilizatório do capitalismo em quaisquer de suas fórmulas defendidas com parâmetros minimamente sustentáveis.

Nesse mesmo contexto, o conceito de nação brasileira, posto à prova nesses tempos atuais, depende de reação social, cerne da história do direito social do trabalho, para mais que resistir, caminhar para evoluir dignamente contra os retrocessos almejados pelas "reformas trabalhistas" e demais ataques anunciados por mais esse governo, que mal tomou posse e já demonstrou suas intenções, tudo para retirar (ou mercantilizar a preço desprezível) direitos fundamentais sociais conquistados, muitos há mais de um século, no sentido de um capitalismo selvagem, insustentável e sem limites, fértil ao lucro vil e fácil à exploração talvez ainda mais vantajosa monetariamente aos vergonhosos e sombrios tempos da escravidão econômica do homem pelo homem.

---

(121) PODER 360. *Bolsonaro diz estudar projeto para acabar com a Justiça do Trabalho*. Disponível em: <https://www.poder360.com.br/governo/bolsonaro-diz-estudar-projeto-para-acabar-com-a-justica-do-trabalho/>. Acesso em: 03 jan. 2019.

(122) CONGRESSO NACIONAL. *MP do Governo Bolsonaro extinguindo o Ministério do Trabalho*. Disponível em: <http://www.in.gov.br/materia/-/asset_publisher/Kujrw0TZC2Mb/content/id/57510830>. Acesso em: 03 jan. 2019.

(123) SEVERO, Valdete Souto. *Em 2018 voltamos no tempo na Justiça do Trabalho*. Disponível em: <https://www.cartacapital.com.br/justica/em-2018-voltamos-no-tempo-na-justica-do-trabalho/>.

A tão utilizada "modernização da legislação trabalhista", portanto, deveria se pautar em um discurso ético de compartilhamento humanitário dos avanços tecnológicos para uma economia capitalista sustentável e em benefício da civilização, onde a concentração de renda jamais poderia se valer do jogo sujo da exploração planejada da miséria, doloso atentado contra a dignidade da pessoa humana e inescrupulosa maneira de praticar concorrência desleal no seio da sociedade internacional.

Não é sem razão que, nesse cenário de desregulamentação da proteção social, ainda se observa o aprimoramento do *dumping social*, fruto dos abusos das empresas, fomentado pelo grande capital globalizado, pela adoção de práticas desumanas de trabalho com o objetivo de reduzir os custos de produção e, assim, aumentar os seus lucros. Trata-se de descumprimento reincidente dos direitos trabalhistas capaz de gerar dano à sociedade em ato ilícito. Quanto maior for o perfil de submissão à regras "neocolonizadoras" de um país ao grande capital globalizado, maiores serão a impunidade e a ferocidade da exploração econômica sem limites.

Sopesando o tema com habitual precisão, o jurista Souto Maior aborda o viés também nacional do *dumping social*:

> É bem verdade que a expressão "dumping social" foi utilizada, historicamente, para designar as práticas de concorrência desleal em nível internacional, verificadas a partir do rebaixamento do patamar de proteção social adotado em determinado país, comparando-se sua situação com a de outros países, baseando-se no parâmetro fixado pelas Declarações Internacionais de Direito. No entanto, não é, em absoluto, equivocado identificar por meio da mesma configuração a adoção de práticas ilegais para obtenção de vantagem econômica no mercado interno.[124]

Enfrentando o assunto em 2007, em sua 1ª Jornada de Direito Material e Processual da Justiça do Trabalho realizada no TST, a Associação Nacional dos Magistrados da Justiça do Trabalho (Anamatra) elaborou o seguinte Enunciado (n. 4) sobre *dumping social*:[125]

> *DUMPING* SOCIAL. DANO À SOCIEDADE. INDENIZAÇÃO SUPLEMENTAR. As agressões reincidentes e inescusáveis aos direitos trabalhistas geram um dano à sociedade, pois com tal prática desconsidera-se, propositalmente, a estrutura do Estado Social e do próprio modelo capitalista com a obtenção de vantagem indevida perante a concorrência. A prática, portanto, reflete o conhecido "*dumping* social", motivando a necessária reação do Judiciário trabalhista para corrigi-lo. O dano à sociedade configura ato ilícito, por exercício abusivo do direito, já que extrapola limites econômicos e sociais, nos exatos

(124) SOUTO MAIOR, Jorge Luiz. *Dumping social nas relações de trabalho*. São Paulo: LTr, 2012. p. 10.

(125) ANAMATRA. *Enunciado n. 4*. 1ª Jornada de Direito Material e Processual da Justiça do Trabalho, realizada no TST, Brasília, em 23.11.2007.

termos dos art. 186, 187 e 927 do Código Civil. Encontra-se no art. 404, parágrafo único do Código Civil, o fundamento de ordem positiva para impingir ao agressor contumaz uma indenização suplementar, como, aliás, já previam os arts. 652, *"d"*, e 832, § 1º, da CLT.

Como visto, o resultado da precarização do direito social do trabalho e dos intensos abusos da atividade empresarial em desrespeito à legislação mínima e protetiva da relação de emprego é devastador para a sustentabilidade social de uma nação.

Convenientemente, o discurso utilizado pelas vozes do chamado "mercado" e seu atores, assim como do governo dissonante das bases democráticas, para justificar tais medidas que geram todos esses resultados daninhos à dignidade do trabalho desse caminho rumo à barbárie, é a tal "*modernização das relações de trabalho*".

Entretanto, em importante e recente levantamento histórico e de pesquisa também feito por Souto Maior (*"Sobre "modernização das relações de trabalho", "altos estudos", "pacotes" e o percurso consciente em direção à barbárie"*),[126] há a desmistificação desse discurso da "modernização", utilizado sem pudor cientifico para justificar fraudulentamente as reformas para precarizar a relação de emprego e a legislação trabalhista. E isso ocorre por meio de uma minuciosa análise de alegações relacionadas aos números estatísticos decorrentes, tudo sob o contexto dos acontecimentos históricos sobre as causas e as consequências de cada artifício, demonstrando as lesões ao interesse público e à sustentabilidade social da economia e da sociedade brasileiras.

Assim, em referido levantamento de pesquisa e confrontação científica,[127] há um pormenorizado comparativo entre causas e efeitos acerca das medidas tomadas pelo governo, assim como suas justificativas oficiais e as consequências desastrosas para a qualidade da relação de emprego e aumento dos índices de desemprego, desalento, informalidade e precarização.

Pelos levantamentos,[128] tem-se também que os trabalhadores com carteira assinada (sem considerar o trabalho doméstico) eram, em 2013, 36,8 milhões; em abril de 2016, esse número era de 34,5 milhões; em abril de 2017, chega-se a 33,3 milhões; e, em abril de 2019, o desemprego se mantinha no mesmo patamar (12,5%, 13,2 milhões de pessoas).

Sobre o desemprego, o mapa apurado em referido artigo de Souto Maior também revela a piora da situação: em 2013, o índice apurado era de 5,4%, menor taxa histórica; já em abril de 2018, o desemprego aumentava sob a vigência da chamada Reforma

(126) SOUTO MAIOR, Jorge Luiz. *Sobre "modernização das relações de trabalho", "altos estudos", "pacotes" e o percurso consciente em direção à barbárie*. Disponível em: <https://www.jorgesoutomaior.com/blog/sobre-modernizacao-das-relacoes-de-trabalho-altos-estudos-pacotes-e-o-percurso-consciente-em-direcao-a-barbarie>. Acesso em: 07 set. 2019.

(127) *Idem*.

(128) *Idem*.

Trabalhista, chegando ao índice de 13,1%, atingindo 13,7 milhões de pessoas; situação em que, ao todo, a desocupação, incluindo desempregados (que buscam emprego) e desalentados (que já desistiram de procurar emprego), chegava a 27,7 milhões de pessoas, o maior índice desde 2012; já em novembro de 2018, o desemprego caía a 11,6% em decorrência da informalidade, que batia novo recorde, atingindo 43% dos trabalhadores, 39,7 milhões de pessoas; o número de trabalhadores sem carteira assinada aumentou 3,8%, representando 427 mil pessoas; no final de janeiro de 2019, o desemprego aumentava para 12%, atingindo 12,7 milhões de pessoas; em fevereiro de 2019, o desemprego novamente aumentou, chegando a 12,4% (13,1 milhões de pessoas); com aumento dos desalentados (4,9 milhões) e do trabalho sem carteira assinada (3,4%, 347 mil pessoas a mais); em abril de 2019, houve novo aumento do desemprego, que chegou a 12,7%, atingindo 13,4 milhões de pessoas, das quais 3,3 milhões de pessoas estão desempregadas há mais de 2 anos![(129)]

Sobre a situação dos desalentados, estavam nessa condição de desistência (desesperança) de procurar emprego, em abril de 2016, 3,2 milhões de pessoas; em abril de 2017, antes da chamada "Reforma", eram 3,9 milhões de pessoas; já em abril de 2018, o número de desalentados cresce significativamente: 4,8 milhões; no ano seguinte, em abril de 2019, o quadro ainda piora, crescendo para 4,9 milhões de pessoas desalentadas. Isso em consonância com a informalidade que, em maio de 2019, continuava crescente e atingia o número também recorde de 24 milhões de pessoas, sendo 11,4 milhões na condição de trabalhadores sem carteira assinada, refletindo o aumento da precarização das condições de trabalho e, até mesmo, o processo de sua naturalização. No mês seguinte (junho de 2019), a informalidade crescia mais, atingindo 24,1 milhões de pessoas, sendo 11,5 milhões na condição de trabalhadores sem carteira assinada. E Souto Maior prossegue em seus levantamentos reveladores:

No final de julho de 2019, embora o desemprego tivesse reduzido para o índice de 11,8%, atingindo 12,6 milhões de pessoas, o número de empregados no setor privado com carteira assinada (sem incluir o emprego doméstico) caiu para 33,1 milhões de pessoas. Além disso, o número de empregados sem carteira assinada (11,7 milhões de pessoas) atingiu novo recorde, subindo em ambas as comparações: 3,9% (mais 441 mil pessoas) frente ao trimestre anterior e 5,6% (mais 619 mil pessoas) em relação ao mesmo trimestre de 2018. Também bateu recorde o número de trabalhadores por conta própria (24,2 milhões) subindo nas duas comparações: 1,4% (mais 343 mil pessoas) frente ao trimestre anterior e 5,2% (mais 1,2 milhão de pessoas) frente ao mesmo período de 2018. E o rendimento médio dos trabalhadores (R$ 2.286) caiu 1,0% frente ao trimestre anterior.[(130)]

---

(129) *Idem.*

(130) *Idem.*

No último levantamento do IBGE divulgado no final de setembro de 2019,[(131)] a taxa de desemprego ficou estável no trimestre encerrado em agosto ante os três meses findos em julho, mas caiu na comparação com os três meses findos em maio, para 11,8%, bem como apontou queda nos níveis de população desocupada e na população desalentada, mas o emprego sem carteira de trabalho assinada no setor privado bateu novo recorde da série histórica, tendo em vista que, dentro de um total de 11,8 milhões de pessoas, houve alta de 3,6% ante o trimestre anterior comparável e de 5,9% diante do mesmo período de 2018. O número de trabalhadores por conta própria bateu novo recorde, uma vez que totalizou 24,3 milhões de pessoas, alta de 4,7% em relação aos mesmos três meses do ano passado. O rendimento médio real habitual ficou estável em ambas as comparações: R$ 2.298,00 no trimestre móvel terminado em agosto de 2019.

De outro lado dessa preocupante situação, de acordo com dados do Observatório Digital de Saúde e Segurança do Trabalho,[(132)] de 2012 a 2018, o Brasil registrou 16.455 mortes e 4.5 milhões acidentes. No mesmo período, os gastos da Previdência com Benefícios Acidentários corresponderam a R$ 79 bilhões, e foram perdidos 351.7 milhões dias de trabalho com afastamentos previdenciários e acidentários. Os dados ainda revelam que, no mesmo período, as despesas com afastamentos acidentários custaram R$ 732 milhões à Previdência Social, sendo R$ 191 milhões com amputações geradas por acidentes de trabalho, dos quais R$ 131 milhões foram motivados por amputações causadas por máquinas – 69% do total das despesas!

Nesse sentido, pelos dados levantados pelo Ministério Público do Trabalho (MPT), a precarização permitida pela chamada reforma trabalhista de 2017 pode justificar o aumento dos acidentes de trabalho com morte, já que foram registrados 2.022 óbitos em 2018, enquanto em 2017 foram 1.992[(133)] – frisa-se: crescimento após 5 anos de queda e ainda em movimento oposto à queda no nível de emprego.

Dessa forma, fica evidente que o caminho demonstrado pelos números e pela epidérmica realidade atual vista nas ruas das cidades, acarreta inequívoco distanciamento de um projeto mínimo de nação. Pior! Caminha em sentido contrário, na direção da barbárie, no caminho ao passado mais cruel, rumo ao século XIX.

---

(131) FUNDACENTRO. *Brasil registra 17 mil mortes e 4 milhões de acidentes de trabalho.* Disponível em: <http://www.fundacentro.gov.br/noticias/detalhe-da-noticia/2019/4/acoes-regressivas-gestao-de-riscos-e-impacto-dos-acidentes-de-trabalho-foram-temas-de-debate>. Acesso em: 07 out. 2019.

(132) CONECT. *Brasil registra 17 mil mortes e 4 milhões de acidentes do trabalho.* Disponível em: <https://conect.online/blog/brasil-registra-17-mil-mortes-e-4-milhoes-de-acidentes-de-trabalho/>. Acesso em: 07 out. 2019.

(133) O GLOBO. *Após cinco anos em queda, número de mortes por acidente de trabalho volta a crescer no Brasil.* Disponível em: <https://oglobo.globo.com/economia/apos-cinco-anos-em-queda-numero-de-mortes-por-acidente-de-trabalho-volta-crescer-no-brasil-23702612>. Acesso em: 07 out. 2019.

Segundo o sociólogo Ricardo Antunes, o que deveria ser discutido não é se menos direitos geram mais empregos, mas, sim, se a população brasileira escolhe "*o caminho da dignidade mínima para a população trabalhadora, ou (...) o caminho do (...) privilégio da servidão, da lei da selva, da corrosão completa. Portanto, essa tese que relaciona uma coisa à outra*" — emprego ou direitos — "*é falaciosa, mentirosa e manipuladora*".(134)

É inegável que a ausência de direitos provoca o aumento de sofrimento aos trabalhadores e às trabalhadoras, a ampliação de conflitos pela exploração intensificada e a insustentabilidade econômica nas bases do mercado interno de cada país.

Isso "*demostra, claramente, o que já se sabia desde a criação da OIT, em 1919, qual seja, que a exploração sem limites não interessa nem mesmo ao capital, valendo verificar, inclusive, o movimento em direção da regularização de direitos trabalhistas para os prestadores de serviços por intermédio de aplicativos que vem se institucionalizando na Califórnia*", na análise irreparável de Souto Maior.(135)

Inevitavelmente, nesse mesmo sentido, a Organização Internacional do Trabalho (OIT), em monitoramento da situação do país em razão da chamada "reforma trabalhista" implementada, incluiu o Brasil em uma lista com os 10 piores países do mundo para os trabalhadores — segundo a Confederação Sindical Internacional (CSI), que divulgou o seu Índice Global de Direitos. É a primeira vez que o Brasil aparece entre os 10 piores, em uma relação com 145 países, avaliados com base em 97 indicadores. A divulgação foi feita durante a 108ª Conferência Internacional do Trabalho, em Genebra.(136)

Tanto que, nesse lamentável contexto, a Comissão de Aplicação de Normas da OIT decidiu que o Brasil deve permanecer sendo monitorado devido a denúncias de que a "reforma" trabalhista efetivamente viola a Convenção n. 98 da entidade, que disciplina o direito de organização e à negociação coletiva.(137)

---

(134) UOL; ANTUNES, Ricardo (entrevista). Disponível em: <https://economia.uol.com.br/empregos-e-carreiras/noticias/redacao/2019/09/14/entrevista-sociologo-ricardo-antunes-trabalho-emprego-empreendedorismo.htm?utm_source=facebook&utm_medium=social-media&utm_campaign=noticias&utm_content=geral>. Acesso em: 15 set. 2019.

(135) SOUTO MAIOR, Jorge Luiz. *Sobre "modernização das relações de trabalho", "altos estudos", "pacotes" e o percurso consciente em direção à barbárie*. Disponível em: <https://www.jorgesoutomaior.com/blog/sobre-modernizacao-das-relacoes-de-trabalho-altos-estudos-pacotes-e-o-percurso-consciente-em-direcao-a-barbarie>. Acesso em: 07 set. 19. Emblematicamente, a Califórnia reconheceu relação de emprego entre o motorista e a empresa UBER, líder mundial na exploração da atividade de transporte via aplicativo.

(136) REDE BRASIL ATUAL. *Brasil, um dos 10 piores países para trabalhadores continuará sendo monitorado na OIT*. Disponível em: <https://www.redebrasilatual.com.br/trabalho/2019/06/brasil-um-dos-10-piores-paises-para-trabalhadores-e-continuara-sendo-monitorado-na-oit/>. Acesso em: 03 ago. 2019.

(137) *Idem*.

Esse é mais um deplorável capítulo dessa situação de retrocesso dos direitos sociais fruto da sórdida aplicação da cartilha ultraliberal, cuja devastação social nas bases de dignidade da classe trabalhadora fica ainda mais acentuada em países subdesenvolvidos socialmente como o Brasil, tratados como revigoradas colônias do capitalismo globalizado, sanguessuga e predador.

De outro lado, direitos humanos sociais fundamentais laborais são patamares mínimos de uma civilização, e não margem de barganha na exploração da mão de obra inventariada como mercadoria descartável pelo lucro. Os limites humanitários de convivência na sociedade capitalista internacional são bases da paz mundial e da dignidade da pessoa humana, contra a miséria planejada e as conquistas usurpatórias e desleais de mercado e soberania das nações. Tanto que tais direitos humanos jamais se submetem, do ponto de vista do efeito limitador, ao rol previsto nos ordenamentos jurídicos nacionais e internacionais, tendo em vista que não nascem no momento de sua positivação, mas se afirmam como produtos culturais resultantes dos intensos processos de luta pela dignidade humana nas mais variadas dimensões. Passam, pois, do campo da retórica do liberalismo da igualdade meramente formal para a verdadeira igualdade material configurada pelo pleno acesso igualitário de todas as pessoas aos bens materiais e imateriais da vida.[138]

A essência dos direitos humanos sociais fundamentais laborais está em sua razão coletiva de surgir, que jamais foi uma concessão de qualquer governo ou da classe dominante, mas fruto de lutas sociais dos trabalhadores e das trabalhadoras, ou seja, como resultado da ação coletiva da classe trabalhadora, atitude vital para enfrentar a atual crise de civilização.

Parece inequívoca a conclusão de que a mera judicialização dos conflitos, mesmo sob as graves lesões que contrariam as garantias fundamentais constitucionais e as convenções internacionais, incluindo seus princípios sociais mais inerentes aos direitos *pro homine* e ao progresso social na evolução histórica da relação capital/trabalho, não parece ser suficiente para resistir e, muito menos, avançar. E pior ainda fica qualquer tentativa de institucionalização dos conflitos diante de um Estado que, ao final, também é o agressor.

O caminho parece ser a retomada das raízes, do sentido existente no conflito central entre capital e trabalho, âmago do direito social, cuja alma advém da manifestação

(138) HERRERA FLORES, Joaquín. *Teoria Crítica dos Direitos Humanos — Os Direitos Humanos como Produtos Culturais*. Rio de Janeiro: Lumen Juris, 2009, e HERRERA FLORES, Joaquín. *A (Re)Invenção dos Direitos Humanos*. Florianópolis: Fundação Boiteux, 2009. *Apud* GRIJALBO, Fernandes Coutinho. *Blade Runner antecipou o tempo de ataque sistemático ao direito do trabalho e de promoção da descartabilidade humana*. Disponível em: <https://www.jorgesoutomaior.com/blog/blade-runner-antecipou-o-tempo-de-ataque-sistematico-ao-direito-do-trabalho-e-de-promocao-da-descartabilidade-humana-laboral?fbclid=IwAR1rNn8TFgDBjfvNR4tEKcOaRCcnlYDyG8HemjRHtKc8H7s-Qp5nbjciwFA>. Acesso em: 23 ago. 2019.

da classe trabalhadora em seu movimento mais legítimo: a mobilização consciente e coletiva, seja pela greve como direito natural, seja pelas manifestações políticas, na acepção mais democrática extraída do conceito de nação, pelas pautas sociais. O direito social não é a fonte, ele é resultado.

25. Bibliografia

ALVARENGA, Rúbia Zanotelli de. *Direito Internacional do Trabalho*. São Paulo: LTr, 2019.

ANAMATRA. Direito Coletivo do Trabalho e a Reforma Trabalhista: Realidade e Futuro. 60ª *Revista Trabalhista — Direito e Processo*. Rio de Janeiro: LTr, 2019.

ANTUNES, Ricardo. *O Privilégio da Servidão* — O Novo Proletariado de Serviços na Era Digital. São Paulo: Boitempo, 2018.

______ (Org.). *Riqueza e Miséria do Trabalho no Brasil IV* — Trabalho Digital, Autogestão e Expropriação da Vida. São Paulo: Boitempo, 2019.

ARAÚJO, Wallanna Dantas Oliveira de. *Direitos fundamentais do trabalhador e a Declaração de 1998 da OIT*. Tese de Pós-Graduação Em Ciências Jurídicas. UFPB, 2008.

ARAÚJO, Adriane Reis de; D'AMBROSO, Marcelo José Ferlin. *Democracia e Neoliberalismo* - O Legado da Constituição de 1988 em Tempos de Crise. Salvador: JusPodivm, 2018.

BATISTA, Flávio Roberto. *Crítica da Tecnologia dos Direitos Sociais*. São Paulo: Outras Expressões, Dobra Universitário, 2013.

BENDA, Laura Rodrigues (Org.). *A Reforma Trabalhista na Visão da AJD*. Belo Horizonte: Casa do Direito, 2018.

BEVIAN, Elsa Cristine. *O Adoecimento dos Trabalhadores com a Globalização da Economia e o Espaço Político de Resistência*. Florianópolis: Empório do Direito, 2017.

BRAMANTE, Adriane; SERAU JR, Marco Aurélio; FOLMANN, Melissa (Coords.). *Os 100 anos da Proteção ao Acidente de Trabalho no Brasil*. Curitiba: IBDP, 2018.

BRITO FILHO, José Claudio Monteiro de. *Trabalho Decente* — Análise Jurídica da Exploração do Trabalho — Trabalho Escravo e Outras Formas de Trabalho Indigno. 5. ed. São Paulo: LTr, 2018.

CANOTILHO, J. J. Gomes; CORREIA, Marcus Orione Gonçalves; CORREIA, Érica Paula Barcha (Coords.). *Direitos Fundamentais Sociais*. 2. ed. São Paulo: Saraiva, 2015.

COUTINHO, Grijalbo Fernandes. *"Blade Runner" Antecipou o Tempo de Ataque Sistemático ao Direito do Trabalho e de Promoção da Descartabilidade Humana Laboral*. Disponível em: <https://www.jorgesoutomaior.com/blog/blade-runner-antecipou-o-tempo-de-ataque-sistematico-ao-direito-do-trabalho-e-de-promocao-da-descartabilidade-humana-laboral>. Acesso em: 23 ago. 2019.

CUÉLLAR, Martha Elisa Monsalve; SILVA, Luciana Aboim Machado Gonçalves da; PIERDONÁ, Zélia Luiza (Coords.). *Impacto das Normas Internacionais da OIT no Direito do Trabalho e da Seguridade Social*. Instituto Latinoamericano de Derecho del Trabajo y la Seguridade Social. São Paulo: LTr, 2018.

DELGADO, Mauricio Godinho. *Curso de Direito do Trabalho*. São Paulo: LTr, 2018.

______. *Direito Coletivo do Trabalho*. São Paulo: LTr, 2017.

______. *Capitalismo, trabalho e emprego* — entre o paradigma da destruição e os caminhos de reconstrução. 3. ed. São Paulo: LTr, 2017.

FREITAS JUNIOR, Antonio Rodrigues; GOMES, Ana Virgínia Moreira (Orgs.). *A Declaração de 1998 da OIT sobre Princípios e Direitos fundamentais no Trabalho*. São Paulo: LTr, 2014.

GPTC-Gênero. *O novo direito do trabalho e processo do trabalho:* um olhar crítico. Diversos autores. Letramento: Casa do Direito, 2019.

KREIN, José Dari; OLIVEIRA, Roberto Véras de; FILGUEIRAS, Vitor Araújo (Orgs.). *Reforma Trabalhista no Brasil* — promessas e realidade. Campinas: Curt Nimuendajú, 2019.

KREIN, José Dari; GIMENEZ, Denis Maracci; SANTOS, Anselmo Luis dos (Orgs.). *Dimensões Críticas da Reforma Trabalhista no Brasil*. MPT e Instituto de Economia — CESIT. Campinas: Curt Nimuendajú, 2018.

MACHADO, Gustavo Seferian Scheffer. *A Ideologia do Contrato de Trabalho*. São Paulo: LTr, 2016.

MAEDA, Patrícia. Terceirização no Brasil: histórico e perspectivas. *Revista do Tribunal Regional do Trabalho da 15ª Região*, n. 49. Campinas, 2016.

MARANHÃO, Ney; TUPINAMBÁ, Pedro Tourinho (coordenadores). *Direito Internacional do Trabalho*. ANAMATRA. LTr, 2019.

MARX, Karl. *O Capital* — Livro I. São Paulo: Boitempo, 2017.

MELO FILHO, Hugo Cavalcanti; ACIOLI, José Adelmy da Silva. A Inconvencionalidade formal da Lei n. 13.467/2017. In: SOUTO MAIOR, Jorge Luiz; SEVERO, Valdete Souto (Orgs.). *Resistência* — Aportes teóricos contra o retrocesso trabalhista. 2017. p. 79/96.

MURADAS, Daniela; PINTO, Roberto Parahyba de Arruda (Coords). *Entre Memórias e Memoriais:* Olhares da Advocacia sobre Reforma Trabalhista. Instituto do Trabalho e Gestão Sindical. Belo Horizonte: RTM, 2018.

NASCIMENTO, Amauri Mascaro. *Curso de Direito do Trabalho*. São Paulo: Saraiva, 1992.

OIT. *Garantizar un tiempo de trabajo decente para el futuro* — Estudio General relativo a los instrumentos sobre el tiempo de trabajo. Conferencia Internacional del Trabajo, 107ª Reunión, 2018. Disponível em: <https://www.ilo.org/ilc/ILCSessions/previous-sessions/107/reports/reports-to-the-conference/WCMS_618490/lang--es/index.htm>. Acesso em: 16 jun. 2019.

OLIVEIRA, Paulo Eduardo Vieira de. *O Dano Pessoal do Direito do Trabalho*. São Paulo: LTr, 2002.

______. *Convenção Coletiva de Trabalho no Direito Brasileiro* — setor privado. São Paulo: LTr, 1996.

PLÁ RODRIGUEZ, Américo. *Princípios do Direito do Trabalho*. Tradução de Wagner D. Giglio. Tradução da atualização de Edilson Alckmin Cunha. São Paulo: LTr, 2015.

PIOVESANA, Claudia Urano Machado *et al.* (Coords.). *Seminário Quem É Quem no Direito do Trabalho*. São Paulo, LTr, 2019.

PIOVESAN, Flávia; CARVALHO, Luciana Paula Vaz (Coords.). *Direitos humanos e direito do trabalho*. São Paulo: Atlas, 2010.

POCHMANN, Márcio; MORAES, Reginaldo. *Capitalismo, Classe Trabalhadora e Luta Política no início do século XXI*. São Paulo: Fund. Perseu Abramo, 2017.

POLIDO, Fabrício Bertini Pasquo; BARBATO, Maria Rosaria; MOURA, Natália das Chagas (Coords.). *Trabalho, Tecnologias e os Desafios Globais dos Direitos Humanos, Estudos e Perspectivas*. Rio de Janeiro: Lumen Juris, 2019.

RAMOS, Gustavo Teixeira; LOGUERCIO, José Eynard; MELO FILHO, Hugo Cavalcanti; RAMOS FILHO, Wilson (Orgs.). *A Classe Trabalhadora e a Resistência ao Golpe de 2016*. Bauru: Canal 6, Projeto Editorial Praxis, Instituto Defesa da Classe Trabalhadora, 2016.

REIS, Jair Teixeira dos. *Curso de Direitos Humanos* – Teoria e Questões. Rio de Janeiro: Ferreira, 2012.

SANCHES, Ana Tércia. A terceirização diante da noção de trabalhador coletivo em Marx. In: *Anais do III Simpósio lutas sociais na América Latina*, 2008.

SANTOS, Ronaldo Lima dos. *Teoria das normas coletivas*. 2. ed. São Paulo: LTr, 2014.

______. *Sindicato e Ações Coletivas* — acesso à justiça, jurisdição coletiva e tutela dos interesses difusos, coletivos e individuais homogêneos. 5. ed. São Paulo: LTr, 2019.

SCALÉRCIO, Marcos; MINTO, Tulio Martinez. *Normas da OIT* — Organizadas por Temas. São Paulo: LTr, 2017.

SCALÉRCIO, Marcos; PEREIRA, Leone; MINTO, Tulio Martinez. *NRs e Normas Nacionais e Internacionais de Saúde e Segurança no Trabalho* — Organizadas por Temas. São Paulo: LTr, 2018.

SEVERO, Valdete Souto. Artigo em: <https://www.cartacapital.com.br/justica/em-2018-voltamos-no-tempo-na-justica-do-trabalho/>. Acesso em: 27. dez 2018.

______; SOUTO MAIOR, Jorge Luiz. *Manual da Reforma Trabalhista* — pontos e contrapontos. São Paulo: AATSP, 2017.

SILVA, Homero Batista Mateus da. *Comentários à Reforma Trabalhista*, 2. ed. São Paulo: RT, 2017.

______. *CLT Comentada*. 2. ed. São Paulo: RT, 2019.

______. *Curso de Direito do Trabalho Aplicado*. vol. 7. Direito Coletivo do Trabalho. São Paulo: RT, 2017.

______. *Curso de Direito do Trabalho Aplicado*. vol. 3. Saúde e Segurança do Trabalho. São Paulo: RT, 2017.

SILVA, Otávio Pinto e. *A Contratação Coletiva como Fonte do Direito do Trabalho*. 2. ed. São Paulo: RT, 2019.

SOUTO MAIOR, Jorge Luiz. Validade e eficácia da Convenção n. 158 da OIT perante o ordenamento jurídico brasileiro". *Revista de Direito do Trabalho*, São Paulo, v. 25, n. 94, p. 7-23, abr./jun.1996.

______. *Curso de direito do trabalho:* teoria geral do direito do trabalho. Vol. I: parte I. São Paulo: LTr, 2011.

______. *História do direito do trabalho no Brasil:* curso de direito do trabalho. Vol. I: parte II. São Paulo: LTr, 2017.

______. *Curso de Direito do Trabalho:* a Relação de Emprego. vol. II. São Paulo: LTr, 2008.

______. *Conjuntura Política Brasileiro Sob Perspectiva Trabalhista* — A Hora da Sensatez. Belo Horizonte: Instituto do Trabalho e Gestão Sindical, RTM, 2019.

______. *Dumping social nas relações de trabalho*. São Paulo: LTr, 2012.

______. *O fascismo como retórica e a democracia em risco*. Disponível em: <https://www.jorgesoutomaior.com/blog/o-fascismo-como-retorica-e-a-democracia-em-risco> Acesso em: 03 ja. 2019.

______. *Uma Defesa do Ministério do Trabalho*. Disponível em: <https://www.jorgesoutomaior.com/blog/uma-defesa-do-ministerio-do-trabalho>. Acesso em: 13 nov. 2018.

______. *Terceirização da atividade-fim é o fim da terceirização*. Disponível em: <https://www.jorgesoutomaior.com/blog/terceirizacao-da-atividade-fim-e-o-fim-da-terceirizacao>. Acesso em: 1º ago. 2019.

______. *MP n. 881*: a ruptura democrática fazendo escola. Disponível em: <https://www.jorgesoutomaior.com/blog/mp-881-a-ruptura-democratica-fazendo-escola?fbclid=IwAR-06x6OElCtiS8O8Ia_ZXf0VZDrmZWxcH61Nr-Awj4vHDJSRsrH78shtThA> Acesso em: 13 ago. 2019.

______. *Sobre "modernização das relações de trabalho", "altos estudos", "pacotes" e o percurso consciente em direção à barbárie*. Disponível em: <https://www.jorgesoutomaior.com/blog/sobre-modernizacao-das-relacoes-de-trabalho-altos-estudos-pacotes-e-o-percurso-consciente-em-direcao-a-barbarie>. Acesso em: 07 set. 2019.

SOUTO MAIOR, Jorge Luiz; SEVERO, Valdete Souto (Coords.). *Resistência* — Aportes teóricos contra o retrocesso trabalhista. São Paulo: Expressão Popular, 2017.

______. *Resistência II* — Defesa e Crítica da Justiça do Trabalho. São Paulo: Expressão Popular, 2018.

______. *Resistência III* — O Direito do Trabalho diz Não à Terceirização. São Paulo: Expressão Popular, 2019.

SOUTO MAIOR, Jorge Luiz; CORREIA, Marcus Orione Gonçalves (Orgs.). *Curso de Direito do Trabalho* – Vol. III — Direito Coletivo do Trabalho. Coleção Pedro Vidal Neto. São Paulo: LTr, 2008.

SOUTO MAIOR, Jorge Luiz; SEVERO, Valdete Souto; YAMAMOTO, Paulo. *Quem tem medo de mudança e da liberdade sindical*. Disponível em: <https://www.jorgesoutomaior.com/blog/quem-tem-medo-de-mudancas-e-da-liberdade-sindical>. Acesso em: 1º ago. 2019.

VIANA, Márcio Túlio. *Do Trabalho Ao Salário*: Pequenas Lições De Quem Ainda Está Aprendendo. Belo Horizonte: Instituto do Trabalho e Gestão Sindical, RTM, 2019.

A História da Justiça do Trabalho e a Expansão das Varas do Trabalho no Brasil

Felipe Augusto de Azevedo Marques Arruda[1]

Resumo: Do singelo início de 36 Juntas de Conciliação e Julgamento instaladas em 21 capitais para as atuais 1.573 Varas do Trabalho instaladas em mais de 600 municípios, muita história se passou. Este trabalho se propõe a debruçar-se sobre essa história analisando a expansão das unidades de primeiro grau da Justiça do Trabalho, em quantidade e no território, nos seus diversos contextos históricos. Para analisar a expansão das Varas do Trabalho no Brasil foi feita pesquisa sobre as leis que criaram, modificaram ou extinguiram Varas do Trabalho bem como sobre os projetos que lhe deram origem. Também foram pesquisados os municípios onde foram instaladas, as datas de criação e de instalação de cada uma delas. Os dados encontrados foram articulados com pesquisa bibliográfica a fim de identificar as relações entre os diversos contextos históricos, as mudanças mais significativas na estrutura das Varas do Trabalho e a dinâmica de sua expansão. Ao se analisar a história da Justiça do Trabalho, foi possível identificar cinco períodos distintos com contextos sociais e normativos que geraram influências distintas sobre a expansão das Varas do Trabalho e sobre a estrutura dessas unidades.

Palavras-chave: História da Justiça do Trabalho— Varas do Trabalho —Jurisdição — Juntas de Conciliação e Julgamento.

1. Introdução

Criada com o propósito de conciliar e arbitrar os conflitos havidos entre empregados e empregados sobre a legislação social, a Justiça do Trabalho integrou, em seus primórdios, um conjunto de medidas do governo Vargas para consecução do projeto corporativo de industrialização da economia nacional com a absorção e repressão do conflito de classes sob o manto estatal. Desde sua origem, com forte marca antiliberal, emergiu como instituição organizada para cumprir seu propósito,

(1) Bacharel em Direito (USP). Especialista em Direito do Trabalho (USP) e Pesquisador integrante do NTADT--USP (Núcleo de Pesquisa e Extensão "Trabalho Além do Direito do Trabalho").

em diversos momentos contraditórios, de conciliação de classes e de efetivação dos direitos sociais emersos a partir da década de 1930.

Desde sua instalação em 1941 a Justiça do Trabalho, apesar de à época ser um órgão administrativo, possuía uma organização hierárquica com as Juntas de Conciliação e Julgamento (JCJs), órgãos tripartites formados por um juiz, um representante da classe dos trabalhadores e da classe dos empregadores, na base. Com a Constituição Federal de 1946, a Justiça do Trabalho foi incluída no Poder Judiciário, mantendo a organização hierárquica de seus órgãos com as Juntas de Conciliação e Julgamento na base, até 1999, quando a Emenda Constitucional n. 24 de 1999, substituiu as Juntas de Conciliação e Julgamento por juízes do trabalho lotados em Varas do Trabalho (VTs).

As JCJs, quando se deu a instalação da Justiça do Trabalho, estavam presentes apenas nas capitais da nação e totalizavam 36 unidades, cuja jurisdição restringia-se à comarca dessas cidades. Desse começo tímido foi se expandindo em número e no território, estando presente cada vez mais em um número maior de municípios e expandindo em quantidade. Em 2018, segundo dados disponibilizados pelo Tribunal Superior do Trabalho (TST), existem 1.587(2) Varas do Trabalho, sendo que dessas, 1.573(3) foram instaladas e todas juntas jurisdicionam todo o território brasileiro atualmente.

Conforme os dados apresentados por Delgado e Delgado (2011) e Cardoso (2003) a estruturação da Justiça do Trabalho no primeiro grau foi sendo construída em diferentes períodos históricos e neles sendo moldada pela dinâmica de forças entre Estado, trabalhadores e empregadores.

Ao longo de sua história, a Justiça do Trabalho passou por alterações profundas em sua estrutura, passou de um órgão executivo para se inserir no Poder Judiciário, atravessou períodos democráticos e de ditadura, viu sua competência ampliar-se significativamente deixando de atender apenas empregados sindicalizados (em sua pré-história) para atender todos os trabalhadores para atuar em conflitos de empregados sindicalizados e teve sua composição paritária extinta para atuar com juízes singulares. Viveu momentos de expansão e estagnação e até de risco de extinção. Sobreviveu a diversas constituições federais, sempre nelas permanecendo como instituição responsável para solucionar os conflitos entre capital e trabalho. No decorrer de sua existência a Justiça do Trabalho esteve presente nas profundas transformações sociais que o Brasil

(2) Dado disponível no endereço eletrônico: <http://www.tst.jus.br/web/estatistica/vt/varas-existentes>. Acesso em: 09 out. 2019.

(3) Dado disponível no endereço eletrônico: <http://www.tst.jus.br/web/estatistica/vt/orgaos>. Acesso em: 09 out. 2019.

viveu ao longo do século XX e com elas se relacionou principalmente com os trabalhadores e seus representantes.

Nesse sentido, Delgado e Delgado (2011) dividem a história da justiça especializada em três grandes períodos, que se coadunam com mudanças políticas no País. O primeiro, de estruturação, que compreende o período entre 1941 e 1946. O segundo, de afirmação e consolidação, entre 1946 e 1985. Por fim, o terceiro, após 1985, em que a Justiça do Trabalho descortina seu papel de instrumento de justiça social, em houve um significativo incremento do primeiro grau e do segundo grau da Justiça do Trabalho. (DELGADO & DELGADO, 2011). Desse modo, é possível concluir que as transformações políticas são elementos essenciais para se compreender a evolução da Justiça do Trabalho e de sua expansão.

Adalberto Moreira Cardoso, por outro lado, em um estudo sobre a crescente judicialização das relações de trabalho, vê a estruturação da Justiça do Trabalho em dois grandes momentos. O primeiro, entre, 1941 a 1973, em que a Justiça do Trabalho, principalmente seus órgãos de primeiro grau, cresce e se institucionaliza juntamente com o crescimento de sua demanda em um movimento sinérgico. O segundo, a partir de 1974 (e vai até 1998), quando o crescimento no número de unidades de primeiro grau cresce a reboque da demanda pelos seus serviços judiciários, o que aponta para o fato de que a Justiça do Trabalho cresceu juntamente com a demanda pelos seus serviços judiciários havendo assim uma forte correlação entre a quantidade de unidades de primeiro grau e processos recebidos nessas unidades.

Contudo, deflui-se da compreensão de Cardoso (2003) e de Delgado e Delgado (2011) que os períodos históricos de 1930 a 1945 (primeira Era Vargas), de 1946 a 1964 (primeiro período democrático), de 1964 a 1985 (ditadura militar) e do processo de redemocratização que culmina na Constituição de 1988 afetaram a Justiça do Trabalho e influenciaram em sua estruturação e crescimento dos órgãos de primeiro grau.

A correlação entre o contexto sociopolítico e a expansão, crises e estruturação da Justiça do Trabalho também é identificada por outros autores como Gomes (2006), Droppa (2015), Martins Filho (2011), Albuquerque (1993) e Faria (1995).

Delgado (2010), por sua vez, aponta para a importância do contexto constitucional para entender a expansão dos órgãos de primeiro grau da Justiça do Trabalho. Nesse sentido, destaca o autor que com a promulgação da Constituição Federal de 1988, "sua primeira medida estratégica foi generalizar a estrutura judicial trabalhista para todos os rincões do Brasil, suplantando a anterior inserção desse aparato público apenas nos grandes centros urbanos do país" (DELGADO, 2010, p. 649). Assim, conforme o autor, a Constituição Federal pode ter tido forte impacto na expansão da Justiça do Trabalho no território.

Ainda na seara do impacto do direito sobre a Justiça do Trabalho, apontam Gomes (2006) e Delgado e Delgado (2011) que a expansão da Justiça do Trabalho, no que tange à interiorização de suas unidades de primeiro grau e de seus tribunais, se viu limitada inicialmente pela legislação social de Vargas e pela própria CLT que excluíam da proteção social do direito do trabalho os trabalhadores rurais.

Assim, pode-se perceber que do singelo início de 36 Juntas de Conciliação e Julgamento instaladas em 21 capitais para as atuais 1.573 Varas do Trabalho instaladas em mais de 600 municípios muita história se passou e este trabalho se propõe a debruçar-se sobre essa história, analisando a expansão das unidades de primeiro grau da Justiça do Trabalho, em quantidade e no território, nos seus diversos contextos.

Por fim, justifica-se observar o processo de expansão do primeiro grau da Justiça do Trabalho, pois sendo a principal porta de entrada dos jurisdicionados para os serviços prestados por essa justiça especializada, revela aspectos essenciais da relação desta última com a sociedade, no que tange à solução dos conflitos trabalhistas.

2. Metodologia

Para a consecução dos objetivos desta monografia, observar a evolução e expansão das unidades de primeiro grau da Justiça do Trabalho, foram inicialmente pesquisados no sítio eletrônico da Câmara dos Deputados (<https://www2.camara.leg.br/atividade-legislativa/legislacao>) diplomas normativos que criavam tais unidades. Optou-se por essa fonte, considerando que, desde a instalação da Justiça do Trabalho, as VTs (ou JCJs) seriam criadas ou extintas, ou por decreto do Executivo, conforme determinava o Decreto-lei n. 1.237, de 1939, ou por lei conforme determinação constante em todas as Constituições Federais desde 1946. Ademais, a Emenda Constitucional n. 1, de 17 de outubro de 1969 também abriu a possibilidade de o Executivo criar JCJ por via de decreto-lei.

A pesquisa foi realizada entre julho e agosto de 2019. Para localizar as leis e os decretos que criavam as unidades de primeiro grau da Justiça do Trabalho foi aproveitado o sistema de busca disponibilizado no referido endereço. Para a busca dos diplomas normativos foram utilizadas as seguintes expressões-chaves: "JUNTAS DE CONCILIAÇÃO"; "JUNTA DE CONCILIAÇÃO"; "VARAS DO TRABALHO"; e "VARA DO TRABALHO". Na página referente à norma procurada encontravam-se disponíveis *links* para acessar, tanto o texto da norma (e de leis modificativas ou revogadoras), quanto das proposições legislativas originárias da norma submetidas à apreciação da Câmara dos Deputados e que também foram aproveitadas como fonte de pesquisa para este trabalho, a fim de extrair informações sobre a criação de novas JCJs ou VTs.

Pelos critérios de pesquisa, também foram localizadas e consideradas as leis que alteravam a jurisdição das VTs ou de JCJs.

Contudo, não foram abordadas de forma mais aprofundada as questões que envolveram a expansão das jurisdições das VTs pois, para tanto, seria necessária uma pesquisa das jurisdições das comarcas estaduais definidas nas leis de cada Estado em razão do disposto do art. 650 da CLT, que define que cada JCJ abrange todo o território da Comarca onde tem sede. Em que pesem as leis, a partir da década de 1970, definirem de maneira explícita os municípios abrangidos pela jurisdição de cada VT, seria imprescindível um estudo específico sobre o tema para identificar como as regionais se portaram quanto às alterações das jurisdições das comarcas. Não bastando, o tema também implicaria se debruçar sobre as alterações das divisões administrativas no âmbito municipal (desmembramentos de distrito, criação de municípios, extinção de municípios) e sua relação com as jurisdições, o que seria inviável dentro do escopo e das limitações da presente monografia. Assim, por tais razões optou-se por não trabalhar com a temática de forma específica.

As pesquisas das normas que criaram as VTs (ou JCJs) permitiram identificar a data de criação das unidades, catalogá-las e organizá-las. Com esse dado foi possível verificar quantidade de VT (ou JCJ) criada ao longo do tempo. Com essa pesquisa também foi possível identificar as localidades onde foram instaladas tais unidades.

Outro dado utilizado, para os fins deste trabalho, foram as datas de instalação das VTs (ou JCJs) criadas pelos diplomas normativos. Tais dados foram obtidos inicialmente no sítio eletrônico do Tribunal Superior do Trabalho (TST), no seguinte endereço eletrônico: <http://www.tst.jus.br/documents/18640430/c75b632e-6cd-1-c916-68ff-73baf582bfd6>. No referido endereço eletrônico, é possível acessar um documento em que estão descritas as informações sobre os dados referentes a todas as VTs instaladas no país até agosto de 2018, inclusive a data de instalação de tais unidades. Todos esses dados também podem ser obtidos, por região, no seguinte endereço eletrônico do TST: <http://www.tst.jus.br/web/estatistica/vt/orgaos>.

Contudo, como as informações contidas nos documentos disponibilizados pelo TST só continham informações sobre as VTs instaladas e atuais, foi necessário buscar outras fontes de informação para identificar as datas de instalação originais das VTs que tiveram a localidade alterada pelos Tribunais Regionais do Trabalho, que se utilizaram da prerrogativa prevista no art. 28 da Lei n. 10.770/20003. Para tanto, foi necessário pesquisar informações disponibilizadas pelos Tribunais Regionais do Trabalho de todas as regiões do País sobre as VTs substituídas. Em que pesem as alterações terem ocorrido em pequena parcela das VTs instaladas, optou-se por buscar em outros documentos a informação sobre os dados originais das VTs substituídas.

Informações históricas das VTs também foram obtidas no livro *A História da Justiça do Trabalho no Brasil: multiplicidade de olhares*, organizado e editado pelo TST e disponibilizado no endereço eletrônico: <https://hdl.handle.net/20.500.12178/35199>.

Para a mesma finalidade, também foi utilizado o sistema de busca de documentos disponibilizado no sítio eletrônico do TST (www.tst.jus.br) para localizar documentos que pudessem conter informações sobre as VTs que foram substituídas. Para tal pesquisa, foi utilizada, no sistema de busca, a abreviação "VT" para localizar documentos sobre as Varas do Trabalho.

Para obter os dados sobre as movimentações processuais, foram utilizadas as informações disponíveis no sítio eletrônico do TST no seguinte endereço: <http://www.tst.jus.br/web/estatistica/vt/recebidos-e-julgados>. Foram utilizados os dados até dezembro de 2018.

Por fim, no sítio eletrônico do Instituto Brasileiro de Geografia e Estatística (IBGE), foi obtido no endereço eletrônico: <ftp://geoftp. ibge.gov.br/metodos_e_outros_documentos_de_referencia/outros_documentos_tecnicos/municipios_1872_1991_documentacao/>, documento com os resultados dos censos decenais e que permitiu análises sobre a percentagens de municípios ocupados por VT no ano em que foram realizados os censos, exceto no caso do ano de 1940, já que as JCJs só foram instaladas em 1941.

3. A história da Justiça do Trabalho e a expansão das Varas do Trabalho (Juntas de Conciliação e Julgamento)

3.1. Pré-história: Tribunais arbitrais criados no Império e na República

A preocupação do legislador brasileiro quanto a mecanismos próprios de solução dos conflitos do trabalho já se refletia, ainda em tempos de escravidão, no Regulamento n. 737, de 1850, que estabelecia que as ações, tendo como objeto o pagamento de salários de agentes de comércio, teriam rito processual sumário, já demonstrando reconhecer a necessidade constituída naquele momento histórico da relevância de solução rápida aos conflitos entre patrões e empregados (BIAVASCHI, 2011).

Vale destacar, como recorda Barros Filho (1938), que o Regulamento n. 737 de 1850 também previa a necessidade de conciliação prévia antes do ajuizamento de ações para casos que envolvessem direito comercial, inclusive os sujeitos ao rito sumário. Contudo, como ressalva este mesmo autor, a conciliação, como formalidade a ser cumprida, falhou e acabou se tornando dispensável pelo Decreto n. 359 de 26 de abril de 1890.

Por sua vez, o Decreto n. 2.827, de 15 de março de 1879, que regulou as locações de serviço rurais, estabeleceu que conflitos derivados dessas relações deveriam ser solucionados por juízes de paz e submetidos ao rito sumário previsto no Regulamento n. 727 de 1850 (SILVA & FERNANDES, 2019).

Denota-se que o Estado já então tinha reconhecido, ainda que sob a perspectiva individualista liberal própria do Estado abstencionista do século XIX, a importância de instituir mecanismos judiciais céleres para a resolução de conflitos entre capital e trabalho.

De índole liberal, a Constituição de 1891 consagrou os direitos de segurança e propriedade a brasileiros e estrangeiros, e manteve a liberdade de trabalho e o direito de associação (CATHARINO, 1980). Contudo, pouco representou de avanço no que tange à proteção do trabalho livre. Limitou-se a reafirmar a liberdade de trabalho e profissional, e garantir o direito de associação e reunião a todos os cidadãos (MORAIS FILHO, 1978).

Além de liberal, a Constituição de 1891, tinha forte vocação federalista, concedendo diversos poderes aos estados, inclusive o de contrair empréstimos internacionais. A descentralização federativa, além de ter sido claramente inspirado no modelo norte-americano de estado, é reflexo do grande poder que as elites locais tinham e imprimiam no governo federal.

No período republicano, a primeira tentativa de constituição de órgãos especiais encarregados de decidir aqueles conflitos veio com o Decreto n. 1.637, de 5 de janeiro de 1907, que previa os Conselhos Permanentes de Conciliação e Arbitragem para dirimir as divergências e contestações entre capital e trabalho (ALBUQUERQUE, 1993). Ainda conforme Albuquerque (1993), os Conselhos não tiveram nenhuma expressividade histórica. Já, para Souza Netto (1938), tal decreto é mais uma mostra que o nosso legislador já se preocupava com os conflitos entre o capital e trabalho, procurando proporcionar meios às partes interessadas para os resolverem.

O Decreto n. 1.637/1907, diferentemente do que se veria após 1930, previa que os sindicatos seriam constituídos livremente sem interferência Estatal. Portanto, vê-se que a preocupação do legislador era criar medidas para que as partes solucionassem seus conflitos sem interferência do Estado, em um posicionamento de abstencionismo do Estado diante do conflito capital-trabalho, que já emergia como uma "questão social".

Em 1911, o Estado de São Paulo destacou-se, como parte das medidas administrativas governamentais de proteção ao imigrante, com a criação do Patronato Agrícola, para assistência jurídica especial ao trabalhador camponês (ALBUQUERQUE, 1993).

Entretanto, a Lei do Estado de São Paulo n. 1869, de 10 de outubro de 1922, promulgada por Washington Luís, regulamentada pelo Decreto n. 3.548 de 12 de dezembro do mesmo ano, retirou dos juízes de paz a competência de julgar a causa que não excedesse o valor de 500$000 todas as vezes que os litígios fossem "decorrentes da interpretação e execução dos contratos de locação de serviços agrícolas" (cf. art. 1º da referida lei), para atribuí-la a Tribunais Rurais criados em cada comarca (BARROS FILHO, 1938). Tais tribunais seriam integrados pelo juiz de Direito e dois membros, representando o locador e o locatário de serviços rurais, em geral colono imigrante europeu (DELGADO & DELGADO, 2011).

Era um órgão judiciário especial, embora ainda sob regência civilista, sem funções conciliatórias, mas participante da natureza arbitral, destinando-se a possibilitar às partes não só um julgamento feito por um colegiado com composição paritária, mas também uma decisão simples e rápida, com instrução concentrada e marcada pela oralidade. (BARROS FILHO, 1938). Assim, embora não tivessem maior significação, nem tratassem da aplicação do Direito do Trabalho, porém do Direito Civil, tais órgãos despontaram como uma antecipação das modernas concepções sobre a Justiça do Trabalho de organismo judicial colegiado, de composição paritária, com procedimento oral e sumário específico e de atuação célere e econômica (ALBUQUERQUE, 1993; DELGADO & DELGADO, 2011).

Apesar das características paritárias, em um contexto em que os proprietários de terra detinham grande poder político e econômico, principalmente, no âmbito regional, não é possível afirmar que tenham como proposta uma conciliação de classe que respeitasse as diferenças entre os litigantes. Sob o manto da igualdade formal, tais tribunais seriam talvez mais um aparato de domínio dos coronéis sobre os rurais. Nesse sentido, o fato de o camponês ter que indicar o seu árbitro classista até o início da audiência lhe era muito dificultoso. Também a localização dos tribunais era outro empecilho aos colonos que não trabalhavam em sede de comarca. Entre esses e outros motivos, os tribunais nasceram fadados ao fracasso (ALBUQUERQUE, 1993).

Percebe-se, portanto, que, na República Velha, as medidas implantadas de tribunais paritários e que se propunham a resolver dissídios entre empregadores e empregados não prosperou, tendo apenas iniciativas pontuais. Ademais, esses tribunais revelam mais um interesse do Estado em se abster de propor soluções para a questão social, do que a disponibilidade de criar mecanismos de resolução de conflitos que visassem tal finalidade.

Ao longo da década de 1920 surgem disposições legislativas esparsas, diante da emergência da questão social em razão das intensas mobilizações populares e do crescimento da industrialização. Pelo Decreto n. 16.027, de 30 de abril de 1923, é criado o Conselho Nacional do Trabalho (CNT), vinculado ao Ministério da Agricultura,

Indústria e Comércio, destinado a ser um órgão consultivo dos poderes públicos em assuntos referentes à organização do trabalho e da previdência social. O conselho era integrado por 12 membros escolhidos pelo presidente da República e era composto por dois representantes operários, dois representantes do patronato, dois altos funcionários do Ministério da Agricultura, e seis personalidades de conhecida competência no assunto.

O CNT, apesar de não ser um órgão judicante, demonstra o interesse do Estado, ao menos formal, de trazer para o seu interior os conflitos de classe por meio de órgãos paritários. O CNT seria mantido e reformulado no governo Vargas, que lhe conferiria uma função judicante, e só seria extinto com o Decreto-lei n. 9.797, de 9 de setembro de 1946, que o transformou em TST.

Ao final da década de 1920, o País se encontrava em convulsão social e econômica. Não bastando, uma crise política entre as oligarquias paulistas e mineiras resultam em uma mudança de direção de rumos na política do País. Em 1930, o presidente da República Washington Luís é deposto e um governo provisório é instalado sendo que logo após, Getúlio Vargas assume a Presidência do País até o ano de 1945. Nesse período, a legislação e a doutrina trabalhista ganham corpo e autonomia com direitos trabalhistas, sendo constitucionalizados nas cartas de 1934 e 1937.

Segundo Boris Fausto, a Revolução de 1930 tratou-se de um grande pacto oligárquico de forma que os interesses da classe ruralista e o Estado, onde, de um lado, as relações de trabalho no campo e a estrutura agrária latifundiária não seria alterada e, por outro lado, o governo federal não teria empecilho de intervir na economia dos centros urbanos a na dinâmica do mercado de trabalho, o que faria de forma intensa, principalmente com a criação de um órgão específico para tratar dos conflitos individuais e coletivos do trabalho (FAUSTO, 2007). Tal órgão se consubstanciaria na Justiça do Trabalho.

3.2. Pré-história: A Revolução de 1930 e a criação das Juntas de Conciliação e Julgamento

A Revolução de 1930 acelera o processo de regulação e de montagem de uma nova estrutura para gerir as relações trabalhistas (PESSANHA & MOREL, 2007). Com Vargas, ocorre uma mudança radical no comportamento do governo diante da "questão social". O fato fundamental é o abandono de uma posição liberal em favor de outra intervencionista. Nesse sentido, os poderes públicos não permaneceriam alheios aos conflitos industriais e da questão social e passariam a regulamentar as relações entre trabalhadores e empresários, solucionar conflitos entre as partes e desenvolver um arcabouço tutelar dos trabalhadores (GOMES *et al.*, 2007).

O Estado Getulista, ao longo da década de 1930, vai se consolidando mantendo a unidade nacional com repressão dos movimentos sociais e com uma crescente legislação social, recrudescendo ainda mais a sua feição fascista após a Constituição de 1937. A população urbana assalariada, em sua grande maioria pobre e miserável, aumenta e torna-se mais complexa com o desenvolvimento do comércio e da indústria. Na visão do Estado revolucionário, para assegurar o projeto de desenvolvimento industrial caberia ao Estado tutelar as relações de classe e disciplinar a massa rural que caminhava para as cidades e constituíam a mão de obra industrial.

Para Biavaschi (2005), o projeto getulista era o de superar o liberalismo que sufocou a modernização do país mantendo-o em uma condição agrária exportadora dependente. A industrialização, pela via da substituição de importações de bens de capital e de consumo durável — a base industrial brasileira era basicamente constituída de indústrias produtoras de bens de consumo não durável 3 com a integração das massas proletárias protegidas por normas sociais.

Para que tais objetivos pudessem ser alcançados, o Estado passou a impulsionar e dirigir um movimento superador do liberalismo, tendo na regulação do trabalho um dos elementos dessa superação (...) é a partir de 1930 que ao trabalhador brasileiro vai ser assegurada a condição de sujeito do Direito Social, depois Direito do Trabalho, com regras que, não sem tensões, são positivadas pelo Estado para, em 1943, serem consolidadas; mais tarde, contempladas pela Constituição como direitos sociais fundamentais (BIAVASCHI, 2005, p. 122-123).

O domínio da lei, com uma legislação intervencionais sobre as relações de classe, apresentava-se como solução para as disputas entre empregadores e empregados (VARUSSA, 2012). Os conflitos individuais e coletivos não poderiam ficar entregues à sociedade e deveriam ser introjetados e administrados no seio do Estado que passaria a tutelar e reger a vida associativa dos trabalhadores, como indicava o Decreto n. 19.700, de 12 de fevereiro 1931, que intervinha diretamente na criação e na vida das entidades sindicais, a criação do Ministério do Trabalho, Indústria e Comércio em 1930 e a farta legislação destinada a conferir direitos aos trabalhadores decorrentes da relação de emprego, como férias, salário mínimo e estabilidade no emprego.

O Estado, desse modo, tem o papel de organizar a vida social e laboral. As leis que disciplinam as relações de trabalho são categorizadas por setores econômicos e a participação do trabalhador em cada setor garante-lhe direitos diferenciados. Os contratos coletivos se impõem como produtores de normas, na mesma medida em que o Estado controla a produção nacional, impulsionando a industrialização e a modernização econômica à força.

A década de 1930, assim, revelou uma grande produção normativa trabalhista, dentre elas a Lei dos Dois Terços, os direitos das mulheres e dos menores, a limitação da jornada, a extensão da estabilidade aos trabalhadores da indústria e do comércio, passando pela criação das Comissões Mistas de Conciliação e Arbitragem (CMC) e das JCJs, instituídas em meio ao processo de intensa positivação das regras de proteção social, faziam parte do aparato jurídico-institucional trabalhista que estava sendo escrito (BIAVASCHI, 2011; BIAVASCHI 2016). Elas teriam como função precípua conciliar os conflitos entre empregadores e empregados sindicalizados. Reforçava a ligação da JCJ com os sindicatos o art. 2º do Decreto n. 22.132/1932, dado que as JCJs seriam criadas pelo Ministério do Trabalho, Indústria e Comércio, a requerimento de qualquer sindicato interessado, nos Estados e Território do Acre por municípios e no Distrito Federal, tantas quantas fossem necessárias.

Enquanto as comissões atuavam em dissídios coletivos, as juntas atuariam no âmbito individual. Nesse interim, vale citar a exposição de motivos do Decreto n. 22.132, de 25 de novembro de 1932,[(4)] escrita pelo ministro Salgado Filho, e que propunha a criação das JCJs:

> Creado o Ministerio do Trabalho, para ele convergiram, numa verdadeira avalanche, queixas de todos os recantos do Brasil, partidas de trabalhadores que reclamavam justiça. Essas queixas eram atendidas pelo proprio ministro, pelo seu gabinete e tambem pelo departamento Nacional do trabalho; mas essas deliberações, sem base legal, repousam apenas no terreno da bôa vontade e não podem passar da simples conciliação, por faltar a essas autoridades força coercіva para proferir decisões obrigatórias (...)

Para assegurar a aplicação dessa legislação os tribunais administrativos serviriam como espaço para reclamação dos trabalhadores lesados em seu direito. Com isso, tutelam-se as massas ao mesmo tempo em que se opera a composição classista, que era sobremaneira representativa da intencionalidade estatal de tutelar o conflito de classes sob os seus auspícios. A produção normativa intensa advém principalmente do Executivo, que se revela um grande centro de produção de normas e ideologias. O Estado acolhe os trabalhadores, vê suas agruras e dificuldades e outorga-lhes suas conquistas, direitos, melhores condições sociais (salário mínimo, previdência social, estabilidade no emprego, férias, jornada limitada) e identidade perante o Estado: Carteira de Trabalho da Previdência Social (CTPS).

A ordem corporativa de Vargas combinava repressão à cidadania e instituição de direitos de cidadania a trabalhadores que tinham um ofício reconhecido pelo governo (CARDOSO, 2003).

A constituição das JCJs demonstra não apenas o papel tutelar e absorvedor de conflitos que o Estado passaria a se colocar, como também, como ressalta Luciano de Castilho Pereira, que desde cedo, o governo Varguista reclamava um modo pelo

(4) Documento disponível em: <https://www2.camara.leg.br/legin/fed/decret/1930-1939/decreto-22132-25-novembro-1932-526777-norma-pe.html>. Acesso em: 1º out. 2019.

qual a legislação trabalhista pudesse ser aplicada, "visto que não se vislumbrava possibilidade de ela ser submetida à Justiça Comum, formada estruturalmente segundo a prevalência do valor da vontade das partes, voluntarismo este que acabava de ser quebrado com a nova lei do trabalho" (PEREIRA, 2000).

Contudo, as JCJs tinham atuação discriminatória, exigindo a sindicalização dos empregados como pressuposto para apreciar suas demandas (cf. disposto no art. 1º do Decreto n. 22.132/1932). Fica evidente, com isso, a intenção governamental de incentivar a sindicalização dos trabalhadores por meio de benesses estatais. Desse modo, "os não sindicalizados, que constituíram a maioria da massa trabalhadora, teriam que recorrer à Justiça Civil, lenta e dispendiosa" (ALBUQUERQUE, 1993, p. 88).

Desse modo, as JCJs criadas com o propósito precípuo de dirimir os conflitos individuais havidos entre empregados e empregadores se apresentava com uma proposta de resolução de conflitos que se diferenciaria da Justiça Comum. A proposta tutelar dos procedimentos, premidos pela oralidade e pela celeridade, buscava se distanciar do formalismo e do elitismo da Justiça Comum e criar um espaço em que o trabalhador, que deveria ser tutelado pelo Estado, pudesse ser integrado e socializado em um ambiente de conciliação de classes.

As JCJs eram integradas por um presidente, com suplente, estranhos aos interesses profissionais em conflito, de preferência membros da Ordem dos Advogados, magistrados ou funcionários, nomeados pelo ministro do Trabalho ou autoridade que o representasse; e por dois vogais, com suplentes, representando os empregados e os empregadores, escolhidos pelo diretor- geral do Departamento Nacional do Trabalho, no Distrito Federal, e pelos inspetores regionais, nos estados e no território do Acre, dentre os vintes nomes constantes das listas que enviavam os sindicatos e associações patronais, renovada trimestralmente a escolha (arts. 3º e 4º). Ao Ministério do Trabalho, Indústria e Comércio incumbia a criação das Juntas quando reivindicadas por qualquer sindicato interessado, instalando-as por municípios, nos estados e território do Acre, e por freguesias, no Distrito Federal (art. 2º).

As JCJs eram órgãos de caráter administrativo, sem caráter jurisdicional e sem competência para executar as próprias decisões, que eram promovidas perante a Justiça Comum, pois apesar de a lei outorgar-lhe *notio*, ainda que limitada, negava-a o *imperium*, pois proferiam decisões que valiam apenas como títulos cuja execução deveria se dar perante a Justiça Comum, cujas instâncias reexaminavam, geralmente, os fundamentos da condenação (SÜSSEKIND, 2001). Dessa forma, faltava-lhes o poder de executar suas próprias decisões, o que a tornava dependente da Justiça Comum para efetivar suas decisões. Por outro lado, tampouco as JCJs eram independentes do Executivo, pois diante das avocatórias, o titular da Pasta do Trabalho poderia revogar as decisões das JCJs.

Desse modo, a JCJ era como um órgão amputado sem poder para efetivar suas decisões e umbilicalmente atrelado ao Poder Executivo, que determinava sua composição, sua expansão e interferia em suas decisões.

Contudo, em que pesem as limitações acima apontadas, as Juntas e as Comissões Mistas foram, em nível nacional, embriões da Justiça do Trabalho e do rito trabalhista informado pelos princípios da oralidade, gratuidade, celeridade (BIAVASCHI, 2011).

3.3. A criação da Justiça do Trabalho e a integração das Juntas de Conciliação e Julgamento em sua estrutura

No título dedicado à Ordem Econômica e Social, a Carta de 1934 criou a Justiça do Trabalho para dirimir questões entre empregadores e empregados, regidas pela legislação social, adotando na constituição dos Tribunais do Trabalho e das Comissões de Conciliação o princípio da eleição de seus membros, metade pelas associações representativas dos empregados, e metade pelas dos empregadores, sendo o presidente de livre nomeação do governo (cf. art. 122 da Constituição Federal de 1934).

Do texto da Constituição Federal de 1934, verifica-se que a Justiça do Trabalho foi criada como entidade que não integraria o Poder Judiciário e teria em seus órgãos composição tripartite (trabalhadores, empregadores e membro estatal). Nesse sentido, o texto do art. 122 não previu a obrigatoriedade de que o membro indicado pelo Executivo fosse um juiz de direito e que não se aplicariam os dispositivos previstos para o Poder Judiciário. Vê-se, portanto, que prevaleceria a tese de que a mentalidade judiciária era inadequada à solução dos conflitos trabalhistas e que "os juízes leigos, despidos de senso jurídico e de formalismos decidiriam mais prontamente as controvérsias laborais" (MARTINS FILHO, 2011, p. 166). A proposta governamental era de que os conflitos de classe deveriam ser solucionados por outra racionalidade que não a judiciária, marcada pelo individualismo e formalismo, na visão de Oliveira Viana.

No ano seguinte à promulgação da Constituição Federal de 1934, Getúlio Vargas encaminha ao Congresso Nacional o projeto de lei, de autoria de Oliveira Vianna, que criaria e estruturaria a Justiça do Trabalho. Travaram-se muitos debates em torno da criação da justiça especializada, sendo o mais célebre e que ganhou notoriedade, aquele havido entre o deputado Waldemar Ferreira e o autor do projeto em questão. O cerne do debate "centrou-se sobre o poder normativo outorgado à Justiça do Trabalho e a previsão de uma representação classista que comporia de forma permanente as Comissões" (MARTINS FILHO, 2011, p. 167).

Sustentava o deputado Waldemar Ferreira o caráter jurisdicional da Justiça do Trabalho e a necessidade de que fosse composta por uma magistratura trabalhista, ou seja, por juízes de direito. Nesse sentido, o autor depreendia da Constituição Federal que não havia impedimento para que existissem juízes singulares em 1ª instância, de formação técnico-jurídica. Não bastando, contra a representação classista alertava para o custo que 3 juízes representariam para os cofres públicos e advogava que a função deveria ser gratuita e voltada para fins de composição das partes em conflitos coletivos (MARTINS FILHO, 2011). De outra monta, quanto ao poder normativo, Waldemar Ferreira entendia que não cabia à Justiça do Trabalho estabelecer condições de trabalho o que seria tarefa do legislador, sendo assim, o poder normativo seria inconstitucional por ferir a divisão de poderes (MARTINS FILHO, 2011; SÜSSEKIND, 1996).

Premido por uma cultura jurídica liberal clássica de forte cunho normativista do direito e da atuação da justiça, onde impera o ideal da igualdade formal, Ferreira partia da concepção de que não cabia ao Estado intervir nas relações contratuais, inclusive trabalhista, cabendo ao Judiciário manter-se passivo perante os conflitos sociais e atuar concentrado nos conflitos individuais (FARIA, 1995). Desse modo, protagonizada por Waldemar Ferreira, tem-se uma forte reação liberal à proposta de Justiça do Trabalho tal como apresentada (PESSANHA & MOREL, 2007).

Por outro lado, Oliveira Viana via que era da essência do direito do trabalho o seu viés interventivo, já que o livre mercado e o direito comum expunham os mais fracos economicamente e seriam insuficientes para lidar com as desigualdades e heterogeneidades que gerariam os conflitos sociais, cabendo ao Estado uma arbitragem justa por meio de uma justiça especializada (FARIA, 1995).

O sistema jurídico trabalhista, nessa visão, ergue-se como um feixe de relações jurídicas que buscam conferir organicidade às relações de trabalho e suprimir o conflito. O trabalhador, na empresa e no sindicato, estes, no Estado. Assim, o foco de produção normativa não é o contrato, é o grupo social no qual as partes contratantes estão inseridas e cuja autonomia é captada pelo Estado que organiza e harmoniza a realidade social e econômica.

Nesse projeto de sociedade em que a Justiça do Trabalho se encontra inserida, as classes aparecem num papel de colaboradoras na construção de um suposto "bem comum". Alinhada a essa visão, tem-se a proposta de um Estado interventor, que não se resumia à regulamentação e à criação de instituições, mas também pela intervenção nas organizações, com o atrelamento do sindicato ao Estado, da vida privada para a pública (VARUSSA, 2012). O direito corporativo expressaria, assim, não a instância exclusivista do indivíduo, mas a elaboração de uma sociedade organizada, que se compõe organicamente e que se atém a fins comuns e coletivos (VARUSSA, 2012). Para a integração social, o Estado e os sindicatos cumpririam uma função tutelar e assistencial, sob o império da lei que reequilibraria juridicamente as desigualdades econômicas.

Antes de aprovada a lei que daria forma à Justiça do Trabalho, houve o recrudescimento da posição ditatorial de Vargas já iniciada em 1935 contra a classe trabalhadora, e instaura-se o Estado Novo, com a outorga da Constituição Federal de 1937. Nesta nova carta constitucional, previu-se a existência da Justiça do Trabalho para dirimir os conflitos oriundos das relações entre empregadores e empregados, reguladas na legislação social cuja estrutura ainda seria regulada em lei.

Ainda inserta no capítulo da Ordem Econômica e Social, a Justiça do Trabalho mantinha-se fora do quadro orgânico do Poder Judiciário, com a previsão expressa no art. 139 de que a ela não se aplicam as disposições desta Constituição relativas à competência, ao recrutamento e às prerrogativas da Justiça Comum. Assim, a Justiça do Trabalho é mantida como órgão administrativo, vinculada ao Poder Executivo por intermédio do Ministério do Trabalho, Indústria e Comércio, apesar de "exercer funções judicantes dotadas de poder coercitivo" (BATALHA, 1995, p. 275).

Sobre o Estado Corporativo, que seria instaurado pela Carta de 1937, Theotonio Monteiro de Barros Filho aduz que:

> (...) o início de uma nova concepção das funções do Estado no Brasil. De agora em deante ele vae intervir mais acentuadamente no problema social e actuar no sentido de estructurar a economia nacional (...) são característicos do Estado corporativo (...) Foi, sem dúvida, a Carta del Lavoro italiana, com adaptações, a sua inspiradora no tocante à Ordem Econômica (BARROS FILHO, 1938, p. 80).

Em outra passagem, continua:

> (...) No modo de agir da tutela exercitada pela corporação existe, por isso mesmo, um fundo de sentido familiar, patriarcal. Com base nesses sentimentos e nesse pensamento é que as formas recentes do Estado corporativo procuram orientar a estructuração da economia num sentido amplo, que visa não já o interesse da classe tutelada em particular, mas também, e principalmente, o interesse do todo social, cujo equilíbrio e bem estar resultam da tranquilidade de cada uma das classes que o compõem (BARROS FILHO, 1938 p. 83).

O autor em questão ressalta que, para conseguir essa paz entre as forças da produção, os órgãos corporativos utilizam, como meios, a conciliação e a arbitragem, métodos esses que já haviam demonstrado sua conveniência por toda a parte. O ponto trazido pelo autor é relevante para diferenciar entre os instrumentos e suas finalidades, de modo que o regime corporativo traz implícitas as ideias de conciliação e de arbitragem, mas nelas não são confundem. Da mesma forma que esses métodos não são próprios desse modo de governo. Respaldados na realidade da experiência internacional, e já parcialmente experimentados no Brasil, esses argumentos seriam utilizados pelos idealizadores da Justiça do Trabalho para justificar a existência e seu caráter não fascista.

Como ressalta Pessanha e Morel (2007), a discussão perpassa também o fato de a Justiça do Trabalho não compor as Justiças Estaduais e, portanto, ter um caráter federal, pois seria organizada pela União. Para as autoras, os liberais não queriam uma Justiça Federal tão distante e acima dos interesses locais bem sedimentados. A Justiça do Trabalho, dessa forma, teria sua fonte de poder distante das relações de poder locais e das hierarquias estabelecidas e, atrelada ao projeto da União, surgiria marcada pela natureza intervencionista e protecionista do Estado cuja ordem econômica e social teria o trabalho como um dever social, e com direito a proteção e solicitude especiais do Estado (conforme se depreende do art. 136 da Constituição Federal de 1937), com direitos trabalhistas constitucionalmente garantidos (de acordo com o rol do art. 137 da CF/1937).

Vale ressaltar, contudo, que, se por um lado o Estado conferiria direitos individuais, retirava dos trabalhadores o direito de mobilização coletiva ao dispor que a greve seria um recurso antissocial nocivo ao trabalho e incompatível com os superiores interesses da produção nacional. Assim, de um lado tinha-se o viés autoritário que regulava o associacionismo dos trabalhadores e controlava os impulsos conflituosos dos sindicatos pela repressão, e por outro lado tinha a legislação trabalhista que retirava dos sindicatos a tarefa de negociar elementos essenciais do contrato de trabalho, já regulados em lei (CARDOSO, 2003).

Para CARDOSO (2003), o mercado de trabalho no Estado varguista e, por conseguinte, a relação entre seus atores, seria um espaço de regulação pública e que minimizava a potência negocial dos entes individuais e coletivos por vias de regras contratuais. O Estado, desse modo, "é o lócus privilegiado de solução do conflito de direito não por ser esse aparelho de corte corporativista, mas por ser ele o *locus* da produção de regulação sobre o mercado de trabalho" (CARDOSO, 2003, p. 136).

Assim, sob um aparente confronto legislativo havido nos debates sobre a Justiça do Trabalho, articulava-se o confronto entre projetos de relações sociais e do papel do Estado, que se propunha regular as relações de trabalho (VARUSSA, 2012). A Justiça do trabalho ocupava um papel relevante para a regulação pública do mercado de trabalho.

Como destaca Barros Filho (1938), a Justiça do Trabalho, nos moldes adotados pela Carta outorgada, seria uma jurisdição federal, especial, autônoma e corporativa e em uma visão alinhada com o regime. Nesse sentido, o autor aduz que:

> (...) ella surge como portadora de promessas de paz entre os homens, graças a uma compreensão reciproca mais intima, em benefício de um todo social de existência tão real como a de cada indivíduo — todo dentro do qual não podemos deixar de viver, para cuja consciência

> collectiva concorremos com a nossa parcela intelectual e affectiva, e cujas perturbações atingem a cada um de seus componentes isoladamente (...) (BARROS FILHO, 1938, p. 41).

Para o autor, a Justiça Comum seria evidentemente imprópria e inadequada para entrar na intimidade de relações jurídicas em que o sujeito de direito deve ser tomado sob uma perspectiva coletiva, em que seus vínculos são mais caracterizadamente de solidariedade moral e humana do que propriamente jurídica, e que demanda do magistrado olhar mais o todo social do que o indivíduo, e adaptar o texto legal preexistente às realidades concretas do meio social, do que uma obediência estrita e formal ao preceito (BARROS FILHO, 1938). Continua o autor que as diferenças não se resumem ao rito processual, mas dada a natureza das controvérsias, demanda-se, além da especialização do julgador, a presença de uma mentalidade e até de uma sensibilidade próprias (BARROS FILHO, 1938, p. 28). Nesse sentido, ressalta que o órgão é produto da função que exerce e seria inútil exigir do órgão função diversa. Com isso, observa que: "a Justiça comum apresenta normalmente um conjunto de maus hábitos tradiccionaes, já hoje inextirpáveis, taes como, exemplificativamente, os da morosidade e do formalismo, que, em matéria de conflitos de trabalho, seriam de consequências as mais indesejáveis" (BARROS FILHO, 1938, p. 28).

De outra monta, o jurista Francisco de Souza Netto, na linha do deputado Waldemar Ferreira, era contrário à instalação da Justiça do Trabalho como uma justiça especializada de caráter federal. Para o jurista, a Justiça do Trabalho, tal como preconizada no art. 139 da Constituição Federal de 1937, não é uma justiça, mas simplesmente, uma jurisdição especial (SOUZA NETTO, 1938). Assim o sendo, não poderia ser federal, inclusive, pois ao extinguir a Justiça Federal, a Constituição teria mantida a competência de organização dos serviços judiciários com as unidades da federação. Desse modo, só poderia haver uma justiça do trabalho como uma especialidade da justiça local (SOUZA NETTO, 1938). Nesse sentido:

> Sendo, por conseguinte, a jurisdicção do trabalho de natureza estadoal, também não se justifica a organização de um novo aparelhamento judiciário, ao lado do já existente, apenas para atender a essa jurisdicção. Seria um luxo, que as dificuldades financeiras com que lucta o Paiz inteiro, de modo algum, poderiam permitir. (...) Procuremos, pois, dentro, da organização judiciária dos Estados, estabelecer as condições de funcionamento da jurisdicção do trabalho (SOUZA NETTO, 1938, p. 131).

Souza Netto (1938) sustenta que diante do cenário social do Brasil não faria sentido, além de ser custoso, manter a Justiça do Trabalho com um caráter corporativo paritário. Para o autor, nas cidades do interior o juiz de direito da comarca é o mais indicado para tratar questões laborais. Figura de autoridade local, o juiz personifica o Poder Público e, por conta disso, possui influência extraordinária. Além disso, o movimento processual das comarcas das cidades pequenas é pequeno, sendo possível o juiz de direito estudar os processos. Por fim, o autor sustenta que em grande parte das comarcas do interior do país predomina uma economia agrária de monocultura com baixo nível de industrialização, o que torna apto o juiz de direito decidir os casos que lhe chegam, pois tem sempre a oportunidade de conhecer as propriedades agrícolas e os estabelecimentos industriais bem como a mentalidade dos empregadores e empregados. Por outro lado, nas cidades grandes, os conflitos de classe seriam inviáveis, pois a realidade urbana de trabalhadores e empregadores seria semelhante, e os primeiros não convivendo em uma realidade comum não formariam um grupo homogêneo e nem reivindicações comuns. Portanto, não haveria conflito a ser arbitrado dada a inexistência de classes homogêneas com interesses divergentes (SOUZA NETTO, 1938).

Fica evidente da posição de ambos os autores algo que já foi ressaltado, que no seio do debate legislativo estava um debate sobre sociedades. De um lado, uma concepção liberal ligada aos poderes locais com interesse em manter as relações de trabalho sem a intervenção estatal. Nesse sentido, manter os conflitos trabalhistas sob a tutela judicial do Poder Judiciário instituído até então significaria manter uma visão individualista e liberal sobre tais relações. De outro lado, uma concepção social da atuação judicante da Justiça do Trabalho que vê nela não apenas uma instituição criada para dirimir conflitos de individuais autônomos, mas também para tratar trabalhadores e empregadores como sujeitos sociais.

Nesse debate revelava-se uma forte oposição da tradição liberal contra o Estado interventor o que, no modelo de regulação trabalhista proposta pelo Estado varguista e que perdurara, pelo menos em seu aspecto legislado, significaria uma afronte contra a própria norma de direito e sua validade como orientador da conduta dos atores sociais. Nessa toada, o caráter da Justiça do Trabalho e sua forma de atuação são centrais, pois esta seria a instituição que, em uma última instância, pelo menos em tese, decidiria pela aplicação da norma. Assim, manter as relações de trabalho no seio da Justiça Comum, arraigadas nas dinâmicas locais sob o rito do processo judiciário civil formalista e individualista, significava, provavelmente, manter o direito do trabalho sob controle. Lutar pelo futuro da estrutura da Justiça do Trabalho seria relevante para os liberais para conter os ímpetos interventores do Estado e da legislação social.

Para estruturar a Justiça do Trabalho, adveio o Decreto-lei n. 1.237, de 2 de maio de 1939, e no ano seguinte o seu regulamento previsto no Decreto n. 6.596/1940, que estruturariam a Justiça do Trabalho de forma hierárquica composta de três níveis: (1) Juntas da Conciliação e Julgamento e os juízes de direito; (2) Conselhos Regionais do Trabalho; (3) o Conselho Nacional do Trabalho, na plenitude de sua composição, ou por intermédio de sua Câmara de Justiça do Trabalho (art. 2º do Decreto-lei n. 1.237/1939).

Conforme previsto no *caput* do art. 4º do Decreto-lei n. 1.237, as JCJs seriam criadas pelo presidente da República no Distrito Federal e nas capitais dos estados, tantas quantas fossem necessárias, resguardando ao Governo a faculdade, a qualquer tempo, de instituí-las noutras localidades. Nas localidades onde não houvesse JCJ, a jurisdição trabalhista competiria ao juiz de direito da respectiva jurisdição e administração da Justiça do Trabalho.

Previa o art. 7º do referido decreto-lei que a jurisdição de tais JCJs seria restrita ao território dos municípios onde tinham sede.[5] Interessante que, ao prever que o município seria o território abrangido pela jurisdição da JCJ, alterava-se a lógica de organização judiciária da Justiça Comum, calcada na comarca.

Conforme sustenta Batalha, atribuir jurisdição trabalhista aos juízes de direito justificou-se pela "impossibilidade material da instituição de Juntas em todas as comarcas da República" (BATALHA, 1995, p. 301) e serviu como meio de federalizar a jurisdição trabalhista, independentemente da capacidade instalada da Justiça do Trabalho. Vale destacar que Waldemar Ferreira viu nessa medida um primeiro passo para a magistratura do trabalho constituída de juízes singulares de primeira instância, o que acabou ocorrendo com a Emenda Constitucional n. 24 de 1999.

Outro detalhe relevante é que cabia ao presidente da República criar, por meio de decreto, uma JCJ, o que lhe conferia, em tese, controle sob a expansão e organização da jurisdição trabalhista, independentemente das organizações judiciárias locais. Nesse ponto, quando comparada com o Decreto n. 22.132/1932, vê-se que a criação da JCJ não fica atrelada ao pedido de sindicatos, mas à vontade do presidente da República. Por um lado, retira-se do órgão da Justiça do Trabalho um viés clientelista, pelo menos formalmente, por outro, ainda mantém-se a criação do órgão sob os humores e discricionariedade do presidente.

Assim, quando da estruturação da Justiça do Trabalho pelo Decreto-lei n. 6.956, de 12 de dezembro de 1940, foram criadas apenas 36 JCJs distribuídas em todas as capitais do país, da seguinte forma, de acordo com o art. 235 do referido decreto: 1 (uma) em Aracaju; 1 (uma) em Belém; 2 (duas) em Belo Horizonte; 1 (uma) em Cuiabá; 1 (uma) em Curitiba; 1 (uma) em Florianópolis; 1 (uma) em Fortaleza; 1 (uma) em Goiânia; 1 (uma) em João Pessoa; 1 (uma) em Maceió; 1 (uma) em Manaus; 1 (uma) em Natal; 2 (uma) em Niterói; 2 (duas) em Porto Alegre; 2 (duas) em Salvador; 1 (uma) em São Luís; 6 (seis) em São Paulo; 1 (uma) em Teresina; 1 (uma) em Vitória; 2 (duas) em Recife; e 6 (seis) no Rio de Janeiro (Distrito Federal).

---

(5) Art. 7º A jurisdição de cada Junta de Conciliação e Julgamento abrange todo o território do município em que tem sede, podendo, entretanto, ser estendida ou restringida, mediante decreto do Presidente da República.

Nesse ponto, é interessante salientar que comparado com o volume de juntas anteriormente instaladas e em funcionamento até 1940, houve uma redução no número de órgãos do primeiro grau.

Até a instalação da Justiça do Trabalho, quando as antigas JCJs foram substituídas, aquelas eram no total de 75 espalhadas em diversos municípios além das capitais(6) (VARUSSA, 2012).

Na data da instalação da Justiça do Trabalho, em primeiro de maio de 1941, começaram a funcionar as 36 JCJs previstas no Decreto-lei n. 1.237/1939 que conferia competência territorial aos juízes de direito para conciliarem e julgarem os processos trabalhistas nas demais localidade do País, onde as JCJs não estavam presentes.

Com isso, é possível concluir que uma parcela ínfima do território nacional estava prevista para ficar sob jurisdição da Justiça do Trabalho, considerando que na época havia, conforme o censo demográfico de 1940, 1.574 municípios.(7)

Assim, mantinha-se a natureza conciliatória de classe e corporativa das JCJs com a previsão dos juízes classistas e fora do Poder Judiciário.

Contudo, a Justiça do Trabalho revestir-se-ia de forte caráter judiciário, mas com a proposta de ser "uma Justiça rápida e barata, norteada pela oralidade processual e avessa ao formalismo jurídico, contrabalançando a desigualdade social e econômica das partes litigantes" (MARTINS FILHO, 2012, p. 168). Nesse sentido, vale destacar a posição de Arnaldo Lopes SÜSSEKIND, para quem a Justiça do Trabalho foi criada para superar a feição administrativa das JCJs e substituí-las por uma magistratura do trabalho. O autor ressalta, dessa maneira, que a Justiça do Trabalho não dependia mais da Justiça Comum para executar suas decisões e o Ministro do Trabalho não podia mais interferir nas decisões da Justiça Especializada. Ademais, para o autor não havia dúvidas do caráter judiciário da Justiça do Trabalho, sendo essa a posição do STF ao resolver o cabimento de Recurso Extraordinário contra as decisões dos magistrados trabalhistas (SÜSSEKIND, 1944).

---

(6) Amauri Mascaro Nascimento, ao reproduzir parte de um Boletim do Ministério do Trabalho Indústria e Comércio traz informações sobre a movimentação processual das JCJ: "*No ano de 1936, as duas juntas existentes no Distrito Federal realizaram 435 audiências. Em São Paulo, no ano de 1935, a única junta julgou 34 processos, dos quais nove improcedentes, um arquivado e três conciliados. Em Belém do Pará, na mesma época, havia três juntas, decidindo 116 reclamações, as quais 29 improcedentes. Em Manaus, havia uma junta, apreciando, em 1936 e1937, o total de 37 reclamações. Em Fortaleza, no ano de 1936, a única junta conheceu 98 reclamações, das quais sete seriam improcedentes. Em Natal, havia uma junta. No Recife, duas juntas, que julgaram improcedentes 69 reclamações. Em vitória, 41 reclamações, das quais oito conciliadas. Em Santa Catarina, seis juntas, instaladas em Florianópolis, Itajaí, Blumenau, Brusque, Joinville e São Francisco.*" (NASCIMENTO, 1994, p. 33).

(7) Disponível em: <https://biblioteca.ibge.gov.br/biblioteca-catalogo?id=720&view=detalhes>. Acesso em: 12 jan. 2019.

Conforme sustenta Varussa (2012), apesar dessas mudanças, as características principais da Justiça do Trabalho ficaram preservadas, tais como o poder normativo, o caráter tutelar do trabalhador, a representação classista. Ainda segundo o autor, essas características expressavam o interesse do Estado em manter seu papel de tutor e interventor. Contudo, as relações de trabalho rurais e as ações envolvendo acidentes de trabalho estavam fora da competência da Justiça do Trabalho.

Quanto aos rurais, vê-se que a limitação se dava, na realidade, em razão do próprio direito material, orientado pela política varguista de afastar do campo a legislação trabalhista, que acabou colaborando para afastar a Justiça do Trabalho, durante décadas, dos conflitos no âmbito das relações de trabalho no meio rural.

Entretanto, a Justiça do Trabalho veio resolver um grave problema que ocorria antes de sua instalação, a pluralidade de órgãos administrativos que atuavam na seara trabalhista (CNT, JCJ, Justiça Comum, Delegacias de Trabalho Marítimo), como recorda Nascimento (1994).

Relevante destacar que até a promulgação da CLT nenhuma JCJ havia sido criada, permanecendo as mesmas 36 JCJs inicialmente criadas e que receberiam, no biênio 1941/1942, 38.578 processos e haviam solucionado mais de 30.000 processos. Contudo, já em 1941, é outorgado o Decreto-lei n. 8.138, de 30 de outubro de 1941, que estende aos municípios de Cotia, Guarulhos, Itapecerica, Juqueri, Parnaíba e Santo André a jurisdição da JCJ sediada no município de São Paulo.

Em 1943, é publicado o Decreto-lei n. 5.452, de primeiro de maio de 1943, a CLT. Esse diploma normativo acabou por dar contornos mais claros à profusão de legislação criada desde 1930, e contribuiu de forma significativa para a autonomia do direito do trabalho no Brasil — inclusive do direito previdenciário e assistencial, conforme art. 12º da CLT —, com o esforço de disciplinar sistematicamente um quadro institucional estatal que visava garantir a aplicação do texto legal. Ademais, ela consolidou não apenas uma legislação esparsa, mas também o princípio de que a industrialização não se faz sem a preservação e a valorização do trabalho vivo, devendo visar à melhoria da condição social do trabalhador, sua dignidade e cidadania. Nesse ponto, a CLT manteve a tradição do modelo legislado de relações de trabalho, possuindo um papel relevante nas próximas décadas de impor limites à exploração do trabalho humano.

Contudo, foi incontestável o caráter excludente da CLT ao não prever sob seu manto os empregados domésticos e trabalhadores rurais, alijando essa população da proteção conferida pela novel consolidação. De certa forma, tal previsão, somada à escassez e concentração das JCJs em centros urbanos, durante muito tempo pode ter afastado da Justiça do Trabalho uma larga porção da população, principalmente naquele momento em que a industrialização e urbanização eram incipientes e a maior parte dos trabalhadores ainda se encontrava no campo.

No que tange à Justiça do Trabalho, a CLT a organizou com os mesmos aspectos que já lhe eram próprios: representação paritária de empregados e empregadores eleitos pelas entidades corporativas, poder normativo, concentração processual, oralidade e imediatidade (BATALHA, 1995). No mais, a CLT ainda manteve a natureza administrativa da Justiça do Trabalho e os poderes do presidente da República de nomear os presidentes de JCJ e de criá-las e alterar o território de sua competência. Quanto ao aspecto da competência, a CLT pouco alterou a Justiça do Trabalho, prevendo apenas a possibilidade de ela apreciar inquéritos administrativos. Contudo, pode ter tido algum efeito na sua expansão.

Em 3 de agosto de 1943, é outorgado o Decreto n. 13.085 que apenas altera a jurisdição trabalhista de JCJ até então instaladas, com a extensão da jurisdição da JCJ do município de João Pessoa a outros 4 (quatro) municípios.(8) No mesmo ano, antes do início da vigência da CLT, o Decreto-lei n. 5.926, de 26 de outubro de 1943 cria uma JCJ nos municípios de Petrópolis (RJ), Campos (RJ), Santos (SP), Sorocaba (SP), Campinas (SP), Jundiaí (SP), Juiz de Fora (MG) e Rio Grande (RS), que deveriam ser instaladas em primeiro de janeiro de 1944, conforme parágrafo único do art. 1º do referido decreto. Conforme aponta VARUSSA (2012) as cidades contempladas nesse momento (Jundiaí, Campinas, Sorocaba), pelo menos no estado de São Paulo, indicam para o atendimento aos principais centros industriais emergentes do estado.

Note-se que os decretos-leis que criaram as oito JCJs limitavam a sua jurisdição ao respectivo município, contudo, com o advento da CLT, a jurisdição de tais JCJs passaria a ser a respectiva comarca, que seria definida pela lei judiciária local e que englobaria outros tantos municípios além da localidade onde estava instalada a JCJ, conforme pode se depreender, por exemplo, do Decreto-lei n. 14.334, de 30 de novembro de 1944, que dispunha sobre a Organização Judiciária do Estado de São Paulo que previa, na comarca de Campinas, outros dois municípios. Assim, ficaria a competência territorial trabalhista dependente da organização espacial da Justiça Comum Estadual e a Justiça do Trabalho permaneceria, na definição de sua jurisdição, atrelada à Justiça Comum.

Ademais, o advento da CLT não alteraria a precariedade com que as JCJs funcionavam. sendo que em seus primórdios a Justiça do Trabalho vivia com poucos servidores, atas manuscritas, audiências realizadas em prédios da Prefeitura e dos Sindicatos (BIAVASCHI, 2011). Além disso, lembra Benedito Calheiros Bomfim que a JT "era malvista e subestimada pela maior parte dos operadores do Direito e segmentos empresariais, que procuravam desacreditá-la, conceituando-a como uma

(8) Artigo único. A jurisdição da Junta de Conciliação e Julgamento do município de João Pessoa, Estado da Paraíba, a partir da publicação do presente decreto, estender-se-á aos municípios de Santa Rita, Espírito Santo, Sapé e Mamanguape, no referido Estado, revogadas as disposições em contrário.

Justiça menor, inferior, de segunda classe, facciosa, criada unicamente para proteger trabalhadores" (2011, p. 179).

No tocante ao primeiro grau, vale dizer que a estrutura dos serviços auxiliares do magistrado foi mantida no formato de secretaria. A forma nesse ponto é profundamente dotada de significado.

A secretaria da JCJ não seria um cartório, acostumado e construído para lidar com as formas escritas e as formalidades judiciárias. Montado como se fosse um balcão de atendimento administrativo, receberia o trabalhador que reclamaria os seus direitos. Nesse sentido, a secretaria e as competências do secretário são essenciais para a consecução dos princípios processuais do processo trabalhista. Nesse mesmo sentido, afirma Lopes (2012) que a diferenciação de nomenclatura (secretaria e cartório) não pode ser desprezada, e afirma:

> Não se poderá mensurar exatamente em que extensão a vinculação originária ao Ministério do Trabalho, como órgão executivo, que é aspecto negativo quando à independência do juiz, teria, paradoxalmente, contribuído para a imposição de um espírito diferenciado quanto à organização dos serviços e o afastamento do que há de contraproducente na tradição cartorial e no distanciamento que ela impõe ao juiz em relação aos processos. (LOPES, 2012, p. 356).

Apesar da maior complexificação e da grandeza que a Justiça do Trabalho tomará ao longo do tempo, a estrutura da secretaria se manterá até os dias atuais, mantendo a natureza simples de suas origens executivas, guardadas as devidas proporções.

De suas origens submissas ao Executivo e suas características de marcada simplicidade para melhor recepcionar sua principal clientela, advirá sua fama de uma Justiça menor (VARUSSA, 2012, GOMES, 2006), imagem essa que será na década 1980 e 1990, apesar dos fortes ataques, ressignificada (GOMES, 2006; CORREA, 2007).

Em 1946, após a queda do governo Vargas e já no governo Dutra, este último, ainda se se valendo do expediente autoritário de legislar por decretos, edita o Decreto-lei n. 8.737, de 9 de setembro de 1946, e o Decreto-lei n. 9.797, de 9 de setembro de 1946. O primeiro, excluindo da Justiça do Trabalho a competência para apreciar questões previdenciárias e o segundo conferindo a estrutura judicial que seria consagrada pela Constituição de 1946, mas que sob os auspícios da Carta outorgada de 1937, era inconstitucional. Contudo, esse estado de inconstitucionalidade durou pouco, pois em novembro de 1946 foi promulgada a nova Constituição Federal (MARTINS FILHO, 2011), iniciando-se assim, uma nova fase da Justiça Laboral, agora formalmente integrada ao Poder Judiciário, conforme se depreendia do art. 122 da Constituição Federal de 1946.

3.4. A integração no Poder Judiciário e a vivência do período democrático

Com o fim do Estado Novo e promulgação de Constituição Federal de 1946, para Delgado & Delgado (2011), iniciava-se o segundo momento da Justiça do Trabalho, que seria marcado por sua afirmação e consolidação nas décadas seguintes à democratização do país em 1945, momento em que desempenhou papel de instituição "imprescindível à inclusão social, econômica e institucional de milhões de brasileiros emergentes à nova sociedade e economia recém-urbanizadas e industrializadas" (DELGADO & DELGADO, 2011, p. 103)

Com a integração no Poder Judiciário, adviria a independência funcional da magistratura trabalhista em relação ao Executivo. A estrutura piramidal de três instâncias é mantida, prevendo-se, da base para o topo: as JCJs, os Tribunais Regionais do Trabalho e o Superior do Trabalho. A composição corporativa foi mantida nas três esferas, contudo com profundas alterações, sendo a principal a formação de uma carreira dentro da judicatura togada da Justiça do Trabalho com as garantias próprias do cargo, consistentes na vitaliciedade, inamovibilidade e irredutibilidade dos vencimentos. No primeiro grau, o magistrado trabalhista passaria a ocupar a presidência e ingressaria por meio de concurso público nos cargos iniciais e seria promovido pelos critérios de antiguidade e merecimento. Contudo, tais alterações não atingiriam os juízes classistas que ainda seriam nomeados, agora pelo Tribunal Regional e não mais pela Presidência da República, entre os indicados pelos sindicatos patronais e obreiros.

Contudo, os arroubos autoritários do Executivo, mesmo na nova democracia, se revelariam cedo para os trabalhadores. Logo após a Constituição Federal, em que liberdade sindical fora assegurada, sobrevieram decretos-leis que restauravam o sistema sindical varguista e impunha fortes limitações ao direito de greve (SOUTO MAIOR, 2017).

Por outro lado, a CF/46 retirava do presidente da República o poder de, por meio de decreto, criar JCJ e constituir suas jurisdições, transferindo tal prerrogativa para a lei, conforme se depreende do art. 122, § 3º e § 5º, da CF/46.(9) Nesse sentido, vê-se que o presidente Dutra ainda se valeu da prerrogativa poucos meses antes da vigência da nova Constituição Federal para estender, à comarca de Novo Hamburgo, a jurisdição da JCJ de São Leopoldo.

Vale destacar que não era completa a independência do Poder Judiciário em relação ao Executivo para a composição das Juntas fora do âmbito das 1ª e 2ª Regiões. Pelas alterações do art. 654 da CLT, promovidas pelo Decreto-lei n. 9.797/1946, foi criada a figura do juiz suplente do presidente de Juntas fora do âmbito da 1ª e da 2ª

(9) § 3º A lei instituirá as Juntas de Conciliação e Julgamento podendo, nas Comarcas onde elas não forem instituídas, atribuir as suas funções aos Juízes de Direito.

Regiões. Tal figura não integraria a carreira da judicatura e seria nomeado diretamente pelo presidente da República, para um mandato de 2 anos, podendo ser reconduzido. Os candidatos deveriam ser bacharéis em direito, de reconhecida idoneidade moral e especializados em legislação social. Se o suplente fosse reconduzido, passaria a integrar o quadro da magistratura mesmo sem concurso. Os juízes suplentes substituiriam os juízes presidentes na sua ausência.

Não bastando, até 1948, o quadro de servidores da Justiça do Trabalho ainda era advindo todo do Executivo. Foi com a Lei n. 409, de 25 de setembro de 1948, que foram criados os primeiros quadros de servidores próprios da Justiça especializada. Além disso, foi apenas em 1952, com a Lei n. 1.764, de 17 de dezembro de 1952, que foi criada, em Belo Horizonte a primeira JCJ, até aquele momento a última JCJ havia sido criada no ano de 1944. Contudo, o presidente da República, Getúlio Vargas, de maneira inconstitucional, exorbitou dos seus poderes, calcado em disposição inconstitucional do art. 650, e baixou dois decretos que alteravam a jurisdição da JCJ de Belo Horizonte (Decretos ns. 30.199/1951 e 31.551/1952).

No que tange ao primeiro grau da Justiça do Trabalho, o que se verifica é que a Constituição Federal de 1946 e a incorporação no Poder Judiciário não implicaram mudanças estruturais ou expansão das JCJs, em um primeiro momento. Da mesma forma, o desprestígio da Justiça do Trabalho junto aos órgãos judiciários não se alterara. Nesse sentido, os achados de GOMES (2006) fazem sentido, já que ela identificou, em entrevistas com juízes do trabalho, que a incorporação da Justiça do Trabalho no Poder Judiciário não representou grande impacto. Contudo, na década seguinte a Justiça do Trabalho ganhará mais espaço e valorização.

Até 1950, todas as JCJs foram criadas por meio de decreto-lei, expediente este utilizado inclusive pelo presidente Eurico Gaspar Dutra, poucos dias antes da vigência da Constituição de 1946 para criar a JCJ de Santo André. Nova JCJ (em Belo Horizonte) seria criada apenas em 1952 com a Lei n. 1.764 de 17/12/1952.

Vale destacar que até então a expansão das JCJs e de sua jurisdição estava restrita aos interesses do Executivo, sem a participação, pelo menos formal, do Legislativo.

Na década de 1950, o Poder Legislativo passaria a participar intensamente do processo de expansão territorial do 1º Grau da Justiça do Trabalho, com a propositura de emendas aos projetos apresentados pelo Executivo, conforme se pôde observar da tramitação do Projetos de Lei ns. 1.311-1951, 1.525-1951, 2.057-1952, por exemplo, e que deram origem às Leis ns. 2.279 de 03.08.1954, 2.392 de 08.01.1955 e 2.694 de 24.12.1955.

Particularmente relevante é a tramitação do PL n. 1.311/1951, que propunha originalmente criar duas JCJs em Recife, estendendo sua jurisdição para Olinda, Paulista e outros municípios, conforme projeto inicial do Executivo. Após três longos anos de tramitação, a redação final acabou por criar mais 3 JCJs com sede no munícipio de São Paulo, além de outras duas, uma em Recife e outra em Paulista. Diversos outros projetos tiveram emendas apresentadas propondo a criação de JCJ e a extensão da jurisdição daquelas já existentes. Essa questão será debatida adiante.

Ao compulsar alguns dos projetos acima citados, verificou-se que a criação de JCJ era justificada pelo desenvolvimento econômico e industrial da região onde se propunha a criação do órgão e pelo volume de reclamações trabalhistas apresentadas, seja nas Juntas ou, nas localidades onde estas não existiam, aos juízes de direito.

A jurisdição da Justiça do Trabalho se expandia de duas formas, tanto pela criação de JCJ em municípios onde elas não existiam, quanto pela extensão da jurisdição daquelas que já existiam a outros municípios ou comarcas. Na tramitação do PL n. 1.311/1951, que deu origem à Lei n. 2.279 de 03.08.1954, pode-se observar os conflitos, os interesses envolvidos na criação das JCJs e as dificuldades da expansão da jurisdição trabalhista.

Contudo, a estratégia de extensão da jurisdição enfrentava o óbice do acesso à justiça, dado que os obreiros, sob jurisdição de JCJ sediada em outro município, não poderiam mais ajuizar reclamação perante o juiz de direito da localidade onde trabalhavam, por este ser manifestamente incompetente para tanto, devido à instalação da JCJ. Assim, estender a jurisdição poderia representar enormes inconvenientes para os jurisdicionados acessarem a JCJ em razão da distância ou do custo para deslocamento até a sede. Este foi, justamente, o cerne do debate legislativo que se deu para criar a JCJ de Recife na tramitação do PL n. 1.311/1951, principalmente pelo fato de o projeto de lei prever a extensão da jurisdição de tal JCJ ao município de Paulista (PE), importante polo econômico industrial do estado de Pernambuco à época, onde havia indústrias de tecelagem. Nesse sentido, vale reproduzir a manifestação do sindicato dos trabalhadores da indústria de Paulista:

> Nunca se ouviu dizer que as partes morando em determinada comarca fossem obrigadas a ir até outra comarca afim de solicitar justiça, quando no fôro de seu domicilio existe juízo competente para julga tais questões.
>
> A nosso ver, o elemento que pleiteia junta a V. Excia, a criação dessas duas juntas, pretendendo com que as mesas estendam sua jurisdição a três outras comarcas, está fazendo o jogo do capitalismo, dificultando ao trabalhador distante várias léguas e incapaz economicamente de deslocar-se de uma comarca para outra, com prejuízo de seu trabalho e de sua apresentação de provas, de fazer sua reclamação.
>
> A finalidade principal do elastério da jurisdição foi sem dúvida dificultar de muito a possibilidade do trabalhador reclamar sem empecilhos, quando injustiçado pelo empregador.

> Esta manobra se aprovada viria contrairia de frente os princípios trabalhistas que V.Excia é o Bandeirante e permanente defensor. A concretizar-se essa irregularidade veríamos que essa Consolidação em tão boa hora traída por V. Excia estaria sendo desobedecida e traída no seu espírito.
>
> Fato semelhante ocorreu na Paraíba quando se conseguiu que os operários de Rio Tinto, cidade distante várias léguas de João Pessoa, somente pudessem reclamar indo a esta capital.
>
> A injustiça foi tão clamorosa que houve um verdadeiro tumulto naquela cidade, a tal ponto que os proprietários da Cia. De Tecidos (que são os mesmos de Paulista) apelaram para o Governador José Américo que respondeu não interver numa questão entre empregados e empregadores.
>
> O mesmo jogo é feito agora em Paulista. (PL n. 1.311/1951)

Essa manifestação demonstra que, apesar de a classe obreira, à época, requerer a presença da Junta nas localidades, a extensão da jurisdição viria na prática, em alguns casos, destruir o que é essencial ao processo trabalhista: a celeridade e a facilidade de acesso.

Compulsando a tramitação de diversos projetos de lei que criaram JCJ ou estenderam sua jurisdição, nota-se, por um lado a pressão dos parlamentares em ter o seu pleito atendido e a tentativa de estabelecer alguns critérios para a criação das juntas que, em alguns casos, foram criadas à revelia de uma avaliação objetiva da demanda das juntas ou dos juízes de direito na localidade ou expandiam jurisdição para municípios longínquos da sede necessitando de revisão posterior. A situação exemplar foi a JCJ da comarca de Ribeirão Preto, criada pela Lei n. 2.695, de 2 de dezembro de 1955 (originária do PL n. 3.834/1953).

Conforme o texto desse diploma normativo, a jurisdição da JCJ de Ribeirão Preto (que já figurava como um polo econômico e industrial do interior paulista) abarcaria os municípios da sua própria comarca além de mais 11 outros. Onze anos após a publicação da lei em comento, foi aprovada a Lei n. 5.001, de 27 e maio de 1966 (PL n. 2.759/1961), que excluiu o município de Santa Rosa do Viterbo da jurisdição da JCJ de Ribeirão Preto em razão da distância da sede para aquele munícipio, que seria de 80km e sem facilidades de acesso. No caso, a restrição implicou o retorno da competência do juiz de direito da comarca a qual o município pertence, para conciliar e julgar as reclamações trabalhistas.

Assim, a expansão da jurisdição trabalhista de uma JCJ, como se vê nos casos acima destacados, longe de representar uma solução para os trabalhadores, poderia tornar o acesso à justiça inviável. Nesse tocante, vê-se que diversos projetos de lei apresentados passariam a considerar a distância do município em relação à sede e a facilidade de acesso, por exemplo no PL n. 973/1959. O que demonstrava uma preocupação dos parlamentares com o acesso à justiça quando decidiam pela criação de uma JCJ. A discussão sobre o tamanho da jurisdição demonstra que nesse período a Justiça do Trabalho estava crescendo e se adaptando às realidades locais que cada vez mais demandavam a sua presença.

Ao que se nota do conjunto de projetos de lei apresentados nas décadas de 1950 e 1960, que tinham como objeto a expansão de JCJ e de jurisdições, é que a demanda de processos trabalhistas que chegava aos auspícios dos juízes de direito servia, ao lado do desenvolvimento econômico e industrial da região, de justificativa para a instalação de novas JCJs (exemplo relevante é o PL n. 1.636/1956). Esse pode ser um indício de que os juízes de direito eram efetivamente demandados e que os conflitos trabalhistas se espraiavam pelo País longe dos auspícios conciliatórios das JCJs, o que por sua vez pode se imaginar que a demanda pela Justiça do Trabalho era crescente.

Contudo, a Justiça do Trabalho, até o fim do segundo governo de Getúlio Vargas, pouco se expandira, sendo que chegaria até o ano de 1955 a ter 62 JCJs. Também pouco se interiorizara. Apenas 14 JCJs foram instaladas em municípios fora das capitais das Unidades da Federação até 1995, enquanto que, até aquele ano, mais 12 JCJs seriam instaladas nas capitais (3 no Rio de Janeiro, 4 em São Paulo, 1 em Porto Alegre, 1 em Recife, 1 em Belo Horizonte, 1 em Salvador e 1 em Belém). Porém, após 1955, aumentaria o número de JCJs instaladas, principalmente no interior, ao mesmo tempo em que prosseguia a expansão industrial e de mobilização dos trabalhadores.

Na experiência democrática vivida entre 1950 e 1964, os sindicatos se fortalecem e em torno deles os trabalhadores se unem para defender a legislação trabalhista e reivindicar direitos (SOUTO MAIOR, 2017). Nessa fase, ampliaram-se as ações coletivas dos trabalhadores e também a busca pelo Poder Judiciário (DROPPA, 2015).

Esse período se revelaria promissor para o sindicalismo brasileiro e para a Justiça de Trabalho que, nesse período, "aprofundaria sua inserção na sociedade urbana e industrial brasileira, seja em face das disputas individuais levadas a seu exame, ou no tocante aos processos de dissídios coletivos, que se tornaram extremamente importantes nessa fase" (DELGADO & DELGADO, 2011, p. 108).

Os anos cinquenta revelam-se um ponto de guinada para a economia nacional, com o Estado, via endividamento externo, investindo em infraestrutura e realizando grandes obras pelo País, aumentando a integração regional com a construção de rodovias. Nessa fase, grandes empresas estrangeiras, montadoras e indústrias de bens de consumo duráveis, principalmente, instalaram-se no País. O desenvolvimento econômico nacional encontra-se pautado desde os anos 1930 em uma política de substituição de importações. A instalação das multinacionais no País, apesar de acentuar o crescimento econômico e o desenvolvimento industrial, bem como a modernização do parque produtivo e dos métodos de gestão de mão de obra tayloristas-fordistas, impôs um modelo de crescimento que agravara a desigualdade social e o aumento da concentração de renda que ficava concentrada no setor mais moderno e que passou a conviver com setores desorganizados da economia que absorvia um contingente grande de trabalhadores sem a devida proteção social. Se por um lado o Brasil crescia, por outro acentuavam-se as desigualdades e os conflitos sociais e a necessidade de o Estado dar respostas às demandas. Com um Estado com canais de abertura com os sindicatos, estes aproveitaram a ambígua relação do Estado e a insatisfação social e cresceram.

Os estudos de Droppa (2015), Lopes (2012) e Correa (2015) revelam que as greves e o recurso à Justiça do Trabalho não eram mutuamente excludentes. Tais estudos demonstram que os trabalhadores se utilizavam dos serviços prestados pelos sindicatos para buscar orientação jurídica e ajuizar reclamações trabalhistas. A Justiça do Trabalho era utilizada tanto no âmbito individual quanto no coletivo. O que esses estudos revelam, portanto, é que os sindicatos agregavam trabalhadores e promoviam ações coletivas e individuais, em busca da efetividade dos direitos trabalhistas. Para Ângela de Castro Gomes, a intensa procura dos trabalhadores pela JT evidencia o fato de que "o movimento sindical soube se utilizar tanto dos direitos consagrados pela CLT quanto pela instituição JT, para afirmar sua presença, beneficiando-se da vigência de regras democráticas e, particularmente, atuando em associação com o Partido Trabalhista Brasileiro" (GOMES *apud* CORREA, 2007, p. 226).

A efetividade à novel legislação trabalhista tanto no campo individual quanto no coletivo (pelo poder normativo, que ainda permanecia), promovia o reconhecimento da Justiça especializada como único segmento efetivamente célere e eficaz do Judiciário (DELGADO & DELGADO, 2011). Desse modo, o período de 1950 e 1960 representa um período significativo, consagrando a possibilidade de uso da Justiça do Trabalho na defesa dos direitos do trabalhador (CORREA, 2007). Esse reconhecimento pode ser visto nos projetos de lei anteriormente citados e com o a expansão da Justiça do Trabalho que procurava se legitimar como instituição jurídica responsável pela paz social, tendo em vista que a mediação dos conflitos de trabalho, coletivos ou individuais, acaba por ter impacto direto na percepção de sua importância ou não para o mundo do direito e para a sociedade como um todo (DROPPA, 2015). Nesse sentido, a busca na efetividade na garantia dos direitos individuais nem sempre se mostrava no campo dos direitos coletivos, impondo derrotas aos trabalhadores (CORREA, 2007; DROPPA, 2015).

Cardoso (2003) associa o crescimento do número de processos recebidos pela Justiça do Trabalho com a expansão do número de sindicatos e afirma que a correlação não pode ser atribuída a uma simples coincidência, pois "o crescimento das burocracias sindicais deve estar seguindo a passo com o crescimento de sua capacidade de pressionar os canais judiciários de solução de conflitos trabalhistas" (CARDOSO, 2003, p. 170). Segundo os dados que o autor apresenta, é possível perceber que a taxa de crescimento de sindicatos dá numa velocidade superior ao de demandas, o que pode em uma primeira leitura demonstrar que o canal da Justiça do Trabalho era uma das alternativas possíveis para a ação sindical. Pelo gráfico apresentado pelo autor, vê-se que até 1962 a taxa de crescimento de entidades sindicais é maior que o de demandas, desse modo é possível cogitar que nessa fase os sindicatos ainda possuíam outros canais de reivindicar direitos que não pela ação judicial individual, situação essa que passa a se alterar com o golpe de 1964, que se agrava após 1974 e especialmente na década de 1990.

A apropriação da Justiça do Trabalho pelos trabalhadores e entidades sindicais não se daria apenas pela intensa procura como também pela ocupação de suas estruturas por meio de representação dos juízes classistas. O cargo ocupado por indicação das entidades sindicais era motivo de disputa, pois representava a perspectiva de os trabalhadores usarem a máquina administrativa para os seus interesses. Nesse sentido, Correa (2007) sustenta que os trabalhadores souberam utilizar os cargos atribuídos à classe trabalhadora na JT para lutar por reivindicações dentro da própria estrutura normativa. Com isso é possível pensar que, para os sindicatos, o crescimento da Justiça do Trabalho no primeiro grau não representava apenas uma forma de solução de conflitos, mas a possibilidade de expandir sua participação na máquina pública por meio de cargos.

Contudo, a penetrabilidade dos trabalhadores nos meandros estatais acabava por ter resultados ambíguos, pois ao mesmo tempo em que participava do Estado, mais se engendrava e apoiava uma máquina administrativa incapaz de universalizar direitos sociais e trabalhistas.

Se por um lado a Justiça do Trabalho se apresentava como um ramo do Judiciário que se mostrava efetivo em relação aos demais, aumentando a sua busca pelos trabalhadores, suas limitações estruturais se revelavam um peso e um forte empecilho para dar ampla efetividade aos direitos trabalhistas:

A morosidade da JT, segundo os próprios sindicalistas, obrigava aos trabalhadores ceder às propostas patronais, forçando-os a aceitarem indenizações menores do que os valores aos quais tinham direito. Esta Justiça, afirmou os sindicalistas, "havia muito tempo deixado de corresponder aos anseios dos trabalhadores e às exigências do nosso progresso econômico social (CORREA, 2007, p. 60).

A demanda pela Justiça do Trabalho efetivamente exigia o aumento da capacidade instalada para melhora da prestação jurisdicional, principalmente nos grandes centros urbanos.

Nesse sentido, vê-se que a Lei n. 2.694/1955 veio atender a demanda crescente no município de São Paulo e Rio de Janeiro, criando mais 9 JCJs na capital paulista e 7 JCJs na capital federal. Contudo, essas JCJs só foram instaladas dois anos depois. Naquele ano seriam instaladas ainda uma JCJ em Ribeirão Preto (SP) e em São Caetano do Sul (SP), criadas respectivamente pela Lei n. 2.695 de 24.12.1955 e pela Lei n. 2.763 de 12.05.1956. Assim, em um ano, seriam instaladas mais JCJs do que nos últimos dez, o que demonstra que o ritmo de expansão ao longo da década de 1950 e 1960 se aceleraria, apesar de ser insuficiente para atender a demanda e cobrir o território brasileiro de forma satisfatória, conforme se verá adiante.

De 1950 a 1958, passou-se de 21 para 36 municípios que possuíam JCJ, e de 1958 a 1964 o número salta de 36 para 102. Com isso, é possível concluir que se iniciou a partir da década de 1960 um processo de interiorização da Justiça do Trabalho mais efetivo, ainda que de forma contida.

Contudo, a Justiça do Trabalho, até meados dos anos 1950, praticamente não saiu das capitais das unidades da Federação. Vale destacar que apenas em 1958 e 1959 foram criadas JCJs em áreas interioranas de alguns estados da Federação, principalmente no Rio Grande do Sul, Bahia e Rio de Janeiro, com as Leis 3.492, de 18 dezembro de 1958, Lei n. 3.500, de 21 de dezembro de 1958 e Lei n. 3.610, de 11 de agosto de 1959.

Conforme relata Delgado e Delgado (2011), o pacto político oligárquico, um dos pilares da manutenção de Vargas no poder, que resultou na exclusão das áreas rurais brasileiras da influência da nova ordem jurídica trabalhista, conforme expresso na primeira redação do art. 7º, b, da CLT, foi inicialmente superado com a entrada em vigor do Estatuto do Trabalhador Rural (Lei n. 4.214/63), que revogou a redação do artigo supracitado e estendeu os direitos trabalhistas aos rurícolas, além de ter levados outros direitos sociais ao campo nas diferentes formas de exploração do trabalho rural. Assim, a ausência de direitos no campo pode ter retido a expansão da Justiça do Trabalho em regiões mais urbanizadas. Isso se vê, inclusive, nos projetos de lei analisados que fazem muitas referências ao progresso econômico associado à industrialização para justificar a instalação de JCJ.

De 1941 a 1964 passou-se de 36 para 168 JCJs em todo o Brasil, sendo que em 1941 apenas 21 capitais possuíam JCJ, já em 1964, 120 municípios recebiam JCJ. Contudo, considerando os dados dos censos demográficos realizados no período avaliado (1940, 1950, 1960 e 1970), verifica-se que em 1941 1,3% dos municípios brasileiros possuíam JCJ, porcentagem essa que aumentou para 1,7% em 1950, 2,2% em 1960 e 3% em 1970. Portanto, uma percentagem ínfima dos municípios brasileiros possuía JCJ.

Ao tomar como parâmetro a média de processos ajuizados por ano, por JCJ, fica evidente que o crescimento das JCJs ia aquém da procura pela Justiça especializada. Nota-se um aumento expressivo de média de processos por JCJ, pois se em 1941 a média foi de 471,6 processos por JCJ, em 1964, a média seria de 1.592 processos por JCJ, com destaque para o ano de 1953 em que se atingiu o pico de 2.268,4 processos por JCJ. Assim, a Justiça do Trabalho, no primeiro grau, foi sendo consideravelmente demandada ao longo do tempo. A demanda pelo equipamento especializado crescia para além das capitais, como se viu anteriormente, e é possível supor que os trabalhadores buscavam também a Justiça Comum para ajuizar as suas reclamações.

O que interessante a notar é que a Justiça do Trabalho foi crescendo e ocupando cada vez mais espaço territorial da Justiça Comum, aumentando a sua jurisdição, seja pelo aumento do número de JCJs, seja pelo alargamento de sua jurisdição territorial, o que muitas vezes se revelava problemática, como já expomos. As dificuldades encontradas pelos trabalhadores na Justiça Comum parecia ser uma das causas principais para essa expansão.

Apesar da conveniência do expediente para federalização da jurisdição trabalhista, ele foi insuficiente para promover o acesso à justiça na seara laboral. A facilidade de acesso físico tinha como contrapartida, ao que se pode perceber, a demora na solução das lides trabalhistas. Interessante notar que nos projetos justificava-se a jurisdição trabalhista de JCJ na localidade como uma forma de desafogar a Justiça Comum já assoberbada com suas funções judicantes precípuas (exemplo é o PL n. 1.636/1956, que deu origem à Lei n. 3.492/1958).

Assim, ainda que os juízes de direito fossem órgãos da Justiça do Trabalho por força constitucional, suscitam-se dúvidas quanto à possibilidade material e até mesmo interesse das organizações judiciárias locais em prestar serviços jurisdicionais na seara trabalhista. Nesse sentido, vale mencionar as palavras Mozart Victor Russomano sobre o assunto:

> Os Juízes de Direito, em primeiro lugar, estão quase sempre sobrecarregados com os feitos de sua competência específica. Isso prejudica o andamento célere dos processos trabalhistas, pondo-se, dessa forma, em risco uma das características melhores da reclamatória. Em segundo lugar os Juízes de Direito não possuem, muitas vezes conhecimento, profundo das questões trabalhistas. A natureza de seus encargos e de suas especialidades afastam esses magistrados dos princípios revolucionários das inovações legais, do espírito do Direito do Trabalho. De modo que daí também podem fluir prejuízos, de outra natureza, mas também graves, para a execução das normas sociais (RUSSOMANO, 1952, p. 1.049).

Interessante ver que para sanear as limitações de expansão da Justiça do Trabalho, houve projetos que praticamente inseriam o órgão de primeiro grau da Justiça especializada na organização jurídica local, para dar conta da insuficiência da expansão da JCJ pelo país. Uma primeira proposta consistia no Projeto de Lei da Câmara n. 2.651/1957, de autoria do deputado José Talarico, que pretendia instituir, nas comarcas onde inexistissem Juntas, Juízos do Trabalho, com representantes classistas não remunerados, sob a presidência do juiz de direito da comarca. Contudo, o projeto foi rapidamente arquivado. Outra proposta que vale menção foi a emenda proposta pelo deputado Jorge de Lima ao PL n. 70/1959 — que deu origem à Lei n. 3.873/1961. Sua proposta era a de criar a figura do juiz de conciliação e julgamento nas comarcas cujo movimento justificasse a presença dessa figura com órgão da justiça laboral.

Nessa toada, aventa-se se muitas jurisdições, em detrimento inclusive do efetivo acesso à justiça, foram estendidas como solução para desafogar a Justiça Comum. Nesse sentido, o deputado Gentil Moura, ao relatar parecer da Comissão de Legislação Social em 1964 na apreciação do o PL n. 2.088/1964 (que pretendia estender a jurisdição das JCJ de Campos e Nova Friburgo, ambas no Rio de Janeiro) cita as dificuldades encontradas pelo juiz de direito para lidar com as causas trabalhistas. Diz o deputado:

> Por outro lado, como antigo advogado de província, somos forçados a reconhecer que os juízes de direito, nas Comarcas onde não há justiça do trabalho organizada, têm excessivos encargos e nem sempre podem decidir as causas de relação do trabalho, em tempo útil, isto é, dentro dos prazos fixados em lei. A demora na decisão dos feitos importa em verdadeira denegação de justiça. Para obviar essa dificuldade de ordem judicial, o projeto dentro de certa conveniência geográfica, estende a jurisdição das JCJ de Campos e Nova Friburgo às Comarcas vizinhas que indica GETULIO MOURA comissão de legislação social (22.09.1964) (PL n. 2.088/1964).

A década de 1950 revela-se um momento em que a Justiça do Trabalho está em processo de construção e afirmação juntamente com os direitos trabalhistas.

O Estado parece criar JCJ como uma forma de respostas às demandas sociais que, inclusive, a justiça comum se mostrava incapaz de atender. Observando a dinâmica do conjunto de leis aprovadas no período, bem como o conteúdo dos projetos de lei analisados, em cotejo com a dinâmica social da época, é possível aventar a hipótese que a Justiça do Trabalho cresce como uma resposta do Estado a uma demanda pela solução de conflitos no interior do trabalho e que o pressiona a tomar medidas, ou seja, conforme aumenta a consciência dos trabalhadores como sujeitos de direitos e a percepção de que esses direitos na Justiça Comum não seriam efetivados, aumenta-se a pressão para instalação de novos equipamentos das JCJs. Tal movimento se expandia tanto na capital quanto no interior do país onde a industrialização crescia.

Após um período de intensas mobilizações sociais no início da década de 1960, que pressionavam o Estado por mais direitos civis e sociais, veio forte reação que culminou no Golpe de março de 1964 que depôs o presidente João Goulart e instaurou uma ditadura civil-militar que perdurou durante 21 anos que, em favor de um processo de acumulação de riqueza baseada no capital externo, promoveu um revisionismo *in pejus* dos direitos trabalhistas, acompanhado de uma ação fortemente repressiva contra as organizações sindicais (SOUTO MAIOR, 2017). Contudo, é de se destacar que apesar de o novo regime ser manifestamente refratário aos movimentos sociais e coletivos trabalhistas, manteve a Justiça especializada e implementou certa ampliação e interiorização de sua estrutura no território e sociedade brasileiros (DELGADO & DELGADO, 2011).

O golpe marcaria o fim de um período em que as entidades obreiras circulavam nas instituições estatais e participavam ativamente da política nacional. As entidades outrora cooptadas pelas benesses estatais passariam apenas a ser reprimidas. Nesse sentido, o Estado mantém a tutela sindical, retirando-lhe o papel organizativo e de representação da classe trabalhadora, deixando de ser um canal de comunicação para ser um instrumento repressor. A política é substituída pela burocracia no trato social. Nesse ponto, a legislação do trabalho promulgada tenta mudar a substância do direito do trabalho. O comunitarismo que lhe era próprio — centrado na proposta da integração do trabalhador no seio da empresa e do sindicato — é substituído por uma concepção que ressalta o aspecto mercantilista das relações de trabalho e exploração da mão de obra como valor. O aspecto coletivista do direito do trabalho é fortemente rechaçado, sobrando os direitos individuais que se revelam como último campo de resistência dos trabalhadores contra a barbárie.

3.5. A Ditadura Militar e a Justiça do Trabalho: Alterações no padrão de crescimento

3.5.1. O período entre 1964 e 1969: Estagnação e repressão

Conforme destaca Correa (2016), "a instauração do regime militar em 1964 teve um impacto particularmente atroz para os trabalhadores" (CORREA, 2016, p. 513). Esse impacto, somado ao crescimento e expansão da industrialização e urbanização do País terá consequências para a Justiça do Trabalho, que se encontrará na necessidade de se expandir para suportar a demanda processual que se avoluma consideravelmente. Nessa toada, a Justiça do Trabalho será tratada pela ditadura militar como uma instituição necessária para a contenção dos conflitos sociais.

Em amplo estudo da legislação e dos direitos trabalhistas no período, Souto Maior (2017) demonstra que nessa fase da história do Brasil houve uma sistemática diminuição de direitos trabalhistas e ações de repressão aos sindicatos, em favor de um processo de acumulação de riqueza. O autor destaca as profundas alterações na CLT e que resultaram em perdas de direito e flexibilização do mercado de trabalho (SOUTO MAIOR, 2017).

Contudo, as duas décadas do período ditatorial iniciado em 1964, ao mesmo tempo em que reprimiu duramente os movimentos sociais e refreou direitos coletivos trabalhistas, manteve, ampliou e, ainda que de forma contida, interiorizou o sistema judicial trabalhista, no território e sociedade brasileiros (DELGADO & DELGADO, 2011), tanto que a estrutura da Justiça do Trabalho passou incólume pelas Constituições de 1967 e 1969 e representou, durante esse período autoritário, um dos poucos espaços de defesa de direitos sociais (MOREL & PESSANHA, 2007).

Ainda em 1964, o governo de Castelo Branco lançou as bases da política trabalhista, que teria como intento romper com a forma como o Estado se relacionava com os sindicatos e os trabalhadores, despolitizando tais relações e intervindo nos sindicatos com a mesma finalidade, "pois acreditava-se ser possível livrar as entidades dos trabalhadores das velhas práticas populistas" (CORREA, 2016, p. 514).

De início, buscava-se neutralizar a oposição dos trabalhadores, prometendo manter os direitos trabalhistas e as instituições que regulavam as relações de trabalho, contudo, livres da influência político-partidária, que os militares consideravam nefasta.

Não demorou muito para o governo militar demonstrar que os direitos trabalhistas, antes de atender aos interesses dos trabalhadores, atenderiam aos interesses do regime. Nesse sentido, logo no ano de 1964, a Lei n. 4.330/1964 criou empecilhos intransponíveis para o exercício do direito de greve e no ano seguinte as Leis ns. 4.823/65 e 4.725/1965 resultaram por um lado em arrocho salarial e perda do poder dos acordos coletivos e da Justiça do Trabalho, via poder normativo, de definir salários. Na prática, isso significava que a política salarial seria um produto da autoridade estatal, para além das partes interessadas.

Nesse ponto, vale destacar que as mudanças implantadas pelo Regime Militar no direito material do trabalho, principalmente o fim da estabilidade com a criação do FGTS, foi um grande fator de flexibilização do mercado de trabalho e que teve impacto direto na Justiça do Trabalho no curto e no longo prazo. No curto prazo, é de salientar que a lei do FGTS trouxe para a Justiça do Trabalho o papel de homologar os acordos administrativos dos empregados estáveis, previsto no art. 17 da Lei n. 5.107/1966 (BATALHA, 1995). No médio e no longo prazo, o fim da estabilidade acentua a desigualdade na relação entre empregado e empregador, colocando sobre a cabeça do primeiro, a espada do desemprego. Inclusive, o perfil das demandas trabalhistas se altera em 1966.

Se, nas décadas anteriores, os empregados é que ajuizavam reclamações trabalhistas, a partir de 1966, a Justiça do Trabalho ganha como clientela os desempregados, que só após a extinção do vínculo conseguem reclamar direitos inadimplidos pelo empregador.

O arrocho salarial, a implantação do FGTS e a perda do poder da JT de regulação coletiva dos acordos, somado à extinção dos IAPS, acabam com a política comunitarista do regime corporativo, dele só restando o controle sindical pela burocracia técnica a fim de atender aos interesses do Estado centralizado. A repressão iniciou-se cedo e a depuração para limpeza dos sindicatos resultou em intervenções do Estado na atividade sindical via Ministério do Trabalho.

O movimento sindical ficou desmobilizado, após várias intervenções nos sindicatos mais importantes do País. A intervenção sindical pelos militares, inicialmente, visou à substituição de líderes considerados subversivos por outros que poderiam servir como ponto de apoio para assegurar o alinhamento dos sindicatos com o regime e evitar novas lideranças tachadas como perigosas ou subversivas. Com os sindicatos esvaziados e pouco representativos, as agremiações logo se dedicaram, com o apoio do regime, a ampliar serviços assistenciais, inclusive de caráter jurídico (MATTOS, 2009).

Não apenas os sindicatos, mas também o Ministério do Trabalho foi alvo de reestruturação e desmantelamento com os expurgos de funcionários. A repressão também atingiria os quadros da Justiça do Trabalho, de modo que o governo de Castelo Branco optou por manter e depurar a antiga estrutura da Justiça do Trabalho, ao invés de extingui-la. (CORREA, 2016). A depuração, segundo Frank Luce, "diferentemente do que ocorreu no STF, foi praticamente inexpressiva no TST que se alinhou ideologicamente ao regime sustentando a Justiça do Trabalho como instrumento de paz social" (LUCE, 2013, p. 357). Como afirma Correa (2016):

> Nesse sentido, a opção do regime autoritário pela Justiça do Trabalho e pelo aparato corporativista torna-se compreensível por entender que este também funcionava como um instrumento efetivo de controle e desmobilização do movimento sindical brasileiro, não sendo vantajoso para o regime eliminar o reconhecido "legado varguista" (CORREA, 2016, p. 522).

Nesse cenário, já em 1967, o Decreto-lei n. 229, de 28 de fevereiro, altera de maneira substancial a CLT, principalmente, o direito individual e coletivo do trabalho. No que tange à Justiça do Trabalho, as mudanças foram menores em quantidade, mas não menos importantes. Vale destacar, inicialmente, que a estrutura paritária dos órgãos da Justiça do Trabalho não foi alterada. Do que nos interessa, no primeiro grau, a principal mudança foi no art. 654 que manteve a figura dos juízes suplentes apenas nas JCJs, fora da sede, das 7ª e 8ª regiões, aumentando o acesso dos juízes substitutos. Tal mudança acaba por reduzir a extensão do poder Executivo de nomear juízes togados sem o devido concurso público.

Contudo, em 1968, mudanças substanciais foram feitas e que afetaram a relação da Justiça do Trabalho com a Justiça Comum, com a publicação da Lei n. 5.442, de 24 de maio de 1968 que dava nova redação para o art. 650 da CLT, além de adotar outras providências.

A lei em comento viria a dar nova redação para o *caput* do artigo para adequar o texto da Lei à reserva legal de criação de JCJ e para determinar que as leis locais de Organização Judiciária não influiriam sobre a competência de JCJ já criadas até que lei federal assim determinasse.[(10)]

A alteração do texto foi proposta em emenda pelo deputado Francisco Amaral, que assim justificou a proposição:

> Entretanto é oportuno que se determine, em lei, que a criação de novas Comarcas não importa na retirada de seus territórios da jurisdição de uma junta já existente. Constituição não obriga que nas Comarcas onde não forem instaladas Juntas de Conciliação e Julgamento, a jurisdição trabalhista seja atribuída aos Juízes de Direito. O §2º do art. 133, diz que a lei fixará o número de Tribunais e instituirá as Juntas de Conciliação e Julgamento "PODENDO", nas comarcas onde elas não forem instituídas, atribuir sua jurisdição aos juízes de direito. Ora, não convém que, estando certo do território já sob jurisdição de uma Junta, passe ele à jurisdição de uma Juiz de Direito. E A lei PODE, então, determinar que, nesse caso, a jurisdição continue atribuída à Junta já existente. É o que viso o parágrafo único, aliás deixando claro aquilo que já está implícito no caput, apesar do entendimento em contrário quanto ao texto atual, entendimento contrário esse que tem prevalecido (PL n. 972/1968).

Relevante mencionar que o mesmo deputado paulista apresenta outra emenda para o mesmo PL n. 972/1968, que demonstra os problemas de se atrelar a conformação

(10) Art. 650 – A jurisdição de cada Junta de Conciliação e Julgamento abrange todo o território da Comarca em que tem sede, só podendo ser estendida ou restringida por lei federal. (Redação dada pela Lei n. 5.442, 24.05.1968)

Parágrafo único. As leis locais de Organização Judiciária não influirão sôbre a competência de Juntas de Conciliação e Julgamento já criadas até que lei federal assim determine. (Parágrafo incluído pela Lei n. 5.442, 24.05.1968)

da jurisdição trabalhista à organização judiciária local. Cita o deputado, na justificativa da referida emenda, que diversos munícipios paulistas que não eram sede de comarca passaram a sê-lo, o que implicou a retirada de localidades sob jurisdição de JCJs.

Assim, municípios com grande volume de reclamações, como o de Osasco, deixaram de estar sob jurisdição de JCJ e os processos que lá tramitavam passaram a ser de competência de um juiz de direito (PL n. 972/1968).

Com alteração do texto da CLT, no mínimo, a jurisdição trabalhista já constituída mantinha-se preservada até que lei federal a alterasse. O que se observa com isso é que aos poucos, conforme foi se dando a sua expansão territorial, a organização da Justiça do Trabalho no 1º Grau se afasta e ganha independência da organização judiciária local, estabelecendo uma estruturação própria e autônoma, com base na organização administrativa do Brasil.

Esse seria um exemplo da ação da ditadura militar no período que reorganizaria a Justiça do Trabalho sem necessariamente fazer grandes investimentos.

O período entre 1964 e 1969 é interessante do ponto de vista da expansão do primeiro grau da Justiça do Trabalho. Apesar do forte movimento repressivo contra os sindicatos e arrefecimento do caráter civilizatório dos direitos trabalhistas com medidas de arrocho salarial e fim da estabilidade, o número de JCJs passa de 168 para 194, sendo que o principal aumento no número de JCJs se deu fora das capitais (nesse período foram criadas 20 JCJs fora das capitais e 6 nas capitais. Contudo, o que se percebe é que as JCJs instaladas no período derivam de projetos de lei que já tramitavam antes de 1964 ou de leis já aprovadas, mas cuja JCJ criada não havia sido instalada (Lei n. 3.873/1961, Lei n. 4.088/1962, Lei n. 4.124/1962 Lei n. 4.537/1964, Lei n. 4.816/1965, Lei n. 5.082/1966, Lei n. 5.124/1966; e Lei n. 5.298/1967).

O que se observa é que o movimento de interiorização do final da década de 1950 e início da década de 1960 seria mantido ao longo da década, ainda que de forma mais tímida. De 1959, ano em que se acentua o processo de interiorização da JCJ, até 1969, foram criadas 115 JCJs, em uma média de 10 por ano, sendo que 84 foram instaladas fora das capitais e 31 nas capitais. Contudo, é possível observar que grande parte das JCJs instaladas o foram entre 1960 e 1963 (82) e as demais distribuídas ao longo de 1964 e 1969.

Entre os anos de 1950 e 1960 ocorreu o crescimento das Ligas Camponesas e dos sindicatos rurais (FERREIRA FILHO, 2012). Apesar de não se poder criar uma relação determinística, tais movimentos e a expansão, ainda que contida, da Justiça do Trabalho no interior e do advento do Estatuto do Trabalhador Rural (ETR), é possível afirmar que há uma correlação positiva entre ambos os fenômenos jurídicos e o fundo comum entre ambos teria sido a acentuação do movimento dos trabalhadores rurais.

Ferreira Filho (2012) e Raposo (2017, 2018), ao estudarem os processos trabalhistas de zona canavieira de Pernambuco, identificam uma relação positiva entre os três fenômenos de modo que Raposo afirma que as "relações de trabalho na zona canavieira de Pernambuco foram regulamentadas durante o processo de judicialização e sindicalização dos movimentos de organização dos trabalhadores rurais na década de 1960" (2018, p. 73). Ambos os autores referidos concordam que o Estatuto do Trabalhador Rural teve papel importante para os trabalhadores rurais e que "a principal estratégia sindical adotada foi o incentivo ao recurso a Justiça do Trabalho. (...) Na visão de muitos trabalhadores, a Justiça, recentemente criada, poderia minorar seu estado de miséria extrema. Valia a pena tentar" (FERREIRA FILHO, 2012, p. 129).

Assim, pode-se cogitar que a expansão da Justiça do Trabalho nesse período, para além de atender os trabalhadores urbanos, passou a se debruçar sobre o trabalho rural também. Contudo é importante ressaltar que cada autor terá uma visão diferenciada sobre a atuação da Justiça do Trabalho no período militar, se por um lado Raposo (2017) atenta para o fato de que com o regime militar e a repressão sobre movimento dos trabalhadores a busca pela Justiça do trabalho era uma forma de luta dos sindicatos para preservação dos direitos assegurados no ETR, por outro lado, Ferreira Filho (2012) destaca que a atuação da JCJ reforçava a perda de direitos pois os trabalhadores que buscavam a Justiça do Trabalho não ganhavam o que era seu por direito já que grande parte dos casos terminava em acordos com descontos. Além disso, a morosidade do processo prejudicava os trabalhadores, e nesse sentido, afirma o autor que "tratava-se de uma desigualdade pensada, organizada, legalizada e em certa medida homologada pela Justiça do Trabalho" (FERREIRA FILHO, 2012, p. 147).

Vale lembrar que, em que pese ter havido um processo de interiorização da Justiça do Trabalho no período, isso se deu de forma bastante incipiente e desigual. Nesse sentido, recorda-se que até 1970 apenas 3% dos municípios brasileiros possuíam uma JCJ. Por outro lado, diversas unidades da federação praticamente não tiveram sua estrutura de primeiro grau trabalhista alterada desde a criação da Justiça do Trabalho em 1941.

Os estados do Maranhão, Piauí, Rio Grande do Norte, Rondônia, Roraima, Acre, Alagoas Amapá e Ceará não receberam nenhuma JCJ no período. A situação do TRT da 7 ª Região, nesse aspecto, era notória, pois apesar do volume processual aumentar significativamente ao longo das décadas de 1950 e 1960, o número de JCJ permaneceu o mesmo, chegando em 1967 a uma média de 2.462,3 processos recebidos por JCJ passando, em 1968, a uma média de 2.867 processos recebidos, por JCJ e, em 1969, de 4.494 processos recebidos, por JCJ. A situação do TRT da 7ª Região foi, inclusive, objeto do seguinte comentário no Relatório Anual das Atividades da Corregedoria Geral referente ao ano de 1969:

Outro problema sério encontramos na Sétima Região, onde em Fortaleza, somente para dar um exemplo, desde a criação da JT, em 1941, existe uma Junta (...) O problema avulta de proporções, quando se sabe que nesta Junta existem mais de 10.000 processos aguardando instrução e julgamento. A cidade tem tido um desenvolvimento vertiginoso e a situação que é ruim tende a se tornar insustentável (NOBREGA, 1969, p. 72).

O relatório em questão também fazia menção à situação de São Paulo "onde foram encontrados cerca de 10.000 processos por distribuir e o serviço de distribuição atrasado de um ano. O relatório menciona, inclusive, a situação das cortes regionais que se encontravam instaladas em prédios adaptados e que não atendiam às necessidades (NOBREGA, 1969).

Assim, é possível observar que a precariedade das JCJs e da Justiça do Trabalho como um todo era um problema que persistia desde a sua criação, mesmo nos locais com maior capacidade instalada.

O que se percebe é que a ditadura militar entre 1964 e 1969 foi permitindo que a capacidade instalada da Justiça do Trabalho no primeiro grau aumentasse aprovando leis que criavam novas JCJs. Contudo, convém ressaltar que nesse período os únicos projetos de lei apresentados que foram aprovados limitavam-se a estender ou diminuir as jurisdições das JCJs (Lei n. 4.777/1965, Lei n. 4868-A/1965, Lei n. 5.001/1966, Lei n. 5.286/1967, Lei n. 5.301/1967, Lei n. 5.499/1968, Decreto-lei n. 639/1969) ou a transferir JCJ de município (Lei n. 5.403/1968 e Decreto-lei n. 639/1969).

Considerando que a iniciativa de lei para criação de JCJ era prerrogativa do Poder Executivo, e que o Judiciário era apenas chamado para se manifestar sobre o projeto, e caso tivesse interesse de apresentar um projeto teria que submetê-lo à apreciação do Executivo antes, vê-se que o governo militar, durante a segunda metade da década de 1960 optou por não adotar uma postura proativa para aumento da capacidade instalada do primeiro grau da Justiça do Trabalho, optando por fazer alterações pouco custosas e que privilegiavam a reorganização da jurisdição. Essa postura seria alterada na década de 1970.

Em 1969, no TST, é elaborado um Plano de expansão da Justiça do Trabalho que objetivava a criação de 68 novas JCJs em todo o território nacional, pelo qual, nas palavras do Corregedor-Geral da Justiça do Trabalho à época, o ministro Thelio da Costa Monteiro:

> (...) atendendo a uma situação de emergência, atento, de outro lado, à política de contenção dos gastos públicos — procura-se eliminar os pontos considerados críticos de estrangulamento, em razão do sempre elevado número de reclamações trabalhistas. Acrescente-se também, fruto do esforço da mesma Comissão, o preparo do projeto estabelecendo

normas para a criação de novas Juntas, necessidade antiga cuja justa solução está em vias de se tornar realidade (MONTEIRO, 1969, p. 20).

3.5.2. Da expansão calculada à ebulição social: a aceleração da expansão do primeiro grau

Diante do diagnóstico apresentado pelo ministro Thelio da Costa Monteiro, o Poder Executivo propõe o PL n. 2.298/1970, que estabelece critérios para a criação de JCJ.

Na exposição de motivos do referido PL, o Executivo argumenta que a proposição se insere em um planejamento que se desdobraria em quatro projetos para contemplar as oito regiões e atender necessidades prioritárias e escalonar as despesas.

Relevante destacar que as primeiras regiões trabalhistas contempladas no plano seriam a 6ª e a 7ª, ambas da parte mais setentrional do Nordeste, que pouca atenção receberam ao longo dos 30 anos de existência da Justiça do Trabalho, principalmente o TRT da 7ª Região (formada por Piauí, Maranhão e Ceará) que se encontrava com a mesma estrutura de 1ª instância desde a sua criação, apesar do aumento do número de processos, como visto anteriormente. Na mesma exposição de motivos, também é citado que o projeto, ao criar parâmetros mínimos, "visa impedir que no futuro se reproduzam inconvenientes registrados num passado recente, quando se criarem esses órgãos ao sabor de interesses estritamente locais" (PL n. 2.298/1970).

Compulsando a Lei n. 5.630, de 2 de dezembro de 1970, oriunda do referido projeto, verifica-se que ele importa em uma alteração significativa na forma como as JCJs são criadas e os critérios para a sua criação.(11)

A lei positiva, pela primeira vez, condições objetivas que deveriam ser supridas para que uma JCJ fosse criada. A criação da JCJ, em áreas onde elas não estavam instaladas, passaria a ficar condicionada à existência, na base territorial prevista para sua jurisdição, de mais de 12 mil empregados e o ajuizamento, durante três anos consecutivos, de pelo menos duzentas e quarenta reclamações anuais. Assim, a criação

(11) Art. 1º A criação da Junta de Conciliação e Julgamento está condicionada à existência, na base territorial prevista para sua jurisdição, de mais de 12 mil empregados e o ajuizamento, durante três anos consecutivos de pelo menos, duzentas e quarenta reclamações anuais.

§ 1º Nas áreas de jurisdição onde já existam Juntas, só serão criados novos órgãos quando a freqüência de reclamações, no período previsto neste artigo, exceder, seguidamente, a mil e quinhentos processos anuais.

§ 2º A jurisdição das Juntas só poderá ser estendida aos municípios ou distritos situados num raio máximo de sessenta quilômetros, desde que os meios de condução para a respectiva sede sejam diários e regulares.

§ 3º Para efeito do que dispõe êste artigo, as Juntas de Conciliação e Julgamento e os Juízes de Direito investidos da administração da Justiça do Trabalho encaminharão, mensalmente, ao Tribunal Superior do Trabalho, na forma das instruções por êste expedidas, boletins estatísticos do movimento Judiciário-Trabalhista.

Art. 2º As propostas de criação de novas Juntas serão encaminhadas à Presidência do Tribunal Superior do Trabalho, que se pronunciará sôbre a sua necessidade, de acôrdo com os critérios adotados nesta Lei.

de novas JCJs ficava condicionada a critério de mínimo de população jurisdicionada e de movimentação processual. Vale destacar que a população jurisdicionada a ser considerada, segundo o critério legal, era a dos empregados, o que, em uma interpretação literal, seria um critério discriminatório, pois excluiria os desempregados e os trabalhadores informais da base de cálculo.

Por outro lado, a lei prevê que só seriam criadas novas JCJs em localidades em que essas já existam quando o número de reclamação exceder a 1.500. Esse critério numérico será reproduzido pela Lei n. 6.947/1981, que revogará a Lei n. 5.630/1970, e passaria a ser a referência legal até os dias atuais.

De se mencionar também que medida salutar foi adicionada no § 2º do art. 1º da Lei n. 5.630/1970, ao estabelecer um raio máximo de extensão da jurisdição da Junta a ser criada. Contudo, o raio de jurisdição poderia constituir um empecilho, principalmente nas regiões onde os municípios possuem grandes extensões. Assim, a proposição de uma limitação de raio sem uma compensação, como viria a ocorrer na Lei n. 6.947/1981 com a criação das varas itinerantes, significaria restringir a possibilidade de instalação de novas JCJs.

Por fim, vale destacar que o TST ganha papel central no processo de criação já que esta instituição deve ser consultada para aprovação da criação da Junta.

Assim, a Lei n. 5.630/1970 cria as bases para a criação de órgãos de primeiro grau da Justiça do Trabalho e que perduraram até os dias atuais, com diversas flexibilizações para permitir que a expansão da Justiça do Trabalho se adequasse às diversas realidades no Brasil.

Além da lei em comento, o pacote de leis prometido pelo Executivo deu ensejo à Lei n. 5.643 de 10.12.1970, à Lei n. 5.650 de 11.12.1970, à Lei n. 5.633 de 02.12.1970 e à Lei n. 5.644 de 10.12.1970 que criaram ao todo mais 73 Juntas espalhadas por todas as regiões trabalhistas. Apesar desse pacote ter sido aprovado em 1970, as juntas foram sendo instaladas ao longo de 4 anos.

Novos projetos de lei avulsos foram apresentados pelo Executivo entre 1974 e 1978 (Lei n. 5.840/1972, Lei n. 5.892/1973, Lei n. 6.052/1974, Lei n. 6.053/1974, Lei n. 6.056/1974 e Lei n. 6.058/1974) que deram ensejo à criação de apenas 9 JCJs.

Entre 1970 e 1977 todas as JCJs criadas pelas leis acima citadas foram devidamente instaladas (82 JCJs). No período, outras duas JCJs foram instaladas, mas que foram criadas por leis de anos anteriores (Lei n. 3.492/1958 e Lei n. 5.310/1967). Assim, no período foram instaladas 84 JCJs. Dessas, 37 foram instaladas fora das capitais e 43 nas capitais, invertendo a preferência pela interiorização havida na década anterior.

Outra diferença, em relação à década de 1960, é que apenas 31 das JCJs criadas foram alocadas em municípios novos, sendo que 53 foram instaladas em municípios onde já havia pelo menos uma JCJ, invertendo a tendência que se mostrava predominante até então. Desde a instalação inicial das JCJs em 1941, até 1969, foram instaladas 98 JCJs em municípios novos e 60, em municípios onde já havia uma JCJ instalada. Portanto, o pacote alterava o padrão de crescimento do primeiro grau da Justiça do Trabalho, dando preferência para aumentar a capacidade instalada no município, principalmente nas capitais em detrimento da interiorização que, apesar disso, continuava.

Contudo, como demonstra Amiden Neto (2015), o Centro-Oeste brasileiro, apesar do crescimento que teve de 1940 em diante, pouca ou nenhuma atenção recebeu do legislador, no que tange à expansão do primeiro grau da Justiça do Trabalho. Conforme o autor, esse padrão só seria alterado na segunda metade da década de 1980.

Ao se observar o plano de expansão, duas diretrizes foram seguidas. A primeira, de fixar critérios objetivos para a criação de JCJ e com isso se afastar de influências políticas locais. A segunda, de se atender à crescente demanda judicial que havia chegado a patamares elevados em 1969, quando a média de processos por JCJ atingiu naquele ano valor aproximado de 2.400, muito superior aos 1.500, estipulado em lei para a criação de novas JCJs na mesma localidade.

Aparentemente, o plano teria contribuído para lidar com a demanda, ajudado pela queda no número de processos recebidos entre 1.970 e 1.973, e reduziu, para patamares inferiores a 1.500, a média de processos por JCJ. Contudo, em razão do novo aumento de processos a média anual volta a ficar em patamares superiores a 1.500.

Ao observar o movimento da ditadura militar, com o plano de expansão de Justiça do Trabalho, as medidas de contenção dos sindicatos e a mercantilização das relações de trabalho é possível supor, como o faz Correa (2007), que a Justiça do Trabalho tenha ganhado centralidade para o regime mediar a relação entre capital e trabalho, já que o conflito no âmbito coletivo estava reprimido, restando o âmbito individual para os trabalhadores assegurarem seus direitos, o que leva à busca cada vez maior pela Justiça do Trabalho e serviços judiciários.

Nesse sentido, a expansão da Justiça do Trabalho não está dissociada da proposta do regime de obter a colaboração dos trabalhadores por via do assistencialismo sindical. Conforme Mattos (2009), os serviços assistenciais prestados serviam como uma forma de o regime buscar, por meio da estrutura sindical na qual intervinha, apoio dos trabalhadores e dos sindicatos conseguirem associados. Nesse sentido, é possível compreender que o advento da Lei n. 5.584/1970, que obrigou os sindicatos a prestarem assistência judiciária gratuita a todos os integrantes da categoria, viria na perspectiva da burocratização da atividade sindical.

Como o milagre econômico tinha como um de seus pilares a superexploração do trabalho para manter altas margens de lucros, mas que só era possível com a manutenção de um regime despótico de trabalho, supõe-se que os conflitos trabalhistas latentes buscassem uma válvula de escape que não fosse a ação sindical, altamente reprimida pelo governo. Como resultado, parece crível que a busca por soluções judiciais no âmbito individual tenha se exacerbado, principalmente após 1974, quando o crescimento econômico encontra seu limite com a perda de ritmo e o desemprego, e aumenta, acentuando ainda mais a desigualdade social. Vê-se que é justamente nessa época que é promulgada a lei do trabalho temporário como medida para lidar com o desemprego crescente (Lei n. 6.019/1974).

Para Cardoso (2003) é a partir de 1974 que o crescimento da Justiça do Trabalho no primeiro grau parece ir a reboque da acelerada expansão da demanda. Para o autor, até 1973, a Justiça do Trabalho, "muitas vezes atuou em antecipação ao crescimento das demandas, numa dinâmica própria de institucionalização em nível nacional que tem corte nítido em 1974" (CARDOSO, 2003, p. 167). Ainda segundo o autor, o crescimento das demandas até 1974 não parecia afetar a eficácia processual de modo que o crescimento do acesso à Justiça parecia estar correlacionado com a capacidade instalada das JCJs, já que o número de processos recebidos e julgados se equivaliam ano a ano. Contudo, a partir de 1974, o que se verifica é que "crescimento do mecanismo processual é mais nitidamente uma resposta ao crescimento da demanda" (CARDOSO, 2003, p. 167).

Interessante observar que o crescimento de entidades sindicais após 1962 desacelera em relação ao de número de processos recebidos pela Justiça do Trabalho, que aumenta após 1974 a taxas muito superiores aos de número de sindicatos até 1978, quando as duas curvas se equivalem. Diante dessa correlação e do pouco poder de mercado dos sindicatos, esses preferem o recurso da justiça ao da negociação dos conflitos de direito. Com efeito, o autor sustenta, na linha de Correa (2007), que a Justiça não seria apenas um, mas o único canal de conflito entre trabalhadores e empregadores (CARDOSO, 2003). Essa tese parece ser reforçada quando se observa que os sindicatos, após 1970, dados os expurgos da ditadura militar, atuavam como máquinas burocráticas de assistência ao trabalhador mais do que como representantes políticos.

A Justiça do Trabalho ganhou cada vez mais protagonismo ao longo do tempo como o principal canal de resolução de conflitos, e assim se manterá no renascimento sindical dado que ela se revelará um lócus de preservação de direitos eficaz, o que ajuda na sua expansão cada vez maior para atender uma demanda cada vez maior.

Assim, com a tendência da Justiça do Trabalho em garantir os direitos individuais trabalhistas, associada a uma proposta governamental de individualização dos conflitos e o descumprimento sistemático por parte dos empregadores das suas responsabilidades trabalhistas, os tribunais representaram um dos poucos canais de recurso dos trabalhadores para recuperação de seus direitos inadimplidos. As JCJs permaneciam abertas aos trabalhadores para as reclamações individuais dos trabalhadores, tornando o seu funcionamento ainda mais lento e moroso, diante da explosão da demanda e da histórica precariedade das instalações do primeiro grau da Justiça do Trabalho.

O volume processual que se exacerbava e a insuficiência de recursos para atender a demanda tornavam a morosidade um problema que se destaca cada vez mais, apesar da expansão ocorrida. As dificuldades estruturais da Justiça do Trabalho até aquele momento parecem ser já de conhecimento amplo (GOMES, 2006). A celeridade, a simplicidade e a concentração dos atos processuais, princípios caros ao processo trabalhista, já desde os primórdios encontravam dificuldade para serem efetivados, dadas as dificuldades estruturais e a crescente demanda. Desde muito cedo, viraria prática a partição da audiência e a demora de anos para a resolução dos processos (MARTINS FILHO, 2011). As dificuldades estruturais perpassavam também o limitado número de JCJs que ainda não haviam se interiorizado de maneira efetiva, com juntas cobrindo vastos territórios e, muitas vezes, provavelmente, em número insuficiente para lidar com a demanda que lhe chegava.

Em contrapartida, a Justiça Comum, mais capilarizada e com mais recursos, poderia ter sido uma forma efetiva de garantir acesso à jurisdição trabalhista, ainda que de forma delegada. Contudo, parece que ela não suportava tal demanda. Do que se percebe dos projetos de lei pesquisados e anteriormente destacados, havia um reconhecimento de que a Justiça Comum não estava aparelhada para suportar a demanda judiciária das questões trabalhistas.

O formalismo e individualismo, e o volume de processos que também assoberbava a Justiça Comum pareciam óbices constantes para a prestação jurisdicional adequada na seara trabalhista. Assim, o aumento de JCJ parecia uma saída interessante tanto para a Justiça Comum, que deixava de ser responsável pelas demandas trabalhistas, e para a própria Justiça do Trabalho, que angariava mais recurso e efetivo. Portanto, haveria uma consonância de interesse dos Poderes Executivos e Judiciário na expansão da Justiça do Trabalho.

Tal interpretação parece fazer sentido quando se observa que a Reforma Judiciária de 1977 não deu grande atenção à Justiça o Trabalho, exceto no que tange à necessidade de se aumentar a capacidade instalada, ainda mais considerando que a ditadura militar, ao que parece, entendia necessário manter a Justiça do Trabalho sob controle.

O principal e mais duradouro produto do pacote de abril de 1977, no que diz respeito ao Poder Judiciário, foi a Lei Orgânica da Magistratura Nacional (LOMAN).

Contudo, para a Justiça do Trabalho pode se dizer que a Lei n. 6.563, de 19 de setembro de 1978, fruto do PL n. 4.972/1978, seja o principal produto da reestruturação dos serviços judiciários tentada pelo referido pacote.

Em 1978, é apresentado o PL n. 4.972, com a proposta de criar 104 Juntas em todas as Regiões do País. Percebe-se do projeto de lei que a proposta não é apenas expandir de forma significativa o primeiro grau da Justiça do Trabalho, mas também fazer um esforço de consolidar em um único diploma normativo a jurisdição de todas as Juntas até então havidas e daquelas que seriam criadas. O referido projeto de lei foi aprovado no mesmo ano, dando ensejo à Lei n. 6.563, de 19 de setembro de 1978.

Depois de dois anos (1976 e 1977) sem a instalação de nenhuma JCJ, a Lei n. 6.563/1978, criou mais de 104 JCJs que foram instaladas ao longo de seis anos. Pela primeira vez, era promulgada uma lei que criava mais de 100 unidades de primeiro grau da Justiça do Trabalho. Essa lei inaugura uma série de leis que serão promulgadas no decorrer das três próximas décadas e que expandirão o primeiro grau da Justiça do Trabalho de forma significativa (Lei n. 7.471/1986, Lei n. 7.729/1989, Lei n. 8.432/1992 e Lei n. 10.770/2003).

A lei inverte significativamente a proposta do pacote do início da década de 1970 e dessa vez privilegia a criação de JCJ em municípios novos e fora das capitais. Das JCJs instaladas, 68 fora das capitais e 36 nas capitais. De outra monta, foram criadas 58 JCJs em municípios onde não havia JCJ e 46 em municípios onde já havia JCJ. Relevante destacar que 13 JCJs foram destinadas para a capital paulista e 10 para a capital fluminense. Assim, o que se verifica é que o legislador teve duas preocupações preponderantes, a primeira de capilarizar a Justiça do Trabalho no primeiro grau e, a segunda, de equipar as duas maiores cidades do país.

O impacto das leis promulgadas ao longo da década de 1970, apesar de não poder se afirmar que houve uma penetração das JCJs no Brasil profundo, o aumento do número de JCJs foi expressivo, passando de 3% em 1970 para 5% em 1980, do total de municípios contabilizados nos respectivos censos. Em termos de ocupação no território, em 10 anos (1970–1980) avançara-se mais do que em 30 anos (1941–1970) quando a porcentagem de municípios com JCJ aumentou de 1,3% (em 1941) para 3% (em 1970).

Mesmo com a instalação de uma centena de JCJs, as médias anuais de processos recebidos por JCJ mantiveram-se constantemente acima de 1.500, até 1984, quando chegou ao pico de, aproximadamente, 2.050 processos por JCJ.

Considerando que o volume processual registrado nas JCJs era crescente, era de se supor que o legislador, haja vista o que foi feito no início da década de 1970, fosse dar preferência para aumentar a capacidade instalada da Justiça especializada nos municípios onde já houvesse JCJ. Contudo, deu-se preferência para dar maior capilaridade à Justiça do Trabalho, o que pode indicar que os conflitos trabalhistas não estavam concentrados apenas nas localidades onde havia uma JCJ e a demanda em localidades atendidas pela Justiça Comum estava reprimida. Nesse ínterim, pode-se levantar a hipótese que a preferência pela capilarização tenha como intuito aumentar a jurisdição da Justiça do Trabalho para desafogar a Justiça Comum dos conflitos trabalhistas crescentes e expandir o controle do Executivo federal da mediação do conflito capital-trabalho.

Em que pese a expansão da Justiça do Trabalho, a ditadura militar dava sinais contraditórios aos trabalhadores e à própria Justiça do Trabalho. Aos primeiros mantinha uma justiça especializada própria para cuidar de seus conflitos, fazendo que, por conseguinte, confiassem na lei como forma de solução dos conflitos. Contudo, por meio dessa mesma lei diminuía direitos, por outro lado, ainda que oferecesse a Justiça do Trabalho como fórum, não resolvia as barreiras materiais para acessá-la e se obter um resultado efetivo. Essa contradição ficava mais evidente no caso dos trabalhadores rurais, para os quais as dificuldades materiais eram maiores e a violência no campo ainda se mantinha como forma de controle da mão de obra (LUCE, 2013).

No que tange à Justiça do Trabalho, era incontestável o papel reservado a ela como pacificadora social, mais do que garantidora de direitos. Contudo, a presença da Justiça do Trabalho, de uma JCJ na localidade, com um processo tutelar próprio, diferenciado da Justiça Comum, prometendo um resultado efetivo para garantia de um direito tutelar, reflete o interesse do Estado em tutelar os trabalhadores. Entretanto, como visto, a Justiça do Trabalho não dispunha de condições materiais nem de liberdade para alterar a realidade social, apesar de sua presença.

Vale destacar, nesse sentido, que o pacote de abril de 1977, bem como a LOMAN, estruturou a carreira dos magistrados e impôs limitações à sua independência, demonstrando a ânsia do governo militar, como já revelado pelas intervenções com cassações e expurgos no STF a na magistratura, em controlar o Poder Judiciário e mantê-lo sob tutela. Sob essa chave, também pode ser lida a divisão de competência promovida pela Constituição de 1967 e EC de 1969, ao determinar que é competente a Justiça Federal em demandas trabalhistas, ainda que regidos pela CLT, em que a União fosse parte, ainda que como litisconsorte. A jurisdição trabalhista se encontra mais uma vez reduzida e fragmentada. Nos dizeres do então ministro do TST, Mozart Victor Russomano, em entrevista concedida à *Revista de Direito do Trabalho* em 1977: "parece que o Poder Executivo sente medo dos julgamentos da Justiça do Trabalho, pois, quando réu, quer ser julgado pela Justiça Federal!" (RUSSOMANO, 1977, p. 16).

Nesse sentido, reforça-se a ideia de que o governo militar preservou e ampliou os serviços judiciários da Justiça do Trabalho, contudo procurou sempre mantê-la sob controle assim como os sindicatos, utilizando-os para controle dos conflitos sociais enquanto operava um crescimento econômico que acelerava a desigualdade social.

Contudo, a ditadura militar, ao desalojar os sindicatos do Estado e adotar, por um lado, uma política de forte e violenta repressão dos movimentos dos trabalhadores e, por outro, controlar o mercado de trabalho com a manipulação dos salários e o aumento da mercantilização das relações de laborais, cria condições para desatrelar os sindicatos dos interesses estatais. Nesse contexto, emerge um movimento sindical, surgido dos movimentos de base, com grande capacidade de mobilização e organização e dotado de consciência e interesses políticos próprios. Conforme Faria (1995), esse sindicalismo novo:

> (...) muito mais autêntico e representativo do que o anterior, veio a fazer com que os direitos trabalhistas e os direitos sociais fossem cada vez mais demandados, que o acesso à Justiça do Trabalho fosse ampliado e que essa instituição passasse a sofrer, de modo cada vez mais intenso, o desafio de ter de lidar com processos judiciais de grande complexidade para a qual ela, até então não havia sido suficientemente bem treinada preparada e organizada (FARIA, 1995, p 36).

Nesse ponto, é possível conceber que as forças sociais pressionassem o Executivo e o Judiciário para a melhoria e expansão dos serviços judiciários trabalhistas ao mesmo tempo em que a própria Justiça do Trabalho começava a ser questionada como instituição judiciária que poderia atender a demanda judiciária que crescia.

Para Jose Eduardo Faria (1995), do ponto de vista jurídico-judicial e político-institucional, o Estado e, mais claramente o Poder Judiciário, não acompanhou o desenvolvimento da sociedade brasileira ocorrido entre as décadas de 1940 e 1980.

A expansão econômica e industrial resultou em profunda alteração da composição da mão de obra e intensa mobilidade social e populacional o que, por sua vez, acarretou no aumento da população urbana e das grandes cidades bem como das desigualdades sociais e regionais. Para o autor, a concepção clássica liberal de cunho individualista, formalista e utilitarista que regia o funcionamento das instituições judiciárias não se adequava mais à realidade complexa composta por um mosaico de grupos sociais conflitantes (FARIA, 1995).

Desse modo, organizado como um espaço institucional fechado e homogêneo a partir de um projeto político de inspiração liberal clássica (FARIA, 1995, p. 23), o Judiciário, diante das mudanças ressaltadas no parágrafo anterior, em termos organizacionais e funcionais, para o autor, perdeu "sua eficácia perante os novos tipos de conflitos sociais, comprometendo assim parte de sua credibilidade de sua autoridade e de sua funcionalidade" (FARIA, 1995, p. 23).

Contudo, a Justiça do Trabalho, sempre vista como um ramo judiciário à parte, na visão do autor, conseguiu "afirmar-se como um poder adjudicante especializado que, nas fases recentes dos períodos democráticos, acabou consolidando, através de interpretações continuamente favoráveis aos trabalhadores, um certo patamar de justiça social" (FARIA, 1995, p. 31).

Diferentemente do restante da magistratura brasileira que reproduzia uma visão utilitarista, formalista e individualista da sociedade e tendia a desprezar como jurídicos os problemas de justiça social, os juízes trabalhistas, ao assumirem uma postura favorável aos sindicatos que cada vez mais politizavam seus pleitos e exigiam efetividade dos direitos sociais, criava condições, por meio de sua jurisprudência, da universalização de conquistas de sindicatos mais fortes, equalizando assim a disparidade entre as relações de capital e trabalho. Nesse sentido, "os juízes trabalhistas passaram a representar um enclave no âmbito da magistratura brasileira" (FARIA, 1995, p. 39).

É possível afirmar, assim, que até a década de 1980, houve a consolidação da justiça especializada como um ramo judiciário efetivo e acessível à população. Conforme Delgado e Delgado (2011), a ascendência da justiça laboral se deu em dois planos. No plano institucional, ela se destacou como único segmento relativamente célere e eficaz do Judiciário, tanto nas lides individuais quanto nas coletivas, marcando um novo paradigma de atuação que diferia da Justiça Comum. No plano social, ela foi reconhecida socialmente pela comunidade (DELGADO & DELGADO, 2011). Quanto ao seu reconhecimento social, é possível afirmar que derive da imagem da Justiça do Trabalho como um ramo atento e voltado à justiça social.

Contudo, suas deficiências e a crescente demanda judiciária, inclusive trazida pelas entidades sindicais que, com o aumento da ebulição social busca pressionar por mais direitos, traziam questionamentos sobre sua capacidade em lidar com as demandas. Como resultado, de acordo com Cardoso (2003), a partir de 1977, a eficácia processual diminui de modo que a Justiça do Trabalho estaria, naquele momento, tentando responder ao crescimento das reclamações com o aumento da capacidade instalada.

Contudo, o aumento da estrutura judiciária trabalhista não parecia suficiente para os operadores do direito para lidar com as demandas que a Justiça especializada tinha que enfrentar. Ganha força o discurso de que a Justiça do Trabalho estaria a "caminho do colapso". A expressão destacada figurou no editorial da *Revista* por duas edições em 1980 (LTr 43 e LTr 44). Em ambas, era discutida a proposta do jurista Luís José de Mesquita para a criação de comissões internas paritárias nas empresas para resolução de conflitos entre empregados e empregadores, precipuamente de ordem disciplinar. A proposta foi bem recebida pelos doutrinadores laborais.

Como lembra Arnaldo Lopes SÜSSEKIND, a ideia ganhou guarida na Academia Nacional do Trabalho, que apoiou, em 1982, o PL n. 2.819/1980, de autoria do deputado Carlos Alberto Chiarelli do PSD (SÜSSEKIND, 1996).

Da leitura do Dossiê do Projeto de Lei n. 2.819/1980, disponibilizado no sítio eletrônico da Câmara dos Deputados, depreende-se que nem representantes do patronato, nem representantes dos trabalhadores tinham interesse na constituição de comissões paritárias para conciliação de conflitos no interior das fábricas (PL n. 2.819/1980).

O projeto de lei previa uma comissão paritária entre empregados e empregadores, nas empresas com mais de 80 empregados e que resolveria os conflitos internos da empresa, acompanharia procedimentos rescisórios, apreciaria as questões disciplinares, diligenciaria junto à direção da empresa para a observância da legislação laboral e colaboraria na elaboração de regras internas de pessoal ou caráter social (PL n. 2.819/1980). Assentava-se o projeto em duas justificativas principais. A comissão serviria como solução para resolver o congestionamento de processos na Justiça do Trabalho e democratização do poder disciplinar e de gestão da empresa. Contudo, o projeto foi arquivado em 1983, sendo que o último parecer sobre o projeto foi o da Comissão de Trabalho e Legislação Social que acatou o relatório do deputado Benedito Marcílio (do MDB), e rejeitou a proposta. Antes do arquivamento, foram apresentados dois pareceres contrários ao projeto de lei. O primeiro, da Federação do Comércio do Estado de São Paulo, que discordava do projeto, pois seu texto feria o direito de propriedade e seria prematuro e radical diante das disparidades entre as empresas e a realidade socioeconômica e educacional dos trabalhadores adotar, de forma ampla e abstrata, mecanismos de cogestão paritária da empresa.(12) Ademais, na manifestação consta que seria melhor batalhar "pela reforma do Judiciário, pela agilização do processo trabalhista, e pela maior equidade e segurança nas relações do trabalho. E dar tempo ao tempo, sem paternalismos, mas sem queimar etapas da evolução-social". (PL n. 2.819/1980, p. 24). Consta do projeto, porém, manifestação da Associação dos Advogados de São Paulo que se posicionaram contra o projeto, pois entendiam que as comissões paritárias deviam ser uma conquista pela luta dos trabalhadores e que pressupunham sindicatos fortes, o que não seria possível com a estrutura sindical vigente à época e sustenta que: "entendo que as Comissões devem resultar das convenções

---

(12) Vale reproduzir trecho da manifestação da entidade sobre como considerava temerária a participação dos trabalhadores na cogestão da empresa: "*Sendo o nível educacional e econômico, no Brasil, em geral mais baixo do que os vigentes nos países em que existe cogestão, é difícil ao empregado brasileiro apreender todos os aspectos administrativos de uma empresa. Não existindo espírito comunitário, ele pensará primeiro em si mesmo, depois na empresa.*

Este aspecto assume particular relevo, pois só o empregado que suplantou a margem das preocupações financeiras imediatas poderá assumir, com objetividade, a responsabilidade de opções que envolvam o destino da empresa, e que o privem de satisfações concretas.

E da mesma forma, o nível cultural exigido para uma participação eficaz desta natureza, também largamente ultrapassada a média do empregado brasileiro, infelizmente ainda despreparado. Verdade seja dita, entretanto, que também a média do empregador brasileiro não está preparada para sentar à mesa da diretoria com empregados designados por seus pares, e com eles partilhar o poder de decisão." (PL n. 2.819/1980 (p. 22-23).

coletivas de trabalho. Nada de limitá-las às empresas com mais de 80 empregados, disciplinar o que devam fazer, vinculá-la a extratos oficiais" (PL. 2.819/1980, p. 30).

Em que pese o projeto não ter sido aprovado, o papel do Estado como mediador dos conflitos entre capital e trabalho da forma como desenhada e estruturada até então começaria a passar por forte questionamento. As entidades sindicais, ao mesmo tempo em que exigiam um Judiciário célere e efetivo, buscavam por maior democracia e liberdade de atuação e de negociação e, com isso, pela reformulação do papel da Justiça do Trabalho. Nesse sentido, é relevante uma das Resoluções da 1ª CONCLAT realizada em 1981 sobre a Justiça do Trabalho:

> 16. Justiça do Trabalho
>
> – devolver e garantir as prerrogativas da Justiça do Trabalho para a solução dos conflitos que não possam ser solucionados pelas convenções coletivas de trabalho. Para isso:
>
> – celeridade processual: aumento do número de juntas de conciliação e julgamento e extensão da jurisdição das atuais; aumento do número de tribunais regionais do trabalho e aumento das turmas nos TRTs já existentes, aumentos de turmas no Tribunal Superior do Trabalho; A renovação sindical trazia à Justiça do Trabalho demandas que questionavam as estruturas das relações entre capital e trabalho, buscando alterar as bases dessa relação com exigências de mais participação e democracia no interior das organizações.
>
> – competência: conhecer e julgar litígios relativos à natureza de acidente do trabalho nos casos de julgamento das questões que envolvem empregados regidos pela CLT e estatutário e que são servidores públicos; (...)
>
> – representação classista: democratização da escolha dos representantes dos trabalhadores nas representações classistas, sob efetivo controle das entidades sindicais. Os representantes dos trabalhadores devem ser eleitos pelo voto direto e secreto de suas categorias; (CONCLAT, 1981).

O movimento sindical mais politizado "ideologicamente revitalizado imprime um caráter político às suas demandas e às suas lutas, mas vai abrindo caminho para que os problemas de caráter social ganhem centralidade na agenda política do país" (FARIA, 1995, p. 35).

Naquele período, ver-se-ia o aumento progressivo do número de greves e de mobilizações bem como um aumento da taxa de sindicalização (MATTOS, 2009; CARDOSO, 2003).

A crise econômica brasileira da década de 1980, decorrência em parte da crise internacional do fim da década de 1970 e do esgotamento do modelo econômico adotado no Brasil, bem como a ascendência de movimentos populares mais autônomos em relação ao Estado, concorrem para a o aprofundamento da perda de legitimidade do projeto militar autoritário, abrindo portas para um novo período de mudanças políticas, orientadas pela esperança de construção de um Estado de Bem-Estar Social no

País. Consolida-se no texto constitucional o ideal de um desenvolvimento econômico com justiça social (DEDECCA, 2005).

Assim, na década de 1980, acentua-se o questionamento da eficiência estatal em garantir direitos básicos à população e do Judiciário em lidar com as novas demandas de caráter difuso e coletivo trazidas pelos movimentos sociais no processo de democratização e que pressionam o Judiciário a dar novas respostas mais adequadas aos conflitos sociais de uma sociedade que não poderia mais ser vista como um conjunto de indivíduos atomizados, mas sim, como um mosaico de classes conflitantes (FARIA, 1995).

Os conflitos sociais advindos dessa estrutura social batiam às portas do Judiciário com demandas de caráter distributivo e por clientes que a Justiça, pelo menos a comum, não estava acostumada a lidar. Assim, a demanda por um Judiciário mais acessível e resolutivo, no que tange aos problemas sociais, ganha força e o Judiciário passa por transformações que buscam ampliar o acesso à justiça com a criação de varas civis de pequenas causas e a coletivização das demandas com a Lei de Ação Civil Pública (Lei n. 7.347, de 24 de julho de 1985).

Assim, no caldeirão social da década de 1980, que demandava por mais justiça social e mais acesso à justiça, a Justiça do Trabalho começa um processo de expansão sem precedentes de sua estrutura de 1º Grau que aparentemente visa acompanhar o ritmo de procura pela Justiça do Trabalho cuja estrutura, a partir da segunda metade da década de 1970, parece ir a reboque do crescimento acelerado das demandas (CARDOSO, 2003). Esse crescimento já é iniciado com a Lei n. 6.563/1978 que criara 104 JCJs e que estavam sendo progressivamente instaladas — com conclusão em 1984.

Já no ano de 1981 foram criados três tribunais do trabalho: TRT da 10ª Região, TRT da 11ª Região e TRT da 12ª Região. Lembra-se que em 1976 havia sido criado o TRT da 9ª Região. Merece destaque o TRT da 10ª Região, que passou a abranger o Centro-Oeste como um todo. Se, por um lado, demonstrava-se a valorização de uma região historicamente negligenciada pela Justiça do Trabalho, no que tange à instalação de equipamentos judiciários, exceto o Distrito Federal que concentrava, na época da criação do TRT da 10ª Região, com 8 JCJs enquanto os estados de Goiás, Mato Grosso e Mato Grosso do Sul (recém-desmembrado de Mato Grosso em 1977) contavam juntos com 6 JCJs. Por outro lado, apesar da criação de Brasília ter trazido crescimento econômico e de infraestrutura, e mesmo diante de consideráveis transformações na Região Centro-Oeste, em diversas áreas de análise (social, demográfica, econômica e de incremento do território), a Justiça do Trabalho na região Centro-Oeste não expandiu o seu aparato judiciário de 1º Grau (AMIDEN NETO, 2015).

Também em 1981, é aprovada a Lei n. 6.947, vigente até hoje, que alterou as regras para a criação de JCJ, revogando a Lei n. 5.630/1970. Duas mudanças nas regras devem ser destacadas. A primeira é que aumentou o número de empregados mínimos da área jurisdicionada para a criação de uma JCJ, contudo, manteve-se o vocábulo empregado que merece as mesmas críticas feitas à Lei n. 5.630/1970. Por outro lado, o critério do número mínimo de demandas, que era uma condição necessária além do número mínimo de empregados, para criação de JCJ em área não coberta pela Justiça do Trabalho, passa a ser meramente alternativa. A alteração caminha no sentido da crítica feita pelo deputado Francisco Amaral durante a tramitação da Lei n. 5.630/1970. Desse modo, a criação da Justiça do Trabalho em novas áreas não ficaria necessariamente mais vinculada à demanda judiciária. A segunda mudança é que a área que pode ser circunscrita pela jurisdição da JCJ aumentou o raio máximo de 60Km, para 100km, sendo que esse limite poderia ser ultrapassado para cobrir municípios que ficassem isolados entre duas jurisdições, o que permitiria às JCJs terem um raio de atuação mais amplo, o que do ponto de vista do acesso do jurisdicionado ao serviço judiciário seria um problema. Contudo, essa mudança veio acompanhada de um dispositivo que previa a possibilidade do deslocamento de Junta, com recursos próprios, por regras criadas pelo próprio Tribunal Regional do Trabalho, em jurisdições de grandes distâncias a percorrer, visando ao recebimento de reclamações e à realização de audiências (*vide* art. 2º, § 1º, da Lei n. 6.947/1981). A terceira mudança foi a previsão de um dispositivo para o caso de desmembramento de munícipios, buscando adaptar a jurisdição da Justiça do Trabalho às divisões administrativas e solucionando os problemas em razão dos desmembramentos como ocorridos com o munícipio de Osasco e São Vicente na década de 1960.

Por sua vez, a criação de outra JCJ só se daria no período democrático, em 1986, no mesmo ano em que três novos tribunais foram criados: o TRT da 13ª Região, TRT da 14ª Região e TRT da 15ª Região. Esse último tribunal, com sede no município de Campinas, foi criado para cobrir o território do estado de São Paulo, com exceção da Região Metropolitana de São Paulo e Baixada Santista que permaneceriam sob jurisdição do TRT da 2ª Região, com sede no município de São Paulo.

Conforme se depreende da leitura da exposição de motivos do Projeto de Lei n. 6.615-A/1985, que resultou na Lei n. 7.471/1986 e que criou mais 106 JCJs em diversas regiões do País, os planos de expansão da Justiça do Trabalho e do projeto de lei em comento são anteriores a 1985, já que em 1982 a Secretaria de Planejamento da Presidência da República havia emitido parecer pela conveniência, considerando a disponibilidade de recursos financeiros, de criar 276 novas JCJs a serem instaladas, gradativamente, à razão de 1/3 em cada exercício. Ainda conforme a exposição de motivos em questão, o TST, após consulta dos regionais e apreciação de solicitações, apresentou nova proposta ao Executivo para criação de 106 JCJs, que representaria, conforme consta, o mínimo necessário (PL n. 6.615-A/1985).

Durante o processo legislativo do PL n. 6.615-A/1985, foram incluídas, por meio de emendas parlamentares, no projeto de lei, mais 17 JCJs a serem criadas. Entretanto, o presidente da República José Sarney vetou os dispositivos que criavam tais juntas, pois incorreria no aumento de despesa não orçada. Entretanto, nas razões do veto ficou consignado pelo presidente da República: "desejo manifestar que pretendo enviar com brevidade Projeto de Lei versando sobre a criação de novas Juntas de Conciliação e Julgamento, bem como de cargos não previstos nesta Lei, mas necessários ao funcionamento das Juntas ora criadas".(13)

Em que pese ter sido criada apenas uma parcela das JCJs que estavam planejadas, o número era expressivo, se considerado o lapso de tempo de apenas oito anos em relação ao advento da Lei n. 6.563/1978. As JCJs criadas pela Lei n. 7.471/1986 foram todas instaladas até 1989, ano em que foi publicada a Lei n. 7.729/1989 que criou mais de 200 JCJs. Vale destacar que, no mesmo ano de 1986, também foi publicada a Lei n. 7.522/1986, que criava JCJ especificamente no âmbito do TRT da 14ª Região.

Debruçando-se sobre as JCJs criadas pela Lei n. 7471/1986, verifica-se que foram criadas 67 JCJs fora das capitais e 38 nas capitais, assim o legislador manteve a tendência de criar mais JCJ fora das capitais. Reforçava-se a tendência de interiorização quando se observa que das 67 JCJs criadas em municípios fora da capital, 42 foram em municípios que não contavam com uma JCJ e 25 em municípios onde já havia pelo menos uma JCJ.

No que tange às capitais, era de se esperar que o município de São Paulo fosse a capital que recebesse mais JCJ (8 no total), contudo, é relevante destacar que houve uma distribuição mais equânime de JCJ entre as demais capitais de modo que: Belo Horizonte recebeu 7 JCJs; Rio de Janeiro, 5; Curitiba, 3; Manaus, 3; Porto Alegre, 2; Brasília, 2; Goiânia, 2 e outras 6 capitais receberam uma JCJ cada.

As regiões situadas nas áreas de jurisdição dos tribunais recém-criados – com exceção dos TRTs da 14ª e 15ª Região – receberam JCJ, sendo que foram criadas no: a) TRT 10 – 9 JCJs sendo 4 JCJs em capitais e 5 fora delas; b) TRT 11 – 1 JCJ em Manaus; c) TRT 12 – 3 JCJs (todas fora da capital); d) no TRT 13 – 2 JCJs (ambas fora da capital).

No mesmo ano de 1986, foi publicada a Lei n. 7.522, que criou 5 JCJs todas no âmbito do TRT da 14ª Região, mais precisamente no estado de Rondônia, sendo que apenas uma JCJ foi criada em Porto Velho.

---

(13) Mensagem n. 134 relativa ao veto parcial da Presidência República à Lei n. 7.471/1986. Documento disponibilizado em: <https://www2.camara.leg.br/legin/fed/lei/1980-1987/lei-7471-30-abril-1986-368072-norma-pl.html>. Acesso em: 04 out. 2019.

O legislador, como se observa, manteve e aprofundou a proposta de interiorização da Justiça do Trabalho, criando JCJ no âmbito dos novos tribunais, o que, aparentemente, acabou influenciando para a alocação de recursos naquelas regiões.

Até um dia antes da promulgação da Constituição Federal, haviam sido instaladas um total de 492 JCJs, sendo 215 nas capitais e 277 fora delas. Ademais, entre 1941 e 1988, além das 21 capitais que receberam as JCJs na inauguração da Justiça do Trabalho, mais 232 municípios receberiam JCJ também.

Interessante destacar que apesar da Justiça do Trabalho estar, como afirmou Cardoso (2003), a reboque das demandas, o legislador optou por, a partir da Lei n. 6.563/1978, equilibrar a distribuição de JCJs entre municípios que já possuíam um equipamento e municípios que não possuíam. Possível pensar em duas hipóteses para tal movimento. A primeira, que seria uma forma de aumentar a jurisdição da Justiça do Trabalho e a segunda, de que o crescimento de demandas não estaria localizado apenas nos municípios onde já havia uma JCJ.

De qualquer forma, parece que a opção do legislador nesse período foi aumentar o acesso físico dos jurisdicionados às JCJs. Ao que parece, a ebulição social, acompanhada do processo democrático, promoveu um incentivo para a expansão da Justiça do Trabalho não apenas no aspecto quantitativo do número de JCJ, mas também no aspecto territorial.

O período inaugurado pela Constituição Federal de 1988 manterá essa linha de ampliação de acesso à justiça, mas também ampliará a ressignificação da Justiça do Trabalho, como instrumento de justiça social, em uma década conturbada socioeconomicamente.

3.6. A Constituição Federal: Período de embates, de ressignificação e ampla expansão da Justiça do Trabalho

Como anteriormente destacado, as esperanças por um Estado de Bem-Estar Social consolidaram-se na Constituição Federal de 1988. Conforme ressalta SOUTO MAIOR (2017), a constituição cidadã "representou uma espécie de hiato na linha regressiva imposta aos direitos trabalhistas desde 1964" (SOUTO MAIOR, 2017, p. 358).

A Constituição Federal estanca tal regressividade, conferindo à categoria trabalho centralidade para a ordem jurídica e social, elevando-o ao patamar de fundamento da República Federativa do Brasil e, portanto, do Estado nascente e da sociedade brasileira (art. 1º, IV da Constituição Federal de 1988). Coerentemente, a carta constitucional prevê que a ordem econômica será organizada, levando-se em consideração tal valor fundamental. O trabalho, portanto, deixa de ser um instrumento econômico para se tornar um elemento fundante da sociabilidade humana, tendo os direitos trabalhistas, inclusive, sido deslocados do capítulo da Ordem Social, *locus* de tais direitos desde a Constituição de 1934, para o capítulo dos direitos fundamentais, junto de outros direitos sociais e individuais. A troca tópica altera o sentido hermenêutico dos direitos trabalhistas. O direito social passaria a ser um elemento fundamental para a dignidade e para a cidadania dos indivíduos. Por outro, o Estado passaria a se obrigar a não apenas proteger tais direitos, como também dar a eles efetividade por meio de prestações positivas.

Nesse ínterim, a Constituição de 1988 confiaria à Justiça do Trabalho no sistema institucional brasileiro, papel relevante como instrumento de justiça social, fortalecendo seu sentido axiológico inerente à justiça especializada e que passa a vincular a interpretação e aplicação do direito, no marco do Estado Democrático (DELGADO & DELGADO, 2011). No texto constitucional, criaram-se as condições estruturais para que a Justiça do Trabalho bem cumprisse seu papel fundamental e inserir-se por completo no território brasileiro e superar a sua limitada abrangência. A generalização fez-se não somente em primeiro grau — o que é mais relevante do ponto de vista jurídico, institucional e econômico — como também, no plano dos Tribunais Regionais do Trabalho. (DELGADO, 2010).

A Constituição de 1988, em seu art. 112, em que se previa um Tribunal Regional do Trabalho por unidade da federação, continuou o movimento iniciado após a democratização do País e incentivou a criação dos tribunais da 17ª à 24ª Região. Contudo, tal movimento foi logo obstado pelo próprio TST, na década de 1990, que impediu a criação dos tribunais do Acre, Roraima e Tocantins, com a justificativa de que o movimento forense nesses estados não justificaria o custo de criação desses tribunais. Não bastando, com a EC n. 45/2004, o art. 112 seria alterado e a previsão retirada.

O texto constitucional apontava para uma necessária expansão da estrutura judiciária trabalhista com a constitucionalização dos direitos dos trabalhadores rurais e domésticos (vide art. 7º da CF/88) e com a redação do art. 114 da Constituição Federal de 1988 que abrangeu na competência da justiça especializada os dissídios entre trabalhadores e empregadores da administração pública direta e indireta dos municípios, do Distrito Federal, dos estados e da União, e, na forma da lei, outras controvérsias decorrentes da relação de trabalho, abrindo as portas, em tese, para que as demandas de acidente de trabalho e os servidores públicos fossem abrangidos pela Justiça do Trabalho.

Por outro lado, como se observa da redação original do art. 111 da Constituição Federal de 1988, a estrutura paritária da Justiça do Trabalho permaneceu inalterada, mantendo-se as JCJ como o órgão de primeiro grau sendo que, conforme o art. 112, a lei instituiria as JCJ, podendo, nas comarcas onde não fossem instituídas, atribuir sua jurisdição aos juízes de direito.

A permanência da Justiça do Trabalho com a sua estrutura paritária foi alvo de fortes debates na Constituição Federal, tendo sido inclusive defendida a sua extinção pela própria ANAMATRA, que defendia até mesmo o aumento da competência da Justiça do Trabalho para abarcar diversas relações de trabalho. Contudo, com uma forte mobilização da Associação Nacional dos Classistas e uma posição favorável do TST, a estrutura paritária se manteve intacta (FREITAS, 2014).

Assim, o primeiro grau da Justiça do Trabalho permanecia composto por JCJs integradas por três juízes, dos quais um é o presidente, bacharel em direito que ingressa na magistratura trabalhista por meio de concursos de provas e títulos perante o Tribunal Regional do Trabalho, e os classistas, em número de dois em cada Junta, um dos empregados e outro dos empregadores, que são os representantes das partes. A escolha dos classistas também permaneceria inalterada. As organizações sindicais, de empregados e empregadores, com base territorial extensiva à área de jurisdição da Junta, elaboravam listas tríplices encaminhadas ao presidente do Tribunal Regional que escolhia os vogais para o exercício de um mandato de três anos. Da mesma forma, permaneceria a possibilidade de os juízes de direito da Justiça Estadual exercerem a jurisdição trabalhista nas localidades não abrangidas pelas JCJs. Do ponto de vista qualitativo, a CF/1988 pouco alterou o primeiro grau da Justiça do Trabalho que passava por grandes dificuldades em lidar com a demanda judiciária no final da década de 1980 e no começo da década de 1990, quando houve uma explosão de reclamações trabalhistas individuais. Contudo, a preservação de tal estrutura será objeto de forte questionamento social, assim como todo o Judiciário.

Conforme Cardoso (2003), a dinâmica do crescimento de demandas se tornaria exponencial a partir de 1987, exigindo da Justiça do Trabalho respostas rápidas para suportar o volume processual crescente cujo aumento se dá em um momento em que trabalhadores titulares de novos direitos tentavam fazer valê-los num momento em que se iniciava uma reestruturação produtiva que cujos preceitos econômicos atentavam contra a eficácia dos direitos constitucionais do trabalho. Ao longo da década de 1990, a Justiça do Trabalho ganhará novamente centralidade em um processo de flexibilização dos direitos trabalhistas.

Contudo, não apenas a Justiça do Trabalho passava por questionamento sobre sua funcionalidade, mas o Judiciário como um todo, que não respondia adequadamente à demanda social.

Conforme Sadek e Arantes (1996), havia um sentimento de insatisfação com os órgãos judiciários responsáveis por aplicar a justiça. Nessa esteira, o texto constitucional buscou interferir no Poder Judiciário em busca de uma justiça mais rápida e eficiente e, conforme a autora, ao se analisarem os projetos de emenda constitucional, nenhum setor foi objeto de tantas emendas quanto o Judiciário, o que atestaria, também, o grau de insatisfação com o funcionamento da Justiça brasileira.

Diferentemente da Constituição de 1967 (principalmente após as alterações promovidas no texto de 1969), que inviabilizava de diversas formas o funcionamento do Poder Judiciário, a Carta Constitucional de 1988 tornou efetivo o princípio da independência dos Poderes, garantindo a autonomia e independência administrativa e financeira ao Judiciário em relação aos demais Poderes, conforme se depreende do art. 99 da CF, que ainda permanece com o texto original (SADEK & ARANTES, 1996).

A crise estrutural do Judiciário, conforme Sadek e Arantes (1996), era o aspecto mais visível e referia-se à sua pesada estrutura e falta de agilidade. A Constituição cidadã preocupou-se em delegar aos estados o poder de organizar a sua justiça mediante lei de organização judiciária de iniciativa do Tribunal de Justiça, em descentralizar a Justiça Federal recriada pela Constituição Federal de 1967, além disso, como já informado, reafirmou a independência do Poder Judiciário. Nesse último aspecto, vale acrescentar que aos tribunais superiores de cada ramo foi conferida a iniciativa legislativa para criação e extinção de tribunais, conforme se depreende do texto do art. 96, II, "*c*", da CF n. 88, aumentando o poder de iniciativa da cúpula judiciária para expandir os serviços judiciários. Contudo, para Sadek e Arantes (1996) as mudanças constitucionais ainda se revelariam insuficientes para responder às demandas dos jurisdicionados pelos serviços judiciais.

Em pesquisa realizada à época, Sadek e Arantes (1996), a partir dos dados disponíveis, perceberam que havia uma grande debilidade da estrutura judiciária em lidar com litigiosidade, em face da discrepância entre os processos ingressados e julgados por ano. Os autores ressaltam que tal debilidade se tornaria ainda mais preocupante quando se leva em consideração que apenas um terço dos conflitos sociais chegam a ser conhecidos pelo Judiciário (SADEK & ARANTES, 1996). Para os autores, esse cenário indicaria "tanto um descrédito na justiça quanto o fato de que, se a maior parte daqueles que supostamente deveriam recorrer ao Judiciário o fizessem, o sistema estaria próximo ao colapso" (SADEK & ARANTES, 1996, p. 39).

Entre as dificuldades encontradas pelo Poder Judiciário à época, os autores apontariam tanto questões estruturais, quanto de ordem procedimental (SADEK & ARANTES, 1996).

No que tange ao aspecto estrutural, ressalta-se a insuficiência do número de juízes por habitante e a alteração da formação dos bacharéis para ocupar os cargos de juiz. No que diz respeito aos aspectos procedimentais, aponta-se a necessidade de simplificação dos processos judiciais com a implantação de procedimentos mais rápidos, simples e econômicos. Por fim, os autores também ressaltam que a instabilidade jurídica era um dos fatores que prejudicavam o bom andamento dos órgãos judiciários (SADEK & ARANTES, 1996).

Além dos problemas que compartilhava com os demais ramos do Poder Judiciário, a Justiça do Trabalho possuía diversas razões endógenas e exógenas que tornavam o seu quadro crítico, algumas já históricas e nunca efetivamente superadas, como aponta ALBUQUERQUE (1993).

Conforme destacado pela autora, o motivos exógenos para a crise da Justiça do Trabalho e que são responsáveis pela procura em massa dos trabalhadores pela justiça laboral: a recalcitrância dos empregadores em respeitar as leis trabalhistas, o grande aumento de rotatividade da mão de obra nas empresas após o advento do fim da estabilidade agravada pelas diversas crises econômicas ocorridas ao longo da década de 1980, que aumentaram substantivamente o desemprego, o descompasso entre o crescimento da Justiça do Trabalho em relação ao aumento populacional e da própria economia e a falta de intermediação entre empregadores e empregados que os impedia de resolver seus conflitos extrajudicialmente (ALBUQUERQUE, 1993).

De outra monta, os motivos endógenos à Justiça do Trabalho seriam o desaparelhamento dos órgãos de primeiro e segundo graus que, como narra a autora: "geralmente mal instalados, em espaços exíguos e desconfortáveis com carência de material, equipamentos obsoletos e insuficientes a dificultar o desiderato de presteza nos trâmites processuais" (ALBUQUERQUE, 1993, p. 202). Ainda conforme o diagnóstico da autora, uma das causas das deficiências estruturais passa pela histórica falta de verbas específicas para o aparelhamento material da Justiça do Trabalho e pela falta de servidores e magistrados em número suficiente para atender às necessidades do serviço e conferir celeridade aos atos necessários para o andamento e resolução dos processos. (ALBUQUERQUE, 1993).

Ao fim, conclui a autora que, após meio século de funcionamento, a Justiça do Trabalho pouco alterou a sua estrutura inicial que se revelava, na década de 1990, consumida pelo desgaste e ultrapassada perante as necessidades surgidas com o crescimento econômico e industrial (ALBUQUERQUE, 1993).

Como uma primeira resposta à explosão das demandas, em contraposição com as dificuldades estruturais da Justiça do Trabalho, o legislador infraconstitucional manteve o sentido adotado no início da década de 1980 de aumentar a capacidade instalada da Justiça do Trabalho e de interiorizá-la. Nesse sentido, o texto constitucional apontava também para essa solução com a perspectiva de se instalar um tribunal regional do trabalho em cada unidade da federação, conforme já ressaltado.

Assim, já sob a égide da Constituição Federal de 1988, em 30.11.1988, foi proposto o Projeto de Lei n. 1.268/1988 que redundou na Lei n. 7.729/1989 que, por sua vez, criou mais 229 JCJs em todo o País. A exposição de motivos do projeto proposto pelo Executivo lembrou que a previsão era de que as JCJs criadas fossem instaladas na razão de 1/3 por exercício financeiro. Nas razões do projeto, consta a necessidade de criação de mais JCJs para viabilizar o acesso da classe trabalhadora à justiça, viabilizar a agilidade do processo e "aproximar a Justiça do Trabalho de sua clientela, tendo em vista o crescente fenômeno de urbanização da população brasileira assalariada" (PL n. 1.268/1988).

Interessante destacar que assim como na Lei n. 6.563/1978, a Lei n. 7.729/1989 destinou 120 JCJs para municípios onde não havia essa estrutura e 109 para localidades onde a JCJ já se encontrava presente. Por outro ângulo, destinou 77 JCJs para as capitais, com destaque para São Paulo, que recebeu 26 JCJs, e para o Rio de Janeiro, que recebeu 11.

A instalação das JCJs criadas foi feita de forma parcelada, de modo que em 1989 foram instaladas 189 JCJs, em 1990 foram instaladas 64 JCJs; em 1991, 34 JCJs; em 1992, 14 JCJs; em 1993, 7 JCJs; em 1994, 17 JCJs; e, em 1995 e 1997, uma em cada ano.

Ademais, impende destacar que, do total de JCJs criadas, 82 foram destinadas para áreas sob jurisdição de TRTs criados na década de 1980, inclusive para o recém-criado TRT da 16ª Região (composto por Maranhão e Piauí). Outro destaque vai para a 15ª Região, onde foram criadas 24 JCJs, sendo 18 em municípios novos. Assim, é possível afirmar que a criação dos TRTs pode ter ajudado de forma relevante na criação de JCJ nas respectivas áreas de jurisdição e que o art. 112 da Constituição Federal tenha servido de sustentáculo constitucional para tal expansão territorial do primeiro grau da Justiça do Trabalho.

Dois anos após, em 1991, em respeito ao que determinava a Lei n. 6.947/1981, o TST apresenta o PL n. 1.445/1991 propondo a criação de 370 JCJs em todo o território nacional. Além disso, propunha-se, para cada JCJ, a criação de um cargo de juiz do trabalho substituto, além do cargo de juiz presidente, dos cargos de juízes classistas e dos cargos da secretaria para apoio no funcionamento da Junta. O projeto inova ao não vincular o cargo de juiz do trabalho substituto à Junta e sim ao quadro geral de juízes substitutos da Região para que possam ser designados livremente pelos Tribunais Regionais respectivos. Conforme consta do projeto, o que se pretendeu foi apenas igualar o número de juízes substitutos ao de juízes presidentes. O projeto ainda tratava dos casos de emancipação de distritos e de criação de Tribunais Regionais novos, situações que vinham ocorrendo com frequência na década de 1980.

Considerando o impacto orçamentário, dada a quantidade de JCJ que seriam criadas, impressiona a velocidade na tramitação do projeto. Protocolado em 16.08.1991, em menos de um ano, deu origem à Lei n. 8.432, de 11 de junho de 1992.

Ao ler a exposição de motivos do TST, verifica-se que as limitações da Justiça do Trabalho se impõem como fator de justificação e reconhece-se com o passar do tempo que não se deu a devida atenção que a justiça especializada, em seu primeiro grau, merecia:

O ano de 1991 marca o cinquentenário de instalação da Justiça do Trabalho no Brasil.

> É inegável que esse importante ramo do Poder Judiciário jurisdiciona o que a sociedade brasileira tem de melhor: os trabalhadores e os empresários, a força da Nação que impulsiona nosso País em direção ao progresso.
>
> Embora reconhecidamente destinada a atender a elite do nosso País, nos cinquenta anos da Justiça do Trabalho, foram criadas apenas 722 (setecentas e vinte e duas) Juntas de Conciliação e Julgamento, numa média ridícula e insignificante de apenas 14 (quatorze) Juntas Trabalhistas por ano.
>
> (...)
>
> A proposta constante desta Mensagem objetiva recuperar um pouco o atraso que ocorreu quanto à criação de Juntas de Conciliação e Julgamento.
>
> Na realidade, decorridos 50 (cinqüenta) anos, já deveriam estar funcionando não apenas 722 (setecentas e vinte e duas} Juntas Trabalhistas em todo o Brasil, e sim o triplo deste número, no mínimo (DOSSIÊ DO PL. 1.445/1991, p. 99).

Além de apontar para o passado, denuncia a situação presente à época, e o descompasso entre a contida expansão do primeiro grau da Justiça do Trabalho e a evolução da sociedade brasileira. Da mesma forma, ressalta as consequências nefastas para os trabalhadores que a limitada estrutura material dos órgãos de 1º grau acarreta:

O total de 722 (setecentas e vinte duas) Juntas que atualmente jurisdiciona 90.000.000 (noventa milhões) de trabalhadores brasileiros, numa proporção de 1 (uma) Junta para 124.500 (cento e vinte e quatro mil e quinhentos) trabalhadores, revela a impossibilidade de o Judiciário Trabalhista atender à demanda de 1.250.000 (hum milhão, duzentos e cinquenta mil) reclamatórias novas por ano, em média, e o resultado é que o operário aguarda, inevitavelmente, meses e até anos por uma decisão da justiça sobre o seu direito a salários, férias, repouso remunerado etc., alguns, inclusive, de natureza alimentar.

> A situação difícil do Judiciário Trabalhista, antes rápido e eficiente, precisa ser corrigida com urgência, pois já existe o sentimento generalizado do

> povo trabalhador brasileiro de que nem Justiça do Trabalho funciona bem.
>
> A falta de confiança na Justiça é algo muito grave, que vai contribuindo para que o povo deixe de acreditar nas instituições permanentes do nosso País.
>
> (...)
>
> A situação é idêntica em todo o Brasil, onde as Juntas de Conciliação e Julgamento estão com pautas de audiência de instrução processual com prazos de até 2 (dois) anos, e às vezes até mais. Além da demora na solução da reclamatória, o trabalhador ainda tem que aguardar um tempo quase igual para a execução da sentença que lhe foi favorável, o que afeta não só o empregado como também a própria Justiça do Trabalho, que é, sem dúvida, a Justiça do povo brasileiro, configurando um aflitivo quadro de injustiça social (DOSSIÊ DO PL. 1.445/1991, p. 99).

Note-se que, na exposição, não se argumenta que o aparelhamento da Justiça do Trabalho é necessário para a promoção da paz social ou incentivo do espírito conciliador de classes. O que se evidencia é seu papel como instituição essencial para justiça social e que tem como função atender as expectativas sociais da população de trabalhadores que aguarda por uma solução efetiva e célere das reclamatórias. Tal motivação estaria condizente com o texto constitucional e altera por completo o sentido dado à Justiça do Trabalho pela ditadura militar.

Por fim, a exposição de motivos aponta para os desafios que o texto constitucional lhe reservou:

> Além dessa situação de grande deficiência no atendimento de seus jurisdicionados, a Justiça do Trabalho está recebendo a massa de servidores públicos como clientela nova, atuante e muito exigente, em razão do que dispõe o art. 240 da Lei n. 8.112/90, que instituiu o Regime Jurídico único (DOSSIÊ DO PL. 1.445/1991, p. 100).

A lei em comento não apenas expandiu o primeiro grau da Justiça do Trabalho de forma significativa, como também possibilitou que os juízes substitutos não ficassem vinculados a uma JCJ. Seu art. 49 alterava o texto do art. 656 da CLT, de forma que o juiz do trabalho substituto, sempre que não estivesse substituindo o juiz presidente de Junta, poderia ser designado para atuar em outras JCJ. Para tanto, facultava-se ao Tribunal Regional dividir o território da região em zonas, compreendendo a jurisdição de uma ou mais Junta, de modo que o Tribunal faria a lotação e a movimentação dos juízes substitutos entre as diferentes zonas da Região na hipótese de terem sido criadas na forma do § 1º deste artigo.

Com esse dispositivo, criava-se uma forma de estruturação própria da Justiça do Trabalho que se tornava complexa.

Conforme lembra Amauri Mascaro Nascimento (1994), o primeiro grau da Justiça do Trabalho, diferentemente da Justiça Comum, nunca foi dividido em entrâncias. Até então, não havia disposição legal que organizasse e dividisse a atuação territorial dos juízes do trabalho no primeiro grau.

O território jurisdicionado pela justiça especializada, até a lei em comento, era organizado por JCJs como se fossem ilhas isoladas, e pela primeira vez, considerava-se — ao menos no âmbito legal — a possibilidade de organização territorial articulada entre os órgãos de primeiro grau com a formação de áreas territoriais para a movimentação dos juízes substitutos e melhor atendimento do território conforme a necessidade. Vale dizer que tal organização não seria o equivalente às entrâncias da Justiça Comum, já que a forma de progressão da carreira não havia sido alterada.

No mais, a lei prevê a expansão da jurisdição para além dos limites estabelecidos na Lei n. 6.947/1981, ao dispor que no caso de emancipação de distrito, fica mantida a jurisdição da mesma JCJ sobre a área territorial do novo município (cf. se depreende do art. 42 da Lei n. 8.432/1992).

Assim, essa lei teve um escopo relevante não apenas para a expansão dos serviços judiciários de primeiro grau da Justiça do Trabalho, como também para a sua estruturação no território para o melhor exercício da jurisdição especializada.

Após a Constituição Federal de 1988, em menos de 5 cinco anos, com o advento das Leis n. 7.729/1989 (criou 229 JCJs), n. 8.426/1992 (criou uma 1 JCJ) e 8.432/1992 (criou 370 JCJs) foram criadas mais 600 JCJs, mais do que nos 57 anos anteriores — interregno de tempo em que foram criadas 493 JCJs.

Com o advento da Lei n. 8.432/1992, foram criadas 163 JCJs em municípios onde essas não existiam e 206 onde já havia JCJ instalada. Ademais, foram criadas 119 JCJs nas capitais e 250 JCJs fora delas.

Se somadas as quantidades de JCJs criadas pela Lei n. 8.432/1992 com aquelas criadas pela Lei n. 7.729/1989, tem-se que foram criadas 283 JCJs em municípios onde essas não existiam e 315 onde já havia JCJ instalada. Ademais, foram criadas 196 JCJs nas capitais e 402 JCJs fora delas. Com o advento dessas leis, tem-se que a Justiça do Trabalho chega em 1994 a mais de mil JCJs instaladas.

Em razão das limitações financeiras, em ambas as leis constavam dispositivos que previam um escalonamento na instalação das JCJs criadas, de modo que as juntas seriam instaladas gradativamente, à medida da disponibilidade de recursos financeiros (art. 34 da Lei n. 7.729/1989 e art. 40 da Lei n. 8.432/1992).

Tais leis não apenas conferiram mais capacidade instalada para a Justiça do Trabalho lidar com a imensa demanda processual que se elevou rapidamente em 1987 — e continuou em ritmo crescente até 1998 —, como também conferia a ela maior capilaridade, cobrindo imensas áreas sem cobertura da justiça especializada, principalmente no Centro-Oeste brasileiro, atingindo de maneira mais consequente o mundo rural. Nesse ínterim, SOUTO MAIOR (2017) afirma que ao falar do efeito da Constituição Federal sobre a interiorização da Justiça do Trabalho:

> Consequentemente, adotando-se como parâmetro a realidade do Estado de São Paulo, onde existe uma estrutura voltada à realidade rural, o que não se dá nos demais Estados, a Justiça do Trabalho somente começou a chegar no meio rural há 28 anos, ou, mais precisamente, 101 anos depois do fim da escravidão. (SOUTO MAIOR, 2017, disponível em: <https://www.jorgesoutomaior.com/blog/a-reforma-trabalhista-ja-era-parte-iv-os-ruralistas-estao-chegando>. Acesso em: 14 out. 2019).

De fato, na realidade do estado de São Paulo, o impacto da Constituição Federal foi enorme, pois em apenas 4 anos (1988–1992) foram criadas 67 JCJs, contemplando 59 municípios distintos. Até 1988 haviam sido criadas 45 JCJs em 38 municípios. Assim, em 4 anos, foram criadas mais JCJs do que na história inteira do interior paulista.

Impende recordar que, no período de 1990 a 1994, mais 7 tribunais regionais foram criados: os TRTs da 17ª à 24ª Região o que ajudou a promover mais ainda a interiorização da Justiça do Trabalho.

Contudo, já no início da década, com a apresentação da PEC n. 96/1992, ficava evidente que o Judiciário e a Justiça do Trabalho seriam objetos de profundas mudanças. O texto previa a alteração do art. 111 com a substituição das JCJs por juízes do trabalho, acabando com a estrutura paritária da Justiça do Trabalho, que não sobreviveria para ver o novo século com a aprovação da EC n. 24/1999, fruto dos debates ocorridos ao longo da década de 1980 e 1990. Vale dizer que o texto da PEC foi apresentado pelo deputado federal Hélio Bicudo do PT e subscrita por ampla gama de parlamentares de diferentes partidos, o que se apresentava como forte indício de que havia um consenso de que o Judiciário e a representação paritária da Justiça do Trabalho necessitavam de profundas alterações.

Nesse sentido, relevante a exposição de motivos do deputado Hélio Bicudo, em que afirma que a "timidez com que o governo brasileiro vem atendendo à necessidade de modernização de nosso aparelhamento judiciário tem sido, sem dúvida, a cauda da crise avassaladora em que há muitos anos se esbate a nossa Justiça" (DOSSIÊ DA PEC n. 96/1992, p. 10).

Para o deputado, a reforma de 1977 calcou-se em um diagnóstico que não alterou a arcaica estrutura do Poder Judiciário e limitou a dizer o óbvio, que a Justiça brasileira é cara e morosa. Diferentemente dos outros Poderes, o Poder Judiciário teria mantido, mesmo após o golpe de 1964, desde a República Velha, uma estrutura praticamente inalterada, permanecendo como fora concebido para atuar de maneira tímida em uma sociedade estável (DOSSIÊ DA PEC n. 96/1992). Na visão do autor, naquele diagnóstico, faltou identificar o elemento central da crise: "a situação decorre da defasagem entre o conservadorismo tão típico das classes jurídicas e o ímpeto desenvolvimentista que se espalhou pelo resto da vida do país desde a revolução de 1964" (DOSSIÊ DA PEC n. 96/1992, p. 11).

Conclui em sua exposição de motivos que seria necessária uma mudança profunda não realizada pelo constituinte de 1988 e que se impunha para superar as disfuncionalidades do Poder Judiciário. Nesse sentido, afirma que:

> Uma conclusão, portanto, se impõe, diante do pouco que se fez nível de elaboração constitucional dos anos 86/88. A Justiça, em seus vários setores precisa modernizar-se, com a consciência de que os juízes fazem parte da comunidade e que somente enquanto partícipes dessa mesma comunidade podem distribuir Justiça. Não apenas no campo da criminalidade, mas em todos os outros, relativos aos direitos civis, trabalhistas, comerciais e tributários (DOSSIÊ DA PEC n. 96/1992, p. 12).

Com efeito, a EC n. 96/1992 seria fruto de um sentimento e de um diagnóstico de que a Justiça seria insuficiente para lidar com os conflitos sociais em um contexto democrático no seio do projeto de Estado social conferido pela Constituição de 1988. Conforme os estudos de Junqueira (1996), crescia a bibliografia sobre o tema do acesso à Justiça desde a década de 1970, passando pela necessidade de se ampliar o acesso a uma camada da população historicamente alijada de seus direitos sociais e civis. Conforme excerto trazido pela autora do texto de Boaventura de Souza Santos, o tema do acesso à Justiça era central para equacionar as relações entre a igualdade jurídico-formal e a desigualdade econômica, principalmente no âmbito da justiça civil em que se pode falar de procura real por diversas camadas da população. O Estado de bem-estar criado pela Constituição Federal transformou, segundo Boaventura de Souza Santos "o direito ao acesso efetivo à justiça num direito cuja denegação acarretaria a de todos os demais" (*apud* JUNQUEIRA, 1996, p. 397). Nesse sentido, conforme Sadek (2004), as dificuldades de acesso ao Judiciário seriam constantemente lembradas como um fator inibidor da realização plena da cidadania.

O processo de democratização, ao mesmo tempo em que apontava para uma necessária reformulação e expansão da acessibilidade ao Poder Judiciário, revelava um movimento de aumento da participação dos grupos sociais nos assuntos estatais bem como na resolução de conflitos. Nesse sentido, a resolução dos problemas da crise do

Poder Judiciário passaria por uma reafirmação da sociedade civil com o reconhecimento do Estado de mecanismos extrajudiciais de soluções de conflitos. Conforme aponta Junqueira (1996), diversos diagnósticos da crise do Judiciário e possíveis soluções caminhavam nesse sentido.

A Justiça do Trabalho, nesse complexo quadro, revelava-se em uma situação particular. Por um lado, os direitos trabalhistas e a instituições de regulação do trabalho figuraram como um importante instrumento de mediador de conflitos entre capital e trabalho e de justiça social, historicamente contido pelos governos anteriores, já que a universalização dos direitos sociais nunca foi alcançada, principalmente no campo. Nesse sentido, para muitos trabalhadores, esse seria o único tipo de direito social e de exercício de cidadania a que tinham acesso. A Justiça do Trabalho, como visto, provocou ao longo de sua história a descoberta dos trabalhadores e sindicatos de novos espaços normativos e a ampliação de arenas de discussão. Por outro lado, essas mesmas instituições, que guardavam ainda resquícios do controle varguista de regulação estatal dos conflitos sociais, apresentariam seus limites em um contexto democrático, sendo profundamente questionada por diversos atores e com diferentes intensidades. No âmago da Justiça do Trabalho, residiam as contradições do advento de um Estado Social incompleto e que nascia com uma proposta tutelar e absorver os conflitos e conter os ímpetos mobilizadores dos trabalhadores.

Assim, a Justiça do Trabalho, ao mesmo tempo em que apontava para o futuro, dentro do projeto de Estado democrático de direito de bem-estar social, era representativa dos entraves a esse mesmo projeto, no que tange aos serviços judiciários. Nesse sentido, vê-se, na exposição de motivos da PEC n. 96/1992:

Propõe-se também uma justiça do trabalho mais ágil, reformulando-se as normas até hoje inspiradas pela Carta Del Lavoro, da Itália fascista.

> A esse propósito, não tem mais sentido a organização ainda existente, com juízes chamados classistas, despreparados, para a função judicante e que mais dificultam do que agilizam a aplicação da justiça para a classe a trabalhadora.
>
> Juízes especiais, nas comarcas de maior população recrutados na forma prevista pela Constituição, com as garantias de inamovibilidade, irredutibilidade de vencimentos e vitaliciedade, dará à classe trabalhadora, como já o faz a justiça comum, prestação jurisdicional mais condizente com as relações entre empregadores e empregados que o atual sistema propicia (DOSSIÊ DA PEC N. 96/1992, p. 12).

Uma leitura que enxergava a Justiça do Trabalho como um produto do modelo varguista repressivo de regulação do mercado de trabalho ganha força no contexto da década de 1990. Os próprios sindicatos viam, na década de 1980, limitações que o direito do trabalho instituía à mobilização dos trabalhadores e buscavam alterações legislativas que reforçassem seu poder de negociação. Nesse sentido, alterações na Justiça do Trabalho havidas sobre o fim da justiça classista e do poder normativo, as formas de solução extrajudiciais e o reforço da negociação coletiva são arguidos como instrumentos para democratização das relações de trabalho. Contudo, na década de 1990, a discussão, no que tange à Justiça do Trabalho e o direito do trabalho, ganha novas matizes. A Lei n. 7.783, de 28 de junho de 1989, que foi produto da conversão da MP n. 59 de 1989, e que limitou o exercício do direito de greve, daria indícios de que o Estado brasileiro não daria efetividade ao projeto constitucional.

A partir do início da década de 1990, com as mudanças estruturais que vinham ocorrendo na economia mundial desde o final da década de 1970, o Brasil passa a se reinserir de uma outra forma no contexto da economia global. Essa nova forma de reinserção promovida pela abertura comercial do País no começo da década de 1990 redundou tanto na reestruturação quanto na desestruturação da produção da industrial nacional (POCHMANN, 1998).

As empresas, para aumentarem a competitividade, passaram ao longo dos anos 1990 por um processo de reestruturação da produção, substituindo princípios fordistas rígidos de produção e decisão por novos princípios pautados pela flexibilidade para conseguirem responder de forma mais ágil às oscilações do mercado. O novo paradigma da especialização flexível incorporaria no processo produtivo as inovações tecnológicas que demandam novas habilidades dos trabalhadores, tal como capacidade de decisão, qualificação técnica, planejamento e capacidade de lidar com problemas. Outra característica da reestruturação empresarial era o foco das empresas na atividade sobre a qual detém vantagem competitiva, buscando no mercado serviços e insumos de outras empresas, terceirizando as atividades e áreas que não interessem estrategicamente manter.

Tais processos, associados a uma série de fatores conjunturais, afetam a economia brasileira provocando a desestruturação do mercado de trabalho e o surgimento de um novo tipo de desemprego. Estes efeitos, segundo Márcio Pochmann, foram resultantes de uma mistura de velhos e novos problemas do mercado de trabalho brasileiro, contudo, apresentam características distintivas que o destacam das dificuldades estruturais que o Brasil vinha enfrentando até então (POCHMANN, 1998).

O assalariamento formal que vinha apresentando índices de crescimento constantes, entre as décadas de quarenta e oitenta, perdia sua capacidade de estruturar o mercado de trabalho, com a interrupção do desenvolvimento da indústria nacional. Associado a essa desestruturação, verifica-se o aumento do desemprego estrutural dos jovens e mulheres com uma inserção precária no mercado de trabalho, dos trabalhadores com mais de cinquenta anos que, por conta, da idade, eram demitidos e substituídos por trabalhadores mais jovens e não conseguiam recolocar-se no mercado de trabalho; e dos trabalhadores adultos que trabalhavam nos setores da economia que passaram pela reestruturação produtiva (POCHMANN, 1998).

Para Cardoso (2003), a reestruturação produtiva e a abertura econômica operadas na década de 1990 romperam com a promessa integradora do mercado formal de trabalho. A indústria desempregava intensamente sem que houvesse geração de empregos suficientes para absorção da mão de obra. Com a quebra dessa promessa, apesar de nunca ter sido efetivamente realizada, o direito do trabalho perde força como organizador do mercado de trabalho. Por outro lado, o Estado brasileiro despolitizou as relações econômicas, apesar das promessas constitucionais, e passou a se desobrigar em relação aos processos sociais e ao crescimento econômico, antes visto como de sua responsabilidade. No que tange às relações de trabalho, aprofundou a mercantilização da força de trabalho, com a flexibilização das formas jurídicas de inserção no mercado e buscando se afastar da mediação dos conflitos entre capital e trabalho e transferir os embates para o âmbito das relações privadas. No que se refere à estrutura sindical, o Estado liberou as amarras que o atrelavam ao sindicalismo, com o fim do papel do Ministério do Trabalho de registrar e reconhecer os sindicatos e de regular a sua vida institucional. Essa desvinculação parcial, sem o fim do imposto sindical e a manutenção da unicidade sindical, teria criado uma situação em que a fragmentação sindical se daria de forma incontrolável sem que os sindicatos pudessem recorrer ao Estado para regular esse processo. Para o autor, o caráter liberal das políticas públicas reprivatizou as relações de trabalho com a extensão de contratos ilegais de trabalho em áreas antes imunes às relações informais como a indústria e os serviços modernos (CARDOSO, 2003).

Para o mesmo autor, o Estado não seria mais o intermediário no conflito entre capital e trabalho, sendo que ele passa a ser:

> (...) apenas, um intermediário de grande importância nos conflitos individuais de direito, crescentes num ambiente de aumento do desrespeito à lei pelos capitalistas e de aumento entre os trabalhadores, da sensação de que os patrões estão flexibilizando a legislação a "sangue-frio". O resultado é a explosão de demandas na Justiça do Trabalho (CARDOSO, 2003, p. 303).

Observa-se na década de 1990 uma explosão de demandas trabalhistas que, para o autor, era resultado de uma deslegitimação do direito do trabalho pelos empregadores. Como a lei sempre foi o principal regulador das relações de trabalho e que orientava a ação cotidiana de trabalhadores e empregadores, sua burla sistemática levava a um crescente aumento da judicialização (CARDOSO, 2003).

Na década de 1990, o direito passaria a ser objeto de deslegitimação com a insuficiência da fiscalização estatal, já histórica, para garantir o cumprimento da norma e do enfraquecimento dos sindicatos como ator coletivo que poderia obrigar o capitalista a obedecer a lei sem recurso judicial (CARDOSO, 2003). Nesse cenário, "tudo sugere que o direito do trabalho se tornou peça de contestação por parte dos capitalistas, que passaram a deslegitimar a ordem legal" (CARDOSO, 2003, p. 190).

O Judiciário se apresentaria, naquele contexto, como a principal forma de os trabalhadores lidarem com a deslegitimação das normas trabalhistas pelos empregadores. Assim, as relações de classe sofrem um processo mais intensivo de juridificação, sendo a lei e o Judiciário o principal intermediário entre empregados e empregadores e principal recurso para que os trabalhadores reivindiquem seus interesses (CARDOSO, 2003). Com isso:

> (...) capital e trabalho defrontaram-se não mais (ou não primordialmente) por meio de mecanismos de representação coletiva, como sindicatos, comissões de empresa ou centrais sindicais, mas, cada vez mais, pela mediação de advogados e juízes do trabalho, intérpretes do direito. O direito do trabalho, pois é constitutivo do que são as classes sociais, de seu lugar no mercado de trabalho e das relações possíveis entre elas (CARDOSO, 2003, p. 191).

Diante desse quadro, o Estado brasileiro assumiria o diagnóstico da inflexibilidade das relações de trabalho como o problema a ser resolvido no que diz respeito à geração de emprego e à informalidade crescente das relações laborais. A legislação trabalhista e previdenciária, extremamente rígida e custosa, revelava-se um problema para a geração de empregos, já que não se adequava à nova realidade da competição interempresarial e de produção. Via-se a legislação trabalhista como um entrave, um ranço de um modelo que criou graves desajustes na economia e na sociedade com o Estado, limitando a autonomia dos entes privados na regulação do mercado de trabalho, intervindo com medidas paternalistas, tutelando empresas, sindicatos e trabalhadores. Nesse sentido, ao longo da década de 1990 foram promulgadas normas que flexibilizavam não apenas o regime de contratação, como a jornada de trabalho, remuneração, formas de resolução de conflitos. De outra monta, o próprio Estado reduz seu tamanho com a venda de ativos, reorganização da administração pública e disciplina fiscal (CAMPOS, 2015; DEDECCA, 2005).

Para Faria (1995), nesse contexto haveria uma crise de funcionalidade da Justiça do Trabalho que se daria em razão do esgotamento de um modelo de Estado interventivo calcado em uma lógica normativa monista que visa à padronização de condutas. O que haveria é um desencaixe entre as instituições regulatórias do mercado de trabalho e a lógica econômica, o que impediria uma adequada regulação para reequilíbrio efetivo e sustentável das relações entre capital e trabalho.

Assim, ao mesmo tempo que o Estado interventivo esgotou as suas possibilidades de universalizar direitos sociais de maneira efetiva, as soluções que preconizam a flexibilização da legislação trabalhista por meio da substituição do sistema estatutário para o sistema negocial poderiam resultar em consequências altamente perversas para os segmentos socioeconômicos mais fracos (FARIA, 195, pp. 126-127). Um sistema intermediário adequado seria aquele que pressupõe como possível adequar a legislação trabalhista às condições concretas do mercado de trabalho. A proposta que apresenta seria uma escala de direitos básicos e civis mais amplamente assegurados e um conjunto de direitos de sobrevivência e de seguridades que tem sua promulgação e aplicação dependentes do estado material de cada Estado e sociedade (FARIA, 1995).

O referido autor coaduna-se com o esgotamento do modelo em que a Justiça do Trabalho operaria, contudo abre possibilidades diversas de respostas daquelas de cunho liberalizante que apostavam no sistema negocial e que predominaram na década de 1990. Nesse cenário, encontrar-se-iam as propostas de criação de comissão de conciliações prévias e da extinção da própria Justiça do Trabalho, no seio da própria doutrina trabalhista.

Uma das leituras que se fazia era que a Justiça do Trabalho passava por uma crise de legalidade, legitimidade, licitude e funcionalidade, e o elemento central dessa crise seria o aspecto corporativista e interventivo da Justiça do Trabalho e da legislação trabalhista que seria uma das principais causas de conflito em razão de seu excesso e de sua rigidez. Assim, entendia-se que o modelo heterônomo de normas para um modelo que privilegiasse as fontes autônomas reduziria o número de dissídios e a morosidade do Judiciário (ROMITA, 2000).

Para Barros Júnior (2000), nesse mesmo sentido, o modelo da Justiça do Trabalho se mostrava despreparado para a nova sociedade e os novos conflitos, sendo que o defeito do sistema judiciário trabalhista é a ideia que o inspirou. Para o autor, o modelo estatutário adotado pelo Brasil seria a maior causa da morosidade do Judiciário trabalhista que não está preparado para lidar com o volume. Deveria ser feito um esforço de racionalizar a legislação e dar ênfase ao sistema de livre contratualidade para permitir que fossem estabelecidas regras compatíveis com a realidade. Daí, impõe-se a necessidade de órgãos de promoção de conciliação, mediação e arbitragem extrajudiciais. As leis trabalhistas deveriam passar por um processo de desregulamentação e flexibilização, dando lugar ao pluralismo jurídico. Sem tais alterações a reforma do Poder Judiciário será ineficaz.

Ainda nessa linha, vale ressaltar o posicionamento do ministro aposentado do TST Marcelo Pimentel, para quem o excesso de protecionismo da CLT, que é largamente desrespeitada, estava obsoleto. Afirma que é radicalmente contra a CLT. Para o autor, uma forma de atualizá-la seria minimizá-la, tornando quase tudo negociável para aqueles sindicalizados e mais instruídos. Para o autor, seria necessária a troca de um sistema legislativo para um sistema negocial em que o Estado não poderia mais ampliar direitos, mas, tão somente, estimular a negociação. Ademais, para a redução do número de demandas, várias reformas seriam desejáveis, dentre elas, a instalação de comissões de conciliação prévia cujo acordo teria força de decisão resolutória definitiva (PIMENTEL, 2000).

Em contraposição às opções pela flexibilização do direito trabalhista e diminuição do papel da Justiça do Trabalho, Souto Maior (1995) destacava que não era o momento de retroceder o campo de atuação da Justiça do Trabalho.

Conforme o autor, a origem corporativa da Justiça do Trabalho já não refletia o papel desempenhado pela justiça especializada naquele momento histórico, lembrando que os trabalhadores individualmente considerados têm confiado nos serviços prestados pela Justiça do Trabalho apesar de suas limitações. Naquele momento, principalmente, a Justiça do Trabalho estaria atuando em busca da justiça social e influenciando a postura de empregadores a se manter dentro da legalidade. Afastar o trabalhador da Justiça do Trabalho, que seria na visão do autor uma das poucas prestações positivas do Estado brasileiro em favor das classes menos favorecidas economicamente, com a justificativa de diminuição de número de processos, seria negar a segurança do Estado (SOUTO MAIOR, 1995).

Na linha dos autores acima apresentados, o autor observa que a conflitualidade das relações de trabalho se deve por razões sociológicas que não desapareceriam com a diminuição do papel da Justiça especial, ao revés, os conflitos trazidos para o Judiciário apenas mudariam do campo judicial para o extrajudicial. Ao final, contudo, o que se conseguiria seria fazer, com as comissões de conciliação prévia, que os trabalhadores percorressem mais uma etapa para buscar seus direitos. Para diminuir o número de processos deveria ser diminuída a conflitualidade (SOUTO MAIOR, 1995).

Por fim, para o autor, o Poder Judiciário teria um relevante papel de manter um mínimo grau de igualdade substantiva em face da flexibilização da produção, caminho adotado para aumento da competitividade, mas que gerava efeitos nefastos nos níveis de emprego e de precarização. Dessa forma, destaca o autor que, para repensar a forma de atuação da Justiça do Trabalho, seria preciso reconhecer sua importância e o que passaria pela melhoria da eficácia dos instrumentos processuais e administrativos (SOUTO MAIOR, 1995).

Nesse sentido, alijar a Justiça do Trabalho dos conflitos sociais “representa o prejuízo à evolução da consciência sociopolítica do conflito que tem sido fator decisivo no progresso da relação capital-trabalho” (SOUTO MAIOR, 1995, p. 1.634).

O conflito de projetos para a Justiça do Trabalho ganhava ressonância no seio da justiça especializada.

Faria (1995) destaca que nas instâncias superiores parecia haver mais receptividade às propostas de flexibilização do Direito do Trabalho. Por outro lado, nas instâncias inferiores percebe-se a existência de magistrados convictos de que um sistema negocial só seria possível com ampla reforma social e diminuição das desigualdades e de que o juiz é ator ativo que decide prospectivamente, considerando os aspectos substantivos dos conflitos. Esses magistrados veriam na política estatal uma possibilidade de se intervir nas estruturas econômicas com a finalidade de conduzir o processo social para uma direção equitativa (FARIA, 1995). Como ressalta o autor:

> (...) ao contrário de muitos de seus acomodados colegas dos demais ramos do Judiciário, especialmente os situados nas cúpulas dos tribunais superiores, esses magistrados parecem já ter aprendido que aplicar uma determinada norma de Direito do Trabalho não é executar uma tarefa de caráter exclusivamente lógico-formal. E, igualmente, fornecer um padrão crítico para a avaliação da ordem econômica, pondo em questão o processo global de apropriação de riquezas e distribuição dos benefícios sociais; e as novas e variadas formas contratuais dele decorrentes; é, também, fixar valores sociais mínimos para o trabalho, ou seja, o preço a ser pago coletivamente para assegurar a universalização dos direitos básicos dos trabalhadores; é, por consequência, controlar o grau de legitimidade das regulações sociais intervindo na distribuição de recursos, na construção de equilíbrios e na pluralização das formas de tutela; é, em suma, promover um processo *in fieri* de reconstrução do direito social, em cujo âmbito as medidas concretas da justiça são continuamente construídas e alteradas a partir da capacidade de entendimento, de luta e de voz de todos os atores em confronto (FARIA, 1995, p. 159).

O que fica evidente nesses debates é a consciência de que a Justiça do Trabalho possuiria papel central nas transformações produtivas, algo que de fato aconteceu, como bem apontou CARDOSO (2003). Luta-se pelos sentidos e pelo futuro da Justiça do Trabalho e da legislação trabalhista. Contudo, a despeito do que ela viria a ser, a realidade batia às portas da justiça laboral e impunha ao Judiciário respostas imediatas. Assim, mesmo no seio desse intenso debate as JCJs continuaram a se expandir e o primeiro grau da justiça do trabalho a se estruturar.

Após a aprovação da Lei n. 8.432/1992, as JCJs foram sendo, ao longo da década de 1990, regularmente instaladas em todos os estados da federação. Confrontando os dados disponibilizados pelo TST com o conteúdo da lei em comento, depreende-se que até 1998, praticamente a totalidade das JCJs criadas estavam instaladas, com exceção de umas poucas.(14)

Vale mencionar também a atenção dada ao território do estado de São Paulo que, ao longo da década de 1990, teve um aumento expressivo da demanda e do número de JCJ como forma de resposta ao jurisdicionado.

Com a Lei n. 8.432/1992, foram criadas no âmbito do TRT da 2ª Região, 16 JCJs, sendo todas localizadas em municípios da baixada santista ou da região metropolitana de São Paulo. Dessas 16 JCJs, 10 foram instaladas em municípios onde não havia JCJ e 6, instaladas em municípios onde já havia pelo menos uma JCJ. Nenhuma JCJ foi criada no município de São Paulo. Contudo, no âmbito do TRT da 15ª Região, vimos que o crescimento também foi expressivo.

O que se observa, portanto, é que a Lei n. 8.432/1992 procurou aumentar a capacidade instalada e aumentar a capilaridade do acesso às JCJ, instalando-as em mais municípios onde não havia nenhum equipamento da Justiça do Trabalho. Como se observa, isso ocorreu tanto no interior do estado de São Paulo quanto na região metropolitana e baixada santista, demonstrando assim que a percepção de Souto Maior (2017) sobre a chegada da justiça especializada às áreas rurais na década de 1990 tinha fundamento.

A quantidade de reclamações ingressadas na Justiça do Trabalho no território do estado de São Paulo saltara de 437.593, em 1991, para 593.105, em 1996, um aumento de 35% em 5 anos. Mesmo com o aumento do número de JCJ, entravam uma média de mais 2.200 processos por JCJ, valor muito superior àquele preconizado pela Lei n. 6.947/1981, o que demandava uma resposta.

Assim, em 1997 e 1998, o TST apresenta, respectivamente, os Projetos de Lei ns. 3.362/1997 e 4.200/1998. No primeiro, pretendia a criação de JCJ no TRT da 15ª Região e, no segundo, objetivava a criação de JCJ no TRT da 2ª Região.

O projeto de Lei n. 4.200/1998 tinha previsto, inicialmente, a criação de 9 JCJs, sendo 5 no município de São Paulo e 4 nos demais municípios da baixada e região metropolitana. Justifica-se o projeto em razão do aumento do número de processos ingressados nas JCJs apesar de a estrutura do primeiro grau permanecer a mesma desde a instalação, há cinco anos, das JCJs criadas pela Lei n. 8.432/1992. Vale destacar o motivo pelo qual atribui o aumento de processos e a necessidade de aumento de JCJ:

---

(14) A 2ª JCJ de São João do Meriti no Estado do Rio de Janeiro só viria a ser instalada no ano de 2005. Necessário ressalvar, como já foi feito na metodologia deste trabalho, que as datas de instalação das JCJ do interior do Rio de Janeiro possivelmente estão equivocadas, portanto, pode ser, como no caso da 2ª JCJ de São João do Meriti, que outras JCJ criadas pela Lei n. 8.432/1992 tenham sido instaladas após 1998.

Deve-se tal fato, entre tantos outros, à grande concentração de empresas em sua área de jurisdição. Com abertura da economia e a transferência de empresas para outros polos de desenvolvimento, verificou-se o fenômeno crescente de desemprego na região e, conseqüentemente, a elevação do número de ações ajuizadas.

> Em decorrência dos episódios acima relatados, constata-se maior morosidade na solução das demandas, gerando na população tutelada pela justiça obreira, descrédito na Instituição.
>
> (...)
>
> Em razão das atuais dificuldades orçamentárias da nação, restringiu-se a proposição ao mínimo necessário ao prosseguimento da efetiva prestação jurisdicional daquela Região, atendendo, ainda que de forma limitada, o anseio maior do jurisdicionado (DOSSIÊ PL n. 4.200/1998, p. 84).

As alterações sofridas na década de 1990 pela reestruturação produtiva, com aumento de desemprego e transferência de empresas para outros estados surgem como motivo para o congestionamento da Justiça do Trabalho. Desse modo, há um reconhecimento de que a Justiça do Trabalho possui a confiança do jurisdicionado para tutelar os seus direitos e que é necessário o Poder Judiciário responder a tal demanda.

No mesmo ano de 1998, o projeto de lei foi aprovado e transformado na Lei n. 9.697/1998. Contudo, em razão de uma emenda apresentada pelo plenário da Câmara dos Deputados, o número de JCJs criadas foram apenas 2 (duas), uma em Cotia e outra em Mogi das Cruzes.

Já o Projeto de Lei n. 3.362/1997 previa a criação de uma JCJ em 15 municípios distintos, perfazendo o total de 15 JCJs a serem criadas.

Diferentemente do PL n. 4.200/1998, todas as JCJs que constavam da proposição original foram mantidas de modo que a Lei n. 9.698/1998 criou as seguintes JCJs: 1ª JCJ DE CAÇAPAVA; 1ª JCJ DE CAPÃO BONITO; 1ª JCJ DE ITAPIRA; 1ª JCJ DE PENÁPOLIS; 1ª JCJ DE SÃO JOAQUIM DA BARRA; 1ª JCJ DE SÃO SEBASTIÃO; 1ª JCJ DE SUMARÉ; 1ª JCJ DE TATUÍ; 1ª JCJ DE TEODORO SAMPAIO; 2ª JCJ DE JABOTICABAL; 2ª JCJ DE PAULÍNIA; 2ª JCJ DE PRESIDENTE PRUDENTE; 2ª JCJ DE SERTÃOZINHO; 5ª JCJ DE RIBEIRÃO PRETO; e 9ª JCJ DE CAMPINAS.

A justificativa do projeto faz menção ao crescimento econômico do interior de São Paulo, com a mudança e/ou instalação de indústrias no interior, onde as condições se mostram mais favoráveis. Continua a justificativa aduzindo que a relação, número de processos por JCJ, cresceu significativamente nos últimos cinco anos apesar de o crescimento do número de JCJs ter estacionado, o que leva à conclusão de que o estado não está possibilitando o acesso dos cidadãos a uma prestação jurisdicional célere, segura e eficaz. Consta também que inicialmente o TRT da 15ª Região havia proposto a instalação de mais 94 JCJs, contudo, em razão da situação orçamentária da Administração Pública, restringiu o número para apenas 15.

Justificava-se a instalação das JCJs em razão do crescimento econômico do município ou da região que o circundava. Contudo, no caso da JCJ de Teodoro Sampaio, tal como em outras ocasiões, decidiu-se instalar uma JCJ naquele município para facilitar o acesso dos jurisdicionados e testemunhas, pois as condições de locomoção na região, em razão das situações das estradas, inviabilizava o acesso à junta mais próxima no município de Presidente Venceslau (DOSSIÊ, PL n. 4.200/1998).

Ademais, na justificativa vale destacar que o tribunal pensou:

> (...) também, numa imprescindível reacomodação da jurisdição trabalhista, tentando compatibilizá-Ia com a jurisdição estadual. E que certas comarcas da Justiça Estadual estavam sendo atingidas por duas áreas de jurisdição trabalhista ou vice-versa. Para o cidadão simples, porém, é desconhecida essa especialização do Poder Judiciário, sendo necessário facilitar o acesso do jurisdicionado, inclusive (DOSSIÊ, PL n. 4.200/1998, p. 21).

A jurisdição trabalhista das JCJs no território de São Paulo estava completa, não havia município cujas reclamações ainda deviam ser encaminhadas para a Justiça Comum. A intenção do legislador em adequar a distribuição da jurisdição de cada JCJ em face da divisão territorial da Justiça Comum revelava a preocupação de coordenar os serviços judiciários com a perspectiva de se estabelecer uma intervenção estatal no território para facilitar o acesso do jurisdicionado ao Poder Judiciário. Nesse sentido, a Justiça do Trabalho organizava-se não apenas em relação a si mesma, mas também em relação à Justiça Comum. Possível compreender que essa medida é mais um indício de que apesar de todas as críticas sofridas pela Justiça especializada ela se mostrava como ramo judiciário independente e consolidado.

Contudo, o final da década de 1990 seria um momento crítico para a Justiça do Trabalho, quando os conflitos em torno desse equipamento judiciário ganharam contornos mais concretos com a aprovação da EC n. 24/1999 e da Lei n. 9.958/2000.

Conforme ressalta Martins Filho (2011), havia um consenso social de que a representação classista devia ser extinta em razão de uma série de deficiências e limitações que se apresentavam: o fato de o juiz ser leigo e não ter conhecimento técnico para lidar com questões processuais; a experiência profissional do ramo se mostrou insuficiente diante da expansão e da diversificação das atividades econômicas; o elevado custo; indicações políticas e apadrinhamentos; e a criação de sindicatos fantasmas para ocupar cargos na Justiça do Trabalho. Nesse sentido, vale destacar que a própria

Anamatra, formada por juízes de primeiro grau à época, apoiava abertamente a medida (FREITAS, 2014).

Assim, no início de 1999, sustentou-se o fim da representação classista e do poder normativo, retirando as notas distintivas da Justiça do Trabalho e que lhe eram essenciais (BATALHA, 1995). No mesmo ano, uma emenda apresentada pelo deputado Aloysio Nunes do PSDB, com o argumento de que, com a extinção desses elementos, não se justificaria a existência de um ramo trabalhista especializado e autônomo (MARTINS FILHO, 2011). O deputado, portanto, propôs integrar a Justiça do Trabalho à Justiça Federal.

Formado esse consenso e havendo forte apoio do Executivo federal, que desde o início de 1999 não indicou mais nenhum classista para os TRTs e para o TST, foi apresentada a PEC n. 33/1999 que, em dezembro de 1999, foi aprovada e transformada na EC n. 24/1999 (MARTINS FILHO, 2011).

A EC n. 24/1999 extinguiu a representação classista, alterando o art. 111 da CF/88.

Conforme a nova redação do art. 111 da CF/88, o primeiro grau da Justiça do Trabalho seria composto por juízes do trabalho. Consoante à extinção das JCJs, foi alterado o art. 112 para constar que "haverá pelo menos um Tribunal Regional do Trabalho em cada Estado e no Distrito Federal, e a lei instituirá as Varas do Trabalho, podendo, nas comarcas onde não forem instituídas, atribuir sua jurisdição aos juízes de direito". Assim, as antigas JCJs transformaram-se em Varas do Trabalho (VTs), as quais passaram a contar apenas com juízes que detêm formação jurídica. De outra monta, manteve-se a atribuição da jurisdição trabalhista aos juízes de direito onde não houvesse VT.

No ano seguinte, seria aprovada a Lei n. 9.958/2000, que previa a criação de comissões de conciliação prévia paritárias. Objeto de muita discussão doutrinária, a lei em comento foi resultado do PL n. 4.694/1998, de autoria do Poder Executivo. No PL se apresentava a justificativa já repisada na doutrina que pleiteava um sistema negocial de relações de trabalho. Consta da justificativa que a Justiça do Trabalho havia recebido no ano anterior mais de 2 milhões de ações trabalhistas e que não havia capacidade para lidar com tal volume de ações. O congestionamento acarretaria prejuízos para os jurisdicionados, pois as audiências unas eram subdivididas em várias audiências que demoravam para ser agendadas e o processo demorava a ter uma resolução. As comissões, conforme experiência internacional, seria uma forma de evitar que novas demandas chegassem ao Judiciário e possibilitaria soluções de composição mais próximas à realidade. Para garantir a executoriedade do acordo obtido nas comissões, o projeto atribuía aos presidentes das JCJs a competência para homologar os acordos (PL n. 4.694/1998).

Relevante identificar nos projetos apresentados na década de 1990 que o volume de reclamações servia tanto para justificar a diminuição do papel da Justiça do Trabalho quanto para a expansão do número de JCJs. Contudo, retomando a visão de Souto Maior (1995), ambas as soluções de caráter judiciário não resolvem o problema originário que leva os trabalhadores à Justiça do Trabalho. Na realidade, a questão principal seria resolver a eficiência na prestação jurisdicional, sob a perspectiva de seu custo e da prestação entregue. Sob tal manto, como visto anteriormente, havia o debate sobre o papel do Estado na economia e na sociedade e mais especificamente da Justiça do Trabalho que ganhara foco. Não à toa, a discussão em relação aos classistas que inicialmente tem como aparência a prestação jurisdicional, tem como fundo a relação do Estado e, mais especificamente, do Poder Judiciário com a sociedade e seus representantes, no caso, o movimento sindical.

Nessas discussões, como visto, a magistratura brasileira trabalhista se encontraria cindida doutrinariamente, em face das inovações tecnológicas e da reestruturação produtiva ocorrida, e que passa por uma conscientização do impacto dessas transformações sobre o papel do juiz (FARIA, 1995).

A Constituição de 1988, que reservou ao Poder Judiciário a defesa dos direitos fundamentais em um projeto de bem-estar social, associada à consciência da magistratura de seu papel no quadro de transformações que ocorriam ao longo da década de 1990, possivelmente serviu de assento para a manutenção e consolidação da Justiça do Trabalho à época.

Ao mesmo tempo em que crescia o discurso de aumento o desmonte do Estado varguista, soerguia a necessidade do Estado, principalmente do Estado-juiz, de dar respostas adequadas aos conflitos sociais e para o exercício da cidadania de um conjunto da população historicamente alijada de direitos, tal adequação deveria passar pelo aumento da capacidade instalada que se revelava insuficiente. O crescimento do primeiro grau e do segundo grau da Justiça do Trabalho serviria para atender a essa demanda.

O crescimento do primeiro grau da Justiça do Trabalho implica, por um lado, aumento da capacidade instalada da justiça especializada com ritos próprios para atender de maneira mais adequada os jurisdicionados e, por outro, retirar da Justiça Comum um conjunto de demandas que lhe pareciam estranhas e apenas aumentavam o congestionamento de processos. Esses sentidos positivos e negativos (conferir uma prestação especializada e desafogamento da Justiça Comum) parecem ter colaborado também para a expansão do primeiro grau da Justiça do Trabalho, principalmente para a sua interiorização a fim de aumentar a sua jurisdição. Nesse sentido, é reveladora a pesquisa feita entre os magistrados (estaduais, federais e do trabalho) em 2000 para saber a opinião deles sobre possíveis reformas do Judiciário, pois mais de 63%

foram contrários à proposta de incorporação da Justiça especializada na Justiça Federal, que chegou a ser discutida pelo Congresso (SADEK, 2004).

Ademais, a prerrogativa do TST de apresentar projetos de lei diretamente ao Legislativo, bem como sua independência administrativa e financeira, pode ter colaborado para a expansão das JCJs, na década de 1990, e superação dos anos de contenção sob o manto dos interesses do Executivo. Em que pese o Executivo ter papel nesse processo, provavelmente a criação de novos cargos era fruto de negociação, o acesso direto do Judiciário ao Legislativo conferia a ele poder que antes não detinha e possibilidade de negociar os seus próprios interesses.

Não bastando, no seio da magistratura trabalhista, na década de 1990, emerge concepção de que o crescimento da Justiça do Trabalho foi insuficiente nas décadas anteriores, o que teria colaborado para a não universalização dos direitos trabalhistas, principalmente no campo, onde não apenas tais direitos chegaram tardiamente, mas, também, as instituições que regulavam as relações capital e trabalho, tal como a Justiça do Trabalho (GOMES, 2006). Nesse sentido, Ângela de Castro Gomes identifica que:

> (...) o fato de a Justiça do Trabalho ter sido "contida" em sua expansão também acaba sendo considerado uma alavanca facilitadora de um processo de modernização. E nesse sentido que a Justiça do Trabalho é, ao mesmo tempo, uma instituição antiga, com legitimidade junto à sociedade, e muito nova, pois dataria das décadas de 1980-90 seu real avanço como justiça nacional (GOMES, 2006, p. 67).

A luta mais ampla dos anos 1990 promoveu uma espécie de inversão da tradição de desprestígio até então dominante. Vista como uma justiça menor e disfuncional, ela se torna uma justiça moderna e que aponta possibilidades para os demais ramos judiciários (GOMES, 2006). É possível, assim, ver que os juizados especiais de pequenas causas muito se aproximavam do funcionamento do primeiro grau trabalhista ou a própria reforma do CPC em 2015 que reformulou o procedimento civil e o aproximou do procedimento trabalhista em diversos aspectos, principalmente na prevalência da conciliação como medida procedimental prévia. Nesse sentido, Mallet (2011) chega a afirmar que foi a Justiça do Trabalho pioneira em inovar, como se viu com a penhora eletrônica e os leilões unificados, experiências exitosas, posteriormente levadas para outros ramos do Poder Judiciário" (MALLET, 2011, p. 6).

Nos anos 1990, viu-se um amplo esforço não apenas para aumentar a Justiça do Trabalho como também para aumentar sua eficiência com a informatização e a adoção de uma série de práticas que conferiam celeridade aos trâmites procedimentais (GOMES, 2006). Tratava-se então de investir em um processo de modernização que tornou a Justiça do Trabalho, aos olhos dos magistrados, uma justiça modelar (GOMES, 2006, p. 72).

Conforme a autora, a culminância desse processo talvez tenha ocorrido durante os anos de 2003 e 2004, com a aprovação da EC n. 96/1992, após 12 anos de tramitação, quando se defendeu a posição de alargamento da competência da Justiça do Trabalho (GOMES, 2006).

3.7. A consolidação da Justiça do Trabalho no território brasileiro

No ano 2000, o TST apresentou o PL n. 3.384/2000, que propunha a criação de mais de 200 VTs. Assim, oito anos após o advento da Lei n. 8.432/1992, que havia criado centenas de JCJ em diversas unidades da Federação, o TST apresentava novo projeto para amplo e novo reforço do primeiro grau da Justiça do Trabalho.

A exposição de motivos que acompanha o projeto de lei é reveladora, no sentido de demonstrar que a Justiça do Trabalho deveria provar sua essencialidade não apenas para a melhor prestação de serviços aos jurisdicionados, mas também para o próprio Estado como instrumento de arrecadação.

A exposição de motivos inicia ressaltando a relevância da Justiça do Trabalho para o exercício da cidadania dos trabalhadores e para a garantia de direitos para eles. Para tanto, ressalta o crescente número de processos, década a década. Destaca que para a garantia do direito fundamental do acesso à justiça seria necessária uma estrutura adequada para solução dos litígios em prazo aceitável, e para argumentar a necessidade de aumento de JCJ, respalda-se no disposto no art. 1º, parágrafo único, da Lei n. 6.947/81, expediente utilizado em diversos outros projetos, como por exemplo, o que originou a Lei n. 8.432/1992 (PL n. 3.384/2000)

Das transformações que sofreu a Justiça do Trabalho ao longo da década de 1990, é lembrada entre elas a EC n. 20/98, que conferiu competência da Justiça do Trabalho para executar de ofício as contribuições sociais previstas no art. 195, I e II, da CF/88 que resultassem das sentenças que proferisse. O resgate do conjunto de transformações parece ter o intuito de lembrar que a reforma do Judiciário está em andamento e nela constava, conforme últimas alterações, o aumento expressivo da competência da Justiça Laboral para abarcar todas as questões resultantes das relações de trabalho. Apesar dessas novas atribuições que estariam por vir, a grande quantidade de Varas do Trabalho (VTs), conforme consignado na exposição de motivos, já estava com a capacidade de trabalho esgotada, sendo que mais de 743 delas tiveram movimentação processual acima de 1.500 processos, sendo que no TRT da 2ª Região o percentual de VTs que atingiam esse teto era de 86% e, no TRT da 1ª Região, 93% (PL n. 3.384/2000). Em seguida, argumenta-se que a Justiça do Trabalho "também é órgão participativo na arrecadação das contribuições sociais. Portanto, quanto melhor for o seu aparelhamento, mais recursos serão gerados para o Tesouro" (PL n. 3.384/2000). Após ressaltar essa nova competência da Justiça do Trabalho, descreve até o fim da exposição os montantes arrecadados pela Justiça do Trabalho, ressaltando sua importância arrecadatória e arremata afirmando que "essas cifras são expressivas, não se podendo deixar de considerá-las no momento em que se discute o reaparelhamento dos órgãos que têm a responsabilidade de zelar pelo seu recolhimento" (PL n. 3.384/2000).

Por fim, o projeto traz uma inovação significativa e que já era conhecida na Justiça Federal. Pelo projeto, os Tribunais Regionais do Trabalho passariam a ter competência para, no âmbito de sua região, alterar e estabelecer a jurisdição das VTs bem como transferi-las de localidade (PL n. 3.384/2000).

O que se verifica, portanto, é que mais uma vez se justifica o aumento do primeiro grau trabalhista em face da perspectiva de aumento de competência. Por outro lado, há uma inovação pouco explorada em tempos anteriores, que é o papel da Justiça do Trabalho como instrumento arrecadatório. Nesse sentido, é interessante observar a contradição da posição do Executivo em relação à Justiça do Trabalho na década de 1990. Ao mesmo tempo em que busca reduzir sua participação no campo dos litígios individuais e coletivos de trabalho, reforça uma importante face de sua atuação para o Estado em um contexto de deslegitimação do direito do trabalho.

As condenações da Justiça do Trabalho em litígios individuais (dado que grande parte dos casos que chegam à sua apreciação trata de verbas salariais em que incidem tributos) têm efeitos individuais e coletivos. Conferir a possibilidade de a própria Justiça do Trabalho executar as contribuições sociais é reconhecer que sua atuação especializada possui efeitos coletivos e econômicos relevantes para a Administração pública e que não podem ser desprezados. Nessa toada, enquanto um órgão que colabora na manutenção do Estado, assegurando, por meio da correção de condutas individuais, a arrecadação ao erário para políticas públicas da seguridade social, justificaria, em tese, o seu melhor aparelhamento como ressaltado na exposição de motivos ora sob análise.

Após três anos de tramitação, o projeto é aprovado e convertido na Lei n. 10.770/2003, que criou mais 269 VTs em todos os estados da Federação, com previsão de instalação na medida em que houvesse recursos disponíveis e mediante previsão em lei orçamentária. Conforme foi possível apurar, praticamente todas as VTs criadas foram instaladas até o ano de 2007, com exceção da 3ª VT DE CAMPOS DOS GOYTACAZES e da 1ª VT de BARRA MANSA, ambas no TRT da 1ª Região, instaladas respectivamente em 2009 e 2011.

Antes de adentrar nos efeitos da Lei n. 10.770/2003, relevante destacar outro evento proeminente que foi a aprovação da EC n. 45/2004, que reformou o Poder Judiciário e advém das discussões da PEC n. 96/1992.

O efeito mais relevante para a Justiça do Trabalho e que foi alvo de muitas discussões foi a alteração do art. 114, que aumentou de forma significativa a competência da Justiça do Trabalho. Após a alteração, a redação ficou da seguinte maneira, e assim permanece até os dias atuais:

> Art. 114. Compete à Justiça do Trabalho processar e julgar:
>
> I – as ações oriundas da relação de trabalho, abrangidos os entes de direito público externo e da administração pública direta e indireta da União, dos Estados, do Distrito Federal e dos Municípios;
>
> II – as ações que envolvam exercício do direito de greve;
>
> III –as ações sobre representação sindical, entre sindicatos, entre sindicatos e trabalhadores, e entre sindicatos e empregadores;
>
> IV – os mandados de segurança, habeas corpus e habeas data, quando o ato questionado envolver matéria sujeita à sua jurisdição;
>
> V – os conflitos de competência entre órgãos com jurisdição trabalhista, ressalvado o disposto no art. 102, I, *"o"*;
>
> VI –as ações de indenização por dano moral ou patrimonial, decorrentes da relação de trabalho;
>
> VII – as ações relativas às penalidades administrativas impostas aos empregadores pelos órgãos de fiscalização das relações de trabalho;
>
> VIII – a execução, de ofício, das contribuições sociais previstas no art. 195, I, *"a"*, e II, e seus acréscimos legais, decorrentes das sentenças que proferir;
>
> IX – outras controvérsias decorrentes da relação de trabalho, na forma da lei.

A mudança mais significativa, para o escopo deste trabalho, talvez tenha sido a substituição da expressão "dissídios individuais e coletivos entre trabalhadores e empregadores", por "as ações oriundas da relação de trabalho".[15] Tal alteração gerou vários debates sobre o contorno da expressão "relações de trabalho".

Delgado (2005) ressalta que essa alteração parecia negativa, pois descaracterizaria o escopo principal da atuação do direito do trabalho, que seriam as relações de trabalho subordinadas, e que, com essa singela alteração, haveria a intenção subjacente de retirar a centralidade da relação de emprego, o que se coadunava com as propostas neoliberais que ganharam espaço na década de 1990.

---

(15) Na redação original da CF/88 consta: "Art. 114. Compete à Justiça do Trabalho conciliar e julgar os dissídios individuais e coletivos entre trabalhadores e empregadores, abrangidos os entes de direito público externo e da administração pública direta e indireta dos Municípios, do Distrito Federal, dos Estados e da União, e, na forma da lei, outras controvérsias decorrentes da relação de trabalho, bem como os litígios que tenham origem no cumprimento de suas próprias sentenças, inclusive coletivas". Com a alteração promovida pela EC n. 45/2004, ficou: "Art. 114. Compete à Justiça do Trabalho processar e julgar: I. as ações oriundas da relação de trabalho, abrangidos os entes de direito público externo e da administração pública direta e indireta da União, dos Estados, do Distrito Federal e dos Municípios;(...)".

Nessa alteração, alguns autores viram, por outro lado, uma valorização do trabalho humano e de sua proteção jurídica. Como a relação de trabalho é gênero, do qual seriam espécies o contrato de emprego, os contratos de natureza civil e os liames de cunho estatutário, em tese todas essas matérias teriam na Justiça do Trabalho o *locus* de solução de litígios. Assim, a Justiça do Trabalho, portanto, não seria a Justiça do emprego, mas a Justiça de qualquer trabalho humano. O tempo demonstraria que o escopo de atuação não seria tão largo quanto se imaginava — veja-se, por exemplo, o posicionamento do STF que exclui da competência da Justiça do Trabalho os litígios envolvendo servidores estatutários — e que a relação de emprego ainda seria o foco principal de atuação da Justiça do Trabalho.

Ademais, Delgado (2005), por outro lado, identificava um ponto positivo da alteração da EC n. 45/2004 com abarcamento, pela Justiça do Trabalho, das questões acessórias às relações de trabalho, como, por exemplo, danos morais e materiais que tivessem origem em tais relações. Ao passar a processar e julgar esse escopo das relações de trabalho, corrigia-se um erro histórico de retirar da competência da Justiça do Trabalho as questões envolvendo acidentes do trabalho (DELGADO, 2005).

Ao longo dos anos 2000, o Estado muda de postura e passa a assumir um protagonismo na economia brasileira que fora abandonado ao longo da década de 1990. O diagnóstico do problema do crescimento econômico, do desemprego e da informalidade se altera, de forma que se volta a atenção para o consumo interno como meio para fomentar o dinamismo da economia. A política governamental era a de aumentar a capacidade de compra do assalariado e dessa forma promover o crescimento econômico via consumo, o que levou a sucessivos aumentos do salário mínimo, bem como o aumento da intervenção do Estado na economia. Segundo Campos:

> O diagnóstico do Estado brasileiro após 2003 era de que problemas relacionados ao trabalho não se deviam a eventuais déficits de flexibilidade, ocasionados pela regulação laboral. Mas deviam-se ao déficit de dinamismo da economia, para os quais essa regulação poderia contribuir na solução (ampliando a remuneração do trabalho e o consumo daí derivado). Ou seja, em comparação com a década de 1990, alterou-se o debate sobre a regulação no país, fazendo com que os direitos laborais e sociais avançassem, ainda que com ressalvas (CAMPOS, 2015, p. 23).

As ressalvas vinham, de um lado, no campo dos direitos individuais do trabalho que, apesar do parcial abandono pelo Estado do discurso neoliberal de flexibilização, ainda se viam medidas no sentido de flexibilizar os regimes de contratação — destaque para as Leis ns. 11.196/2005 e 11.442/2007. Ainda que tivesse havido essa mudança de posição, o processo de reestruturação empresarial não cessara e nem se arrefecera.

Ao contrário, expandira-se. Diversas empresas, estatais ou privadas, de diferentes setores da economia, incorporaram as novas formas de gestão, tal como os bancários, a indústria têxtil, a indústria calçadista, a indústria petrolífera, as empresas do setor elétrico e empresas de telecomunicação. Com isso, a terceirização dissemina-se, bem como a contratação de trabalhadores por meio de cooperativas e como pessoa jurídica (ANTUNES, 2014; DRUCK & FRANCO, 2007).

Contudo, como ressalta Souto Maior (2017), a doutrina e a Justiça do Trabalho, por meio de sua jurisprudência, buscam arrefecer as flexibilizações legais e, por meio da hermenêutica, assegurar o papel do direito do trabalho como um elemento civilizatório das relações de trabalho. Nesse contexto, a alteração da competência da Justiça do Trabalho pode ser considerada um elemento que caminhava no sentido de estender a proteção trabalhista ainda mais.

Nesse sentido, apesar das controvérsias geradas pela EC n. 45/2004, a alteração da competência da Justiça do Trabalho acabou por valorizar a justiça especializada (GOMES, 2006), pois escancaravam-se as portas que sempre foram cuidadosamente abertas ou fechadas a depender dos interesses estatais. Nesse sentido, veem-se as ações acidentárias, que desde a origem da justiça do trabalho ficaram de fora de seu escopo, e as alterações promovidas pela CF/1967, que retirara da competência da Justiça do Trabalho os empregados da União regidos pela CLT.

Retornarei mais adiante para tratar de outra mudança promovida pela EC n. 45/2004 e que impactou de maneira significativa no processo de criação de novas VTs e, portanto, na expansão do primeiro grau da Justiça do Trabalho. Antes, é necessário destacar os efeitos da Lei n. 10.770/2003.

O impacto da Lei n. 10.770/2003 foi significativo não apenas pela criação de mais de 269 novas VTs, mas também por destinar aos Tribunais Regionais do Trabalho a competência de alterar a localidade da VT e sua jurisdição (cf. se depreende do art. 28 da Lei n. 10.770/2003).

No que diz respeito às novas VTs, criadas pela Lei n. 10.770/2003, e a expansão do primeiro grau da Justiça do Trabalho no período entre 2003 e 2010, relevante é a análise de Oliveira (2018).

A pesquisa realizada pelo autor tem o propósito de identificar quais eram os fatores mais relevantes para determinar os municípios que recebem VT. O autor dialoga com outros trabalhos que demonstraram que haveria uma forte correlação entre a presença de equipamentos judiciários e o desenvolvimento socioeconômico do município onde se encontram, medido pelo IDH. Conforme estudos realizados e citados pelo autor, quanto mais alto o IDH do município, maior a probabilidade de nele haver uma vara da Justiça Comum (OLIVEIRA, 2018).

Os resultados demonstram que houve uma forte correlação entre a quantidade de processos recebidos, julgados e do resíduo e a alocação das VTs. Considerando os critérios socioeconômicos, os municípios com a PEA maior, com mais indivíduos proporcionalmente cursando o ensino superior e com mais trabalhadores ocupados no setor de comércio receberam mais varas da Justiça do Trabalho. No mais, comparando-se os municípios onde foram criadas Varas Trabalhistas e o mapa do Índice de Desenvolvimento Humano Municipal, o autor não chegou a resultados conclusivos. Por fim, o autor identificou que quanto menos varas na localidade, maior foi a chance de o município receber uma VT (OLIVEIRA, 2018).

No que tange a esse último dado, avaliando as VTs instaladas ao longo de 2003 – 2010, verifica-se que das 269 VTs criadas pela Lei n. 10.770/2003 foram instaladas 267, sendo que dessas, ao final do período analisado pelo autor, 79 estavam instaladas em municípios que não possuíam VT anteriormente.

Assim, ao final desse período, 70% das VTs criadas pela Lei n. 10.770/2003 foram instaladas em localidades onde já havia unidades judiciárias da Justiça do Trabalho. Dito de outro modo, dos 191 municípios que receberam VTs criadas pela Lei n. 10.770/2003, 112 (58%) já possuíam VT antes de 2003, ou seja, receberam um equipamento a mais. O que se verifica desses dados é que nesse período equipou-se mais os municípios que já possuíam VT do que municípios que não possuíam.

Os dados achados pelo autor são interessantes, pois demonstram a grande relevância que os parâmetros definidos na Lei n. 6.947/1981 (número de processos e número de empregados) possuem e que esses são respeitados.

Vale dizer que o autor também faz a análise a partir das regras previstas na Resolução 63/2010 que, na época da criação das VTs instaladas entre 2003 e 2010, não estava em vigência. Contudo, como essa resolução tem teor muito semelhante à lei citada, a análise do autor, do ponto de vista substantivo, não fica prejudicada.

Entretanto, os achados do autor não levam em consideração que uma parte das VTs criadas pela Lei n. 10.770/2003 teve sua localidade alterada pelos Tribunais Regionais. Algumas, inclusive, nem chegaram a ser instaladas, conforme se depreende dos dados obtidos no sítio eletrônico do TST.

O que se observa desse dado é que o art. 28 da Lei n. 10.770/2003 foi utilizado pelos Tribunais como forma de readequar a jurisdição trabalhista. Imagine-se que tal readequação tem forte correlação com o movimento processual, inclusive considerando que o referido artigo cita expressamente que as alterações a serem promovidas devem ter como objetivo a necessidade de agilização da prestação jurisdicional trabalhista.

Para Maranhão (2014), o referido artigo derrogaria o art. 650 da CLT, na específica parte que estatui que a competência da VT só pode "ser estendida ou restringida por lei federal", pois a lei teria delegado aos Tribunais Regionais do Trabalho alterar e estabelecer a jurisdição das VTs, bem como transferir-lhes a sede de um Município para outro. Assim, bastaria um ato administrativo, exarado no âmbito do próprio Tribunal, para implementar alterações na competência territorial de suas VTs.

Nesse sentido, pela primeira vez na história da Justiça do Trabalho, esse órgão judiciário teria ampla autonomia para estabelecer a competência territorial dos órgãos de primeira instância da forma que melhor lhe aprouvesse para prestação dos serviços jurisdicionais que lhe cabem.

Contudo, em que pese ser uma proposta que tendia a adequar a prestação jurisdicional trabalhista à realidade local de forma mais célere e por aqueles que conhecem a realidade dos conflitos trabalhistas do território, a constitucionalidade do artigo é duvidosa, considerando que o art. 113 da Constituição Federal reservou à lei a definição da jurisdição e competência dos órgãos da Justiça do Trabalho. Não obstante, diversas alterações já têm sido promovidas desde 2003 com a realocação de VT e a alteração da jurisdição das Varas pelo Tribunais Regionais do Trabalho.

Aproveitando a questão constitucional trazida à baila, outra mudança da EC n. 45/2004 que traria impacto significativo para o Poder Judiciário e para a Justiça do Trabalho seria a criação do Conselho Nacional de Justiça (CNJ) e do Conselho Superior da Justiça do Trabalho (CSJT).

O CNJ, entre outras competências, teria o papel de controle da atuação administrativa e financeira do Poder Judiciário e do cumprimento dos deveres funcionais dos juízes (art. 103-B, §4º). No que tange à sua atuação administrativa, ele teria como função fiscalizar e dar transparência para os serviços prestados pelo Poder Judiciário, devendo o órgão: elaborar semestralmente relatório estatístico sobre processos e sentenças prolatadas, por unidade da Federação, nos diferentes órgãos do Poder Judiciário (art. 103-B, §4º, VI, da CF/88); e elaborar relatório anual, propondo as providências que julgar necessárias, sobre a situação do Poder Judiciário no País e as atividades do Conselho, o qual deve integrar mensagem do presidente do Supremo Tribunal Federal a ser remetida ao Congresso Nacional, por ocasião da abertura da sessão legislativa (art. 103-B, § 4º, VII, da CF/88). No âmbito da Justiça do Trabalho, a EC n. 45/2004 previu a criação do CSJT, cuja função seria exercer, na forma da lei, a supervisão administrativa, orçamentária, financeira e patrimonial da Justiça do Trabalho de primeiro e segundo graus, como órgão central do sistema, cujas decisões terão efeito vinculante (art. 111-A, § 2º, II, da CF/88).

No que tange ao conjunto de alterações promovidas pela EC n. 45/2004, Ribeiro (2008), ao analisar o histórico do Poder Judiciário e sua relação com a sociedade e avaliar o impacto da EC n. 45/2004 em relação ao acesso à justiça, sustenta que a principal novidade foi a criação do CNJ. No que diz respeito aos elementos que identificou como relevantes para o acesso à justiça e reconhecidas historicamente como limitações do Poder Judiciário — (i) razoável duração do processo; (ii) proporcionalidade entre o número de juízes na unidade jurisdicional e a efetiva demanda judicial; (iii) distribuição imediata dos processos em todos os graus de jurisdição; e (iv) funcionamento ininterrupto da atividade jurisdicional — a autora avaliou que poderiam ser efetivamente resolvidas se houvesse a o cumprimento da Constituição Federal de 1988 e da legislação infraconstitucional (RIBEIRO, 2008).

A autora também sustenta que a criação do CNJ pode ser entendida como uma medida que efetivamente poderia ajudar o Judiciário a superar as suas limitações, no que tange ao acesso à justiça, pois serviria como um órgão de controle que poderia fiscalizar e orientar a aplicação da legislação para melhoria da eficiência da prestação de serviços jurisdicionais pelos tribunais (RIBEIRO, 2008). Nesse sentido, a autora afirma que:

> (...) a criação do Conselho Nacional de Justiça pode ser entendida como uma exceção a esse fenômeno na medida em que esse órgão se constitui uma alteração institucional de extrema importância no que diz respeito ao aumento da transparência dos atos judiciais, aumento da efetividade do sistema de prestação de contas dos tribunais estaduais, aumento da possibilidade de punição dos juízes que agem em desacordo com a sua missão institucional (*accountability*) e, por fim, aumento da eficiência do sistema de pesos e contrapesos indispensável ao bom funcionamento do judiciário (RIBEIRO, 2008, p. 482).

As conclusões direcionadas para o CNJ podem ser estendidas para o CSJT, de maneira que tais órgãos passariam a ter suma importância não apenas na organização do Judiciário como também em sua relação com a sociedade. Essa importância pode ser depreendida ao se analisarem os projetos de lei de criação de VT anteriores e posteriores à criação de tais órgãos.

Após o advento da Lei n. 10.770/2003, apenas em 2011 e 2012 foram criadas VTs com aprovação de 20 leis que propunham a criação de varas nas regiões de 18 Tribunais Regionais do Trabalho. Para a criação de tais Varas do Trabalho, o CSJT teve papel central.

Antes de passar a esse novo ciclo de expansão da Justiça do Trabalho, deve ser destacado que as VTs criadas pela Lei n. 10.770/2003, associadas à atuação dos Tribunais Regionais na adequação da jurisdição trabalhista e remanejamento de VT, foram responsáveis pela quase total cobertura do território brasileiro pela jurisdição do primeiro grau da Justiça do Trabalho.

Conforme o documento “Resumo analítico dos dados estatísticos do ano de 2003” (disponibilizado no *site* do TST),(16) no ano de 2003, 800 municípios brasileiros ainda não estavam sob jurisdição de uma VT, sendo os casos mais gritantes, em termos absolutos, os do estado do Piauí (171 municípios não jurisdicionados) e do Maranhão (137 municípios não jurisdicionados), estados em que a jurisdição das VTs não atingia nem a metade dos munícipios de cada estado.

Desse modo, é possível afirmar que os residentes de mais de 800 municípios brasileiros possivelmente nunca ajuizaram uma reclamação trabalhista perante uma JCJ, já que essas foram extintas entre 2000 e 2003. Compulsando os dados sobre as VTs em 2007, em documento disponível no *site* do TST,(17) é possível observar que todas as unidades da Federação, com exceção do Maranhão e de Minas Gerais, estavam completamente cobertas pela jurisdição das VTs. No caso de Minas Gerais, ainda restava um município. Já no caso do Maranhão, ainda restavam 34. Contudo, atualmente (2019) não há municípios sem cobertura de uma VT.

Esses dados podem dar um vislumbre do quão limitada foi a cobertura do território pela jurisdição trabalhista até aos anos 2000, pois mesmo com a expansão das VTs e sua interiorização ao longo da década de 1990, período em que se passou de 7,9% (em 1990) para 9,7% (em 2000) de municípios brasileiros que possuíam uma VT, não se cobriu todo o território brasileiro.

Cumpre destacar que a expansão das VTs entre 2003 e 2008 colaborou também para diminuir a média de processos por VT, em cada ano, abaixo do valor de 1.500 previsto na Lei n. 6.947/1981. Os valores mantiveram-se em queda desde o pico em 1991, quando se chegou ao valor aproximado de 2.190 processos recebidos por vara. Contudo, ao longo da década de 1990, tal média ficou em torno de 1.500 e só após 2003 a média caiu de forma consistente para patamares abaixo desse valor, voltando a crescer após 2010 de forma constante até 2017.

Contudo, é necessário destacar que, apesar de não ser possível avaliar o quanto as alterações promovidas pelos tribunais regionais nas localidades das VTs e em suas jurisdições colaboraram para esses resultados positivos, é provável que tais alterações tenham colaborado, mesmo porque é o Tribunal Regional do Trabalho que possui conhecimento da localidade.

Após 2008, voltariam a ser criadas VTs apenas em 2011 e 2012, com a aprovação de um conjunto de leis que foram resultado de projetos apresentados entre 2008 e 2011 e, em todos os casos o CSJT, necessariamente se manifestou e teve papel relevante para a criação e instalação de tais VTs.

(16) Documento disponível em: <http://www.tst.jus.br/web/guest/calendario-do-tst/-/document_library_display/3Ezv/view_file/3767166>. Acesso: em: 02 out. 2019.

(17) Documento disponível em: <http://www.tst.jus.br/web/guest/calendario-do-tst/-/document_library_display/3Ezv/view_file/2346520>. Acesso: em 02 out. 2019.

A Resolução Administrativa n. 1.064, de 12 de maio de 2005 (RA n. 1.064/2005), aprovada pelo pleno do TST, dispunha sobre o regimento interno do CSJT, considerando os parâmetros definidos na CF/88. O art. 5º, VII, da RA n. 1.064/2005 definia que competiria ao CSJT encaminhar para deliberação do TST, após exame e aprovação, proposta de criação ou extinção de VT. A referida resolução foi revogada pela Resolução Administrativa n. 1.407, de 7 de junho de 2010 (RA n. 1.407/2010) que manteve a competência do CSJT para criação ou extinção de VT (cf. se depreende do art. 12, X, *"a"*, da referida resolução) e definiu que caberia ao pleno do CJST deliberar, aprovar ou rejeitar anteprojeto de lei que versasse sobre criação de VT (art. 70, III, da RA n. 1.407/2010).(18)

O anteprojeto de lei para criação de VT, após aprovação do TRT, deveria seguir para o Conselho Superior da Justiça do Trabalho, responsável pela supervisão administrativa, orçamentária, financeira e patrimonial da Justiça do Trabalho. A decisão do CSJT a respeito do anteprojeto de lei seria vinculante. Caso a proposta fosse rejeitada nessa fase, seria arquivada. Se fosse aprovada, seguiria para o Conselho Nacional de Justiça, que emitiria um parecer de mérito.

O escrutínio dos conselhos superiores, portanto, tornam-se ainda mais relevantes, pois passou a ser condição procedimental para criação de VTs. Conforme se depreende dos projetos de lei analisados, em todos havia a indicação, na exposição de motivos, dispositivo de lei orçamentária que versava que, para a apresentação de projetos de lei relacionados com o aumento de gastos com pessoal e encargos sociais, era necessário parecer de caráter opinativo sobre o mérito e os requisitos orçamentários, do Conselho Nacional de Justiça em se tratando de projetos de lei de iniciativa do Poder Judiciário.

Passaria o Conselho Superior da Justiça do Trabalho a ter a função precípua de organizar o primeiro grau da Justiça do Trabalho. Nesse sentido, o CSJT tem papel central na expansão e organização da JT, já que necessariamente a proposta de lei que cria novas VTs, cuja iniciativa caberia ao TST para apresentar ao Congresso Nacional, deve ser submetida anteriormente ao plenário do CSJT que, conforme alínea *"b"* do inciso X do art. 6º da Resolução Administrativa N. 1909, de 20 de junho de 2017, encaminhará ao TST, após exame e aprovação proposta de criação ou extinção de VT.

Ao compulsar os projetos de lei em questão, verifica-se que após a institucionalização dos conselhos de justiça, fica evidente que, para a criação de VT, deveriam ser cumpridas regras do CSJT para que o projeto de lei fosse apresentado. Em 2008,

---

(18) A RA n. 1.407/2010 foi revogada pela Resolução Administrativa n. 1.549, de 29 de junho de 2012, que por sua vez foi revogada pela Resolução Administrativa n. 1.909, de 20 de junho de 2017, atualmente vigente. Em todas havia disposição idêntica à descrita sobre a competência do CSJT para criação e extinção de Varas do Trabalho. Na RA n. 1.549/2012 os dispositivos correspondentes são os seguintes: art. 10, X, *"a"* e art. 70, III. No caso da RA n. 1.909/2017, os dispositivos correspondentes são os seguintes: art. 6, X, *"a"* e art. 77, III.

o CSJT disciplinou regras para a transferência de VT e, em 2010, passou a disciplinar também sobre a criação de VT.

As regras de ampliação de VT se mantiveram idênticas desde 1981, sendo que os parâmetros de 1.500 processos anuais apurados no último triênio para localidades onde já existem unidades e 240 processos anuais serviam de parâmetro para a alocação das Varas de Trabalho. Contudo, com o advento do art. 28 da Lei n. 10.770/2003, o CSJT passaria a aprimorar essa regra, sopesando a perspectiva da eficiência da prestação jurisdicional, medida pela quantidade de processos recebidos, e do acesso do jurisdicionado à justiça, mormente ao acesso à VT.

O CSJT, além das regras de criação de VT previstas na Lei n. 6.947/1981, passou a disciplinar, com critérios objetivos, o exercício da prerrogativa prevista no art. 28 da Lei n. 10.770/2003. Assim, com a Resolução n. 53, de 31 de outubro de 2008, passou a prever regras também para remanejamento de VTs que recebessem até 250 processos anuais, sendo que nesse caso, as tais varas seriam remanejadas para localidades de maior movimentação processual com criação, na localidade, de Postos Avançados da Justiça do Trabalho (PAJT), vinculados a VTs definidas pelo Tribunal. Contudo, o CSJT previu que essa regra não se aplica às varas localizadas em regiões de difícil acesso ou consideradas estratégicas, definidas em ato do Tribunal.

Tal normativa revela a posição do CSJT de que a distribuição das VTs e, portanto, a alocação de recursos no primeiro grau da Justiça do Trabalho deve obedecer não apenas ao princípio da eficiência administrativa, mas também ao da cidadania, sob a perspectiva do acesso à justiça. Nesse sentido, garantir o acesso ao jurisdicionado é tão relevante quanto o volume processual na determinação da transferência de uma VT, devendo ambos os aspectos serem sopesados. Relevante destacar que a Resolução n. 63, de 28 de maio de 2010, em seu art. 9º, § 4º, com redação dada pela Resolução n. 93 de marco de 2012, caminha nesse mesmo sentido. Conforme a redação do referido artigo, o Conselho Superior da Justiça do Trabalho poderá, excepcionalmente, por deliberação de 2/3 de seus integrantes, relativizar os critérios estabelecidos para a criação de VT, quando a análise das peculiaridades do caso concreto o exigir, com vistas à interiorização da Justiça do Trabalho, à garantia do acesso à Justiça e ao imperativo da ampliação da cidadania.

Com a Resolução de n. 63, de 28 de maio de 2010, o CSJT aumentou para até 350 processos anuais para que o Tribunal possa transferir a VT para município de maior movimentação processual, e determinou que essa transferência deve ter o objetivo de propiciar a elevação da movimentação processual do órgão a patamar superior a 350 processos anuais.

Naquela Resolução, o CSJT também alterou as regras para a criação de VT em localidade que ainda não contasse com uma unidade da Justiça do Trabalho, pois condicionou-se a criação de uma VT à existência, na base territorial prevista para sua jurisdição, de mais de 24.000 trabalhadores ou ao ajuizamento de pelo menos 350 reclamações trabalhistas por ano, apuradas nos três anos anteriores.

A alteração das regras, aparentemente, teve como escopo atualizar os critérios definidos na Lei n. 6.947/1981 para a criação de VT em localidade onde não houvesse tal equipamento da justiça. A primeira alteração aumenta o patamar de 240 processos anuais para 350, o que dificulta a criação de VT pelo critério da movimentação processual. Por outro lado, utiliza a palavra trabalhador no lugar de empregado, adequando assim a critério de criação de VT à nova competência ampliada da Justiça do Trabalho, e aumenta a base populacional que deve ser considerada para efeitos da criação de VT, pois não deveriam ser mais considerados apenas os empregados, mas todos os trabalhadores e, portanto, na visão desse autor, a população economicamente ativa, incluindo os desempregados.

Por fim, alterações na Resolução n. 63/2010, provocadas pela já citada Resolução n. 93/2012, abriram a possibilidade aos tribunais de criar VT destinada à especialização em acidentes de trabalho, quando a média de processos anualmente recebidos em cada Vara existente fosse de 700, apurada nos três anos anteriores. No mesmo sentido, previu a criação de varas especializadas em execuções fiscais, contudo o patamar estipulado é de 2.500 processos na média apurada nos três anos anteriores.

Nessa toada, vê-se que o CSJT passa a ocupar papel central para a conformação do primeiro grau da Justiça do Trabalho e teve papel central nas leis promulgadas em 2011 e 2012.

Após 2008, quando restou completo o ciclo de implementação das varas criadas pela Lei n. 10.770/2003, que resultou na presença de VT em 10,75% dos municípios brasileiros em 2010, novos projetos de lei foram propostos para criar novas VTs, com a promulgação de diversas leis nos anos de 2011 e 2012 que possibilitaram a expansão territorial da Justiça do Trabalho, após quase 80 anos de história, a todo o território brasileiro. Dessas, destaca-se a Lei n. 12.427, de 17 de junho de 2011, que criou 40 novas VTs no município de São Paulo.

Das 211 VT criadas por tais leis, apenas 28 foram alocadas em municípios onde não havia VT anteriormente. Assim, 87% das VT criadas (183 VT) seriam destinadas para localidades onde já havia equipamento judiciário trabalhista. Contudo, relevante destacar que, de todas as VT criadas, 193 foram instaladas até o final de 2018, sendo que dessas, 18 tiveram sua localidade alterada pelo tribunal regional, antes ou depois da instalação da VT no munícipio discriminado em lei. Onze Tribunais Regionais do Trabalho alteraram a localidade de uma ou mais VT.

Extrai-se de tais dados que o legislador infraconstitucional preferiu aumentar a capacidade instalada dos municípios para fins de celeridade da prestação jurisdicional em detrimento de capilarizar a Justiça do Trabalho. Isso pode ser resultado do fato de a Justiça do Trabalho nos territórios já se encontrar bem distribuída, sendo que os Tribunais, inclusive, poderiam realocar as VT de localidades. Por outro lado, a Justiça do Trabalho possuiria outras formas de expandir a sua capilaridade sem a necessidade de instalação de novas VTs.

Os Postos de Atendimento Avançados e as Varas Itinerantes teriam se mostrado equipamentos judiciários relevantes que permitiam estender o raio de ação da VT e aproximar a Justiça do Trabalho dos jurisdicionados a um custo menor e de forma eficiente. Foi possível identificar que diversos tribunais se valiam desse expediente para se aproximar de localidades mais distantes de VT que têm uma jurisdição com muitos municípios ou são muito extensas.

Outro fator que pode ter resultado nessa distribuição de VT é a quantidade de processos oriundos dos municípios, onde não havia VT, não atingir o mínimo previsto na Resolução n. 63/2010. De qualquer forma, se assim for, pode-se supor que a distribuição da Justiça do Trabalho no território chegou a um ponto em que, pela normativa atual e o volume processual, não seria mais necessário aumentar a capilaridade.

O que se percebe, portanto, é que a Justiça do Trabalho, após a Constituição Federal de 1988, não apenas foi significativamente expandida, passando a cobrir todo o território com mais de 1.573 VT situadas em 653 municípios, em todas as unidades da Federação, mas também se transformou de maneira substancial. Além da transformação da JCJ em VT e do aumento da competência material, é possível constatar que Justiça do Trabalho ocupa o território com vários equipamentos distintos para possibilitar o acesso à justiça (Postos de Atendimento Avançados e Varas Itinerantes). Além disso, a partir de 2012, abriu-se a possibilidade de especialização de VT.

O que se espera é que o aumento da complexificação da estrutura ajude a efetivar os princípios que regem a sua atuação desde a sua criação e justificaram em 1930 a sua criação.

4. Conclusão

Como foi possível observar ao longo deste trabalho, a Justiça do Trabalho é uma instituição que passou por profundas alterações, principalmente nos seus órgãos de primeiro grau. Essas alterações, incluindo o ritmo de crescimento dos órgãos de primeiro grau, tiveram forte relação com o período histórico vivido pela Justiça especializada.

Primeiramente, podemos identificar um período inicial de institucionalização de estruturas e procedimentos que aos poucos iam se consolidando como marca distintiva da JCJ em relação à Justiça Comum. Esse período se deu em uma fase em que as JCJs eram de cunho administrativo e tinham muitas limitações. Contudo, foi essa mesma natureza administrativa e despida das formalidades e do elitismo jurídico, associada à visão de que o trabalhador deveria ser tutelado, ou seja, os procedimentos deveriam levar em conta a desigualdade econômica havida entre as partes em litígio, que permitiram que as JCJs firmassem um conjunto de experiências que serviriam de base para o funcionamento e estrutura dos órgãos da Justiça do Trabalho. Seu caráter paritário também seria um traço distintivo que perduraria durante anos.

As JCJs ainda se mantiveram como órgãos administrativos, mesmo após a sua integração na estrutura da Justiça do Trabalho, em que pese sua natureza reconhecidamente judicante. Esse caráter administrativo conferia à JCJ uma imagem de uma justiça menor e que estava atrelada aos interesses do Executivo, que tinha forte influência de decisão sobre o seu futuro.

A instalação da Justiça do Trabalho em 1941 não altera esse cenário. A parca estrutura instalada não parecia ser adequada ao tamanho do desafio que teria que enfrentar. Nesse sentido, parece que a Justiça do Trabalho foi propositadamente contida, seja em razão dos limites orçamentários da época, seja por conta dos limites que o Executivo impunha à universalização dos direitos sociais no campo. A JCJ deveria ficar restrita ao conflito urbano e cresceria na medida da necessidade do Executivo. Nesse sentido, vê-se que o decreto que organizou a justiça especializada reservou ao presidente da República o poder de criar JCJs e instalá-las de forma discricionária.

A integração da Justiça do Trabalho no Poder Judiciário pouco efeito causou, em um primeiro momento. Apesar das alterações formais e simbólicas, com o reconhecimento do caráter judiciário da Justiça do Trabalho, não houve impactos na sua estrutura de primeiro grau e o Executivo ainda mantinha padrões de conduta semelhantes ao do governo anterior, organizando a Justiça do Trabalho por decreto.

A realidade da JCJ parece se alterar consideravelmente na década de 1950 e é possível creditar essa mudança, por um lado, à Constituição de 1946 que integrou a Justiça do Trabalho no Poder Judiciário e criou uma barreira formal para a intervenção direta do Executivo. Por outro lado, deveu-se muito à mobilização sindical e ao crescimento da consciência dos trabalhadores como sujeitos de direitos. Nesse período, viu-se que os trabalhadores, inclusive por intermédio de seus sindicatos, buscavam a Justiça do Trabalho como uma forma de resguardar seus direitos. Nesse sentido, a Justiça do Trabalho começa a se expandir, acompanhando a demanda por seus serviços.

Assim, o que se percebe nesse período é o crescimento da Justiça do Trabalho como instituição judicante que guardava a confiança dos trabalhadores, o que, por sua vez, pode ter tido efeito na criação de novas JCJs que se expandiram em quantidade e também passaram a se instalar em novos municípios.

Quanto à expansão territorial da Justiça do Trabalho, é possível supor que tenha se dado em razão também da inoperância da Justiça Comum em lidar com os conflitos trabalhistas, que exigiam respostas mais céleres e demandavam um rito menos formal e aplicação de um direito novo ao qual os juízes não estavam acostumados. Tanto a bibliografia pesquisada quanto os projetos de lei analisados chegariam à mesma conclusão sobre a ineficiência da Justiça Comum para lidar com as questões distributivas. Assim, a expansão territorial da JCJ, além de criar um equipamento especializado para tratar de questões trabalhistas, retirava da Justiça Comum a competência para atuar nessas questões.

Nesse período, também foi possível observar uma participação ativa do Legislativo para a definição de critérios de criação de JCJ e intervenção ativa na decisão de onde alocar uma ou mais JCJ.

Assim, tanto o Executivo, que apresentava os projetos de lei para a criação de JCJ, quanto o Legislativo, pareciam ter interesse em instalar novas unidades de primeiro grau da Justiça do Trabalho e expandir seus serviços.

Portanto, o que se vê é uma sinergia de interesses entre os trabalhadores e o Estado para expandir a Justiça do Trabalho, contudo essa expansão não se daria como uma política pública organizada construída com o propósito de universalização de direitos sociais, mas sim, como uma concessão sob demanda, como foi possível observar do conjunto de leis e dos projetos de lei do período.

Os primeiros cinco anos da ditadura foram mais focados em reprimir os direitos dos trabalhadores e flexibilizar as relações de trabalho. Entre 1965 e 1969, a ditadura militar pouco alterou o padrão de crescimento da JCJ, pois não apresentou nenhum projeto de lei no período que tivesse como objetivo criar JCJ. Como foi visto, a ditadura militar, no que tange à Justiça do Trabalho, preferiu retirar seu poder de regular salários e expurgar a política de dentro do órgão judiciário. Nesse período, poucas alterações foram feitas para expandir o primeiro do grau da Justiça do Trabalho.

Contudo, na década de 1970, haveria uma mudança da ditadura no que tange à criação de JCJ.

O pacote de projetos apresentados mudava a forma como as JCJs vinham sendo criadas. Dessa vez, o Executivo, por meio de um projeto, criou e distribuiu as JCJs nas diversas regiões e para tanto criou critérios objetivos com a Lei n. 5.630/1970 e depois com a Lei n. 6.947/1981.

Contudo, os efeitos da repressão do governo militar sobre os sindicatos se fariam sentir por meio da explosão de demandas que a Justiça do Trabalho não trataria com a mesma eficiência que antes. Com os sindicatos reprimidos em sua atuação política, sobraria a Justiça do Trabalho como único e principal regulador dos interesses das classes de trabalhadores e empregadores. Os trabalhadores buscavam a Justiça do Trabalho como única alternativa de ver seus direitos garantidos e se valiam da burocracia sindical para usufruir de serviços jurídicos. Em um curto espaço de tempo, a expansão das JCJs promovida pela ditadura seria insuficiente para lidar com o aumento dos litígios individuais que, provavelmente, atingiam a Justiça Comum nas localidades onde não havia JCJ.

Desse modo, em 1978 é aprovada nova lei criando mais de 100 JCJs e aumentando a capilaridade da Justiça do Trabalho.

A década de 1980 experimentaria o processo de democratização e uma intensa mobilização social, impulsionada pelo movimento sindical, que buscava por mais justiça social.

Nesse período, a Justiça do Trabalho passaria a ser um canal de demandas cada vez mais acessado e que demandava cada vez mais respostas céleres. Além do aumento de demandas, crescia a pressão por alterações na forma como o Estado e o Judiciário tratavam as desigualdades sociais agravadas pela grave crise econômica da época, após o esgotamento do modelo de crescimento econômico orientado pelo Estado.

Também naquela fase surgiriam questionamentos sobre a capacidade de Justiça do Trabalho em lidar com o aumento do número de demandas e sobre a possibilidade de que outras formas de resolução de conflitos trabalhistas pela via extrajudicial. Como visto, tanto sindicatos quanto o empresariado pareciam não estar interessados, por razões opostas, nesse tipo de proposta. Aos sindicatos interessava aumentar seu poder de participação política e de representação por via de negociação coletiva e reivindicar por mais direitos e liberdade de atuação.

Assim, a década de 1980 revela-se como uma fase de ampla ebulição social que demandava repostas céleres e urgentes do Estado cuja estrutura não acompanhou o crescimento dos centros urbanos e a complexificação da dinâmica social.

Tal demanda se apresentava de diversas formas. No caso da Justiça do Trabalho, apresentava-se por meio de questionamentos sobre a forma como vinha atuando, e por outro pela explosão de litígios individuais dos trabalhadores que viam na Justiça do Trabalho um canal efetivo para assegurar os seus direitos, tendo em vista as dificuldades dos sindicatos, após anos de repressão de atuar na defesa dos trabalhadores.

Nessa época, o que se vê, portanto, é um crescimento vertiginoso da Justiça do Trabalho, principalmente no primeiro grau. Vale destacar que, como vimos, esse crescimento também se deu no segundo grau que acentua o processo de capilarização da Justiça do Trabalho. Após anos de crescimento comedido, quando a sociedade explode demandando direitos sociais, a Justiça do Trabalho cresce na mesma toada. Nesse sentido, a Justiça do Trabalho nessa fase começa a ter o seu papel ressignificado, passando a ser um instrumento de Justiça distributiva e social. Tal concepção foi reforçada pela Constituição Federal de 1988, que fortaleceu esse caráter da Justiça do Trabalho.

Não bastando, a Constituição Cidadã fortaleceu o Poder Judiciário, conferindo a ele autonomia financeira e administrativa, o que pode ter colaborado para a aprovação da Lei n. 7.729/1989 e da Lei n. 8.432/1992, que criariam mais de 600 JCJs.

Após o advento da Constituição Cidadã, a Justiça do Trabalho experimentou um ciclo de crescimento, entre 1989 e 1994, nunca visto. Associado a esse crescimento, além da importância do texto constitucional, está o aumento expressivo das reclamações trabalhistas e do holofote que se joga sob o Judiciário para que altere a suas estruturas de forma a se adequar à nova realidade social.

Ao longo da década de 1990, a Justiça do Trabalho passa por uma fase contraditória. Ao mesmo tempo em que chega a ter sua existência questionada, ganha enorme centralidade diante da flexibilização a frio dos direitos trabalhistas feitos pelo empresariado, o que a alça como uma instituição relevante para a preservação dos direitos sociais.

A grande expansão do final da década de 1980 e do começo da década de 1990 estagna ao longo da década de 1990 e o foco passa a ser a reformulação da sua estrutura que já vinha sendo debatida na tramitação de emenda constitucional.

Em 1999, esse processo chega a uma encruzilhada em que as JCJs são substituídas por juízes singulares, característica distintiva da Justiça do Trabalho e chega-se a sugerir o fim da Justiça do Trabalho. Contudo, esse processo é revertido, culminando no fortalecimento da Justiça do Trabalho primeiro com nova expansão do primeiro grau, com a Lei n. 10.770/2003, e, segundo, com o advento da EC n. 45/2004, que aumenta de forma significativa a competência da Justiça do Trabalho e cria o CNJ e outros conselhos de controle da atividade judiciária, como, por exemplo o CSJT no âmbito da Justiça do Trabalho.

A Lei n. 10.770/2003 e o CSJT teriam forte impacto na estruturação do primeiro grau da Justiça do Trabalho. Primeiro, a referida lei reforça o papel dos tribunais na alocação de recursos e definições de jurisdição, com a possibilidade de os tribunais alterarem os locais das VT e de suas jurisdições. Segundo, o CSJT passaria a ter papel preponderante na definição de regras e de ritos para a criação de VT.

O ciclo de expansão promovido pela Lei n. 10.770/2003, juntamente com a atuação dos tribunais em alocar recursos, culminou finalmente na expansão da jurisdição trabalhista em todo o território nacional. Terminado esse ciclo, novas leis de criação de VT foram aprovadas em 2011 e 2012 e que criaram mais de 100 VT. Essas duas leis foram as últimas que criaram VT.

Nos últimos quinze anos, o que chama atenção, não é apenas a expansão com a criação de novas VTs, mas a consolidação da Justiça do Trabalho em todo o território nacional e o papel desempenhado pelos tribunais em alocar recursos para melhor atender a demanda nas localidades. Nesse sentido, vale citar também as novas estruturas para aumentar o acesso à justiça, como os postos de atendimento e as varas itinerantes.

De todo esse histórico, o que se conclui é que a "*justicinha*" nasceu, cresceu, adaptou-se, resistiu, transformou-se e consolidou-se como um ramo do Poder Judiciário presente em todo o território nacional e em favor da justiça social.

5. Bibliografia

ALBUQUERQUE, F.R.A. *A justiça do trabalho na Ordem Judiciária Brasileira*. São Paulo: LTr, 1993.

AMIDEN NETO, G. *O ordenamento territorial da justiça trabalhista na região centro-oeste:* processo histórico e dinamismo territorial em contraste ao incremento difuso do ramo da justiça trabalhista. 2015. 134 f. Dissertação (Mestrado em Geografia). Universidade de Brasília, Brasília, 2015.

ANTUNES, R. A nova morfologia do trabalho e as formas diferenciadas da reestruturação produtiva no Brasil dos anos 1990. *Sociologia* – Revista da Faculdade de Letras da Universidade do Porto, vol. XXVII, 2014, p. 11-25.

BARROS JUNIOR, C. M. A justiça do trabalho e a reforma do poder judiciário. *Revista da Academia Nacional de Direito do Trabalho*, ano VIII, n. 8, 2000, p. 38-48.

BATALHA, W. S. C., *Tratado Judiciário do trabalho*. 3. ed. São Paulo: LTr, 1995.

BIAVASCHI, M. B. *O direito do trabalho no Brasil:* 1930-1942: a construção do sujeito de direitos trabalhistas. Tese (Doutorado em Economia Aplicada). UNICAMP, Campinas, 2005.

______. Direito e Justiça do Trabalho no Brasil: notas sobre uma trajetória com bem mais de 70 anos. *Revista do Tribunal Superior do Trabalho*, Brasília, v. 77, n. 2, p. 83-102, abr./jun. 2011.

______. O processo de construção e desconstrução da tela de proteção social do trabalho: tempos de regresso. *Estudos Avançados*, São Paulo, v. 30, n. 87, p. 75-87, maio/ago. 2016.

BONFIM, B. C. Gênese do direito do trabalho e a criação da justiça do trabalho no Brasil. *Revista do TST*, Brasília, vol. 77, n. 2, abr./jun. 2011.

CAMPOS, Andre Gambier. *Breve Histórico das Mudanças na Regulação do Trabalho no Brasil.* Brasília: IPEA, 2015.

CARDOSO, A.M. *A década neoliberal e a crise dos sindicatos no Brasil*. São Paulo: LTr, 2003.

CARDOSO JR., J. C. *Desestruturação do mercado de trabalho brasileiro e limites do seu sistema público de emprego*. Brasília: IPEA, 2000.

CATHARINO, José Martins. *Compêndio de Direito do Trabalho*. v. I. 2. ed. São Paulo: Editora Jurídica e Universitária, 1980.

CONCLAT. *Resoluções da Conferência Nacional da Classe Trabalhadora*. 1981. Disponível em: <http://cedoc.cut.org.br/resolucoes-de-congressos>. Acesso em: 04 out. 2019.

CORRÊA, L. R. *Trabalhadores têxteis e metalúrgicos a caminho da Justiça do Trabalho*: leis e direitos na cidade de São Paulo, 1953 a 1964. 2007. 243 f. Dissertação (Mestrado em História). Instituto de Filosofia e Ciências Humanas, Universidade Estadual de Campinas, Campinas, 2007.

______. O corporativismo dos trabalhadores: leis e direitos na Justiça do Trabalho entre os regimes democrático e ditatorial militar no Brasil (1953-1978). *Estudos Ibero-Americanos*, Porto Alegre, v. 42, n. 2, p. 500-526, maio/ago. 2016.

DEDECCA, C. S. Notas sobre a evolução do mercado de trabalho no Brasil. *Revista de Economia Política*, n. 25, v. 1, jan./mar. 2005.

DELGADO, M. G. As duas faces da nova competência da Justiça do Trabalho. In: COUTINHO, G. F.; FAVA, M. N. (Coords.). *Nova competência da justiça do trabalho*. São Paulo: LTr, 2005. p. 292-305.

______. Efetividade da justiça nas relações individuais e coletivas do trabalho. *Revista LTr*, São Paulo, v. 74, n. 6, p. 647-651, jun. 2010.

______; DELGADO, G. N. Justiça do Trabalho: 70 anos de Justiça Social. *Revista do Tribunal Superior do Trabalho*, Brasília, v. 77, n. 2, p. 103-115, abr./jun. 2011.

DROPPA, A. *Direitos trabalhistas:* legislação, justiça do trabalho e trabalhadores do Rio Grande do Sul (1958-1964). 2015. 253 f. Tese (Doutorado em História). Instituto de Filosofia e Ciências Humanas, Universidade Estadual de Campinas, Campinas, 2015.

DRUCK, M. G.; FRANCO, T. *A Perda da Razão Social do Trabalho*: Precarização e Terceirização. São Paulo: Boitempo, 2007.

FARIA, J. E. *Os novos desafios da Justiça do Trabalho*. São Paulo: LTr, 2015.

FAUSTO, Boris (Dir.) HOLANDA; Sérgio Buarque de (Intr.); GOMES, Angela Maria de Castro. *História geral da civilização brasileira*, t. 3: o Brasil republicano, v. 10; sociedade política (1930-1964), 9. ed. Rio de Janeiro: Bertrand Brasil, 2007.

FERREIRA FILHO, J. M. M. Conflitos trabalhistas nas "terras do açúcar": zona da mata pernambucana (Anos 1960). *Revista Crítica Histórica*, Maceió, v. 3, n. 5, p. 124-148, jul. 2012.

FREITAS, L. B. O poder político da ANAMATRA e a Lei Constitucional. *Revista Debates*, Porto Alegre, v. 8, n. 3, p. 161-179, set./dez. 2014.

GIGLIO, W. D. Os setenta anos de evolução da Justiça do Trabalho. *Revista do Tribunal Superior do Trabalho*, vol. 77, n. 2, p. 106-122, 2011.

GOMES, A. C. Retrato falado: a Justiça do Trabalho na visão de seus magistrados. *Estudos Históricos*, Rio de Janeiro, v. 1, n. 37, p. 55-79, jan./jun. 2006.

JUNQUEIRA, E. B. Acesso à justiça: um olhar retrospectivo. *Estudos Históricos*, Rio de Janeiro, v. 9, n. 18, p. 389-402, 1996.

LOPES, M. S. A Justiça do Trabalho em Minas nos anos 40 a 60: um personagem e seu ofício. *Revista da Faculdade de Direito da UFMG*, Belo Horizonte, n. 60, p. 317-363, jan./jun. 2012.

LUCE, F. O domínio da lei na região do cacau: a justiça do trabalho e o estatuto do trabalhador rural. In: GOMES, A.C.G.; SILVA, F. T. (Orgs.). *A Justiça do Trabalho e sua história:* os direitos dos trabalhadores no Brasil. Campinas: Editora da Unicamp, 2013.

MALLET, E. Setenta anos depois, uma justiça do trabalho. *Revista do Tribunal Superior do Trabalho*, Brasília, vol. 77, n. 3, p. 17-32, jul./set. 2011.

MARANHÃO, Ney. Competência territorial trabalhista. Por uma exegese constitucional. *Revista Jus Navigandi*, ISSN 1518-4862, Teresina, ano 19, n. 3964, 09/05/2014. Disponível em: <https://jus.com.br/artigos/28304>. Acesso em: 04 jan. 2019;

MARTINS FILHO, I. G. A história da Justiça do Trabalho. In: FERRARI, I.; NASCIMENTO, A. M.; MARTINS FILHO, I. G. (Orgs.). *História do Trabalho, do Direito do trabalho e da Justiça do Trabalho*, 3. ed. São Paulo: LTr, 2011. pp. 160-221.

MATTOS, M. B. *Trabalhadores e sindicatos no Brasil.* São Paulo: Expressão Popular, 2009.

MONTEIRO, T. C. Relatório geral da justiça do trabalho referente ao ano de 1969. *Revista do TST*, 1969, P. 20.

MORAIS FILHO, E. *Introdução ao Direito do Trabalho*. 2. ed. São Paulo: LTr, 1978.

MOREL, R. L. M.; PESSANHA, E. G. F. Magistrados do trabalho no Brasil: entre a tradição e a mudança. *Estudos Históricos*, Rio de Janeiro, v. 1, n. 37, p. 29-53 jan./jun. 2006.

______. A Justiça do Trabalho. *Tempo Social*, São Paulo, v. 19, n. 2, p. 87-109, nov. 2007.

NASCIMENTO, A. M. *Curso de direito processual do trabalho.* 15. ed. São Paulo: Saraiva, 1994.

NOBREGA, F. Relatório geral da corregedoria da justiça do trabalho referente ao ano de 1969. *Revista do TST*, 1969.

OLIVEIRA, Eduardo Matos. Aonde chega o Judiciário? Uma avaliação da expansão da Justiça do Trabalho no Brasil (2003-2010). *Opinião Pública*, Campinas, vol. 24, n. 2, maio/ago. 2018, p. 456-485.

PEREIRA, J. L. C. A Justiça do Trabalho e os modelos para a solução de conflitos individuais do trabalho: Estado ou empresa — arbitragem de conflitos. *Revista do Tribunal Superior do Trabalho*, Brasília, v. 66, n. 4, p. 23-36, out./dez. 2000.

PIMENTEL M. A necessidade de ampla reforma da CLT e da Justiça do Trabalho. *Revista da Academia Nacional de Direito do Trabalho*, ano VIII, n. 8, 2000, p. 79-81.

POCHMANN, Márcio. *Velhos e novos problemas do mercado de trabalho no Brasil.* Campinas: IE/CESIT, 1998.

RAPOSO, C. L. A. T. Arquivos, representações e memória dos trabalhadores rurais: litígios trabalhistas na zona canavieira de Pernambuco. *Clio: Revista de Pesquisa Histórica*, Recife, n. 35, p. 240-253, jan./jun. 2017.

______. Justiça do Trabalho nas usinas e engenhos de Pernambuco: relações de trabalho na zona canavieira (1964-1965). *Revista Dia-Logos*, Rio de Janeiro, v. 12, n. 1, p. 72-90, jan./jun. 2018.

RIBEIRO, Ludmila Mendonça Lopes. A emenda constitucional 45 e a questão do acesso à justiça. *Revista Direito GV*, [S.l.], v. 4, n. 2, p. 465-491, jul. 2008. ISSN 2317-6172. Disponível em: <http://bibliotecadigital.fgv.br/ojs/index.php/revdireitogv/article/view/35160>. Acesso em: 10 out. 2019.

ROMITA, A. S. Justiça do Trabalho: necessárias distinções. *Revista da Academia Nacional de Direito do Trabalho*, ano VIII, n. 8, 2000, p. 30-33.

RUSSOMANO, M.V. *Comentários à Consolidação das Leis do Trabalho*, vol. III. Rio de Janeiro, 1952.

______. A justiça do trabalho em face da reforma constitucional do poder judiciário [Entrevista concedida a]. *Revista de Direito do Trabalho, Revista dos Tribunais*, São Paulo, n. 10/11, set./dez. 1977, p. 11-17.

RUSSOMANO, M. V. A justiça do trabalho em face da reforma constitucional do poder judiciário [Entrevista concedida a]. *Revista de Direito do Trabalho, Revista dos Tribunais*, São Paulo, n. 10/11, set./dez.1977, p. 11-17.

SADEK, M. T. A. Poder Judiciário: Perspectivas de Reforma. *Opinião Pública*, Campinas, vol. X, n. 1, maio 2004, p. 1-62.

______; ARANTES, R. B. A crise do Judiciário e a visão dos juízes. *Revista USP*, São Paulo, n. 21, p. 34-45, mar./maio 1994.

SILVA, B. F.; FERNANDES, J. R. L. Organização da Justiça do Trabalho. In: MARTINEZ, L.; BOUCINHAS FILHO, J. C.; SILVA, B. F. (Orgs.). *Curso de Direito Processual do Trabalho*. 16. ed. São Paulo: LTr, 2019. p. 28-37.

SOUTO MAIOR, J. L. A justiça do trabalho no Brasil moderno. *Revista LTr*, vol. 59, n. 12, p. 1.627-1.634.

______. *História do direito do trabalho no Brasil:* curso de direito do trabalho. Vol. I, parte II. São Paulo: LTr, 2017.

______. *A "reforma" trabalhista já era — Parte IV:* os ruralistas estão chegando. Disponível em: <https://www.jorgesoutomaior.com/blog/a-reforma-trabalhista-ja-era-parte-iv-os-ruralistas--estao-chegando>. Acesso em: 04 out. 2019.

SOUZA NETTO, F. A. *Da Justiça do Trabalho da sua organização e competência*. São Paulo: Livraria Acadêmica – Saraiva & CIA, 1938.

SÜSSEKIND. A. L. A justiça do trabalho 55 anos depois. *Revista LTr*, vol. 60, n. 7. São Paulo, LTr, 1996, p. 875-882.

TST. *A história da justiça do trabalho no Brasil:* multiplicidade de olhares. Brasília: Tribunal Superior do Trabalho, Comissão de Documentação, 2011. 510 p. : il., disponibilizado em: <https://hdl.handle.net/20.500.12178/35199>.

VARUSSA, R. J. *Trabalhadores e a construção da Justiça do Trabalho no Brasil (décadas de 1940 e 1960)*. São Paulo: LTr, 2012.

6. Projetos de Lei consultados

BRASIL. Câmara dos Deputados. *Projeto de Lei PL n. 1.235-A/1956*. Estende a comarca de nova lima e a cidade industrial a jurisdição das juntas de conciliação e julgamento de belo horizonte. Disponível em: <http://www.camara.gov.br/proposicoesWeb/fichadetramitacao?idProposicao=189423>. Acesso em: 1º out. 2019.

______. Câmara dos Deputados. *Projeto de Lei PL n. 1.311/1951*. Cria na justiça do trabalho, a terceira e quarta juntas de conciliação e julgamento, com sede em recife, estado de pernambuco, e da outras providencias. Disponível em: <http://www.camara.gov.br/proposicoesWeb/fichadetramitacao?idProposicao=190453>. Acesso em: 1º out. 2019.

______. Câmara dos Deputados. *Projeto de Lei PL n. 1.525/1951*. Cria, na justiça do trabalho, a terceira junta de conciliação e julgamento, com sede na cidade de Belo Horizonte, Estado de Minas Gerais. Disponível em: <http://www.camara.gov.br/proposicoesWeb/fichadetramitacao?idProposicao=193191>. Acesso em: 1º out. 2019.

______. Câmara dos Deputados. *Projeto de Lei PL n. 2.057/1952*. Cria, na justiça do trabalho, a segunda junta de conciliação e julgamento, com sede em santos, Estado de São Paulo, e da outras providencias. Disponível em: <http://www.camara.gov.br/proposicoesWeb/fichadetramitacao?idProposicao=199261>. Acesso em: Acesso em: 1º out. 2019.

______. Câmara dos Deputados. *Projeto de Lei PL n. 3.834/1953*. Cria, na segunda região da justiça do trabalho, uma junta de conciliação e julgamento, com sede em Ribeirão Preto, no Estado de São Paulo e jurisdição nos municípios de Cravinhos, Serrano, Batatais, Altinopolis, Brodosqui, Jardinopolis, São Simão, Santa Rosa de Viterbo, Serra Azul. Disponível em: <http://www.camara.gov.br/proposicoesWeb/fichadetramitacao?idProposicao=216361>. Acesso em: 1º out. 2019.

______. Câmara dos Deputados. *Projeto de Lei PL n. 2.759/1961*. Exclui da jurisdição da junta de conciliação e julgamento de Ribeirão Preto, no Estado de São Paulo, Comarca de Santa Rosa do Viterbo. Disponível em: <http://www.camara.gov.br/proposicoesWeb/fichadetramitacao?idProposicao=206484>. Acesso em: 1º out. 2019.

______. Câmara dos Deputados. *Projeto de Lei PL n. 408/1967*. Dispõe sobre a jurisdição da junta de conciliação e julgamento, de ribeirão preto, no Estado de São Paulo, e da outras providencias. Disponível em: <http://www.camara.gov.br/proposicoesWeb/fichadetramitacao?idProposicao=199261>. Acesso em: 1º out. 2019.

______. Câmara dos Deputados. *Projeto de Lei PL n. 973/1959*. Estende a jurisdição das juntas de conciliação e julgamento de Volta Redonda e Petropolis, no Estado do Rio, respectivamente, aos municípios de Barra Mansa, Barra do Pirai, Resende e Três Rios, Paraiba do Sul e sexto distrito de Mage, no mesmo estado. Disponível em: <http://www.camara.gov.br/proposicoesWeb/fichadetramitacao?idProposicao=185328>. Acesso em: 1º out. 2019.

______. Câmara dos Deputados. *Projeto de Lei PL n. 1.636/1956*. Eleva para primeira categoria o tribunal regional do trabalho da terceira região, e cria juntas de conciliação e julgamento e da outras providencias. Disponível em: <http://www.camara.gov.br/proposicoesWeb/fichadetramitacao?idProposicao=194459>. Acesso em: 1º out. 2019.

______. Câmara dos Deputados. *Projeto de Lei PL n. 2.651/1957*. Dispõe sobre a criação de juizos de trabalho onde não existirem juntas de conciliação e julgamentos. Disponível em: <http://www.camara.gov.br/proposicoesWeb/fichadetramitacao?idProposicao=205463>. Acesso em: 1º out. 2019.

______. Câmara dos Deputados. *Projeto de Lei PL n. 70/1959*. Cria, no tribunal regional do trabalho da segunda região, oito juntas de conciliação e julgamento e autoriza o poder executivo a abrir ao poder judiciario — justiça do trabalho, credito especial de Cr $ 20.247.981,00, para atender as decorrentes despesas. Disponível em: <http://www.camara.gov.br/proposicoesWeb/fichadetramitacao?idProposicao=199261>. Acesso em: 1º out. 2019.

______. Câmara dos Deputados. *Projeto de Lei PL n. 2.088/1964*. Estende a jurisdição das juntas de conciliação e julgamento de Campos e Nova Friburgo. Disponível em: <http://www.camara.gov.br/proposicoesWeb/fichadetramitacao?idProposicao=199613>. Acesso em: 1º out. 2019.

______. Câmara dos Deputados. *Projeto de Lei PL da Lei n. 3.057/1965*. ESTENDE A comarca de São Vicente a jurisdição da junta de conciliação e julgamento de Santos, no Estado de São Paulo. Disponível em: <http://www.camara.gov.br/proposicoesWeb/fichadetramitacao?idProposicao=199261>. Acesso em: 1º out. 2019.

______. Câmara dos Deputados. *Projeto de Lei PL n. 958/1972*. Dispõe sobre a jurisdição de juntas de conciliação e julgamento da quinta região da justiça do trabalho. Disponível em: <http://www.camara.gov.br/proposicoesWeb/fichadetramitacao?idProposicao=185093>. Acesso em: 1º out. 2019.

______. Câmara dos Deputados. *Projeto de Lei PL n. 972/1968*. Altera dispositivos da Consolidação das Leis do Trabalho. Disponível em: <http://www.camara.gov.br/proposicoesWeb/fichadetramitacao?idProposicao=185314>. Acesso em: 1º out. 2019.

______. Câmara dos Deputados. *Projeto de Lei PL n. 2.298/1970*. Estabelece normas para a criação de orgãos de primeira instancia na justiça do trabalho e da outras providencias. Disponível em: <http://www.camara.gov.br/proposicoesWeb/fichadetramitacao?idProposicao=201993>. Acesso em: 1º out. 2019.

______. Câmara dos Deputados. *Projeto de Lei PL n. 2.819/1980*. Dispõe sobre a criação da comissão paritaria de empresa e da outras providencias. Disponível em: <https://www.camara.leg.br/proposicoesWeb/fichadetramitacao?idProposicao=207043>. Acesso em: 1º out. 2019.

______. Câmara dos Deputados. *Projeto de Lei PL n. 6.615-A/1985. Cria juntas de conciliação e julgamento nas regiões da justiça do trabalho, define areas de jurisdição e da outras providencias*. Disponível em: <https://www.camara.leg.br/proposicoesWeb/fichadetramitacao?idProposicao=230974>. Acesso em: 1º out. 2019.

______. Câmara dos Deputados. *Projeto de Lei PL n. 1.268/1988*. CRIA JUNTAS DE CONCILIAÇÃO E JULGAMENTO NAS REGIÕES DA JUSTIÇA DO TRABALHO, DEFINE JURISDIÇÕES, E DA OUTRAS PROVIDENCIAS. Disponível em: <https://www.camara.leg.br/proposicoesWeb/fichadetramitacao?idProposicao=189892>. Acesso em: 1º out. 2019.

______. Câmara dos Deputados. *Projeto de Lei PL n. 1.445/1991*. CRIA JUNTAS DE CONCILIAÇÃO E JULGAMENTO NAS REGIÕES DA JUSTIÇA DO TRABALHO, DEFINE JURISDIÇÕES E DA OUTRAS PROVIDENCIAS. Disponível em: <https://www.camara.leg.br/proposicoesWeb/fichadetramitacao?idProposicao=192223>. Acesso em: 1º out. 2019.

______. Câmara dos Deputados. *Projeto de Emenda Constitucional PEC n. 96/1992*. Introduz modificações na estrutura do Poder Judiciário. NOVA EMENTA DA EMENDA CONSTITUCIONAL N. 45: Altera dispositivos dos arts. 5º, 36, 52, 92, 93, 95, 98, 99, 102, 103, 104, 105, 107, 109, 111, 112, 114, 115, 125, 126, 127, 128, 129, 134 e 168 da Constituição Federal, e acrescenta os arts. 103-A, 103-B, 111-A e 130-A, e dá outras providências. Disponível em: <https://www.camara.leg.br/proposicoesWeb/fichadetramitacao?idProposicao=14373>. Acesso em: 1º out. 2019.

______. Câmara dos Deputados. *Projeto de Lei PL n. 4200/1998*. Cria juntas de conciliação e julgamento na Segunda Região da Justiça do Trabalho, define jurisdição e dá outras providências. Disponível em: <https://www.camara.leg.br/proposicoesWeb/fichadetramitacao?idProposicao=219600>. Acesso em: 1º out. 2019.

______. Câmara dos Deputados. *Projeto de Lei PL n. 4694/1998*. Acrescenta dispositivos à Consolidação das Leis do Trabalho, dispondo sobre as Comissões de Conciliação Prévia. Disponível em: <https://www.camara.leg.br/proposicoesWeb/fichadetramitacao?idProposicao=38137>. Acesso em: 1º out. 2019.

______. Câmara dos Deputados. *Projeto de Lei Complementar PL da Lei n. 3384/2000*. Dispõe sobre a criação de Varas do Trabalho nas Regiões da Justiça do Trabalho, define jurisdições e dá outras providências. Disponível em: <https://www.camara.leg.br/proposicoesWeb/fichadetramitacao?idProposicao=19576>. Acesso em: 1º out. 2019.

Mensagem n. 134 relativo ao veto parcial da Presidência República à Lei n. 7.471/1986. Documento disponibilizado em: <https://www2.camara.leg.br/legin/fed/lei/1980-1987/lei-7471-30-abril-1986-368072-norma-pl.html>. Acesso em: 04 out. 2019.

A Classe Operária no Extremo da Zona Leste de São Paulo: O Caso dos Trabalhadores da Companhia Nitro Química Brasileira

Anna Beatriz de Alencar Reis[(1)]

Resumo: O fluxo migratório no início da década de 1930 estabeleceu um dos processos de migração mais intenso da história do Brasil. O percurso Nordeste — São Paulo caracterizou a migração da população nordestina que buscava melhores condições de vida e atividades econômicas para sua sobrevivência. Nesse sentido, o processo de industrialização do país impulsionou esse fluxo e, especialmente, no extremo da Zona Leste, em São Miguel Paulista, iniciou-se a construção da classe operária. Dessa forma, partimos da seguinte questão de pesquisa "Como as atividades de trabalho na Companhia Nitro Química Brasileira desenvolvidas pelos migrantes nordestinos definiram a classe operária em São Miguel Paulista?". Neste trabalho, temos como objetivo geral compreender como as migrações internas influenciaram no contexto histórico do trabalho. Como objetivos específicos temos: a) investigar como o fluxo Nordeste-São Paulo gerou a classe operária em São Miguel Paulista; b) analisar e refletir sobre as atividades produzidas no âmbito fabril na Companhia Nitro Química Brasileira, buscando identificar quais impactos foram gerados na classe operária. Para tanto, desenvolvemos uma pesquisa qualitativa em uma abordagem descritiva, a partir da análise dos trabalhos de Paulo Fontes (1996; 2002; 2008), realizando um recorte dos relatos de antigos operários a fim de evidenciar as expressões e aspectos no campo do trabalho. Concluímos que a atividade de trabalho fabril possuiu um caráter negativo, pois a produção decorria de ações de alta vulnerabilidade para o operário, em condições insalubres. Por fim, entendemos que há uma dicotomia no percurso, pois ao passo que a fábrica apresentava riscos ao operário, ela contribuiu para o crescimento e formação do bairro e da classe operária, fruto da grande oferta de trabalho.

Palavras-chave: Migração — Classe operária — São Miguel Paulista.

(1) Advogada trabalhista. Especialista em Direito do Trabalho e Processo do trabalho pela Universidade de São Paulo (FDUSP, 2019)

1. Introdução.

O processo de formação do mercado nacional do trabalho está transposto por um modelo de exploração da mão de obra, mobilidade da força do trabalho, um perfil de trabalho associado às relações produtivas e multiplicidades regionais. Inicialmente, tem-se no período da colonização um amplo sistema de exploração de mão de obra, na escravização de milhares de índios e posteriormente do povo negro advindo do comércio de escravos.

Sabemos que o intuito da colonização sobrepões o caráter civilizatório e solidificou organizacionalmente através de uma economia de exploração, baseada principalmente em trabalho escravo e a imposição cultural europeia(2). Entretanto, tem-se a ideia de que para a construção de um mercado de trabalho, o trabalhador vende a sua força de trabalho(3) , diferentemente da relação de controle e domínio que ocorreu no período colonial.

Segundo Gebara, após a abolição em 1888, aconteceu um processo de transição de trabalho forçado para o trabalho do homem livre e com os ex-escravos(4) como um dos princípios do mercado de trabalho nacional. Essa transição, além de longa, criou novos grupos de pessoas (ex-escravos, imigrantes e trabalhadores nacionais) inseridas no mercado de trabalho na contratação de sua força de trabalho. Neste momento, a estruturação do mercado de trabalho respaldou nas pessoas que detinham a força de executá-la, porém não eximia a dependência direta ao poder de quem detinha a moderação das relações de trabalho e do capital.

Tem por certo que a exploração da força do trabalho escravo era abundante e mesmo após se tornarem livres, ficaram espalhados pelo território, à margem social, não sendo inseridos socialmente e com poucas condições de boa sobrevivência. Fora transferido o trabalho oneroso para o trabalhador europeu, imigrante na nossa terra, que negociavam a sua força de trabalho. A imigração de países europeus para o Brasil tem uma característica importante na história, ela age como elemento para a construção do mercado de trabalho de uma mão de obra livre.(5)

Quanto a migração interna, no Brasil, acredita-se que tenha sido impulsionada a partir de ofertas de trabalho em grandes centros. Assim, a expansão quantitativa

---

(2) GUIMARÃES, L. M. P. As circunstâncias históricas e a construção da memória social do descobrimento do Brasil comentário. In: *Psicologia*, Lisboa, v. 17, n. 2, p. 293-300, jul. 2003.

OLIVEIRA, D. C. de; LEWIN, M. C.; SA, C. P. de. A memória primordial do descobrimento do Brasil: análise dos manuais brasileiros de história. In: *Psicologia*, Lisboa, v. 17, n. 2, p. 301-319, jul. 2003.

(3) MARX, K. *O capital:* crítica da economia política: Livro I: o processo de produção do capital. 2. ed. São Paulo: Boitempo, 2017.

(4) GEBARA, A. *O mercado de trabalho livre no Brasil (1871-1888)*. São Paulo: Brasiliense, 1986. p. 208-210.

(5) GRAHAM, D.; BUARQUE DE HOLANDA, S. As migrações inter-regionais e urbanas e o crescimento econômico no Brasil. In: Moura, H. (Org.). *Migração Interna*. Fortaleza: BNB, 1980.

desses trabalhadores encontrou-se associada à manutenção de um expressivo subproletariado, conferindo características distintivas ao mundo do trabalho brasileiro.(6) Portanto, a migração caracterizou-se pelo fluxo migratório realizado a partir de rotas definidas a procura de melhores condições de vida e de trabalho.

Sabemos que "a grande migração de trabalhadores das regiões rurais para as cidades foi um dos fatos marcantes da história social brasileira na segunda metade do século XX"(7). Concomitantemente, o fluxo Nordeste-São Paulo foi se estabelecendo em grande monta em meados da década de 1930, principalmente na região da zona leste de São Paulo, com destino à São Miguel Paulista para trabalharem na Companhia Nitro Química Brasileira.

A migração de trabalhadores nordestinos para essa região marcou profundamente a história e o desenvolvimento do bairro, como todo o período da industrialização em São Paulo. Consideramos a relevância desse estudo, uma vez que a herança de todo o processo migratório à esta região ainda é latente, seja ele pela formação indenitária da classe operária ou pelas relações estabelecidas entre fábrica, atividade de labor e espaço geográfico.

No presente estudo, consideramos que a cidade de São Paulo sofreu múltiplas variações, com crescimento populacional nas regiões mais afastadas do centro da cidade e, em nosso caso, a região da Zona Leste sofreu crescimento exponencial devido a migração pelo trabalho. Desta forma partimos da seguinte problemática: *"Como as atividades de trabalho na Companhia Nitro Química Brasileira desenvolvidas pelos migrantes nordestinos definiram a classe operária em São Miguel Paulista?"*. Para tanto, assumimos como objetivo geral compreender como as migrações internas influenciaram no contexto histórico do trabalho. Como objetivos específicos temos: a) investigar como o fluxo Nordeste-São Paulo gerou a classe operária em São Miguel Paulista; b) analisar e refletir sobre as atividades produzidas no âmbito fabril na Companhia Nitro Química Brasileira, buscando identificar quais impactos foram gerados na classe operária.

Este trabalho está organizado em seis capítulos. O capítulo intitulado de *Caminhos da migração* refere-se aos conceitos migratórios e as relações estabelecidas pelo fluxo migratório, realizando um recorte no percurso estabelecido entre Nordeste – São Paulo e seu processo de mobilidade pelo trabalho. No capítulo seguinte, *O caso migratório em São Miguel Paulista*, abordaremos os aspectos históricos da formação do bairro de São Miguel Paulista, bem como sua relação com a Companhia Nitro

(6) BARBOSA, A. de F. *A Formação do mercado de trabalho no Brasil*. São Paulo: Alamada, 2008. p. 164.

(7) FONTES, P. *Um nordeste em São Paulo:* trabalhadores migrantes em São Miguel Paulista (1945-66). Rio de Janeiro: Editora FGV, 2008. p. 43.

Química e o processo de formação da classe operária. O capítulo *procedimentos metodológicos* apresentaremos os caminhos desta pesquisa, apontando o nosso processo de desenvolvimento. No capítulo r*eflexões e análises: migração, classe operária e atividade de trabalho em São Miguel Paulista* apresentaremos relatos de moradores e trabalhadores da Nitro Química, buscando produzir reflexões acerca da atividade de trabalho na fábrica e o reconhecimento da classe operária em seus interesses comuns. Por fim, no capítulo *Considerações finais* apresentamos nossas reflexões decorrente da problemática apresentada neste estudo.

2. Caminhos da migração

2.1. O que é migração?

Entendemos que o fenômeno migratório está subscrito nas diversidades, multiculturalidade e complexidade desenvolvidas no processo de movimentos espaciais da população, atuando efetivamente no processo de construção de uma estrutura social. Para o presente estudo, discutiremos as migrações realizadas entre as décadas de 1940 a 1960 da população nordestina rumo à São Paulo.

As décadas de quarenta, cinquenta e sessenta em São Paulo qualifica-se com relevante mobilidade espacial que remodelou o processo de distribuição de espaços. Para Lago e Ribeiro (2007) a mobilidade espacial reflete mudanças e permanências da dinâmica urbana, tais como a emergência de novas centralidades, a expansão de fronteiras metropolitanas, a crescente informalidade do trabalho e espaço urbano.[(8)]

Para Faria (1991)[(9)], a história das modificações estruturais que a sociedade brasileira passou conecta-se diretamente ao modo de redistribuição da população nas diversas regiões do país. Reconhecemos que a redistribuição é realizada pelas movimentações de populações de sua origem à um destino, caracterizada pelos fatores sociais, políticos e econômico. Os locais finais de migração foram reestruturados economicamente, uma vez que esses destinos eram estabelecidos como regiões de produção de riqueza[(10)].

O desenvolvimento econômico estabelecido nas regiões de grandes centros, aqueles que passavam por uma transformação de uma sociedade agrícola para uma sociedade industrial, caracterizou-se pelos movimentos migratórios devido a demanda

---

(8) LAGO, L. C.; RIBEIRO, M. A. Novas Mobilidades na Metrópole. In: SEYFERTH, G. *et al* (Orgs.). *Mundo em movimento:* ensaios sobre migrações. Santa Maria: UFSM, 2007. p. 48.

(9) FARIA, V. *Cinquenta anos de urbanização no Brasil*: tendências e perspectivas. São Paulo: Novos Estudos CEBRAP, 1991.

(10) MATOS, R. E. S.; BAENINGER, R. *Migration and Urbanization in Brazil:* Processes of Spatial Concentration and Deconcentration and the Recent Debate. Anais XXIV General Population Conference, 2001, Salvador. Brazilian Demography. Associação Brasileira de Estudos Populacionais, 2001.

de mão de obra no processo de industrialização(11). É válido ressaltar que a identificação da cidade ou do campo não pode ser caracterizada, na perspectiva da atividade econômica, somente como regiões de atividade industrial e de agricultura, respectivamente, pois a migração rural-urbano reflete as situações dos espaços de moradia, ao mesmo tempo que amplia a relação desses dois polos como espaços conjuntos de economia no período da industrialização(12).

Porém, o contexto da migração ultrapassa os limites econômicos, pois ocorreu um processo de desterritorialização(13). Reconhecemos que esse processo, na perspectiva dos estudos do território, abrangeram a compreensão de retirar elementos espaciais e simbólicos de uma determinada sociedade, ao mesmo tempo que os elementos afetivos nas relações humanas assumiram o espaço como território(14). Para Saquet e Mondardo (2008)(15), a migração ocorre por meio de uma interação territorial em rede, por meio das relações econômicas, culturais e políticas, cujo processo de desterritorialização assume o rompimento e afastamento de vínculos do sujeito com o espaço.

Nesse sentido, compreender as motivações das migrações faz-se necessário para entendermos como as relações sociais foram se constituindo e estabelecendo novas relações com o espaço social, econômico e cultural no lugar de destino. Para tanto, as relações sociais em rede indicaram ocorrer a transmissão de informações para os diversos grupos sociais em diversos territórios, permitindo criar um canal de comunicação entre os sujeitos envolvidos nos distintos lugares de moradia. Dessa forma, sabemos que as relações construídas nesse processo estruturaram-se a partir de uma rede de comunicação, influenciando a inserção dos sujeitos migrantes no mercado de trabalho na sociedade receptora, ou seja, em seu novo território de vivências sociais(16).

2.2. Mobilidade para o trabalho

Não nos resta dúvidas que ao tratar de migração, a força de trabalho era, e é, uma característica indispensável dos motivos de mobilidade e surge como um objetivo e condição ao migrante no novo espaço, no qual o migrante, trabalhador longe

---

(11) CAMARA, M.; GABARDO, R. Migrações internas: Evolução teórica e algumas evidências empíricas para o caso brasileiro. In: *Semina*, v. 9, n. 2, p. 110-116, 1988.

(12) SILVA, J. G. da. O novo rural brasileiro. *Nova economia*, Belo Horizonte, v. 7, n. 1, p. 43- 81, 1997.

(13) AMARAL, J. J. O. di; SILVA, A. de A.; LEANDRO, E. L Migração e colonização na Amazônia Brasileira. In: AMARAL, J. J. O. di; SILVA, A. de A.; LEANDRO, E. L. (Orgs.). *Migração:* múltiplos olhares. São Carlos: Pedro & João Editores/Editora INIR - EDUFRO, 2011. p. 222.

(14) SAQUET, M. A.; MONDARDO, M. L. A construção de territórios na migração por meio de redes de relações sociais. In: Revista Nera, ano 11, n. 13, jul./dez. 2008.

(15) SAQUET; MONDARDO, 2008, *Op. cit.*

(16) RAMELLA, F. Por un uso fuerte del concepto de red en los estudios migratorios. In: BJERG, M.; OTERO, H. (Orgs.). *Inmigracion y redes sociales en la Argentina moderna*. Tandil: CEMLA-IEHS, 1995, p. 9-21.

de seu espaço de origem não possuía a propriedade dos meios de produção e sim a força da mão de obra a serviço do capital. Tem-se a década de trinta como precursora de um fluxo altamente ativo de migrações, evidenciando uma transição econômica e social[17].

Em vista disto, compreendemos que a estrada da migração foi marcada da "localidade inicial de partida" à "localidade final desejada", cujo elemento estrutural da vontade/necessidade foram frutos das oscilações sociais causadas pelo capital em relação a diversas localidades, obrigatoriamente ocasionando uma transferência da força de trabalho com o objetivo de melhores empregos e possibilidades no meio social. Assumimos, portanto, a força do trabalho como fator preponderante para a ação de mobilidade dos sujeitos entre espaços geográficos em níveis de migração rural-urbano, migração interestadual e migração intermunicipal[18] (Figura 1).

Em nosso cerne estudo, o recorte paira na migração interna, na qual as localidades são pensadas no âmbito exclusivamente brasileiro, com rotas de Estado para Estado, ou seja, a migração interestadual. Segundo Paiva, as localidades que eram recorrentes a grande seca eram por si só latentes expulsoras de sua população, sendo consideradas fontes de trabalhadores nacionais[19]. Diante disso, reconhecemos que há diferentes localidades iniciais de partida que direcionam a uma mesma localidade final desejada, o que se sucedeu nas migrações do Nordeste à capital de São Paulo.

No caso da capital Paulista, a industrialização trouxe a ampla necessidade de mão de obra ocasionando uma expansão urbana e gerando uma crescente demanda de trabalho.[20] Insurgiu assim, a necessidade da mão de obra nas novas indústrias, tornando como uma das relações constituintes a necessidade de suprir carência de mão de obra na capital. Esse processo de industrialização, bem como as relações estabelecidas por ele, "reflete no fenômeno de atração da força de trabalho"[21].

---

(17) MARTINE, G.; CAMARGO, L. Crescimento e distribuição da população brasileira: tendências recentes. In: *Revista Brasileira de Estudos de População,* v. 1, n. 1/2, p. 99-144, 2013.

(18) Cunha (2005) aponta em seu artigo a identificação dessas três modalidades de migração a partir de dados de censos demográficos. Ver: CUNHA, J. M. P. da. Migração e urbanização no Brasil: alguns desafios metodológicos para análise. In: *São Paulo em perspectiva*, v. 19, n. 4, p. 3-30, out./dez. 2005.

(19) PAIVA, O. da C. *Caminhos cruzados*: migração e construção do Brasil moderno (1930-1950). Bauru: EDUSC, 2004. p. 251.

(20) FONTES, P. *Um nordeste em São Paulo:* trabalhadores migrantes em São Miguel Paulista (1945-66). Rio de Janeiro: Editora FGV, 2008. p. 61.

(21) AMARA, M. R. G. Migrações internas: Evolução teórica e algumas evidências empíricas para o caso brasileiro. In: *Semina*, v. 9, n. 2, p. 110-116, 1988. p. 111.

Figura 1 — Ideia de estrutura do padrão de mobilidade dos sujeitos migrantes

Fonte: Anna Beatriz de A. Reis, 2019.

Apresentamos no quadro 1 as etapas migratórias no Brasil, no qual buscamos elencar a proposta de desenvolvimento econômico pautada na força do trabalho de migrantes. O deslocamento da mão de obra para as localidades de destino reflete o fluxo migratório nacional (Figura 1), evidenciando a mobilidade dos indivíduos na busca de oferta de trabalho.

Quadro 1 — Etapas de migração no Brasil

Etapas	Época	Caracterização	Migrantes
I	Instauração da República (1889)	Força de trabalho na produção do café	Oriundos de regiões que a produção já tinha estagnado
II	Criação do Estado Novo (1930)	Formação do mercado produtor e consumidor interno	Oriundos de Minas Gerais e Nordeste à São Paulo e Rio de Janeiro
III	1950	Instalação da proposta industrial para a aceleração do crescimento econômico nacional	Expansão de número de migrantes com destino à região Sudeste
IV	até a década de 1970	desenvolvimento da proposta de crescimento econômico	oriundos de longa distância e concentrados nas grandes centros
V	a partir da década de 1980	Crise econômica internacional	realizam a mobilidade em pouca distância (destino à cidades pequenas e retorno para localidades de partidas

Fonte: Adaptada de Patarra (2003)[22]

Por fim, compreendemos que nas diversas etapas do fluxo migratório interno era necessário que os indivíduos se adequassem a atividade de trabalho ofertado nas

(22) PATARRA, N. Movimentos migratórios no Brasil: tempos e espaços. Rio de Janeiro: ENCE. Textos para discussão, n. 7, 2003.

regiões. Nesse sentido, o migrante trabalhador precisava adaptar-se às condições impostas pelo mundo industrial urbano e, desconhecendo os mecanismos do mercado de trabalho, necessitava aceitar qualquer emprego, com baixa remuneração e de níveis mais baixos na escala ocupacional[(23)].

2.3. Migração Nordeste — São Paulo

Como afirmamos anteriormente, o processo migratório esteve ligado a uma série de transformações econômicas, sociais e culturais que se consubstanciaram a partir das transformações presentes nas primeiras décadas da República e reelaboras no período inaugurado com a tomada do poder de Getúlio Vargas.[(24)] Esse período marca o início da configuração de um novo tipo migratório no país: a crescente migração rural-urbana[(25)], assim como a migração interestadual.

A mudança econômica do Brasil e com o veloz desenvolvimento industrial na região metropolitana de São Paulo exigiu um número alto de trabalhadores e, como consequência, um número alto de oferta de emprego.[(26)] Sem dúvidas, a grande oferta de trabalho abrilhantaram os olhos dos migrantes que enxergavam a oportunidade e a facilidade de conseguir empregar-se na capital paulista. Estatisticamente 86% dos homens e 74% das mulheres que migravam para São Paulo conseguiam empregar-se no primeiro mês após a sua chegada.[(27)]

Neste sentido, o Nordeste fora uma espécie de reservatório de mão de obra para o desenvolvimento capitalista[(28)], resultando no aumento na migração ao longo das décadas. Para Paiva (2004)[(29)], essa rota da migração reforçou uma representatividade negativa sobre o Nordeste, pois enquanto reconhecida como região seca, pobre e inviável, São Paulo acolhia como um lugar de possibilidade de vida melhor.

Sabe-se que o motivo preponderante da migração da população nordestina foi a seca em toda a região nordeste, o que acentuou as precárias condições socioeconômicas da região, ao passo que as desigualdades regionais se afirmaram e acentuaram

(23) ANDRADE, R. M. de A. *Migração e industrialização:* o caso do CIA. 1973. Dissertação (Mestrado em Ciências Humanas) – Universidade da Bahia, Faculdade de Filosofia, Bahia, f. 93, 1973.

(24) PAIVA, O. da C. *Caminhos cruzados:* migração e construção do Brasil moderno (1930-1950). Bauru: EDUSC, 2004. p. 178.

(25) BAENINGER, R. *Fases e faces da migração em São Paulo.* Campinas: Núcleo de Estudos de População-Nepo/Unicamp, 2012. p. 27.

(26) FONTES, P. *Um nordeste em São Paulo:* trabalhadores migrantes em São Miguel Paulista (1945-66). Rio de Janeiro: Editora FGV, 2008. p. 61.

(27) FONTES, 2008. *Op. cit.*, p. 62.

(28) PAIVA, O. da C., 2004. *Op. cit.*, p. 186.

(29) PAIVA, O. da C., 2004. *Op. cit.*, p. 186-187.

principalmente nas grandes capitais do país, como São Paulo[30]. Assim como apresentado no quadro 1, a mobilidade nordestina seguiu o fluxo migratório caracterizado pela força do trabalho do indivíduo. No início do século XX, especificamente na década de 1930, os migrantes nordestinos se dirigiam para o centro Sul do país, principalmente ao estado de São Paulo, para trabalharem em fazendas de café, substituindo a mão de obra estrangeira, em que houve um considerado aumento de migrações na década de 1950[31] (Tabela 1).

Tabela 1 — Imigração estrangeira e migração nacional para o estado de São Paulo

Períodos	Estrangeiros		Nacionais		Total
	N	%	N	%	
1820-1900	973.212	99,90	965	0,10	974.177
1901-1905	193.732	94,39	11.565	5,31	205.297
1906-1910	190.186	94,86	10.301	5,14	200.487
1911-1915	339.026	95,22	17.019	4,78	356.045
1916-1920	100.098	77,87	28.441	22,13	128.539
1921-1925	222.711	79,67	56.837	20,33	279.548
1926-1930	253.265	61,91	155.821	38,09	409.086
1931-1935	119.204	43,28	156.242	56,72	275.446
1936-1940	56.468	16,12	293.852	83,88	350.320
1941-1945	4.763	3,20	144.063	96,80	148.826
1946-1950	61.030	13,70	384.359	86,30	445.389
1951-1955	210.879	21,66	762.707	78,34	973.586
1956-1960	159.360	23,54	517.624	76,46	676.984
1961-1970	78.705	9,38	758.782	90,62	837.487

Fonte: FERRARI (2005, p. 71)[32]

O crescente número de migração da população nordestina na década de 1950 reflete a proposta industrial de aceleração econômica do país. A maior parte dessa população que chegava em São Paulo em situações precárias e por diversas formas (Tabela 2) exercia a primeira batalha da mobilidade, de sobreviver às situações impostas nessa viagem como as doenças, condições de higiene e alimentação.

(30) FERRARI, M. de M. *A migração nordestina para São Paulo no segundo Governo Vagas (1951-1954)* – Seca e desigualdades regionais. Dissertação (Mestrado em Ciências Sociais) – Universidade Federal de São Carlos, Centro de Educação e Ciências Humanas, São Carlos, f. 169, 2005.

(31) FERRARI, 2005. *Op. cit.*

(32) FERRARI, 2005. *Op. cit.*, p. 71.

Tabela 2 — Formas de realizar a mobilidade para o Estado de São Paulo

Vias/Ano	1951	
	N	%
Ferroviária	163.310	78,32%
Rodoviária	42.250	20,26%
Marítima	2.955	1,42%
Total	208.515	100,00%

Fonte: FERRARI (2005, p. 108)[(33)].

Essa migração interna acompanhou o processo de industrialização do estado São Paulo, ao mesmo tempo que as políticas trabalhistas de Vargas são incorporadas e a desestimulação da imigração externa fora ocasionada pela política migratória do então presidente, resultando em normas para as empresas a fim de que o número de trabalhadores nacionais da classe operária superassem a dos estrangeiros[(34)]. Portanto, o aumento dessa mobilidade no Estado de São Paulo foi efetuado não somente em grandes centros da capital, mas em espaços geográficos rurais nas cidades do interior, bem como nas regiões periféricas, pouco desenvolvidas, na capital paulista. No capítulo a seguir nos debruçarmos em elencar o processo migratório para uma região afastada do grande centro da capital do Estado de São Paulo, denominada de São Miguel Paulista.

3. O caso migratório em São Miguel Paulista

Neste capítulo abordaremos os aspectos da migração nordestina com o destino ao extremo da zona leste da cidade de São Paulo. Apresentaremos o perfil da atividade de trabalho que atraiu os sujeitos de diversos campos da região nordeste, a caracterização dos trabalhadores e a formação dessa classe operária.

3.1. Contexto histórico da região de São Miguel Paulista

O bairro de São Miguel Paulista está situado no extremo da zona leste da cidade de São Paulo e apresenta um forte marco no desenvolvimento industrial da capital paulista. A partir do contexto histórico sabemos que esse bairro possuiu extrema importância no desenvolvimento da cidade de São Paulo, principalmente no que se refere às missões jesuítas, pois tem-se datado no ano de 1585 a região de São Miguel como uma das principais aldeias sob assistência dos jesuítas, sendo denominada de Ururaí[(35)].

---

(33) FERRARI, 2005. *Op. cit.*, p. 108.

(34) ALBUQUERQUE JR., D. M. Paraíbas e Bahianos: órfãos do campo, filhos legítimos da cidade. In: *Travessia*, São Paulo, n. 8, p. 27-32, set./dez. 1990.

(35) BOMTEMPI, S. *O bairro de São Miguel Paulista:* a aldeia de São Miguel de Ururaí. São Paulo: Secretaria de Educação e Cultura, Prefeitura do Município de São Paulo, 1970.

A região geográfica que nessa época delimitava a área de São Miguel de Ururaí caracteriza-se como o embrião da região de nosso estudo. O espaço marcado pelo aldeamento indígena afirmava-se como ponto estratégico em defesa da região da cidade de São Paulo, conhecida na época como vila de São Paulo de Piratininga[(36)]. No decorrer dos séculos ocorreu a diminuição da população por diversos fatores como, por exemplo, a relação escravizante dos indígenas por homens brancos, a invasão para exploração da margem do rio Tietê, as brigas pela administração da região e a situação precária de vida dos moradores[(37)].

Somente no final do século XIX e início do século XX o bairro desenvolveu--se de fato a partir das produções de hortaliças, legumes, frutas, flores e a crescente formação de olarias para as produções de tijolos, abastecendo a população de toda a cidade[(38)]. Na década de 1930 iniciou-se o desenvolvimento industrial nessa região com a implementação da Companhia Nitro Química Brasileira, sendo eles "seduzidos pelo baixo custo dos terrenos, pela proximidade da estação ferroviária e dos grandes reservatórios de água do rio Tietê"[(39)], iniciam-se as construções e instalações para o seu funcionamento datado no ano de 1937. A instalação da fábrica caracterizou-se pela política nacional desenvolvimentista de Vargas, na qual tinha como objetivo a criação de indústrias de base pelo Estado, bem como incentivos para a industrialização do país, consolidando-se como uma área no país ainda pouco explorada, a área química, ampliando as propostas de progresso nacional[(40)]. Por ser uma área ainda pouco explorado no país até então, o setor possuía dificuldades para ter mão de obra especializada para este tipo de emprego, aumentando a periculosidade do trabalho[(41)].

A partir da consolidação da fábrica, na década de 1940, a região definiu-se como polo fabril e operário regional e como um dos principais subúrbios industriais da cidade de São Paulo, caracterizando, em contrapartida, o padrão periférico pelo fator de segregação e expulsão da classe popular, migrante e operária do grande centro[(42)]. Portanto, a estabilização da indústria na região promoveu um intenso fluxo

(36) BOMTEMPI, 1970. *Op. cit.*

(37) MOREIRA, M. M. M. *Os nomes do "lado de baixo da linha do trem":* Uma análise toponímica do Jardim Lapena, Vila Nair e Vila União, em São Miguel Paulista, São Paulo/SP. Dissertação (Mestrado em Filologia e Língua Portuguesa) – Universidade de São Paulo, Faculdade de Filosofia, Letras e Ciências Humanas, São Paulo, f. 242, 2005. p. 1-60.

(38) FONTES, P. *Um nordeste em São Paulo:* trabalhadores migrantes em São Miguel Paulista (1945-1966). Rio de Janeiro: Editora FGV, 2008.

(39) FONTES, 2008. *Op. cit.*, p. 91.

(40) TONAKI, L. L., *A CIA Nitro Química:* indústria e vila operária em São Miguel Paulista. Dissertação (Mestrado em Arquitetura e Urbanismo) – Universidade de São Paulo, São Paulo, f. 220. 2013. p. 1-133.

(41) TONAKI, 2013. *Op. cit.*

(42) FONTES, P. *Um nordeste em São Paulo:* trabalhadores migrantes em São Miguel Paulista (1945-1966). Rio de Janeiro: Editora FGV, 2008.

migratório o que influenciou na formação do bairro, em que as características sociais e culturais dos sujeitos migrantes foram se consolidando e recriando a partir de seus novos contextos de vida, ou seja, entendemos que a construção do bairro São Miguel Paulista se deu pelos trabalhadores.

3.2. A Companhia Nitro Química Brasileira

O surgimento da indústria ocorreu a partir da incorporação brasileira de uma fábrica americana de produtoras de fio raiom, utilizado na indústria têxtil, e produtos químicos. Dessa forma, o objetivo da atividade produtiva da Companhia Nitro Química Brasileira fora a fabricação dessa fibra sintética, com foco em ampliar o capital econômico do país a partir da incorporação de atividade voltada para a produção de produtos químicos destinado à diversas áreas. Sabe-se que a fabricação de raiom ampliava as possibilidades de lucro, ao mesmo tempo que enfrentava o monopólio dessa produção pela indústria Matarazzo[(43)].

Para que a instalação da fábrica fosse realizada com êxito ocorreram relações diretas com o governo de Getúlio Vargas, uma vez que o valor nos impostos para trazerem os equipamentos e a estrutura da fábrica para São Miguel Paulista eram enormes. Sendo assim, acordos foram realizados a fim de que ambas as partes fossem contempladas e privilegiadas: a fábrica passaria a fornecer produtos ao exército brasileiro ao passo que obtiveram a isenção dos direitos alfandegários[(44)]. No quadro 2, a seguir, apresentamos os produtos fabricados nessa indústria.

Quadro 2 — Produtos mais expressivos fabricados na Nitro química

PRODUTOS
fio de raiom
ácido nútrico
sulfato de sódio
éter
colódio
nitrocelulose
ácido sulfúrico
TNT
viscose

Fonte: Adaptado de Fontes (1997)[(45)].

(43) FONTES, P. *Trabalhadores da Nitro Química:* A Fábrica e as Lutas Operárias nos anos 50. Dissertação (Mestrado em História) – Universidade Estadual de Campinas, Campinas, f. 226. 1996.

(44) Fontes, 1996. *Op. cit.*

(45) Fontes, 1996. *Op. cit.*

O setor de ácido sulfúrico foi o primeiro a funcionar na indústria e com o passar dos meses e anos, outros setores de produção foram sendo incorporados e criados. Tais produtos são de alto índice de inflamação e corrosivo, o que na época pode ter contribuído para os incêndios que ocorreram. Essas explosões causavam dificuldade operacionais e permanentes riscos de saúde para os trabalhadores e, consequentemente, aos moradores do bairro[(46)].

As unidades novas criadas no complexo da fábrica assumiram o objetivo de modernizar a produção estabelecida a fim de ampliar os lucros e atender a demanda do mercado. Porém, os registros apontam, mesmo que as novas unidades tenham sido construídas a partir de tecnologia mais avançada na época sendo a americana e a francesa, isso não impediu que ocorresse diversas explosões, destruindo parte da fábrica e impedindo o desenvolvimento da produção desse setor[(47)].

Sabemos que os incêndios ocorreram em grandes e pequenas proporções e em diversos momentos dos anos de atuação da empresa. Em todos esses momentos pessoas morreram em seu local de trabalho, como podemos verificar na afirmação da pesquisadora Luciana Tonaki, "em julho de 1947 uma nova explosão atingiu a companhia e destruiu um dos reatores da Fábrica de TNT, desta vez causando a morte de nove operários"[(48)]. Em um período mais recente, uma reportagem do jornal Folha de São Paulo relata uma outra explosão na fábrica e a morte de um operário (Figura 2).

Figura 2 — Notícia do ano de 1997 sobre explosão na indústria Nitro Química

São Paulo, domingo, 16 de novembro de 1997 **FOLHA DE S.PAULO** brasil

Texto Anterior | Próximo Texto | Índice

Explosão de caldeira mata 1 e fere 6 em SP;
Congestionamento atinge 24 quilômetros;
Polícia apreende do Rio 500 kg de maconha

Explosão de caldeira mata 1 e fere 6 em SP
Um trabalhador morreu e outros seis ficaram feridos ontem na explosão de uma caldeira com produtos químicos. O acidente aconteceu na Nitroquímica, empresa do grupo Votorantim, que fica em São Miguel Paulista (zona leste). O operador Donizete Pereira da Silva, 40 anos, morreu na hora.

Fonte: <https://www1.folha.uol.com.br/fsp/1997/11/16/brasil/17.html>.

---

(46) TONAKI, L. L., *A CIA Nitro Química:* indústria e vila operária em São Miguel Paulista. Dissertação (Mestrado em Arquitetura e Urbanismo) - Universidade de São Paulo, São Paulo, f. 220. 2013. p. 1-133.

(47) TONAKI, 2013. *Op. cit.*, p. 1-133.

(48) *Ibidem*, p. 44.

Quando ocorriam os incêndios toda a população de São Miguel Paulista se organizava para apagar o fogo, sendo relatado por Mário Valladão, membro da Igreja Batista, que fora designado para fundar um templo na região[(49)]. A partir desse relato destacamos dois pontos, o primeiro refere-se que a colaboração dos moradores da região fora algo intrínseco, uma vez que esses moradores eram, essencialmente, trabalhadores e familiares da classe operária da própria fábrica. Dessa forma, os incêndios atingiriam sua atividade de trabalho, como colocariam todo seu lar em risco. O segundo ponto refere-se que a fábrica não possuía um sistema de segurança e proteção para com seus funcionários e seu funcionamento, o que poderia evitar os diversos incêndios. Sendo assim, toda a preocupação com a tecnologia disponível na época referia-se ao desenvolvimento da produção de novos produtos e pouco para a segurança do trabalho.

A configuração espacial da fábrica (Figura 3) comportava os diversos setores de produção de produtos químicos, área administrativa e, em sua proximidade, vilas dos operários, igreja e pequenos comércios. Afirmamos que o desenvolvimento da Companhia Nitro Química Brasileira ocorreu, principalmente, pelas relações de trabalho produzidas pelos migrantes nordestinos, estabelecendo uma relação direta no desenvolvimento do espaço geográfico do bairro de São Miguel Paulista.

Figura 3 — Fábrica Nitro Química, s.d.

Fonte: <https://www.prefeitura.sp. gov.br/cidade/upload/Sao_Miguel_web_1392057688.pdf>.

(49) FONTES, P. *Um nordeste em São Paulo*: trabalhadores migrantes em São Miguel Paulista (1945-1966). Rio de Janeiro: Editora FGV, 2008.

3.3. Os trabalhadores da Nitro Química

Os migrantes nordestinos chegavam na localidade de São Miguel Paulista com objetivo de trabalhar na fábrica. A princípio, a aliciação realizada pelos funcionários era o modo pelo qual captavam trabalhadores, após, nos anos 40, a ideia da fábrica ser "boa para dar emprego" com oferecimento de "benefícios sociais" passou a ser o próprio atrativo aos operários migrantes, que por sua vez passaram a ser os próprios divulgadores das condições da fábrica, não havendo a necessidade de busca de mão de obra ocorrida nos anos iniciais da fábrica(50).

Os relatos dos antigos operários da Nitro Química nos estudos de Fontes(51) afirmam uma quantidade de 10 mil operários e demonstram que a exigência maior na contratação era a aptidão física, pois os operários eram avaliados realizando exames que os qualificavam como aptos para o emprego, a única documentação para ingressar ao labor era o registro de nascimento, sendo uma contratação simples não havendo a necessidade de comprovação de alfabetização.

Esses operários ao começarem a laborar na fábrica atuavam em diversos setores da indústria, muitos sem qualquer qualificação técnica e/ou sem experiência anterior no setor fabril. Sabemos que "uma vez contratados, aos trabalhadores recém-admitidos cabia a nem sempre simples tarefa de aprender o trabalho. [...] isso significava, [...] transformar ex-trabalhadores rurais em operários fabris"(52).

Neste sentido, entendemos que os operários migrantes (Figura 1) se sujeitavam a qualquer tipo de labor dentro da fábrica, sem que houvesse um preparo mútuo entre trabalhador e indústria. Uma vez que as atividades desenvolvidas na Nitro Química, dentre os sessenta departamentos, eram na produção de ácido sulfúrico e clorídrico, tintas, sulfato de sódio, fiação de raiom, outros produtos químicos e ainda na produção de matéria-prima para a fabricação de explosivos pelo Exército(53)

(50) FONTES, Paulo. *Trabalhadores da Nitro Química:* A Fábrica e as Lutas Operárias nos anos 50. Dissertação (Mestrado em História) - Universidade Estadual de Campinas, Campinas, f. 222. 1996.

(51) FONTES, 1996. *Op. cit.*

(52) FONTES, P. *Um nordeste em São Paulo:* trabalhadores migrantes em São Miguel Paulista (1945-1966). Rio de Janeiro: Editora FGV, 2008. p. 109.

(53) FONTES, 2008. *Op. cit.*

Figura 4 — Primeiro grupo de funcionários da Nitro Química Brasileira em 1936.

Fonte: Memória Votorantim[(54)]

Figura 5 — Trabalhadores da Nitro Química em 1945

Fonte: <https://www.prefeitura.sp. gov.br/cidade/upload/Sao_Miguel_web_1392057688.pdf>.

(54) Foto disponível em: <http://epocanegocios.globo.com/Revista/Common/0,,EMI278471-16355,00-VOTORANTIM+VENDE+NITRO+QUIMICA+UM+DOS+SIMBOLOS+DA+INDUSTRIA+BRASILEIRA.html>. Acesso em: 05 out. 2019.

Figura 6 — Trabalhadores na área de filtração de colódio da Nitro Química em 1939.

Fonte: Memória Votorantim(55)

Indispensavelmente, o tipo de labor nos setores da Nitro Química expressava risco a saúde dado o material altamente inflamável e tóxico no qual esses trabalhadores operavam. Além disso, outro ponto a ressaltar, a classe operária permanecia no bairro, fazendo-o como localidade de moradia e lazer. Em nossa visão, a distância do seu local de trabalho ao grande centro representava a intencionalidade da governança da classe operária em mantê-los distantes, distribuídos em uma única região, não permitindo o contato ágil com as ideias que poderiam influenciar movimentações operárias.

3.4. Formação da classe operária

Apontaremos os conceitos de classe na visão thompsoniana, a fim de que possamos discutir no capítulo 5, em específico, a formação da classe operária nordestina no extremo leste da cidade de São Paulo.

A construção e o consequente desenvolvimento da classe operária apresentam vínculos à maneira que os agentes produtores do espaço geográfico se apresentam, vivem e se movimentam na sociedade. Para Thompson, classe é um fenômeno histórico que irá unificar episódios divergentes e não ligados, tanto na matéria prima da experiência como na consciência.(56)

Neste sentido, o fenômeno histórico é fruto da atividade dos sujeitos no campo social e cultural, não sendo um processo voluntário do sujeito, portanto, questiona

(55) Foto disponível em: <http://epocanegocios.globo.com/Revista/Common/0,,EMI278471-16355,00-VOTORANTIM+VENDE+NITRO+QUIMICA+UM+DOS+SIMBOLOS+DA+INDUSTRIA+BRASILEIRA.html>. Acesso em: 05 out. 2019.

(56) THOMPSON. E. P. *A formação da classe operária inglesa*. Rio de Janeiro: Paz & Terra, 1987. p. 9.

Thompson o operário resultante da cadeia produtiva, pois estaria invalidando as relações, as atividades e o sujeito como transformador histórico. Assim, a classe operária não é produto de uma realidade dotada de racionalidade imanente de uma base do sistema fabril[(57)].

Em vista disso, somente irá estabelecer a classe operária na qualidade de sujeito social e político no sistema da luta de classe enquanto esta relação necessariamente estiver encarnada em pessoas e contextos reais, não podendo existir duas classes operárias distintas no qual cada um seria um ser independente mas colocando entre si relação recíproca[(58)].

Uma das questões históricas apresentadas por Thompson é de "como o indivíduo veio a ocupar esse "papel social" e como a organização social específica (com seus direitos de propriedade e estrutura de autoridade)"[(59)], que por seguinte explica que devemos enxergar os indivíduos como percursores de um período adequado de mudanças sociais para ao final, notar os padrões em suas relações, ideias e instituições[(60)]. Ressalta-se que, para termos a concepção do que é a classe, Thompson escreveu que "não podemos entender a classe a menos que a vejamos como uma formação social e cultural, surgindo de processos que só podem ser estudados quando eles mesmos operam durante um considerável período histórico"[(61)].

Neste ponto, Vitoriano (2010) ao estudo de Thompson, descreve que não é possível constatar em qualquer período um processo de atualização de classe, mais sim nos períodos em que esse processo alcance acontecimentos através de um extenso espaço de tempo no qual irá se concretizar culturalmente seu conjunto de ideias e práticas que reiterem e formem uma visão de mundo[(62)].

Na construção da narrativa de Thompson, fica evidente a conexão entre a relação social ao seu processo histórico, cujo a formação da classe operária surge como condição e não como consequência ou efeito de uma ação, no caso a industrialização[(63)]. Neste sentido, Thompson discorda da ideia de que "os trabalhadores são vistos como força de trabalho, migrantes ou dados de séries estatísticas"[(64)].

---

(57) VITORINO, A. J. R. *Notas sobre a teoria da formação de classe de E. P. Thompson*. In: História Social, n. 4/5, p. 157-173, 11. 2010. p. 162

(58) THOMPSON. E. P. *A formação da classe operária inglesa*. Rio de Janeiro: Paz & Terra, 1987. p. 10.

(59) THOMPSON, 1987. *Op. cit.*, p. 11.

(60) THOMPSON, 1987. *Op. cit.*, p. 12.

(61) THOMPSON, 1987. *Op. cit.*, p. 12.

(62) VITORINO, 2010. *Op. cit.*, p. 165.

(63) SILVA, S. Thompson, Marx, os marxistas e os outros. In: NEGRO, A. L.; SILVIA, S. THOMPSON. E. P. *As peculiaridades dos ingleses e outros ensaios*. Campinas: Editora da Unicamp, 2012. p. 60-65p

(64) THOMPSON, 1987. *Op. cit.*, p. 12

As concepções abordadas por Thompson em 1963, foram contrapostas às teorias hegemônicas da época, na ideia marxista das relações entre "base e superestrutura"(65). Para Willians(66), Marx analisou esses pontos na perspectiva da produção capitalista de mercadorias, apontando assim para as questões de método e não relacionada a questão da vida material, observando na base as forças produtivas primárias, como atividades e relações específicas do sujeito, se relacionando a um processo e não de um estado enquanto a noção mais simples de superestrutura está ligada ao modo de imitação ou reprodução da realidade da base na superestrutura.

Compreendemos 'base' como um aparato econômico no eixo das relações de trabalho, fruto da 'infraestrutura' no qual por meio dos modos de produção, utiliza-se a matéria prima para a exploração do sujeito trabalhador gerando e movimentando o capital amparado pela máquina político – ideológica, que irá perpetuar métodos para manter a hegemonia (superestrutura).

Retomando os conceitos de Thompson, ao tratar de classe afirma que a mesma possui uma "consciência" no qual ambas vão suceder simultaneamente com a experiência. Vitorino considera que na visão thompsoniana não existe divisão de experiência individual ao coletiva, sendo a experiência decorrente da emoção, mental e emocional(67).

4. Plano metodológico

Este estudo caracteriza-se pela abordagem da pesquisa qualitativa, pois assume uma abordagem interpretativa das relações produzidas na sociedade(68). Compreendemos que a pesquisa qualitativa possibilita abranger áreas interdisciplinares e, nessa pesquisa, produzir relações entre aspectos legais e fatos que ocorreram com migrantes nordestinos em seu trabalho na Companhia Nitro Química Brasileira.

Assumimos nossa pesquisa como abordagem descritiva, uma vez que essa abrange os fatos que ocorreram em uma realidade e, ao descrevê-la, proporciona novas e múltiplas visões sobre os fatos e fenômenos(69). Nesse sentido, a pesquisa buscou descrever as relações constituídas entre os migrantes nordestinos e o percurso da implementação e funcionamento da fábrica, com foco nas relações de trabalho.

(65) FONTES, P. R. R. *Comunidade operária, migração nordestina e lutas sociais*: São Miguel Paulista (1945-1966). 2002. f. 412. Tese (Doutorado) – Universidade Estadual de Campinas, Instituto de Filosofia e Ciências Humanas, Campinas, SP. p. 23.

(66) WILLIAMS, R. *Base e superestrutura na teoria cultural marxista*. In: Revista USP, n. 66, p. 209-224, 1º ago. 2005. p. 209.

(67) VITORINO, A. J. R. *Notas sobre a teoria da formação de classe de E. P. Thompson*. In: História Social, n. 4/5, p. 157-173, 11. 2010. p. 166.

(68) DENZIN, N. K.; LINCOLN, Y. S. Introdução: a disciplina e a prática da pesquisa qualitativa. In: DENZIN, N. K.; LINCOLN, Y. S. (Orgs.). *O planejamento da pesquisa qualitativa:* teorias e abordagens. Porto Alegre: Artmed, 2006. p. 15-41.

(69) TRIVIÑOS, A. N. da S. *Introdução à pesquisa em ciências sociais:* a pesquisa qualitativa em educação. São Paulo: Atlas, 2008.

4.1. Contexto e etapas de pesquisa

Esta pesquisa foi desenvolvida no âmbito do curso de Especialização em Direito do Trabalho da Universidade de São Paulo. Para tanto, buscamos explorar aspectos sociais e históricos em relação ao campo do direito do trabalho, articulando campos de conhecimentos a fim de que pudéssemos investigar como a classe operária se constituiu no curso do desenvolvimento industrial da cidade de São Paulo.

O recorte realizado para o estudo foi o fluxo migratório Nordeste-São Paulo, em que buscamos evidenciar as causas da mobilidade e, como as relações sociais e culturais do processo migratório e do estabelecimento da população nordestina no bairro de São Miguel Paulista estabeleceram-se como classe operária. Para refletir sobre a classe operária identificamos os perfis de atividade de labor na Companhia Nitro Química Brasileira, as condições de trabalho e sua relação com o bairro.

Como produção de dados, este trabalho realizou o estudo e a análise dos trabalhos do Professor Doutor Paulo Roberto Ribeiro Fontes (1996; 2002; 2008), evidenciando, principalmente, as relações de trabalho da classe operária com a Nitro Química e elencando os relatos de entrevistas concedidas ao autor que abordassem essa questão.

Realizamos as seguintes etapas de pesquisa:

I) *Estudo e levantamento bibliográfico:* De primeiro momento realizamos um levantamento bibliográfico sobre o processo migratório e as relações com o processo de industrialização. Esse estudo nos permitiu a realizar o recorte de nossa pesquisa, apontando o caso da Companhia Nitro Química Brasileira como espaço e movimento social e político de extrema importância para o desenvolvimento econômico da cidade de São Paulo e da formação do bairro São Miguel Paulista, bem como da classe operária.

II) *Estudo dirigido sobre a Companhia Nitro Química Brasileira:* Neste momento buscamos compreender como essa fábrica foi estabelecendo-se no extremo leste da zona leste e, para tanto, buscamos articular os campos da arquitetura e da história para traçar um panorama geral da fábrica e sua relação com o bairro.

III) *Reflexões e análise:* Realizamos o aprofundamento das pesquisas de Paulo Fontes, identificando os aspectos das relações sociais dos migrantes e as relações de trabalho. Definimos como marco temporal as relações de trabalho constituídas entre o período da década de 1940 aos anos iniciais da década de 1960. Como forma de análise, evidenciamos os relatos expressos nos estudos de Paulo Fontes em relação a legislação vigente da época e aspectos reflexivos sobre as condições de trabalho. Esses relatos foram sistematizados a partir de entrevistas com trabalhadores da Nitro Química e moradores do bairro de São Miguel Paulista.

5. Reflexões e análises: migração, classe operária e atividade de trabalho em São Miguel Paulista

Analisaremos os relatos a partir da tese de Paulo Fontes, em que nos apresentou situações corriqueiras no ambiente de trabalho da Companhia Nitro Química Brasileira. Ressaltamos que o trabalho de Fontes (1996, 2002, 2008)[(70)] vem na perspectiva da história social e nos apresenta contribuições de extrema importância para compreendermos uma parte da história do trabalho no enfoque histórico social. Neste trabalho, buscamos refletir a partir desse contexto, em uma perspectiva histórica do trabalho, a formação da classe operária no bairro de São Miguel Paulista bem como as relações constitutivas das relações de trabalho e legislativa temporal.

Sabemos, em uma visão thompsoniana, que a classe é constituída a partir da articulação e da divergência dos interesses estabelecidos pelos sujeitos. Dessa forma, a articulação produzida pelos migrantes nordestinos com objetivo de deslocar-se de sua *localidade de partida* em direção a *localidade final desejada* em busca da oferta de trabalho, e desta forma se estabilizar na região mediante a sua mão obra, caracteriza-se como relações interpessoais gerando relações produtivas e de experiência.

Na visão de Marx "a dominação do capital criou para esta massa uma situação comum, interesses comuns"[(71)], nesse sentido, reconhecemos como interesse o fluxo migratório que ocorreu devido à busca do mercado de trabalho, ampliando as oportunidades da população nordestina e buscando melhores condições de vida fruto do emprego na Companhia Nitro Química Brasileira. É válido ressaltar que a formação da classe, para Marx, só ocorre quando um grupo se une a partir das lutas por um interesse comum. Entendemos que para os operários da fábrica em questão, eles se reconheceram enquanto classe quando começaram as articulações a partir de movimentos sociais e políticos, desenvolvidos pelos próprios trabalhadores.

Sabemos que para Thompson é de extrema relevância compreender qual o papel social desse operário, bem como sua organização social. Entendemos, portanto, que o fluxo migratório estabelecido na rota Nordeste à São Miguel Paulista, representou a mobilidade do sujeito como um processo social em um contexto real, decorrendo por fatores sociais, culturais e, principalmente, econômicos. Compreendemos que essa mobilidade se iniciou a partir de momentos específicos, por situações de extrema vul-

---

(70) FONTES, P. *Trabalhadores da Nitro Química:* A Fábrica e as Lutas Operárias nos anos 50. Dissertação (Mestrado em História) – Universidade Estadual de Campinas, Campinas, f. 226. 1996.

FONTES, P. R. R. *Comunidade operária, migração nordestina e lutas sociais:* São Miguel Paulista (1945-1966). 2002. f. 412. Tese (Doutorado) – Universidade Estadual de Campinas, Instituto de Filosofia e Ciencias Humanas, Campinas, SP.

FONTES, P. *Um nordeste em São Paulo:* trabalhadores migrantes em São Miguel Paulista (1945-1966). Rio de Janeiro: Editora FGV, 2008.

(71) MARX, K. *Miseria de la filosofia.* Tradução José Paulo Netto. São Paulo: Global, 1985. p. 175.

nerabilidade social ocorridas na localidade de partida, mas decorre no curso do tempo de forma gradativa.

Como comentado no acima, Thompson discorda da ideia de que os trabalhadores são vistos como força de trabalho, migrantes ou dados de séries estatísticas, porém, em nossa visão, os operários da Nitro Química foram constituídos principalmente a partir de suas movimentações sociais, que pelas dificuldades sociais e econômicas enfrentadas em sua terra natal realizaram o processo migratório. Esse processo foi realizado a partir de uma ideia futura de conseguir, com sua mão de obra, um trabalho na localidade final desejada. Sendo assim, entendemos que os operários migrantes construíram a classe fruto de uma experiência comum e de consciência partilhada, elaborando processos históricos, culturais, econômicos e espaciais.

Embora os estudos de Thompson não enfatizam a luta como parte integrante da formação da classe, entendemos que seja de extrema importância do sujeito se colocar a frente de seus interesses, em oposição a classe hegemônica. Percebemos que os operários da Nitro Química se articulavam de forma organizada e com sindicato, buscando compreender o cotidiano da função do labor e as situações decorrente do mesmo. Um exemplo disso foram as movimentações dos trabalhadores quanto às leis que os regeriam, como forma de proteção e contestação da ordem vigente (Figura 7).

Figura 7 — Relato sobre a importância da CLT

"eu cansei de lotar aqui a rua da estação e ir para a Delegacia Regional do Trabalho, na Martins Fontes, subi o elevador mil vezes para levar o pessoal para encher a sala nos debates do sindicato que eram feitos na DRT. Todo mundo tinha um [exemplar da] Consolidação das Leis do Trabalho. Todo mundo entrava dentro do trem com a CLT, igual os crentes que vão para a igreja [com a Bíblia]. (...) O sindicato comprava [exemplares da CLT] e dava na nossa mão para nós distribuir para a turma (sic). A CLT para o caboclo ver o seu direito que tem nela. O negócio foi bem começado. Aí tinha um português na fábrica. Êta português inteligente, (...) danado. Ele saia escondido na hora do almoço chamando [os trabalhadores] e mostrando: 'Cadê a sua Consolidação?', 'Você já leu isso aqui?'. Grifava tudo ali e mandava o pessoal ler e o pessoal se adaptava naquilo. (...) Aí todo mundo sabia qual era os seus direitos [com] a consolidação da lei nas mãos."

Fonte: Fontes, 2008. p. 301.[72]

(72) FONTES, P. *Um nordeste em São Paulo:* trabalhadores migrantes em São Miguel Paulista (1945-1966). Rio de Janeiro: Editora FGV, 2008. p. 301.

O relato de Afonso José da Silva e Augusto Ferreira Lima apresentado na figura 7 demonstra a importância fulcral da CLT no cotidiano dos operários. Sabemos que a Consolidação das Lei Trabalhista foi sancionada no período do Estado Novo, visando regular as relações trabalhistas e consolidando as legislações existentes no âmbito do trabalho. Para Maior[73], a partir de 1930 a ampliação da legislação trabalhista objetivou-se a conectar e executar um modelo de capitalismo industrial, que por sua vez estava ligado a uma classe operária fabril que submetiam por meio das legislações e contraprestações trabalhista uma submissão e previsibilidade de conduta trabalhista. Tem por certo que a CLT "foi um resultado da acumulação histórica de decretos legislativos, leis e decretos-leis que, [...] regularam, ao longo de anos, as relações de trabalho no Brasil".[74]

As regulamentações estabelecidas pela CLT contribuíram para questionar e refletir as relações individuais e coletivas do trabalho. A partir desse ponto de vista, podemos elencar as condições de trabalho na Nitro Química e como essas não eram favoráveis para o trabalhador. Como afirma Fontes "as condições de trabalho eram extremamente precárias. O serviço do transporte de material dentro da área da empresa era feito na maior parte das vezes através única e exclusiva da força humana"[75]. Temos com isso a percepção que a organização do trabalho não era pensada, pelos empregadores, favorecendo a priorização da saúde e pelas boas condições de trabalho, regendo uma organização própria do sistema de labor na fábrica. Na figura 8 apresentamos um relato que reconhece as condições do ambiente fabril e no quadro 2 elencamos categorias que caracterizam a organização desse ambiente.

Figura 8 — Relato sobre as condições de trabalho

"a empresa tinha condições muito dificeis (...) sempre foi uma empresa onde o acidente de trabalho estava sempre presente. A condição perigosa era muito grande".

Fonte: Fontes, 1996, p. 108.[76]

(73) MAIOR, J. L. S. *Os 50 (e tantos) anos do(s) golpe(s) contra a classe trabalhadora*. Disponível em: <https://www.migalhas.com.br/arquivos/2014/5/art20140507-08.pdf>. Acesso em: 08 out. 2019.

(74) MAIOR, J. L. S. *História do direito do trabalho no Brasil:* curso de direito do trabalho, volume I: parte II. São Paulo: LTr, 2017. p. 255.

(75) FONTES, P. *Trabalhadores da Nitro Química:* A Fábrica e as Lutas Operárias nos anos 50. Dissertação (Mestrado em História) – Universidade Estadual de Campinas, Campinas, f. 226. 1996.

(76) FONTES, 1996. *Op. cit.*, p. 108.

Quadro 3 — Organização fabril

categorias
sem experiência fabril
chefe de seção – hierarquia definida pelos anos de prática
trabalho insalubre/ periculoso

Fonte: Adaptado de Fontes (1996; 2002; 2008).[77]

Na categoria denominada de *trabalho insalubre/periculoso* podemos discorrer, a partir dos relatos e dos registros dos produtos mais expressivos fabricados na Nitro Química (capítulo 2), que é demonstrado a alta vulnerabilidade dos operários no ambiente de labor. Por conta do tipo de trabalho ocorreram por diversas vezes mobilização dos operários buscando melhoria do ambiente insalubre. Registra-se aqui, a expressa conjunta de operários articulando-se por uma causa em comum (Figura 9).

Figura 9 — relato sobre as condições de trabalho na fábrica

"As condições de trabalho dos operários das seções acima [fiação e rolos] são as mais difíceis possíveis, desde que trabalham com ácidos a noite toda (...) São operários jovens, a maioria nortistas, que nunca chegam a se tornar estáveis, desde que a natureza do serviço implica em perda progressiva de saúde."

Fonte: Fontes, 2008, p. 117.[78]

Os Registros apontam que a Nitro Química detinha uma Comissão Interna de Prevenção de Acidente (CIPA). Apesar da Organização Internacional do Trabalho (OIT) ter aprovado em 1921 instruções para a construção de comitês visando a segurança do trabalhador em ambientes fabris, apenas em 1944 pelo Decreto Lei n. 7.036[79] em seu art. 82 o Brasil adotou-a, estabelecendo:

> Art. 82. Os empregadores, cujo número de empregados seja superior a 100, deverão providenciar a organização, em seus estabelecimentos, de comissões internas, com

(77) FONTES, P. *Trabalhadores da Nitro Química:* A Fábrica e as Lutas Operárias nos anos 50. Dissertação (Mestrado em História) – Universidade Estadual de Campinas, Campinas, f. 226. 1996.

FONTES, P. R. R. *Comunidade operária, migração nordestina e lutas sociais:* São Miguel Paulista (1945-1966). 2002. f. 412. Tese (Doutorado) – Universidade Estadual de Campinas, Instituto de Filosofia e Ciências Humanas, Campinas, SP.

FONTES, P. *Um nordeste em São Paulo:* trabalhadores migrantes em São Miguel Paulista (1945-1966). Rio de Janeiro: Editora FGV, 2008.

(78) Fontes, 2008. *Op. cit.*, p. 11.

(79) BRASIL. *Decreto Lei n. 7.036, de 10.11.1944.* Reforma da Lei de Acidentes do Trabalho. Diário Oficial da União – Seção 1 – 13.11.1944, Página 19.241 (Publicação Original).

representantes dos empregados, para o fim de estimular o interêsse pelas questões de prevenção de acidentes, apresentar sugestões quanto à orientação e fiscalização das medidas de proteção ao trabalho, realizar palestras instrutivas, propor a instituição de concursos e prêmios e tomar outras providências, tendentes a educar o empregado na prática de prevenir acidentes.

Apesar da Comissão, os índices de acidentes e riscos de explosão na fábrica eram intensos. Afirma Fontes[(80)] através de observações da Ata de Reunião Mensal da Comissão Interna de Prevenção de Acidentes da Cia. Nitro Química Brasileira de junho de 1958 "a ocorrência de 320 acidentes em junho daquele ano, sendo que 52 destes obrigaram ao afastamento do operário acidentado" ou como do relato referente a junho de 1947 a morte de 120 operários em uma explosão. Deste modo, a fábrica, compunha um número exorbitante de acidente do trabalho e por todos os operários, consecutivamente moradores de São Miguel Paulista, a reconhecia como um lugar que mesmo "boa para dar emprego"[(81)] era também um lugar de intenso "acidentes, mutilações e mortes"[(82)], o que demonstra a figura 10.

Figura 10 — Relato da visão dos operários

"já existia essa Nitro Química e ela era muito falada por causa das mortes. Uns no tanque de ácido, outros morriam intoxicados. Tinha muita morte." "Trabalhar aqui [na Nitro] não foi mole: dei 20 anos da minha vida mexendo só com material que intoxica,"

Fonte: Fontes, 2008, p. 117.[(83)]

Não nos restam dúvidas que as condições da fábrica eram insalubres e periculosas. O Decreto Lei n. 2.162 de 1º de Maio de 1940[(84)], que instituiu o salário mínimo e dando outras providências, preocupou-se em regular o adicional às atividades consideradas perigosas, em seu art. 6º, vejamos:

Art. 6º Para os trabalhadores ocupados em operações consideradas insalubres, conforme se trate dos graus máximo, médio ou mínimo, o acréscimo de remuneração, respeitada a proporcionalidade com o salário mínimo que vigorar para o trabalhador adulto local, será de 40 %, 20 % ou 10 %, respectivamente.

---

(80) FONTES, P. *Um nordeste em São Paulo:* trabalhadores migrantes em São Miguel Paulista (1945-1966). Rio de Janeiro: Editora FGV, 2008. p. 118.

(81) Fontes, 2008. *Op. cit.*, p. 127.

(82) Fontes, 2008. *Op. cit.*, p. 119.

(83) Fontes, 2008. *Op. cit*,. p. 117.

(84) BRASIL. *Decreto Lei n. 2.162, de 1º de Maio de 1940.* Institue o salário mínimo e dá outras providências. Diário Oficial da União - Seção 1 - 04.05.1940, Página 8.009 (Publicação Original). Coleção de Leis do Brasil - 1940, Página 77 Vol. 3 (Publicação Original).

Tem por certo, que a legislação trabalhista, anterior a CLT já havia tido uma preocupação em relação às atividades insalubres. Entretanto, conforme refletidos nos relatos, a Companhia Nitro Química possuía uma atividade extremamente perigosa, afetando diretamente a saúde física dos operários e, conforme relatos (figura 11), não observava o pagamento a maior pela condição de trabalho.

Figura 11 — Relato sobre as condições insalubres.

"As condições de trabalho eram muito ruins. Ali tinha o seguinte: o senhor trabalhava num departamento e naquele tempo não tinha proteção ao trabalho. Eram poucos os departamentos que tinham. Eram o 1, o 2, o 3, o ácido sulfúrico. Estes tinham macacão, lenço, luvas, sapatão. Só depois ela começou a estender aos outros departamentos que trabalhavam com produtos químicos. Aliás a Nitro Química toda ela é insalubre e trabalha com produtos químicos, mas ela não pagava insalubridade para ninguém".

Fonte: Fontes, 1996, p. 109.(85)

A partir dos relatos analisados, podemos elencar as principais características que produziram este espaço fabril como um espaço insalubre (Quadro 3).

Quadro 4 — Espaços Insalubres.

Espaço Insalubre
Não fornecimento a todos os empregados de EPI(86)
Não fiscalização de utilização EPI
Gás fruto do processo de manufatura
Sem sistema de ventilação
Manuseio de produtos químicos explosivos
Ocorrência de Incêndio e Explosões

Fontes: Adaptado de Fontes, 1996.(87)

Além das condições insalubres na fábrica, a sua produção afetava não só os trabalhadores como também os moradores da região que por sua vez tinham relação direta com os operários e/ou eram os próprios operários, já que a região de São Miguel

(85) FONTES, P. *Trabalhadores da Nitro Química:* A Fábrica e as Lutas Operárias nos anos 50. Dissertação (Mestrado em História) - Universidade Estadual de Campinas, Campinas, f. 226. 1996. p. 109.

(86) Utilizamos a sigla EPI — Equipamento de Proteção Individual pois apesar de não aparecer essa nomenclatura nos relatos, os mesmo são entendidos quando apresentados como "não usou aquela proteção que tinha que usar", "aquele tempo não tinha proteção ao trabalho", "[...] tinham macacão, lenço, luvas, sapatão" — Ver: FONTES, P. *Trabalhadores da Nitro Química*: A Fábrica e as Lutas Operárias nos anos 50. Dissertação (Mestrado em História) — Universidade Estadual de Campinas, Campinas, f. 226. p. 109-114.

(87) FONTES, 1996, *Op. cit.*, p. 265.

Paulista era constituída majoritariamente por trabalhadores da Nitro Química. Neste sentido, da mesma forma que os moradores tinham a consciência comum dos impactos benéficos da fábrica, também reconheciam os impactos negativos, qual seja, afetados pela saúde física dos mesmos, como observamos o relato apresentado na figura 12.

Figura 12 — Relato sobre a relação morador e fábrica.

"(...) os moradores de São Miguel Paulista abaixo-assinados vêm respeitosamente soclicitar ao grande tribuno (...) sua colaboração para o mais angustiante problema de nosso bairro: a poluição do ar pela Nitro Química. Digno vereador Paranhos, aqui já não podemos respirar. O cloro mata nossas plantas, ataca nossas crias domésticas, envenena crianças cujo obituário aqui é simplesmente aterrador."

Fonte: Fontes, 2008, p. 265.

Quanto a categoria *sem experiência fabril*, percebe-se que não havia requisito ao operário migrante ter experiência prévia, uma vez que os migrantes tinham origem de uma área que não era constituída em âmbito industrial, podendo apenas fornecer a sua mão de obra. Como fora abordado no capítulo 3, a condição para contratação dos migrantes era pautada pela aptidão física o que, em nossa visão, essa contratação estava motivada pelo tipo de trabalho que seria exercido pelos migrantes (Figura 13):

Figura 13 — Relato sobre o modo de contratação.

"A Nitro chegava a fazer o seguinte. Tinha uma época que ela precisava tanto de operário que chegavam vinte, trinta, cinqüenta concorrentes sem qualificação nenhuma, sem conhecer nada. Vinham do norte e ela punha na fiação, porque aquilo queimava a vista. Quase ninguém aguentava. *Aqueles que aguentavam ficavam, quem não aguentava eles mandavam embora*. A Nitro explorou, explorou à vontade os nossos conterrâneos".

Fonte: Fontes, 1996, p. 97.[88]

Neste sentido, apesar do Decreto n. 21.175[89] no ano de 1932 que instituiu a carteira profissional, alterado pelo Decreto n. 22.035 de 1932[90], além da não exigência

(88) FONTES, P. *Trabalhadores da Nitro Química:* A Fábrica e as Lutas Operárias nos anos 50. Dissertação (Mestrado em História) – Universidade Estadual de Campinas, Campinas, f. 226. 1996. p. 97

(89) BRASIL. *Decreto Lei n. 21.175 de 21 de Março de 1932.* Institue a carteira profissional. Diário Oficial da União – Seção 1 – 23.03.1932, Página 5.338 (Publicação Original).

(90) BRASIL. *Decreto Lei n. Decreto n. 22.035, de 29 de junho de 1932.* Alterou o decreto n. 21.580, de 29 de junho de 1932, que regulamentou o de n. 21.175, de 21 de março de 1932, pelo qual foi instituída a carteira profissional. Diário Oficial da União – Seção 1 – 18.11.1932, Página 21.073 (Publicação Original).

de experiência aos operários, também não lhe eram exigidos, no primeiro momento, Carteira Profissional para ser admitido (Figura 14):

Figura 14 — Relato da não exigência de carteira profissional.

"Tinha emprego e muito. Na Nitro Química em todo lugar que você chegasse era fácil. Só exigia o registro de nascimento. Não precisava de profissional, não precisava nada".

Fonte: Fontes, 1996, p. 94.(91)

Conforme explanado alhures, os operários que chegavam à Fábrica da Nitro Química não lhe eram exigidos experiência, entretanto a experiência que lhe era adquirida ao longo dos anos a aqueles operários que conseguia permanecer como funcionário eram promovidos a chefe de seção, conforme seus anos de prática interna, fruto de experiências constitutivas no período fabril.

Em um outro viés, havia uma concepção nos estudos sobre a classe operária do Brasil de que só seria possível a existência do movimento operário em uma sociedade que fosse fortemente industrializada(92). Nesse sentido, entendemos que a instalação da indústria no extremo leste da cidade de São Paulo influenciou fortemente a industrialização na capital paulista nos meados da década de 1940, sendo que "foram os migrantes rurais quem constituíram o eixo predominante de constituição dos trabalhadores urbanos na maior parte do mundo na segunda metade do século XX"(93).

Como já afirmamos anteriormente, os trabalhadores migrantes desse espaço geográfico eram oriundos da região Nordeste. Seu local de nascimento já o designava com estereótipos que os marcavam profundamente por sofrerem preconceitos e discriminações. Porém, esses estereótipos afirmavam pelo discurso que o trabalhador nordestino era diferenciado, pois esses teriam força para exercer as mais periculosas atividades fabris. Essa relação era entendida e interpretada pelos próprios trabalhadores, como expressado no depoimento apresentado na figura 15 a seguir.

(91) FONTES, 1996. *Op. cit.*, p. 94.

(92) BATALHA, C. *Formação da classe operária e projetos de identidade coletiva. In*: Ferreira, J.; Delgado, L. de A. N. (Org.). *O Brasil Republicano:* o tempo do liberalismo excludente — da proclamação da República à Revolução de 1930. Rio de Janeiro: Civilização Brasileira. p. 161-189. 2006. p. 163.

(93) FONTES, P. R. R. *Comunidade operária, migração nordestina e lutas sociais:* São Miguel Paulista (1945-1966). 2002. f. 412. Tese (Doutorado) - Universidade Estadual de Campinas, Instituto de Filosofia e Ciências Humanas, Campinas, SP. p. 26.

Figura 15 — Nordestinos x Paulistas

"Naquele tempo (...) paulista queria sombra e água fresca, não trabalhava em três horários. Três horários não era com eles. (...) 'Deixa para a baianada trabalhar', era assim que eles falavam. Então o progresso veio criado pelo homem do Norte, que entrava embaixo do sol a sereno, do galho da água de tudo, caía, morria, mas não afastava, tava ali. Trouxe o progresso para São Paulo. Não quero dizer só o homem nordestino não, porque nesse meio do nordestino [também] estava o mineiro (...). São Paulo de cinqüenta anos para cá foi levantado e erguido a cabeça devido a mão dos nordestinos".

Fonte: (Fontes, 2008, p. 200).[(94)]

Por todo o processo de materialização da migração dos operários, os mesmos possuíam o reconhecimento do coletivo, da classe, com as experiências percorridas durante o tempo e se incorporaram à sua identidade e lutas, é o que vemos no relato a seguir:

Os trabalhadores e o povo de São Miguel estão realizando um ativo trabalho de solidariedade a dona Rosária Pais, viúva do operário Benedito Pais, que morreu envenenado no inferno da Nitro Química em consequência das miseráveis condições de trabalho. Para ajudar dona Rosária foi constituída uma comissão de que fazem parte a moça operária Fraternidade Lopes e a Senhora Trindade Gonçalves, com o fim de arrecadar donativos para a viúva".[(95)]

Por fim, acreditamos que a migração nordestina com o intuito de trabalho na região de São Miguel Paulista revela um fenômeno histórico não somente para a formação econômica, política, cultural do extremo leste da capital, mas também para a São Paulo e o Brasil.

6. Considerações finais

A construção da Companhia Nitro Química Brasileira no bairro do extremo leste de São Paulo fora a máquina motivadora de milhares de nordestinos para migrarem de sua localidade de partida à então deseja São Miguel Paulista em busca de melhores condições de vida, objetivados às novas oportunidades de trabalho respondidas na execução de sua mão de obra neste ambiente fabril.

---

(94) FONTES, P. *Um nordeste em São Paulo:* trabalhadores migrantes em São Miguel Paulista (1945-1966). Rio de Janeiro: Editora FGV, 2008. p. 200.

(95) *Ibidem*, p. 178.

Embora o presente estudo tenha nos apresentado aspectos negativos enquanto o tipo de atividade da Nitro Química, ou melhor, da gravidade das atividades insalubres e apesar da fábrica ter estado preparada para a produção de produtos altamente tóxicos, não haviam, de uma certa forma, arranjos na saúde e segurança dos operários. Por outro lado, temos uma dicotomia, já que a fábrica foi propulsora do espaço geográfico, contribuindo para o crescimento e formação do bairro e da classe operária, fruto da grande oferta de trabalho.

Desse modo, o fluxo migratório Nordeste – São Miguel Paulista não atingiu apenas questões geográficas, mas alcançou a transformação no modo de produção da força de trabalho dos migrantes, que anteriormente desenvolviam atividades predominantemente rurais e passaram, sem experiência prévia, a desenvolver atividades fabris fortemente insalubre.

Tem-se a compreensão de que a migração para o trabalho foi um meio de ascensão social que causou rupturas na saúde do trabalhador. Essa mobilidade, produziu uma mistificação do mercado de trabalho, ao elevar a relação oferta de emprego x mão de obra em uma mesma proporção.

Neste sentido, compreendemos a enorme herança que vivencia São Miguel Paulista. É comum, ao andar pelas ruas do bairro ou ao sentar em uma tarde de domingo na Praça Padre Aleixo Monteiro Mafra, ou melhor, como é inteiramente conhecida como Praça do Forró justamente por causa da alta migração nordestina no bairro, encontrar moradores e antigos trabalhadores da Nitro Química que se fixaram na região, e ouvir histórias relacionadas ao cotidiano fabril e lutas operárias.

Refletir sobre a história operária dessa região no presente estudo, nos fez compreender a importância das relações ali desenvolvidas por força do trabalho como prisma central. Entendemos que esta parte da história traz reflexos na história do país e na história do trabalho. São eixos circulares ao campo central do direito, que relacionam em vias expressas.

Desta forma, compreender na visão thompsoniana se faz relevante para entender que a formação da classe se constitui nos princípios das relações sociais e culturais, mas que também devem ser entendidas ao contraponto do mesmo, pois a classe fora constituída fruto da sua venda e força do trabalho. Assim, as atividades desenvolvidas pela classe operária em São Miguel Paulista nos geram preocupações que se mantêm ao tempo presente, assumindo assim formas díspares a cada novo presente, vivenciando nas relações de trabalho.

7. Bibliografia

AMARA, M. R. G. *Migrações internas:* Evolução teórica e algumas evidências empíricas para o caso brasileiro. Semina, v. 9, n. 2, p. 110-116, 1988.

AMARAL, J. J. O. di; SILVA, A. de A.; LEANDRO, E. L. Migração e colonização na Amazônia Brasileira. In: AMARAL, J. J. O. di; SILVA, A. de A.; LEANDRO, E. L. (Orgs.). *Migração:* múltiplos olhares. São Carlos: Pedro & João Editores/ Editora INIR – EDUFRO, 2011.

ANDRADE, R. M. de A. *Migração e industrialização:* o caso do CIA.1973. Dissertação (Mestrado em Ciências Humanas) – Universidade da Bahia, Faculdade de Filosofia, Bahia, f. 93, 1973.

BAENINGER, R. *Fases e faces da migração em São Paulo*. Campinas: Núcleo de Estudos de População-Nepo/Unicamp, 2012.

BARBOSA, A. de F. *A Formação do mercado de trabalho no Brasil*. São Paulo: Alamada, 2008.

BATALHA, C. Formação da classe operária e projetos de identidade coletiva. In: Ferreira, J.; Delgado, L. de A. N. (Orgs.). *O Brasil Republicano:* o tempo do liberalismo excludente — da Proclamação da República à Revolução de 1930. Rio de Janeiro: Civilização Brasileira. p. 161-189. 2006.

BOMTEMPI, S. *O bairro de São Miguel Paulista:* a aldeia de São Miguel de Ururaí. São Paulo: Secretaria de Educação e Cultura, Prefeitura do Município de São Paulo, 1970.

CAMARA, M.; GABARDO, R. *Migrações internas:* Evolução teórica e algumas evidências empíricas para o caso brasileiro. Semina, v. 9, n. 2, p. 110-116, 1988.

DENZIN, N. K.; LINCOLN, Y. S. Introdução: a disciplina e a prática da pesquisa qualitativa. In: DENZIN, N. K.; LINCOLN, Y. S. (Orgs.). *O planejamento da pesquisa qualitativa:* teorias e abordagens. Porto Alegre: Artmed, 2006. p. 15-41.

FERRARI, M. de M. *A migração nordestina para São Paulo no segundo Governo Vagas (1951-1954)* — Seca e desigualdades regionais. Dissertação (Mestrado em Ciências Sociais) – Universidade Federal de São Carlos, Centro de Educação e Ciências Humanas, São Carlos, f. 169, 2005.

FONTES, P. R. R. *Trabalhadores da Nitro Química:* A Fábrica e as Lutas Operárias nos anos 50. Dissertação (Mestrado em História) – Universidade Estadual de Campinas, Campinas, f. 226. 1996.

______. *Comunidade operária, migração nordestina e lutas sociais:* São Miguel Paulista (1945-1966). 2002. f. 412. Tese (Doutorado) – Universidade Estadual de Campinas, Instituto de Filosofia e Ciências Humanas, Campinas, SP.

______. *Um nordeste em São Paulo:* trabalhadores migrantes em São Miguel Paulista (1945-1966). Rio de Janeiro: Editora FGV, 2008.

GEBARA, A. *O mercado de trabalho livre no Brasil (1871-1888)*. São Paulo: Brasiliense, 1986. p. 208-210.

GRAHAM, D.; BUARQUE DE HOLANDA, S. As migrações inter-regionais e urbanas e o crescimento econômico no Brasil. In: Moura, H. (Org.). *Migração Interna*. Fortaleza: BNB, 1980.

GUIMARÃES, L. M. P. As circunstâncias históricas e a construção da memória social do descobrimento do Brasil comentário. *Psicologia*, Lisboa, v. 17, n. 2, p. 293-300, jul. 2003.

LAGO, L. C.; RIBEIRO, M. A. Novas Mobilidades na Metrópole. In: SEYFERTH, G. *et al* (Orgs.). *Mundo em movimento:* ensaios sobre migrações. Santa Maria: UFSM, 2007.

MARTINE, G.; CAMARGO, L. Crescimento e distribuição da população brasileira: tendências recentes. In: *Revista Brasileira de Estudos de População,* v. 1, n. 1/2, p. 99-144, 2013.

MARX, K. *Miseria de la filosofia.* Tradução José Paulo Netto. São Paulo: Global, 1985.

______. *O capital:* crítica da economia política: Livro I: o processo de produção do capital. 2. ed. São Paulo: Boitempo, 2017.

MAIOR, J. L. S. *Os 50 (e tantos) anos do(s) golpe(s) contra a classe trabalhadora.* Disponível em: <https://www.migalhas.com.br/arquivos/2014/5/art20140507-08.pdf>. Acesso em: 08 out. 2019.

______. *História do direito do trabalho no Brasil:* curso de direito do trabalho. Vol. I: parte II. São Paulo: LTr, 2017.

MATOS, R. E. S.; BAENINGER, R. *Migration and Urbanization in Brazil:* Processes of Spatial Concentration and Deconcentration and the Recent Debate. Anais XXIV General Population Conference, 2001, Salvador. Brazilian Demography. Associação Brasileira de Estudos Populacionais, 2001.

MOREIRA, M. M. M. *Os nomes do "lado de baixo da linha do trem":* Uma análise toponímica do Jardim Lapena, Vila Nair e Vila União, em São Miguel Paulista. São Paulo/SP. Dissertação (Mestrado em Filologia e Língua Portuguesa) – Universidade de São Paulo, Faculdade de Filosofia, Letras e Ciências Humanas, São Paulo, f. 242, 2005.

OLIVEIRA, D. C. de; LEWIN, M. C.; SA, C. P. de. A memória primordial do descobrimento do Brasil: análise dos manuais brasileiros de história. *Psicologia,* Lisboa, v. 17, n. 2, p. 301-319, jul. 2003.

PAIVA, O. da C. *Caminhos cruzados:* migração e construção do Brasil moderno (1930-1950). Bauru: EDUSC, 2004.

PATARRA, N. *Movimentos migratórios no Brasil:* tempos e espaços. Rio de Janeiro: ENCE. Textos para discussão, n.7., 2003.

RAMELLA, F. Por un uso fuerte del concepto de red en los estudios migratorios. In: BJERG, M.; OTERO, H. (Orgs.). *Inmigracion y redes sociales en la Argentina moderna.* Tandil: CEMLA--IEHS, 1995, p. 9-21.

SAQUET, M. A.; MONDARDO, M. L. A construção de territórios na migração por meio de redes de relações sociais. *Revista Nera,* ano 11, n. 13. jul./dez. 2008.

SILVA, J. G. da. O novo rural brasileiro. *Nova economia,* Belo Horizonte, v. 7, n. 1, p. 43-81, 1997.

SILVA, S. Thompson, Marx, os marxistas e os outros. In: NEGRO, A. L.; SILVIA, S. *THOMPSON. E. P.* As peculiaridades dos ingleses e outros ensaios. Campinas: Editora da Unicamp, 2012. p. 60-65.

THOMPSON. E. P. *A formação da classe operária inglesa.* Rio de Janeiro. Paz & Terra, 1987.

TONAKI, L. L., *A CIA Nitro Química:* indústria e vila operária em São Miguel Paulista. Dissertação (Mestrado em Arquitetura e Urbanismo) – Universidade de São Paulo, São Paulo, f. 220. 2013.

TRIVIÑOS, A. N. da S. *Introdução à pesquisa em ciências sociais:* a pesquisa qualitativa em educação. São Paulo: Atlas, 2008.

VITORINO, A. J. R. Notas sobre a teoria da formação de classe de E. P. Thompson. *História Social*, n. 4/5, p. 157-173, 11. 2010.

WILLIAMS, R. Base e superestrutura na teoria cultural marxista. *Revista USP*, n. 66, p. 209-224, 1 ago. 2005.

8. Disposições normativas

BRASIL. *Decreto Lei n. 21.175, de 21 de março de 1932.* Institue a carteira profissional. Diário Oficial da União – Seção 1 – 23.03.1932, Página 5.338 (Publicação Original).

_____. *Decreto-lei n. 22.035, de 29 de junho de 1932.* Alterou o Decreto n. 21.580, de 29 de junho de 1932, que regulamentou o de n. 21.175, de 21 de março de 1932, pelo qual foi instituída a carteira profissional. Diário Oficial da União – Seção 1 – 18.11.1932, Página 21.073 (Publicação Original).

_____. *Decreto-lei n. 2.162, de 1º de maio de 1940.* Institue o salário mínimo e dá outras providências. Diário Oficial da União – Seção 1 – 04.05.1940, Página 8.009 (Publicação Original) Coleção de Leis do Brasil – 1940, Página 77 Vol. 3 (Publicação Original)

_____. *Decreto-lei n. 7.036, de 10 de novembro de 1944.* Reforma da Lei de Acidentes do Trabalho. Diário Oficial da União – Seção 1 – 13.11.1944, Página 19.241 (Publicação Original).

Relações de Trabalho na Companhia Docas de Santos, de 1962 a 1965: Análise do Aumento dos Lucros Alcançados Pelos Acionistas e as Mudanças no Contrato Coletivo de Trabalho

Helena Pontes dos Santos(1)

"Quando brotarem as flores,
Quando crescerem as matas,
Quando colherem os frutos,
Digam o gosto pra mim..."
Ivan Lins e Vitor Martins

Resumo: O presente trabalho de pesquisa parte da caminhada que iniciamos em busca de compreender os fatores que levaram às condições rebaixadas de trabalho que encontramos, atualmente, no setor portuário — com salários diminutos e constante risco de acidentes do trabalho, devido ao descumprimento das normas de saúde e segurança do trabalho — como denunciado em 11 de dezembro de 2018, na Câmara de Santos, pelo vereador Chico Nogueira e por trabalhadores do retroporto de Santos. Nele, abordamos os cortes a direitos trabalhistas oriundos da luta dos trabalhadores organizados, entre 1962 — período pré-golpe empresarial-militar — e 1965, envolvendo a empregadora Companhia das Docas de Santos (CDS) e a entidade sindical profissional, representativa de seus empregados. Hoje, temos comprovado que não se tratou de mero golpe militar o atualmente chamado "movimento de 64", mas, sim, de pilhagem

(1) Mestranda e Especialista em Direito do Trabalho pela FDUSP. Membra do GPTC/USP (Grupo de Pesquisa Trabalho e Capital) e GPTC-Gênero.

organizada pela elite brasileira (com amplo apoio das multinacionais instaladas no País), que optaram pelo projeto de desenvolvimento nacional dependente, associado, subserviente aos interesses externos, em detrimento do projeto nacional-popular. A elite brasileira promoveu um verdadeiro saque no País e colocando o Estado a trabalhar de modo totalmente voltado à satisfação dos interesses do capital. Esta investigação nasce a partir da representação apresentada pela pesquisadora Adriana Gomes Santos e pelo pesquisador Antônio Fernandes Neto à Procuradora Federal dos Direitos do Cidadão, Dra. Deborah Duprat, requerendo instauração de inquérito civil, em face da Companhia das Docas do Estado de São Paulo, bem como do livro desses. A pesquisa da qual partimos reforça, por meio de provas documentadas, o que muitos militantes já sabiam desde 1964 e que era trazido por Rene Armand Dreifuss, em seu "1964: a conquista do Estado". Não foi um golpe militar e, sim, um golpe de classe, que pretendia tomar para si e colocar somente voltado ao seu interesse o aparelho estatal. Um golpe empresarial-militar, cujo objetivo principal era atacar os direitos da classe trabalhadora.

Palavras-chave: Relações de trabalho — Setor portuário — Ditadura Empresarial--Militar — Companhia das Docas do Estado de São Paulo.

1. Introdução

Graças ao esforço hercúleo de pessoas pesquisadoras — acadêmicas, militantes, populares — que desenvolveram, em período democrático, trabalho de investigação, sabemos, hoje, que a autoaclamada "revolução democrática" de 64, cuja nova roupagem ideológica chama de "movimento de 64", não foi um mero golpe militar e, sim, uma pilhagem organizada pela elite brasileira, que optou pelo projeto de desenvolvimento nacional dependente-associado, em detrimento ao projeto nacional-popular, promovendo verdadeiro assalto no País e colocando o Estado, de forma exacerbada, a serviço do capital.

O trabalho que ora se apresenta tem por escopo analisar como se deu a participação da Companhia Docas de Santos, de propriedade da família Guinle, na implantação do regime empresarial-militar, a partir de 1964, e os primeiros frutos dessa importante colaboração.

Partimos nossa pesquisa da representação apresentada por Dra. Adriana Gomes Santos e Antônio Fernandes Neto à Procuradora Federal dos Direitos do Cidadão, Deborah Duprat, requerendo a instauração de inquérito civil, em face da Companhia das Docas do Estado de São Paulo, no ano de 2018 (atualmente NF 1.34.012.000338/2019-5 - Civel - Tutela Coletiva Eletrônico, distribuída aos 13.05.2019 na PRM-STS-7º Ofício(2)).

(2) Iremos nos referir no decorrer desse texto ao conteúdo dessa representação que denunciou a Companhia Docas de Santos por cooperação com a ditadura empresarial-militar como Dossiê Docas.

No intitulado "Dossiê Docas"(3), por meio de farta documentação e provas, observa-se, cabalmente demonstrada, a participação da empresa Companhia Docas de Santos, desde a articulação e preparação da elite e da população para o golpe que viria, através do Instituto de Pesquisas e Estudos Sociais (IPÊS) e, posteriormente, como esta mesma empresa se beneficiou do estado de exceção instaurado, para fazer com que o Estado tirasse de seu caminho as lideranças dos trabalhadores, colaborando e, até mesmo, dirigindo ativamente Inquérito Policial Militar — IPM, conhecido como o "IPM da Orla do Cais", que funcionou no Departamento Pessoal das Docas, precisamente na sala do Chefe da Divisão de Pessoal das Docas, Eng. Saulo Pires Viana.

Reforça-se, através de provas, o que muitos militantes já sabiam desde 1964: não era um golpe militar e, sim, um golpe de classe que pretendia tomar para si e colocar somente voltado ao seu interesse capitalista o aparelho estatal, a fim de ampliar a extração de mais valia. Pelos que viveram as agruras desse tempo, devemos trazer à luz a realidade censurada outrora.

2. Metodologia

A pesquisa foi desenvolvida com base em pesquisa bibliográfica e documental.

A primeira etapa da pesquisa, bibliográfica, visou nos municiar e permitir a compreensão do momento histórico realizado, a história da Companhia Docas de Santos e de sua proprietária (a família Guinle), bem como do que havia de direitos garantidos e exercidos pelos trabalhadores portuários da empresa estudada de 1962 a 1964.

A segunda etapa, realizada com base no "Dossiê Docas" — denúncia apresentada no ano de 2018 pelos pesquisadores Adriana Gomes Santos e Antônio Fernandes Neto ao Ministério Público Federal, para que se apure a participação da Companhia das Docas de Santos em violações aos direitos humanos dos trabalhadores e da população santista, durante a ditadura empresarial-militar. Nele encontram-se apontados e documentados os principais retrocessos impostos aos trabalhadores portuários no período seguido ao Golpe Militar de 1964, cujo relatório e desdobramentos complementam a leitura bibliográfica.

Colhidos esses dados iniciais e de posse de alguns documentos presentes no Museu do Porto de Santos, como os Relatórios da Diretoria da empresa entre os anos de 1962 a 1965, seguimos para uma imersão na realidade, sobre o modo como se deu expressiva perda de direitos trabalhistas, por parte dos trabalhadores do Porto de Santos (através de necessário destoldar sobre como se davam as negociações, organização

(3) Ratton, Carlos. *Docas de Santos é denunciada por violação dos direitos humanos durante a ditadura.* In: <http://www.diariodolitoral.com.br/cotidiano/docas-de-santos-e-denunciada-por-violacao-dos-direitos-humanos-durante/114305/>. Acesso em: 28 jul. 2018.

sindical e vivência do trabalho dentro da Companhia Docas de Santos no período inicial da Ditadura Empresarial-Militar): a empresa lançou mão de aparato estatal para coagir empregados a aceitarem seus termos rebaixados de trabalho.

3. Desenvolvimento

"Braços na máquina operando a situação
Crescimento da produção
E o lucro é do patrão
Semana é do patrão
Ganância é do patrão."

Marcos Falcão Galanciak

3.1. Companhia Docas de Santos

A história da cidade de Santos se mistura com a história do Porto de Santos. Este começou a operar já em 1531, funcionando com pequeno atracadouro e realizando comércio para abastecimento local.

A primeira produção a ser escoada pelo porto de Santos, no atracadouro modesto localizado no bairro do Valongo, foi a de cana-de-açúcar do interior do Estado de São Paulo. Neste período, o escoamento da produção era realizado por mulas, razão, pela qual, em 1792, foi inaugurada a "Calçada do Lorena", localizada na Serra do Mar e construída por mando do governador geral da capitania: primeiro caminho pavimentado ligando Santos a São Paulo.

Foi a partir da construção da ferrovia que ligou Jundiaí a Santos — *The São Paulo Railway Company, Limited* — que o café deixou de ser enviado para o Porto do Rio de Janeiro e passou a ser direcionado a Santos, no mesmo Estado responsável pela maior parte da produção cafeeira nacional. Foi pela necessidade gerada pela empreitada do Barão de Mauá que se fizeram necessárias as transformações, no que tange à estrutura, considerando a quantidade de mercadoria que passou a ser transportada por Santos, obrigatoriamente.

Apesar de haver registro, em 1795, da primeira exportação de café no Porto de Santos, é a partir da inauguração de "a Inglesa" que a produção passou a ser escoada, gastando cerca de quatro horas no deslocamento. Porém, era preciso mais: era preciso que houvesse o escoamento da mercadoria com a máxima rapidez, segurança e sem que problemas de saúde pública a prejudicassem.

Já em 1870, objetivando realizar as melhorias necessárias, foram liberadas concessões particulares, porém as de 1870 e 1882 não realizaram os melhoramentos acertados de infraestrutura. O que se tinha até então eram pontes de madeira, que iam dos navios à terra firme. Estas só deixaram de existir com a organização do porto, que começou quando, pelo Decreto n. 9.979/1888, firma obteve autorização do Estado para construir e explorar os 260 metros de cais, construídos e inaugurados em 02 de fevereiro de 1892.

Inicialmente, a José Pinto de Oliveira, Cândido Gaffrée, Eduardo Palacin Guinle, João Gomes Ribeiro de Aguilar, Alfredo Camilo Valdetaro, Benedito Antônio da Silva e Barros e Braga & Cia. obtive a concessão de exploração por trinta e nove anos, a qual, depois, foi ampliada para noventa anos.

Assim, foi constituída a empresa Gaffrée, Guinle & Cia, que virou, posteriormente, em 1889, Empresa de Melhoramentos do Porto de Santos e, depois, Companhia Docas de Santos.

Outro problema foi enfrentado naquele mesmo período: o surto de peste que se instaurava na região. O temor era que a peste levasse ao fechamento do Porto de Santos e sua movimentação fosse transferida para São Sebastião.

A primeira medida tomada a fim de evitar o fechamento do porto foi, rapidamente, transferir todo imigrante que chegava para a capital e para o interior do estado. Com isso todo imenso contingente de pessoas do fluxo da imigração não permaneciam em Santos e região.

> O Porto de Santos, dotado de cais e de armazéns para cargas gerais foi inaugurado em 1892, em meio a uma das maiores epidemias de febre amarela, que ao longo do decênio dizimaram parcela significativa da população, impedindo o pleno funcionamento do Porto e o desenvolvimento da economia cafeeira.
>
> Segundo Guilherme Álvaro (1919), chefe da Comissão Sanitária do Estado, a mortalidade geral de Santos, em 1893, foi de 3.561 pessoas, tendo sido registrados 1.032 nascimentos, de uma população inferior a 30.000 habitantes, correspondendo a um coeficiente de mortalidade de 14,2%, quando o de natalidade era apenas de 3,44%. Nos anos que se seguiram, o quadro pouco se alterou, em um contexto de disputas políticas entre Município e Estado, em torno da encampação dos serviços de saneamento, então sob a gestão de uma empresa concessionária municipal.
>
> Após mais de uma década de avanços e retrocessos, em termos de providências efetivas para mudança das condições de saneamento do sítio urbano, marcados pelos interesses econômicos representados na disputa entre as maiores forças políticas da época, em 1902, os trabalhos de saneamento começaram a ser conduzidos, em Santos, pelo engenheiro

José Pereira Rebouças, nomeado chefe da Comissão de Saneamento pelo governador de São Paulo.(4)

O quadro desolador somente se alterou quando Saturnino de Brito, pelo seu plano de saneamento e urbanização da cidade de Santos, construiu os canais para o escoamento dos rios, drenagem dos manguezais e o esgotamento sanitário. Carriço (2015, p 30), citando Brito, informa que, assim, eram descritos os trabalhos principais, realizados pelo sanitarista na cidade:

> a) a nova rede de esgotos, cerca de 88 quilômetros de coletores, emissários e sifões; a usina terminal de elevação e emissão dos despejos; dez estações de distritos providas de bombas elétricas automáticas; o emissário para a descarga no oceano, a 11,5 quilômetros; uma instalação experimental de depuração pelo processo eletrolítico direto.
>
> b) elementos principais da rede pluvial, compreendendo quatro galerias e cerca de 9½ quilômetros de canais de drenagem superficial; total 14 quilômetros.(5)

E complementa:

> Nesta obra (2013, p. 1), o engenheiro afirmava que Santos era então uma cidade salubre, possibilitando que a população de São Paulo descesse a Serra do Mar, aos milhares de pessoas, todos os invernos, para fazer a estação balneária nas belíssimas praias que bordam a enseada de Guarujá e a extensa curva da baía que se desenvolve em cerca de dez quilômetros da Barra a S. Vicente.
>
> A afirmação de Brito prenunciava a expansão e o desenvolvimento da cidade de Santos, desde o período colonial limitada ao seu restrito sítio central, em direção à orla marítima, situada ao sul. E de fato, o Plano de Saneamento elaborado por sua equipe viabilizou esta expansão, nas décadas que se sucederam, fixando um padrão urbanístico e sanitário inédito no Brasil, em termos de rigor técnico, embelezamento e qualidade ambiental.(6)

Daí passamos àquela região, taxada por Martim Afonso, como sendo inadequada para o comércio marítimo(7), que se transforma em umas das principais cidades

(4) CARRIÇO, J. O Plano de Saneamento de Saturnino de Brito para Santos: construção e crise da cidade moderna. *Risco Revista de Pesquisa em Arquitetura e Urbanismo* (*On-line*), n. 22, p. 30-46, 19 dez. 2016. p. 35.

(5) CARRIÇO, J. *ob. cit.*, p. 35.

(6) CARRIÇO, J. *ob. cit.*, p. 31.

(7) Martim Afonso de Souza ao desembarcar na Ilha de São Vicente e ali fundar a primeira vila do Brasil, segundo os invasores portugueses, verificou que o local não era apropriado para a instalação de um porto

do Brasil, por ter instalado, em si, o que viria a ser o maior porto da América Latina. O pequeno porto do Valongo passou a ser o primeiro porto organizado do País graças ao impulso do ouro verde[(8)] paulista.

A usina de Itatinga, a 31 quilômetros de distância do porto, em plena Serra do Mar, foi construída para abastecer o Porto de Santos de energia. A autorização para tal foi conseguida pela Gaffrée & Guinle em 1901. Além do Porto, a Usina também fornecia energia para as cidades de Santos e de Guarujá. Dentre as obras do começo do século XX, realizadas pela Companhia Docas, merece destaque a do primeiro cais de concreto armado da América do Sul, o cais da Ilha Barnabé.

Somente a partir de 1968, o Porto de Santos passa a ter terminais privativos, como o cais da Companhia Siderúrgica Paulista (Cosipa), na cidade de Cubatão, o primeiro, e que contava com 300 metros. As demais empresas logo se seguiram a esta e também passaram a contar com terminais privativos[(9)].

Com o final da concessão da Companhia Docas de Santos, o Porto de Santos passou a ser administrado, bem como seu acervo foi transmitido à Companhia Docas do Estado de São Paulo (Codesp), sociedade de economia mista, que, até março de 1990, permaneceu sob controle da Empresa de Portos do Brasil S.A. (Portobras). Atualmente, a CODESP é uma empresa pública com vínculo com a Secretaria Nacional dos Portos do Ministério da Infraestrutura.

3.1.1. A família Guinle

Santos! Es en Brasil y hace ya cuatro veces diez años.
Alguien a mi lado conversa "Pelé es um superhombre",
"No soy un aficionado, pero en la televisión me gusta".
Antes era selvático este puerto y olíacomo una axila
del Brasil caluroso. "Caio de Santa Marta".
Es un barco y es otro, mil barcos! Ahora los frigoríficos

---

e dar início a exploração do comércio marítimo. Foi somente mais adiante, para aproveitar a geografia local como abrigo, que Brás Cubas propôs que fosse o porto transferido para o Valongo, no interior do estuário, no Lagamar do Enguaguaçú. O objetivo era que os navios ficassem menos expostos e, assim, mais protegidos da pirataria.

(8) O café era também chamado de ouro verde por ter se constituído em riqueza nacional após o fim do período da história brasileira conhecido como Ciclo do Ouro. "No alvorecer do século XIX, sérias dificuldades financeiras caracterizaram a vida econômica brasileira. O ouro de Minas Gerais estava escasseando e o açúcar não tinha condições de concorrer com os engenhos das Antilhas e de Cuba, além do açúcar de beterraba que a Europa já produzia. Nesse momento apareceu um novo produto de exportação que sustentaria o desenvolvimento do Brasil: o café." (Freixa e Chaves, 2012, p. 202)

(9) De acordo com o sítio do Porto de Santos (http://www.portodesantos.com.br/relacoes-com-o-mercado/terminais/) atualmente dos 55 terminais marítimos e retroportuários, 18 são de terminais privados das empresas Cutrale, Dow Química, Usiminas, Tiplam, Saipem e DP World. Usiminas é o nome que passou a adotar a Cosipa após sua privatização.

estabelecieron catedrales de bello gris y parecen
juegos de dados de dioses los blancos edificios.
El café y el sudor crecieron hasta crear las proas,
el pavimento, las habitaciones rectilíneas:
cuántos granos de café, cuántas gotas salobres de sudor?
Tal vez el martesse llenaria, pero la tierra no,
nunca la tierra, nunca satisfecha, hambrienta siempre
de café, sedienta de sudor negro! Tierra maldita,
espero que revientes un día, de alimentos, de sacos
masticados, y de eterno sudor de hombres que ya
murieron y fueron reemplazados para seguir sudando.

Pablo Neruda

Não é muito, pelo pouco relatado — do tanto de história que há — até aqui (somente analisando as obras realizadas no e por causa do Porto de Santos) dizer que a história e a construção da cidade de Santos estão ligadas à da Companhia Docas de Santos. Muitas pessoas trabalhadoras viveram e morreram para que esta empresa fosse tão lucrativa. Não é muito se lembrar de que há vida (sangue, suor e desgraça) de várias pessoas, nos números dos Relatórios da Diretoria das Docas.

Pessoas que viveram sem saber o que é a primeira classe da qual herdeiros dos Guinle não saiam, como nos relatou, insistentemente, em vida, Jorginho Guinle(10) em várias de suas aparições em rádios, TVs, jornais e em autobiografia. Mulheres e homens, de cujo trabalho, foi extraído mais do que o necessário e o suficiente para que a Companhia Docas de Santos fosse uma empresa tão lucrativa(11), a ponto de permitir que a principal família que a geria constituísse um dos mais sólidos grupos econômicos brasileiros na década de 1960, contando, dentre outras empresas, com o Banco Docas de Santos, Jockey Club Brasileiro, Banco Boavista e Editora Agir.

Quem duvida do que foi e de quão lucrativa era a Companhia Docas de Santos é sugestão que caminhe pelo bairro do Botafogo e conheça a Casa FIRJAN(12): O palacete foi

(10) Na matéria De Pai Para filho, desde 1888, publicado na Revista Veja n. 603, de 26.03.1980, p. 21, é de destaque a seguinte passagem "Em depoimento prestado ao colunista Ibrahim Sued para o livro "25 de anos de Caviar", Jorginho Guinle falou da empresa da família: "Desde que meu avô fundou a Companhia Docas de Santos, temos levado uma vida faustosa, numa festa permanente".

(11) Na mesma matéria citada na nota anterior o jornalista destaca, ao falar do prazo para do fim da concessão do Porto de Santos para a Companhia Docas de Santos que se aproximava: "Vai ser difícil encontrar outro tão lucrativo, sobretudo porque seus rendimentos independem da receita e da despesa: a empresa recebe uma remuneração baseada no capital que investiu, o que a coloca a salvo inclusive de turbulências trabalhistas no Porto de Santos. Em 1977, por exemplo, o porto deu um prejuízo de 290 milhões de cruzeiros, mas o lucro da CDS foi de quase 350 milhões." (CIVITA, Victor (Editor e diretor). *De Pai para filho, desde 1888. Veja* Revista de Informação Semanal. n. 603, de 26.03.1980. *Revista Veja*. São Paulo: Editora Abril, 1980. p. 21).

(12) O palacete foi comprado em 2011 pela Federação das Indústrias do Estado do Rio de Janeiro.

mandado erguer, em 1906, pelo então patriarca da família, Eduardo Pallasim Guinle. O objetivo era que nele residisse sua filha, Celina Guinle, e o marido, Linneo de Paula Machado, descendente do Visconde de Rio Claro, com seus quatro filhos: Francisco Eduardo de Paula Machado, Cândido Guinle de Paula Machado, Linneo Guinle de Paula Machado e Heloisa Guinle de Paula Machado.

Após a morte do pai, em 1912, o imóvel passou a Guilherme Guinle, que, a partir de 1918, foi o presidente da Companhia Docas de Santos. Ele foi um grande entusiasta da industrialização brasileira, tendo fundado e presidido a Companhia Siderúrgica Nacional (CSN) em 1941, escolhido pelo Presidente Getúlio Vargas.

A casa fica ao centro do terreno de 6.700m², envolta de exuberante jardim, que, atualmente, se constitui em uma das áreas verdes da cidade do Rio de Janeiro.

> Mansão eclética de feições neorrenascentistas ao estilo francês, com *porte-cochère* aterraçada, telhado em mansarda e um torreão central coberto de telhas de ardósia. O conjunto era composto pela casa principal, por uma edícula com cocheira e serviços, e pelo jardim e pomar. A edificação principal está em centro de terreno, com a fachada principal voltada para a rua Dona Mariana, e a fachada posterior para a rua Guilhermina Guinle. O fundo do terreno é ocupado pela edícula e pomar, e a frente da rua São Clemente pelo jardim.
>
> A casa é composta por dois volumes prismáticos, o primeiro de maior porte e melhor acabamento, ao qual está adossado o menor, menos visível, do lado dos fundos do terreno. O bloco principal possui cobertura em mansarda, com um torreão central, e a *porte-cochère* com terraço projetada em relação à fachada principal. O acesso à casa se dá através da *porte-cochère*, por uma escada central e duas rampas laterais.[13]

Há, também, outra construção, ainda mais famosa, que foi mandada erguer por membros da família: esta, pelo primogênito do patriarca Guinle, Eduardo Guinle, que foi à falência por fazê-lo:

> Inspirado no Cassino de Monte Carlo, o Palácio Laranjeiras é uma ode à riqueza e à ostentação. Com três imensas alas, a construção, de 1913, tem como um dos arquitetos o francês Joseph Gire, o mesmo do Copacabana Palace. Trata-se de uma combinação do que havia de mais caro e prestigioso na época — mármore italiano, granito húngaro,

(13) Instituto de História da Arte/Faculdade de Ciências Sociais e Humanas/Universidade NOVA de Lisboa (IHA/FCSH/NOVA). Projeto "A Casa Senhorial, Portugal, Brasil e Goa", Anatomia dos Interiores. Disponível em: <http://www.acasasenhorial.org/acs/index.php/pt/bgeral/169-palacete-guinle-de-paula-machado>. Acesso em: 23 mar. 2019.

> tacos belgas e mobiliário revestido com folhas de ouro vindas da França. A entrada é guardada por dois leões de pedra, em tamanho natural, esculpidos por Georges Gardet, cujas obras decoram o Jardim de Luxemburgo, em Paris. Comprado pela União nos anos 40, o imóvel pertence hoje ao governo do estado e é usado em encontros e cerimônias que exigem pompa e circunstância. (...) Tamanha opulência teve um preço. Para erguer o palácio, o empresário Eduardo Guinle (1878-1941) enterrou na propriedade quase todo o quinhão que herdou como primogênito de sua família e foi à falência.(14)

Observando essa construção, pensamos ser plausível a história ouvida, porém não confirmada, de que, ao morrer, Eduardo Palassin Guinle tenha deixado de herança cerca de 40 bilhões de dólares.

Até porque, para fazer as obras de infraestruturas necessárias para agradar a aristocracia cafeeira, a Princesa Isabel concedeu isenção de impostos a quem realizasse essas, o que foi mantido pelo Supremo Tribunal Federal durante o período republicano, quando vigeu a concessão do porto da cidade de Santos. Deste modo:

> ganharam uma concorrência pública para a construção e exploração do porto de Santos. Fizeram o melhor negócio de suas vidas: um decreto do agonizante Império lhes garantia isenção de pagamento de qualquer tributo. O Império caiu, fundou-se a República, mas a Companhia Docas de Santos (CDS), criada para administrar o porto de Gafrée e Guinle, teve confirmada pelo novo regime a isenção outorgada pelo Imperador. Desde então, a CDS tem derrubado no STF todas as tentativas feitas pelo poder público para cobrar-lhe impostos ou taxas.(15)

A Companhia das Docas foi administrada por Eduardo Pallasim Guinle até 1912, data de sua morte. A partir de 1918, passou às mãos de Guilherme Guinle, que a geriu até sua morte em 1960. Daí, até o final da concessão, o presidente da empresa e principal gestor dos negócios da família Guinle foi Cândido Guinle de Paula Machado, filho de Celina Guinle e neto do fundador da Companhia Docas de Santos, Eduardo Palassin Guinle.

Assim, por mais que seja interessante e curiosa a trajetória de Guilherme Guinle, que chegou, mesmo, a ser convidado pelo Partido Comunista do Brasil (PCB), na década de 1940 para compor chapa presidencial, ater-nos-emos ao seu sobrinho, Cândido Guinle de Paula Machado.

---

(14) CERQUEIRA, Sofia. A ascensão e queda do império dos Guinle. *Revista Veja Rio*. Rio de Janeiro: Editora Abril, 2017. Disponível em: <https://vejario.abril.com.br/cidades/a-ascensao-queda-imperio-familia-guinle/>. Acesso em: 13 jun. 2018.

(15) Veja Revista de Informação Semanal. De Pai para filho, desde 1888. *Revista Veja* n. 603, 26 mar. 1980. São Paulo: Editora Abril, 1980. p. 21.

3.1.1.1. Cândido Guinle de Paula Machado

Cândido Guinle de Paula Machado, filho de Celina Guinle com um herdeiro da aristocracia cafeeira, Lineu de Paula Machado, presidiu, na década de 1960, a Companhia Docas de Santos.

Este empresário, além de ser administrador do grupo familiar, foi um dos mais importantes membros e financiadores das atividades do Instituto de Pesquisa e Estudos Sociais (IPÊS).

3.2. Disputando corações e mentes — Período Pré-Golpe de 1964

"Alguma coisa aconteceu,
Inevitável acidente,
Rancor e ódio separaram
Corações e Mentes"
Marcelo Fromer, Sergio Affonso,
Sergio de Britto Alvares Affonso

No período republicano brasileiro, é constante a participação dos militares na política nacional.

A pesquisadora Ligia Maria Osório da Silva nos traz que:

> A participação dos militares na história política brasileira remonta à Proclamação da República e tem sido analisada de diversos ângulos. Considerada por alguns como uma força tutelar, por outros como um poder moderador, ou ainda vista como um instrumento dos poderes constituídos, suas ações, por vezes decisivas têm sido objeto de intenso debate na historiografia. As dificuldades em estabelecer um padrão para o comportamento das forças armadas em diferentes períodos históricos são notórias. Como exemplo das dificuldades encontradas pode-se mencionar que em três anos, de 1961 a 1964 tivemos ações militares com finalidades e resultados opostos: do bloqueio à intervenção militar em 1961 ao sucesso do golpe de 1964. Sobre esses e outros pontos da problemática militar vista do ângulo da intervenção na política existem importantes contribuições na bibliografia especializada que servem de inspiração a nossa abordagem, dentre os quais destacamos *A Conquista do Estado* de René Armand Dreifuss. Conquanto no período que pretendemos abordar neste trabalho (1945-1964) essa questão seja incontornável, o aspecto que nos interessa enfatizar é o envolvimento dos militares com o debate sobre o modelo econômico de desenvolvimento a ser implementado. A partir do momento em que a agenda dos oficiais militares incluiu o objetivo de criar as bases econômicas da defesa

> nacional através do desenvolvimento industrial, facções se organizaram dentro das forças armadas e se articularam com setores da sociedade civil, disputando ao longo do percurso a imposição de um modelo de desenvolvimento; o resultado final, mas não necessariamente perseguido desse envolvimento foi o movimento civil-militar de 1964 e seu corolário: uma ditadura militar sem precedentes[16] (SILVA, 2006).

As Forças Armadas se encontravam divididas, também, entre dois projetos de nação antagônicos: o nacional-popular e o dependente-associativo.

Ante o estanque da expansão econômica juscelinista, havia a necessidade de se impor um novo plano econômico impopular e, para tanto, ainda que o que estivesse em jogo fosse a supremacia nacional e o desenvolvimento do projeto de nação brasileira, os empresários nacionais a reboque dos interesses internacionais, não admitiriam deixar de ganhar. Sim, não se trata de perder nada e, sim, de deixar de poder ampliar a exploração da classe trabalhadora.

As contradições presentes no modelo desenvolvimentista de Juscelino não demoraram a aparecer e, em conjunto, suas limitações. O salário-mínimo, ano após ano de seu governo, começou a ser corroído pela inflação do período.

> A principal causa das perdas salariais era a inflação decorrente do aumento das emissões e do endividamento do Estado (interno e externo) necessário à sustentação dos altos investimentos públicos previstos pelo 'Plano de Metas' do governo Juscelino. A taxa anual de inflação que, em 1955, era de 19,1%, em 1959 atingiu 52,1%. Nos anos seguintes, apesar de uma pequena queda em 1960, a taxa inflacionária continuaria a subir, atingindo 79% em 1963. Os dados da época demonstram também que crescimento econômico e superação das desigualdades sociais não eram sinônimos, pois, em 1960 os 70% mais pobres da população brasileira detinham 20% da renda nacional, contra os 40% apropriados pelos 6% mais ricos.[17]

Apenas para servir como comparativo, a inflação (IPCA), no mês de agosto de 2019, era de 0,11%, conforme podemos observar no gráfico a seguir.

---

(16) SILVA, Ligia Osório. Desenvolvimentismo e intervencionismo militar. *E-premissas* – Revista de Estudos Estratégicos (Dossiê Dreifuss). n. 01, jun./dez. 2006. Disponível em: <http://www.unicamp. br/nee/epremissas/pdfs/01.07.pdf.>. Acesso em: out. 2018.

(17) Matos, Marcelo Badaró. *Trabalhadores e sindicatos no Brasil*. 1. ed. São Paulo: Expressão Popular, 2009. p. 90-91.

Figura 1: Gráfico da inflação IPCA mês de agosto.

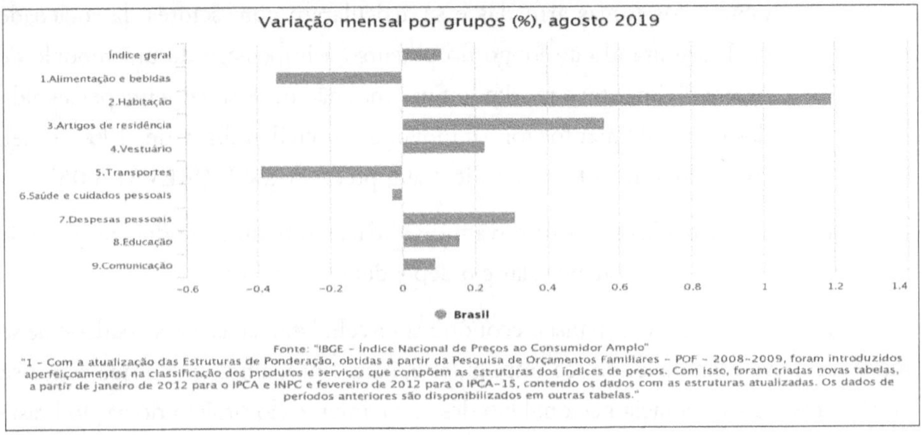

Fonte: na própria figura.

Segundo o IBGE, ainda em pesquisa cujos resultados foram divulgados em 2018, o 1% mais rico no ano de 2017 reuniu 44% da riqueza nacional. (18)

Para que essa pretensão — a de impor uma política liberal que trouxesse flexibilização das leis trabalhistas, política de arrocho salarial e reforma administrativa necessária, para que o Estado voltasse a ficar, inteiramente, a serviço da elite entreguista brasileira, sem qualquer tipo de resistência, por parte da classe trabalhadora — para que tal se tornasse realidade, além da tomada de assalto do Palácio do Planalto, era imprescindível o aumento da repressão a qualquer movimento paredista e de organização coletiva dos trabalhadores.

No "Dossiê Docas", é assim colocado:

> Então, o objetivo central do golpe de Estado foi controlar a classe trabalhadora. Outro objetivo seria unificar os empresários ao redor de um plano econômico baseado nas linhas gerais do programa do ex-ministro San Tiago Dantas. Esse plano não poderia ser questionado nem pelo Congresso nem por governadores. Em síntese, o empresariado buscava um novo padrão de governabilidade baseado, em primeiro lugar na repressão aos trabalhadores, e em segundo (e não menos importante) na unificação de seus pares. Dada a importância do projeto, haveria que passar para um modelo bonapartista. Isto requeria uma mudança drástica no regime e não poderia ser uma quartelada facilmente derrotada. Era preciso planejamento e articulação em alto estilo.

(18) Gomes, Helton Simões. *5 bilionários brasileiros concentram mesma riqueza que metade mais pobre do país*, diz estudo. In: <https://g1.globo.com/economia/noticia/5-bilionarios-brasileiros-concentram-mesma-riqueza-que-metade-mais-pobre-no-pais-diz-estudo.ghtml>. Acesso em: 14 jul. 2019.

Ante o esgotamento do modelo juscelinista, ante a insatisfação de parte do empresariado com a política que defendia João Goulart e ante a intensa agitação popular, é que se começa a organizar o golpe de 1964, um golpe que visa, principalmente, imobilizar a classe trabalhadora, freando suas lutas e conquistas de direitos e lhe impondo derrotas e humilhações.

> O projeto populista de solução da crise econômica do presidente Goulart veio de encontro aos mecanismos de cooperação ao capital estrangeiro e à penetração internacional maciça na economia brasileira, como vinha se desenvolvendo. O governo Goulart estava voltado para a estabilização econômica com propostas reformistas para estimular o desenvolvimento da economia capitalista nacional. Para tal, criou medidas nacionalistas, tais como uma severa política de controle das remessas de lucros para o exterior, pagamento de *royalties* e de transferência de tecnologia, elaborou legislação antitruste (ALVES, 2005) e pretendia a nacionalização das concessionárias de serviços públicos, moinhos, frigoríficos e indústrias farmacêuticas (STARLING, 1986). Visando a ampliar os mercados para exportação, estabeleceu relações diplomáticas com os países do bloco socialista e condenou as sanções que os Estados Unidos impuseram contra Cuba e a sua política que pretendia impor aos países latino-americanos (FERREIRA, 2011). Todas as medidas significavam uma ameaça à dominação política e econômica dos Estados Unidos e, consequentemente, um relativo isolamento do Brasil no mercado mundial (SZLAIFER, 1978). Ianni (1975) aponta que o progresso econômico era grande, mas a política de massas e a organização da classe trabalhadora assustavam o poder político burguês (BORTONE, 2013, p. 26).

A relação entre João Goulart e o sindicalismo não era singela; longe disso, como nos explica Matos (2009, p. 97):

> Jango foi eleito vice-presidente pelo PTB, numa eleição ganha pela oposição udenista, que apresentou como candidato Jânio Quadros, cuja campanha centrou-se no discurso de moralização política. (...) Jango, porém, não assumiria imediatamente, pois os ministros militares tomariam o controle do governo. Para garantir sua posse, foi necessária uma ampla campanha pela "legalidade", na qual, através das greves, o movimento sindical desempenhou um papel de destaque. Ainda assim, a posse deu-se nas bases de um acordo político que retirou poderes de Jango, instaurando o parlamentarismo no país. Em janeiro de 1963, o presidencialismo foi restaurado.

Eram constantes as greves e as mobilizações populares no período, ante o descontentamento das massas com a carestia, que fazia elevar, ainda mais, o custo de vida da população, sem que o poder de compra do salário acompanhasse.

> Embora não haja qualquer homogeneidade nos dados sobre o número de paralisações e de trabalhadores em greve, o fato indiscutível, confirmado por todas as estatísticas é o do crescimento contínuo das mobilizações grevistas entre o fim da década de 1950 e o ano de 1963. (...) Greves reunindo diversas categorias em torno de pautas comuns, como a dos 300 mil em 1953, ainda continuariam a estourar.(19)

O contínuo crescimento das paralisações de trabalhadores, inclusive com a organização de várias categorias, em torno de pautas que tocassem à classe trabalhadora como um todo, tudo isto se deu, graças à maturidade que as organizações classistas atingiram naquele momento histórico brasileiro.

Naquele momento havia como correntes sindicais fortes a dos dirigentes sindicais que se identificavam como católicos (que se reuniam nos círculos operários), renovadores (de esquerda, mas não caminhavam com o PCB), nacionalistas (comunistas e trabalhistas de esquerda) e democráticos (MATOS, 2009, p. 92).

A força das organizações de esquerda, cujos dirigentes se autodenominavam como nacionalistas, verificou-se em agosto de 1960, no Rio de Janeiro, quando do 3º Congresso Sindical Nacional, no qual as teses ligadas aos nacionalistas foram aprovadas por grande maioria dos delegados e seguiu-se o encaminhamento da criação de uma Central Sindical, constituindo-se uma comissão permanente.

Era notório o avanço da organização da classe trabalhadora nesse período. Nesse sentido, traz-nos considerações importantes e com a qual nos filiamos Correa (2005, p. 15):

> A compreensão que podemos tirar do período era a de que tanto a direita quanto a esquerda tinham como horizonte o golpe contra o executivo. De um lado, a esquerda acreditava-se fortalecida, com membros ativos, e pensava-se preparada para um embate com as forças de direita. Estas, entretanto, não possuíam a mesma organização dos movimentos de esquerda. Aparentemente encontravam-se desorganizados sem elementos que pudessem congregar, como no caso de Brizola, as ações e o pensamento dos grupos de direita. E é nesse contexto que surge o Instituto de Pesquisas e Estudos Sociais — IPÊS.

(19) Matos, Marcelo Badaró. *Trabalhadores e sindicatos no Brasil.* 1. ed. São Paulo: Expressão Popular, 2009. p. 92.

Por conta dessa organização, é que a elite nacional começou a se organizar, para, também, passar a agir conjuntamente, visto que, individualmente, apesar do poderio econômico inegável, ela não vinha avançando como classe, em que pese também não tenha enfrentado quaisquer derrotas, até então, grandiosas.

A Companhia DOCAS de Santos – bem como outras empresas deste grupo econômico familiar (Editora Agir, Banco Boa Vista, Copacabana Palace, entre outras) — junto a outros empresários, paulistas e fluminenses, com o objetivo de "defender a liberdade pessoal e da empresa, ameaçada pelo plano de socialização dormente no seio do governo João Goulart"[(20)] — fundaram o Instituto de Pesquisa e Estudos Sociais — IPÊS. Em que pese ser oficialmente em 1962, sua existência já era articulada desde 1961. Necessitamos, aqui, dar um passo ao lado para compreender o que foi esta organização da elite brasileira associada ao capital estrangeiro.

3.2.1. Instituto de Pesquisa e Estudos Sociais — IPÊS

As ações dessa entidade foram de importância imensa para que se sagrasse vitorioso o projeto de nação defendido pela elite empresarial brasileira, cujos interesses estavam ligados às empresas e capitais estrangeiros, associados aos militares liberais e à classe média educada para servir aos interesses das multinacionais, suas empregadoras (CORREA, 2005, p. 11).

Esse projeto salientava a racionalidade, a superioridade e a infalibilidade das leis de mercado, recusando a ideia de intervenção estatal, em especial nas relações de exploração estabelecidas entre capital e trabalho, baseada no rechaço das organizações coletivas, como sindicatos e quaisquer outros movimentos sociais.

Ante a disputa que estava estabelecida por corações e mentes na sociedade brasileira, as elites nacional e internacional, temendo que movimentos nacionalistas como a Revolução Cubana ocupassem o pensamento do trabalhador brasileiro, tratou de partir para a doutrinação das massas, contando com os mais variados mecanismos de propaganda de suas ideias possíveis, até mesmo filmes (CORREA, 2005).

> As sementes do Instituto de Pesquisas e Estudos Sociais — IPÊS, como também as do Instituto Brasileiro de Ação Democrática — IBAD, e do Conselho Superior das Classes Produtoras — CONCLAP, foram lançadas ao final da administração de Juscelino Kubitschek (cujos excessos inflacionários e estilo populista geraram o descontentamento entre os membros do complexo IPÊS/IBAD) e durante a presidência de Jânio Quadros, em cujo zelo moralista eles depositavam grandes esperanças. Embora interesses multinacionais e associados, individuais ou mesmo

---

(20) Instituto de Pesquisa e Estudos Sociais (IPÊS) in: <http://www.fgv.br/cpdoc/acervo/dicionarios/verbete-tematico/instituto-de-pesquisas-e-estudos-sociais-ipes>. Acesso em: 03 set. 2018.

> setoriais fossem devidamente articulados através da administração paralela, não havia nenhuma liderança política reconhecida e organizada ao final de 1960, exceto as associações de classe de cunho menos abrangente (DREIFUSS, 1981, p. 162).

O IPÊS tinha a tarefa de — além de organizar o empresariado e militares de alta patente liberais, oriundos da Escola Superior de Guerra — disputar o apoio popular e entre os militares de baixa patente, através do despertar da "consciência cívica e democrática do povo", com o escopo desta ideologia se contrapor à ideia de consciência de classe e ditadura do proletariado. Para tanto, contava com apoio financeiro estrangeiro:

com o apoio do governo norte-americano, para desenvolver táticas defensivas na forma de projetos, planos e diretrizes de políticas governamentais, enfatizando o desenvolvimento capitalista dependente, a iniciativa privada e a não interferência do Estado na economia. Suas principais funções consistiam em integrar os diversos grupos sociais para criar as bases de uma oposição que pudesse deter o governo de João Belchior Marques Goulart (1961-1964) e, ao mesmo tempo, criar anteprojetos de reformas de base e projetos de governo para um novo Estado.(21)

João Goulart tinha se comprometido com a agenda de modernização e soberania econômica do Brasil, o que tirava o sono da burguesia empresarial e ameaçava a esta e aos interesses norte-americanos de dominação política e econômica (BORTONE, 2013, p. 13-14).

Nos anos de sua existência, o IPÊS recebeu doações, não só, do empresariado nacional, que o constituiu, mas de empresas americanas, alemãs e inglesas(22).

Em trecho de carta de Hélio Gomide indicando o IPÊS para o general Carlos Alberto Fontoura, em 25 de outubro de 1969, trazida por Bortone (2013, p. 13), o instituto é descrito como grupo, que, não só, contribuiu com o golpe de 1964 — demonstrando seu caráter empresarial-militar —, como também que o fez para se apossar do aparelho estatal diretamente, o que também se verifica na seguinte passagem:

> composto por homens civis e militares que conseguiram criar um espírito de equipe, uma ação firme e decidida em prol da Revolução que todos nós desejávamos e que, num momento de grave perigo para

(21) BORTONE, Elaine de Almeida. *A participação do Instituto de Pesquisas e Estudos Sociais (IPÊS) na construção da Reforma Administrativa na ditadura civil militar (1964-1968)*. Universidade Federal Fluminense, 2013 — Dissertação de Mestrado. p. 13-14.

(22) Instituto de Pesquisa e Estudos Sociais (IPÊS) in: <http://www.fgv.br/cpdoc/acervo/dicionarios/verbete-tematico/instituto-de-pesquisas-e-estudos-sociais-ipes>. Acesso em: 03 set. 2018.

nossa Pátria, se constituiu num baluarte de inteligência, ação e ajuda às Forças Armadas. Pode-se dizer, sem sombra de erro, que até mesmo o Presidente Castello Branco, quatro de seus Ministros, o Presidente do Banco Central e vários outros elementos graduados da Administração, inclusive o criador do S.N.I., saíram do grupo de homens que criaram e conduziram o IPÊS.

Muitos dos que o originaram e outros que a eles se juntaram lá estão, prontos a servir, entre outros citaria Harold Polland, Augusto Antunes, Cândido de Guinle de Paula Machado, Heitor Herrera, José Duvivier Goulart, Edmundo Falcão, Oscar Oliveira e muitos outros, que seria enfadonho enumerar, para não alijar [sic] mais esta já alentada carta.

A burguesia empresarial brasileira, por intermédio deste instituto, organizou ações políticas de desestabilização do governo de Jango. Na busca de estabelecerem um regime cujas propostas fossem antidemocráticas, que chancelassem suas ações e permitisse que realizassem a pilhagem das riquezas nacionais e da classe trabalhadora, impondo-lhe repressão deveras acentuada, os empresários lançaram mão de um largo arsenal: do factoide amplamente utilizado para justificar rupturas democráticas, da ameaça vermelha e de recursos muito mais sofisticados.

> Frente à possibilidade de perder sua posição econômica privilegiada, a burguesia empresarial, através do IPÊS, organizou uma ação política de desestabilização, por meio de uma rica e sofisticada campanha política, ideológica e militar. Simultaneamente, formulou projetos conservadores de governo e anteprojetos de reformas de base voltados para os interesses privados, visando à modernização do sistema econômico, isto é, o processo de reprodução ampliada do capital, sem os empecilhos das defesas cambiais, tarifárias e fiscais. As iniciativas tinham como objetivos desarticular o governo, criar condições favoráveis à ação militar e dominar o Estado para dali realizar seu projeto de classe. Figueiredo (1993) aponta que suas ações foram favorecidas por fatores externos como a situação econômica do país e o conteúdo de políticas governamentais específicas (BORTONE, 2013, p. 14).

Fundado no Estado da Guanabara, contou, como seus sócios fundadores, nomes muito importantes da história nacional, verdadeiros conspiradores contra os interesses da classe trabalhadora: Augusto Trajano de Azevedo Antunes, Haroldo Cecil Polland, Glycon de Paiva Teixeira, Heitor Almeida Herrera, José Rubens Fonseca, Oswaldo Tavares Ferreira, Antonio Gallotti, Cândido Guinle de Paula Machado, Gilbert Huber, Jorge Oscar de Mello Flores, Jorge Franke Geyer, Guilherme Borghoff, Hélio Gomide, Jorge Bhering de Matos, José Luiz Moreira de Souza, Maurício

Vilela, Miguel Lins, Dênio Chagas Nogueira, José Garrido Torres, João Nicolau Mader Gonçalves, José Duvivier Goulart, Joviano Rodrigues de Moraes Jardim, Eurico Castanheira, Oscar de Oliveira, Abelardo Coimbra Bueno, Álvaro Americano, Bento Ribeiro Dantas, Nelson Parente Ribeiro, Orlandy Rubem Corrêa, Odylo Costa Filho, Rubem da Fraga Rogério, Aurélio de Carvalho, Mauro Ribeiro Viegas, Décio de Abreu, Carlos Henrique Schneider, Tony Bahia, Fernando Ihler, Joaquim Carneiro, Oscar de Carvalho, Adalberto Bueno Neto, Fernando Machado Portella, José Inácio Caldeira Versiani, João Baptista Leopoldo Figueiredo, Luiz Cássio dos Santos Werneck, Paulo Ayres Filho, Paulo Reis Magalhães, Juan Missirlian, Jorge Duprat de Britto Pereira, Jorge Augusto Vidal, Fernando da Silva Sá, Ésio Alves Ferreira, Liberato da Cunha Friedrich, Leopoldo Figueiredo Junior.

Em São Paulo, a tarefa de organização do IPÊS foi conferida ao empresário Gilberto Huber, que não teve grandes dificuldades, visto que já vinha mantendo contato com Paulo Aires, ex-diretor do Banco do Brasil, que, há muito, alertava seus pares quanto ao crescimento da presença de comunistas nos movimentos sociais. Este último, por sua vez, fez o contato com João Batista Leopoldo Figueiredo, ex-presidente da Federação do Comércio do Estado de São Paulo. Assim formou-se o núcleo paulista.

No IPÊS havia grupos de pesquisa, grupos de estudos, grupos empresariais (estudavam educação e propaganda), grupo de integração (organizava debates sobre a realidade brasileira) e grupo de opinião pública (encarregado de produção de material midiático).

Em pouco tempo, estava espalhado pelo território nacional, contando com escritórios regionais e representações situados nas cidades-chaves para a elite entreguista e o capital internacional, sendo os principais os do Estado da Guanabara e do Estado de São Paulo. Contavam, ainda, com fixação em Porto Alegre, Santos, Belo Horizonte, Curitiba, Belém, Recife, Manaus e Brasília (Dreifuss, 1981, p. 172/184).

A atuação do IPÊS se desenvolveu ao longo de mais de uma década, de forma idêntica, mas podendo-se verificar mudanças em seu modo de agir, o que permite que se divida em três etapas: da criação até o golpe, no qual desenvolveram estudos, realizaram propaganda e doutrinação quanto aos seus ideais e prepararam seus membros para a tomada do poder; do golpe até 1968, quando o que se verifica é a usurpação do aparelho estatal da coletividade para os colocar inteiramente a serviço dos interesses privados e da aplicação de seu projeto político; a última fase é caracterizada pelo descrédito e vai da assunção da linha dura ao poder até 1972, ano do fim da entidade.

Após o triunfo do golpe militar de 1964, o instituto reduziu suas atividades, colocando fim a estas representações em São Paulo no ano de 1970, ao passo que, na Guanabara (atual estado do Rio de Janeiro), nos idos de 1972. Em 1974, foram entregues ao Arquivo Nacional, pelo Gen. João José Batista Tubino, documentos que hoje constituem o Fundo Instituto de Pesquisa e Estudos Sociais — IPÊS.(23)

Foi deste modo que se convenceu a sociedade brasileira da necessidade de uma mudança radical nos rumos do País, da necessidade de se passar uma procuração em branco para que outorgados militares nos devolvessem aos trilhos do crescimento que não poderiam se basear em outra coisa, senão, na necessidade de se restabelecer, nem que fosse na pancada, a ordem para que se atingisse o progresso prometido pelo *slogan* na bandeira nacional.

> O IPÊS teve grande participação no golpe de Estado, em 1º de abril de 1964, que derrubou o governo de Goulart, na consolidação do regime civil-militar e na reorganização da administração pública do governo do primeiro presidente militar, Humberto de Alencar Castello Branco (1964-1967), o que demonstra a relação do Estado com a classe dominante. O IPÊS alcançou sua meta, dominou o Estado. O Estado tornou-se subsidiário da iniciativa privada, patrimônio exclusivo da elite econômica, onde se apropriou de cargos e postos. Grande quantidade de associados e parceiros do Instituto foi trabalhar no governo, "uma verdadeira reserva do IPÊS" (DREIFUSS, 2006, p. 442), ocupando cargos importantes em ministérios, autarquias, instituições bancárias e na estrutura administrativa do Estado, dando início à reforma administrativa a partir dos projetos e anteprojetos formulados pelo IPÊS. O governo ditatorial foi marcado pela supressão de direitos e garantias individuais pelos sucessivos Atos Institucionais, ficando a população em estado de submissão, tornando-se problema de "segurança nacional (DREIFUSS, 1989, p. 14) (BORTONE, 2013, p. 14).

Cândido Guinle Paula Machado, Diretor Presidente da Companhia Docas de Santos, aparecerá em diversos documentos do Instituto de Pesquisa e Estudos Sociais, figurando como seu Vice Presidente.(24) No "Dossiê DOCAS", a pesquisadora SANTOS e o pesquisador FERNANDES NETO nos trazem alguns elementos sobre a colaboração dessa associação de empresários do Rio de Janeiro e de São Paulo

(23) Arquivo Nacional (Brasil). Coordenação Geral de Processamento e Preservação do Acervo. Fundo Instituto de Pesquisas e Estudos Sociais (QL): instrumento provisório dos documentos iconográficos, Rio de Janeiro: O Arquivo, 2014.

(24) Entre os principais articuladores do Instituto, segundo Correa (2005, p. 16), estão os generais Golbery do Couto e Silva, João Baptista Leopoldo Figueiredo, João José Batista Tubino, Heitor Aquino Herrera, Nelson Reynaldo de Carvalho, os empresários Israel Klabin, Antônio Gallotti, José Ermírio de Morais e Gilbert Hubert Jr, além de profissionais liberais, como Mário Henrique Simonsen, Cândido Mendes, Jorge Oscar de Melo Flores e Paulo Assis Ribeiro.

no golpe engendrado no Brasil, bem como o envolvimento da Companhia Docas de Santos:

> O papel de articulador do Golpe de Estado se deu através do protagonismo da Cândido Guinle de Paula Machado na estrutura diretiva do IPÊS, conforme se prova no IPÊS/Guanabara — Relatório anual referente 1968 em anexo.

Não por acaso, ao menos três dos filmes produzidos pelo IPÊS, documentários realizados entre os anos de 1962 e 1963, tratam sobre assuntos ligados a Companhia Docas de Santos diretamente: "Portos Paralíticos"(25), "Uma economia Estrangulada"(26) e "Vidas Marítimas"(27).

Os filmes foram encomendados a Jean Manzon Films(28), cuja produção cinematográfica se caracterizava "pelo ufanismo, pela qualidade fotográfica, pelo didatismo, chegando normalmente à apatia gerada pelo maniqueísmo narrativo e pelo roteiro sempre pronto a encenar uma história, seja ela sobre um personagem ou sobre uma fábrica" (CORREA, 2005, P. 64-65).

Após assistir os filmes que se encontram disponíveis para serem vistos no Arquivo Nacional, na cidade do Rio de Janeiro, encontramos a dissertação do pesquisador Correa, que muito contribuiu, por seu olhar que relaciona a produção de material cinematográfico — de arte — com a construção e disseminação dos ideais de um grupo, com o qual, ele mesmo, Manzon, estava de acordo, em doutrinação ideológica, que visava vender, para a elite e para a classe trabalhadora, ideias de um Brasil que não existia.

Quando observamos a matéria publicada na revista Veja São Paulo, de 04 de setembro de 2019, Especial Baixada Santista, observamos o mesmo discurso privatizante de "Portos Paralíticos" e "Economia Estrangulada" na matéria "Tão perto, tão em baixa"(29). Na página 20, Balsas-caravelas, é feita crítica aberta ao secretário de Logística e Transporte do estado, João Octaviano Neto, que relatou ter sido montado estaleiro da Dersa, dentre outros investimentos, num total de 10 milhões de reais,

(25) BR RJANRIO QL.O.FIL.9. Arquivo Nacional. Fundo IPÊS.

(26) BR RJANRIO QL.O.FIL.7. Arquivo Nacional. Fundo IPÊS.

(27) BR RJANRIO QL.O.FIL.4. Arquivo Nacional. Fundo IPÊS.

(28) A Jean Manzon Films levava o nome de seu proprietário e fundador, o fotógrafo francês que radicado no Brasil trabalhou na revista O Cruzeiro, mudando o conceito desta. Seus filmes feitos para o governo de Minas Gerais de Juscelino Kubitschek foram os responsáveis por impingir a imagem de gestor público com visão de futuro ao então governador.

(29) PRADO, Matheus. ROSÁRIO, Mariana. Tão perto, tão em baixa. *Revista Veja São Paulo* 2650, ano 52, n. 36. p. 12-21.

apesar de ter afirmado, anteriormente, que a empresa deveria ser extinta e privatizada. Em outro trecho na mesma matéria, "a balsa administrada pela Dersa, coleciona problemas. Das sete embarcações utilizadas no trajeto, uma é dos anos 1950 e outra dos anos 1960".

A solução apresentada é agora a construção da ponte — ou túnel — que ligariam as duas cidades, Santos e Guarujá, com exploração de pedágio pela concessionária Ecovias, que já explora a população da região com os pedágios cobrados para circulação nas Rodovias dos Imigrantes, Anchieta e outras localizadas na Baixada Santista. A narrativa pouco ou nada muda: a solução à suposta ineficiência da máquina estatal é lançarmos esta, para a exploração desenfreada e desregulamentada do capital.

Voltando aos filmes de Manzon, dos três assistidos relacionados à Companhia Docas de Santos, dedicamo-nos a comentar "Portos Paralíticos", que traz o discurso privatista de bens públicos que tanto agrada os neoliberais nos dias atuais. Nas imagens apresentadas são comparados os portos de Manaus e Rio de Janeiro (com administrações públicas), com o de Santos (explorado por concessão pela Companhia Docas de Santos).

> (...) são mostradas imagens que fazem alusão exclusivamente à administração portuária: burocracia, custos de serviços elevados, problemas operacionais etc. As tomadas mostram o uso de equipamentos que não correspondem às necessidades operacionais de movimentação e transporte de grandes navios: cais pouco profundos, equipamentos pouco precisos para o transporte de mercadorias, rebocadores e dragas antigos, equipamentos de mergulho inadequados etc. Atribuindo a mesma caracterização das imagens do porto de Manaus, essas imagens realizam um discurso próprio sobre o porto do Rio de Janeiro (CORREA, 2005, p. 80).

Assim, o documentário arrola vários problemas que se encontram nos portos públicos, tais como a falta de espaço para que mais navios atraquem, deixando vários em alto-mar aguardando, o que formaria congestionamentos de navios, por conta de dimensões dos cais inferiores ao necessário.

> É importante perceber como essas características relacionadas às administrações portuárias foram significativas na constituição das representações imagéticas em *Portos paralíticos*. As imagens que retratam os dois portos administrados pelo governo federal, o Porto do Rio de Janeiro e o porto de Manaus, os caracterizam como portos cujas operações não são condizentes com as necessidades econômicas atuais: dragas obsoletas, transporte de mercadorias em condições inadequadas de higiene, estocagem deficitária, burocracia excessiva, rebocadores pouco potentes etc. (CORREA, 2005, p. 80).

A solução apresentada ao modelo atrasado e de administração ineficaz do Estado é que se entregue à iniciativa privada a exploração dos portos, pois o aumento no valor da mercadoria é causado pela demora e pelos custos destes. Conceder os portos para os empresários é caminhar para a construção de uma nação disciplinada, poderosa e moderna.

Como destaca Correa tratando sobre o filme, de modo maniqueísta:

> a narração buscar aproximar a realidade do porto santista aos portos cariocas e amazonense, sua trajetória é bem diferenciada. Dentre as administradoras portuárias apresentadas pelo filme, seguramente a Companhia Docas de Santos era a que melhor possuía instalações para atender as demandas comerciais do setor. Ademais, a forma como foi caracterizada condiz precisamente com sua situação de maior contribuinte financeira do Instituto.

Com esse tipo de campanha e de doutrinação, o IPÊS se lançou a sedimentar bases sólidas para seu projeto de País, iniciando pela conquista de corações e mentes, plantando o descrédito ao coletivo, começando o culto ao deus mercado e acovardando mentes trabalhadoras com ideais machistas, conservadores e individualistas.

3.3. A classe trabalhadora à mercê

"O homem que diz sou
Não é!
Porque quem é mesmo é
Não sou!
O homem que diz tou
Não tá
Porque ninguém tá
Quando quer."

Baden Powell e Vinicius de Moraes

O que se deu com o golpe empresarial-militar de 1964 foi a elite brasileira entreguista, junto ao capital estrangeiro, tomando de assalto o Estado, e já nos primeiros dias mostrando a que vieram.

A classe trabalhadora, que não fazia trabalho de resistência armada, acreditou que duas medidas segurariam qualquer tentativa de golpe por parte da elite entreguista nacional: greve geral e adesão de militares de baixa patente ao chamado do então presidente João Goulart, utilizando o dispositivo militar, visto que boa parte da oficialidade supunha-se fiel a este (MATOS, 2009, p. 99).

O Comando Geral dos Trabalhadores — CGT — chamou a greve geral que obteve paralisação geral em algumas localidades (Santos[30] foi uma delas). O dispositivo militar, no entanto, não foi usado por João Goulart, que não emitiu ordem de se enfrentar os golpistas, alegando querer evitar que o País mergulhasse em guerra civil, deixando, destarte, os trabalhadores a sua própria sorte.

O sindicalismo brasileiro,

> se lançou com vigor numa pauta política de reformas comandada por um segmento da classe dominante brasileira comprometido com a proposta de conciliação de classes e, por isso mesmo, incapaz de tomar a frente de um processo de resistência popular efetiva à violação da constitucionalidade e à ditadura, A facilidade sindical para reprimir os movimentos esclarece um outro limite: o imposto por uma estrutura oficial que se procurou adequar aos interesses dos trabalhadores, mas contra a qual lutou-se pouco.[31]

Não era João Goulart um revolucionário e, tampouco, comprometido mais com a sua classe, do que esta era consigo. Incapaz, de certo, de levar a classe trabalhadora ao que Fidel levou em Cuba. Visando uma radicalização política, as lideranças sindicais apostaram tudo no apoio a Jango e às reformas de base. A mesquinha elite brasileira não permitiria que chegassem a tanto.

> a classe dominante brasileira comprometida com a proposta de conciliação de classes e, por isso mesmo, incapaz de tomar a frente de um processo de resistência popular efetiva à violação da constitucionalidade e à ditadura (MATOS, 2009, p. 100).

Souto Maior arrola as primeiras medidas que visaram colocar abaixo o Estado de Direito:

> Assim que os militares assumiram o governo tomou-se as seguintes medidas:
>
> • revogação da nacionalização das refinarias de petróleo;
>
> • revogação da desapropriação de terras;

(30) Em "Os subterrâneos da liberdade – volume 2 – Agonia da noite", cuja história de desenvolve durante o período do Estado Novo, é descrita a cidade de Santos por Jorge Amado: "Por essas coisas, Santos era designada pelo país afora como a 'Cidade Vermelha', e os policiais olhavam com desgosto e desconfiança aquele mundo da beira do cais, aqueles homens rudes e fortes curvados sob os sacos de café, montados sobre os guindastes, desaparecidos nos porões dos navios, na carga e na descarga." (AMADO, 2011, p. 17)

(31) Matos, Marcelo Badaró. *Trabalhadores e sindicatos no Brasil*. 1. ed. São Paulo: Expressão Popular, 2009. p. 100.

• cassação e suspensão de direitos políticos de 378 pessoas, entre elas: Juscelino, Jânio e Jango; seis governadores; 55 membros do Congresso Nacional;

• demissão de 40 mil funcionários públicos;

• instauração de 5 mil inquéritos contra 40 mil pessoas;

• rompimento de relações diplomáticas com Cuba.(32)

A parte mais simples dessa tarefa foi a repressão da organização dos trabalhadores com o uso da própria legislação sindical em vigor. A falta de debate sobre uma outra organização sindical, em que a liberdade sindical fosse ampla e que se desvencilhasse da armadilha ideológica que eram a filiação obrigatória e o fracionamento da classe trabalhadora em categorias(33), o abandono do debate por uma reforma sindical, teve consequências, mas:

> nada disso deve impedir a avaliação da importância e representatividade das lutas travadas pelos trabalhadores o início dos anos de 1960. Uma importância percebida pelos que articularam o golpe e instalaram a ditadura justamente para encerrá-las" (MATOS, 2009, P. 100)

Optou-se pelo congelamento dos salários, retirando-se poder aquisitivo da classe trabalhadora. Ao mesmo tempo, beneficiou a classe média e alta com a ampliação do mercado para bens duráveis:

> A facilidade de acesso ao capital financeiro internacional foi, mais tarde, estendida à indústria nacional pela Resolução 63 do Banco Central, com crédito direto ao consumidor, direcionado para o consumo de

(32) SOUTO MAIOR, Jorge Luiz. *História do direito do trabalho no Brasil:* curso de direito do trabalho. Vol. I: parte II. São Paulo: LTr, 2017. p. 281.

(33) A respeito de novos parâmetros legais para a organização sindical, ver contribuição de Jorge Luiz Souto Maior, Valdete Souto Severo e Paulo Yamamoto em *Quem tem medo de mudanças e da liberdade sindical?* publicado no *blog* do primeiro autor em 22.02.2019, em especial no quando nos recordam que os sindicatos existiam antes das leis os limitarem, visto que representam a reunião de trabalhadoras para lutarem por melhores condições de trabalho e bem viver. "(...) É nesse contexto que se cria, **em 05 de julho de 1939, a Lei Orgânica da Sindicalização Profissional (Decreto-lei n. 1.402/39)**, pela qual se explicita o objetivo de controlar a atividade sindical, conforme constava até mesmo da exposição de motivos da lei: "Com a instituição desse registro, toda a vida das associações profissionais passará a gravitar em torno do Ministério do Trabalho: nele nascerão, com ele crescerão; ao lado dele se desenvolverão; nele se extinguirão."(...) Essa vinculação ao Estado, no entanto, tem uma consequência, que é a de permitir ao sindicato **"impor contribuições a todos aqueles que participam das profissões ou categorias representadas"** (art. 3º, *"f"*). E é exatamente para possibilitar esse alcance da obrigatoriedade de vinculação e de "contribuição" que surge a noção de categoria, inexistente nos regramentos anteriores. Ou seja, a contribuição obrigatória (ainda sem a denominação "imposto sindical") só surge na vida sindical em 1939, no momento em que o sindicato foi consagrado um prolongamento do Estado e a noção de categoria está vinculada a essa ideologia."

bens duráveis, beneficiou as indústrias deste setor, nas quais o capital multinacional era dominante.[34]

A lei de reajuste salarial dos primeiros anos do regime empresarial-militar trouxe brutal redução no salário real dos trabalhadores de baixa renda e ampliou a já existente concentração de renda. O aumento do consumo de bens duráveis à classe média foi impulsionado por política de crédito direto ao consumidor, necessária contrapartida às empresas multinacionais do setor que financiaram o golpe.

Assim que assumiram o controle do País, teve início a demonização e a perseguição dos movimentos sociais, que tinham possibilidade de auxiliar a classe trabalhadora a organizarem a resistência e a sua contraofensiva.

Na Companhia das Docas de Santos, instaurou-se na sala do chefe do Departamento Pessoal da Companhia o "Inquérito Policial Militar da Orla do Cais", o que seria o bastante para atrelar a empresa às repressões e torturas impingidas a vários de seus funcionários durante o período de exceção que se estendeu por 21 anos no Brasil, não soubéssemos nós, agora, de todo o envolvimento desta na composição desta obra terrível.

Há, ainda, comprovação do emprego de funcionários e veículos da Companhia das Docas de Santos em prisões e conduções coercitivas, como relatam alguns dos trabalhadores portuários acusados de serem subversivos, como Ademar dos Santos, Ademarzinho, eletricista da Companhia das Docas de Santos:

> Um carro da antiga CDS (Companhia Docas de Santos) foi à minha casa. Era um policial civil das Docas; "meu colega, que jogou bola comigo", narra o ex-preso do Raul Soares. E prossegue: "Ele disse que eu seria preso. E fui preso mesmo. Tomaram meu depoimento e eu fui dispensado. No dia seguinte, foram me buscar em minha casa, na Zona Noroeste. A ordem era para eu ir ao departamento pessoal. Tinha um envelope amarelo pronto, com ordem de prisão. Me colocaram em um camburão e me levaram. Tomei o cuidado de ver se o cano do escapamento não estava para dentro, como faziam os nazistas". Ele diz que só teve noção do destino, quando ouviu o barulho das tábuas da ponte pênsil, em São Vicente. "Me levaram, por engano, para a Fortaleza do Itaipu, em Praia Grande. No dia seguinte, outra viatura me pegou para me levar para o quartel dos fuzileiros navais, na Avenida Afonso

(34) NF 1.34.012.000338/2019-5 – Civel – Tutela Coletiva Eletrônico, distribuída aos 13.05.2019 na PRM-STS – 7º Ofício.

Pena, em Santos. De lá, uma outra viatura policial me levou, no dia seguinte, ao navio Raul Soares.(35)

A repressão aos trabalhadores portuários no Porto de Santos foi violenta e Santos e Fernandes Neto, no Dossiê das Docas, trazem notícia publicada no jornal local A Tribuna (Santos) a qual tivemos Acesso em: pesquisa junto a Hemeroteca Municipal Roldão Mendes Rosa:

> A comissão de oficiais da Marinha de Guerra, encarregada do inquérito policial-militar para apurar a subversão no porto de Santos, continua seu trabalho em salas da Divisão de Pessoal, da Companhia Docas.(36)

A notícia confirma depoimento de trabalhadores sobre aqueles tempos sombrios, tais como o de Manoel Dias Veloso,

> Eu, em 64, não cheguei a ser preso. Eu tinha um irmão, também estivador, que era adepto do Partido. Meu irmão foi para um navio chamado Raul Soares, ficou lá não sei quantos dias ou meses. Eu simplesmente fui chamado ao escritório da Companhia Docas para prestar declaração. (...) Prestei declaração e ele me mandou embora.(37)

O Raul Soares(38), navio-prisão, foi trazido rebocado a Santos, pois já estava inativo. Não havia falta de lugar nos presídios. O objetivo de prender os "subversivos" em um local sem a menor estrutura para abrigar, assegurando-se a manutenção da indignidade da pessoa humana era, conforme declara em entrevista Erasmo Dias(39), para "prender e humilhar" (Dossiê Docas).

No Raul Soares, os presos sofriam os mais variados constrangimentos e humilhações, como as relatadas por Nelson Gatto, em livro:

> Hércules serviu-se apenas de uma banana — a sobremesa — e seguiu para o xadrez. Apanhei uma bandeja e recebi aquela papa formada por

---

(35) *Diário do Litoral*, 25 out. 2013. Disponível em: <http://www.diariodolitoral.com.br/sindical-e-previdencia/navio-prisao-raul-soares-memorias-do-carcere-flutuante/20810/>. Acesso em: 03 nov. 2018.

(36) A Tribuna (Santos), 26 jun. 1964, p. 9.

(37) VELOSO, Manoel Dias. Depoimento à Fundação Arquivo e Memória de Santos — PREFEITURA Municipal de Santos, 1990. In: *MEMORIA SINDICAL DE SANTOS 1930-1964*. Coordenação Conceição da P. Martins, Santos, 1997: Fundação Arquivo e Memória de Santos, p. 70.

(38) Num dos filmes encomendados pelo IPÊS a Jean Manzon, "Uma economia estrangulada" aparece o navio Raul Soares como exemplo do que havia de mais velho na frota ultrapassada e dispendiosa, no discurso ipesiano, da Marinha Mercante Brasileira.

(39) Erasmo Dias foi um político e militar brasileiro que no golpe de 1964 chefiou a ocupação da refinaria Presidente Bernardes, em Cubatão (SP). Em 1968, foi um dos participantes do cerco ao XXX Congresso da União Nacional dos Estudantes que levou a prisão de quase 800 pessoas em Ibiúna (SP). Participou da cassação do recém-eleito prefeito de Santos pelo Movimento Democrático Brasileiro (MDB) Esmeraldo Tarquínio, que perdeu seus direitos políticos. Também foi responsável pela perseguição a outros políticos da região, como Mário Covas, Gastone Righi e Osvaldo Martins. Em 1974 passou para a reserva do Exército, assumindo o cargo de secretário de Segurança Pública e sob sua gestão foram assassinados Manoel Fiel Filho e Vladimir Herzog.

arroz e feijão preto. Olhei para os lados, tentando descobrir onde poderia conseguir uma colher ou um garfo. Vi uma pequena lata de banha com algumas colheres engorduradas e sujas de restos de comida. Pensei que fossem talheres já usados pelos presos e que ali eram depositados para serem lavados. Hesitei um instante, olhando ao redor para ver se não havia outra vasilha com colheres limpas. Mais tarde, fiquei sabendo que eram as colheres usadas pelos presos na véspera e que jamais eram lavadas. Quando ia apanhar uma, o oficial da Polícia Marítima que estava de serviço, Ariovaldo Pereira dos Santos, um crápula desclassificado, gritou como que procurando fazer com que todos conhecessem sua autoridade:

"Preso novo não tem direito a colher".

Encarei o canalha com ódio e desdém. Já revoltado ante a suprema vileza do episódio dos sanitários, não me contive:

"Mas isso é um absurdo. Somos presos políticos e devemos ter um tratamento humano. Como irei comer se não me derem uma colher?"

Batendo com um cassetete de madeira na mão esquerda, respondeu-me:

"Coma com as mãos ou com uma caixa de fósforo."(40)

Tem-se, também, o relatado por Antônio Alves Mastelini:

> (...) Ah, aquilo lá era terrível, inclusive não só para nós, como pra toda família também, que ia visitar e encontrava a gente naquela depressão danada. (...) Física mesmo pouco, alguns empurrões, alguma coisa, mas psicológica bastante, quase a toda hora. (...) Chamava a gente, levava lá pro comando lá, deixava a gente lá. Vinha um e fazia uma pergunta; vinha outro e trazia a gente aqui pro escritório da Companhia Docas. Aquela tortura danada! Aquelas ameaças! Dizendo que iam afundar o navio, que nós íamos pra Fernando de Noronha, que nós íamos desaparecer, e aquelas torturas eram quase constantes.(41)

Fruto do inquérito, foram 406 depoimentos colhidos dentro da Companhia das Docas de Santos, requerimentos de prisão preventivas de mais de 100 investigados e o pedido de ilegalização do sindicato.(42)

---

(40) GATTO, Nelson Raul Soares. *Navio Presídio:* a outra face da "revolução". Disponível em: <http://www.novomilenio.inf.br/santos/h0181d07.htm>. Acesso em: nov. 2018.

(41) MASTELINI, Antonio Alves. Depoimento à Fundação Arquivo e Memória de Santos — PREFEITURA Municipal de Santos, 1990. In: *MEMORIA SINDICAL DE SANTOS 1930-1964*. Coordenação Conceição da P. Martins — Santos, 1997: Fundação Arquivo e Memória de Santos, p. 24-25.

(42) Arquivo Nacional no Distrito Federal – COREG- BR_AN_BSB_PA_001_001, p. 4.

3.4. Resultado

"Ele roubava o que eu mais valia
E eu não gosto de ladrão
Ninguém pode pagar nem pela vida mais vadia
Eu despedi o meu patrão

(...)

Mande embora mande embora agora
Mande embora agora mande embora o seu patrão
Ele não pode pagar o preço
Que vale a tua pobre vida ó meu
ó meu irmão."

José Carlos Capinan e José de Ribamar Coelho Santos

Era o objetivo do golpe empresarial-militar impor à classe trabalhadora uma severa derrota, objetivando anular seu poder de resistência, visando sua domesticação. Para tanto, desbaratou os focos de resistência, perseguiu lideranças, desmontou sindicatos e impôs o estado de necessidade aguda com a política de arrocho salarial.

Na lição de Souto Maior (2017. p. 282-283) a retirada de direitos trabalhistas era central e impulsionou diretamente o golpe e reforça isso o fato de ter se apressado o autoproclamado "Comando Supremo da Revolução" a garantir que quem isso afirmava não passava de espalhador de boato.

> O documento (...) apresenta-se como uma autêntica confissão de que a questão trabalhista foi uma das pautas principais do golpe, hoje é sabido, ao mesmo tempo que serve para jogar por terra a leitura de que os direitos trabalhistas foram dádivas de Vargas, (...) embora, sob este aspecto, fique também evidente a tentativa de apagar os méritos políticos de Vargas e, sobretudo, de Goulart. (...)De todo modo, o que se viu, em praticamente todo o período de 21 anos de ditadura, foi uma diminuição de direitos trabalhistas, acompanhadas de violenta repressão aos sindicatos, favorecendo ao processo de acumulação de riquezas, sobretudo na perspectiva dos interesses de empresas multinacionais.(43)

Para os trabalhadores da Companhia Docas de Santos, essas derrotas se deram pela: i) revogação do ACT 1962 e 1963; ii) contrato coletivo de 1965; iii) subtração de direitos históricos; iv) imposição de regime de turno e política de redução real do salário.

(43) SOUTO MAIOR, Jorge Luiz. *História do direito do trabalho no Brasil:* curso de direito do trabalho. Vol. I: parte II. São Paulo: LTr, 2017. p. 282-283.

Os acordos Coletivos de Trabalho de 1962 e 1963, ambos celebrados entre o Governo Federal e a Federação Nacional dos Portuários e colocados em execução, no Porto de Santos, por força das Portarias ns. 719, de 29 de outubro de 1962 e B-34, de 10 de setembro de 1963 foram declarados nulos pelo Decreto n.56.420, de 4 de junho de 1965.(44)

A negociação do contrato coletivo de 1965, nos trazem Santos e Fernandes Neto (2019), foi feita na sede da Capitania dos Portos, representadas as pessoas trabalhadoras por sindicalistas interventores nomeados e empresa Companhia das Docas de Santos sem possibilidade de se invocar direito adquirido a vantagem ou privilégio não previsto em lei atual.

Quanto a perda de direitos históricos conquistados pela categoria, arrola SILVA (1995, p, 206), dentre os direitos perdidos o de salário chuva, a taxa de 25% em diversos serviços periculosos e insalubres, o descanso semanal e férias remuneradas. Tiveram redução do salário-família e da hora extraordinária, paga à base de 70% e podendo chegar a 290% — ressalte-se que as horas noturnas remuneradas nos termos da CLT o eram apenas com acréscimo de 20% (CLT).

A categoria, ainda, passou a enfrentar dois turnos de trabalho (um durante o dia e outro à noite, com revezamento semanal) a partir da Lei n. 4.860/65, que não deixou espaços para resistência por parte dos doqueiros, tendo as empresas liberdades de lhes impor turnos de trabalho que melhor aprouvessem aos interesses do empreendimento exclusiva e unilateralmente. Houve, com o corte na cubagem para os serviços de produção — mantendo-se apenas a tonelagem — corte salarial na base de 50%: uma grande diminuição do número em cada terno de serviço.

O expressivo resultado do aumento da exploração da classe trabalhadora são dois: i) redução de 33% do custo operacional, segundo o Relatório da Diretoria da CDS, referente ao ano de 1965; ii) aumento de trabalhadores vitimados por acidentes de trabalho.

No Relatório da Diretoria da CDS, é notória a euforia com os resultados alcançados e não é escondido, em qualquer momento, que esses são oriundos do corte de direitos trabalhistas, do aumento, portanto, da pobreza de trabalhadores portuários:

> Durante o exercício em exame, [1965] a única obra de vulto realizada no porto de Santos foi a instalação para embarque mecânico de milho a granel, como veremos adiante. Não obstantes seus esforços, continua

(44) MUSEU DAS DOCAS, Documentos de José Menezes Berenguer, *Notas sobre o Inquérito Policial Militar para apuração das causas da operação tartaruga em face do relatório apresentado pelo encarregado pelo Inquérito Policial Militar*, p. 6-7; *apud* SANTOS, Adriana Gomes; FERNANDES NETO, Antônio. *CIA. DOCAS DE SANTOS:* ETERNAMENTE EM BERÇO ESPLÊNDIDO, 2019. no prelo.

esta Concessionária impossibilitada de executar as indispensáveis e urgentes obras de expansão do porto, praticamente paralisadas desde 1958.

Todos os planos de expansão do porto, estudados com a devida antecedência desde 1950, mostravam que o problema fundamental que se apresentaria no futuro imediato, era o trafego de granéis, tanto sólidos como líquidos.

Assim, em fins de 1953, terminou-se a construção de 919 metros de cais no Saboó, com o objetivo de destiná-lo exclusivamente a movimentação de sólidos a granel (com exclusão do trigo).

Para os líquidos a granel, entre os quais avultava o óleo cru para abastecimento das duas refinarias, cuja atividade industrial iniciou-se em 1954, projetou esta Concessionária terminal próprio. As obras e instalações desse terminal, inclusive dragagem do canal exterior da barra para – 13,50m de profundidade, deveriam ter sido concluídas em 1958.

Em relatórios anteriores, já narramos as vicissitudes ocorridas na execução desse projeto, aprovado pelo Ministério de Viação e Obras Públicas e objeto de contrato então assinado por esta empresa. Não voltaremos ao assunto, que passou à exclusiva responsabilidade das autoridades competentes, a quem temos alertado constantemente, chamando sua atenção para a importância do problema em relação ao porto de Santos. É de lamentar, contudo, que ele permaneça sem solução desde 1958, já tendo acarretado e em vias de acarretar para o futuro, vultuosos prejuízos para a economia nacional, muito particularmente para os usuários do porto de Santos. Isto porque as deficiências atuais do porto, que tem ocasionado repetidos congestionamentos, não teriam existido se o terminal de Conceiçãozinha estivesse concluído e operando desde 1958, como projetado e contratado. Essas deficiências não poderão ser sanadas enquanto os 919 metros do cais do Saboó não forem liberados para atender exclusivamente o tráfego de sólidos a granel.

Mais flagrantes se tornam essas deficiências se considerarmos os esforços e as enérgicas providências tomadas pelo Governo no sentido de racionalizar o regime de trabalho nos portos, aumentando sua eficiência mediante a implantação de critério econômico. Assim, as disposições do Decreto n. 56.420/65, que declarou nulos os Acordos de 1962 e 1963, firmados diretamente entre o Governo Federal e a Federação Nacional dos Portuários, e a política salarial consubstanciada no Decreto n. 54.018/64 permitiram considerável diminuição do ônus suportado pelos usuários

> do porto de Santos. Em consequência, foi possível, no decorrer do exercício, suprimir a cobrança de adicional transitório de 10% e outros às taxas das tarifas, cujos atos constam deste relatório.
>
> Da supressão desses diferentes adicionais resultou, no exercício, redução global de 33% para os usuários do porto. Este fato merece todo destaque, pois desconhecemos qualquer outro serviço ou mercadoria, cujos preços tenham sido reduzidos em tal vulto no ano de 1965. A promulgação da Lei nº 4.860 de 26 de novembro de 1965 dará ensejo a profundas modificações no serviço portuário, permitindo a esta concessionária dar melhor atendimento aos usuários do porto, em condições econômicas e trabalho contínuo, pela implantação de 2 períodos normais de trabalho, das 7 às 17, com eventual prorrogação até às 19, e duas horas para refeição, no período diurno; e das 19 às 4 horas com prorrogação eventual até às 6, ou em casos excepcionais até às 7 horas da manhã, com 1 hora para refeição, no período noturno.
>
> Aguardamos, confiantes, que as autoridades competentes permitam a esta Concessionária a execução de obras que lhe possibilitem resolver o problema crucial dos granéis.[45]

O número de acidentes de trabalho na Companhia Docas de Santos era maior que a média nacional, que não era baixa. Em 1970, a média nacional era de 17% de empregados acidentados, enquanto, na CDS, era de 22%, atingindo, em 1975, o índice de 33%, ao passo que a média nacional havia caído para 15%, conforme os dados da Fundacentro[46].

Assim, sem limite algum, a empregadora se sentiu à vontade para ignorar o negociado, impor suas vontades e necessidades ao trabalhador, que passou a responder pelos riscos do negócio com sua saúde e, não raramente, com sua vida.

Saliente-se: uma empresa cujo lucro obtido em seu negócio, fruto da extração da superexploração da classe trabalhadora santista, era isenta de tributação, graças ao "presente" recebido do Império e mantido pelo regime republicano.

---

(45) COMPANHIA DOCAS DE SANTOS. Relatório da Diretoria, correspondente ao ano 1965. p. 3-5; *apud* SANTOS, Adriana Gomes; FERNANDES NETO, Antônio. *CIA. DOCAS DE SANTOS:* ETERNAMENTE EM BERÇO ESPLÊNDIDO, 2019. no prelo.

(46) Boletim Informativo da Fundação Nacional de Segurança, Higiene e Medicina do Trabalho (Fundacentro). São Paulo, vol. 7, n. 4, fevereiro de 1976, e vol. 7, n. 79, junho de 1976; Dr. Zelnor Paiva de Magalhães. *A Prevenção dos Riscos Profissionais no Trabalho Portuário*, trabalho apresentado no XVII CONPAT (Congresso Nacional de Prevenção de Acidentes do Trabalho), de 1º a 4 de outubro de 1978, Cia. Docas de Santos. *Apud* SANTOS, Adriana Gomes; FERNANDES NETO, Antônio. *CIA. DOCAS DE SANTOS:* ETERNAMENTE EM BERÇO ESPLÊNDIDO, 2019. no prelo.

A Companhia das Docas de Santos é exemplo de empresa que apoiou o golpe militar de 1964 e colheu os frutos com a instalação, no País, da ditadura empresarial-militar, visto que, graças à intervenção do Estado, obteve a implementação de medidas governamentais que vieram "racionalizar o regime de trabalho nos portos", como consta de Relatório da Diretoria, ano 1965. Antes, contudo, contou com outra medida governamental de suma importância: a declaração de nulidade dos Acordos de 1962 e 1963 (firmados entre o Governo Federal e a Federação Nacional dos Portuários), pelo Decreto n. 56.420/65.

Pelo Decreto n. 54.018/64, obteve-se "considerável diminuição de ônus suportados pelos usuários do porto de Santos", pela mudança da política de remuneração dos portuários. A implementação destas medidas e modificações na organização, remuneração e vida do trabalhador portuário santista não seria possível sem que, antes, fossem totalmente desbaratadas as possibilidades de reação coletiva — o que se deu pelo esfacelamento das organizações sindicais e das células de resistência na cidade de Santos – e o direcionamento do Estado à satisfação da ganância empresarial (SANTOS e FERNANDES NETO, 2018).

Tais retrocessos se materializaram por duas frentes: ações antissindicais e atuação legislativa "revisionista negativa", nos termos cunhado por Cesarino Júnior.

4. Conclusão

"É que eu sou tal qual a vara
Bamba de bambu-taquara
Eu envergo mas não quebro

Não é só felicidade
Que tem fim na realidade
A tristeza também tem

(...)

Os bons momentos da vida
E nos maus tempos da lida
Eu envergo mas não quebro."

Carlos Aparecido Renno e Lenine Pimentel

Nunca foi "por R$ 0,20" e também não foi por conta de qualquer ameaça comunista ou qualquer possibilidade do "Brasil virar Cuba" ou para que "isso aqui não vire uma Venezuela, talquei?!?!".

O objetivo dos golpes que rompem com a ordem democrática segue a mesma linha. Todos têm o mesmo objetivo, acrescentando um ou outro elemento que lhe dê um ar de modernidade, de novo, de "revolucionário": o objetivo é sempre possibilitar que se amplie a extração de mais valia.

Enquanto as elites se movimentam — não para evitarem perda de direitos, mas para ampliarem a pilhagem do dinheiro alheio e das riquezas nacionais —, a classe trabalhadora parece anestesiada, absorta pela depressão em que se encontra mergulhada, buscando saídas fáceis (propostas por falsos messias), que só são aceitas se realizadas por outros, sem se assumir o protagonismo.

Sem conhecerem sua história, seguem ignorante de que o único caminho que a levará à emancipação será tomar para si a responsabilidade de construir um mundo em que a centralidade seja o bem viver e o viver bem.

O conhecimento da verdadeira história do povo brasileiro e da classe trabalhadora — diversa, composta e realizada por mulheres, pessoas negras, deficientes, LGBTTIQAP+s, povos originários — há de fazer sonhos com justiça das mais velhas virarem realidade para os que virão: eis nossa singela contribuição.

É certo: nossos passos vêm de longe!

5. Bibliografia

AMADO, Jorge. *Agonia da noite*. São Paulo: Cia. das Letras, 2011.

BORTONE, Elaine de Almeida. *A participação do Instituto de Pesquisas e Estudos Sociais (IPÊS) na construção da Reforma Administrativa na ditadura civil militar (1964-1968)*. Universidade Federal Fluminense, 2013 – Dissertação de Mestrado.

CARRIÇO, J. O Plano de Saneamento de Saturnino de Brito para Santos: construção e crise da cidade moderna. *Risco Revista de Pesquisa em Arquitetura e Urbanismo* (*On-line*), n. 22, p. 30-46, 19 dez. 2016.

CERQUEIRA, Sofia. A ascensão e queda do império dos Guinle. *Revista VejaRio*, Rio de Janeiro: Editora Abril, 2017. Disponível em <https://vejario.abril.com.br/cidades/a-ascensao--queda-imperio-familia-guinle/>. Acesso em: 13 jun. 2018.

CESARINO JÚNIOR, A F. *Direito Social Brasileiro*. 1 vol. 4. ed. ampliada e atualizada com a colaboração da advogada Ingebirg Sigrid Gerson. Rio de Janeiro: Livraria Freitas Bastos, 1957.

CIVITA, Victor (Editor e diretor). De Pai para filho, desde 1888. *Veja* Revista de Informação Semanal. n. 603, de 26 mar. 1980. *Revista Veja*. São Paulo: Editora Abril, 1980.

COMISSÃO NACIONAL DA VERDADE. *Relatório – Volume I*. Brasília 2014.

______. *Relatório – Volume II*. Brasília 2104.

CORREA, Marcos. *O discurso golpista nos documentários de Jean Manzon para o IPÊS (1962/1963)*. Unicamp, 2015 – Dissertação de Mestrado.

DELGADO, Mauricio Godinho. *Direito coletivo do trabalho*. 7. ed., rev., atual. e ampl. São Paulo: LTr, 2017.

DREIFUSS, René Armand. *1964:* A conquista do Estado. Ação política, poder e golpe de classe. Petrópolis: Vozes, 1981.

FREITAS, Dolores; CHAVES, Guta. *Gastronomia no Brasil e no Mundo*. 2. ed. São Paulo: Senac, 2012.

GONÇALVES, J. Sérgio R. C. As empresas familiares no Brasil. *Era Light*, v. 7, n. 1, p. 7-12, jan./mar. 2000, s/p.

GORENDER, Jacob. *Combate nas trevas*. 5. ed. rev. e ampl. São Paulo: Editora Perseu Abramo: Expressão Popular, 2014.

Instituto de História da Arte/Faculdade de Ciências Sociais e Humanas/Universidade NOVA de Lisboa (IHA/FCSH/NOVA). Projeto "A Casa Senhorial, Portugal, Brasil e Goa", Anatomia dos Interiores. Disponível em: <http://www.acasasenhorial.org/acs/index.php/pt/bgeral/169-palacete-guinle-de-paula-machado>. Acesso em: 23 mar. 2019.

MARTINS, Conceição da P. *Memória de Santos 1930-1964*. Santos: Fundação Arquivo e Memória de Santos, 1997.

MATOS, Marcelo Badaró. *Trabalhadores e sindicatos no Brasil*. 1. ed. São Paulo: Expressão Popular, 2009.

MORAES, Evaristo de. *Apontamentos de direito operário*. Prefácio de Evaristo Moraes Filho. 4. ed. São Paulo: LTr, 1998.

MORAES FILHO, Evaristo de. MORAES, Antonio Carlos Flores de. *Introdução ao direito do trabalho*. 11. ed. São Paulo: LTr, 2014.

PARANHOS, Adalberto. *O Roubo da Fala:* origens da ideologia do trabalhismo no Brasil. 2. ed. São Paulo: Boitempo, 2007.

PRADO, Matheus. ROSÁRIO, Mariana. Tão perto, tão em baixa. *Revista Veja São Paulo* 2650, ano 52, n. 36. p. 12-21.

SANTOS, Adriana Gomes; FERNANDES NETO, Antônio. Santos. *1980:* portuários em greve. Nem os pombos apareceram no cais: velhos pelegos e nova vanguarda. São Paulo: Veneta, 2015.

______. *Cia. Docas de Santos:* eternamente em berço esplêndido. 2019. no prelo.

SILVA, Ligia Osório. Desenvolvimentismo e intervencionismo militar. *E-Premissas* — Revista de Estudos Estratégicos (Dossiê Dreifuss). n. 01, junho/dezembro de 2006. Disponível em <http://bit.ly/2pUom4X>. Acesso em: out. 2019.

SILVA, Homero Batista Mateus da. *Curso de Direito do Trabalho Aplicado*. Vol. 7. Direito Coletivo do Trabalho. 3. ed. rev. atual. e ampl. São Paulo: Revista dos Tribunais, 2015.

SILVA FILHO, José Carlos Moreira da. O terrorismo de Estado e a Ditadura Civil-Militar no Brasil: direito de resistência não é terrorismo. *Revista Anistia Política e Justiça de Transição*, Ministério da Justiça, n. 5 (jan./jun. 2011). Brasília: Ministério da Justiça, 2012. Disponível em: <www.justica.gov.br/central-de-conteudo/anistia/anexos/2012revistaanistia05.pdf>.

SOUTO MAIOR, Jorge Luiz. *História do direito do trabalho no Brasil:* curso de direito do trabalho. Vol. I: parte II. São Paulo: LTr, 2017.

______; SEVERO, Valdete Souto; YAMAMOTO, Paulo. *Quem tem medo de mudanças e da liberdade sindical?*. Disponível em: <https://www.jorgesoutomaior.com/blog/quem-tem-medo-de-mudancas-e-da-liberdade-sindical>. Acesso em: 22 fev. 2019.

SOUZA, Bartolomeu Pereira. *Memórias na pele*: trajetórias, militâncias e resistência. Santos: Imaginário Coletivo, 2018.

TEIXEIRA DA SILVA, Fernando. *A Carga e a Culpa*. São Paulo: Hucitec, 1995.

6. Disposições normativas

BRASIL. *Decreto n. 54.018, de 14 de junho de 1964*. Reorganiza o Conselho Nacional de Política Salarial, estabelece normas sobre a política salarial do Governo e dá outras providências. Brasília, DF, jun. 1964.

______. *Decreto n. 56.420, de 04 de junho de 1965*. Reconhece como nulos os acôrdos coletivos que menciona. Brasília, DF, jun. 1965.

Dos Argumentos Utilizados para a Precarização dos Direitos do Trabalhador. Uma Análise Histórica Comparativa do Discurso sobre o FGTS — 1964 a 1972 e 2014 a 2019

Danilo de Carvalho Cremonini[1]

Resumo: O Fundo de Garantia do Tempo de Serviço (FGTS) foi instituído durante a ditadura civil-militar, no governo de Humberto de Alencar Castelo Branco, por meio da Lei n. 5.107, de 13 de setembro de 1966. Concebido pelo economista liberal Roberto de Oliveira Campos com o intuito de extirpar a então vigente figura da estabilidade decenal, permitindo, assim, a rescisão imotivada do trabalhador a qualquer tempo, foi, em sua concepção, festejado pelos atores patronais e imprensa da época. Hoje, mais de 52 anos após a sua criação, é alvo corriqueiro de *think tanks* e *digital influencers* liberais, que tratam o instituto como excrescência da era Vargas e herança de um trabalhismo retrógrado.

Palavras-chave: FGTS — Fundo de Garantia do Tempo de Serviço — História — Comparação discursiva— Precarização do trabalhador — Estabilidade decenal.

1. Introdução

A motivação para a realização do presente trabalho se deu por meio de uma pesquisa realizada no Curso de Especialização em Direito do Trabalho da Universidade de São Paulo, cujo objeto central era a análise dos argumentos e discurso utilizado para legitimar a criação do Fundo de Garantia do Tempo de Serviço (FGTS) perante a opinião pública.

Ao finalizar aquela pesquisa, surgiu a pergunta que marca o presente trabalho: há identidade discursiva entre os argumentos lançados àquela época e o discurso atualmente

(1) Advogado trabalhista. Especialista em Direito do Trabalho pela FDUSP.

utilizado para vilanizar o mesmo instituto? Indo mais além, há semelhança no discurso/argumentação utilizado para legitimar perante a opinião pública medidas que resultem na precarização dos direitos do trabalhador?

A análise dos argumentos utilizados em ambos os períodos históricos pode demonstrar a existência de certas similaridades na estratégia argumentativa/discursiva usada pelos atores interessados para a aprovação de projetos de lei que eliminem direitos trabalhistas. Dessa hipótese pode erigir-se outro questionamento: quem seriam esses atores? Os mesmos em ambos os períodos? É possível, metodologicamente, traçar paralelos entre períodos históricos tão distantes entre si?

Após compartilhar a ideia de pesquisa com outros colegas, outro problema surgiu: o conceito de opinião pública é algo deveras controverso. No entanto, a título de esclarecimento, é necessário, neste ponto, destacar que o objeto da presente pesquisa não é mensurar ou, de alguma forma, aferir a aceitação ou rejeição da chamada "opinião pública" quanto aos argumentos lançados ou ao discurso utilizado. O objetivo deste trabalho é, talvez, menos sofisticado: trata-se da tentativa, sobretudo, pela análise de fontes primárias (jornais, revistas, gravações, vídeos, artigos), de traçar um paralelo entre os argumentos e o discurso relacionado ao FGTS em dois períodos históricos e, por essa análise que é, antes de tudo, histórica, validar a hipótese de que há certa similaridade nos argumentos utilizados para legitimar medidas de precarização dos direitos do trabalhador.

A enorme gama de leis precarizadoras promulgadas desde a concepção da Consolidação das Leis do Trabalho (CLT) tornaria inviável a análise de todo o material produzido em tão longo período histórico. Por essa razão, justifica-se a escolha do FGTS e do recorte temporal limitado aos anos de 1964 a 1970 e 2014 a 2019. Ademais, conforme veremos, a análise dos argumentos utilizados para criação e extinção do instituto, bem como dos atores que capitaneiam esse discurso, é emblemática e paradoxal, o que desperta curiosidade histórica.

A escolha dos recortes históricos também não se deu ao acaso. O FGTS foi instituído em 1966; contudo, o discurso utilizado para sua legitimação já tomava contornos e era lançado antes de sua efetiva promulgação e, mesmo após a sua instituição, era possível se notar algum esforço em validar o novo instituto.

Já o segundo recorte histórico se justifica pelas chamadas "jornadas de junho de 2013" e seus posteriores desdobramentos que culminaram na intensificação da difusão de ideias neoliberalizantes.

Aqui é importante esclarecer que não se ignora o fato de que tais ideias já apresentavam relevante espaço na década de 1990; no entanto, os ataques ao FGTS, a difusão do discurso que despreza a concretização dos direitos sociais e o acelerado desmonte do vislumbre de Estado de Bem-Estar Social que havia sido prometido pela Constituição de 1988 foram amplamente acentuados após tal marco histórico (2014 em diante), pela evolução e popularização das redes sociais, dos aplicativos de mensagens instantâneas e do amplo acesso à internet.

Por essa razão, as fontes utilizadas para análise do segundo recorte histórico são, majoritariamente, oriundas da internet e seus meios de difusão que alteraram profundamente as formas de se relacionar, comunicar e informar.

É importante também esclarecer que o presente trabalho não tem o escopo de tratar acerca das nuances e peculiaridades do instituto do Fundo de Garantia do Tempo de Serviço (FGTS).

Excetuadas análises pontuais relacionadas à natureza do instituto, bem como alterações legislativas importantes, necessárias à elucidação do objeto central da análise, deve-se esclarecer que o presente trabalho gravita em torno dos aspectos históricos do FGTS, no intuito de demonstrar uma nova empreitada no sentido de precarizar as relações de trabalho, pelo cotejo analítico entre o discurso predominante à época de sua concepção e instituição e o discurso utilizado hodiernamente que, sem embargo, segue no sentido de extinção do Fundo.

Não é incomum deparar-se com análises atuais, que tratam do FGTS como herança do trabalhismo getulista, colocando-o no mesmo balaio da Consolidação das Leis do Trabalho (CLT), valendo-se do equivocado discurso que atribui à CLT origem fascista, por uma descuidada e simplória comparação entre esta e a *Carta del Lavoro.*

Aqueles que hoje atacam o FGTS aparentemente desconhecem — em sua maioria — sua história e seu real idealizador: Roberto de Oliveira Campos, um consagrado economista liberal. Parecem, ainda, desconhecer a influência do Instituto de Pesquisas e Estudos Sociais (IPES) (espécie de *think tank* da época, formado por importantes setores do empresariado) na concepção do fundo.

O discurso do qual se valem os atuais detratores do FGTS normalmente se ancora em alguns pilares básicos: a necessidade de eliminar as heranças "retrógradas" do trabalhismo incentivado no governo de Getúlio Vargas; o desestímulo que o instituto ocasiona para atração de investidores, que são afugentados pelo caráter "protetivo" de nossa legislação trabalhista e os "altos custos" de passivo trabalhista dela decorrentes; os entraves gerados pelo instituto para a geração de novos postos de trabalho pelo mesmo desestímulo gerado; a baixa taxa de rendimento do Fundo, quando comparada a outras modalidades de investimento e à inflação; a malversação pelo Estado dos recursos do Fundo; a falta de "liberdade" no contrato entabulado entre empresa e trabalhador que são obrigados pelo Estado a aderir a um "direito" do qual não necessariamente gostariam de usufruir.

O moderno discurso que advoga pelo fim do FGTS encontra muitos pontos de contato com o discurso utilizado para a aprovação do instituto e substituição da estabilidade decenal.

É este, em suma, o ponto central do presente trabalho, como veremos adiante.

2. Da origem e conceitos do Fundo de Garantia do Tempo de Serviço (FGTS)

2.1. Conceitos

O FGTS foi instituído pela Lei n. 5.107/1966, originada do Projeto de Lei n. 10/1966, modificado pelo Decreto-lei n. 20/1966 e regulado pelo Decreto n. 59.820/1966. Antônio Ferreira Cesarino Júnior assim conceituava o FGTS:

> [...] através de opção pelo empregado, visa substituir a estabilidade e a indenização por despedida injusta. É ele conjunto das contas abertas pelo empregador em banco por ele escolhido, em nome do empregado optante ou no da empresa com o depósito vinculado de 8% do respectivo salário mensal. À conta desse Fundo serão levadas a correção monetária e a capitalização dos juros de cada depósito. Os juros crescerão de 3% nos dois primeiros anos de permanência na empresa, a 4% do terceiro ao quinto, 5% do sexto ao décimo e 6% a partir do décimo primeiro. A capitalização recomeça com a mudança de empresa.
>
> Mediante esse depósito mensal, a empresa poderá rescindir sem justa causa o contrato de trabalho do empregado que optou pelo regime do FGTS, apenas depositando no Banco do Brasil 10% do valor da conta atualizada do empregado na data da dispensa. Havendo justa causa, perderá o empregado a parte do crédito correspondente à correção monetária e aos juros capitalizados, decidindo o dissídio a Justiça do Trabalho.(2)

Ao leitor mais atento, a conceituação primária do Fundo pode gerar estranheza, tendo em vista a desconfiguração de seu caráter ao longo da história.

Sérgio Pinto Martins, já adequando o instituto à realidade atual, traz o seguinte conceito:

> O FGTS é um depósito bancário vinculado, pecuniário, compulsório, realizado pelo empregador em favor do trabalhador, visando formar

(2) CESARINO JUNIOR, A. F. *Estabilidade e Fundo de Garantia*. Rio de Janeiro: Forense, 1968. p. 57.

> uma espécie de poupança para este, que poderá ser sacada nas hipóteses previstas em lei.[3]

O entendimento de que o FGTS se trata apenas de uma "espécie de poupança" é controvertido. É justamente sob esse argumento — também — que se alicerçam inúmeras críticas ao instituto, fomentando propostas abolicionistas dele.

2.2. *Dos aspectos históricos da criação do FGTS*

2.2.1. Roberto Campos — A mente por trás da fórmula do FGTS

Grande — e, talvez, o maior — expoente do pensamento liberal econômico no Brasil,[4] Roberto de Oliveira Campos foi

> [...] um economista, professor, escritor, diplomata e político brasileiro. Nascido em Mato Grosso de uma família de origem humilde, formou-se em filosofia e teologia em um seminário católico, seguindo a carreira diplomática após passar no concurso do Itamaraty, sendo nomeado cônsul de terceira classe em Washington, onde teve a sua formação econômica na Universidade George Washington, e logo após foi promovido a cônsul de segunda classe e foi designado segundo secretário de Washington. Foi parte da delegação brasileira da Conferência de Bretton Woods, conferência que criou o Fundo Monetário Internacional e do Banco Mundial. Após isso, juntou-se à representação do Brasil nas Nações Unidas em Nova Iorque, onde fez a sua pós-graduação em economia pela Universidade de Columbia, e foi membro da delegação brasileira de diversas reuniões e conferências.[5]

Tais credenciais são necessárias virem à baila, pelas razões já expostas relacionadas às modernas críticas ao FGTS.

A influência e papel de Roberto Campos para criação do FGTS será mais bem esmiuçada nos tópicos adiante.

2.2.2. A influência do Instituto de Pesquisas e Estudos Sociais (IPES) na formulação do FGTS

O Instituto de Pesquisas e Estudos Sociais (IPES) foi fundado em 1961 por setores do empresariado brasileiro.

---

(3) MARTINS, Sérgio Pinto. *Manual do FGTS*. 3. ed. São Paulo: Atlas, 2006. p. 27.

(4) Roberto Campos, expoente do liberalismo. Disponível em: <http://www.academia.org.br/noticias/roberto-campos-expoente-do-liberalismo>. Acesso em: 11 jan. 2019.

(5) Roberto Campos. Disponível em: <https://pt.wikipedia.org/wiki/Roberto_Campos>. Acesso em: 11 jan. 2019.

Em encarte denominado "O que é o IPES",[(6)] elaborado pelo Instituto — distribuído amplamente em diversos meios que variavam desde panfletagem em porta de empresas, sindicatos, fábricas até a publicação em jornais —, o grupo assim definia seus objetivos:

> Nossos objetivos são claros e definidos.
>
> Por meio de pesquisa objetiva e livre discussão, pretendemos chegar a conclusões e recomendações quanto a diretrizes das atividades econômicas, no sentido de contribuir para o fortalecimento da Democracia brasileira, através de sua mais ampla extensão à estruturo econômica e ao plano social, de modo a:
>
> a) Acelerar o desenvolvimento do país;
>
> b) assegurar uma melhor distribuição de renda nacional;
>
> c) elevar o padrão de vida do povo; e
>
> e) preservar a unidade nacional mediante a integração das regiões menos desenvolvidas.

No entanto, apesar da declaração publicada expressar objetivos supostamente nobres, o IPES teve papel central para a viabilização do Golpe de 1964.[(7)]

Elaine de Almeida Bortone, pesquisadora do Instituto de História da Universidade Federal do Rio de Janeiro (UFRJ), em sua tese de doutoramento que analisou um denso arquivo de documentos relacionados ao IPES, bem define e resume o Instituto e seus objetivos reais:

> O IPES foi uma entidade formada por empresários nacionais e internacionais, tecnoempresários e militares de alta patente, em especial vinculados à Escola Superior de Guerra (ESG). Com o apoio financeiro do governo norte-americano e de seus associados, buscou integrar diversos grupos, civis e militares, e organizar uma coesão interna da fração mais internacionalizada do empresariado no Brasil em uma oposição que pudesse deter o governo de João Goulart e as forças sociais que o apoiavam, para obter o controle da sociedade e assegurar a "conquista" do Estado.[(8)]

---

(6) Documento disponível no Arquivo Nacional, no Fundo "Instituto de Pesquisa e Estudos Sociais (IPÊS)", Código de Referência BR AN, RIO.QL.O.CDI.1.

(7) Em razão da participação de setores da sociedade civil e do empresariado é também chamado de Golpe Civil-Militar, Golpe Empresarial-Militar ou somente Golpe Militar. Trata-se de nomenclaturas diversas para expressar o mesmo Golpe de Estado.

(8) BORTONE, Elaine de Almeida. *O Instituto de Pesquisas e Estudos Sociais (IPES) e a Ditadura Empresarial-Militar:* Os casos das empresas estatais federais e da indústria farmacêutica (1964–1967). Rio de Janeiro, 2018. p. 13.

O IPES, em suma, era uma espécie de *think tank* da época e dedicou sua existência, inicialmente, a produzir material para estimular a desestabilização do governo de João Goulart, no intuito de promover interesses próprios da classe empresarial.

Uma vez concebido o Golpe, o grupo militar tomaria o poder sem uma expectativa de projeto de Estado bem delineada. Nesse contexto, nos primeiros anos do regime que se iniciava, o governo Castello Branco, sob o pretexto de montar um governo "técnico", "apartidário", preencheu o aparato estatal por um sem-número de membros que compunham os setores empresariais, em sua maioria membros do IPES.

Joaquim Pereira Briso Neto trouxe uma lista exemplificativa (e não exaustiva) de "ipesianos" que compuseram o governo Castello Branco:

> Dênio Nogueira: Diretoria-Executiva da SUMOC e, posteriormente, Presidência do Banco Central do Brasil (BCB); Luiz de Moraes Barros: Presidência do Banco do Brasil S.A (BB); José Garrido Torres: Presidência do Banco Nacional de Desenvolvimento Econômico (BNDE); Joviano Rodrigues Moraes Jardim: Presidência da Caixa Econômica Federal (CEF); Paulo de Assis Ribeiro: Presidência do Instituto Brasileiro para Reforma Agrária (IBRA), futuro Instituto Nacional para Colonização e Reforma Agrária (INCRA); Harold Polland: Presidência do Conselho Nacional de Economia (CNE); Golbery do Couto e Silva: Chefe do Sistema Nacional de Informação (SNI); Luiz Vianna Filho: Chefe da Casa Civil. Roberto Campos (Ministério do Planejamento) e Octávio Gouvêa de Bulhões (Ministério da Fazenda), apesar de não pertencerem à estrutura formal do IPES lecionavam recorrentemente nos seus "Cursos de Atualidades Brasileiras", em que se discutiam alternativas para o desenvolvimento nacional (Cf. BULHÕES, 1963; CAMPOS, 1963).(9)

Como se vê, a participação do IPES nos primeiros anos do governo militar não foi desprezível. Como se vê, Roberto Campos mantinha estreita ligação com o IPES.

A relação quase que simbiótica entre Estado e empresariado resultou em uma série de anteprojetos de reformas de base que serviram, posteriormente, como estudos técnicos para subsidiar as reformas estruturais ocorridas no governo Castello Branco, dentre as quais pode-se destacar, à guisa de exemplo, as reformas financeiras e administrativa.

O FGTS, objeto de estudo do presente trabalho, foi fruto dos estudos técnicos de um grupo de "ipesianos" que elaboraram o anteprojeto de lei.

---

(9) NETO, Joaquim Luiz Pereira Briso. *O conservadorismo em construção:* O instituto de Pesquisas e Estudos Sociais (IPES) e as reformas financeiras da ditadura militar (1961/1966). Campinas-SP: [s.n.], 2008. p. 7.

Dreifuss, que desenvolveu pesquisa inédita sobre o IPES, trouxe em sua obra importante relato histórico:

> O anteprojeto de lei que instituía o Crédito por Tempo de Serviço foi preparado por uma equipe de membros do IPES, que compreendia os empresários João Baylonge, José Duvivier Goulart e José Marques, o General Heitor Herrera e Frederico César Cardoso Maragliano.
>
> [...]
>
> O FGTS foi criado por uma equipe de tecni-empresários liderada por Roberto Campos, Luiz Gonzaga do Nascimento e Silva e Mário Trindade, um amigo do Ministro do Planejamento. A equipe envolvida no projeto compreendia Mário Henrique Simonsen, José Américo León de Sá (estatístico do Banco Bozzano Simonsen, pertencente a Mário H. Simonsen), o associado do IPES e empresário Moacyr Gomes de Almeida, Jayme da Silva Menezes (burocrata do Instituto de Resseguros do Brasil, o advogado Sérgio Coelho e João José de Souza Mendes, o secretário.(10)

Indubitável, portanto, a influência e relevância do Instituto de Pesquisas e Estudos Sociais (IPES) na concepção e aprovação do FGTS.

O reconhecimento ao Instituto pelas colaborações com o governo militar foi reconhecido quando, em 25 de novembro de 1966, pelo Decreto presidencial n. 59.593/1966, o Instituto de Pesquisas e Estudos Sociais (IPES) foi declarado como de utilidade pública.(11)

2.2.3. Da extinção da estabilidade decenal e substituição pelo modelo do FGTS

A chamada estabilidade decenal — expressa pelo art. 492 da CLT(12) — era garantida aos trabalhadores que completassem mais de 10 anos de serviço e representava uma "pedra no sapato" dos empregadores que se viam obrigados a manter em seus quadros trabalhadores após transcorrido o prazo legal.

O professor Antônio Ferreira Cesarino Júnior, em análise às objeções à estabilidade, teceu forte crítica a estudo realizado em 1963 pela Fundação Getúlio Vargas,

---

(10) DREIFUSS, René Armand. *1964 a conquista do Estado.* Ação política, poder e golpe de classe. 3. ed. Petrópolis: Vozes, 1981. p. 439-440.

(11) Decreto n. 59.593, de 25.11.1966. Disponível em: <http://www.planalto.gov.br/CCIVIL_03/decreto/1950-1969/D59593.htm>. Acesso em: 26 set. 2019.

(12) Art. 492 – O empregado que contar mais de 10 (dez) anos de serviço na mesma empresa não poderá ser despedido senão por motivo de falta grave ou circunstância de força maior, devidamente comprovadas.

dirigido pelo professor Lincoln Gordon — embaixador dos Estados Unidos no Brasil —, que pretendia demonstrar que a estabilidade decenal premiava o mau empregado que, atingido o decênio legal, passava a reduzir seu ritmo de trabalho para provocar sua rescisão e auferir vantagem financeira pela percepção de indenização;(13) referido estudo pretendia, ainda, demonstrar que a estabilidade decenal desestimulava a geração de novos postos de trabalho, e por consequência, estimulava o desemprego. Resumia o mencionado professor:

> Praticamente todas as objeções acima expostas se resumem em afirmar que o empregado, uma vez estável, sentindo-se seguro no emprego, deliberadamente abandonaria a disciplina e diminuiria a produção, procurando forçar um acordo, para obter indenização. Com isso causaria baixa e encarecimento da produção. Prejudicaria os empregados em geral, com tirar-lhes o estímulo para progredir, mudando de emprego, com medo de perder a garantia da estabilidade. Daria prêmio aos maus trabalhadores, nada concedendo aos bons. Por isso os patrões 'congelam' o empregado estável. A prática da despedida obstativa geraria a insegurança entre os empregados e afastaria das empresas empregados com grande experiência. A soma das indenizações potenciais impediria a liquidação das empresas, pelo grande vulto. Os patrões nem sempre poderiam provar as faltas cometidas pelos empregados.(14)

Não abordará o presente trabalho, neste momento, as críticas trazidas aos argumentos lançados em desfavor da estabilidade, tendo em vista que, consoante já ressaltado, pretende-se aqui demonstrar os pontos de contato havidos entre o discurso preponderante à época de aprovação do FGTS e o discurso utilizado hodiernamente.

Conforme já ressaltado, Roberto Campos, em conjunto com uma equipe de associados do IPES, foi o responsável pela engenharia intelectual necessária para a criação do FGTS.

O governo Castello Branco, após o golpe civil-militar de 1964, formulou o chamado "Programa de Ação Econômica do Governo para o biênio 1964/1966", que já previa, eventualmente, a substituição da estabilidade decenal por um sistema de seguro-desemprego.(15)

Nomeado ministro de Planejamento do governo Castello Branco, Roberto Campos foi instado pelo então presidente a formular uma alternativa viável à extinção

(13) Art. 478 – A indenização devida pela rescisão de contrato por prazo indeterminado será de 1 (um) mês de remuneração por ano de serviço efetivo, ou por ano e fração igual ou superior a 6 (seis) meses.

(14) CESARINO JUNIOR, A. F. *Estabilidade e Fundo de Garantia*. Rio de Janeiro: Forense, 1968. p. 44.

(15) MARTINS, Sérgio Pinto. *Manual do FGTS*. 3. ed. São Paulo: Atlas, 2006. p. 8.

da estabilidade decenal, diante do *lobby* exercido pelas grandes empresas, sobretudo as montadoras vindas para o Brasil no final da década de 1950.(16)

O próprio Roberto Campos, em seu livro de memórias, explica como se deu a criação do instituto:

> A intenção de Castello era vender a FNM a interesses particulares. Pediu-me que examinasse o assunto. Depois de rudimentar análise, a ele voltei, com o veredito de que a empresa era invendável. Havia cerca de 4.000 funcionários, na grande maioria estáveis. Quem a comprasse, compraria gigantesco passivo trabalhista. Este era um fator inibidor de compra e venda de empresas e, portanto, do capitalismo moderno, que pressupõe dinamismo industrial, através de um processo contínuo de aquisição, incorporação, fusão e cisão de empresas. Pediu-me Castello engenheirar uma fórmula capaz de criar alguma flexibilidade na relação capital/trabalho. Daí se originou a fórmula do FGTS, de substituição da estabilidade por um pecúlio financeiro, em conta nominal do empregado, que ele poderia transportar consigo de empresa para empresa.(17)

Foi de Mário Trindade, então diretor do BNH, a formulação adicional que daria impulso à aprovação do FGTS, por meio do "*genial casamento entre os recursos do FGTS e o Programa de Habitação, o qual, a partir de então, deslancharia firmemente, com base num fluxo regular de recursos.*"(18) A partir desse casamento, restou desenvolvido o caráter dúplice do Fundo: "*facilitar a demissão de trabalhadores e financiar a construção de imóveis.*"(19)

Em discurso feito sob a mentoria intelectual de Roberto Campos, em razão das comemorações do Dia do Trabalho em Campina Grande, no dia 1º de maio de 1966, o presidente Castello Branco trouxe dados coletados pelo ministro do Planejamento, acentuando aspectos negativos da estabilidade decenal:

> Têm-se desvirtuado as intenções do governo ao afirmar-se que pretende extinguir a estabilidade. Na realidade, *a estabilidade é hoje uma ficção* e o governo propõe que se criem condições para que uma real estabilidade venha a existir... "Levantamentos cuidadosos indicam que, de cada 100

(16) Nesse sentido, *vide* SOUTO MAIOR, Jorge Luiz. *História do direito do trabalho no Brasil:* curso de direito do trabalho. Vol. I: parte II. São Paulo: LTr, 2017. p. 325.

(17) CAMPOS, Roberto de Oliveira. *1917* — A lanterna na popa: memórias. Vol. 1, 4. ed., 1ª reimp. Rio de Janeiro: Topbooks, 2004. p. 714.

(18) *Idem.*

(19) Em 1967, FGTS substituiu a estabilidade no emprego.
Disponível em: <https://www12.senado.leg.br/noticias/materias/2017/05/05/em-1967-fgts-substituiu-estabilidade-no- emprego>. Acesso em: 11 jan. 2019.

> trabalhadores brasileiros, 29 têm menos de 1 ano de serviço, 35 entre 1 e 4 anos e 19 entre 4 e 9 anos de casa"..."Os nove anos de serviço representam barreira quase intransponível e as estatísticas registram que apenas 2 operários em cada 100 estão na faixa de 9 a 10 anos contínuos. Isso porque *as empresas, receando acumular um passivo trabalhista e apreensivas também quanto ao desinteresse do trabalhador estável em relação à produtividade, resolveram valer-se da própria lei para matar a estabilidade, despedindo o operário que dela se aproxima e pagando-lhe a indenização prevista.* Que adiantam as belas e justas intenções da lei diante dessa realidade que todos conhecem, temem e padecem? As estatísticas ainda registram que, na média brasileira, *apenas 15 trabalhadores em cada 100 haviam alcançado estabilidade*, e assim mesmo nas empresas mais antigas e nas regiões de indústrias menos dinâmicas.[20] (Grifo nosso.)

Destacados do pronunciamento acima, os argumentos centrais que dariam a tônica da forte campanha iniciada pelo rádio, televisão e mídia impressa, para convencimento do trabalhador acerca da "ficção" que era a estabilidade decenal e as vantagens do FGTS, que permitiriam ao trabalhador acesso a um direito "real".

Um curioso parêntese: em 1961, na Conferência Internacional do Trabalho promovida pela OIT, cujo tema foi "O emprego como objetivo do desenvolvimento econômico", Roberto Campos apresentou monografia sobre problemas e políticas de emprego, tratando da situação brasileira.

Nessa monografia, a "problemática" relativa à estabilidade decenal e os supostos prejuízos de ordem econômica e trabalhista trazidos por ela, simplesmente não foram mencionados, chegando o economista liberal a concluir:

> Dadas as características especiais da estrutura do emprego no Brasil (concentração regional do núcleo irredutível de desempregados e subempregados, e disponibilidades de terra para estender a colonização), as soluções do problema, além das medidas para aumentar a taxa de investimento, devem buscar-se por meio de:
>
> a) A reorganização da economia do Nordeste;
>
> b) Os programas de colonização e uma reforma agrária seletiva em algumas zonas do país caracterizadas pelos dois extremos de latifúndios e minifúndios improdutivos;
>
> c) O aumento da mobilidade vertical da mão de obra, mediante a formação profissional; e

(20) CAMPOS, Roberto de Oliveira. *1917* — A lanterna na popa: memórias. Vol. 1. 4. ed., 1. reimp. Rio de Janeiro: Topbooks, 2004. p. 716.

d) A adaptação da planificação industrial para ter em conta as disponibilidades regionais de mão de obra, a fim de evitar o deslocamento excessivamente rápido das indústrias tradicionais que empregam muita mão de obra.(21)

Dessa forma, parece plausível que a proposta de extinção da estabilidade decenal e substituição pela fórmula do FGTS, sob o pretexto de flexibilizar as relações de trabalho, pretendia, em verdade, agradar ao capital internacional. Trata- se de uma hipótese.

De toda maneira, em 13 de setembro de 1966, sem votação, foi promulgada a Lei n. 5.107/1966, que instituía o FGTS, por meio do AI-2, que autorizava a promulgação de projetos de lei da Presidência que não fossem votados em 30 dias,(22) facultando aos empregados a adesão ao Fundo ou a permanência no regime da estabilidade.

2.2.4. Da defesa e promoção do FGTS nos anos subsequentes à promulgação da Lei

Aprovado o projeto e instituído o FGTS, uma série de eventos, matérias, entrevistas e peças publicitárias foram produzidas, no sentido de encorajar o trabalhador a fazer a opção pelo Fundo, em detrimento à estabilidade decenal. Nesse ponto, saliente-se que a fórmula original do FGTS outorgava essa "faculdade" ao trabalhador.

Destaca-se, a propósito do tema deste tópico, o trabalho elaborado pelo professor Edmo Lima de Marca (coordenador-geral do FGTS), em 1971, apresentado no 3º Congresso Interamericano de Habitação, em que entoava loas e ressaltava os avanços obtidos com a promulgação do FGTS:

> As empresas, com o decorrer dos anos, viam-se à frente com o problema de seu passivo trabalhista — constituído pelo montante das indenizações que seriam devidas aos seus empregados caso tivessem de despedi-los — problema esse que tendia a afetar a liquidez de seu patrimônio.
>
> Por outro lado, as empresas se viam sempre ameaçadas de flutuações bruscas em sua vida financeira, ocasionadas pelo eventual pagamento de diversas indenizações de uma só vez, não permitindo o sistema que se pudesse fazer melhor previsão de despesas.

(21) CAMPOS, Roberto de Oliveira. *El empleo como objetivo del desarrollo económico*. Informe de una reunión de expertos. Estudios y documentos, nueva serie, núm. 62 (OIT, Ginebra, 1961), p. 183. Tradução nossa.

(22) Em 1967, FGTS substituiu estabilidade no emprego. Disponível em: <https://www12.senado.leg.br/noticias/materias/2017/05/05/em-1967-fgts-substituiu-estabilidade-no-emprego>. Acesso em: 11 jan. 2019.

> Se afetadas financeiramente as empresas por este motivo, a sua produtividade era, também prejudicada e, em consequência, reduzia-se o mercado de trabalho, comprometendo, inclusive, o processo de desenvolvimento econômico e gerando tensões sociais.
>
> Ao mesmo tempo, o instituto da estabilidade se descompassava em relação ao estágio de desenvolvimento econômico que o país atingia.
>
> O sistema de estabilidade e da indenização por tempo de serviço, prescrito pela CLT, aprisionava o empregado, de vez que este normalmente não se desvincularia espontaneamente da empresa, mesmo que tivesse possibilidade de, em outro emprego, auferir melhor remuneração, porque nenhuma indenização receberia em troca dos anos de trabalho prestado àquele empregador.
>
> [...]
>
> Idealizou-se, então, um sistema que permitisse as empresas cobrir, prévia e parceladamente, a liquidação do valor da indenização por tempo de serviço, através de depósitos mensais, correspondentes a parcelas proporcionais à remuneração dos empregados.
>
> Esse novo sistema liberaria as empresas dos excessivos ônus decorrentes do aumento do passivo trabalhista, ao mesmo tempo em que asseguraria a formação, com os depósitos realizados pelas empresas em decorrência do contrato de trabalho, de um pecúlio para os empregados.
>
> Em benefício do próprio trabalhador do desenvolvimento socioeconômico da nação, procurou-se, ao mesmo tempo, destinar a utilização dessa massa de recursos — constituída dos depósitos dos empregados — para o atendimento de uma das necessidades fundamentais do homem: a habitação.
>
> [...]
>
> A soma desses recursos constituiria, assim, um fundo de investimentos, que, sendo aplicado na produção de habitações, propiciaria o desenvolvimento, não só da área econômica da construção civil, bem como da indústria de materiais de construção e das diversas atividades acessórias e afins, gerando, consequentemente, maior número de empregos, com repercussão em toda a economia da nação.(23)

Diversos eventos, peças publicitárias e matérias veiculadas na imprensa destacavam o sucesso do FGTS, que resolvia diversos problemas com uma única solução.

---

(23) MARCA, Edmo Lima de. *Fundo de garantia do tempo de serviço* — finalidades sociais e econômicas. Trabalho apresentado no 3º Congresso Interamericano de Habitação. 1971. p. 6-7.

A seguir, peça propagandística da época:

Agência Senado (Reprodução autorizada mediante citação da Agência Senado)

Entre os dias 11 e 14 de agosto de 1970, foi organizado o 1º Encontro Regional de Estudos sobre o FGTS, pelo Tribunal Regional do Trabalho da 8ª Região, coordenado pelo Banco Nacional de Habitação (BNH). No discurso de introdução ao encontro foram destacados aspectos positivos do FGTS:

> Dentre os ramos do Direito, um dos que se modifica com mais frequência, provavelmente pela circunstância de estar vinculado diretamente ao processo de desenvolvimento econômico, é o Direito do Trabalho.

> Em particular no Brasil, nestes últimos anos, muitas modificações têm sido introduzidas nesse setor da Ciência Jurídica, todas ainda em fase de observação quanto aos seus resultados positivos ou negativos. Nenhuma alteração, no entanto, repercutiu de maneira tão significativa e atingiu de modo tão profundo o relacionamento entre patrões e empregados, quanto aquela objeto da Lei n. 5107, de 13 de setembro de 1966, que proporcionou oportunidades aos assalariados de virem a escolher entre o regime tradicional da estabilidade no emprego e o Fundo de Garantia do Tempo de Serviço, sendo de assinalar que, se ainda é cedo para uma avaliação objetiva dos seus resultados sobre a estrutura do pacto laboral, não o é, porém, quanto aos efeitos colaterais que resultaram na implantação de um programa habitacional de alto significado social, que vem habilitando as classes menos favorecidas da sociedade brasileira a possuírem casa própria, a preços e modalidades de pagamento ao alcance do seu poder aquisitivo, além de haver contribuído substancialmente para a criação de novos empregos e consequente aumento de oportunidades para a população ativa do país.
>
> A elevada significação social dos efeitos imediatos dessa lei não poderia passar despercebido ao ramo especial do Poder Judiciário encarregado de aplicá-la, motivo pelo qual os Juízes Trabalhistas logo sentiram a necessidade de estudar cuidadosamente e em detalhes a problemática de sua aplicação.(24)

No mesmo evento discursou, ainda, o ministro do Interior, general José Costa Cavalcanti:

> O Fundo de Garantia do Tempo de Serviço corporifica, inegavelmente, um dos maiores avanços do Direito Social em nosso país. Ofereceu opção aos trabalhadores de todos os níveis, permitindo-lhes escolher entre um velho e traído instituto de estabilidade e um novo, fecundo e objetivo modo de assegurar o seu tempo de serviço. É toda uma nova doutrina que se implante neste país, através de uma forma nova. Nós, do Ministério do Interior, através do Banco Nacional de Habitação, somos os executores desse instrumento. Não dispensamos, porém o concurso de vossa experiência de jurista. As lições que nos trouxerdes serão valioso subsídio para a estratificação de nossas atividades.(25)

---

(24) Primeiro encontro regional de estudos sobre o FGTS, Belém, 11 a 14 de agosto de 1970. Coordenação Geral do FGTS, Banco Nacional de Habitação. Brasília: Banco Nacional de Habitação, Assessoria Técnica de Documentação, 1971.

(25) *Idem.*

Conforme se pode notar, o regime ditatorial não poupava investimentos e "incentivos", promovendo peças publicitárias, simpósios e encontros para promover a novidade e persuadir, inclusive, aqueles que eram os responsáveis pela aplicação da Lei.

A presença no evento de um ministro, general José Costa Cavalcanti, certamente demonstra o empenho do governo no sentido de garantir a aplicação da lei.

A Indústria, representada pela FIESP, em momento algum se opôs à criação do FGTS. Pelo contrário, auxiliou na promoção dos requisitos do fundo, realizando cursos. Vejamos, a título de exemplo, nota divulgada no *Jornal do Commercio* (RJ), em 1967[(26)] e matéria veiculada no mesmo jornal em outra edição classificando a lei como "boa e sábia":[(27)]

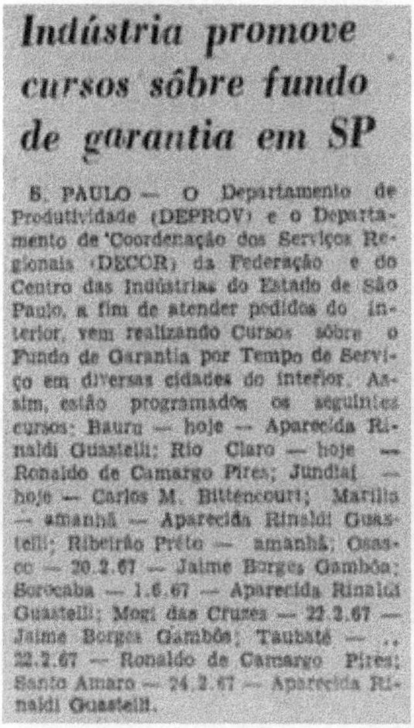

Indústria promove cursos sôbre fundo de garantia em SP

S. PAULO — O Departamento de Produtividade (DEPROV) e o Departamento de Coordenação dos Serviços Regionais (DECOR) da Federação e do Centro das Indústrias do Estado de São Paulo, a fim de atender pedidos do interior, vem realizando Cursos sôbre o Fundo de Garantia por Tempo de Serviço em diversas cidades do interior. Assim, estão programados os seguintes cursos: Bauru — hoje — Aparecida Rinaldi Guastelli; Rio Claro — hoje — Ronaldo de Camargo Pires; Jundiaí — hoje — Carlos M. Bittencourt; Marília — amanhã — Aparecida Rinaldi Guastelli; Ribeirão Prêto — amanhã; Osasco — 20.2.67 — Jaime Borges Gambôa; Sorocaba — 1.6.67 — Aparecida Rinaldi Guastelli; Mogi das Cruzes — 22.2.67 — Jaime Borges Gambôa; Taubaté — 22.2.67 — Ronaldo de Camargo Pires; Santo Amaro — 24.2.67 — Aparecida Rinaldi Guastelli.

JORNAL DO COMMERCIO

Carece de divulgação o Fundo de Garantia

As verdadeiras vantagens que a lei sôbre o Fundo de Garantia por Tempo de Serviço oferece aos trabalhadores ainda não foram compreendidas, fazendo com que os operários não se sintam seguros em optar pelo nôvo sistema. Foi o que comunicou à última reunião plenária da FIESP-CIESP, o sr. Roberto Schoueri.

Acrescentou que a lei é boa e sábia, mas é preciso saber até que ponto o Fundo está funcionando e se as regalias que oferece estão sendo cumpridas, existindo a necessidade de fiscalizar sua aplicação.

Também o sr. José Manoel da Silva, chefe do Departamento Jurídico daquelas entidades da indústria paulista falou, dando ciência dos contatos mantidos com o Delegado Regional do Trabalho em São Paulo, no sentido de ser dada a mais ampla divulgação sôbre as vantagens e benefícios que a lei oferece aos operários.

O presidente da Fiesp-Ciesp, sr. Theobaldo De Nigris, comunicou que as entidades acompanham o desenvolvimento dos trabalhos a respeito, tendo promovido, mesmo, conferências através do seu Departamento de Produtividade, objetivando prestar maiores esclarecimentos sôbre o Fundo, como funciona e qual a sua importância social. Há relutância, porém, por parte dos operários. Assinalou, por outro lado, que existem, ainda, elementos interessados em promover a discórdia entre os trabalhadores, que usam de má fé, propagando conceitos contrários aos verdadeiros princípios do Fundo. O sr. Francisco da Silva Villela, vice-presidente, disse da necessidade de se evitar as manifestações contrárias sôbre o assunto.

O parcelamento do pagamento das indenizações, como uma das soluções para o problema, foi aventado na oportunidade pelo sr. Mário Pugliese, diante da difícil situação que atravessam principalmente as pequenas emprêsas. Admitiu que, com essa medida, maior número de trabalhadores optaria pelo Fundo de Garantia por Tempo de Serviço. Acredita mesmo, que todos os trabalhadores se enquadrassem no FGTS, desde que a Justiça do Trabalho aceitasse o acôrdo parceladamente. A propósito, disse o sr. José Manoel da Silva que o Departamento Jurídico da entidade da indústria paulista está estudando atentamente a matéria, sob seus mais variados ângulos, dependendo, no entanto, da modificação da Lei a possibilidade do parcelamento do total das indenizações. Lembrou que uma das sugestões mais viáveis seria o pagamento em títulos, uma espécie de duplicata fiscal.

O debate sôbre o assunto prosseguiu, com o sr. Roberto Schoueri se referindo à utilização das verbas do antigo Fundo de Indenizações Trabalhistas. Dessa forma, ponderou, poderiam as emprêsas obter meios para celebração de acôrdos. As dificuldades são enormes e nem tôdas as emprêsas têm possibilidades de atender as exigências da parte dos seus empregados.

(26) *Jornal do Commercio* (RJ). "Indústria promove cursos sobre fundo de garantia em SP". Ano 1967, Edição 00117 (1), p. 8.

(27) *Jornal do Commercio* (RJ). "Carece de divulgação o Fundo de Garantia". Ano 1967, Edição 00243 (1), p. 6.

Não há razões para duvidar que toda classe empregadora tenha recebido com excitação a novidade. Destaca-se, neste ponto, a matéria veiculada no jornal *O Estado de S. Paulo* de 14 set. 1966,[(28)] que noticiava a promulgação do FGTS e exaltava as "vantagens" — sobretudo às empresas — do Fundo:

Castelo sanciona o Fundo de Garantia

Da Sucursal de Brasília

O presidente Castelo Branco sancionou, ontem, a lei que cria o Fundo de Garantia do Tempo de Serviço (opção da estabilidade), cujo texto será publicado hoje no "Diário Oficial". No prazo de trinta dias, a contar da data de sua publicação pelo Poder Executivo, a lei será regulamentada e entrará em vigor no primeiro dia do mês seguinte ao da publicação de sua regulamen-

gência da lei, para os atuais empregados, e da data da admissão ao emprêgo para os admitidos a partir da sua vigência.

Vantagens

De acôrdo com a nova lei, cuja íntegra foi publicada por esta fôlha no dia 6 de agôsto passado, as emprêsas recolherão mensalmente importância correspondente a 8% do salário do empregado, que será depositada em conta bancária vinculada. O direito de indenização é ampliado ao empregado que se afaste espontaneamente da emprêsa; ao que se aposentar por tempo de serviço, por velhice ou por invalidez definitiva e, mesmo, àquele que fôr despedido por justa causa. A este ultimo, entretanto, não serão atribuídas a capitalização de juros e a correção monetária sôbre os depósitos bancários feitos à sua conta.

No entanto, é pueril o argumento de que o trabalhador, a partir da promulgação da lei, dispunha de uma opção genuína. Na prática o que ocorreu foi uma imposição da classe empresarial que só aceitava contratações de quem optasse pelo FGTS.

Nesse sentido, matéria veiculada no *Jornal do Commercio* (RJ), em 1967, que já alertava para a prática discriminatória na contratação:

> Além da extinção do instituto da estabilidade, a classe concluiu, entre outras coisas, que o FGTS veda a admissão de empregados que optarem pelo mesmo; torna sem efeito a contagem de tempo de serviço durante o período da opção, etc. No entender dos bancários o FGTS dará as seguintes vantagens aos empregadores: extinção da estabilidade; renovação do seu quadro social; redução nas declarações de renda; majoração indireta da margem de lucro; amparo legal para demitir seus empregados em qualquer momento e em qualquer circunstância.[(29)]

(28) *O Estado de S. Paulo*. "Castelo Sanciona Fundo de Garantia". 14 set. 1966. Disponível em: <https://acervo.estadao.com.br/noticias/acervo,fgts-completa-50-anos,12484,0.htm>. Acesso em: 12 jan. 2019.

(29) *Jornal do Commercio* (RJ). "Bancários rejeitam o horário único e FGTS". Ano 1967, Ano 1967, Edição 00142 (1), p. 6.

A prática era constantemente denunciada:[(30)]

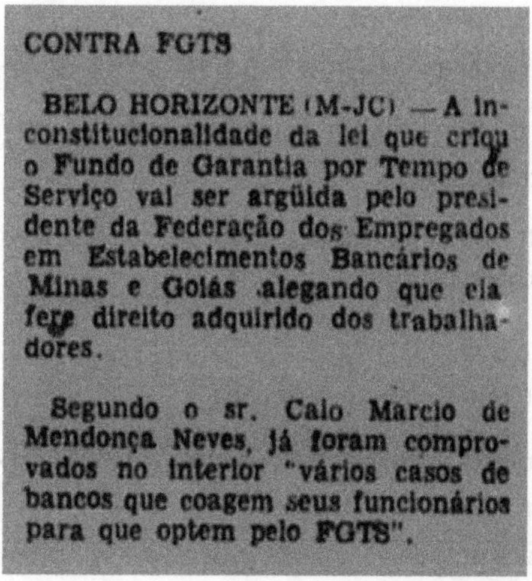

CONTRA FGTS

BELO HORIZONTE (M-JC) — A inconstitucionalidade da lei que criou o Fundo de Garantia por Tempo de Serviço vai ser argüida pelo presidente da Federação dos Empregados em Estabelecimentos Bancários de Minas e Goiás alegando que ela fere direito adquirido dos trabalhadores.

Segundo o sr. Caio Marcio de Mendonça Neves, já foram comprovados no interior "vários casos de bancos que coagem seus funcionários para que optem pelo FGTS".

E não seria diferente em face da disparidade das forças colocadas em atrito. O empregador sempre terá a vantagem de impor as exigências que melhor lhe atenderem, tendo em vista ser o detentor dos meios de produção. O trabalhador, por outro lado, só dispõe de sua força de trabalho e, em um contexto de precarização dos direitos trabalhistas, tende a aceitar as exigências impostas sem maiores questionamentos ou possibilidade de insurgência.

3. Mais de trinta anos após a redemocratização. A consolidação do FGTS

Mais de cinquenta e três anos separam a promulgação da lei que instituiria o FGTS e os tempos atuais (setembro de 2019).

Nesse intervalo temporal o Brasil passou por profundas mudanças.

No momento em que este trabalho é redigido, mais de trinta anos se passaram desde o processo de redemocratização ocorrido em 1988.

Entre avanços e retrocessos, deparamo-nos em um momento ímpar de nossa história recente.

Em relação ao Fundo de Garantia do Tempo de Serviço, tornou-se instituto consolidado, garantido constitucionalmente (art. 7º, III da Constituição Federal).

3.1. O FGTS após o processo de redemocratização

É certo que na Subcomissão dos Direitos dos Trabalhadores e Servidores Públicos, a estabilidade decenal ainda foi pauta e o FGTS alvo de críticas por aqueles que — acertadamente em nosso sentir — entendiam a implementação do Fundo em

(30) *Jornal do Commercio* (RJ). Contra FGTS. Ano 1967, Edição 00020, p. 1

detrimento da estabilidade decenal, como uma medida precarizadora dos direitos dos trabalhadores.[31]

No entanto, ao final, o legislador constituinte inseriu o Fundo de Garantia do Tempo de Serviço no rol dos Direitos Sociais, previsto no art. 7º, III da Constituição Federal com a seguinte redação:

> Art. 7º São direitos dos trabalhadores urbanos e rurais, além de outros que visem à melhoria de sua condição social:
>
> [...]
>
> III – Fundo de Garantia do Tempo de Serviço;

Entre sua promulgação (1966) e a inserção do FGTS como garantia constitucional (1988), é certo que a fórmula do Fundo de Garantia do Tempo de Serviço sofreu notáveis modificações.

O inciso I do art. 10 do Ato das Disposições Constitucionais Transitórias instituiu o aumento da multa, antes fixada em 10%, para 40%, adotando-se a seguinte redação:

> Art. 10. Até que seja promulgada a lei complementar a que se refere o art. 7º, I, da Constituição:
>
> I – fica limitada a proteção nele referida ao aumento, para quatro vezes, da porcentagem prevista no art. 6º, *caput* e § 1º, da Lei n. 5.107, de 13 de setembro de 1966;

A Lei n. 8.036/1990 revogou a Lei n. 5.107/1996 e foi posteriormente alterada pela Lei n. 9.467, de 1997.

O art. 2º da Lei n. 8.036/1990 estabelece que o FGTS é "*constituído pelos saldos das contas vinculadas a que se refere esta lei e outros recursos a ele incorporados, devendo ser aplicados com atualização monetária e juros, de modo a assegurar a cobertura de suas obrigações*".

Com a inserção do FGTS como garantia constitucional, inserido no rol dos Direitos Sociais, convencionou-se o entendimento de que a estabilidade decenal estaria banida de nosso sistema jurídico.

Destaca-se que a confusão entre a vedação à dispensa arbitrária com a estabilidade serviu também para extirpar qualquer pretensão de se estabelecer, como regra, a obrigatoriedade de dispensa motivada.

---

(31) *Vide*, por exemplo, os debates travados na 7ª Reunião da Subcomissão dos Direitos dos Trabalhadores e Servidores Públicos, em 23 abr. 1987. Disponível em: <http://imagem.camara.gov.br/Imagem/d/pdf/sup90anc08jul1987.pdf#page=120>. p. 110 e seguintes.

Assim, a regra estabelecida foi a da dispensa imotivada, bastando, para viabilizar a rescisão do contrato de trabalho, que se arque com os ônus pecuniários da escolha desta modalidade de rescisão (dentre os quais se insere a multa do FGTS).

Neste ponto, não se pode ignorar o fato de que o Brasil em 1996 ratificou a Convenção n. 158 da OIT, que em seu art. 4º dispõe que:

> Não se dará término à relação de trabalho de um trabalhador a menos que exista para isso uma causa justificada relacionada com sua capacidade ou seu comportamento ou baseada nas necessidades de funcionamento da empresa, estabelecimento ou serviço.(32)

Com a ratificação da mencionada Convenção, cuja publicidade foi dada pela publicação do Decreto n. 1.855/1996, um novo horizonte se apresentaria para as relações de trabalho, descortinando-se a possibilidade (e não só possibilidade, mas a efetiva necessidade) de banir de nosso sistema jurídico a figura na dispensa imotivada. A partir dali toda dispensa deveria se dar de forma motivada.

No entanto, a euforia durou pouco. Apenas sete meses após a promulgação da Convenção n. 158 da OIT, após forte pressão de setores do empresariado,(33) o governo brasileiro — à época presidido por Fernando Henrique Cardoso —, denunciou a ratificação da Convenção, que nunca chegou a ser efetivamente aplicada.

Embora entendamos como acertada a interpretação do art. 7º, I da Constituição Federal que expressamente protege o trabalhador contra a dispensa arbitrária, vedando, por consequência, a dispensa imotivada, o entendimento pacificado pelas Cortes Superiores caminhou no sentido de que a referida proteção (contra dispensa arbitrária), é matéria a ser tratada por lei complementar.

3.2. O FGTS visto como uma conquista do trabalhador e da sociedade. A vitória do discurso do legislador de 1966

Conforme abordado anteriormente, após a introdução do FGTS no rol de Direitos Sociais, a garantia da estabilidade decenal estaria, enfim, sepultada em nosso ordenamento jurídico.

Foi a vitória do discurso utilizado pelo legislador de 1966.

Se é certo que nos debates da Assembleia Constituinte houve ainda resistência ao processo de precarização dos direitos dos trabalhadores, com a pretensão de se

(32) Convenção n. 158 da OIT. Disponível em: <https://www.trtsp. jus.br/geral/tribunal2/LEGIS/CLT/OIT/OIT_158.html>. Acesso em: 02 out. 2019.

(33) Parcela do seguro-desemprego. Jornal do Commercio (RJ). Ano 1996, Edição 00304 (1), p. 22. Disponível em: <http://memoria.bn.br/docreader/DocReader.aspx?bib=364568_18&pagfis=76864&pesq=>. Acesso em: 02 out. 2019.

formalizar constitucionalmente alguma proteção à dispensa imotivada,[(34)] também é fato histórico que tal proteção não conseguiu ser concretizada em nenhum momento.

O fato é que, embora à época da promulgação do FGTS (1966) já despontasse no horizonte a desconfiança de que a "opção" pelo FGTS na prática não se constituiria como uma opção — desconfiança esta que se tornou concreta nos anos que sucederam a promulgação do FGTS —, a classe trabalhadora, esmagada pelos mecanismos de opressão da ditadura, não dispunha de ferramental apropriado para opor-se à medida.

Nesse sentido, Jorge Luiz Souto Maior bem descreve a inoperância obreira à época e os fatores determinantes:

> Ou seja, o que se deixava de fora das análises sobre as benesses econômicas do novo regime era exatamente o quanto ele, no conjunto, retirava de poder da classe trabalhadora. Diz-se que os trabalhadores não perceberam isso, mas o mais certo é que não tiveram condições de se opor concretamente à situação, dada a força opressora da ditadura.[(35)]

Joseph Goebbels, ministro da Propaganda de Adolf Hitler, dizia que "uma mentira repetida mil vezes torna-se verdade".

Acertada ou não a máxima, certo é que se pode afirmar que, passadas décadas desde a aprovação do novo regime, a narrativa adotada pelo Estado brasileiro para legitimar o FGTS perante a opinião pública parece ter funcionado.

Talvez pelo longo período passado e por boa parte da força de trabalho ativa não ter vivido sob o regime da estabilidade decenal e, arrisca-se dizer, sequer ter conhecimento de que um dia o trabalhador brasileiro pôde se tornar estável indefinidamente, hoje o FGTS é tido como uma conquista da classe trabalhadora.

---

(34) Nesse sentido, Sérgio Pinto Martins: "*Na Assembleia Nacional Constituinte, pretendia-se estabelecer um sistema que viesse a proteger da dispensa injustificada. Afirma o Deputado Nilson Gibson que 'a maioria dos juristas brasileiros, especializados em Direito do Trabalho, tem insistido na necessidade de proteger-se o empregado contra a despedida arbitrária, sem prejuízo da sobrevivência do FGTS. Apoiamos, também, (o movimento), no sentido de aplicar a todos os empregados o regime do FGTS acoplado a um sistema de segurança no emprego, de forma a impedir a despedida arbitrária ou imotivada'.*

Na Assembleia Nacional Constituinte, foram várias as redações oferecidas ao tema FGTS. Na Subcomissão dos Direitos dos Trabalhadores e Servidores, foi apresentada proposta que permitia a utilização dos depósitos em qualquer hipótese de rescisão do contrato de trabalho, inclusive havendo pedido de demissão ou dispensa com justa causa (art. 2º, xiv). Na Comissão de Ordem Social, extinguia-se o FGTS (art. 30), passando este a constituir contribuição do empregador para o Fundo de Garantia do Patrimônio Individual (§ 1º do art. 30). Preservavam-se os patrimônios anteriormente acumulados, mantendo-se os saques por demissão (§ 3º do art. 30). Na Comissão de Sistematização, utilizou-se apenas a expressão 'fundo de garantia do tempo de serviço' (parágrafo único, do art. 7º), que, a final, foi a redação que prevaleceu no inciso III, do art. 7º da Constituição." MARTINS, Sérgio Pinto. *Manual do FGTS*. 3. ed. São Paulo: Atlas, 2006. p. 13 e 14.

(35) SOUTO MAIOR, Jorge Luiz. *História do direito do trabalho no Brasil:* curso de direito do trabalho. Vol. I: parte II. São Paulo: LTr, 2017. p. 325.

E essa percepção de que o outrora malvisto FGTS foi uma conquista e se trata, efetivamente de uma garantia social, uma melhoria nas relações de trabalho, é que talvez justifique a confusão que se faz em relação à sua autoria, atribuindo a concepção do Fundo a Getúlio Vargas.

É curioso observar como uma medida evidentemente precarizadora, após ser metamorfoseada em conquista pelo discurso de convencimento, foi, equivocadamente, assimilada a um governo de características trabalhistas. Decerto porque, talvez, no inconsciente coletivo da classe trabalhadora, jamais uma conquista trabalhista (ainda que, de fato, não se trate de uma conquista) poderia ser atribuída a um governo liberal, restando-lhe (aos governos liberais) a associação a medidas precarizadoras.

De toda sorte, é inegável que a assimilação do FGTS como uma conquista da classe trabalhadora muito se deve ao discurso e aos argumentos propagados antes e após a aprovação do novo regime pelo governo da época.

Nesse sentido, pode-se afirmar que essa visão positiva sobre o Fundo de Garantia foi uma vitória do legislador de 1966 — sem desprezar, neste ponto, que as narrativas históricas vivem em constante disputa e não são imutáveis.

4. A ideia de extinção/desconfiguração do FGTS e as novas tentativas de (mais) precarização dos direitos dos trabalhadores

A década de 1990 foi marcada pela difusão do neoliberalismo[36] e a implementação de práticas precarizadoras.

Nesse período, já consolidada no imaginário popular a ideia de que o FGTS constituía uma conquista da classe trabalhadora e, tendo havido a normalização e aceitação do regime, novos ataques se iniciaram.

Não satisfeitos com a extinção da estabilidade decenal e a efetivação da dispensa imotivada como regra, o FGTS passou a ser alvo de ataques visando à sua extinção.

Já em 23 de março de 1993, Octavio Bueno Magano, em artigo publicado no jornal *Folha de São Paulo* denominado "A trapaça do FGTS", defendia a extinção do FGTS:

> Sucede que o desmantelamento do FGTS não geraria nenhum vácuo porque, diminuída a máquina estatal, a política nacional de desenvolvimento urbano poderia ser alimentada com recursos orçamentários. E, quanto à

(36) Aqui refere-se, sobretudo à nova roupagem dada ao liberalismo clássico pelos autores das chamadas Escola de Chicago e Austríaca. Não se ignora a crítica e relutância — sobretudo entre o meio liberal — em aceitar o termo neoliberalismo; contudo, não se pode desprezar que o termo era utilizado, inclusive, por expoentes dessas escolas. Vide, por exemplo, Milton Friedman em *"Neoliberalism and its prospects"*, disponível em: <https://miltonfriedman.hoover.org/friedman_images/Collections/2016c21/Farmand_02_17_1951.pdf>. Acesso em: 04 out. 2019.

proteção do tempo de serviço do trabalhador era só regulamentar-se o art. 7º, I da Lei Magna, em que se lê: "relação de emprego protegida contra despedida arbitrária ou sem justa causa, nos termos da lei complementar, que preverá indenização compensatória..."

Dir-se-á que a indenização compensatória constituiria retrocessão a regime anterior, de caráter asfixiante para as empresas. O que se mostrou sufocante foi a estabilidade. Mas essa ficou claramente marginalizada, com o advento da Constituição de 5 de outubro de 1988. O ideal, portanto, seria a regulamentação da indenização compensatória, prevista na Constituição e a extinção do FGTS.

Em 20 de setembro de 1993, Octavio Bueno Magano, em novo artigo publicado no jornal *Folha de S. Paulo* denominado "Extinção do FGTS", voltou a defender a extinção do FGTS. Nesse novo artigo, faz referência a Walter Barelli (então ministro do Trabalho) e defende que o FGTS desviaria recursos privados para fundos públicos (atente-se ao termo utilizado "desviar", que induz a ideia de corrupção ou práticas nefastas), descapitalizaria empresas resultando em menos postos de emprego e encolhimentos salariais. Ressalva que o FGTS foi necessário no passado para debelar o que chama de "mal maior", ou seja, a estabilidade decenal; contudo, após a Constituição de 1988, afirma o autor, esse "mal maior" não mais existe, desaparecendo, assim, a razão de continuidade do Fundo. Entusiasma-se, ainda, com a ideia do ministro Barelli para que os recursos depositados no fundo sejam usados "pelos trabalhadores" no programa de privatização.

Veja-se a matéria na íntegra:

OPINIÃO ECONÔMICA

Extinção do FGTS

OCTÁVIO BUENO MAGANO

Barelli meteu, sem dúvida, uma lança em África ao preconizar a extinção do FGTS. Como se lê em reportagem da **Folha**, do dia 11 último, para o ministro, o FGTS nem serve de poupança para o trabalhador nem possui recursos para financiar a casa própria. Há de ser, pois, extinto.

Apraz-nos registrar a opinião do ministro, não apenas pelo seu mérito intrínseco, senão também porque, em artigo publicado na **Folha**, do dia 23.03.93, prognosticamos a mesma coisa, nesses termos: "... a realidade sentida da vida cotidiana revela a conversão do (...) fundo em manancial inesgotável de trapaças políticas consubstanciadas na malversação dos recursos que o compõem... A linha de raciocínio, aqui desenvolvida, leva à conclusão inexorável de que a instituição há de extinguir-se". Hoje, já distanciados dos desmandos do governo Collor, não poríamos mais a tônica no trapacear senão na toleima de desviar vultosos recursos do setor privado para o público. Os valores amovidos das empresas e canalizados para os cofres do governo (8% de todas as folhas de pagamento) são realmente astronômicos. E, com isso, descapitalizam-se as agências econômicas, com a consequente diminuição das ofertas de emprego e encolhimento de níveis salariais, no mesmo passo em que se estadeia a incompetência do governo para gerir recursos financeiros.

Se tais inconveniências se menoscabavam, no passado, isso ocorria pela necessidade de debelar mal maior, qual o da estabilidade, com as feições possuídas antes da edição da Lei 5.107/66, que criou o FGTS. Mas, com o advento da Constituição de 1988, a estabilização ficou marginalizada, desaparecendo, pois, a razão da continuidade do Fundo. Para a garantia do tempo de serviço do trabalhador, a solução prevista na Lei Magna é a da indenização compensatória, muito menos onerosa, porque os valores respectivos se dispersam no tempo. E, quanto à certeza de que a mesma indenização seja efetivamente paga, pode ser obtida através de fundos privados, de gestão paritária, estabelecidos em acordos coletivos.

Realce merece ainda a indicação do ministro Barelli de que "os recursos, hoje depositados no Fundo, poderão ser usados pelos trabalhadores no programa de privatização".

Como a adoção de todas as medidasÚaqui propostas implica o desmantelamento total do Fundo, pode surgir, neste passo, a arguição de que isso seria nefasto para a continuidade dos programas de construção de casas populares, saneamento básico e infra-estrutura urbana. Mas, ainda aqui, é o alvitre de Barelli que deve prevalecer: em lugar da abominável contribuição incidente sobre a folha de salários das empresas, para o atendimento das apontadas finalidades, cumpre usar recursos de natureza orçamentária.

E, sendo a extinção do Fundo, em conformidade com as diretrizes, aqui assinaladas, tão condizente com os interesses do país, é de só esperar que se apresente como tópico prioritário, no processo de revisão constitucional, que se avizinha. Nem será motivo de espanto se a consideração desse tópico provocar defecções das hostes retrógradas dos não revisionistas.

OCTÁVIO BUENO MAGANO, 63, advogado, é professor titular de direito do trabalho na Faculdade de Direito da USP (Universidade de São Paulo).

No entanto, a ideia não vingou e esmoreceu nos anos que se seguiram.

4.1. Das "Jornadas de Junho de 2013" à atualidade — O aprofundamento do processo neoliberalizante

Embora fosse defendida a extinção por alguns entusiastas na década de 1990, o Fundo de Garantia do Tempo de Serviço resistiu.

Findado o governo Fernando Henrique Cardoso (1995/2002) e sob o bordão "a esperança vai vencer o medo", em 2003 chega ao poder Luiz Inácio Lula da Silva, do Partido dos Trabalhadores, que foi eleito presidente.

Não se pode negar que a chegada do Partido dos Trabalhadores no posto mais alto da nação colocou a questão social no centro do debate político.

Caminhou-se, de fato, com conquistas sociais importantes. Uma gama considerável de brasileiros que, historicamente acostumou-se a viver em estado de miséria, foi, enfim, inserida na cadeia de consumo.

O consumo das famílias, aliás, constitui importante vetor econômico nos anos de governo petista.

O governo Lula durou dois mandatos (2003/2010) e elegeu sua sucessora, Dilma Rousseff.

As eleições dos dois presidentes petistas sempre foram carregadas de simbolismo: "o primeiro presidente operário", "a primeira presidenta mulher".

No entanto, o gradualismo das reformas, as coalizões políticas firmadas com partidos do *establishment* sob o pretexto da governabilidade, não permitiram que os governos do Partido dos Trabalhadores fossem traduzidos em profundas e duradouras conquistas para a classe trabalhadora.

Em junho de 2013 tiveram início os protestos mobilizados pelo Movimento Passe Livre (MPL) contra o aumento das passagens do transporte público em São Paulo.

O MPL se define como um movimento horizontal, autônomo, apartidário e anticapitalista. De fato, as manifestações, a princípio, tinham uma pauta clara: a revogação do aumento das passagens. Tinham ainda uma justificativa racional para a pauta: é que o direito ao transporte é, em última instância, uma condição necessária para o direito à cidade.

As manifestações tiveram início em 6/6/2013. Nessa data houve a ocupação da avenida paulista pelo Movimento Passe Livre e registrados atos de repressão pela Polícia Militar.

Com o crescimento do movimento, os tradicionais veículos de comunicação em defesa da preservação do *status quo* marcavam posição contra as manifestações.

Havia um evidente apelo da mídia tradicional para que o governo do estado de São Paulo (principalmente) legitimasse uma ação mais contundente pela Polícia Militar para intimidar o movimento.

Em 13.06.2013, o jornal *O Estado de S. Paulo* publicou editorial que incitava tacitamente o aumento desmedido da repressão para fazer cessar as manifestações. Sob o título "Chegou a hora do basta", o editorial apelava por mais rigor:

> [...] A reação do governador Geraldo Alckmin e do prefeito Fernando Haddad — este apesar de algumas reticências — à fúria e ao comportamento irresponsável dos manifestantes indica que, finalmente, eles se dispõem

> a endurecer o jogo. A atitude excessivamente moderada do governador já cansava a população. Não importa se ele estava convencido de que a moderação era a atitude mais adequada, ou se, por cálculo político, evitou parecer truculento. O fato é que a população quer o fim da baderna — e isso depende do rigor das autoridades.
>
> De Paris, onde se encontra para defender a candidatura de São Paulo à sede da Exposição Universal de 2020, o governador disse que "é intolerável a ação de baderneiros e vândalos. Isso extrapola o direito de expressão. É absoluta violência, inaceitável". Espera-se que ele passe dessas palavras aos atos e determine que a PM aja com o máximo rigor para conter a fúria dos manifestantes, antes que ela tome conta da cidade.(37)

O jornal *Folha de S. Paulo*, igualmente, apelava por mais rigor por parte da Polícia Militar. Em editorial também publicado em 13.06.2013, sob o título "Retomar a Paulista", pedia-se um ponto-final aos protestos:

> É hora de pôr um ponto final nisso. Prefeitura e Polícia Militar precisam fazer valer as restrições já existentes para protestos na avenida Paulista (...) No que toca ao vandalismo, só há um meio de combatê-lo: a força da lei.(38)

Coincidência ou não, os apelos da mídia tradicional foram atendidos. Em 13.06.2013, as manifestações em São Paulo, que seguiram para a Rua da Consolação, foram violentamente reprimidas pela Polícia Militar.

Segundo noticiado, mais de 200 pessoas foram detidas, muitas delas sem nenhuma acusação, muitas outras sob a patética acusação de portar vinagre.(39)

As cenas de desproporcional violência e repressão intensificaram o sentimento de revolta da população que foi ainda mais estimulado pelo cinismo das autoridades do governo de São Paulo que, diante de todas as imagens de evidentes abusos, apenas responderam que iriam "apurar se militares cometeram abusos". Some-se, ainda, a justificativa apresentada pela Polícia Militar quando, em entrevista dada pelo major da PM Lídio, justificou-se a repressão absurda por uma discordância de trajeto.(40)

---

(37) *Estado de S. Paulo*. "Chegou a hora do basta". Disponível em: <https://opiniao.estadao.com.br/noticias/geral,chegou-a-hora-do-basta-imp-,1041814>. Acesso em: 05 out. 2019.

(38) *Folha de S. Paulo*. "Retomar a Paulista". Disponível em: <http://www1.folha.uol.com.br/opiniao/2013/06/1294185-editorial-retomar-a-paulista.shtml>. Acesso em: 05 out. 2019.

(39) À época, difundiam-se pela internet receitas que utilizavam vinagre para amenizar os efeitos de bombas de gás lacrimogêneo.

(40) "Segundo o major da PM Lídio, o acordo era para que os manifestantes não subissem em direção à avenida Paulista, o que não foi cumprido. 'Se não é para cumprir acordo, aguentem os resultados', disse.". Disponível em: <http://g1.globo.com/sao-paulo/noticia/2013/06/4-protesto-contra-tarifa-em-sp-tem-novo-confronto-e-mais-de-150-detidos.html>. Acesso em: 05 out. 2019.

A cobertura em tempo real da repressão violenta, transmitida pelos meios tradicionais de comunicação e as novas mídias independentes que, então, ganhavam notoriedade, permitiu que se verificasse, quase que instantaneamente à repercussão da escalada da violência da Polícia Militar, uma mudança no paradigma da população em geral em relação à percepção que tinham sobre os protestos.

Tal constatação pode ser verificada por um curioso episódio: Em 13.06.2016 o apresentador José Luiz Datena, conhecido pelo seu viés punitivista e pelo conteúdo policialesco de seus programas, no seu programa "Brasil Urgente" lançou enquete para saber a opinião dos telespectadores sobre os protestos.

A enquete visava saber se eram favoráveis ou contra protestos como os que estavam ocorrendo. A pergunta lançada foi "você é a favor deste tipo de protesto". Ao final da enquete o "sim", vencia por 3.025 votos contra 1.943 votos "não". O apresentador, então, inconformado com o resultado, resolveu alterar a pergunta da enquete para "você é a favor de protesto com baderna", sim ou não. Ao final da constrangedora pesquisa foram computados 2.351 votos pelo "sim" e 998 votos pelo não.(41)

De um modo geral, a partir de 13.06.2013, houve um giro completo na linha editorial e a mídia tradicional passou a apoiar as manifestações.

Em 12.06.2013, Arnaldo Jabor, no *Jornal da Globo* afirmava sobre os protestos:

> [...] no fundo, tudo é uma imensa ignorância política. É burrice, misturada a um rancor sem rumo.[...] Esses caras vivem no passado de uma ilusão, eles são a caricatura violenta da caricatura de um socialismo dos anos 50, que a velha esquerda ainda defende aqui. Realmente, esses revoltosos de classe média não valem nem 20 centavos.(42)

Cinco dias depois, em 17.06.2013, o mesmo comentarista Arnaldo Jabor, no mesmo *Jornal da Globo*, cinicamente passaria a apoiar os protestos, chegou a afirmar:

> [...] o Brasil parecia desabitado politicamente. De repente, reapareceu o povo, de repente o Brasil virou um mar. Uma juventude que estava calada desde 92, uma juventude que nascia quando Collor caía, acordou, abriram os olhos e viram que temos democracia, mas uma República inoperante. Os jovens despertaram porque ninguém aguenta mais ver a república paralisada por interesses partidários ou privados.[...] Se tudo

(41) "Datena surpreendido em pesquisa! *Passe Livre*, 13 jun. 2013". Disponível em: <https://www.youtube.com/watch?v=7cxOK7SOI2k>. Acesso em: 05 out. 2019. "Datena muda de ideia sobre protestos em SP após enquete". Disponível em: <https://f5.folha.uol.com.br/televisao/2013/06/1294753-datena-muda-de-ideia-sobre-protestos-em-sp-apos-enquete.shtml>. Acesso em: 05 out. 2019.

(42) "Arnaldo Jabor fala sobre onda de protestos contra aumento nas tarifas de ônibus". Disponível em: <https://globoplay.globo.com/v/2631566/>. Acesso em: 05 out. 2019.

> correr bem, estamos vivendo um momento histórico lindo e novo, os jovens terão nos dado uma lição.[43]

Mas o que mudou? O que fez com que, por exemplo, o apresentador Marcelo Rezende, em seu programa "*Cidade Alerta*", na Rede Record, em 18.06.2013 festejasse o fato de manifestantes atearem fogo em um veículo da própria rede Record, afirmando que "*talvez esse fogo que a gente esteja vendo no carro da Record, esquente ainda mais o coração de cada brasileiro no protesto*"?[44]

O fato é que a repressão aos protestos em 13.06.2013 provocou sentimento de revolta generalizado.

Em 17.06.2013, uma segunda-feira, as manifestações tomaram proporções abissais.

No entanto, as manifestações passavam a adquirir novas feições.

Pessoas de diversas formações políticas e posicionamentos antagônicos passariam a dividir o mesmo espaço físico e disputar a pauta das manifestações. Já não era "só por 20 centavos". As pautas ficaram cada vez mais difusas: PEC n. 37, corrupção, saúde, educação.

Bandeiras de partidos políticos foram queimadas, centrais sindicais expulsas das ruas.

Definitivamente as características das manifestações mudaram e a percepção por parte da esquerda de que os movimentos foram cooptados e a decisão de que deveriam sair das ruas, acabou por abrir espaço para que nas manifestações que se seguiram até a Copa das Confederações, uma série de pedidos sem nenhuma coesão fossem levados às ruas.

A fratura gerada por esse período de intensas contradições no âmbito da luta de classes foi exposta nas eleições de 2014, onde a presidenta Dilma Roussef foi reeleita em um cenário de polarização acentuadíssima.

Apesar do notório aprofundamento das políticas neoliberais pelo governo petista no pós-eleição e dos ataques aos direitos dos trabalhadores,[45] as pressões externas e internas do capital pelo desmonte do arremedo de Estado de Bem-Estar Social que, até então, se tentava erigir; bem como a relutância em implementar à "toque de caixa"

(43) "Arnaldo Jabor fala sobre novos protestos e ressalta força da juventude". Disponível em: <https://globoplay.globo.com/v/2640269/>. Acesso em: 05 out. 2019.

(44) "Frase de Marcelo Rezende durante manifestação bomba na internet". Disponível em: <https://recordtv.r7.com/cidade-alerta/videos/frase-de-marcelo-rezende-durante-manifestacao-bomba-na-internet-20102018 >. Acesso em: 05 out. 2019.

(45) Dentre os quais, a promulgação da Lei n. 13.134/2015, que impôs maiores entraves ao seguro-desemprego.

tal desmonte, culminaram no *impeachment* da presidenta eleita, em uma votação que ficou marcada pelo seu teor tragicômico, em nome "da família e de Deus", impulsionada pelo ingresso da nova classe trabalhadora como força militante, fundamentada sob o fragilíssimo argumento das "pedaladas fiscais", ou o "conjunto da obra".

O que sucedeu à queda da presidenta eleita — que, nos moldes de Honduras e Paraguai e, sem nenhum eufemismo, deve ser chamado de golpe — foi um cenário distópico: a alucinação da opinião pública esquizofrênica, fomentada por setores do capital e da grande mídia, transformou Paulo Freire em doutrinador marxista; Alexandre Frota, em conselheiro educacional, sob o governo Temer e, agora, deputado federal eleito no vácuo do bolsonarismo; ministros nomeados para, dias após, renunciarem ou afastaram-se. Um inferno, litografado ao melhor estilo Gustave Dorè.

A emergência pelo aprofundamento de medidas de austeridade resultou no desmantelamento do Estado Providência. O congelamento dos gastos públicos, materializado pela Emenda Constitucional n. 95 (precedida pela PEC n. 55), representou verdadeira promulgação de nova Constituição Federal, sem assembleia constituinte.

O mantra da flexibilização da CLT, repetido exaustivamente como medida modernizadora e que resultaria em novos postos de trabalho, culminou na promulgação das Leis ns. 13.419/2017 (Lei das Gorjetas), 429/2017 (terceirização irrestrita) e 13.467/2017, que altera a lógica da estrutura das relações de trabalho, chamada, eufemisticamente de "Reforma Trabalhista", com clara inspiração nas 101 propostas do CNI.(46)

Com a eleição de Jair Messias Bolsonaro em 2019, o processo de neoliberalização e desmonte do Estado Social — já iniciado antes de seu governo, diga-se —, passou a ser implementado à toque de caixa.

Em avassalador artigo publicado em seu *site*, denominado "Sobre "modernização das relações de trabalho", "altos estudos", "pacotes" e o percurso consciente em direção à barbárie", Jorge Luiz Souto Maior disseca com precisão cirúrgica e rigor metodológico, a perversidade do aprofundamento das medidas neoliberais, bem como seu resultado concreto para a classe trabalhadora.

Ante os crescentes índices de desemprego e subemprego, propõe-se mais do mesmo. A proposta é de aprofundamento da precarização da classe trabalhadora. Como bem destacado por Jorge Luiz Souto Maior:

> Considerando apenas o mês de julho de 2019, contabilizava-se o recorde de 33,683 milhões de pessoas na informalidade, reduzindo para 62,8% o

(46) "101 propostas para modernização trabalhista". Disponível em: <http://www.portaldaindustria.com.br/publicacoes/2013/2/101-propostas-para-modernizacao- trabalhista/>. Acesso em: 04 out. 2018.

percentual de trabalhadores ocupados que contribuem para a Previdência [cxlii], o que, evidentemente, faz aumentar o déficit anunciado da Previdência [cxliii] e, por consequência, favorece o argumento em prol da privatização, para o benefício de poucos.

E para que lado se move o governo? Na direção de levar adiante sua lógica ultra neoliberal, por meio da MP n. 881, como forma, inclusive, de retirar mais algum direito dos trabalhadores, valendo-se, para tanto, do total desprezo às regras constitucionais que proíbem, expressamente, que temas dessa grandeza sejam normatizados por Medida Provisória.

O fato é que, no final de agosto de 2019, foi concluída, em tempo recorde, a aprovação da Lei da Liberdade Econômica, que inviabiliza a atuação da inspeção do trabalho, dificulta a responsabilização dos sócios por dívida da empresa e cria o cartão de ponto por exceção e exclui a obrigatoriedade da realização de qualquer cartão de ponto para empregadores com menos de 20 empregados, o que equivale a mais de 90% dos empregadores brasileiros [cxliv]. Tudo para facilitar a realização de horas extras sem o devido pagamento, alimentando uma lógica novamente recessiva, porque quanto mais se explora o trabalho para além da jornada de oito horas e sem sequer o pagamento do custo adicional, menos vagas de trabalho se abrem, mais acidentes do trabalho se contabilizam, mais elevado é o custo social e maior é a acumulação da riqueza produzida.

E já que a massa salarial não representa mais possibilidades concretas de consumo, o jeito é avançar sobre o fundo dos trabalhadores. Assim, em agosto de 2019, sob o argumento de destravar a economia, promove-se a liberação do FGTS [cxlv], que, contraditoriamente, é um direito trabalhista que aos olhos dos defensores do livre mercado sequer deveria existir — embora tenha sido idealizado pelo liberal Roberto Campos.(47)

Os ataques às conquistas da classe trabalhadora têm sido diários. Com o FGTS — que foi mimetizado como uma "conquista" para o trabalhador pelo discurso de convencimento (e esquecimento) usado para extinguir a estabilidade decenal, conforme já abordado — não seria diferente.

É o que veremos adiante.

(47) SOUTO MAIOR, Jorge Luiz. "Sobre "modernização das relações de trabalho", "altos estudos", "pacotes" e o percurso consciente em direção à barbárie". Disponível em: <https://www.jorgesoutomaior.com/blog/sobre-modernizacao-das-relacoes-de-trabalho-altos-estudos-pacotes-e-o-percurso-consciente-em-direcao-a-barbarie>. Acesso em: 05 out. 2019.

4.2. O atual discurso sobre o FGTS

Conforme vimos, sob o pretexto de "engenheirar" uma fórmula capaz de flexibilizar a relação capital/trabalho, Roberto Campos, em conjunto com inúmeros tecnoempresários do IPES, formularam o FGTS.

A propaganda e o discurso adotados, da época da promulgação da lei do FGTS, tratavam o novo instituto como uma conquista do trabalhador, chegando a referir-se à estabilidade decenal como um fantasma do qual o trabalhador estaria livre para, enfim, poder "subir na vida", "mudar de emprego".

Também vimos que na década de 1990 houve um início de ataques contra o FGTS, que não ganhou força o suficiente para a execução de seu intento de extinguir o Fundo.

Com o aprofundamento das medidas neoliberais, sobretudo no período que sucedeu as chamadas jornadas de junho de 2013, já é possível observar novos ataques ao Fundo de Garantia do Tempo de Serviço.

Não seria exagero afirmar que diversos atores que, atualmente têm relevante influência social e política, vêm difundindo discurso cuja intenção final é o banimento do FGTS.

Curioso é observar que aqueles que capitaneiam o discurso pela extinção do FGTS guardam estreita afinidade ideológica com aqueles que outrora foram os responsáveis pela criação do FGTS.

E, considerando que o discurso que pretende expungir o FGTS de nosso sistema não propõe o restabelecimento da estabilidade decenal, ao contrário, pretende simplesmente extinguir o Fundo de Garantia sem nenhuma proposta ou mecanismo de substituição, a outra conclusão não se pode chegar que não a de que, aqueles que outrora lutaram contra o FGTS, atualmente devem encampar a luta pela existência do Fundo.

Nesse contexto, a extinção do FGTS representaria verdadeira medida precarizante.

A história é, de fato, dialética.

4.2.1. Do IPES ao Instituto Millenium

No capítulo 2, subtítulo 2.2.2, discutiu-se a natureza e papel exercido pelo Instituto de Pesquisas e Estudos Sociais (IPES) na formulação do FGTS (e, de um modo geral, na concepção da política econômica dos primeiros anos da ditadura civil-empresarial-militar.

Trinta e três anos separam o encerramento das atividades do IPES (1972) e a Fundação do Instituto Millenium (2005).

O Instituto Millenium, segundo sua própria definição:

> [...] é uma entidade sem fins lucrativos e sem vinculação político-partidária com sede no Rio de Janeiro. Formado por intelectuais e empresários, o *think tank* promove valores e princípios que garantem uma sociedade livre, como liberdade individual, direito de propriedade, economia de mercado, democracia representativa, Estado de Direito e limites institucionais à ação do governo.(48)

No já mencionado encarte denominado "O que é o IPES" o instituto assim se definia:

> O Instituto de Pesquisas e Estudos Sociais é uma iniciativa de empresários brasileiros, com a participação de profissionais liberais, reunidos numa entidade apolítica pela vontade de encontrar, com a soma de suas experiências, soluções nacionais para os problemas brasileiros. A finalidade do IPÊS é o estudo de soluções democráticas para os problemas colocados pelo desenvolvimento nacional, e a formação legítimo de uma opinião pública, esclarecida e participante, visando ao fortalecimento do regime e ao progresso econômico e social.

As semelhanças saltam aos olhos a ponto de se poder, alegoricamente, afirmar que o IPES é "avô" do Instituto Millenium. Ambos são *think tanks* formados por setores do empresariado, supostamente sem vinculação político-partidária mas, na prática, extremamente entranhados nas estruturas do Estado.

Em artigo publicado na revista *Aurora* — do Programa de Pós-Graduação em Ciências Sociais da Unesp —, Bruna Pastore faz relevante comparação entre o IPES e o Instituto Millenium.

Em seu artigo afirma:

> A imprensa foi fundamental em todo o processo de desenvolvimento do trabalho do IPES, não só na difusão da propaganda ideológica anticomunista e antireformista, mas também na divulgação dos projetos socioeconômicos e políticos que foram cuidadosamente desenvolvidos pelo instituto.
>
> De forma geral, os objetivos do IPES eram atender, exclusivamente, às demandas da elite dominante, porém toda sua propaganda foi manipulada de tal forma que aparentava defender os interesses de toda a população, por isso os comunicólogos (publicitários e jornalistas)

(48) *Quem somos*. Disponível em: <https://www.institutomillenium.org.br/institucional/quem-somos/>. Acesso em: 05 out. 2019.

foram tão importantes no processo de manipulação de informações e na construção de uma ameaça de ditadura comunista.[(49)]

Já sobre o Instituto Millenium, descreve:

> O Instituto Millenium difunde suas ideias através de mecanismos semelhantes aos organizados pelo IPES, além de utilizar o seu site na internet de forma a difundir seus artigos, o Instituto Millenium tem uma forte presença nos meios de comunicação mais vistos e lidos pelas classes populares, como a *Rede Globo*, e pela classe média como as revistas *Veja* e *Exame* e os jornais *O Globo* e *Estado de S. Paulo*, também organiza com freqüência colóquios, seminários e fóruns, onde o público é mais selecionado. Se utilizando dos diversos mecanismos de que dispõe, que são os meios de comunicação — isso graças à adesão de figuras importantes do empresariado — o Instituto Millenium levanta suas principais bandeiras como a propriedade privada, a meritocracia, a responsabilidade individual e o Estado mínimo, ou seja, a defesa do neoliberalismo, porém sempre afirmando que os materiais produzidos e publicados pelo Instituto Millenium respeitam a neutralidade e estão isentos de ideologias.[(50)]

A premissa inicial do presente trabalho em relação a esse tópico era no sentido de que entre IPES e Instituto Millenium havia identidade ideológica e de objetivos e, no entanto, divergiam quanto aos métodos de disseminação das ideias; contudo, as pesquisas demonstraram que, conforme destacado acima, os mecanismos são semelhantes, com a diferença básica da utilização da internet pelo Instituto Millenium.

Então, como poderoso agente de influência social e "herdeiro" do IPES, o Instituto Millenium já tornou públicos artigos em defesa à extinção do FGTS. No entanto, não é o único ator a protagonizar esse intento.

4.2.2. O discurso de precarização e o surgimento de novos meios de difusão e atores através da popularização da internet

É inegável que o advento da internet e das redes sociais alterou profundamente as formas de relacionamento, aprendizado e, como não poderia ser diferente, de difusão da informação.

Antes o discurso de convencimento e as técnicas de publicidade eram dirigidas de forma mais genérica para todo um conjunto da população, com recortes mais

(49) PASTORE, Bruna. "Complexo IPES/IBAD, 44 anos depois: Instituto millenium?. *Aurora*, Marília, v. 5, n. 2, p. 57-80, jan./Jun. 2012, p. 11.

(50) *Ibidem*, p. 15.

amplos e menos direcionados. Não se nega que sempre foi possível dirigir determinada campanha ao público almejado pelo recorte de classe mais amplo (por exemplo, determinada campanha adota linguagem e forma mais voltada a determinado público, de acordo com o padrão cultural, de consumo etc.).

O próprio IPES incentivou o lançamento de dois jornais: o *Notícias Populares* e *O Gorila*. O primeiro seria direcionado à classe trabalhadora, às camadas mais populares e, para tanto, lançava mão de linguagem própria àquele público. O segundo era distribuído exclusivamente dentro das Forças Armadas e, para tanto, valia-se de terminologia e aspectos próprios do público militar.

Dessa forma, era possível direcionar campanhas, discursos de convencimento e produzir material voltado ao público específico.

No entanto, a proporção de dados e informações de cada indivíduo disponível hoje é algo sem precedentes.

As redes sociais e aplicativos disponibilizados a um simples toque no *smartphone* disponibilizam a megacorporações uma avalanche de informações extremamente individualizadas que vão desde perfil de consumo, passando por classe social, nível de escolaridade, orientação sexual, gostos pessoais, assuntos de interesse, perfil ideológico e político, e vão até outras milhares de informações e dados pessoais e privados.

O processamento e análise desse conjunto massivo de dados disponibilizados de forma individualizada é chamado de *Big Data*.

Por meio do Big Data os maiores *sites* de relacionamento, entretenimento, busca, ligados a megacorporações (por exemplo: *Google*, *YouTube*, *Facebook*), fazem uso de algoritmos no intuito de construir o perfil individual de cada usuário e, com esse perfil, oferecer produtos, serviços e conteúdo personalizado de acordo com as peculiaridades de cada indivíduo.

Não é preciso uma grande digressão para se concluir que a presença desse novo fator, a sociedade "algoritimizada", apresenta riscos muito mais aprofundados de manipulação.

A partir do momento que essas corporações traçam um perfil do indivíduo, esse passa a ser bombardeado de conteúdo associado ao perfil traçado e cada vez mais restrito, intensificando o processo de alienação (em todos os aspectos, do consumo à política). É o que, atualmente, chama-se de "bolha".

Uma vez dentro da "bolha", a tendência é que o indivíduo cada vez se feche mais, dificultando o processo de emancipação, desconstrução e reflexão própria.

Aqueles que, antes, no anonimato da vida privada, regurgitavam ideias das mais absurdas sem grande impacto social, hoje têm a possibilidade de propagação de qualquer tipo de ideia a um número ilimitado de usuários. Os algoritmos fazem o papel de direcionar o conteúdo produzido, provocando eco àquela fala que, outrora, seria isolada. Os danos já são palpáveis, basta ver a realidade brasileira. Basta ver o resultado das eleições de 2018, a difusão de ideias estapafúrdias e o crescimento de pseudociências (como o terraplanismo, por exemplo).

Assim, na sociedade moderna, observa-se que enquanto o modo de produção e as novas formas de organização do trabalho servem como agente fragmentador da classe trabalhadora, tornando-a fragilizada e suscetível a medidas precarizadoras; a internet, as redes sociais e os algoritmos servem como agente aglutinador de indivíduos em pautas e ideias específicas e desempenham com maestria e inédita precisão a função alienante da classe trabalhadora.

Diante desse processo, novos atores surgiram e ganharam relevância como importantes canais de difusão de ideias e discursos precarizantes. Não é mais possível ignorar a relevância e o papel de *digital influencers* no aprofundamento, por exemplo, de ideias reacionárias.

Não se pode relegar o uso da internet por *think tanks* neoliberais e movimentos não organicamente populares a papel meramente coadjuvante. Pelo contrário, a internet assumiu papel central para difusão de ideias neoliberais, com inédito alcance e poder de persuasão e manipulação. Algo sem precedentes, assumindo papel tão ou mais importante que a mídia tradicional para a disseminação de todo tipo de ideia.

Assim, adiante analisaremos o discurso utilizado por *digital influencers*, *think tanks* e movimentos que usam a internet como mecanismo principal de disseminação de suas ideias para manipulação da opinião pública, visando propagar a ideia de extinção do FGTS.

4.2.2.1. O discurso de **digital influencers** *e movimentos sobre o fim do FGTS*

Digital influencers ou influenciadores digitais são pessoas que lançam mão das ferramentas disponíveis na internet, como redes sociais e plataformas de vídeo, para emitir opiniões, analisar fatos, ostentar um estilo de vida ou simplesmente produzir conteúdo de entretenimento, com a finalidade de influenciar a opinião de outros indivíduos, por meio de publicações de textos, vídeos ou áudios (mais recentemente com a difusão dos *podcasts*).

Conforme já abordado, com a massificação da disponibilização de dados, o papel dessas pessoas tornou-se de extrema relevância.

Em relação ao FGTS, influenciadores digitais neoliberais (ou liberais, como alguns se definem), têm produzido conteúdo visando influenciar seus seguidores a entender o Fundo de Garantia como algo nocivo. Assim, sua extinção seria o que melhor atenderia aos anseios da classe trabalhadora.

Arthur Moledo do Val, conhecido pelo seu apelido "mamãe falei", conquistou um séquito de seguidores produzindo vídeos em que entrevistava manifestantes em protestos de viés progressista e ridicularizava os entrevistados menos eruditos ou informados, no intuito de construir a imagem de que a "esquerda" é formada por pessoas ignorantes.

Hoje, seu canal, chamado "mamãe falei" (vem daí seu apelido), dispõe de 2,58 milhões de pessoas inscritas.

Em razão da popularidade adquirida pelos seus vídeos, lançou-se à política partidária pelo partido Democratas, sendo eleito deputado federal em 2018 com 478.280 votos (o segundo deputado mais votado do país).

Em 27.04.2016 lançou um vídeo cujo título é "FGTS é roubo!".(51)

Inicia o vídeo propondo uma analogia do FGTS com uma situação hipotética onde um interlocutor pede ao trabalhador parte de seu salário,(52) para ao final afirmar que com o FGTS ocorre a mesma coisa.

Não é muito recordar que a proposta do presente trabalho é analisar o discurso e não apontar os equívocos do discurso (por mais instigante que seja esmiuçar as falácias existentes), o que justifica a omissão em tecer mais críticas aos argumentos utilizados.

Pois bem, após a analogia inicial, o vídeo segue com a argumentação do autor para justificar a extinção do FGTS. Assim, questiona o fato de o FGTS ser um direito a que o trabalhador é "obrigado" a usar, o que seria contraditório, já que ninguém deveria ser obrigado a usar nenhum direito.

Segue dizendo que o rendimento do FGTS é em torno de 3% ao ano e que a inflação seria mais que o dobro desse valor. Para ilustrar a comparação com a inflação, alega que algo que custava cem reais em janeiro, em dezembro vai custar cento e doze reais. Assim, deixando o dinheiro no Fundo de Garantia, perde-se dinheiro.

Outro argumento trazido é o de que o "governo" engana o trabalhador ao passar o "boleto do FGTS" para o empregador pagar, o que geraria a sensação de que quem paga isso é o empregador, quando em verdade é o trabalhador. Esse fato deixaria o trabalhador sujeito ao calote do empregador.

---

(51) DO VAL, Arthur Moledo. "FGTS É Roubo!". Vídeo disponibilizado no canal "Mamaefalei" (00h8m24ss), 27 abr. 2016. Disponível em: <https://www.youtube.com/watch?v=4U-ydBhpoEM>. Acesso em: 05 out. 2019.

(52) Transcrição da fala inicial: *"Vamo fazer um exercício mental aqui igual ao da Previdência Social. Imagina que você trabalhou lá o mês inteiro, aí você recebeu lá o seu salário, recebeu o dinheiro que tava na sua mão. Aí chega um cara todo engravatado, chega pra você e fala assim 'ou, me dá uma parte desse dinheiro?'. O mínimo que você vai fazer é perguntar pra ele: "mas por quê?". Aí, vamo supor que ele explica o seguinte pra você: "não, você tem que o direito de me dar uma parte desse dinheiro, pra eu guardar ele pra você. E aí se você ficar doente ou quiser comprar uma casa própria ou então se você for demitido, aí eu devolvo esse dinheiro pra você". Aí cê fala assim: 'não muito obrigado, achei legal, mas eu não quero'. Aí ele fala assim "não, cê tem o direito, mas é meio que você é obrigado a usar esse direito'. Pois é, esse é o FGTS."* (sic).

Em seguida, mira suas críticas na multa de 40% do FGTS. Alega que a multa de 40% do FGTS gera uma inversão de valores, pois ao invés de a empresa olhar para o funcionário antigo e reconhecer seus trabalhos, valorizando a antiguidade, em verdade faz com que o empregador olhe para o funcionário com receio, pensando que se ficar muito tempo na empresa, a hora que precisar mandar embora a multa será enorme, o que geraria uma "inversão de valores".

Nessa mesma toada, critica a multa de 10% paga ao Estado, pois o "governo" não teria nenhum mérito sobre o dinheiro que o trabalhador arrecadou.

Segue com a alegação de que a ideia do governo de que essa multa desestimularia a demissão, em verdade desestimula novas contratações.

Usa a Venezuela (sempre a Venezuela) para ilustrar seu argumento. Supostamente houve uma medida estatal de que quem ganha até um salário-mínimo não pode ser demitido. Segundo o autor, tal medida faz com que as empresas não contratem e o trabalhador ficaria com medo de ser promovido.

Segue alegando que o Estado não pode criar leis e inibir sua liberdade sob o argumento de que é "para o seu próprio bem".

Segundo o autor, o trabalhador sabe gastar o dinheiro muito melhor do que o governo. O governo deveria dar educação financeira para a população e ensinar a investir.

Segundo ele, esse tipo de lei é um dos principais problemas, que faz com que a economia não cresça, pois torna o País desinteressante para investimentos, em razão da ausência de liberdade econômica.

Por fim, argumenta que o funcionário ganha muito pouco em relação ao que custa para a empresa. Assim, segundo alude, deve-se aproximar o que o trabalhador ganha ao quanto ele "custa", pois o dinheiro deve ir para o trabalhador e não para o governo.

Esse vídeo, até 05.10.2019, dispunha de 209.488 visualizações, o que mostra o alcance do discurso e o potencial de disseminação desse tipo de ideia.

Seguindo com a análise dos influenciadores digitais, Raphael Lima, do canal "Ideias Radicais", que dispõe de 580 mil inscritos e produz conteúdo ultraliberal, ou como ele mesmo define, "anarcocapitalista", em 14.04.2018 gravou um vídeo para seu canal com o título "Como consertar o FGTS: Abolição",(53) em que propõe a extinção do Fundo de Garantia.

(53) LIMA, Raphael. "Como consertar o FGTS: Abolição". Vídeo disponibilizado no canal "Ideias Radicais" (00h9m48ss), 14 abr. 2018. Disponível em: <https://www.youtube.com/watch?v=Xh0Sb5vlVBA>. Acesso em: 05 out. 2019.

A descrição do vídeo é esclarecedora quanto ao objetivo do autor:

> Arthur, obrigado por popularizar o quanto o FGTS não rende. Agora precisamos conversar sobre o que fazer com isso, e o maior perigo é a ideia de que é possível reformar o FGTS.
>
> Dinheiro na mão de político é dinheiro perdido. O FGTS é dirigido por um comitê de apontados políticos e sindicalistas, e mudar quanto o fundo precisa pagar em retorno para seus "investidores" não muda este fato.
>
> O FGTS precisa ser abolido, e o dinheiro devolvido.

Como é possível observar, o autor desse vídeo agradece Arthur Moledo do Val, do canal *"Mamãe Falei"*, por popularizar a ideia de que o FGTS não rende. Esse diálogo entre influenciadores e produtores de conteúdo digital é prática comum. Nesse intercâmbio, seguidores de um influenciador acabam conhecendo o canal de outro influenciador, retroalimentando essa cadeia de canais com ideias similares.

Nesse vídeo, o autor inicia agradecendo ao Arhur do canal *"Mamãe Falei"* por ter popularizado o FGTS. Contextualiza, dizendo que após aquele vídeo as pessoas passaram a propor maneiras de reformar o FGTS, no entanto, esclarece que o vídeo tem como objetivo ensinar as pessoas por que o FGTS teria que acabar.(54)

Esclarece que o FGTS existe porque no governo Getúlio Vargas existia a "lei de estabilidade". Narra uma história de que seu avô trabalhou em um restaurante e quando completou 9 anos registrado, o dono do restaurante demitiu seu avô porque se ficasse mais um ano, iria adquirir estabilidade e não poderia ser demitido posteriormente.

Em razão dos problemas relacionados à estabilidade, o governo (não esclarece qual), criou o FGTS, que visaria o desenvolvimento econômico e social do país.

Alega que ainda que se alterasse o índice de correção, tornando o rendimento do FGTS melhor, ainda assim haveria problema, tendo em vista que o Estado é quem gerenciaria o Fundo.

Aponta que mais de um terço do FI-FGTS foi direcionado a empresas envolvidas em escândalos de corrupção e segue tentando vincular o gerenciamento do FGTS à corrupção.

Aponta que as decisões relacionadas ao FGTS são tomadas por uma série de pessoas vinculadas a Ministérios, representantes dos trabalhadores e nesse ponto

---

(54) Transcrição da fala inicial: *"Graças ao Arthur, Mamãe falei, agora o FGTS ficou popular — e o fato é que ele não rende porcaria nenhuma — e tem gente querendo reformar, mudar como vai remunerar e tudo mais, mas esse vídeo aqui é pra te ensinar porque esse negócio tem que acabar".*

critica o fato de existirem 6 representantes sindicais para decidir o que fazer com o "dinheiro do trabalhador" — e quanto aos representantes dos empregadores, argumenta que as empresas de cada ramo seriam tendenciosas sobre o destino do fundo.

Expõe o argumento central (e único) de seu vídeo pelo qual o FGTS deveria acabar: enquanto o fundo estiver nas mãos do Estado, dará errado.

Critica o suposto argumento usado de que o trabalhador brasileiro não sabe investir (e nesse ponto, parece-nos fazer uso da falácia do espantalho), pois, segundo sua lógica, se não sabe investir, então como saberia votar?

Por fim, arremata com o argumento de que o dinheiro é do trabalhador, a propriedade idem, e ele deveria fazer o que bem entender com seu próprio dinheiro.

A argumentação utilizada nesse vídeo faz até o primeiro vídeo do canal *"Mamãe Falei"* parecer sofisticado.

Em 2014, após as jornadas de junho de 2013 e pela necessidade de haver um movimento que catalisasse os interesses e pautas "liberais" nas ruas, surgiu o Movimento Brasil Livre (MBL).

O canal do MBL no YouTube soma 1,28 milhões de inscritos.

Não obstante não se tratar de um vídeo autoral, em 13.03.2017 o canal do MBL compartilhou(55) o vídeo chamado "Como o FGTS te rouba — *Crash*", de Alexandre Versignassi, publicado inicialmente no canal da revista *Superinteressante*.(56)

Nesse vídeo, o autor faz um comparativo entre o FGTS e a inflação acumulada, demonstrando que o FGTS rende menos que a inflação.

Faz comparações com outros títulos de investimentos. Critica a forma de correção pela aplicação da TR.

Esse vídeo, em si, não propõe a extinção do FGTS, tampouco traz informações e críticas absurdas.

Contudo, o compartilhamento desse vídeo, como uma crítica ao FGTS no canal do Movimento Brasil Livre, certamente não tem outra intenção que não a de fomentar e instigar a opinião pública a entender o FGTS como algo nocivo ao trabalhador.

---

(55) "Jornalista manda a real sobre o FGTS". Vídeo disponibilizado no canal *"Movimento Brasil Livre — MBL"* (00h3m17ss), 13 mar. 2017. Disponível em: <https://www.youtube.com/watch?v=iMdB6YT4eEM>. Acesso em: 05 out. 2019.

(56) VERSIGNASSI, Alexandre. "Como o FGTS te rouba — *Crash*". Vídeo disponibilizado no canal da revista *Superinteressante* (00h3m17ss), 21 jul. 2015. Disponível em: <https://www.youtube.com/watch?v=ZIWQhVPBRQs>. Acesso em: 05 out. 2019.

Tal constatação pode ser confirmada para recente fala (17.09.2019) do deputado federal Kim Kataguiri (fundador e membro destacado do Movimento Brasil Livre, eleito muito em razão de sua exposição e influência nas redes sociais).(57)

O canal no YouTube do deputado Kim Kataguiri conta com 519 mil inscritos.

Na Comissão Mista para examinar a MP n. 889/2019, o referido deputado afirma que o trabalhador é obrigado a dar seu dinheiro para o governo. Alega que o FGTS é um entrave ao emprego, pois onera a folha, o que incentiva o desemprego. Quanto à multa de 10% devida pelo empregador ao Estado, alega que, principiologicamente, o Estado não teria razão a justificar por que teria direito a 10% sobre o valor das verbas do trabalhador.

Alega que nenhum empregador demite porque gostaria de demitir e, além disso, é onerado tanto com a multa de 40%, quanto os 10% para o Estado.

Questiona por que o subsídio para a construção de moradias populares tem de vir da folha de pagamento do trabalhador.

Por fim, questiona e esclarece a ideia primordial: "Por que nós não acabamos com o FGTS?", já que, em tese, diminuiria o emprego, a formalidade.

Este vídeo foi, até 05.10.2019, visualizado por 60.023 pessoas.

4.2.2.2. O discurso de think tanks *liberais sobre o fim do FGTS*

Pela *internet*, diversos *think tanks* liberais também têm se manifestado a favor da extinção do FGTS.

Em 13/6/2014 o Instituto Millenium publicou artigo de autoria de Rodrigo Mezzomo, chamado "FGTS: Violência sobre o salário".(58)

Nesse artigo de extrema baixeza, o autor compara o FGTS a um estuprador e não chega a propor a extinção do FGTS, mas sim uma completa desconfiguração do Fundo:

> [...] Se o Brasil não fosse uma terra tão hostil à liberdade, todos nós poderíamos decidir se o FGTS ficaria depositado na Caixa Econômica Federal ou seria transferido para o banco que nos desse rendimento maior (nada melhor que a livre concorrência!), bem como poderíamos decidir sacar o dinheiro se assim nos parecesse mais conveniente.

(57) KATAGUIRI, Kim. "Por que não acabamos com o FGTS?". Vídeo disponibilizado no canal do deputado Kim Kataguiri (00h5m34ss), 17 set. 2019. Disponível em: <https://www.youtube.com/watch?v=0BaQAjW2AFE>. Acesso em: 05 out. 2019.

(58) MEZZOMO, Rodrigo. "FGTS: Violência sobre o salário". Disponível em: <https://www.institutomillenium.org.br/artigos/fgts-violncia-sobre-salrio/>. Acesso em: 05 out. 2019.

> Se o trabalhador vai poupar o dinheiro com fins nobres e para tempos difíceis, ou se vai usá-lo agora, é ele, e somente ele, que deve decidir isso. Liberdade envolve responsabilidade plena sobre nossas escolhas, o que implica no direito de decidirmos que caminho seguir.
>
> Por fim, é flagrante a inconstitucionalidade de qualquer restrição à movimentação das quantias depositada a título de FGTS, pois implicam em se admitir um direito de propriedade sobre o qual é negado praticamente qualquer ingerência.
>
> Termino lembrando daquelas mulheres que são violentadas e espancadas por longos anos e não encontram forças para enfrentar o agressor. A nossa situação diante do Governo é exatamente a mesma. Até quando vamos consentir em que o Governo nos estupre? Quando nossa indignação será demonstrada? Quando teremos coragem de lutar? Quando mostraremos nossa indignação a esses que nos desrespeitam todos os dias? Até quando? Conclamo todos a lutarmos por mudanças na legislação que assegurem a nossa liberdade de decidir os destinos da aplicação do FGTS. É o nosso dinheiro que está lá.

Em outro artigo publicado no portal *Veja*, e republicado pelo Instituto Millenium, o articulista José Roberto Guzzo aponta o FGTS como uma farsa e um roubo:

> Naturalmente, não há nada de errado em lucrar investindo dinheiro ganho honestamente em títulos no Tesouro Nacional. O que há de errado é a farsa de um "Fundo de Garantia", pago integralmente pelo empregador privado, que só garante mesmo uma coisa: que o sujeito vai ser roubado todos os dias nas contas que calculam seu saldo, e roubado justamente pelo Estado que gere esse seu dinheiro e diz ser o seu protetor. A trapaça do FGTS é apenas uma, entre as dezenas de exemplos de "programas" de governo que funcionam ao contrário do que dizem ser.(59)

Outro influente *think tank* liberal é o Instituto Liberal. Segundo a narrativa contida em seu próprio *site*:

> O Instituto Liberal foi criado por Donald Stewart Jr. no Rio de Janeiro em 1983. Sua expansão se deu através da criação de institutos análogos em diversas capitais brasileiras, sucedida pela constituição de núcleos municipais no interior dos diferentes estados, filiados aos respectivos Institutos das capitais estaduais e de acordo com o princípio federativo.

(59) GUZZO, José Roberto. "O Brasil dos trouxas". Disponível em: <https://www.institutomillenium.org.br/artigos/guzzo-o-brasil-dos-trouxas/>. Acesso em: 05 out. 2019.

> O trabalho inicial do Instituto se concentrou por algum tempo na tradução, edição e publicação de livros e panfletos, já que eram muito poucos os textos sobre liberalismo existentes no Brasil. O Instituto publicou pela primeira vez no Brasil obras de diversos autores internacionais, como os ícones da Escola Austríaca de Economia Ludwig von Mises e Friedrich Hayek, o francês Frédéric Bastiat e a russo-americana Ayn Rand, entre muitos outros. Também publicou pensadores nacionais, como Alberto Oliva e Ricardo Vélez-Rodríguez.(60)

Ainda na descrição, o Instituto esclarece que:

> A partir de 2013, uma nova gestão, sob a liderança do economista Rodrigo Constantino, presidente do Conselho Deliberativo do instituto desde então, e do advogado e professor universitário Bernardo Santoro, primeiro presidente da diretoria executiva nessa nova fase, renovou os quadros do IL com o propósito de adaptar a instituição aos desafios impostos por uma nova geração de tecnologia audiovisual, adaptando o histórico material produzido às novas mídias digitais.(61)

O presidente do Instituto Liberal, Rodrigo Constantino, foi também membro-fundador do Instituto Millenium (IMIL). Foi, ainda, colunista da *Veja* e é colunista de dos jornais *Valor Econômico* e *O Globo*.

Em 24.07.2019, o *site* do Instituto Liberal publicou artigo, assinado pelo então presidente da Diretoria Executiva do Instituto Liberal, Bernardo Santoro, com o título "A fraude do FGTS".

Nesse artigo, o autor deliberadamente sugere o fim do FGTS, vale a sua transcrição:

> A fraude do FGTS
>
> 24.07.2019 Bernardo Santoro
>
> Um amigo me perguntou de madrugada no WhatsApp qual a minha opinião sobre a liberação do dinheiro do FGTS.
>
> O argumento comum pela não liberação é que aumentaria a poupança interna nacional e os investimentos na infraestrutura.
>
> O argumento pela liberação é que destravaria uma onda de consumo em uma economia hoje deprimida com aumento da circulação de riqueza.

---

(60) *Quem Somos*. Disponível em: <https://www.institutoliberal.org.br/quem-somos/>. Acesso em: 06 out. 2019.

(61) *Idem*.

Minha posição não é por uma coisa nem outra. É pelo fim puro e simples do FGTS.

Vou reproduzir aqui um antigo texto meu de 2011, que eu já havia reproduzido no IL em 2013. Ainda assino embaixo cada palavra, ressalvado, como sempre, que por ser um texto antigo tem alguns números já defasados.

O Fundo de Garantia do Tempo de Serviço (FGTS) é um conjunto de recursos financeiros administrados pelo governo com o suposto fim de amparar os trabalhadores em certos casos de encerramento da relação de emprego. Vamos mostrar rapidamente aqui que o FGTS é um arranjo violento que lesa os trabalhadores brasileiros.

O FGTS é um arranjo violento porque a principal fonte de recursos do FGTS são os depósitos mensais obrigatórios dos empregadores nas contas vinculadas dos trabalhadores, abertas na Caixa Econômica Federal. O empregador é, destaca-se, obrigado a dar para o governo parte do salário do empregado. Se esse salário fosse dado ao empregado, ele poderia fazer o que bem quisesse com esse dinheiro, seja poupar ou consumir. O governo viola o direito de escolha do empregado e o obriga a poupar parte desse dinheiro, mesmo que isso não seja de interesse deste último.

O FGTS é um arranjo que lesa os brasileiros por vários motivos.

O mais importante é a baixíssima taxa remuneratória desse dinheiro. Essas contas recebem correção monetária, através de uma taxa referencial, e juros de apenas 3% ao ano (0,25% ao mês). Para que o leitor tenha uma ideia, a caderneta de poupança, investimento mais seguro e menos rentável que existe, recebe a mesma correção monetária através da taxa referencial, mas paga juros de 6% ao ano (0,5% ao mês).

Pondo isso em um exemplo concreto, se você tem R$ 1.000,00 reais na caderneta de poupança, e a taxa referencial do mês é de 0,1%, você terá, no aniversário da caderneta: 1000 + 1000 * (0,1 + 0,5) / 100 = R$ 1006,00. Se você os mesmos R$ 1.000,00 reais no FGTS, com a mesma taxa referencial do mês de 0,1%, você terá, no aniversário da conta de FGTS: 1000 + 1000 * (0,1 + 0,25) / 100 = R$ 1003,50.

O governo acabou de te roubar R$ 2,50.

Parece que fazemos um grande escarcéu por reclamarmos de um roubo de apenas dois reais e cinquenta centavos. Mas quando o governo arrecada de FGTS o valor de R$ 35.000.000.000,00 (trinta e cinco bilhões de reais) apenas no primeiro semestre desse ano de 2011, então

> podemos afirmar que o governo roubará R$ 175.000.000,00 (cento e setenta e cinco milhões de reais) do povo brasileiro, isso tendo como parâmetro a caderneta de poupança. Se utilizarmos como parâmetro um investimento como o ouro, por exemplo, que de um ano para cá subiu 43,61%, podemos chegar à conclusão que o governo potencialmente roubou do povo brasileiro cerca de dois bilhões de reais.
>
> Claro que esses cálculos são apenas exemplos hipotéticos, pois qualquer parâmetro de investimento poderia ser tomado em consideração, por se tratar de custo de oportunidade, mas o fato é que grandes quantidades de dinheiro são tomadas pelo governo e reajustadas com uma taxa ridícula perto das praticadas pelo mercado, o que significa que o governo toma dinheiro do povo através do FGTS.
>
> E, pior, aplica esse dinheiro nos projetos mais populistas possíveis, em especial o *"Minha Casa, Minha Vida"*, programa habitacional que, além de criar uma bolha imobiliária que favorece muito as construtoras (grandes amigas do PT), desfalca a Caixa Econômica, que é quem gere o FGTS. O programa *"Minha Casa, Minha Vida"* tem taxa de inadimplência cinco vezes maior que os demais empréstimos da Caixa, o que denota dinheiro do FGTS jogado no lixo.
>
> Precisamos lutar pela moralidade no sistema trabalhista brasileiro, com o fim do FGTS, para que esse dinheiro fique na mão do trabalhador, e não numa conta-poupança forçada operada pelo governo, de forma que o trabalhador possa fazer o que quiser com o dinheiro, seja consumir, seja poupar, mas, neste último caso, com taxas razoáveis praticadas pelo mercado, e não com essa taxa mendiga do FGTS.[62]

É inegável que em tempos recentes não apenas a direita liberal, no sentido clássico, ou neoliberal, ganhou espaço no ambiente político. Uma extrema-direita surgiu, e o discurso extremado dessa extrema-direita encontrou eco na sociedade.

A eleição de Jair Messias Bolsonaro para a Presidência da República é, em verdade, um sintoma da difusão desse discurso e pensamento e não a sua causa.

Segundo Luis Felipe Miguel, essa extrema-direita se ampara em três eixos: o libertarianismo, o fundamentalismo religioso e a reciclagem do antigo anticomunismo.

O libertarianismo, segundo o mencionado autor:

> [...] descende da chamada 'escola econômica austríaca' e influente em meios acadêmicos e ativistas dos Estados Unidos, prega o menor Estado

(62) SANTORO, Bernardo para "Instituto Liberal". "A fraude do FGTS". Disponível em: <https://www.institutoliberal.org.br/blog/fraude-do-fgts/>. Acesso em: 06 out. 2019.

possível e afirma que qualquer situação que nasça de mecanismos de mercado é justa por definição, por mais desigual que possa parecer.

Prossegue o autor: *"O libertarianismo começa e termina no dogma da santidade dos contratos 'livremente' estabelecidos, reduz todos os direitos ao direito de propriedade e tem ojeriza por qualquer laço de solidariedade social"*.(63)

Alguns dos maiores expoentes da chamada "Escola Austríaca" são Ludwig Von Mises, Murray Rothbard e Hans Herman Hoppe.

O aprofundamento e a difusão de ideias "libertárias" no Brasil muito se devem à popularização de canais no *YouTube* protagonizados por *digital influencers* de ideologia libertária.

O já mencionado "Ideias Radicais" é um deles. Outro desses canais é o do influenciador Paulo Kogos, que conta com 103 mil escritos.

A disseminação dessas ideias também é feita por meio de artigos publicados por *think tanks* criados para difundir as ideias do libertarianismo. Dois dos maiores *think tanks* libertários são o Instituto Mises Brasil e o Instituto Rothbard.

Apenas a título de contextualização, para que se tenha ideia das ideias defendidas por esses expoentes da Escola Austríaca, Murray Rothbard, por exemplo, defendia o comércio de bebês.(64) Ludwig von Mises, por sua vez, foi conselheiro econômico(65) do ditador austrofascista Engelbert Dollfuss.(66)

---

(63) MIGUEL, Luis Felipe. *O ódio como política:* a reinvenção da direita no Brasil. Esther Solano Gallego (Org.). São Paulo: Boitempo, 2018. p. 19.

(64) *"Agora se os pais podem possuir seu filho (dentro do sistema da não agressão e da liberdade de fugir), então eles podem também transferir esta posse para outra pessoa. Eles podem entregar o filho para adoção ou podem vender os direitos sobre a criança em um contrato voluntário. Em resumo, temos que nos defrontar com o fato de que a sociedade genuinamente livre terá um próspero livre mercado de crianças.*
Superficialmente isto parece monstruoso e desumano. Mas uma reflexão mais apurada irá revelar o humanismo superior de tal mercado. [...] Na verdade, encontramos uma grande demanda insatisfeita de adultos e casais por crianças, assim como um grande número de bebês excedentes e indesejados que são negligenciados ou maltratados por seus pais. Ao se permitir um livre mercado de crianças, este desequilíbrio seria eliminado, e se possibilitaria que bebês e crianças fossem alocados para longe de pais que desprezam seus filhos ou que não se importam com eles, e para perto de pais adotivos que desejam profundamente estas crianças. Todos os envolvidos: os pais naturais, as crianças e os pais adotivos que compram as crianças estariam em uma situação melhor neste tipo de sociedade" ROTHBARD, Murray N. *A Ética da Liberdade*. São Paulo: Instituto Ludwig von Mises Brasil, 2010. p. 167.

(65) *"[...] Ludwig von Mises foi conselheiro econômico do chanceler austríaco Engelbert Dollfuss e de Otto von Habsburg, além de ser amigo influente de Wilhelm Röpke, o qual foi conselheiro econômico de Ludwig Erhard, que apesar de não ser um austríaco foi capaz de aplicar reformas agressivas de livre mercado levando a Alemanha a recuperar-se com uma velocidade impressionante após a Segunda Guerra Mundial."* "Desabafos e devaneios econômicos". Disponível em: <https://mises.org.br/Article.aspx?id=743&ac=4139>. Acesso em: 06 out. 2019.

(66) DOLLFUSS, Engelbert (1892-1934). Disponível em: <https://www.encyclopedia.com/history/encyclopedias-almanacs-transcripts-and-maps/dollfuss-engelbert-1892-1934 >. Acesso em: 06 out. 2019.

Em 08.02.2017, em artigo publicado no *site* do Instituto Rothbard sob o título "FGTS: um flagelo e não um direito", o já mencionado Paulo Kogos defende a extinção do FGTS:

> Deixando-se levar pelo ódio de classe perpetrado pelas esquerdas, os defensores do FGTS imaginam que todo o custo desta imposição trabalhista recai sobre o empregador. Ainda que desconsideremos o quão desumana é esta defesa de coerção armada contra empresários, trata-se de uma posição indefensável tendo em vista os malefícios que ela causa aos assalariados.
>
> Qualquer política que aumente os custos de empregar mão de obra diminuirá a demanda por empregados. A empresa terá menos lucros, tanto devido à inviabilização da contratação de trabalhadores adicionais quanto devido aos maiores gastos com a folha de pagamento remanescente. As grandes corporações podem arcar facilmente com estas despesas artificialmente induzidas, mas as menores falirão ou não poderão se expandir, pois não terão o fluxo de caixa necessário para expandir suas operações. Algumas firmas contrairão empréstimos e se endividarão, elevando a taxa de juros e hipertrofiando o setor bancário. O mercado tornar-se-á mais concentrado e com menos vagas de trabalho, fazendo despencar o poder de barganha do assalariado em relação aos empresários sobreviventes. E como este infeliz trabalhador poderia sonhar em empreender se ele próprio enfrentaria esta mesma "mussolínica" legislação trabalhista somada a uma taxa de juros exorbitante?
>
> Assim sendo, é fácil perceber que o empresariado repassará o custo adicional representado pelo FGTS aos empregados na forma de menores salários, sendo que uma parcela maior do prejuízo será arcada pelos operários quanto menor for seu poder de barganha. Os patrões calculam antecipadamente as despesas empregatícias totais e não contratam mão-de-obra cuja produtividade esperada seja menor que estes gastos. Logo, o desemprego gerado pelo FGTS contribui para que os custos de sua aplicação se abatam imediatamente mais sobre os salários do que sobre o lucro líquido corporativo.
>
> A multa rescisória de 50% que incide sobre todos os depósitos do FGTS feitos pelo empregador, a ser paga por este, representa um entrave à tão necessária liberdade demissional, o que desincentiva contratações ao aumentar o risco percebido delas. Há ainda um desencorajamento de planos de carreira e de programas internos de capacitação profissional

> que visem o crescimento e a permanência do funcionário na firma. As empresas passam a preferir uma mão de obra mais descartável, tendo como resultado uma rotatividade artificialmente alta e, consequentemente, menores níveis salariais e menor produtividade das organizações. Empresas imprevidentes e funcionários acomodados são subsidiados à custa das empresas primorosas e funcionários dedicados.
>
> Como vimos, o FGTS é subtraído da renda do empregado.
>
> [...]
>
> Segundo cálculo feito por Klauber Cristofen Pires, se uma pessoa investisse o valor desviado pelo FGTS na caderneta de poupança, a menos rentável das aplicações, após 21 anos ela obteria todo este montante acrescido da multa rescisória. Após 35 anos, a poupança geraria um saldo equivalente ao saldo do FGTS acrescido do dobro da multa rescisória!
>
> [...]
>
> O FGTS impede que o empregado use parte de seu salário para explorar uma oportunidade única de empreendimento, para fazer caridade, para investir na sua própria educação ou simplesmente para se divertir com os amigos em férias.
>
> Quem o governo pensa que é para ditar quais situações são suficientemente urgentes para permitir que o empregado saque o dinheiro que teoricamente lhe pertence. Um burocrata em Brasília conhece melhor suas necessidades do que você mesmo? Seja como for, em países com menos fascismo trabalhista existem associações voluntárias de trabalhadores que gerem fundos de investimentos privados; assim como modalidades de investimentos financeiros que exigem depósitos fixos descontados na fonte. O mercado já supre a demanda daqueles que querem proteger-se de si próprios.(67)

Em 2/3/2015, Renato Furtado publicou artigo no *site* do Instituto Mises Brasil, defendendo também a extinção do FGTS:

> [...] Veja, por exemplo, o que acontece com o FGTS. Essa quantia, que poderia ser incorporada ao salário do trabalhador, é desviada para o governo e só pode ser reavida em casos específicos (ou após a aposentadoria).

(67) KOGOS, Paulo. "FGTS: um flagelo e não um direito". Disponível em: <https://rothbardbrasil.com/fgts-um-flagelo-e-nao-um-direito/>. Acesso em: 06 out. 2019.

> Na prática, o governo "pega emprestado" esse dinheiro do trabalhador e lhe paga juros anuais de míseros 3%. Dado que a caderneta de poupança rende 7% ao ano, e a inflação de preços está em 7,2% ao ano, o trabalhador não apenas deixa de auferir rendimentos maiores, como ainda perde poder de compra real com a medida.
>
> E para onde vai o dinheiro do FGTS? Uma parte vai para subsidiar o BNDES e a outra vai para financiar a aquisição de imóveis — algo completamente sem sentido, pois a aplicação desse dinheiro na caderneta de poupança já permitiria ao trabalhar obter o dobro do rendimento e, com isso, ter mais dinheiro para comprar imóveis.
>
> E vamos aqui dar de barato e desconsiderar as cada vez mais frequentes notícias de uso indevido desse dinheiro. (R$ 28 bilhões de reais do FGTS foram investidos pelo BNDES em várias empresas, mas não há nenhuma informação sobre quais empresas receberam o dinheiro, quanto receberam, e quais as condições de pagamento).
>
> [...]
>
> Dado o atual arranjo, seria muito mais proveitoso tanto para o trabalhador quanto para as empresas dobrar o salário-mínimo e eliminar os encargos sociais e trabalhistas. Haveria mais dinheiro nas mãos de cada trabalhador, haveria uma mão de obra mais motivada, e ainda atrairíamos muito mais empresas para o país, o que naturalmente forçaria ainda mais o aumento natural dos salários. Isso, por si só, tornaria obsoleta a lei do salário-mínimo, levando à sua extinção.(68)

Apontado o discurso utilizado pelos *think tanks*, passaremos, enfim, à exposição do discurso utilizado por veículos de informação.

4.2.2.3. O discurso de veículos de informação sobre o fim do FGTS

Não é comum encontrar na mídia tradicional posicionamentos favoráveis à extinção do FGTS.

No entanto, casualmente é possível pinçar artigos que defendem a abolição do fundo.

É o caso da matéria publicada em 2016 (o *site* não disponibiliza a data de publicação, apenas indica que foi publicada "há 3 anos"), pelo *site* do veículo de

(68) FURTADO, Renato. "FGTS, INSS e Aviso Prévio — um assalto ao trabalhador, disfarçado de direito". Disponível em: <https://www.mises.org.br/Article.aspx?id=2042>. Acesso em: 06 out. 2019.

informação "Spotniks", cujo título é "5 razões por que deveríamos acabar com o FGTS, o 13º salário e o INSS".(69)

O artigo aponta:

> [...]Com 8% do salário de cada brasileiro, todos os meses, o FGTS tornou- se um fundo de tamanho considerável. Só há um problema nessa história: ele não gera retorno algum para os seus donos.
>
> O retorno destes ativos equivale a 3%+TR sobre o total (nos últimos anos, este valor foi na média de 4,5%). Em 2015, por exemplo, onde a inflação foi 10,67%, a diferença entre o retorno do fundo e a inflação equivale a R$ 32 bilhões perdidos pela população, ou R$ 1.030 para cada trabalhador brasileiro. É dinheiro seu que nunca chega ao seu bolso.
>
> [...]
>
> Boa parte do seu FGTS financia, entre outras tantas empresas envolvidas em corrupção, a Odebrecht, a maior beneficiária do fundo. Outros bilhões garantem a construção de uma fábrica de celulose, que pertence aos mesmos donos da JBS, a maior doadora de campanhas políticas do país.
>
> Como a operação Greenfield, deflagrada pela Polícia Federal, deixou claro, um dos principais responsáveis por definir o destino dos recursos era justamente Eduardo Cunha. Graças ao vice presidente da Caixa, indicado por Cunha no governo Dilma, ele pôde autorizar, por exemplo, a liberação de R$ 400 milhões para a América Latina Logística, a maior companhia ferroviária do país. Resultado: R$ 2 milhões a mais na conta de Cunha. Ao todo, a Polícia Federal calcula em R$ 30 milhões os valores desviados do FGTS por Eduardo Cunha.
>
> Como estes, existem inúmeros desmandos no fundo. Ao contrário do INSS, no entanto, existem projetos que estudam permitir que você possa finalmente decidir onde investir seu dinheiro. Nenhum deles trata exatamente daquilo que importa — deixar o dinheiro na sua mão — mas serve de consolo. Ao menos o seu prejuízo nessa história seria menor.(70)

---

(69) Que, até a presente data (6/10/2019), dispõe de 872 mil inscritos em seu canal no YouTube e, em seu *site*, esclarece que sua linha editorial se pauta, entre outros, pelos seguintes princípios: "*Reconhecer que não há caminho de desenvolvimento socioeconômico possível sem o fortalecimento de instituições políticas e econômicas inclusivas que abracem a liberdade de mercado, a propriedade privada, a livre associação, a liberdade de imprensa, política e religiosa, a isonomia, o laicismo, o respeito aos contratos, a tolerância entre os povos e os direitos humanos/individuais*". "Missão, Valores e Isenção". Disponível em: <https://spotniks.com/principios-editoriais/>. Acesso em: 06 out. 2019.

(70) HERMES, Felippe. "5 razões por que deveríamos acabar com o FGTS, o 13º salário e o INSS". Disponível em: <https://spotniks.com/5-razoes-por-que-deveriamos-acabar-com-fgts-13-salario-e-inss/>. Acesso em: 06 out. 2019.

As revistas *Época* e *Isto É* e o jornal *Valor Econômico*, em 27/9/2016 repercutiram declaração do ex-presidente do Banco Central Gustavo Franco, que sugeria que o FGTS e o FAT deveriam ser fundidos e convertidos em fundo de pensão o que, a rigor, representaria a extinção do FGTS.

Segundo as matérias, o repercutido economista declarou:

> "O FGTS e o FAT são de uma época na qual o governo precisava nos ensinar a poupar, é um imposto disfarçado que alimenta fundos públicos. É quase uma propriedade da Caixa e do BNDES, que muitas vezes utilizam esses recursos para realimentar a política, emprestando para prefeitos, ou com subsídios fora do Orçamento. É um convite ao mau uso", comentou.[71][72]

Assim, acredita-se que o objetivo de expor os principais argumentos pela extinção do FGTS atualmente utilizados foi cumprido.

O próximo — e derradeiro — capítulo cuidará de analisar os principais argumentos em ambos os períodos do recorte histórico proposto e verificar a eventual existência de similaridade nos principais argumentos utilizados.

5. De 1964 a 2019. Afinal, existe similaridade discursiva entre propostas aparentemente antagônicas?

A proposta comparativa do presente trabalho aparentemente trazia consigo um problema: como comparar dois discursos cujas propostas são inerentemente antagônicas? Enquanto o primeiro discurso visava instituir, legitimar e aprovar perante a opinião pública o FGTS, o segundo discurso pretende o contrário, ou seja, legitimar e aprovar perante a opinião pública a extinção do FGTS.

No entanto esse antagonismo mostrou-se apenas aparente.

Em verdade, o que vimos até aqui é que ambas as propostas discursivas pretendem legitimar perante a opinião pública a extinção de direitos assegurados à classe trabalhadora.

O discurso utilizado para convencimento quanto à pertinência do FGTS, quando instituído, pretendia validar a extinção de uma garantia indubitavelmente mais benéfica, a estabilidade decenal. O FGTS, em sua gênese, representou uma medida precarizadora dos direitos dos trabalhadores.

(71) FRANCO, Gustavo. "FGTS e FAT deveriam ser fundidos e convertidos em fundo de pensão". Disponível em: <https://epocanegocios.globo.com/Economia/noticia/2016/09/epoca-negocios-gustavo-franco-fgts-e-fat-deveriam-ser-fundidos-e-convertidos-em-fundo-de-pensao.html>. Acesso em: 06 out. 2019.

(72) "FAT e FGTS são 'impostos disfarçados', diz Gustavo Franco". Disponível em: <https://valor.globo.com/brasil/noticia/2016/09/27/fat-e-fgts-sao-impostos-disfarcados-diz-gustavo-franco.ghtml>. Acesso em: 06 out. 2019.

No entanto, décadas após sua criação, com a consolidação da extinção da estabilidade decenal e com o êxito do discurso de convencimento sobre FGTS, observa-se um crescente discurso que visa extinguir essa garantia (outrora precarizadora). E pior, a proposta de extinção sequer apresenta qualquer alternativa substitutiva.

Assim, a extinção de um instituto que, decerto, quando de sua instituição, representou precarização, para que nada ocupe seu lugar, representa igual precarização.

A afirmação parece paradoxal; no entanto, em outras palavras, entre o FGTS e nada, melhor (para o trabalhador) que se mantenha o FGTS.

Não por acaso, os atores que capitaneiam ambos os discursos são praticamente os mesmos (se não exatamente os mesmos, por certo representam os mesmos interesses e estão situados no mesmo campo ideológico).

Se antes havia Roberto Campos, Luiz Gonzaga do Nascimento e Silva, Mário Trindade, Mário Henrique Simonsen. Hoje há Gustavo Franco, Rodrigo Constantino, Kim Kataguiri, Bernardo Santoro, José Roberto Guzzo (e aqui não se comparam os atores de ambos os períodos em termos de erudição e conhecimento técnico, a comparação se dá pela similaridade dos interesses que representam, pela semelhança ideológica).

Se antes havia o IPES, hoje temos Instituto Millenium, Instituto Mises, Instituto Liberal, Instituto Rothbard.

Pois, então, duas das premissas iniciais se mostraram demonstradas. A primeira é a de que os discursos de ambos os períodos têm a mesma pretensão: legitimar perante a opinião pública práticas precarizadoras, uma vez que tanto a criação do FGTS naquele contexto representou precarização, quanto a extinção do FGTS, no contexto atual, representaria precarização . A segunda é a de que esse discurso é encabeçado por atores do mesmo espectro ideológico, para a defesa de interesses da classe empresarial. Ou seja, trata-se dos mesmos atores.

Resta, por fim, saber se os argumentos utilizados para convencimento da opinião pública são similares.

E, nesse ponto, a análise de ambos os discursos demonstra que há muitas semelhanças, porém se observam também diferenças.

A começar pelas diferenças, o que se nota na argumentação utilizada para extinguir o FGTS é que, quase de forma uníssona entre os críticos, o argumento de que o FGTS rende menos do que a poupança — e menos ainda se comparado a outros investimentos.

Esse é um forte argumento, deve-se reconhecer, pois, de fato, o rendimento atrelado ao FGTS tem sido historicamente abaixo da inflação média o que, em termos de justiça social, é tranquilamente passível de críticas.

Daí, a solução mais lógica a se pensar seria viabilizar a mudança do índice de correção. A título de exemplo, ao invés de correção pela TR, poderia se adotar o Índice Nacional de Preços ao Consumidor Amplo Especial (IPCA-E). Seria, em nosso sentir, uma solução plausível.

No entanto, para os atores liberais, essa solução seria inviável e justificam a inviabilidade dessa alternativa ancorada em alguns outros argumentos que, em tese, justificariam também a extinção do FGTS.

O primeiro desses argumentos seria a ideia de que o Estado é ineficiente e corrupto.

Em 1993, Octavio Bueno Magano já lançava mão desse argumento, conforme demonstramos.

No vídeo "Como consertar o FGTS: Abolição", demonstramos que seu autor já na descrição do vídeo afirma que "dinheiro na mão de político é dinheiro perdido".

O argumento da ineficiência estatal se repete no artigo "A fraude do FGTS" publicado pelo Instituto Liberal, no artigo "FGTS: um flagelo e não um direito", publicado pelo Instituto Rothbard, no artigo "FGTS, INSS e Aviso Prévio — um assalto ao trabalhador, disfarçado de direito", publicado pelo Instituto Mises.

Já o argumento da corrupção é utilizado na matéria "5 razões por que deveríamos acabar com o FGTS, o 13º salário e o INSS", publicada pelo *site* "Spotniks" e nas matérias publicadas pelas revistas *Época*, *Isto É* e pelo Jornal *Valor Econômico*.

Esse segundo argumento encerra as diferenças observadas em ambos os períodos, tendo em vista que não foram utilizados para implementar o FGTS.

No entanto, essa inovação no discurso é facilmente justificável. Simplesmente não faria sentido, em um momento que se buscava validar o discurso para a aprovação de um Fundo gerido pelo Estado, alegar que os rendimentos desse Fundo eram baixos e que o Estado seria um mau gestor, corrupto.

Assim, excetuados esses dois argumentos, é possível verificar diversos pontos de contato entre os argumentos utilizados para implementar o FGTS e para excluir o FGTS.

Em ambos os discursos havia a argumentação de que a medida a ser extinta (primeiro a estabilidade decenal, depois o FGTS) serve como agente desestimulante à criação de novos postos de trabalho.

Esse argumento é encontrado tanto no trabalho elaborado pelo professor Edmo Lima de Marca (Coordenador-Geral do FGTS), em 1971, quanto no discurso encontrado no vídeo cujo título é "FGTS é roubo!", publicado em 27.04.2016, no canal "Mamaefalei" (quando argumenta sobre a multa de 40%) e no artigo "FGTS: um flagelo e não um direito".

É possível notar também em ambos os discursos uma defesa ao empresariado, sob o argumento de que ambos os institutos oneram a folha de pagamento e geram passivo trabalhista, prejudicando a produtividade.

Novamente é possível encontrar esse argumento no trabalho elaborado pelo professor Edmo Lima de Marca (Coordenador-Geral do FGTS), em 1971, no discurso do Dia do Trabalho em Campina Grande, no dia 1º de maio de 1966, feito pelo presidente Castello Branco e na justificativa de Roberto Campos em seu livro de memórias (em todos os casos referindo-se à estabilidade decenal)

É igualmente encontrado no discurso de Arthur Moledo do Val, no vídeo de 27.04.2016, é "FGTS é roubo!", na fala de 17.09.2019 do deputado federal Kim Kataguiri, na Comissão Mista para examinar a MP n. 889/2019, no artigo de 08.02.2017, publicado no *site* do Instituto Rothbard sob o título "FGTS: um flagelo e não um direito" (em todos os casos, referindo-se ao FGTS).

Por fim, um traço comum na argumentação utilizada em ambos os discursos é o apelo à "liberdade" do trabalhador.

E, sobre esse último aspecto, é possível afirmar que "liberdade" é o argumento central utilizado para legitimar qualquer prática precarizadora dos direitos trabalhistas.

Quando se critica o rendimento do FGTS, está implícita (e muitas vezes explícita) a defesa pela "liberdade" do trabalhador escolher onde deseja poupar seu dinheiro.

Quando se critica a estabilidade decenal, o argumento utilizado era o de que faltava liberdade de escolha para o trabalhador que desejasse trocar de emprego na eventualidade de melhores propostas ou permanecer no, então, atual. A solução libertadora seria o FGTS.

O discurso de "liberdade", por vezes chamada de flexibilização, outras vezes referindo-se à possibilidade de escolha ou opção do trabalhador (que segundo a narrativa era ceifada pela estabilidade decenal e estaria garantida pelo FGTS), esteve presente no trabalho elaborado pelo professor Edmo Lima de Marca (Coordenador-Geral do FGTS), em 1971, na peça publicitária da época, no discurso de introdução ao 1º Encontro Regional de Estudos sobre o FGTS, pelo Tribunal Regional do Trabalho da 8ª Região.

Já no discurso atual, a liberdade do trabalhador estaria garantida com a extinção do FGTS, pois só assim o empregado poderia escolher o que fazer e onde investir o dinheiro destinado ao Fundo (que, ao que parece, na opinião desses atores, seria integralmente repassado pelo empregador para o trabalhador).

Essa defesa da liberdade é encontrada no vídeo "FGTS é roubo!", no vídeo "Como consertar o FGTS: Abolição", no artigo do Instituto Millenium "FGTS: Violência sobre o salário", no artigo do Instituto Liberal "A fraude do FGTS", no artigo publicado no *site* do Instituto Rothbard sob o título "FGTS: um flagelo e não um direito", no artigo do Instituto Mises "FGTS, INSS e Aviso Prévio – um assalto ao trabalhador", na matéria do *site* "Spotniks", "5 razões por que deveríamos acabar com o FGTS, o 13º salário e o INSS".

David Harvey já alertava para essa apropriação do termo flexibilidade (que está contido no conceito de liberdade pregado pela ótica liberal):

> Isso nos leva, finalmente, à problemática questão da abordagem seguida por Estados neoliberais quanto aos mercados de trabalho. [...]. 'Flexibilidade' se torna o mantra dos mercados de trabalho.[...]. Embora alguns trabalhadores individuais possam sem dúvida beneficiar-se com isso, as assimetrias em termos de acesso a informações e ao poder surgem, às quais se associa a carência de livre e fácil mobilidade do trabalho (particularmente entre Estados), deixam o trabalhador em desvantagem. O capital pode apropriar-se da especialização flexível como maneira conveniente de buscar formas mais flexíveis de acumulação.[...] O resultado geral se traduz em baixos salários, crescente insegurança no emprego e, em muitos casos, perdas de benefícios e de proteções ao trabalho. Podemos discernir prontamente essas tendências em Estados que seguiram o caminho neoliberal.(73)

Em discurso para o movimento Occupy Wall Street, em Nova York, o filósofo esloveno Slavoj Žižek afirmou que "*Nós nos sentimos livres porque somos desprovidos da linguagem para articular nossa falta de liberdade*".(74)

A "liberdade" defendida pelo discurso precarizante explica bastante sobre esse sentimento de falta de liberdade.

Assim, parece-nos que a hipótese inicial se mostrou plausível. Podemos afirmar que, sim, há identidade no discurso precarizador. Embora haja diferenças circunstanciais inerentes à cada medida precarizadora, o núcleo é constituído basicamente pela defesa da liberdade, flexibilização, pela crítica aos encargos "onerosos" ao empregador e pela ideia de que menos direitos resultariam em mais postos de emprego.

(73) HARVEY, David. *O Neoliberalismo:* História e Implicações. 3. ed. Tradução Adail Sobral, Maria Stela Gonçalves. São Paulo: Edições Loyola, 2012. p. 85-86.

(74) "A tinta vermelha: discurso de Žižek no Occupy Wall Street". Disponível em: <https://blogdaboitempo.com.br/2011/10/11/a-tinta-vermelha-discurso-de-slavoj-zizek-aos-manifestantes-do-movimento-occupy-wall-street/>. Acesso em: 07 out. 2019.

6. Conclusão

Ao longo do presente trabalho, a hipótese inicialmente lançada mostrou-se acertada: é possível afirmar-se que o discurso usado para precarizar direitos trabalhistas guarda identidade de argumentos e termos.

O suposto paradoxo entre a comparação do discurso utilizado para aprovar proposta pelo FGTS e a extinção do FGTS, mostrou-se falso. Ambas as medidas visam, ao final, aprofundar o ciclo de precarização dos direitos dos trabalhadores.

A história é, como já dito, dialética. É transformação e movimento. O que antes representava "libertação", hoje, no discurso adotado, representa aprisionamento, falta de liberdade. O que outrora significou precarização, hoje representa um patamar mínimo de garantias ao trabalhador.

A demonstração dos argumentos utilizados é ferramenta para prevenção e conscientização.

Assim como não era razoável se acreditar na crença de que a opção pelo FGTS ou pela estabilidade decenal seria, de fato, uma opção (e não uma imposição do empregador), hoje não é possível se falar em liberdade para alocação de investimentos (em uma hipotética extinção do FGTS) em fundos onde o trabalhador livremente escolher, por um simples motivo: acreditar que com a desobrigação do repasse do FGTS este percentual seria destinado automaticamente pelo empregador ao trabalhador e não utilizado para reduzir os encargos da folha de pagamento e maximizar os lucros é pueril, ideológico e ancorado exclusivamente no conjunto de crenças de quem defende esse tipo de argumento.

Os perigos da disseminação de ideias e criação de "bolhas", bem como do potencial de manipulação que decorre da aplicação dos algoritmos nas redes sociais e *sites* de entretenimento foram devidamente explorados. Dessa análise emerge a necessidade crucial de se propor o debate pela criação de uma espécie de ética matemática. Não são mais apenas números. Trata-se da vida das pessoas e da forma como ela pode ser influenciada e manipulada.

Por fim, a presente pesquisa não esgota o tema. Trata-se apenas da "ponta" de um "novelo de lã" enorme, que descortina outras inúmeras possibilidades de análises e interpretações.

Esperamos que os pontos aqui abordados sirvam como inspiração para a continuidade da pesquisa em defesa dos direitos dos trabalhadores.

7. Bibliografia

BORTONE, Elaine de Almeida. *O Instituto de Pesquisas e Estudos Sociais (IPES) e a Ditadura Empresarial-Militar:* os casos das empresas estatais federais e da indústria farmacêutica (1964-1967). Rio de Janeiro, 2018.

BRISO NETO, Joaquim Luiz Pereira. *O conservadorismo em construção:* O instituto de Pesquisas e Estudos Sociais (IPES) e as reformas financeiras da ditadura militar (1961/1966). Campinas-SP: [s.n.], 2008.

CAMPOS, Roberto de Oliveira. *1917* — A lanterna na popa: memórias. Vol. 1. Rio de Janeiro: Topbooks, 1994. 1.417p. ; 2004, 1.460p.

CAMPOS, Roberto de Oliveira. El empleo como objetivo del desarrollo económico. *Informe de una reunión de expertos, Estudios y documentos, nueva serie, núm. 62* (OIT, Genebra, 1961).

CESARINO JUNIOR, A.F. *Estabilidade e Fundo de Garantia.* Rio de Janeiro: Forense, 1968.

COORDENAÇÃO-GERAL do FGTS, Banco Nacional de Habitação. *Primeiro encontro regional de estudos sobre o FGTS.* Belém, 11 a 14 de agosto de 1970. Assessoria Técnica de Documentação, 1971.

DREIFUSS, René Armand. *1964 A conquista do Estado.* Ação política, poder e golpe de classe, 3. ed. Petrópolis: Vozes, 1981.

HARVEY, David. *O Neoliberalismo:* História e Implicações. 3. ed. Tradução Adail Sobral, Maria Stela Gonçalves. São Paulo: Edições Loyola, 2012.

MARCA, Edmo Lima de. *Fundo de garantia do tempo de serviço* — finalidades sociais e econômicas. Trabalho apresentado no 3. Congresso Interamericano de Habitação. 1971.

MARTINS, Sérgio Pinto. *Manual do FGTS.* 3. ed. São Paulo: Atlas, 2006.

MIGUEL, Luis Felipe. *O ódio como política:* a reinvenção da direita no Brasil. Organização Esther Solano Gallego. São Paulo: Boitempo, 2018.

PASTORE, Bruna. Complexo IPES/IBAD, 44 anos depois: Instituto Millenium? *Aurora,* Marília, v. 5, n. 2, p. 57-80, jan./jun,. 2012.

ROTHBARD, Murray N. *A Ética da Liberdade.* São Paulo: Instituto Ludwig von Mises Brasil, 2010.

SOUTO MAIOR, Jorge Luiz. *História do direito do trabalho no Brasil:* curso de direito do trabalho. Vol. I: parte II. São Paulo: LTr, 2017.

8. Periódicos

Bancários rejeitam o horário único e FGTS. *Jornal do Commercio* (RJ). Ano 1967, Edição 00142 (1).

Carece de Divulgação o Fundo de Garantia. *Jornal do Commercio* (RJ). Ano 1967, Edição 00243 (1).

Contra FGTS. *Jornal do Commercio* (RJ). Ano 1967, Edição 00020.

Indústria promove cursos sobre fundo de garantia em SP. *Jornal do Commercio* (RJ). Ano 1967, Edição 00117 (1), p. 8.

9. Endereços eletrônicos

101 propostas para modernização trabalhista. Disponível em: <http://www.portaldaindustria.com.br/publicacoes/2013/2/101-propostas-para-modernizacao-trabalhista/>. Acesso em: 04 out. 2018.

4º protesto contra tarifa em SP tem novo confronto e mais de 200 detidos. Disponível em: <http://g1.globo.com/sao-paulo/noticia/2013/06/4-protesto-contra-tarifa-em-sp-tem-novo-confronto--e-mais-de-150-detidos.html>. Acesso em: 05 out. 2019.

7ª Reunião da Subcomissão dos Direitos dos Trabalhadores e Servidores Públicos, em 23.04.1987. Disponível em: <http://imagem.camara.gov.br/Imagem/d/pdf/sup90anc08jul1987.pdf#page=120.

A tinta vermelha: discurso de Žižek no Occupy Wall Street. Disponível em: <https://blogdaboitempo.com.br/2011/10/11/a-tinta-vermelha-discurso-de-slavoj- zizek-aos-manifestantes-do-movimento-occupy-wall-street/>. Acesso em: 07 out. 2019.

Arnaldo Jabor fala sobre novos protestos e ressalta força da juventude. Disponível em: <https://globoplay.globo.com/v/2640269/>. Acesso em: 05 out. 2019.

Arnaldo Jabor fala sobre onda de protestos contra aumento nas tarifas de ônibus. Disponível em: <https://globoplay.globo.com/v/2631566/>. Acesso em: 05 out. 2019

Castelo Sanciona Fundo de Garantia. O Estado de S. Paulo. 14 set. 1966. Disponível em: <https://acervo.estadao.com.br/noticias/acervo,fgts-completa-50-anos,12484,0.htm>. Acesso em: 12 jan. 2019.

Chegou a hora do basta. Disponível em: <https://opiniao.estadao.com.br/noticias/geral,chegou--a-hora-do-basta-imp-,1041814>. Acesso em: 05 out. 2019.

Convenção n. 158 da OIT. Disponível em: <https://www.trtsp. jus.br/geral/tribunal2/LEGIS/CLT/OIT/OIT_158.html>. Acesso em: 02 out. 2019.

Datena muda de ideia sobre protestos em SP após enquete. Disponível em: <https://f5.folha.uol.com.br/televisao/2013/06/1294753-datena-muda-de-ideia-sobre- protestos-em-sp-apos-enquete.shtml>. Acesso em: 05 out. 2019.

Datena surpreendido em pesquisa! Passe Livre 13 jun. 2013. Disponível em: <https://www.youtube.com/watch?v=7cxOK7SOI2k>. Acesso em: 05 out. 2019.

DECRETO N. 59.593, DE 25 DE NOVEMBRO DE 1966. Disponível em: <http://www.planalto.gov.br/CCIVIL_03/decreto/1950-1969/D59593.htm>. Acesso em: 26 set, 2019.

Desabafos e devaneios econômicos. Disponível em: <https://mises.org.br/Article.aspx?id=743&ac=4139>. Acesso em: 06 out. 2019.

Disponível em: <http://g1.globo.com/sao-paulo/noticia/2013/06/4-protesto-contra-tarifa-em--sp-tem-novo-confronto-e-mais-de-150-detidos.html>. Acesso em: 05 out. 2019

DO VAL, Arthur Moledo. *FGTS É Roubo!*. Vídeo disponibilizado no canal "Mamaefalei" (00h8m24ss), 27 abr. 2016. Disponível em: <https://www.youtube.com/watch?v=4U-ydBhpoEM>. Acesso em: 05 out. 2019.

DOLLFUSS, Engelbert (1892–1934). Disponível em: <https://www.encyclopedia.com/history/encyclopedias-almanacs-transcripts-and- maps/dollfuss-engelbert-1892-1934>. Acesso em: 06 out. 2019.

Em 1967, FGTS substituiu estabilidade no emprego. Disponível em: <https://www12.senado.leg.br/noticias/materias/2017/05/05/em-1967-fgts-substituiu- estabilidade-no-emprego>. Acesso em: 11 jan. 2019.

Em 1967, FGTS substituiu estabilidade no emprego. Disponível em: <https://www12.senado.leg.br/noticias/materias/2017/05/05/em-1967-fgts-substituiu-estabilidade-no-emprego>. Acesso em: 11 nan. 2019.

FAT e FGTS são 'impostos disfarçados', diz Gustavo Franco. Disponível em: <https://valor.globo.com/brasil/noticia/2016/09/27/fat-e-fgts-sao-impostos-disfarcados-diz-gustavo-franco.ghtml>. Acesso 06 out. 2019.

Frase de Marcelo Rezende durante manifestação bomba na internet. Disponível em <https://recordtv.r7.com/cidade-alerta/videos/frase-de-marcelo-rezende-durante-manifestacao-bomba-na-internet-20102018>. Acesso em: 05 out. 2019.

FRIEDMAN, Milton. *Neoliberalism and its prospects.* Disponível em: <https://miltonfriedman.hoover.org/friedman_images/Collections/2016c21/Farmand_ 02_17_1951.pdf>. Acesso em: 04 out. 2019.

FURTADO, Renato. *FGTS, INSS e Aviso Prévio* — um assalto ao trabalhador, disfarçado de direito. Disponível em: <https://www.mises.org.br/Article.aspx?id=2042>. Acesso em: 06 out. 2019.

FRANCO, Gustavo. *FGTS e FAT deveriam ser fundidos e convertidos em fundo de pensão.* Disponível em: <https://istoe.com.br/gustavo-franco-fgts-e-fat-deveriam-ser-fundidos-e-convertidos-em-fundo-de-pensao/>. Acesso em: 06 out. 2019.

FRANCO, Gustavo: *FGTS e FAT deveriam ser fundidos e convertidos em fundo de pensão.* Disponível em: <https://epocanegocios.globo.com/Economia/noticia/2016/09/epoca-negocios- gustavo-franco-fgts-e-fat-deveriam-ser-fundidos-e-convertidos-em-fundo-de-pensao.html>. Acesso em: 06 out. 2019.

GUZZO, José Roberto. O Brasil dos trouxas. Disponível em: <https://www.institutomillenium.org.br/artigos/guzzo-o-brasil-dos-trouxas/>. Acesso em: 05 out. 2019.

HERMES, Felippe. *5 razões por que deveríamos acabar com o FGTS, o 13º salário e o INSS.* Disponível em: <https://spotniks.com/5-razoes-por-que-deveriamos-acabar-com-fgts-13-salario-e-inss/>. Acesso em: 06 out. 2019.

Jornalista manda a real sobre o FGTS. Vídeo disponibilizado no canal "Movimento Brasil Livre — MBL" (00h3m17ss), 13 mar. 2017. Disponível em: <https://www.youtube.com/watch?v=iMdB6YT4eEM>. Acesso em: 05 out. 2019.

KATAGUIRI, Kim. *Por que não acabamos com o FGTS?.* Vídeo disponibilizado no canal do Deputado Kim Kataguiri (00h5m34ss), 17 set. 2019. Disponível em: <https://www.youtube.com/watch?v=0BaQAjW2AFE>. Acesso em: 05 out. 2019.

KOGOS, Paulo. *FGTS: um flagelo e não um direito.* Disponível em: <https://rothbardbrasil.com/fgts-um-flagelo-e-nao-um-direito/>. Acesso em: 06 out. 2019.

LIMA, Raphael. *Como consertar o FGTS*: Abolição. Vídeo disponibilizado no canal "Ideias Radicais" (00h9m48ss), 14/04/2018. Disponível em: <https://www.youtube.com/watch?v=Xh0Sb5vlVBA>. Acesso em: 05 out. 2019.

MAIOR, Jorge Luiz Souto. *Sobre "modernização das relações de trabalho", "altos estudos", "pacotes" e o percurso consciente em direção à barbárie.* Disponível em: <https://www.jorgesoutomaior.com/

blog/sobre-modernizacao-das-relacoes-de-trabalho-altos-estudos-pacotes-e-o-percurso--consciente-em-direcao-a-barbarie>. Acesso em: 05 out. 2019.

MEZZOMO, Rodrigo. *FGTS*: violência sobre o salário. Disponível em: <https://www.institutomillenium.org.br/artigos/fgts-violncia-sobre-salrio/>. Acesso em: 05 out. 2019.

Missão, Valores e Isenção. Disponível em: <https://spotniks.com/principios-editoriais/>. Acesso em: 06 out. 2019.

Parcela do seguro-desemprego. *Jornal do Commercio* (RJ). Ano 1996, Edição 00304 (1), p. 22. Disponível em: <http://memoria.bn.br/docreader/DocReader.aspx?bib=364568_18&pagfis=76864&pesq=>. Acesso em: 02 out. 2019.

Quem Somos. Disponível em: <https://www.institutoliberal.org.br/quem-somos/>. Acesso em: 06 out. 2019.

Quem Somos. Disponível em: <https://www.institutomillenium.org.br/institucional/quem-somos/>. Acesso em: 05 out. 2019.

Retomar a Paulista. Disponível em: <http://www1.folha.uol.com.br/opiniao/2013/06/1294185-editorial-retomar-a-paulista.shtml>. Acesso em: 05 out. 2019.

Roberto Campos, expoente do liberalismo. Disponível em: <http://www.academia.org.br/noticias/roberto-campos-expoente-do-liberalismo. Acesso em: 11 jan. 2019.

Roberto Campos. Disponível em: <https://pt.wikipedia.org/wiki/Roberto_Campos>. Acesso em: 11 jan. 2019.

SANTORO, Bernardo para "Instituto Liberal". *A fraude do FGTS*. Disponível em: <https://www.institutoliberal.org.br/blog/fraude-do-fgts/>. Acesso em: 06 out. 2019.

VERSIGNASSI, Alexandre. *Como o FGTS te rouba* – Crash. Vídeo disponibilizado no canal da revista *Superinteressante* (00h3m17ss), 21 jul. 2015. Disponível em: <https://www.youtube.com/watch?v=ZlWQhVPBRQs>.

Direito de Greve no Brasil: Histórico do Processo Constitucional de 1988 na Construção do Artigo Nono

Érika Cristhiane Camargo Marques(1)

Resumo: O direito de greve teve um percurso amplamente democrático dentro do processo constituinte de 1988, obedecendo a todos os ditames do regimento interno da Constituinte. Utilizando documentação oficial da Câmara dos Deputados, bem como arquivos de notícias e literatura da época, este estudo traça o processamento do artigo nono, observando suas principais fases, para uma compreensão lógica do texto final promulgado em 5 de outubro de 1988. Observando o processo histórico de criação do artigo nono, é possível verificar a utilização dos textos de propostas vencidas na Constituinte na confecção da posterior Lei de Greve, publicada no ano seguinte à promulgação da Lei Maior, bem como a inconstitucionalidade inequívoca da referida lei em face da regulamentação de tópicos definitivamente não autorizados pelo texto constitucional. Por fim, o estudo também aborda a relação da atual Lei de Greve com a violenta repressão à primeira greve ocorrida na Companhia Siderúrgica Nacional depois do fim da ditadura, relação que é primordial para o entendimento dos fatos.

Palavras-chave: Direito de greve — Inconstitucionalidade da lei de greve de 1989 — Utilização do discurso vencido na Constituinte.

1. Introdução

O direito de greve, contido no artigo nono da Constituição Federal de 1988, é assunto cada vez mais relevante nos dias atuais, de ataques aos direitos trabalhistas e à própria existência da justiça do trabalho.

Após o golpe de 2016, com o impedimento da então presidenta Dilma Rousseff, sem comprovação de crime passível de justificar tal medida extrema, que desconsiderou a vontade das urnas e propiciou uma quebra do pacto democrático, foi iniciado um

(1) Advogada trabalhista. Especialista em Direito e Processo do Trabalho pela Universidade de São Paulo.

processo de desmonte dos direitos trabalhistas, uma forma de obter apoio do capital ao golpe.

Nesse sentido, em seguida ao ato de impedimento foi iniciado o processo de votação da chamada reforma trabalhista, sob o argumento de gerar mais empregos e desafogar a economia.

A constitucionalidade da Lei n. 13.467 de 2017 é inexistente, a começar pelo seu processo legislativo, que desconsiderou todo o regramento de tramitação lega. O que inicialmente era um projeto de alteração de alguns artigos da CLT se transformou num amontoado de proposições de bancadas parlamentares conservadoras, dando forma a um diploma legal eivado de nulidades e inconstitucionalidades, mas que, no atual cenário político, está posto.

A Constituição Federal sofreu mais um golpe em suas estruturas fundamentais, sendo desconsiderada em seu texto de forma indisfarçável, a começar pela vedação de retrocesso das conquistas sociais.

Em períodos de incertezas, é um exercício salutar o retorno ao processo histórico de formação da lei maior, sobretudo com relação a um direito primordial como o exercício irrestrito da greve.

O próprio direito do trabalho surge da organização e da movimentação reivindicatória da classe operária. Nada nunca foi dado às pessoas trabalhadoras, basta que se analise, ainda que brevemente, o nascimento de cada norma laboral, contextualizada com a movimentação obreira contemporânea à sua criação.

Muitos foram os estudos relevantes lidos ao longo deste período de especialização em direito do trabalho na Universidade de São Paulo. Contudo, com o desenrolar dos acontecimentos políticos e a postura cada vez mais conservadora do governo, julgo necessário retomar às bases constitucionais do Direito Trabalhista.

Nesse sentido, desenvolver o debate sobre o direito de greve é uma postura basilar nos tempos atuais.

A proposta deste estudo é retomar o processo histórico de formação do artigo nono da Constituição Federal de 1988, ainda que com algumas lacunas, mas de modo suficiente para ensejar uma reflexão sobre o tema.

No processo de pesquisa da documentação fornecida pela Câmara dos Deputados, verifiquei que houve uma persistência do discurso vencido no processo constituinte, que acabou por ser positivado na Lei n. 7.783 de 28 de junho de 1989, ao arrepio do texto constitucional aprovado. O objetivo é demonstrar os principais passos do texto do artigo nono da constituição, bem como relacionar as tentativas de limitação desse direito, contidas sobretudo nas propostas de emenda mais conservadoras do grupo constituinte conhecido como "centrão", ao texto da atual lei de greve.

Neste caminho, foi imperioso falar sobre a primeira grande greve após a promulgação da Constituição de 1988, a greve dos metalúrgicos da Companhia Siderúrgica Nacional, ocorrida em 7 de novembro na cidade de Volta Redonda, Rio de Janeiro. Seu trágico desfecho, com a execução de três operários, influiu na edição da MP n. 50 em 1989, posteriormente convertida na Lei n. 7.783 de 1989.

Assim, juntamente com a documentação oficial do processo constitucional, foram estudados relatos e documentários sobre o movimento paredista de Volta Redonda, a fim de mostrar o lado da classe operária e as circunstâncias de ilegalidade patronal que via de regra propiciam a deflagração da greve.

2. Greve: Conceito e natureza jurídica

A greve pode ser conceituada como um direito fundamental de autotutela, exercido coletivamente pelos trabalhadores na defesa de seus interesses.

O professor Jorge Luiz Souto Maior (2010) pondera, em seu artigo "Greve e salário", que a greve, antes de ser um modo de solução de conflitos, é uma expressão do próprio conflito.

A bem compreender, a greve não é um modo de solução de conflitos e sim uma forma pacífica de expressão do próprio conflito. Trata-se de um instrumento de pressão, legitimamente utilizado pelos empregados para a defesa de seus interesses (p. 175).

Na mesma linha de entendimento, temos a publicação de estudos do Grupo de Pesquisa Trabalho e Capital — GPTC, da Universidade de São Paulo. Os pesquisadores Francisco Pereira Costa e Roselene Aparecida Taveira (2018) argumentam que a greve vai além de um fenômeno social e que, independentemente da abordagem que se dê, dentro do sistema capitalista ela é um dos únicos meios de expressão da consciência coletiva da classe trabalhadora explorada.

> Mas ela não se resume apenas a um fenômeno social, é analisada por diversas áreas como fato antijurídico, direito, liberdade, superdireito, direito potestativo, instrumento de resistência. Independentemente da abordagem que se dê ao fenômeno da greve é interessante notar que dentro do sistema capitalista ela é um dos únicos meios de expressão da consciência coletiva da classe trabalhadora explorada. E, ao que parece, ao Direito, não foi possível a sua garantia de forma plena, já que como instrumento de manutenção do poder da classe dominante, coube a ele o estabelecimento de limitações ao livre exercício da greve pela classe trabalhadora (p. 250).

Os pesquisadores Paulo de Carvalho Yamamoto e Fernando Silva de Araújo (2016) coadunam-se com a conceituação de greve como um fato social atualmente previsto como direito fundamental e uma forma de autotutela preexistente a qualquer regulamentação jurídica.

> Em primeiro lugar, é necessário destacar que antes de ser um Direito, a greve consiste em um fato social. Vale dizer, o Direito de Greve — que, na nossa ordem constitucional consubstancia-se num Direito Fundamental —, é positivado para garantir legalidade a um movimento que existe antes de qualquer regulamentação jurídica, qual seja: a paralisação coletiva dos trabalhadores em busca de melhores condições de trabalho. Não obstante, o que se pode afirmar é que a greve constitui exercício de autotutela considerado lícito pelo ordenamento jurídico, contraposto ao poder diretivo do empregador. Trata-se de um direito de característica instrumental ampla, visto que não só para fazer valer o Direito já reconhecido existente, mas também para implementar novas condições de trabalho (p. 140).

Autores notórios do Direito do Trabalho delimitam a conceituação de greve como paralisação temporária e coletiva dos trabalhadores como instrumento de pressão para a defesa ou conquista de direitos da classe, a exemplo de Mauricio Godinho Delgado e Arion Sayão Romita. Existem ainda posicionamentos de que o direito de greve seria um direito sindical, como é o caso de Wilson de Souza Campos Batalha (2015).

> Seria a paralisação coletiva provisória, parcial ou total, das atividades dos trabalhadores em face de seus empregadores ou tomadores de serviços, com o objetivo de exercer-lhes pressão, visando à defesa ou conquista de interesses coletivos, ou com objetivos sociais mais amplos (p. 1507).

> A greve se define tecnicamente como suspensão temporária da prestação de serviços, coletivamente deliberada pelos trabalhadores. Saliente-se o caráter temporário do movimento, pois por meio dele o que pretendem os trabalhadores não é o término do contrato de trabalho, antes pelo contrário, desejam sua continuidade, já que em regra postulam melhores condições de trabalho. A greve, portanto, deve findar, e finda em virtude de alguma forma de composição, concretizada em um acordo (ROMITA, 2001, p. 356).

> O direito de greve caracteriza-se na legislação brasileira, como um direito sindical que se manifesta, através das formalidades prescritas, mediante paralisação coletiva e concertada, independentemente do número de participantes, com o objetivo de postular interesses de categoria (BATALHA, 1992, p. 229).

Há que se salientar também, que a conceituação de greve está positivada no art. 2º da Lei n. 7.783 de 1989, que a define como a suspensão coletiva, temporária e pacífica, total ou parcial, de prestação pessoal de serviços a empregador.

Sua natureza jurídica é de direito fundamental constitucional e de direito internacional contido na Declaração Universal dos Direitos do Homem.

Interessante salientar que a conceituação do instituto da greve pelos diversos autores e pesquisadores apresenta significativa variação de forma, de acordo com a aplicação ou não da visão restritiva contida na Lei n. 7.783 de 1989.

Como este estudo é voltado ao processo constituinte que culminou no atual artigo nono da Lei Maior, utiliza o conceito mais amplo e conexo com o texto constitucional.

3. O processo constituinte de 1988, construção da Lei Maior

Para os fins deste estudo, será analisado o processo constituinte de 1988, utilizando como guia a linha temporal apresentada pelo arquivo histórico da Câmara dos Deputados.[(2)] Desse modo, será possível traçar os pontos mais relevantes do caminho percorrido pelo direito de greve no processo legislativo constitucional.

A sucessão de eventos legislativos foi assim sistematizada pelo acervo da Câmara dos Deputados:

- 1985 – Eventos antecedentes à Assembleia Nacional Constituinte e legislação convocatória da ANC.
- Fevereiro de 1987 – Instalação da Assembleia Nacional Constituinte.
- Março de 1987 – Publicação da resolução n. 2/87 – Regimento Interno da ANC.
- Abril de 1987 – Instalação das 8 comissões temáticas; instalação das 24 subcomissões temáticas; instalação da Comissão de Sistematização.
- Junho de 1987 – Em 15 de junho, término do prazo para encaminhamento dos anteprojetos das comissões temáticas; em 26 de junho, entrega do anteprojeto de Constituição – Comissão de Sistematização.
- Julho de 1987 – Entrega do projeto de Constituição – Comissão de Sistematização.
- Novembro de 1987 – Em 18 de novembro, término da votação do primeiro e do segundo substitutivos da Comissão de Sistematização; em 24 de novembro, entrega do Projeto A.

(2) Disponível em: <https://www2.camara.leg.br/atividade-legislativa/legislacao/Constituicoes_Brasileiras/constituicao-cidada/o-processo-constituinte/imagens/linhadotempo_new.png>. Acesso em: 09 out. 2019.

- Janeiro de 1988 – Publicação da resolução n. 3/68 – alteração do regimento interno da ANC.
- Julho de 1988 – Entrega do Projeto B.
- Setembro de 1988 – Em 8 de setembro, entrega do Projeto C; em 22 de setembro, aprovação do Projeto D, redação final.
- 5 de outubro de 1988 – Promulgação.

3.1. Antecedentes do processo constituinte

Em 1985, nosso país estava na transição de um regime violento e autoritário de caráter militar. A ditadura havia imposto leis rígidas de fechamento democrático, a exemplo do Ato Institucional n. 5, baixado em 13 de dezembro de 1968, que deu poderes ao Executivo de forma a anular o equilíbrio calcado na tripartição dos poderes, deixando esvaziados o Legislativo e o Judiciário.

O AI-5, célebre exemplo legislativo do autoritarismo militar, instituiu, entre outras arbitrariedades, a censura e a suspensão da liberdade de reunião e associação, liberdades fundamentais para todos, mas especialmente importantes para a organização da classe trabalhadora.

Era nesse clima de retomada democrática, mas ainda muito próximo das atrocidades e torturas da recente ditadura militar, que nascia o processo constituinte de 1988.

Com a abertura do regime militar iniciado com o golpe de 1964, foi eleito o presidente Tancredo Neves, de forma indireta, apesar do forte movimento pelas diretas já. O presidente eleito não pôde tomar posse e faleceu em decorrência de uma enfermidade, deixando o exercício do mandato presidencial ao vice José Sarney.

A eleição indireta de Tancredo e seu vice foi possível por meio de uma coalizão com dissidentes do PDS, partido oficial da ditadura, na qual foi pactuada a candidatura de Sarney. Na ocasião, foi produzido um documento que previa a convocação de uma Assembleia Nacional Constituinte a ser eleita no ano seguinte.(3)

Assim, em 28 de junho de 1985, o Presidente em exercício José Sarney publicou a Emenda Constitucional n. 43, convocando a formação da ANC — Assembleia Nacional Constituinte, nos seguintes termos:

> Art. 1º Os Membros da Câmara dos Deputados e do Senado Federal, sem prejuízo de suas atribuições constitucionais, reunir-se-ão, unicamente, em Assembleia Nacional Constituinte, livre e soberana, no dia 31 de janeiro de 1987, na sede do Congresso Nacional.

---

(3) *Eleição de Tancredo põe fim à ditadura*. Disponível em: <http://www.memorialdademocracia.com.br/card/eleicao-de-tancredo-poe-fim-a-ditadura>. Acesso em: 09 out. 2019.

Art. 2º O Presidente do Supremo Tribunal Federal instalará a Assembleia Nacional Constituinte e dirigirá a sessão de eleição do seu Presidente.

Art. 3º O Projeto de Constituição será promulgado no curso da Primeira Sessão Legislativa da 48ª Legislatura, depois de aprovado, em dois turnos de discussão e votação, pela maioria absoluta dos Membros da Assembleia Nacional Constituinte.

Em 18 de julho de 1985, com o Decreto n. 91.950, foi instituída a Comissão Provisória de Estudos Constitucionais, denominada Comissão Afonso Arinos, nome do presidente que liderou os trabalhos. Esta comissão elaborou um anteprojeto constitucional que, apesar de publicado numa edição especial do *Diário Oficial*, em 26 de setembro de 1986, não foi enviado oficialmente ao Congresso Nacional.

Afonso Arinos foi detentor, entre outros títulos, de mandatos de deputado e senador. Foi também ministro. Jurista, formou-se na Universidade Federal do Rio de Janeiro. Transitou pela ditadura militar e participou ativamente do processo constituinte. Muito embora seu anteprojeto não tenha sido encaminhado ao Congresso, influenciou os trabalhos da ANC, de modo que é relevante observar o texto do anteprojeto quanto ao direito de greve, que foi incluído no Título IV – Da Ordem Social, Capítulo I – Dos Direitos dos Trabalhadores:

Art. 345 – É reconhecido o direito de greve.

§ 1º Para o seu pleno exercício, serão estabelecidas providências e garantias necessárias que assegurem a manutenção dos serviços essenciais à comunidade.

§ 2º As categorias profissionais dos serviços essenciais que deixarem de recorrer ao direito de greve farão jus aos benefícios já obtidos pelas categorias análogas ou correlatas.

A tramitação da PEC n. 43, de iniciativa do chefe do Executivo, resultou na emenda constitucional n. 26, que foi publicada em 27 de novembro de 1985, acrescida com o art. 4º, que concedeu a anistia aos servidores públicos punidos durante o período de chumbo do autoritarismo militar.

A anistia contida na emenda constitucional n. 26 também foi estendida aos autores de crimes políticos ou conexos e aos dirigentes e representantes de organizações sindicais e estudantis, bem como aos servidores civis ou empregados que houvessem sofrido demissão por motivação exclusivamente política, com base em outros diplomas legais.

Não obstante esses fatos, uma publicação da *Folha de S. Paulo* em 12 de novembro de 1986, caracteriza o anteprojeto Afonso Arinos como inconsequente, citando como exemplo a paralisação dos transportes coletivos de São Paulo.

Apesar da ferrenha resistência dos interesses patronais contra o direito de greve, o contexto daquele início de processo constitucional, que veio no bojo de um movimento nacional de redemocratização, tem ligação umbilical com a força dos movimentos laborais. Pessoas trabalhadoras se organizavam aos milhares. Eram multidões constituídas por uma parcela da população que, apesar de gerar riqueza com sua força de trabalho, vivia cada vez mais oprimida. As greves da década de 1980 atravessaram o período constituinte. Embora tivessem diferentes pautas reivindicatórias, seguiam o mesmo diapasão: exigir o cumprimento da lei trabalhista e conseguir melhores condições de trabalho.

3.2. O regimento interno da Assembleia Nacional Constituinte

O regimento interno, publicado em 25 de março de 1987, criou as comissões e subcomissões que dariam corpo legislativo à nova constituição do Estado brasileiro.

O artigo nono veio dos trabalhos da Subcomissão dos Direitos dos Trabalhadores, cuja criação foi determinada pela alínea *'a'*, inciso VII, art. 15, que assim dispunha:

> Art. 15. As Comissões e Subcomissões são as seguintes:
>
> VII – Comissão da Ordem Social.
>
> Subcomissão dos Direitos dos Trabalhadores e Servidores Públicos;
>
> *a)* Subcomissão de Saúde, Seguridade e Meio Ambiente;
>
> *b)* Subcomissão dos Negros, Populações Indígenas, Pessoas Deficientes e Minorias.

Verifica-se que, desde o estabelecimento do regimento interno, o direito de greve ficou situado no âmbito das questões relativas à ordem social. Há uma lógica nessa distribuição em vista do impacto das paralisações laborais na sociedade.

Quanto à centralidade do tema para a ordem social, basta lermos um trecho da *Folha de S. Paulo*, veiculada em 15 de maio de 1988: "O congresso constituinte retoma as votações esta semana, decidindo a amplitude do direito de greve na nova Constituição, um dos pontos mais polêmicos do texto". Naquela ocasião, o grupo de parlamentares denominado "centrão" procurava propor alterações no texto constitucional já aprovado em primeiro turno, o que seria proibido pelo regimento interno. As campanhas midiáticas e as articulações políticas buscavam o apoio das lideranças para conseguir restringir a amplitude do art. 9º da Constituição.

Aliado a esse esforço da oposição ao direito de greve, o enfoque dado ao tema por publicações jornalísticas e artigos de direito foi quase invariavelmente ao avesso. Isso porque muito se falava em grevismo, em excessos dos movimentos paredistas ou autoritarismo das entidades sindicais, mas nada se observou quanto à responsabilidade patronal e governamental na deflagração desses movimentos.

Wagner Pimenta, professor universitário e procurador geral da justiça do trabalho, publicou um artigo intitulado "As comportas da greve" no *Jornal do Brasil* de 6 de agosto de 1988. No texto, Pimenta critica o art. 9º, citando uma encíclica de João Paulo II, sob um recorte restritivo de entendimento, e apelando ao sentimento de religiosidade para embasar sua opinião: "Neste país, pretende-se aumentar a riqueza trabalhando menos, conceder direito absoluto de greve, com entidades sindicais enfraquecidas".

Entretanto, como observado no breve tópico sobre a conceituação, a greve é um movimento de resistência, uma forma de autotutela num sistema em que as pessoas trabalhadoras estão à mercê de diversas arbitrariedades patronais. Nesse sentido é obrigatório observar que, em regra, a greve é precedida de um prejuízo e por ilegalidades cometidas contra uma classe de pessoas.

É espantoso que as críticas dirigidas ao tema, seja nos meios midiáticos, seja por parlamentares e operadores do direito laboral de postura conservadora, partam sempre do meio do caminho. São incompletas porque tratam a greve como uma espécie de combustão espontânea da massa trabalhadora, sem causas, taxando-a muitas vezes de arbitrária, olvidando-se da lógica de causa e efeito do fato social.

A regra é que a greve começa com a ilegalidade patronal ou a situação desfavorável econômica agravada pela atuação do empregador, como por exemplo a não aplicação dos índices prejudiciais de correção monetária para repor a inflação, achatando com isso o ganho de uma coletividade operária.

É uma desonestidade intelectual e legislativa tratar o tema da greve como arbitrariedade ou abuso dos trabalhadores sem a narrativa necessária dos fatos que ensejam a movimentação obreira.

O trajeto do direito de greve no processo constituinte demonstra a grande força opositora, alimentada ou apoiada por tais discursos midiáticos, e a movimentação de representantes dos interesses patronais.

4. Fase A — O Anteprojeto do Relator

O anteprojeto do relator da Subcomissão de Direito dos Trabalhadores foi fruto de um trabalho anterior, baseado na participação popular, com sugestões de entidades representativas da sociedade e de sindicatos e representatividades obreiras que participaram ativamente de todo o processo.

Entre março de 1986 e julho de 1987, foi realizada uma campanha pela ANC, convocando a população a participar da construção da nova constituinte. As sugestões podiam ser enviadas através de cinco milhões de formulários disponibilizados nas agências dos Correios.

Os Referidos formulários continham o texto *"VOCÊ TAMBÉM É CONSTITUINTE, PARTICIPE!"*, seguido de campos para identificação e espaço para escrita das sugestões. Foram coletadas 72.719 sugestões populares em todo o Brasil.

Numa busca no sistema de arquivos denominado "SAIC", ao digitar a palavra greve temos o apontamento de 1522 resultados entre as sugestões populares. Como amostra, citemos a sugestão de Expedito dos Santos Lima, do município de Nazaré, datada de 20 de fevereiro de 1986 (ORIGEM: L003 DATA: 20.02.1986 FORMUL: 073 DV: 5 TIPO: 20 31.10.1986):

> Punição aos crimes contra a economia popular (crimes do colarinho branco), pois, os criminosos estão soltos. Punição aos corruptos da Administração Pública. Punição aos violadores dos Direitos Humanos durante os 21 anos da Ditadura Militar; Reforma Agrária "de direito e de fato" para que não haja mais conflitos de terra e nem derramamento de sangue em nosso país. Reforma Tributária de "direito e de fato". Distribuição de renda mais justa, maior autonomia sindical, direito de greve, maior e melhor assistência da Previdência Social aos trabalhadores de todas as categorias. O não recolhimento da aliquota da Previdência Social pelos aposentados ou pensionistas, "Eleições Livres Diretas para Presidente da República o mais breve possível". Maior respeito ao ser humano (acabar com o preconceito Social-Racial) Obs.: Espero que estas sugestões não fiquem só no papel. "E que a Nova República nasça a partir da Nova Constituição".

Também foram recebidas sugestões de constituintes e entidades representativas. Ao todo foram apresentadas 12 mil sugestões dos mais variados temas. Procurando na base de dados denominada APEM, junto aos arquivos da Câmara do Deputados, ao digitar o vocábulo greve obtemos 573 itens, proporção relevante para um tema.

Das participações populares, institucionais e dos próprios constituintes é correto afirmar que houve uma sociedade constituinte participando do processo legislativo. Portanto, a ANC não pode ser considerada separadamente da sociedade e do contexto social que a originou.

Nesse sentido, o conteúdo da norma elaborada tem a representatividade necessária para ser submetido à votação. As propostas de alteração estavam adstritas às regras de um regimento interno anterior ao processo constitucional, como se observa no texto de cabeçalho dos formulários utilizados para a apresentação de propostas de emendas, que assim dispunha:

> Formulário previsto no art. 23, § 1º do Regimento Interno da ANC.
>
> Fica vedada a apresentação de emenda que substitua integralmente o projeto, ou que diga respeito a mais de um dispositivo, a não ser que trate

> de modificações correlatas, de maneira que a alteração, relativamente a um dispositivo, envolva a necessidade de se alterarem outros. (art. 23, § 2º, do reg. int. da ANC)
>
> Emenda é a proposição apresentada como acessória de outra, podendo ser supressiva, substitutiva, aditiva ou modificativa (art. 59, §4º, do reg. int. da ANC).

Dessa forma, em 11 de maio de 1987 o direito de greve foi inserido no anteprojeto da Subcomissão de Direitos dos Trabalhadores, no inciso XVI do art. 2º, com o seguinte texto:

> DOS DIREITOS DOS TRABALHADORES
>
> Art. 2º A constituição assegura aos trabalhadores e aos servidores públicos, civis, federais, estaduais e municipais, independente de lei, os seguintes direitos, além de outros que visem a melhoria de sua condição social:
>
> XVI – greve que não poderá sofrer restrição na legislação, sendo vedado às autoridades públicas, inclusive judiciárias, qualquer tipo de intervenção que possa limitar esse direito: é proibido o locaute;

4.1. Anteprojeto de Constituição — Comissão de Sistematização

Após passar pela subcomissão temática, o direito de greve foi apresentado em junho de 1987 no anteprojeto de Constituição da Comissão de Sistematização, integrando o então denominado Capítulo III – Dos Direitos Coletivos, cujo art. 18, continha o seguinte texto:

> Art. 18 – São direitos e liberdades coletivas invioláveis:
>
> V – A manifestação coletiva.
>
> *b)* é livre a greve, competindo ao trabalhador decidir sobre a oportunidade e o âmbito de interesses que deverão por meio dela defender, excluída a iniciativa de empregadores, não podendo a lei estabelecer outras exceções;
>
> *c)* na hipótese de greve, as organizações de classe adotarão as providências que garantam a manutenção dos serviços indispensáveis ao atendimento das necessidades inadiáveis da comunidade;
>
> *d)* os abusos cometidos sujeitam seus responsáveis às penas da lei;
>
> *e)* a manifestação de greve, enquanto perdurar, não acarreta suspensão dos contratos de trabalho ou da relação de emprego público;
>
> *f)* a lei não poderá restringir ou condicionar o exercício desta liberdade ao cumprimento de deveres ou ônus, salvo o disposto nas alíneas *"c"* e *"d"* deste inciso;
>
> *g)* em caso algum a paralisação coletiva do trabalho será considerada, em si mesma um crime.

4.2. Emendas ao anteprojeto

Estabelecidas as regras para a apresentação das propostas de emendas, estas vieram em grande número. Os exemplos de propostas selecionadas para integrar este trabalho foram escolhidos por amostragem das proposições com significativa similaridade com o texto da Lei n. 7.783 de 28 de junho de 1989, conhecida como a lei de greve.

Também foram selecionados dois exemplos de proposições de emenda, uma aprovada e outra aprovada parcialmente, pela relevância do texto já bem próximo do texto aprovado na promulgação da Constituição de 1988.

A transcrição dos textos originais possibilita uma visualização de como a vontade popular chegou num primeiro momento ao texto do anteprojeto e como foi combatida com propostas que tentavam de todas as formas limitar o referido direito. Também é relevante observar como a coerência da subcomissão com o regimento interno e os debates que originaram o texto inicial, ao aprovar ou rejeitar tais propostas, fundamentando as decisões uma a uma.

4.3. Exemplos das propostas de emendas ao direito de greve rejeitadas

EXEMPLO 1 – Emenda n. 00.420 – REJEITADA

A emenda apresentada em 18 de maio de 1987 por Max Rosenmann, PMDB/PR, veio com o seguinte texto, ao qual se segue o parecer que a rejeitou:

> Inclua-se onde convier:
>
> Art. É assegurado o direito de greve a todas as categorias, inclusive aos servidores públicos civis. Lei complementar votada dentro de 180 dias, disciplinará o seu exercício, obedecidas, entre outras, as seguintes diretrizes básicas:
>
> I – Decretação da greve mediante voto secreto dos filiados ao sindicato da categoria, prévia convocação com 10 dias de antecedência, nos principais meios de comunicação da área de atuação do sindicato, assegurada a gratuidade dessa divulgação.
>
> II – precedência obrigatória de período de dissídio coletivo, de trinta dias, para negociações, incluída, nesse prazo, a mediação da Justiça do Trabalho, nos dez dias finais, quando solicitada por umas das partes.
>
> III – garantia do comparecimento ao trabalho para os não filiados ao sindicato em greve e aos filiados dissidentes do movimento, proibido qualquer tipo de coação ou violência aos que não desejarem participar do movimento paredista e pretendam comparecer normalmente ao trabalho.
>
> IV – proibição da greve total, em atividades essenciais nas áreas de saúde, serviços de socorro e atendimento de emergência, bem como nos que digam respeito aos abastecimentos de água, energia e alimentação, assegurada a manutenção obrigatória, em greve, dos setores cuja paralisação acarrete iminentes e graves ou irreparáveis prejuízos para a coletividade.

Parágrafo único. É proibida a greve nas Forças Armadas, Polícias Militares, Corpos de Bombeiros Militares e nos organismos policiais civis."

Parecer. Assegura a emenda o direito de greve, aos trabalhadores, inclusive servidores públicos civis. Remete no entanto o disciplinamento de seu exercício à lei complementar. Especifica, contudo, a emenda uma série de restrições que tal lei deverá regulamentar.

Reiteramos o entendimento, já expresso no Anteprojeto, de que o direito de greve deve ser irrestrito. Não faz sentido propugnar a liberdade e autonomia sindicais e definir simultaneamente, com minúcias, processos a serem vencidos antes da deflagração da greve. A forma de votação da decisão, a antecedência da convocação, a precedência de dissídio coletivo de trinta dias e a mediação da Justiça do Trabalho, são questões a serem decididas por cada categoria em cada caso. A repressão a atos de violência contra aqueles que desejam trabalhar é matéria do código penal, não da Constituição. A questão dos serviços essenciais foi amplamente discutida na subcomissão. O Anteprojeto acolheu a posição que se revelou majoritária nos debates: deve-se confiar a continuidade dos serviços efetivamente essenciais à responsabilidade, sobejamente demonstrada, da classe trabalhadora. Nosso parecer é pela rejeição da emenda.

EXEMPLO 2 – Emenda n. 00.728 – REJEITADA

Emenda apresentada em 6 de junho de 1987 por Osvaldo Bender, PSDB/RS. Foi rejeitada conforme a descrição:

Art. ...

§1º O direito de greve será exercido ressalvadas as condições estipuladas na legislação específica e observados os seguintes princípios:

Parecer. Rejeitada, Consideramos não caber à legislação ordinária a definição das condições do exercício do direito de greve. Este deve ser amplo, tal como no Substitutivo que assegura apenas, nesses casos, a continuidade dos serviços essenciais à comunidade. No restante, a greve é matéria de interesse de empregadores e empregados envolvidos. Evidentemente, eventuais violências a pessoas ou propriedades serão tratadas conforme a legislação.

EXEMPLO 3 – Emenda n. 31.036 – REJEITADA

O constituinte Leopoldo Bessone (PMDB/MG), em 4 de setembro de 1987, apresentou emenda que foi rejeitada conforme se transcreve:

O parágrafo único do art. 10 passa a ter a seguinte redação:

Parágrafo Único – Na hipótese de greve, serão adotadas as providências que garantam a manutenção dos serviços indispensáveis ao atendimento das necessidades inadiáveis da comunidade e da empresa.

Parecer. A emenda pretende acrescentar ao parágrafo único do art. 10, uma referência ao resguardo das necessidades inadiáveis da empresa, em caso de greve. O que é necessário resguardar, em caso de greve, é o interesse maior da comunidade, não o da empresa. Se o caso, determinado serviço da empresa é fundamental para a comunidade, entrará no rol dos interesses desta. Somos pela rejeição.

EXEMPLO 4 – Emenda n. 00.173 – REJEITADA

A emenda apresentada em 18 de maio de 1987 por Oswaldo de Lima Filho, PMDB/PE, foi rejeitada conforme a transcrição:

> Art. É garantido o direito de greve dos trabalhadores para defesa dos seus interesses.
>
> § 1º Os servidores públicos têm a fruição legal do direito de greve na conformidade da lei.
>
> § 2º Nos serviços públicos a deflagração da greve será precedida da notificação judicial competente, com antecedência de 30 dias.
>
> § 3º A lei regulamentadora do direito de greve estabelecerá as garantias necessárias para a manutenção dos serviços essenciais e indispensáveis à comunidade.
>
> **Parecer.** O direito de greve é assegurado, pela emenda, a todos os trabalhadores, inclusive servidores públicos. A proposição contém, no entanto, dispositivos restritivos a esse direito, a saber: 1 – obrigatoriedade de notificação judicial prévia, com trinta dias de antecedência, à greve de servidores públicos. 2 – previsão de regulamentação, em legislação ordinária, da greve nos serviços públicos, bem como, nos considerados essenciais e indispensáveis à comunidade. O texto do anteprojeto seguiu neste aspecto a proposição que se mostrou majoritária nos meses dos debates da Subcomissão: considera o direito de greve não possível de restrição em lei ordinária. A continuidade dos serviços efetivamente essenciais à comunidade, bem como, a prevenção do caos social, devem ser confiados à responsabilidade da classe trabalhadora. Essas as razões porque nosso parecer é pela rejeição.

4.4. Exemplos de propostas de emendas aprovadas integral ou parcialmente

Por fim, para dar um fecho aos exemplos de propostas de emendas, seleciono dois pareceres, respectivamente de aprovação parcial e aprovação integral, onde é possível observar a marcada consistência técnica da subcomissão em manter a coerência com o regimento interno e com a finalidade de inclusão do direito de greve no texto constitucional:

EXEMPLO 5 – Emenda n. 30.066 – APROVADA

Proposta de emenda de 4 de setembro de 1987, autoria de Salatiel Carvalho, (PFL/PE):

> Art. 10. É livre a greve, na forma da Lei, vedada a iniciativa patronal, competindo aos trabalhadores decidir sobre sua oportunidade.
>
> **Parecer.** A emenda aproveita o texto do art. 10, do substitutivo, mas suprimindo a expressão "âmbito de interesse". Consideramos esta expressão, consideramos esta expressão necessária, porque os trabalhadores é que dirão a que vem a greve. E resolvemos suprimir a expressão "na forma da lei", para evitar uma lei de greve que acabe por inviabilizar o direito. Pela aprovação nos termos do substitutivo.

EXEMPLO 6 – Emenda n. 12.942 – PARCIALMENTE APROVADA

Proposta de emenda oferecida em 12 de agosto de 1987, por Albano Franco (PMDB/SE), foi parcialmente provada como se segue:

Incluam-se, onde couber, no texto do Projeto de Constituição, os seguintes artigos e seus parágrafos, no Título II, do Capítulo III:

Art. – É reconhecido o direito de greve.

§1º A greve das categorias profissionais dos serviços essenciais fica sujeita à manutenção de atividades mínimas de responsabilidade dos declarantes da greve e sujeitos a sanções no caso de descumprimento, conforme disposto em lei.

§ 2º A resolução da greve é assunto das partes envolvidas no conflito, mediante mecanismos por elas estabelecidos, exceto as questões de direito que serão submetidas à Justiça do Trabalho, na forma de dissídio coletivo,

§ 3º O juiz relator, antes de submeter a greve a julgamento, a seu critério, devolverá o impasse às próprias partes, toda vez que considerar a questão insuficientemente tratada na fase de negociação.

Art. – Aos trabalhadores assegura-se o direito de convencimento pacífico e a formação de fundos de sustentação durante a paralisação. Aos empresários assegura-se o direito do não pagamento dos dias parados.

Art. – A lei estabelecerá sistemática de deflagração de greve.

Parecer. Após acurada reflexão, concluímos que relativamente ao direito de greve, apenas quatro pontos fundamentais devem figurar como preceitos constitucionais:

1 – a liberdade do exercício do direito;

2 – a atribuição aos trabalhadores da definição sobre a oportunidade e o âmbito de interesse a defender por meio da greve;

3 – a preservação da continuidade de funcionamento dos serviços destinados a atender às necessidades inadiáveis da comunidade;

4 – a regulamentação do direito pela lei respeitando aqueles parâmetros constitucionais;

Como a emenda preconiza a liberdade do exercício do direito de greve, mas sob outra fórmula que não aquela acima explicitada, somos pela aprovação parcial.

4.5. Comissão de Sistematização — Substitutivo 2 do relator

Em outubro de 1987, o direito de greve foi apresentado pelo relator, senador Severo Gomes, no art. 11, do Capítulo II, Dos Direitos Coletivos, já numa configuração mais próxima do resultado final.

Art. 11. É livre a greve, vedada a iniciativa patronal, competindo aos trabalhadores decidir sobre a oportunidade e o âmbito dos interesses que deverão por meio dela defender.

§ 1º Na hipótese de greve, serão adotadas providências pelas entidades sindicais que garantam a manutenção dos serviços indispensáveis ao atendimento das necessidades inadiáveis da comunidade.

§ 2º Os abusos cometidos sujeitam os responsáveis às penas da lei.

4.6. Ata da 341ª Sessão, 5 de outubro de 1988 — Promulgação da Constituição

Nessa solene sessão histórica, o presidente da Assembleia Nacional Constituinte, com a caneta oferecida como presente pelos funcionários do Congresso, assinou a promulgação da Constituição Federal de 1988.

> Permitam-me uma manifestação que não está, digamos, na liturgia da solenidade do ato, mas que para mim e para os Srs, Constituintes têm significação: entre as ofertas que recebi — e não foram poucas — de canetas para assinar este documento que os constituintes elaboraram, eu me permito, acredito que com os aplausos dos constituintes, escolher a que me foi oferecida pelos funcionários da Câmara dos Deputados. (Palmas)(4)

Assim, com a caneta oferecida pelos trabalhadores do Congresso Nacional, a Constituição de 1988 trouxe o direito de greve no bojo do Capítulo II, que determina os direitos fundamentais da República Federativa do Brasil, especificamente no art. 9º, com um texto que atualmente deveria vigorar sobre qualquer outro de lei ordinária.

> Art. 9º É assegurado o direito de greve, competindo aos trabalhadores decidir sobre a oportunidade de exercê-lo e sobre os interesses que devam por meio dele defender.
>
> § 1º A lei definirá os serviços ou atividades essenciais e disporá sobre o atendimento das necessidades inadiáveis da comunidade.
>
> § 2º Os abusos cometidos sujeitam os responsáveis às penas da lei.

Entretanto, longe de marcar um final, ou uma conquista da classe trabalhadora, o direito fundamental de greve nunca teve a aplicação devida a uma norma constitucional, posto que os ataques continuaram para além do processo constituinte. Desde a edição da MP n. 53 de 1989, posteriormente convertida, mediante votação no Congresso, na Lei n. 7.783, esse direito constitucional é sistematicamente afrontado.

5. A primeira grande greve após a promulgação da Constituição de 1988

– E agora, o que o senhor pretende fazer?

– Enterrar meu filho.

– E depois?

– Esperar a justiça divina.

No diálogo acima, Manoel Monteiro fala de seu filho Valmir de Freitas Monteiro, de 27 anos, assassinado em 9 de novembro de 1988, na primeira greve após a promulgação da Constituição. A greve ocorreu na Companhia Siderúrgica Nacional – CSN. O então presidente da República, José Sarney, determinou a intervenção de tropas militares para combater os trabalhadores.

(4) Disponível em: <http://imagem.camara.gov.br/Imagem/d/pdf/308anc05out1988.pdf#page=1>. Acesso em: 09 out. 2019.

Essa é a continuação da história do artigo nono da Constituição Federal de 1988, que prosseguiu sendo construída pelos movimentos grevistas, intensos na época, com a perseguição implacável do discurso de restrição ao direito de greve, que fora vencido no processo constituinte.

Jorge Luiz Souto Maior, professor de Direito do Trabalho na Universidade de São Paulo e pesquisador da história do direito do trabalho, relaciona a greve de Volta Redonda à publicação da MP n. 53 de 1988, cujo texto culminou na atual lei de greve.

> A greve acabou sendo vitoriosa, é verdade, mas por conta da visibilidade midiática que a tragédia proporcionou, favorecendo inclusive, a ascensão da candidata do PT, Luiza Erundina, na eleição para a prefeitura de São Paulo, em novembro do mesmo ano. O acordo final da greve, inclusive, estabeleceu a não punição dos grevistas, a readmissão dos demitidos em greves anteriores [...]. Não à toa, portanto, o direito de greve, assegurado no art. 9º, como se verá adiante, foi o mais atacado nos textos doutrinários produzidos imediatamente seguinte à promulgação da Constituição e uma das primeiras iniciativas do governo em 1989 foi a de tentar limitar, por Medida Provisória, o direito constitucional de greve (MAIOR, 2017, p. 359).

> Corroborando a análise acima transcrita, verifica-se que, no discurso sobre os eventos conhecidos como o Massacre de Volta Redonda, as autoridades constituídas tentam a culpabilização dos operários, chegando ao ponto de afirmar que houve legítima defesa das Forças Armadas em face dos trabalhadores.[5]

O assunto foi amplamente noticiado nas mídias escritas e televisivas. Enquanto trabalhadores de São Paulo faziam uma passeata até a sede da CSN na capital paulista, queimando diversos exemplares da Constituição pelo trajeto, as autoridades e os comentaristas políticos se manifestavam, na grande maioria culpabilizando os grevistas pelo massacre.

O comentarista político do *Jornal da Manchete*, Vilas Boas Correa, mencionou em sua análise dos fatos que o cenário vinha sendo armado numa escalada de desencontros que culminou no gravíssimo episódio de Volta Redonda. Criticou o "grevismo" crescente e concluiu que o direito irrestrito de greve carecia de regulamentação.

Roberto Alves Cardoso, então ministro da Indústria e Comércio, afirmou na entrevista dada à matéria jornalística da TV Manchete que "o Exército agiu em legítima defesa, o poder público não pode ser dominado por grevistas, porque senão é

(5) *Jornal da Manchete*, exibido em 10 nov. 1988. Disponível em: <https://www.youtube.com/watch?v=4BH7KaVm0ts>. Acesso em: 09 out. 2019.

uma subversão da ordem total. A greve é um recurso que deve ser usado em última instância e, no caso da CSN, nada justificava a greve."

O presidente José Sarney, responsável por autorizar a intervenção do Exército contra os trabalhadores em greve, em sua fala no programa *Conversa ao Pé do Rádio* afirmou que estava consternado com o grau de insensatez que gerou o quadro de Volta Redonda. Segundo Sarney, que afirmou haver segimentos interessados na desestabilização do país, os trabalhadores não precisavam usar violência.

A greve de Volta Redonda foi decidida em Assembleia Geral dos trabalhadores, realizada em 4 de novembro de 1988. Na ocasião, após a negativa de negociação da CSN, os metalúrgicos decidiram iniciar a greve em 7 de novembro daquele ano, apresentando a seguinte pauta reivindicatória:

> 1. Turno de 6 horas – de acordo com o texto constitucional vigente;
>
> 2. Reposição salarial de 17,68% — decorrente do índice de correção URP instituído pelo presidente Sarney;
>
> 3. Reposição salarial de 26% — decorrente da supressão salarial em junho de 1987, causada pelo Plano Bresser, havendo relação desta pauta com reivindicações anteriores das greves de 1987 e ainda não resolvidas pela empregadora.
>
> 4. Readmissão dos sindicalistas demitidos por participação nas greves anteriores — pauta também relacionada a reivindicações anteriores não solucionadas pela CSN.[(6)]

5.1. O silenciamento sobre a conduta patronal contra os trabalhadores na greve de Volta Redonda

O termo *guerrilha* é muito utilizado contra movimentos populares, no intuito de aviltá-los com acusações de subversão da ordem social.

Uma das significações dada ao termo pelo dicionário Michaelis é de luta armada, feita por um movimento revolucionário, que combate um governo estabelecido, por meio da mobilização político-militar da população campesina, geralmente atacando o inimigo com ações violentas e de surpresa.

Embora o termo tenha sido cunhado para acusar movimentos populares, verificamos que a Companhia Siderúrgica Nacional, ao cometer ilícitos e desrespeitar o pacto democrático recém-estabelecido em 1988, estabeleceu uma espécie de guerrilha

(6) Relatório final da Comissão Municipal da Verdade D. Waldyr Calheiros — Volta Redonda. Disponível em: <http://cemesf.vr.uff.br/textos/relatorio-final-da-comissao-municipal-da-verdade-dom-waldyr-calheiros-cmv-vr/>. Acesso em: 09 out. 2019.

contra os trabalhadores, com a diferença de que suas atitudes ilícitas não foram questionadas pela mídia.

Com efeito, ao desrespeitar ostensivamente o ordenamento legislativo brasileiro, a CSN estava negando o próprio pacto democrático, agindo de forma a excluir os direitos de uma grande massa de trabalhadores, como se estes não fizessem parte da pactuação constitucional que embasava o governo estabelecido. Utilizando sua posição privilegiada de empresa, detentora do capital, a CSN deixou de cumprir a lei, deixou de negociar uma forma de composição aceitável e causou a mobilização de tropas do Exército e da polícia para intervir na comoção social resultante de seus ilícitos.

Contrariamente ao discurso oficial dos representantes das instituições governamentais e da mídia em geral, a greve dos metalúrgicos da CSN teve motivos sólidos, calcados na exigência de cumprimento da lei trabalhista, como se pode verificar na pauta de reivindicações.

De fato, a jornada de seis horas para o trabalho em turnos ininterruptos de revezamento, salvo negociação coletiva, está elencada como direito fundamental do texto constitucional, no inciso XIV do art. 7º.

Do mesmo modo, a reposição salarial tem amparo constitucional no inciso VI do art. 7º da CF de 88, bem como em dispositivo da Consolidação das Leis do Trabalho, que determina em seu art. 468 ser ilícita a alteração do contrato de trabalho em prejuízo do trabalhador. Ora, a não reposição da perda salarial com o índice correto, num momento em que a inflação atingia 1.037%, é sem dúvida uma conduta ilícita patronal, que gerou um item da pauta reivindicatória.

No mesmo sentido, a reivindicação de readmissão de trabalhadores demitidos por participar de greves anteriores era e é exigência de cumprimento da lei, contra conduta abusiva do poder patronal.

Assim, causa espanto verificar que o discurso das autoridades tenha partido do movimento grevista em si. Em nenhum momento houve ponderação sobre as ilicitudes antecedentes cometidas pelo empregador, inclusive a violência do patrão contra milhares de trabalhadores com o salário achatado pela reposição incorreta e criminosa dos índices de correção monetária num momento de hiperinflação.

Também não houve menção nas mídias convencionais à recusa de negociação da CSN sobre os itens legítimos da pauta de reivindicação.

Por esses motivos, é certo afirmar que a CSN atentou contra o governo estabelecido, deixou de observar a lei federal e inclusive artigos fundamentais da Constituição promulgada um mês antes. Direitos afetos à própria dignidade da pessoa humana foram desrespeitados.

Em sua posição de estatal, a CSN reproduzia uma cultura de ilicitude patronal muito comum na história brasileira: a de simplesmente ignorar a lei trabalhista, que é basilar para a manutenção da Ordem Social.

Ora, se a guerrilha é a atitude de subversão contra o governo estabelecido, a conduta patronal de ignorar leis trabalhistas basilares do sistema jurídico que sustenta referido governo deve ser classificada do mesmo modo, ainda que a força armada utilizada para esse fim seja a do próprio governo que ela desestabiliza para gerar seus lucros.

6. Direitos fundamentais e patrimoniais — A greve é direito fundamental essencial — Greve Política

Os esforços neoliberais para restringir o direito de greve tinham motivo de ser. Não era um motivo legítimo, mas tinha fundamento: o medo do crescimento da força política da classe trabalhadora, que aumentava com a união e a consciência de classe geradas pelos movimentos paredistas.

Esse crescimento da conscientização da classe operária, em uma primeira análise, ameaça a obtenção de lucros desproporcionais, obtidos pelas empresas com a exploração da força de trabalho humana. O ganho desproporcional, obtido de forma ilícita porque à custa de desobediência à lei, fica ameaçado e até mesmo prejudicado a cada paralisação da classe trabalhadora.

Entretanto, outro aspecto desse complexo quadro da luta entre capital e trabalho é talvez o mais assustador para o capital: o impacto que as greves trazem como resultado político.

As pessoas trabalhadoras que participam ativamente de um movimento grevista passam a entender a força do coletivo e começam a adentrar um processo de conscientização sobre seus interesses. Isso gera um impacto político importante, porque, uma vez ciente de seus interesses, a classe trabalhadora, que é numerosa, passa a deixar de eleger os candidatos que defendem os interesses empresariais para apoiar suas próprias lideranças políticas.

Esse processo de tomada de consciência política aparece claramente no documentário *História de Volta Redonda*, que mostra desde o princípio a formação de uma coletividade obreira com a construção da Companhia Siderúrgica Nacional, a formação de um sentido de união com a população local e a solidariedade das instituições religiosas para com a luta trabalhadora.(7)

---

(7) *História de Volta Redonda*, documentário de Arigó Filmes, produzido com o apoio do município de Volta Redonda. Disponível em: <https://www.youtube.com/watch?v=BDWox0enQTA&t=4s>. Acesso em: 09 out. 2019.

Também o documentário *1988: Uma greve, corações e mentes*, dirigido pelo professor, historiador e documentarista Erasmo José da Silva, revela de forma inequívoca o processo de politização da população local e da classe operária de Volta Redonda, obtida no processo de greves que culminou no massacre de 1988. Esse documentário começa com a seguinte citação da obra *História e memória* do historiador francês Jaques Le Goff:

> Tornarem-se senhores da memória e do esquecimento é uma das grandes preocupações das classes, dos grupos, dos indivíduos que dominam as sociedades históricas. Os esquecimentos e os silêncios da história são reveladores destes mecanismos de manipulação da memória coletiva.

No corpo do documentário é perceptível a diferença de percepção política da população que teve participação nos movimentos paredistas, como se verifica no relato de uma participante da greve:

> Eu sei que, quando eu olhava pro lado, ombro a ombro, eram milhares das minhas companheiras. Mas eu também tinha meus companheiros. Era difícil porque a gente tava se movimentando como classe, como vítimas de um sistema, que nos atingia frontalmente... então a gente não estava ali com a nossa identidade de vítima de um sistema perverso e, nos mobilizávamos assim, nos enxergávamos assim e às vezes, a gente tinha que se superar, e a gente tinha muitas coisas, por exemplo a gente tinha que carregar os filhos, eu por exemplo tinha que levar meu filho. Estava "de barriga", tinha uma outra pequena. Minha filha, com três anos cantava música de greve, de greve geral, de "fora Sarney", entendeu? Então nós íamos com a família toda e isso talvez seja peculiar na mulher, mas não era isso que estava sendo o motivador daquele momento. (relato de Lourdinha Lopes, integrante da Comissão de Posseiros Urbanos)

A greve envolvia a cidade de Volta Redonda como classe. Era uma greve que significava empurrar de volta o agressor, que era todo aquele sistema de política econômica, pondera ainda a autora do relato.

Esse evidente processo de conscientização política da classe trabalhadora gerou reações enfurecidas nos discursos, inclusive acadêmicos. Acionou-se o ódio cultivado contra as lideranças obreiras, que ousavam figurar no Congresso disputando um lugar de fala, de igual para igual, fazendo valer seu direito de resistência à agressão que o sistema lhes impunha.

E por que trabalhador não pode ter poder político?

Constituição Federal de 1988 – Art. 1º A República Federativa do Brasil, formada pela união indissolúvel dos Estados e Municípios e do Distrito Federal, constitui-se em Estado Democrático de Direito e tem como fundamentos:

I – a soberania;

II – a cidadania;

III – a dignidade da pessoa humana;

IV – os valores sociais do trabalho e da livre iniciativa; (Vide Lei n. 13.784, de 2019)

V – o pluralismo político.

Parágrafo único. Todo o poder emana do povo, que o exerce por meio de representantes eleitos ou diretamente, nos termos desta Constituição.

No sistema jurídico brasileiro, qual o fundamento legal que impede a motivação política de um movimento grevista?

Não há fundamento que não seja inconstitucional se observado o parágrafo único do artigo primeiro da Constituição de 1988. Alguns argumentam, e isso será observado nos textos das publicações acadêmicas e profissionais, que o direito à propriedade também é fundamento constitucional. Mas é inegável que a propriedade possui uma função social, e, ainda que não fosse assim, numa ponderação de princípios, o direito à propriedade não se sobrepõe em momento algum ao direito fundamental da dignidade da pessoa humana, que em última instância é a razão de ser de um sistema jurídico.

Art. 5º Todos são iguais perante a lei, sem distinção de qualquer natureza, garantindo-se aos brasileiros e aos estrangeiros residentes no País a inviolabilidade do direito à vida, à liberdade, à igualdade, à segurança e à propriedade, nos termos seguintes:

[...]

XXII – é garantido o direito de propriedade;

XXIII – a propriedade atenderá a sua função social;

Somos todos iguais perante a lei.

Se partimos da premissa da igualdade para fundamentar nossa República, não há justificativa legal para negar a uma classe de pessoas o direito de seu movimento político, sua força de resistência ao desrespeito aos seus direitos, já que em sua maioria, são despossuídos da propriedade.

Ainda sobre a questão da greve com motivações políticas, temos um exemplo contemporâneo: a greve dos caminhoneiros que paralisou o Brasil e durou de 21 de maio até 1º de junho de 2018.

Sobre o tema, muito se debateu se o evento poderia ser caracterizado como greve ou *lockout*, em vista da peculiar conjunção de interesses de patrões e empregados da área, bem como da aparente confusão causada pela precarização dos vínculos trabalhistas que atingem a categoria dos caminhoneiros. De fato, a classe trabalhadora dos caminhoneiros tem sido cada vez mais arrastada por um discurso de autonomia. Os motoristas são incentivados a adquirir os veículos de forma financiada, e, com a ilusão de tornarem-se patrões, apenas são levados a assumir o risco do empreendimento sem contudo terem realmente controle sobre a remuneração de sua força de trabalho. Isso porque o mercado de transportes é dominado por grandes empresas, que determinam o valor dos fretes que contratam desses supostos trabalhadores autônomos.

Uma análise acurada sobre o tema pode ser encontrada no artigo intitulado "Você realmente se preocupa com os caminhoneiros?", de autoria de Jorge Luiz Souto Maior. O autor pondera sobre o aspecto político do Direito de greve:

> A greve, além disso, faz parte da essência da democracia em uma sociedade capitalista, pois, sem ela, os trabalhadores não teriam vez e voz. É, também, uma oportunidade para o desenvolvimento de um processo de conhecimento, vez que a engrenagem da vida transforma as pessoas em máquinas. Neste sentido, aliás, é bastante oportuno questionar se a "normalidade" que foi quebrada era, de fato, normal, ou seja, fruto de uma situação natural, inexorável, ou o resultado de uma construção histórica e que, por diversas determinantes, criou a aparência de "natural" para relações sociais carregadas de opressões históricas e extremamente assimétricas (MAIOR, 2018).

Os interesses da classe trabalhadora brasileira ainda estão abaixo do patamar mínimo civilizatório. Consistem essencialmente em obter uma remuneração pela sua força de trabalho que seja capaz de lhe garantir moradia, alimentação, educação, vestuário e lazer, enfim, as necessidades existenciais.

As greves trazem reivindicações que deveriam envergonhar nosso país por precisarem estar acontecendo. São greves famélicas, em regra.

Por tais motivos, fundamentados em relatos históricos e em leitura do texto constitucional vigente, o artigo nono da constituição brasileira não dá margem à interpretação de que a greve não pode ter motivações políticas visando assegurar os direitos de classe trabalhadora.

7. Os textos doutrinários do período — Publicações sobre o direito de greve na *Revista LTr*

É correto afirmar que o artigo nono foi motivador de muitas discussões doutrinárias à época da Constituinte. Alguns trechos de publicações são relevantes para o entendimento da história do direito de greve constitucionalmente previsto, bem como do fenômeno de sua interpretação feita em face de uma lei ordinária, e não o contrário, como é a regra de interpretação jurídica.

1º EXEMPLO – Texto sobre os direitos sociais na Constituição de 1988

Julio Assumpção Malhadas, professor titular da Faculdade de Direito da Universidade Federal do Paraná, em "Algumas observações sobre a Constituição de 1988 e o Direito do Trabalho", de 11 de novembro de 1988:

> 'Direitos e Garantias Fundamentais', no caso, são, portanto, aqueles essenciais à existência do 'Estado Democrático do Direito' que deverá ser a República Federativa do Brasil (art. 1º).
>
> De todos os direitos e garantias albergados no Capítulo II, poucos se podem considerar verdadeiramente essenciais a um Estado Democrático de Direito: reconhecimento das convenções e acordos coletivos de trabalho, liberdade e autonomia sindical (que o texto constitucional mutilou) e direito de greve (que não deveria ter a aparência, que tem o texto, de absoluto) (MALHADAS, 1988).

O autor do texto cujo trecho se transcreve questiona a forma do artigo nono, bem como a localização dos direitos trabalhistas na categoria de fundamentais. Trata-se de um discurso que, embora não fale diretamente da criação de uma lei ordinária para regulamentar o tema, reforça a ideia de rejeição da construção constitucional recente.

2º EXEMPLO – Texto sobre os direitos sociais na Constituição de 1988

Ney Prado, juiz togado do Tribunal do Trabalho da 2ª Região, em "A Justiça do Trabalho e o Direito de Greve", de 20 de fevereiro de 1989:

Outra condição constitucional para o exercício do direito de greve prende-se à decisão sobre os interesses que devam, por meio dele, ser defendidos. À semelhança do que já foi examinado, embora a escolha do interesse a ser defendido seja discricionariedade atribuída aos trabalhadores, esses interesses, não obstante, devem existir, serem juridicamente defensáveis (possibilidade Jurídica) a serem faticamente defensáveis (possibilidade material). Em outros termos: não basta a existência de interesse declinado mas é também condição, a ser preenchida pelos grevistas, a compatibilidade fática e jurídica dos interesses defendidos com a relação sócio laboral tal como constitucionalmente balizada. Não se está de modo algum, dando um 'cheque em branco' para o exercício do direito de greve, pois discrição não é arbítrio; quando se comete aos trabalhadores a faculdade de decidir que interesses desejam defender, não se lhes está abrindo campo ao capricho, à emulação e à subversão dos valores agasalhados na ordem jurídica. Não preenchem, portanto, as condições constitucionais de exercício, as greves sem fulcro naqueles interesses tipicamente laborais, os 'interesses dos trabalhadores' enquanto trabalhadores assalariados. Greve, sem objetivar interesses legítimos e próprios desses trabalhadores e, ainda, sem que se caracterize dissídio sobre tais interesses e que, portanto, suscitem a necessidade de serem defendidos (art. 9º, *caput*, *in fine*), é constitucionalmente inexercitável, como seriam, por exemplo, a de solidariedade ou a movida por motivos religiosos ou políticos.

> [...]
>
> Não existe, portanto, como a alguns pareceu, uma porta aberta ao grevismo, na Constituição de 1988, mas uma inversão da responsabilidade de submeter o exercício do direito a um crivo de conveniência e oportunidade.
>
> [...]
>
> Valha uma última observação, um pouco desbordante do tratamento jurídico do tema, mas, sem dúvida esclarecedora: a vontade, o entendimento e a intenção dos legisladores constitucionais desapareceram com a dissolução da Assembleia Nacional Constituinte e, a partir de então existe apenas a norma constitucional, com seu próprio conteúdo mandamental objetivo, a ser definido pelo intérprete e executada pelo aplicador.
>
> Dess'arte, se houve porventura, por parte do constituinte de 1988, a intenção de categorizar a greve como um fato, acima da lei, e, quiçá, de estimular a irresponsabilidade e o grevismo, paradoxalmente, o produto normativo, como se expôs, leva-nos a interpretação mais restritiva, que submete o grevista a um complexo de novas, graves e mais amplas responsabilidades constitucionais e legais (PRADO, 1989).

3º EXEMPLO – Texto sobre a MP n. 50

Irany Ferrary, em "Algumas ponderações sobre a Medida Provisória n. 50, que dispõe sobre o exercício do direito de greve", de 22 de maio de 1989:

> A inconstitucionalidade por omissão por parte do poder legislativo, em período tão crítico, fez por justificar o procedimento adotado pelo Executivo, ainda que de forma não muito adequada.
>
> [...]
>
> 1º) O 'quorum' fixado pela MP n. 50 para os trabalhadores reunidos em assembleia é, na opinião de muitos, impraticável e, também inconstitucional porque representaria uma interferência do Poder Público na organização sindical.
>
> Não nos filiamos a tais correntes, eis que, é princípio de democracia, mormente quando se trata de interesse coletivo, cujo direito não pode

> ficar à mercê de minorias inexpressivas, às vezes apenas por poucos interessados que lideram o movimento de paralização por motivos meramente políticos (FERRARY, 1989A).

No texto acima, a autora encampa a argumentação de que a criação da lei ordinária é necessária, bem como a ideia de que o direito de greve, como posto no texto constitucional, exigiria limitação dessa nova lei. Ferrary compartilha de um receio muito recorrente nos discursos de oposição ao direito de greve: que a greve tenha motivações políticas.

4º EXEMPLO – Texto sobre a MP n. 50

Eduardo Gabriel Saad, em "A Constituição e a temática trabalhista: A Medida Provisória n. 50 e o Direito de Greve", de 9 de junho de 1989:

> Teria sido melhor que o Executivo não tomasse a iniciativa que tomou e deixasse a lei n. 4.330/64, apenas expurgada do dispositivo que proibia a greve nas atividades essenciais. Neste ensejo, repetimos que este diploma legal não colidia com a nova Constituição no seu todo (SAAD, 1989A).

O autor analisa o texto da MP n. 50 e ao longo do texto critica a proibição do locaute, expondo o entendimento, acima transcrito, de que a Lei n. 4.330/64 — publicada em 1º de junho de 1964, ou seja, exatos dois meses após o golpe militar de 1º de abril de 1964 — já estaria recepcionada pelo texto constitucional, o que equivale a retroceder o Direito de Greve à mesma posição que ocupava durante a ditadura militar.

5º EXEMPLO – Texto sobre a Lei de Greve

Irany Ferrary sobre a Lei de Greve n. 7.783 (DOU 29.06.1989), em 8 de agosto de 1989:

> Como se sabe, as Medidas Provisórias ns. 50 e 59, que vigoraram até 26.06.1989, já que a segunda foi uma reedição da primeira, tiveram o mesmo objetivo, qual seja, a de fixar parâmetros legais para aquilo que o Governo chamou de "grevismo" e que, realmente, vinha ocorrendo no país após o advento da Nova Lei Magna, que teria assegurado um direito não só mais amplo, mas, segundo muitos, um poder irrestrito aos trabalhadores.
>
> [...]
>
> Parece- nos, assim, à primeira vista, que o Congresso Nacional, que já foi Constituinte, e, portanto, o mesmo que escreveu a Constituição atual, acordou para suas responsabilidades para com a Nação, disciplinando de forma criteriosa e ponderada essa importante matéria.

> [...]
>
> Seguem nossos destaques à Lei em causa.
>
> [...]
>
> O art. 3º contém duas condicionantes ao direito de greve: a negociação que deve, portanto, ser tentada de início e a frustração da via arbitral. Somente depois de tais tentativas é que é facultado a cessação coletiva do trabalho (FERRARY, 1989B).

A autora do trecho acima transcrito apresenta o art. 3º da Lei n. 7.783/89 como exemplo de aspecto que deveria ser condicionado por lei ordinária. Verifica-se que o discurso assumido pela autora coincide com as propostas de emendas ao artigo nono, rejeitadas pela subcomissão, notadamente o utilizado no exemplo 1, de autoria de Max Rosenmann, PMDB/PR.

6º EXEMPLO – Texto sobre a repressão do Direito de Greve

Eduardo Gabriel Saad, em "A Constituição e a temática trabalhista (V) – 1. A nova Lei de Greve", de 15 de agosto de 1989:

> Em várias oportunidades, declaramos que a Lei n. 4.330, expurgada das prescrições conflitantes com a Constituição Federal, promulgada a 05 de Outubro de 1988, poderia ser recebida pela nova ordem constitucional.
>
> [...]
>
> O legislador infraconstitucional — embora de maneira um tanto obscura — deixa patente que o objetivo de uma greve há de ser de natureza profissional e, portanto, vinculado à relação de trabalho (SAAD, 1989B).

8. Do posicionamento nuclear do direito de greve na Constituição Federal de 1988

Voltando um pouco no tempo proposto para este estudo, temos que, na Constituição dos Estados Unidos do Brasil promulgada em 1946, os direitos à greve e à sindicalização foram previstos no bojo do Capítulo V do texto constitucional, que tratava da Ordem Econômica e Social, conforme os artigos transcritos abaixo:

> Art. 158. É reconhecido o direito de greve, cujo exercício a lei regulará.
>
> Art. 159. É livre a associação profissional ou sindical, sendo reguladas por lei a forma de sua constituição, a sua representação legal nas convenções coletivas de trabalho e o exercício de funções delegadas pelo poder público.

Verifica-se que o direito de greve estava previsto de forma genérica, com indicação de regulamentação legal posterior que nunca foi efetivada, tendo em vista a declaração do STF de recepção constitucional da Lei n. 9.070/46, que proibia a greve.

Também cabe ressaltar que a liberdade sindical estava atrelada ao controle estatal para sua constituição.

Em seguida, temos o período da ditadura militar, quando a Lei n. 9070/46 foi revogada pela Lei n. 4.330 de 1964, de modo que o direito de greve passou a ser reprimido de forma ainda mais dura, com previsão de penas criminais para coibir os movimentos paredistas e sindicatos responsáveis.

A lei ditatorial só foi revogada com a Medida pProvisória n. 59, de 26 de maio de 1989, posteriormente convertida na nossa atual Lei de Greve, isto é, a Lei n. 7.783, de 28 de junho de 1989.

Causa perplexidade que a sequência legislativa infraconstitucional acima narrada desconsidere a promulgação da Constituição Federal de 1988 em 5 de outubro de 1988, mormente no que tange à Lei de Greve atualmente vigente no país, criada posteriormente ao texto constitucional, mas seguindo a ideia de regulamentação repressiva da lei anterior, criada por uma ditadura militar.

De fato, a Constituição de 1988 elenca o direito social de greve no bojo do Título II, que se refere aos Direitos e Garantias Fundamentais.

Verifica-se que a autorização para regular as questões contidas nos §§ 1º e § 2º — questões relativas aos serviços ou atividades essenciais e ao atendimento de necessidades inadiáveis da comunidade — foi direcionada para a legislação infraconstitucional. **Assim, o sentido da norma constitucional foi o de autorizar a regulamentação de atividades e serviços essenciais para adequar as contingências sociais ao direito fundamental de greve, e não o contrário.**

Não há qualquer permissivo constitucional para regulamentação pela Lei n. 7.783/89 para dispor sobre: forma de notificação (art. 3º), convocação da greve (art. 4º) e convencimento dos trabalhadores à adesão (art. 6º) — enfim, todas as matérias que foram "reguladas" pela Lei de Greve sem o permissivo legal, seguindo a lógica ditatorial anterior.

O texto constitucional é cristalino ao determinar que "É assegurado o direito de greve, **competindo aos trabalhadores decidir sobre a oportunidade de exercê-lo e sobre os interesses que devam por meio deles defender**".

As regras para a deflagração da greve e seu modo de atuação devem ser criadas pelos trabalhadores em seus sindicatos. As limitações a esse direito já estão no sistema jurídico: por exemplo, determinar numa lei que o movimento seja não violento constitui uma presunção de ilícito por parte dos destinatários desse direito.

A lógica da Lei n. 7.783/89 é totalmente invertida, legislando contra os trabalhadores ao invés de delimitar a atuação estatal para a não repressão desse direito.

Afinal, historicamente a violência em situações de greve vem do próprio Estado, na maior parte dos casos sob o argumento de defesa do patrimônio público ou do direito de propriedade. Trata-se de um erro grosseiro de interpretação, se se considera que o direito de greve é um direito fundamental diretamente ligado à dignidade da pessoa humana, enquanto o direito à propriedade é conexo com sua função social.

De fato, toda a questão patrimonial e de propriedade está vinculada ao atendimento da função social determinada pelo art. 5º, inciso XXIII, da CF/88. Assim, é coerente afirmar que a função social da propriedade jamais poderia comportar autorização de ofensa à dignidade da pessoa humana, que é princípio fundamental da República Federativa do Brasil, contida no art. 1º, inciso III, da CF/88.

Por sua vez, o direito ao trabalho remunerado, salubre e seguro como forma de subsistência e sobrevivência no sistema capitalista é um direito afeto à dignidade da pessoa humana, portanto irrenunciável e imprescritível.

Desse modo, o empregador — proprietário dos meios de produção e detentor do capital — que ofende a dignidade da pessoa humana com práticas ilegais de redução salarial direta ou indireta, ou ainda, com descumprimento de leis de segurança e higiene do trabalho, entre outros, afeta diretamente um direito fundamental da pessoa empregada. Portanto, não cumpre a função social de suas propriedades e causa prejuízo à coletividade social.

Quando a propriedade dos meios de produção é utilizada para prejudicar a sociedade em benefício dos proprietários, o direito de greve contido no artigo nono da Constituição Federal de 1988 consiste num mecanismo fundamental de autodefesa social e como tal deve ser respeitado por todos, incluindo o legislador infraconstitucional, o Poder Executivo e o Poder Judiciário.

Assim, reprimir o direito de greve sob o pretexto de regulamentação não autorizada pelo artigo nono da Constituição Federal é ato inconstitucional.

O estudo da norma constitucional, conforme acima efetuado, decorre de uma interpretação das ponderações do professor Jorge Luiz Souto Maior por ocasião da aula de Teoria Geral do Direito do Trabalho ministrada em 25 de junho de 2018 para a 10ª turma de Especialização em Direito e Processo do Trabalho na Universidade de São Paulo.

Na referida aula foram analisados dispositivos da Lei n. 7.783/89, tais como o artigo sétimo, que determina a garantia de manutenção do contrato de trabalho durante a greve, mas que não estabelece o não pagamento de salários, de modo que o não pagamento de salários vem de uma interpretação indevida dos institutos de suspensão e interrupção do contrato de trabalho.

Com efeito, esses institutos não estão conceituados na legislação, sendo, portanto, construção doutrinária e jurisprudencial que, diga-se, até o momento é controversa.

Em sua obra *Direitos fundamentais nas relações de trabalho*, Arion Sayão Romita indica a influência da visão repressiva sobre a lei de greve, bem como a relação inafastável do artigo nono da CF/88 com outros artigos fundamentais, inclusive o art. 1º:

> Sensível às mudanças verificadas no país a partir de 1978-1979, e refletindo o clima de certa liberdade que — apesar dos pesares — passou a caracterizar as relações coletivas de trabalho (criação de centrais sindicais, afrouxamento na repressão às greves, etc., sem embargos de uma ou outra "recaída" na tradicional atitude autoritária), a Constituição de 1988 emprestou ao instituto da greve uma regulação moderna e condizente com o regime preconizado por seu art. 1º, em cujos termos o Brasil se constitui em Estado democrático de direito (ROMITA, 2007, p. 355-56).

Nessa linha de raciocínio, proponho uma reflexão sobre a inversão de valores na interpretação dos direitos do trabalhador na Constituição Federal de 1988, que ofende a ordem constitucional desde seu nascedouro, posto que ignora o contexto histórico de sua criação, como se a norma positivada pudesse ser totalmente dissociada da realidade fática de sua origem, criando uma espécie de esquizofrenia legislativa na produção de leis infraconstitucionais e na hermenêutica para aplicação ao caso concreto.

9. A Lei n. 7.783 de 1989 como reprodução do discurso vencido na Constituinte

Após a promulgação da Constituição de 1988, foi iniciada uma batalha sem tréguas contra as conquistas obreiras na ordem legislativa. A inclusão dos direitos dos trabalhadores entre os direitos fundamentais assustava o capital, que tradicionalmente recorre ao descumprimento de referida legislação como expediente de aumento do lucro obtido com a exploração da força de trabalho.

O direito de greve, constitucionalizado com garantia ampla de exercício, foi um dos temas mais polêmicos nos debates doutrinários da época pós-constituinte.

Observa-se a identidade entre os discursos de oposição doutrinária ao artigo nono da Constituição Federal e as tentativas de restrição ao direito de greve contidas nas propostas de emendas colacionadas no item 3.3 deste estudo.

A greve de 7 de novembro de 1988, iniciada pelos metalúrgicos da CSN em Volta Redonda, teve um desfecho trágico com a execução de três trabalhadores pelas

Forças Armadas. Foi uma espécie de estopim para justificar a volta desses discursos de oposição ao que já havia ficado estabelecido na Constituição.

Houve até mesmo posicionamentos no sentido de recepção da Lei n. 4.330, editada logo após a consolidação do golpe de 1964, mantendo a lógica repressiva contra o exercício democrático de resistência da classe trabalhadora.

Assim, tivemos a publicação da Medida Provisória n. 50 de 1989, cujo texto foi posteriormente submetido a votação no Congresso Nacional e resultou na atual Lei de Greve, que voltou a estabelecer restrições para o livre exercício de resistência trabalhadora.

Passemos a uma análise desses pontos de identidade.

a) Da exigência de negociação anterior e da utilização da via arbitral

Dispõe o *caput* do art. 3º da Lei n. 7.783: "Art. 3º Frustrada a negociação ou verificada a impossibilidade de recursos via arbitral, é facultada a cessação coletiva do trabalho".

A ideia de submeter o exercício da greve à exigência de uma negociação anterior já havia sido proposta e rejeitada no processo constituinte, conforme se observa no exemplo 1 do item 3.3 deste estudo.

De fato, consta no inciso II da proposta do constituinte Max Rosenmann, PMDB/PR, a sugestão de exigência de precedência obrigatória de período de dissídio coletivo, incluída nesse prazo a mediação pela Justiça do Trabalho. A sugestão de emenda foi rejeitada com a fundamentação de que "não faz sentido propugnar a liberdade e autonomia sindicais e definir simultaneamente, com minúcias, processos a serem vencidos antes da deflagração da greve.

b) Notificação antecedente à deflagração da greve

Dispõe o parágrafo único do art. 3º da Lei n. 7.783: "Parágrafo único. A entidade patronal correspondente ou os empregadores diretamente interessados serão notificados, com antecedência mínima de 48 (quarenta e oito) horas, da paralisação".

Diversas propostas de emendas foram apresentadas com esse tema. Este estudo traz como exemplo a emenda de autoria do constituinte Oswaldo Lima Filho, PMDB/PE, no exemplo 4 do item 3.3.

Observa-se que o autor da emenda pretendeu estabelecer a exigência de notificação antecedente de 30 dias à autoridade judicial competente para os casos de greve nos serviços públicos. Essa proposição foi rejeitada pelo relator com o argumento de que a exigência de notificação anterior é restritiva, ressaltando que o texto do anteprojeto havia seguido, nesse aspecto, a proposição que se mostrou majoritária nos debates da subcomissão, isto é, a de considerar que o direito de greve não poderia ser restringido por lei ordinária.

c) Forma de convocação da greve

Dispõem o art. 4º e seus parágrafos da Lei n. 7.783 sobre a forma de convocação da greve nos seguintes termos:

> Art. 4º Caberá à entidade sindical correspondente convocar, na forma do seu estatuto, assembleia geral que definirá as reivindicações da categoria e deliberará sobre a paralisação coletiva da prestação de serviços.
>
> § 1º O estatuto da entidade sindical deverá prever as formalidades de convocação e o quórum para a deliberação, tanto da deflagração quanto da cessação da greve.
>
> § 2º Na falta de entidade sindical, a assembleia geral dos trabalhadores interessados deliberará para os fins previstos no "caput", constituindo comissão de negociação.

Entre as propostas de emenda com o tema sobre a forma de convocação da greve, indicam-se os exemplos 1 e 6 do item 3.3 deste estudo.

O exemplo 1 traz no texto da proposta o inciso I, que sugere a decretação da greve mediante voto secreto dos filiados ao sindicato da categoria, com divulgação ampla nos meios de comunicação com dez dias de antecedência. Essa proposta foi rejeitada com o fundamento de que a forma de votação da decisão, a antecedência da convocação, a precedência de dissídio coletivo de trinta dias e a mediação da Justiça do Trabalho são questões a serem decididas pela categoria caso a caso.

O exemplo 6 mostra a proposta de emenda do constituinte Albano Franco, PMDB/SE, que sugeriu a inclusão de um artigo determinando que a lei estabelecerá a sistemática de deflagração de greve. Também essa proposta de emenda foi rejeitada parcialmente, porque não respeitava a fórmula do exercício de greve nos parâmetros constitucionais.

d) Da proibição de impedir acesso ao trabalho e de danos à propriedade ou à pessoa

Dispõem o art. 6º e seus parágrafos da Lei n. 7.783 sobre a forma de convocação da greve nos seguintes termos:

> Art. 6º São assegurados aos grevistas, dentre outros direitos:
>
> I - o emprego de meios pacíficos tendentes a persuadir ou aliciar os trabalhadores a aderirem à greve;
>
> II - a arrecadação de fundos e a livre divulgação do movimento.
>
> **§ 1º Em nenhuma hipótese, os meios adotados por empregados e empregadores poderão violar ou constranger os direitos e garantias fundamentais de outrem.**
>
> § 2º É vedado às empresas adotar meios para constranger o empregado ao comparecimento ao trabalho, bem como capazes de frustrar a divulgação do movimento.

§ 3º As manifestações e atos de persuasão utilizados pelos grevistas não poderão impedir o acesso ao trabalho nem causar ameaça ou dano à propriedade ou pessoa.

Entre as propostas de emenda com o tema sobre a forma de persuasão utilizada pelos grevistas e proibição de danos à propriedade, verificam-se os exemplos 1, 3 e 6 dos itens 3.3 e 3.4.

O exemplo 1 traz uma sugestão de inciso III que preconizava a garantia de comparecimento ao trabalho para os não filiados ao sindicato em greve e aos filiados dissidentes do movimento, proibindo-se qualquer tipo de violência do movimento paredista aos que desejassem comparecer ao trabalho.

A sugestão de proposta foi rejeitada com o argumento de que a repressão de atos de violência contra aqueles que desejam trabalhar é matéria do Código Penal, não da Constituição.

No exemplo 3, consta a proposta apresentada pelo constituinte Leopoldo Bessone, PMDB/MG, que fez referência à necessidade de resguardar as necessidades inadiáveis da empresa, aspecto que se enquadra na hipótese de dano à propriedade.

O posicionamento adotado para a rejeição dessa proposta foi fundamentado com o argumento de que o que é necessário resguardar, em caso de greve, é o interesse maior da comunidade e não o da empresa. No caso de determinado serviço da empresa ser fundamental para a sociedade, entrará no rol dos interesses desta.

No exemplo 6 do item 3.4, aparece a sugestão que previa o convencimento por meios pacíficos, proposta parcialmente rejeitada por não observar a fórmula do preceito constitucional.

e) Da previsão de suspensão do contrato de trabalho

Dispõe o art. 7º da Lei n. 7.783 sobre a ocorrência de suspensão do contrato de trabalho durante a greve nos seguintes termos:

> Art. 7º Observadas as condições previstas nesta Lei, a participação em greve suspende o contrato de trabalho, devendo as relações obrigacionais, durante o período, ser regidas pelo acordo, convenção, laudo arbitral ou decisão da Justiça do Trabalho.

Consta no exemplo 6 do subitem 3.3 a proposta de emenda do constituinte Albano Franco, PMDB/SE, que sugeriu assegurar aos empresários o direito de não pagamento pelos dias parados. A proposta de emenda foi rejeitada parcialmente porque estava fora dos moldes da previsão constitucional decidida para o tema.

De fato, não há abertura constitucional para definir, em prejuízo do empregado, a hipótese de suspensão do contrato de trabalho, sobretudo quando a greve se destina exatamente a corrigir distorções e ilegalidades cometidas nessa relação.

f) Da edição de lei restritiva ao direito de greve

A própria edição de uma lei ordinária posterior contendo restrições ao direito de greve foi amplamente rechaçada pelas motivações e fundamentações da Subcomissão de Direito dos Trabalhadores.

O exemplo 5 do item 3.4 deste estudo, apresentado pelo constituinte Salatiel Carvalho, PFL/PE, mostra uma proposta aprovada pela subcomissão com o fundamento de que suprimir a expressão "no âmbito de seus interesses" do projeto apresentado não seria possível, uma vez que a expressão era necessária para garantir que os trabalhadores decidam a que vem a greve. Também foi decidida a supressão da expressão "na forma da lei" da proposta, para evitar uma lei de greve que acabasse por inviabilizar o direito.

O parecer da subcomissão no exemplo 4 também expressa claramente que o direito de greve não é passível de sofrer restrição por lei ordinária.

Por fim, o exemplo 2 deste estudo apresenta o arrazoado do parecer pela rejeição, no qual a subcomissão considera não caber à legislação ordinária a definição das condições do exercício do direito de greve.

9.1. Memorial Nove de Novembro

Após o episódio que ficou conhecido como Massacre de Volta Redonda, foi erguido um monumento na cidade, projetado por Oscar Niemeyer, em homenagem aos três trabalhadores assassinados, William Fernandes Leite de 22 anos, Valmir Freitas Monteiro, de 27 anos, e Carlos Augusto Barroso, de 19 anos, e aos 46 feridos.

A inauguração do monumento ocorreu no dia 1º de maio de 1989, ano seguinte à violenta repressão aos trabalhadores da siderúrgica. No dia seguinte à inauguração, a obra de Niemeyer sofreu um atentado. A explosão de bombas derrubou a obra, reiterando a violência contra toda a cidade.

O símbolo foi novamente levantado, conservando as marcas violentas da explosão que sofrera. As rachaduras do atentado foram incorporadas à obra memorial.

Os fatos do atentado ao monumento Nove de Novembro nunca chegaram a ser apurados, assim como a responsabilidade pelo assassinato dos trabalhadores nele representados.

Esse silenciamento histórico e a impunidade dos responsáveis por tamanha violência contra toda a classe operária são sintomáticos de uma sociedade que também carrega muitas rachaduras dos golpes sofridos. Por coincidência, ou nem tanto, no mês seguinte ao atentado contra a memória da greve de Volta Redonda, foi publicada a MP n. 59 de 1989, restringindo o direito de greve.

Assim como o monumento rachado, o artigo nono sobrevive no texto constitucional, apesar dos reiterados ataques sofridos desde antes da promulgação da Constituição de 1988.

10. Conclusão

O processo de formação do artigo nono da Constituição de 1988 não deixa dúvidas quanto ao objetivo de garantir o direito de greve sem restrições de lei ordinária.

O que mais me marcou no processo de pesquisa para este estudo foi perceber a ausência de crítica ou ponderação sobre as ilegalidades do empregador que dão oportunidade aos movimentos paredistas. Via de regra, os discursos falar em "grevismo" e em ditadura dos representantes sindicais – ou pior, partem do pressuposto de abuso do direito, como se o artigo nono estivesse desligado das demais garantias do corpo constitucional.

Um tom pejorativo, quando não condescendente e paternalista, é dado à resistência obreira, partindo da premissa de que os trabalhadores são incapazes de se organizar e de preservar seu ambiente de trabalho.

A realidade dos fatos demonstra que não é bem assim que as coisas ocorrem, o que dá a esses discursos um ar de cinismo perverso, posto que sempre começam com a greve em si e com os prejuízos ou abusos supostamente cometidos no decorrer da movimentação das pessoas trabalhadoras, sem sequer ponderar sobre a postura patronal nesses eventos.

A Lei de Greve atualmente vigente, além de reviver o discurso derrotado no processo constituinte de forma clara e fundamentada, é uma lei parcial, que estigmatiza o direito de resistência da classe trabalhadora, pressupondo prejuízos à sociedade e ao patrimônio das empresas.

Uma lei aplicada numa relação bilateral, como é o contrato de trabalho, deve trazer, no mínimo, disposições equilibradas de deveres e garantias para ambos os lados, o que não acontece na atual lei de greve, ou acontece de forma insuficiente e perniciosa.

Se a lei visa tratar do movimento grevista, deve também tratar da atuação patronal dentro do contrato de trabalho. Há diversas restrições ao exercício de greve, mas nenhuma previsão de obrigação patronal em corresponder à fase de negociações, ou ainda, de sanção pelo prejuízo social causado pelo descumprimento das leis trabalhistas. Esse descompromisso permitido aos empregadores gera, de longe, muito mais prejuízo social que o movimento paredista em si.

Assinale-se que a Lei de Greve foi publicada em total desconsideração ao permissivo do artigo nono, destinado tão somente à regulamentação da greve em serviços essenciais.

É muito impactante a percepção de que as proposições restritivas ultrapassadas no processo constituinte foram em seguida positivadas na legislação ordinária.

11. Bibliografia

ARAÚJO, Fernando Silva de; YAMAMOTO, Paulo de Carvalho. Greve ambiental e o direito de resistência: a autotutela dos trabalhadores em defesa da sanidade no ambiente de trabalho. *Revista do Departamento de Direito do Trabalho e da Seguridade Social*, São Paulo, v. 7, n. 1, p. 138-49, jul. 2015/jun. 2016.

COSTA, Francisco Pereira; TAVEIRA, Roselene Aparecida. *Resistência 2:* Defesa e crítica da Justiça do Trabalho. 1. ed. São Paulo: Expressão Popular, 2018.

DELGADO, Mauricio Godinho. *Curso de Direito do Trabalho*. 1. ed. São Paulo: LTr, 2015.

FERRARY, Irany. Algumas ponderações sobre a Medida Provisória n. 50, que dispõe sobre o exercício do direito de greve. *Suplemento Trabalhista LTr*, 51-265/89, 1989A.

______. *Suplemento Trabalhista LTr*, 74-383/89, 1989B.

MAIOR, Jorge Luiz Souto Maior. Greve e salário. *Rev. Trib. Reg. Trab. 3ª Reg.*, Belo Horizonte, v. 51, n. 81, p. 175-183, jan.-jun. 2010.

______. *História do direito do trabalho no Brasil:* curso de direito do trabalho, v. I, parte II. São Paulo: LTr, 2017.

______. *Você realmente se preocupa com os caminhoneiros? Blog* Jorge Luiz Souto Maior, 27 maio 2018. Disponível em: <https://www.jorgesoutomaior.com/blog/voce-realmente-se-preocupa--com-os-caminhoneiros>. Acesso em: 09 out. 2019.

MALHADAS, Julio Assumpção. Algumas observações sobre a Constituição de 1988 e o Direito do Trabalho. *Suplemento Trabalhista LTr*, 99-473/88, 1988.

PRADO, Ney. A Justiça do Trabalho e o Direito de Greve. *Suplemento Trabalhista LTr*, 10-63/89, 1989.

ROMITA, Arion Sayão. O poder normativo da Justiça do Trabalho: antinomias constitucionais. *Revista do Tribunal Superior do Trabalho*, Porto Alegre, v. 67, n. 2, p. 43-63, abr./jun. 2001.

______. *Direitos fundamentais das relações de trabalho*. 2 ed. São Paulo: LTr, 2007.

SAAD, Eduardo Gabriel. A Constituição e a temática trabalhista: A Medida Provisória n. 50 e o Direito de Greve. *Suplemento Trabalhista LTr*, 55-279/89, 1989A.

______. A Constituição e a temática trabalhista (V) – 1. A nova Lei de Greve. *Suplemento Trabalhista LTr*, 76-391/89, 1989B.

12. Endereços eletrônicos

Câmara dos Deputados: <https://www.camara.leg.br>.

Centro de Memória do Sul Fluminense: <http://cemesf.vr.uff.br/>.

Memorial da Democracia: <http://memorialdademocracia.com.br>

YouTube: <http://youtube.com>

13. Filmes

História de Volta Redonda, documentário da Arigó Filmes.

1988: Uma greve, corações e mentes, documentário dirigido por Erasmo José da Silva.

O Acidente do Trabalho no Córrego do Feijão - Brumadinho/MG, e a Responsabilidade Internacional do Estado Brasileiro

Bruna Fonseca Uchoa[1]

Resumo: Este trabalho teve por objetivo analisar a responsabilidade internacional do Estado brasileiro no acidente do trabalho de Brumadinho/MG, ocasionado pelo rompimento da barragem de dejetos minerais do Córrego do Feijão. Apresenta os principais aspectos da tragédia vivida, e estuda a tutela jurídica do meio ambiente do trabalho, com a possibilidade de responsabilização do Estado brasileiro pela poluição labor ambiental, os sistemas de proteção de direitos humanos a qual o Brasil é signatário Sistema Global das Nações Unidas, em especial ao regime da Organização Internacional do Trabalho, e o Sistema Interamericano de Direitos Humanos, e seus principais diplomas internacionais sobre a temática. Constatou-se, assim, a violação do Estado brasileiro as Convenções ns. 115 e 174 da OIT, e a Convenção Americana sobre Direitos Humanos e seu Protocolo Adicional – Protocolo de San Salvador. Concluiu-se então, pela possibilidade de responsabilidade internacional do Estado brasileiro pelo descumprimento dos respectivos diplomas legais no acidente de trabalho de Brumadinho/MG.

Palavras-chave: Responsabilidade internacional do Estado — Acidente do trabalho — Meio ambiente do trabalho.

1. Introdução

No Brasil o direito ao meio ambiente do trabalho equilibrado, seguro e sadio tem respaldo em compromissos internacionais, firmados com os sistemas de proteção dos direitos humanos, em relação ao global, principalmente a partir da ratificação de Convenções da Organização Internacional do Trabalho, e em relação ao regional, principalmente pela ratificação do Protocolo Adicional à Convenção Americana sobre Direitos Humanos — Protocolo de San Salvador.

(1) Advogada trabalhista. Especialista em Direito do Trabalho e Processo do Trabalho (USP).

Assim como, possui tutela no ordenamento jurídico doméstico, regulamentado em legislação infraconstitucional, mas principalmente como direito fundamental, disposto no art. 225 da Constituição da República Federativa do Brasil, que a partir da concepção ampla de meio ambiente, e em concomitância com o art. 7º, inciso XXII, da mesma Carta, objetiva a sua proteção.

Portanto, não há dúvidas que é dever do Estado brasileiro de garantir o meio ambiente do trabalho equilibrado, seguro e sadio.

Todavia, imperioso se faz lembrar o trágico evento ocorrido em 05 de novembro de 2015, em Mariana/MG, que com o rompimento da barragem de Fundão, marcou a paisagem daquela rica e bela região, despejando sobre o vale do córrego de Santarém cerca de 62 milhões de metros cúbicos de mineração — concebido como o maior crime ambiental da história brasileira(2).

O Subdistrito de Bento Gonçalves teve a paisagem marcada, sendo soterrado pelo mar de resíduos que se formou, dezenove mortes contabilizadas — nenhum trabalhador das multinacionais responsáveis pelo acidente. Os rios foram estagnados, a terra envenenada, os bosques e unidades de preservação foram exterminados, casas aniquiladas, e os camponeses trabalhadores foram expulsos e passaram a viver nos subúrbios das grandes cidades, tentando consumir o que produziam.

É nesse contexto que após 3 anos e 2 meses que ocorre, em 25 de janeiro de 2019, o rompimento da barragem do córrego do Feijão, o que "reabriu as cicatrizes de uma terra ferida pela exploração descompromissada com a sustentabilidade, traduzindo-se no maior acidente do trabalho experimentado pela história brasileira a partir de dados oficiais".(3)

A partir deste panorama, o presente estudo se desenvolveu com a finalidade de verificar se há responsabilidade internacional do Estado brasileiro no acidente do trabalho de Brumadinho/MG, ocasionado pelo rompimento da barragem do córrego do Feijão, ao violar compromissos internacionais firmados em tratados internacionais de direitos humanos.

Dessa forma, o primeiro capítulo, trata do objeto da pesquisa, apresentando um breve relato de como ocorreu o acidente de trabalho de Brumadinho/MG e suas consequências, os aspectos grais do direito ao meio ambiente do trabalho equilibrado, seguro e sadio, e as considerações sobre a responsabilidade do Estado brasileiro sobre a poluição labor-ambiental do presente caso.

Em seguida, o segundo capítulo, apresenta a responsabilidade do Estado brasileiro perante os sistemas de proteção dos direitos humanos, trazendo os aspectos gerais do sistema global a partir da Organização Internacional do Trabalho, e do sistema

---

(2) MEIRA, André Augusto Malcher; JUNQUEIRA, Fernanda Antunes Marques; MARANHÃO, Ney. O grito de Brumadinho: o rompimento da barragem do córrego do feijão e suas implicações na perspectiva do meio ambiente do trabalho. In: *Revista eletrônica do Tribunal Regional do Trabalho da 9ª Região*, vol. 8, n. 76, mar. 2019, p. 104.

(3) *Ibidem*, p. 105.

regional interamericano da Organização dos Estados Americanos (OEA), explicando ainda a hierarquia dos tratados internacionais de direitos desses sistemas no nosso ordenamento jurídico brasileiro.

O terceiro, e último capítulo, se propôs a analisar, em especifico, os principais tratados de direitos humanos violados, quais sejam as convenções de n. 155 e 174 da Organização Internacional do Trabalho, que tratam respectivamente, sobre a segurança e saúde dos trabalhadores, e sobre a prevenção de acidentes industriais maiores, e ainda o Protocolo de San Salvador, protocolo adicional à Convenção Americana sobre Direitos Humanos em matéria de direitos econômicos, sociais e culturais do Sistema Interamericano de Direitos Humanos da OEA.

2. O acidente do trabalho de Brumadinho/MG — O rompimento da barragem do Córrego do Feijão, o meio ambiente do trabalho, e a responsabilidade do Estado brasileiro pela poluição labor-ambiental

Inicialmente, é necessário descrever o caso objeto de estudo deste trabalho o acidente do trabalho do rompimento da barragem do Córrego do Feijão, Brumadinho/MG, relatando o acontecido, sua dimensão e principais consequências. Para, a partir de perfilado o alicerce fático deste trabalho, que tem a finalidade de delinear nossa problemática, então apresentar o conceito de meio ambiente do trabalho, seus princípios norteadores, sua previsão no ordenamento jurídico, e outras definições jurídicas importantes para o presente estudo.

2.1. Um breve relato sobre o acidente de trabalho de Brumadinho/MG

Em 25 de janeiro de 2019, no período da tarde, estavam os trabalhadores, com vínculo empregatício direto ou terceirizados, da empresa Vale S.A, executando ordinariamente suas atividades na Mina do Feijão, localizada na cidade de Brumadinho – Minas Gerais.

Estimasse que em média 240 trabalhadores[(4)] estavam executando suas funções naquele, dos quais alguns estavam na área administrativa, outros no refeitório da empresa em gozo de seu intervalo para alimentação, havia ainda, os que estavam aguardando o carregamento e o descarregamento do minério por exemplo.

Todos laboravam a poucos metros da "B1" — barragem de rejeitos de mineração do complexo da Mina do Feijão, que ficava um pouco acima das estações de trabalho da Vale, construída segundo o sistema de alteamento para montante[(5)], método mais simples de depósito dos dejetos minerários e menos oneroso.

---

(4) MPE/MG. *Relatório Final da CPI da Barragem de Brumadinho*. Disponível em: <https://www.mpmg.mp. br/conunicacao/noticias/mpemg-recebe-relatorio-final-da-cpi-da-barragem-brumadinho.html>. Acesso em: 08 out. 2019.

(5) "O método para montante consiste, inicialmente, na construção de um dique inicial ou de partida, utilizando-se geralmente aterro compactado ou enrocamento. Os rejeitos são descarregados hidraulicamente,

Legenda: Complexo da Mina do Feijão às 12:28, do dia 25 de janeiro de 2019. Fonte: BBC.

Aproximadamente às 12:28 horas, um barulho parecido com o de um incêndio começou. A parede de sustentação da barragem, de 86 metros de altura, havia desmoronado. Em 90 segundos, o refeitório, os escritórios e dezenas de veículos pesados usados na mineração haviam sido engolidos pela lama.

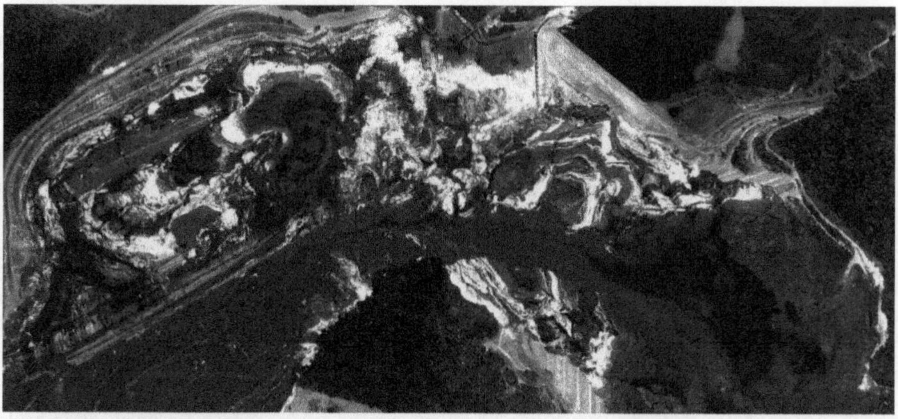

Legenda: Complexo da Mina do Feijão às 12:30, do dia 25 de janeiro de 2019. Fonte: BBC.

Foi assim que de súbito, sem qualquer alarde ou aviso prévio, houve o rompimento da barragem de dejetos, o complexo da Vale na Mina do Feijão foi completamente

por meio de canhões ou hidrociclones, desde a crista (parte mais alta) do dique de partida, formando uma praia de rejeito que, com o tempo, será adensada e servirá como fundação e fornecerá material para futuros diques de alteamento, que serão construídos com o próprio material do rejeito. O processo é repetido até que seja atingida a cota de ampliação prevista no projeto. (In: RAFAEL, Herbert Miguel Angel Maturano. *Análise do potencial de liquefação de uma barragem de rejeito*. Pontifícia Universidade Católica do Rio de Janeiro. Departamento de Engenharia Civil, 2012). Pelos riscos ambientais que oferece, o método de alteamento para montante é proibido no Chile e no Peru e conta com pouca utilização nos Estados Unidos e na Europa" In: MEIRA, André Augusto Malcher; JUNQUEIRA, Fernanda Antunes Marques, MARANHÃO, Ney. *O grito de Brumadinho*: o rompimento da barragem do córrego do feijão e suas implicações na perspectiva do meio ambiente do trabalho. In: Revista eletrônica do Tribunal Regional do Trabalho da 9ª Região: Vol. 8, n. 76 (mar. 2019), p. 104.

soterrado, e a cidade de Brumadinho se viu coberta de lama de minérios, "sem tempo para socorro e clemência", como enfatiza o Promotor Dr. Antônio Sérgio Tonet(6) ao receber o Relatório Final da Comissão Parlamentar de Inquérito (CPI) da Barragem de Brumadinho.

Sobre o acidente, em nota, a Vale afirmou que(7):

> A Barragem I da Mina Córrego do Feijão tinha como finalidade a disposição de rejeitos provenientes da produção e ficava situada em Brumadinho (MG). A mesma estava inativa (não recebia rejeitos), não tinha a presença de lago e não existia nenhum outro tipo de atividade operacional em andamento. No momento, encontrava-se em desenvolvimento o projeto de descomissionamento da mesma.
>
> A barragem foi construída em 1976, pela Ferteco Mineração (adquirida pela Vale em 27 de abril de 2001), pelo método de alteamento a montante. A altura da barragem era de 86 metros, o comprimento da crista de 720 metros. Os rejeitos dispostos ocupavam uma área de 249,5 mil m^2 e o volume disposto era de 11,7 milhões de m^3.
>
> A Barragem I possuía Declarações de Condição de Estabilidade emitidas pela empresa TUV SUD do Brasil, empresa internacional especializada em Geotecnia. As Declarações de Condição de Estabilidade foram emitidas em 13.06.2018 e em 26.09.2018, referentes aos processos de Revisão Periódica de Segurança de Barragens e Inspeção Regular de Segurança de Barragens, respectivamente, conforme determina a portaria DNPM 70.389/2017. A barragem possuía Fator de Segurança de acordo com as boas práticas mundiais e acima da referência da Norma Brasileira. Ambas as declarações de estabilidade mencionadas atestam a segurança física e hidráulica da barragem.
>
> A Barragem passava por inspeções de campo quinzenais, todas reportadas à ANM (Agência Nacional de Mineração) através do SIGBM (Sistema Integrado de Gestão de Segurança de Barragens de Mineração). Sendo que a última inspeção cadastrada no sistema da ANM foi executada em 21/12/18. Adicionalmente, a mesma passou por inspeções em 08/01/19 e 22/01/19, com registro no sistema de monitoramento da Vale. O cadastramento da inspeção na ANM, conforme legislação, deve ser

(6) MPE/MG. *Relatório Final da CPI da Barragem de Brumadinho.* Disponível em: <https://www.mpmg.mp. br/conunicacao/noticias/mpemg-recebe-relatorio-final-da-cpi-da-barragem- brumadinho.html>. Acesso em: 08 out. 2019.

(7) Disponível em: <http://www.vale.com/brasil/PT/aboutvale/news/Paginas/Esclarecimentos-sobre- a-barragem-I-da-Mina-de-Corrego-do-feijao.aspx>. Acesso em: 09 out. 2019.

executado até o final da quinzena seguinte. Todas estas inspeções não detectaram nenhuma alteração no estado de conservação da estrutura. A Barragem possuía 94 piezômetros e 41 INAs (Indicador de Nível D´Água) para seu monitoramento. As informações dos instrumentos eram coletadas periodicamente e todos os seus dados analisados pelos geotécnicos responsáveis pela barragem. Dos 94 piezômetros, 46 eram automatizados.

A Barragem possuía PAEBM (Plano de Ações Emergenciais de Barragem de Mineração), conforme determina portaria DNPM 70.389/2017. O mesmo foi protocolado nas Defesas Civis Federal, Estadual e Municipal, entre os meses de junho e setembro de 2018. O PAEBM foi construído com base em um estudo de ruptura hipotética, que definiu a mancha de inundação. Além disso, a barragem possuía sistema de vídeo monitoramento, sistema de alerta através de sirenes (todas testadas) e cadastramento da população à jusante. Também foi realizado o simulado externo de emergência em 16.06.2018, sob coordenação das Defesas Civis, com o total apoio da Vale, e o treinamento interno com os funcionários em 23.10.2018.

Diante de todos os pontos descritos acima, estamos ainda buscando respostas para o ocorrido.

O Relatório Final da CPI, entregue ao Ministério Público do Estado de Minas Gerais (MPE-MG), aponta a estimativa de 270 vítimas do desastre, das quais 250 corpos já foram encontrados e identificados, dentre estes sendo 139 de trabalhadores da Vale. As buscas seguem por mais essas 20 pessoas, das quais 9 são possíveis trabalhadores da Vale(8).

Diferente do que apresenta como dados oficiais a Assembleia Legislativa de Minas Gerais (ALMG), importantes veículos de informação como a BBC News(9), e organizações não governamentais como a Envolverde e 350.org Brasil(10), estimam número muito superior de vítimas, sendo 360 mortos, dos quais 110 pessoas estão desaparecidas e não identificadas.

---

(8) MPE/MG. *Relatório Final da CPI da Barragem de Brumadinho.* Disponível em: <https://www.mpmg.mp. br/conunicacao/noticias/mpemg-recebe-relatorio-final-da-cpi-da-barragem- brumadinho.html>. Acesso em: 08 out. 2019.

(9) BBC. *Brumadinho:* a tragédia que poderia ter sido evitada. Disponível em: <https://www.bbc.com/portuguese/resources/idt-sh/Brumadinho>. Acesso em: 08 out. 2019.

(10) CARTA CAPITAL. *Entenda a importância da atuação de ONGs internacionais em tragédias como a de Brumadinho (MG).* Disponível em: <https://www.envolverde.cartacapital.com.br/a_imprtancia_da_atuacao-de-ongs-intrnacionais- em_tragedia_brumadinho_htm>. Acesso em: 08 out. 2019.

Em relação aos trabalhadores falecidos, a Vale S/A e o Ministério Público do Trabalho de Minas Gerais assinaram, em 15 de julho de 2019 na 5ª Vara do Trabalho de Betim/MG, com a participação de sindicatos, acordo por meio do qual foi encerrada a fase de conhecimento da Ação Civil Pública.

Restou acordado que aos familiares dos trabalhadores vítimas do rompimento da barragem B1 da Mina Córrego do Feijão, em Brumadinho, a partir de habilitação, devem receber reparação nos seguintes termos(11): (a) pais, cônjuges ou companheiros(as) e filhos de trabalhadores falecidos, individualmente, o valor de R$ 500.000,00 (quinhentos mil reais) por dano moral; (b) irmãos receberão R$ 150.000,00 (cento e cinquenta mil); (c) pagamento de um seguro adicional por acidente de trabalho no valor de R$ 200.000,00 (duzentos mil reais) aos pais, cônjuges ou companheiros(as) e filhos, individualmente; (d) pagamento de dano material ao núcleo de dependentes, cujo valor mínimo é de R$ 800.000,00 (oitocentos mil reais); pagamento do benefício de auxílio creche no valor de R$ 920,00 (novecentos e vinte reais) mensais para filhos de trabalhadores falecidos com até 3 anos de idade, e auxílio educação no valor de R$ 998,00 (novecentos e noventa e oito reais) mensais para filhos entre 3 e 25 anos de idade; (e) concessão de plano de saúde vitalício para cônjuges ou companheiros(as) e para filhos até 25 anos de idade.

O acordo também prevê, ainda, estabilidade aos trabalhadores próprios e terceirizados, lotados na Mina de Córrego do Feijão no dia do rompimento, e aos sobreviventes que estavam trabalhando no momento do rompimento, pelo prazo de 03 anos, contados a partir de 25 de janeiro de 2019, podendo ser convertido em pecúnia. A Vale depositou a disposição do juízo, no dia 06 de agosto de 2019, o valor de R$ 400 milhões a título de dano moral coletivo(12).

Em relação ao dano ambiental ecológico, aproximadamente 12,7 milhões de metros cúbicos de rejeitos de minério foram despejados pelo rompimento, com a contaminação do solo, subsolo e dos recursos hídricos que abastecem a região. Assim:

Os trabalhadores que vivem da pesca não encontrarão nas águas do Rio Paraopeba os peixes de outrora. O agricultor e pecuarista procuração seus campos férteis, mas não os encontrarão. Os desalojados migrarão para outros centros, levando na bagagem a memória do lar que perdeu e a incerteza do futuro que se avizinha. Apenas alguns dos efeitos deletérios de ordem macrossocial advindos da exploração desconectada com os axiomas fundantes da ética ambiental.(13)

(11) TRT3R. *Ação Civil Pública 0010261-67.2019.5.03.0028*. 5ª Vara do Trabalho de Betim. Juíza Dra. Renata Lopes Vale. Data de Julgamento: 15.07.2019.

(12) *Op. cit.*

(13) MEIRA, André Augusto Malcher; JUNQUEIRA, Fernanda Antunes Marques, MARANHÃO, Ney. O grito de Brumadinho: o rompimento da barragem do córrego do feijão e suas implicações na perspectiva do meio ambiente do trabalho. In: *Revista eletrônica do Tribunal Regional do Trabalho da 9ª Região*, vol. 8, n. 76, mar. 2019, p. 105.

Curioso é que a barragem do Córrego de Feijão, localizada à vazante do Rio Paraopeba, não estava em operação desde 2015, por conta do processo de beneficiamento do minério a seco. Passando a operar em dezembro de 2018, após obtida a licença ambiental do Estado de Minas Gerais — em tempo recorde, por sinal — mas em desacordo com normas básicas de prevenção ambiental, conforme parecer técnico do Fórum Nacional da Sociedade Civil na Gestão de Bacias Hidrográficas (FONASC-CBH)(14).

Dois meses após a liberação, um acidente ambiental ocorrer e custa a vida de inúmeros trabalhadores, impondo à presente e futura gerações os altíssimos custos da degradação ambiental.

Legenda: Foto de Satélite antes do rompimento da barragem de dejetos. Fonte: BBC.

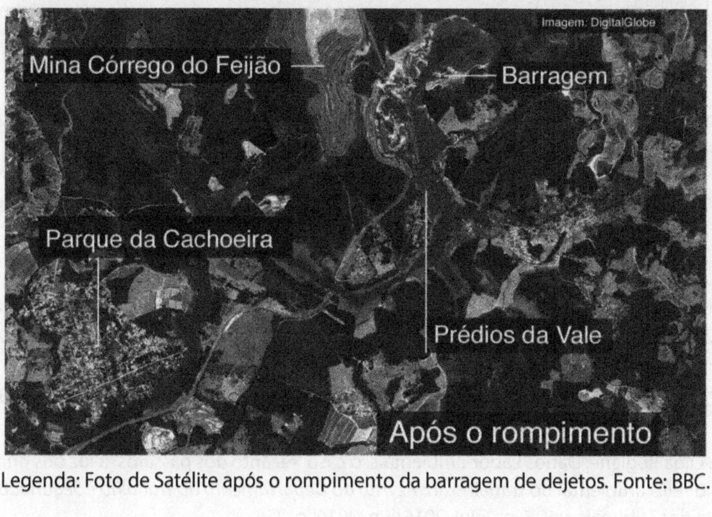

Legenda: Foto de Satélite após o rompimento da barragem de dejetos. Fonte: BBC.

---

(14) Disponível em: <http://fonasc-cbh.org.br/wp-content/uploads/Item_5.2_Relato_de_vistas_FONASC_VALE1.pdf>. Acesso em: 08 out. 2019.

Perfiladas as principais questões do acidente do trabalho de Brumadinho/MG, temos que apesar da questão ambiental ecológica merecer um olhar mais aprofundado, o objeto do presente estudo visa tratar especificamente do meio ambiente do trabalho. Sendo necessário compreender o surgimento do conceito, seus princípios norteadores, sua previsão na Constituição Federal, e os deveres do Estado na promoção da preservação e defesa deste, além de outras noções jurídicas importantes para o presente estudo.

2.2. Aspectos gerais do meio ambiente do trabalho

2.2.1. Breve histórico do direito ao meio ambiente do trabalho: conceituação e tutela jurídica

Tradicionalmente a concepção "geral" de meio ambiente é lida em quatro espécies(15): (i) meio ambiente natural ou físico (constituído pelo sol, água, ar atmosférico, flora e fauna); (ii) meio ambiente cultural (que abarca valores históricos patrimônio histórico, artístico, arqueológico, paisagístico, turístico); (iii) meio ambiente artificial (espaço urbano constituído pelo ser humano, englobando o conjunto de edificações e espaços urbanos públicos); e (iv) o meio ambiente do trabalho, que para os juristas ambientalistas é reduzido, de forma incorreta, como "o local de realização da atividade laboral"(16).

Tal reducionismo é incerto, pois o termo traduz a relação estrita entre as temáticas de direito do trabalho, direitos sociais e fundamentais do trabalhador, saúde, segurança e medicina do trabalho(17).

A conceito de meio ambiente do trabalho tem natureza interdisciplinar, dada sua complexidade e interligação com o meio ambiente de modo geral, uma vez que o meio ambiente deve considerar os aspectos físicos (elementos da natureza e bens tangíveis pelo homem), sociais (valores culturais, hábitos, crenças e etc.) e psíquico (sentimentos, expectativas, etc.). O qual juntos, nos termos dos ensinamentos de Guilherme Feliciano(18):

> (...) a partir de mecanismos de interação e influência, em um sistema similar ao de 'vasos comunicantes', os múltiplos ambientes que se

(15) *Apud* MELO, Raimundo Simão de. Direito Ambiental do trabalho e a saúde do trabalhador. São Paulo: LTr, 2004. p. 28-29. In: ARAUJO, Luiz Alberto David; NUNES JÚNIOR, Vidal Serrano. *Curso de direito constitucional.* 10. ed. São Paulo, 2006. p. 506.

(16) ARAUJO, Luiz Alberto David; NUNES JÚNIOR, Vidal Serrano. *Curso de direito constitucional.* 10. ed. São Paulo, 2006. p. 497.

(17) PILEGIS, Olga Regiane. Danos Labor-ambientais: o caso "recanto dos pássaros" à luz dos princípios informadores do direito ambiental do trabalho. In: *Revista do Departamento do Trabalho e Seguridade Social*, São Paulo, Revista dos Tribunais, vol. 7, n. 1, jul. 2015/jun. 2016, p. 254.

(18) FELICIANO, Guilherme Guimarães; URIAS, João (Orgs.) *Direito Ambiental do trabalho:* apontamentos de uma teoria geral. São Paulo: LTr, 2013.

envolvem e atuam sobre o ser humano formam círculos que influenciam uns aos outros.

Passando o doutrinador a definir meio ambiente do trabalho como:

> o conjunto (= sistema) de condições, leis, influências e interações de ordem física, química, biológica, psicológica que incidem sobre o homem em sua atividade laboral, esteja ou não submetido ao poder hierárquico de outrem.[19]

Assim, são ultrapassadas as concepções de que meio ambiente do trabalho se resume ao local de trabalho efetivo, no qual o trabalhador exerce sua profissão ou atividade. Pois, como visto, a proteção a ambiência laboral deve ser interpretada e aplicada em um viés muito mais amplo, inclusive porque as consequências de danos provocados por degradação labor-ambiental alcançam não apenas na vítima direta, ou seja, o trabalhador, mas sim tem potencialidade de atingir a sociedade como um todo.

Conceituado o que se entende por meio ambiente do trabalho, importante é entender como se dá a sua tutela jurídica, que começou no plano internacional com a criação da Organização Internacional do Trabalho (OIT), em 1919[20]. Que promoveu a redação de dezenas de convenções e recomendações que tratavam especificamente do tema, merecendo destaque a Convenção n. 155[21] — considerada a "cartilha de medidas mínimas e obrigatórias para alcançar um meio ambiente de trabalho equilibrado"[22].

A Convenção n. 155 da OIT trata da segurança e saúde dos trabalhadores e ao meio ambiente do trabalho, ampliando o conceito de local de trabalho, que passa a abranger "todos os lugares onde os trabalhadores devem permanecer ou onde têm que comparecer, e que esteja sob o controle, direto ou indireto, do empregador" (art. 3º, alínea c, do Decreto n. 1.254/94). Ampliando também o conceito de saúde, que "não só a ausência de afecções ou de doenças, mas também os elementos físicos e mentais que afetam a saúde e estão diretamente relacionados com a segurança e a higiene no trabalho" (art. 3º, alínea *"e"* do Decreto n. 1.254/94), dentre outros.

Ainda no plano internacional, merece destaque a Declaração das Nações Unidas sobre o Meio Ambiente Humano, popularmente conhecida como Declaração de

---

(19) *Op. cit.*, p. 513.

(20) PILEGIS, Olga Regiane. Danos Labor-ambientais: o caso "recanto dos pássaros" à luz dos princípios informadores do direito ambiental do trabalho. In: *Revista do Departamento do Trabalho e Seguridade Social*. São Paulo, Revista dos Tribunais, vol. 7, n. 1, jul. 2015/jun. 2016, p. 254.

(21) Ratificada pelo Brasil, sendo introduzida no ordenamento jurídico pelo Decreto n. 1.254, de 29 de setembro de 1994.

(22) PILEGIS, Olga Regiane. Danos Labor-ambientais: o caso "recanto dos pássaros" à luz dos princípios informadores do direito ambiental do trabalho. In: *Revista do Departamento do Trabalho e Seguridade Social*. São Paulo, Revista dos Tribunais, vol. 7, n. 1, jul. 2015/jun. 2016, p. 255.

Estocolmo de 1972, que teve como principal objetivo suscitar a necessidade de um critério e de princípios comuns que ofereçam a todos os povos do mundo inspiração e guia para preservar e melhorar o meio ambiente humano. A declaração em questão pauta-se pela diretriz de que o homem tem o dever e a responsabilidade de prevenir riscos ao meio ambiente, inclusive o do trabalho(23).

Ademais, merece destaque também a Declaração do Rio sobre Meio Ambiente e Desenvolvimento(24), conhecida como Rio-92 ou ECO-92, que além de reafirmar a Declaração de Estocolmo, avança no sentido de afirmar a necessidade da criação de novos níveis de cooperação entre os Estados, sociedade civil organizada, e outros atores importantes que promovam acordos internacionais que respeitem os interesses de todos e protejam a integridade do sistema global e do meio ambiente e desenvolvimento, reconhecendo a natureza integral e interdependente do planeta(25).

Nesse sentido, como uma medida prática a fim de planejar e cumprir o que foi proposto pela Rio-92, a chamada Agenda 21 foi outro documento importante para a tutela judicial do meio ambiente do trabalho.

Trata-se de um conjunto de ações no qual a comunidade dos países membros tem o compromisso de identificar os problemas prioritários, e assim propor recursos e meios para enfrentá-los nas próximas décadas. A agenda 21 deixa claro que os trabalhadores são um dos focos da atuação na busca pelo desenvolvimento sustentável, uma vez que na descrição das diretrizes da Agenda, há o objetivo geral pela mitigação da pobreza, pelo emprego pleno e sustentável, o que contribui para ambientes seguros, limpos e saudáveis.

A seu turno, no ordenamento jurídico doméstico, a tutela do meio ambiente do trabalho está salvaguardada no art. 225 da Constituição Federal da República do Brasil (CRFB), no qual dispões que:

> Todos têm direito ao meio ambiente ecologicamente equilibrado, bem de uso comum do povo e essencial à sadia qualidade de vida, impondo-se ao Poder Público e à coletividade o dever de defendê-lo e preservá-lo para as presentes e futuras gerações.

---

(23) Os princípios 1 e 8 da Declaração corroboram a finalidade apontada: "Princípio 1. O homem tem o direito fundamental à liberdade, à igualdade e ao desfrute de condições de vida adequadas em um meio ambiente de qualidade tal que lhe permita levar uma vida digna e gozar de bem-estar, tendo a solene obrigação de proteger e melhorar o meio ambiente para as gerações presentes e futuras. A este respeito, as políticas que promovem ou perpetuam o apartheid, a segregação racial, a discriminação, a opressão colonial e outras formas de opressão e de dominação estrangeira são condenadas e devem ser eliminadas. (...) Princípio 8. O desenvolvimento econômico e social é indispensável para assegurar ao homem um ambiente de vida e trabalho favorável e para criar na terra as condições necessárias de melhoria da qualidade de vida.

(24) Ratificada pelo Brasil, sendo introduzida no ordenamento jurídico pelo Decreto n. 2.241, de 2 de junho de 1997.

(25) PILEGIS, Olga Regiane. Danos Labor-ambientais: o caso "recanto dos pássaros" à luz dos princípios informadores do direito ambiental do trabalho. In: *Revista do Departamento do Trabalho e Seguridade Social.* São Paulo, Revista dos Tribunais, vol. 7, n. 1, jul. 2015/jun. 2016, p. 254.

Ademais, garante a Constituição Federal o direito fundamental a saúde e segurança (art. 6º, *caput*, da CRFB), dentre outros que integram o ideal para uma sadia qualidade de vida, o que está intimamente relacionado a um meio ambiente equilibrado.

Destaca-se ainda o art. 7º, inciso XXII da CRFB, que dispõe sobre a "*redução dos riscos inerentes ao trabalho, por meio de normas de saúde, higiene e segurança*", e o art. 200, inciso VIII da CRFB, com o seguinte teor "*colaborar na proteção do meio ambiente, nele compreendido o do trabalho*".

Na Carta Magna ainda podemos trazer para compor a tutela constitucional ao meio ambiente do trabalho equilibrado, o art. 170, *caput*, da CRFB, que imputa a valorização do trabalho humano e da livre iniciativa como fundamentos da ordem econômica, elegendo como um de seus princípios a "*defesa do meio ambiente, inclusive mediante tratamento diferenciado conforme o impacto ambiental dos produtos e serviços e de seus processos de elaboração e prestação*", redação do inciso VI deste artigo.

A partir do exposto, fato é que a proteção constitucional do meio ambiente do trabalho, integra o rol de direitos humanos fundamentais, inclusive porque objetiva o respeito à "dignidade da pessoa humana", valor supremo que releva o "caráter único e insubstituível de cada ser humano"[(26)], figurando, ainda, como verdadeiro *fundamento* da República Federativa do Brasil (art. 1º, inciso II da CRFB).

Ainda sobre o ordenamento interno brasileiro, a tutela infraconstitucional do meio ambiente do trabalho ocorre através da Consolidação das Leis, que em seu título II, capítulo V, versa sobre a segurança e medicina do trabalho[(27)], conforme o art. 154 e seguintes (com redação determinada pela Lei n. 6.514, de 22 de dezembro de 1977).

Tendo em vista os muitos aspectos técnicos da matéria o art. 200 da CLT determinou ao Ministério do Trabalho e Emprego (atual Secretária do Trabalho do Ministério da Economia) a competência de estabelecer disposições complementares as normas em questão. As normas reguladoras relativas à segurança e medicina do trabalho, são de observância obrigatória pelas empresas privadas e públicas e pelos órgãos públicos da administração direta e indireta[(28)].

Assim, a Portaria n. 3214 de 1978, teve a finalidade de complementar a CLT no que diz respeito às normas sobre medicina e segurança do trabalho, uma vez que prescrevem padrões a serem observados em relação ao meio ambiente do trabalho.

---

(26) COMPARATO, Fabio Konder. *A afirmação histórica dos direitos humanos*. 3. ed. São Paulo: Saraiva, 2004. p. 31.

(27) Anteriormente a denominação utilizada era a expressão "segurança e higiene do trabalho", como constava na redação anterior da Consolidação das Leis do Trabalho (capítulo V, do título II). Na atualidade a denominação correta é "segurança e medicina do trabalho" — conforme art. 154 e seguintes da CLT.

(28) PATRICIO, Carolina Sautchuk. O direito do trabalhador a um meio ambiente sadio e a tutela jurisdicional. In: *Revista do Departamento do Trabalho e Seguridade Social*. São Paulo, Revista dos Tribunais, vol. 7, n. 1, jul. 2015/jun. 2016, p. 184.

As normas de segurança e medicina do trabalho têm o relevante papel de estabelecer condições que assegurem a saúde e a segurança do trabalhador, prevenindo, protegendo, recuperando e preservando a sua higidez física e mental nos âmbitos das relações de labor[29].

Entendido o conceito de meio ambiente do trabalho e compreendido sua tutela judicial — internacional e doméstica, importante agora é conhecer os princípios norteadores desta garantia fundamental.

2.2.2. Princípios norteadores

Os princípios aplicados ao meio ambiente do trabalho, são os mesmos desenvolvidos para lidar com o meio ambiente ecologicamente equilibrado. Todavia interpretados sob a ótica do direito do trabalho, sendo necessária uma adequação hermenêutica[30].

O primeiro a ser estudado é o princípio da prevenção, o qual substancialmente consiste no "dever de evitar qualquer perigo de dano ou prejuízo ao meio ambiente do trabalho"[31].

Pode ser facilmente localizado no princípio 15 da Declaração Sobre Meio Ambiente e Desenvolvimento – Rio 92:

> Com o fim de proteger o meio ambiente, o princípio da precaução deverá ser amplamente observado pelos Estados, de acordo com suas capacidades. Quando houver ameaça de danos graves ou irreversíveis, a ausência de certeza científica absoluta não será utilizada como razão para o adiamento de medidas economicamente viáveis para prevenir a degradação ambiental.

Válido destacar que os princípios da prevenção e da precaução se assemelham bastante, sendo o da prevenção aquele que supõe o dever por parte dos agentes públicos e dos particulares de evitar riscos laboratoriais conhecidos — que é a comprovação técnico cientifica de que determinada atividade efetivamente provoca danos ao meio ambiente. E o da precaução, apenas indica que quando houver ameaça a danos graves ou irreversíveis, a ausência de certeza cientifica absoluta, não justificará adiamento para que sejam realizadas as medidas cabíveis para evitar o dano[32].

---

(29) *Ibidem*, p. 186.

(30) MARANHÃO, Ney. *Poluição labor ambiental:* abordagem conceitual da degradação das condições de trabalho, da organização do trabalho e das relações interpessoais travadas no contexto laborativo. Rio de Janeiro: Lumen Juris, 2017. p. 54.

(31) PILEGIS, Olga Regiane. Danos Labor-ambientais: o caso "recanto dos pássaros" à luz dos princípios informadores do direito ambiental do trabalho. In: *Revista do Departamento do Trabalho e Seguridade Social.* São Paulo, Revista dos Tribunais, vol. 7, n. 1, jul. 2015/jun. 2016, p. 260.

(32) *Idem.*

O segundo princípio é o do desenvolvimento sustentável, que determina que o desenvolvimento econômico deve levar em conta a necessidade de defesa e preservação do meio ambiente — como prevê o art. 170 da CRFB, aplicável especificamente ao meio ambiente laboral também.

O terceiro princípio é do poluidor-pagador, que consiste no dever do poluidor de arcar com o custo decorrente da poluição que causou, vejamos o princípio 16 da Declaração Sobre Meio Ambiente e Desenvolvimento – Rio 92:

> As autoridades nacionais devem procurar promover a internacionalização dos custos ambientais e o uso de instrumentos econômicos, tendo em vista a abordagem segundo a qual o poluidor deve, em princípio, arcar com o custo da poluição, com a devida atenção ao interesse público e sem provocar distorções no comércio e nos investimentos internacionais.

É importante ressaltar que este princípio não deve ser interpretado como uma "permissão" para poluir, na lógica do "se pagar, tudo bem poluir"[(33)], ou como uma tolerância ao prejuízo ambiental laboral.

Como mencionado acima, em matéria ambiental laboral, tem base nos direitos da segurança e medicina do trabalho, onde o mandamento principal é no sentido de prevenir qualquer dano. Apenas entendendo pela reparação integral deste por quem causou o dano — art. 225, *caput* e § 3º da CRFB.

O quarto princípio é o da participação, no qual a defesa e a preservação do meio ambiente são deveres tanto do poder público como da coletividade (art. 225, *caput*, da CRFB).

De acordo com Olga Pilegis[(34)] os princípios da participação e informação são correlatos ao tratar da matéria de higidez do ambiente de trabalho, uma vez que a informação assume dúplice aspecto: ao trabalhador, representa o direito de ser informado sobre as reais circunstâncias e condições em que desenvolve suas atividades, se há riscos ou não quanto sua saúde; e ao empregador de prestar tais informações ao trabalhador[(35)].

Por fim, o quinto e último princípio, o da ubiquidade, determina que toda a sociedade e todos os povos devem se empenhar na preservação e na proteção do meio ambiente.

---

(33) *Ibidem*, p. 261.

(34) *Ibidem*, p. 263.

(35) Está materializado no item 9.5.2 da NR-9 que estabelece "os empregados deverão informar os trabalhadores de maneira apropriada e suficiente sobre os riscos ambientais que possam originar- se nos locais de trabalho e sobre os meios disponíveis para prevenir ou limitar tais riscos e para proteger-se de si mesmos".

De acordo com a parte inicial do princípio 7 da Declaração Sobre Meio Ambiente e Desenvolvimento — Rio 92, *"os Estados devem cooperar, em um espírito de parceria global, para a conservação, proteção e restauração da saúde e da integridade do ecossistema terrestre"*.

Apresentados os princípios mais relevantes ao meio do ambiente do trabalho, necessário é, para finalizar as bases para a construção do objeto deste estudo, explanar sobre os conceitos de acidente do trabalho e poluição labor-ambiental.

2.3. Considerações sobre a poluição labor-ambiental do presente caso e a responsabilidade do Estado brasileiro

No brasil os próprios fundamentos constitucionais de proteção ao meio ambiente se baseiam, como se viu acima, na dignidade de pessoa humana, no qual o meio ambiente do trabalho tem a finalidade de, a partir da interação sistêmica de fatores naturais, técnicos e psicológicos ligados as condições de trabalho — o que anteriormente definimos como meio ambiente do trabalho, proporcionar a organização do trabalho e as relações interpessoais segurança, saúde física e mental do trabalhador(36).

Assim, qualquer turbação a essa segurança e saúde do trabalhador é uma poluição ao meio ambiente de trabalho. De acordo com os ensinamentos do doutrinador Ney Maranhão(37), a poluição é toda a:

> (...) 'limitação' ao exercício do direito de gozar do meio ambiente equilibrado, conceituando a poluição labor-ambiental como um "(...) desarranjo sistêmico suscitado pela ingerência humana que gera inaceitável afetação do equilíbrio ambiental propiciador da vida.(38)

Assim, o acidente de trabalho é configurado como a poluição labor ambiental que se deflagra no presente caso, por promover uma situação de contingenciamento da saúde e da qualidade de vida dos trabalhadores sobreviventes do rompimento da barragem, de modo a impor-lhes insegurança e danos irreversíveis psicológicos, além de ter sido a causa de mais de cem vidas ceifadas de trabalhadores.

Nesses termos, como se imporia a qualquer poluidor, fica o empregador responsável por indenizar os trabalhadores, empregados ou não, afetados pelas condições

(36) MARANHÃO, Ney. *Poluição labor ambiental:* abordagem conceitual da degradação das condições de trabalho, da organização do trabalho e das relações interpessoais travadas no contexto laborativo. Rio de Janeiro: Lumen Juris, 2017. p. 225-226.

(37) *Ibidem*, p. 226.

(38) Complementa ainda: "Referimos ainda, que degradação ambiental, em termos gerais, expressa a alteração ambiental que torna o meio ambiente improprio para o equilibrado fluir da vida. Em tom mais antropocêntrico, especialmente para fazer frente a realidade da sociosfera, degradação ambiental, pode ser encarada como a alteração ambiental que torna o meio ambiente improprio para o sadio fluir da vida humana". Ibidem. p. 226.

de trabalho degradadas — como ocorreu com o Acordo explicado no tópico 1.1 deste trabalho, promovido na 5ª Vara do Trabalho de Betim, entre sindicatos, Ministério Público do Trabalho e Vale S/A.

Assim, sabe-se que o dever patronal de reparar a sociedade e mais especificamente os trabalhadores pelos danos oriundos da poluição labor ambiental é estribado pelo caro princípio do poluidor pagador, acima explicado. Não obstante a essa presunção lógica, nos interessa neste trabalho, realizar a tarefa de interpretação analógica ao já é inconteste no direito ambiental sobre a possibilidade de responsabilidade do Estado nos casos em que se verificar que houve omissão em seu poder de fiscalizar e regular a atividade patronal que causou a poluição labor-ambiental — o acidente de trabalho.

Nesse sentido, leciona Milaré[39] que a responsabilidade do Estado encontra amparo no ordenamento jurídico brasileiro, podendo responder pelos danos ambientais:

> A pessoa jurídica de direito público interno também é responsável pelos danos que diretamente causar ao meio ambiente por meio de suas funções típicas. Pode o Poder Público realizar obras ou exercer atividades causadoras de degradação ambiental. Por exemplo: abrir estradas, instalar usinas atômicas, construir hidrelétricas etc. sem a realização do estudo de impacto ambiental (EPIA/RIMA). Aplica-se, *in casu*, a responsabilidade objetiva pelo risco integral. Não há que apurar a culpa, bastando a constatação do dano e o nexo causal entre este e o agente responsável pelo ato ou fato lesivo ao meio ambiente. Reparado o dano pelo Poder Público, este poderá voltar-se contra o causador direto do dano por meio da ação regressiva. Trata-se da denominada *responsabilidade solidária*.

O jurista ambientalista afirma que o Estado possui o dever de impedir ou controlar para que não ocorram os danos ao meio ambiente. Assim, afastando-se da imposição legal de agir, ou agindo de forma deficiente deve o Estado:

> (...)responder por sua incúria, negligência ou deficiência que traduzem um ilícito ensejador do dano não evitado, que por direito, deveria sê-lo. Neste caso, reparada a lesão, a pessoa jurídica de direito público em questão poderá demandar regressivamente o direito causador do dano.[40]

---

(39) MILARÉ, Édis. *Direito do Ambiente*. 10. ed. atual. e ampl. São Paulo: Revista dos Tribunais, 2015. p. 223.

(40) *Ibidem*, p. 444.

Posto isso, segundo o professor Eduardo Marques[41] o desastre ambiental ocorrido em Mariana/MG em 2015[42], trouxe à tona a verdadeira realidade na precarização e descaso do Estado brasileiro na fiscalização das barragens de minério. Sendo ainda expostas as falhas em órgãos que cuidam da matéria mineração:

> Alguns levantamentos foram feitos a partir de pesquisas, divulgadas pela imprensa que apontaram que existe um fiscal federal para cada barragem no Brasil, sendo que os órgãos que ficam a cargo da fiscalização são a Agência Nacional de Águas (ANA), o Instituto Brasileiro de Meio Ambiente e dos Recursos Naturais Renováveis (IBAMA), a Agência Nacional de Energia Elétrica (ANEEL) e o Departamento Nacional da Produção Mineral (DNPM).
>
> Houve a criação de um Cadastro Nacional de Barragens de Rejeitos e a classificação das barragens de mineração sob a responsabilidade do Departamento Nacional de Produção Mineral (DNPM); O conteúdo mínimo do Plano de Segurança de Barragens de Mineração (PSBM), as inspeções de segurança, e os planos de ações emergenciais das barragens de mineração (PAEBM) a cargo do empreendedor, sob fiscalização do Departamento Nacional de Produção Mineral. (DNPM).
>
> De acordo com o Cadastro Nacional de Barragens de Mineração, acessível através da página do DNPM existem 386 barragens ligadas à mineração no país e inseridas na Política Nacional de Segurança do Meio Ambiente. Sendo (que 217 dessas barragens ficam localizadas no estado de Minas Gerais).
>
> De acordo com Marques (2015) Minas Gerais é composta por 311 (trezentas e onze) barragens de rejeito que são cadastradas no Departamento Nacional de Produção Mineral (DNPM). Sendo que 217(duzentas e dezessete) dessas barragens estão inseridas na Política Nacional de Segurança e que devem ser objetos de fiscalização uma vez que necessitam obrigatoriamente do Plano de Segurança de Barragens. Atualmente o Departamento Nacional de Produção Mineral (DNPM) possui 5 técnicos especialistas para realizar a fiscalização de todas essas barragens de rejeitos do Brasil. Em Minas a maior parte das barragens são classificadas alto ou médio potencial para ocasionar um dano, requerendo maiores cuidados. Com isso o número de técnicos

(41) MARQUES, Eduardo. *A precariedade da Fiscalização de Barragens no Brasil*. Disponível em: <http://www.institutominere.com.br/blog/situacao-fiscalizacao-barragens-brasil>. Acesso em: 02 out. 2019.

(42) Para mais informações, acesse: <https://www.bbc.com/portuguese/especiais/cluster_lama_mariana>.

especialistas em Minas Gerais é de 3. Sendo que cada técnico deveria vistorias um total de 72 barragens em um ano[43].

A partir do exposto, segue gráfico para melhor elucidar a realidade insustentável de quanto a infraestrutura na fiscalização das barragens em Minas Gerais.

Fonte: <http://www.institutominere.com.br/blog/situacao-fiscalizacao-barragens-brasil>.

O Autor ainda enfatiza que:

> Segundo dados do Ministério de Minas e Energia, o DNPM tem hoje 990 funcionários, sendo 220 técnicos. São eles os responsáveis por verificar a situação das 662 barragens cadastradas no órgão, quase metade delas (317) em Minas Gerais. De acordo com o Sindicato Nacional dos Servidores das Agências Nacionais de Regulação (Sinagências), apenas 151 vistorias foram feitas em 2014[44].

Verifica-se, portanto, uma situação de carência em relação ao DNPM para conseguir cumprir suas diretrizes e evitando como consequência os desastres ambientais que também são acidentes de trabalho, uma vez que os mesmos técnicos atendem ainda denúncias da Polícia Federal, do Ministério Público Estadual e Federal, realizando vistorias e analisando relatórios finais.

Assim, devida e justa é a responsabilização das empresas pelos danos ambientais provocados, todavia, a omissão do Estado quanto ao seu poder/dever de preservar o meio ambiente, ecológico e laboral, aproxima sua responsabilidade na poluição labor-ambiental, é o que se defende e pressupõe no presente trabalho.

(43) MARQUES, Eduardo. *A precariedade da Fiscalização de Barragens no Brasil*. Disponível em: <http://www.institutominere.com.br/blog/situacao-fiscalizacao-barragens-brasil>. Acesso em: 02 out. 2019.

(44) *Idem*.

3. A responsabilidade do Estado brasileiro perante os sistemas global e regional de proteção dos direitos humanos, e a hierarquia dos tratados internacionais de direitos humanos no Brasil

3.1. Aspectos gerais do sistema global de proteção dos direitos humanos e a Organização Internacional do Trabalho (OIT)

Os direitos humanos tornaram-se legitima preocupação internacional com o fim da Segunda Guerra Mundial, como resposta às atrocidades e horrores cometidos durante o nazismo, período em que o Estado foi apresentado como o grande violador de direitos do ser humano. Nesse sentido, leciona Flávia Piovesan[(45)]:

> A barbárie do totalitarismo significou a ruptura do paradigma dos direitos humanos, por meio da negação do valor da pessoa humana como valor fonte do direito. Se a Segunda Guerra significou a ruptura com os direitos humanos, o Pós- Guerra deveria significar a sua reconstrução.

Assim, instaurou-se o processo de formação do sistema internacional, ou global, de proteção dos direitos humanos, inaugurado pela criação da Organização das Nações Unidas (ONU), e posterior elaboração da Declaração Universal de Direitos Humanos (DUDH) em 1948, como um dos principais instrumentos normativos do sistema, integrado a denominada Carta Internacional dos Direitos Humanos, ao lado do Pacto Internacional dos Direitos Civis e Políticos (PIDCP) e o Pacto Internacional dos Direitos Econômicos, Sociais e Culturais (PIDESC), ambos de 1966[(46)].

O sistema global é integrado por vários instrumentos normativos, organismos e mecanismos de vigilância, supervisão, monitoramento e fiscalização dos direitos humanos a nível global, que foram ratificados pela maioria da comunidade internacional, podendo ser classificados como gerais, por estarem endereçados a toda e qualquer pessoa indistintamente, como os que integram a *Carta Internacional dos Direitos Humanos*[(47)], e os especiais, que são voltados "fundamentalmente, à prevenção da discriminação ou à proteção de pessoas ou grupos de pessoas particularmente vulneráveis, que merecem tutela especial"[(48)].

Dentro do Sistema das Nações Unidas (ONU) para a proteção e promoção dos direitos humanos, ao nosso estudo é cara a Organização Internacional do Trabalho (OIT) criada em 1919, como parte do Tratado de Versalhes, com a finalidade de

(45) PIOVESAN, Flávia. *Direitos Humanos e Justiça Internacional*. 6. ed. São Paulo: Saraiva, 2015. p. 45.

(46) *Idem*.

(47) *Ibidem*, p. 178.

(48) A exemplo, a Convenção Internacional sobre a Eliminação de Todas as Formas de Discriminação Racial de1966, a Convenção sobre a Eliminação de Todas as Formas de Discriminação contra as Mulheres de 1979, e a Convenção contra a tortura e outros tratamentos ou penas cruéis, desumanos ou degradantes de 1984.

incluir em sua competência "a proteção contra os acidentes do trabalho e as doenças profissionais, cujos riscos devem ser eliminados, neutralizados ou reduzidos por medidas apropriadas da engenharia de segurança e de medicina do trabalho"(49). Todavia, foi apenas após a Segunda Guerra Mundial que em 1946 se transforma em sua primeira agência especializada da ONU.

Na esfera internacional, o Tratado de Versalhes, de 1919, ao criar a organização internacional do trabalho, "incluiu na sai competência a proteção contra os acidentes do trabalho e as doenças profissionais, cujos riscos devem ser eliminados, neutralizados ou reduzidos por medidas apropriadas da engenharia de segurança e de medicina do trabalho". Há ainda normas internacionais sobre a matéria.

Durante o século XX, a OIT desempenhou um papel importante na definição das legislações trabalhistas e elaboração de políticas trabalhistas, econômicas, e sociais para os países membros das Nações Unidas(50).

A OIT tem valores e princípios básicos, a saber:

> o trabalho deve ser fonte de dignidade; o trabalho não é uma mercadoria; a pobreza, em qualquer lugar, é uma ameaça à prosperidade de todos; e todos os seres humanos têm o direito de perseguir o seu bem estar material em condições de liberdade e dignidade, segurança econômica e igualdade de oportunidades(51).

Assim, tem por objetivos principais a promoção de justiça social e reconhecimento internacional de direitos humanos e trabalhistas, atuando a nível internacional para alcançar níveis igualitários entre os Estados, com a redução da pobreza e pela melhoria das oportunidades de acesso a trabalho digno e produtivo, em condições de liberdade, equidade, segurança e dignidade humana, tanto para homens quanto para mulheres.

É nesse contexto que a OIT edita suas Convenções e Recomendações, com o objetivo principal de estabelecer padrões internacionais de trabalho, mas há também Declarações e Resoluções, que são "cartas de intenção" possuindo caráter de *softlaw*.

Interessante ainda é pontuar que a Organização Internacional do Trabalho é a única organização no sistema ONU com estrutura tripartite, na qual trabalhadores e empregadores participam como parceiros igualitários, juntamente com os representantes dos governos dos países membros, o que promove um fórum único em que as

---

(49) ORGANIZAÇÃO INTERNACIONAL DO TRABALHO [OIT]. *História. N.d.a.* Disponível em: <http://www.oitbrasil.org.br/content/hist%C3%B3ria>. Acesso em: 07 set. 2019.

(50) *Idem.*

(51) *Idem.*

três classes — com seus interesses e valores diferenciados, podem debater abertamente e elaborar políticas e metas para melhores condições laborais e de justiça social[52].

Dentre as Convenções da OIT sobre a temática de meio ambiente do trabalho saudável e seguro, destacam os seguintes diplomas: Convenção n. 12, de 1921, sobre acidentes do trabalho na agricultura; Convenção n. 13 , de 1921, proibindo a utilização de menores de 18 anos e mulheres nos trabalhos em contato com serviço de pintura industrial em que haja utilização de chumbo; Convenção n. 17, de 1925, sobre indenização por acidente do trabalho; Convenção n. 18, de 1925, referente à indenização por enfermidades professionais; Convenção n. 115, de 1960, sobre proteção contra as radiações; Convenção n. 119, de 1963, estabelecendo regras sobre a proteção de máquinas; Convenção n. 120, de 1964, referente à higiene no comércio e nos escritórios; Convenção n. 127, de 1967, sobre peso máximo de carga para o ser humano; Convenção n. 133, de 1970, quanto ao alojamento a bordo de navios, inclusive da tripulação; Convenção n. 136, de 1971, estabelecendo a prevenção contra intoxicação por benzeno; Convenção n. 139, de 1974, sobre prevenção e controle dos riscos profissionais causados por substâncias ou agentes cancerígenos; Convenção n. 148, de 1977, pertinente à proteção dos trabalhadores contra os riscos profissionais devidos à contaminação do ar, ruído e vibrações no local de trabalho; Convenção n. 152, de 1979, referente a segurança e higiene nos trabalhos portuários; Convenção n. 155, de 1981, que merece destaque, por versar sobre a segurança e saúde dos trabalhadores e meio ambiente do trabalho; Convenção n. 161, de 1985, versando sobre serviços de saúde no trabalho; Convenção n. 162, de 1986, sobre utilização do asbesto em condições de segurança; Convenção n. 164, de 1987, tratando da proteção à saúde e assistência médica aos tripulantes marítimos; Convenção n. 167, de 1988, sobre segurança e saúde na construção; Convenção n. 170, de 1990, relacionada à segurança na utilização de produtos químicos no trabalho; Convenção n. 174, 1993, sobre a Prevenção de Acidentes Industriais Maiores; Convenção n. 176, de 1995, quanto à segurança e saúde nas minas.

Dentre as acima enumeradas, neste trabalho, no capítulo 3, a partir da tragédia ocorrida em Brumadinho/MG, com a morte de mais de cem trabalhadores da Vale S/A no respectivo acidente de trabalho, serão analisadas a Convenção de n. 155, de 1981, sobre a segurança e saúde dos trabalhadores e meio ambiente do trabalho, e a Convenção de n. 174, de 1993, sobre a Prevenção de Acidentes Industriais Maiores.

Exploradas os principais aspectos do sistema global de proteção dos direitos humanos, em especial da Organização Internacional do Trabalho, este estudo prossegue

---

(52) ORGANIZAÇÃO INTERNACIONAL DO TRABALHO. *Tripartite Constituents. N.d.d.* Disponível em:<http://www.ilo.org/global/about-the-ilo/who-we-are/tripartite-constituents/lang--en/index.htm>. Acesso em: 07 out. 2019.

explicando a seguir os aspectos fundamentais do sistema regional interamericano de direitos humanos.

3.2. Breves considerações sobre o sistema regional interamericano de proteção dos direitos humanos

A partir do exposto, ao lado desse sistema global de proteção dos direitos humanos, surgem os sistemas regionais de proteção[(53)], incentivados pela própria ONU com o intuito de se estabelecer organismos interessados em discutir temas como a paz, segurança, e garantia de direitos[(54)], buscando internacionalizar os direitos humanos nos planos regionais[(55)].

É importante destacar, que de acordo com Flávia Piovesan[(56)] os sistemas global e regional não são dicotômicos, mas sim complementares, que devem se somar ao sistema nacional de proteção, a fim de proporcionar a maior efetividade possível na tutela e promoção dos direitos fundamentais.

O sistema regional surge com a prerrogativa de poder transparecer as peculiaridades de determinada região, como os valores culturais e históricos, com mais autenticidade, oferecendo vantagens sobre o global em promover de forma mais fácil um consenso político entre os Estados, por tratar-se de um número menor de países, bem como a aproximação geográfica que faz supor uma homogeneidade — ou fortes aproximações, relativas à língua, cultura e tradições destes Estados.

Dessa forma, entende-se que o conteúdo normativo global deve impor um "parâmetro mínimo"[(57)] de princípios e valores, que devem ser mantidos pelos instrumentos normativos dos sistemas regionais. Porém, estes devem ir além desta mera reprodução de direitos já enunciados, devendo aperfeiçoar tais preceitos, adicionando novos direitos, sempre enfatizando as peculiaridades e necessidades da região que está inserido, complementando o sistema global de proteção dos direitos humanos[(58)].

O propósito de coexistência destes sistemas jurídicos de proteção dos direitos humanos em diferentes níveis, é a garantia de direitos similares para a ampliação e

---

(53) PIOVESAN, Flávia. *Direitos Humanos e Justiça Internacional*. 6. ed. São Paulo: Saraiva, 2015. p. 99.

(54) TEREZO, Cristina Figueiredo. *Sistema Interamericano de Direitos Humanos pela defesa dos direitos econômicos, sociais e culturais*. Curitiba: Appris, 2014. p. 89.

(55) PIOVESAN, Flávia. *Direitos Humanos e Justiça Internacional*. 6. ed. São Paulo: Saraiva, 2015. p. 99.

(56) *Ibidem*, p. 50.

(57) PIOVESAN, Flávia. *Direitos Humanos e o Direito Constitucional Internacional*. 15. ed. São Paulo: Saraiva, 2015. p. 336.

(58) *Ibidem*, p. 337.

fortalecimento dos direitos humanos, para que o indivíduo possa escolher o dispositivo jurídico mais favorável à violação dos seus direitos humanos[(59)].

Atualmente, existem três sistemas regionais principais de proteção dos direitos humanos, quais sejam: o europeu, o africano, e o interamericano[(60)]. Algumas notas introdutórias nos ensinamentos da professora Cristina Terezo[(61)]:

> Existem três sistemas regionais: o Sistema Europeu, que fundou suas instituições supranacionais a partir da Convenção Europeia de Direitos Humanos, em 1950, e mediante seus Protocolos Adicionais, como a Carta Social Europeia, em 1965, que fixou os direitos econômicos, sociais, e culturais dos cidadãos europeus; o Sistema Africano, que representa o tratamento atribuído pelos países africanos e para a proteção dos Direitos Humanos ao assinarem em Nairóbi, em 1981, a Carta Africana de Direitos Humanos e dos Povos, que somente entrou em vigor em 1987, e seu Protocolo à Carta Africana de Direitos Humanos e dos Povos que institui a Corte Africana dos Direitos Humanos; e o Sistema Interamericano. (grifo do autor).

Ainda que breve, este estudo se limitará ao Sistema Interamericano de Direitos Humanos (SIDH), pois este se aplica diretamente ao Brasil, e seu principal instrumento normativo é a Convenção Americana sobre Direitos Humanos (CADH), ao qual o Brasil se tornou signatário em 1992[(62)], também denominada Pacto de San José da Costa Rica – em homenagem a cidade em que o tratado foi assinado em 1969, entrando em vigor apenas em 1978 com o 11º depósito de ratificação[(63)].

Em relação aos direitos econômicos, sociais, e culturais, a Convenção Americana determina em seu art. 26[(64)], que os Estados signatários devem tomar todas as medidas

---

(59) "O critério da primazia da norma mais favorável às pessoas protegidas, consagrado expressamente em tantos tratados de direitos humanos, contribui em primeiro lugar para reduzir ou minimizar consideravelmente as pretensas possibilidades de 'conflitos' entre instrumentos legais em seus aspectos normativos. Contribui em segundo lugar, para a maior coordenação entre tais instrumentos [...], em terceiro lugar, para demonstrar a tendência e o propósito de coexistência de distintos instrumentos jurídicos — garantindo os mesmos direitos - são no sentido de ampliar e fortalecer a proteção". (CANÇADO, [200-], p. 52-53, *apud* PIOVESAN, Flávia. *Direitos Humanos e o Direito Constitucional Internacional.* 15. ed. São Paulo: Saraiva, 2015. p. 338-339).

(60) Existe ainda um incipiente sistema árabe e a proposta de criação de um sistema regional asiático (PIOVESAN, Flávia. *Direitos Humanos e o Direito Constitucional Internacional.* 15. ed. São Paulo: Saraiva, 2015. p. 335).

(61) TEREZO, Cristina Figueiredo. *Sistema Interamericano de Direitos Humanos pela defesa dos direitos econômicos, sociais e culturais.* Curitiba: Appris, 2014. p. 134.

(62) Decreto n. 678 de 06.11.1992.

(63) TEREZO, Cristina Figueiredo. *Sistema Interamericano de Direitos Humanos pela defesa dos direitos econômicos, sociais e culturais.* Curitiba: Appris, 2014. p. 151.

(64) Art. 26: Os Estados Partes comprometem-se a adotar providências, tanto no âmbito interno

para garantir a implementação progressiva destes direitos, auferindo auxílio de cooperadores internacionais, em particular econômicos e técnicos, e de ações internas para tal finalidade[(65)]. Posteriormente, em 1988 a Assembleia Geral da Organização dos Estados Americanos (OEA) adotou o Protocolo de San Salvador, que entrou em vigor em 1999, que passou a disciplinar essa classe de direitos no sistema interamericano[(66)].

Este Protocolo de San Salvador foi ratificado pelo Brasil em 16 de agosto de 1996[(67)], e disciplina: o direito ao trabalho e as justas condições de trabalho, a liberdade sindical, o direito a seguridade social, o direito a saúde, o direito ao meio ambiente, o direito a nutrição, o direito a educação, direitos culturais, proteção a família, direito das crianças, direitos dos idosos, e direito das pessoas portadoras de deficiência.

Materialmente a CADH caracteriza-se por reconhecer um catálogo de 82 artigos que disciplinam mais de duas dúzias de direitos civis e políticos, similares aos dispostos no PIDCP, dos quais destacam-se: o direito a personalidade jurídica; o direito à vida; o direito à nacionalidade; o direito de não ser submetido à escravidão; o direito à liberdade; o direito a um julgamento justo; o direito à compensação em caso de erro judiciário; o direito à privacidade; o direito à liberdade de pensamento e expressão; o direito de liberdade à consciência e religião; o direito e igualdade perante a lei; e o direito à proteção judicial.

É importante ressaltar, que em relação a Convenção Americana sobre Direitos Humanos os Estados signatários estão obrigados a adotar medidas para respeitar e assegurar o livre exercício dos direitos que disciplina, sem qualquer discriminação. E ainda, se necessário, adotar medidas legislativas, ou de outra natureza, para conferir efetividade aos direitos e liberdade enunciados[(68)]. Perfazendo assim obrigações negativas e positivas ao Estado, a primeira de não violar os direitos dispostos na CADH, e a segunda de assegurar aos indivíduos o pleno exercício dos direitos e liberdades disciplinados na Convenção Americana.

A Convenção Americana sobre Direitos Humanos estabelece um sistema de monitoramento integrado pela Comissão Interamericana de Direitos Humanos

---

como mediante cooperação internacional, especialmente econômica e técnica, a fim de conseguir progressivamente a plena efetividade dos direitos que decorrem das normas econômicas, sociais e sobre educação, ciência e cultura, constantes da Carta da Organização dos Estados Americanos, reformada pelo Protocolo de Buenos Aires, na medida dos recursos disponíveis, por via legislativa ou por outros meios apropriados.

(65) TEREZO, Cristina Figueiredo. *Sistema Interamericano de Direitos Humanos pela defesa dos direitos econômicos, sociais e culturais*. Curitiba: Appris, 2014. p. 152.

(66) PIOVESAN, Flávia. *Direitos Humanos e o Direito Constitucional Internacional*. 15. ed. São Paulo: Saraiva, 2015b. p. 341.

(67) Convertido em Decreto n. 3.321, de 30 de dezembro de 1999 – Promulga o Protocolo Adicional à Convenção Americana sobre Direitos Humanos em Matéria de Direitos Econômicos, Sociais e Culturais "Protocolo de São Salvador", concluído em 17.11.1988, em São Salvador, El Salvador.

(68) PIOVESAN, Flávia. *Direitos Humanos e Justiça Internacional*. 6. ed. São Paulo: Saraiva, 2015. p. 141.

(CIDH), o qual todos os Estados-parte da CADH estão submetidos a sua competência, dentre suas funções destaca-se: realizar recomendações aos Estados para a adoção de medidas adequadas a proteção dos direitos humanos; submeter relatórios anuais a Assembleia da OEA; e examinar denúncias de violação de direitos humanos, individual ou de grupos de indivíduos, promovida em Estados-parte[(69)].

A CADH e o Protocolo de San Salvador possuem ainda um instrumento de implementação dos seus direitos, que ocorre através de um órgão jurisdicional: a Corte Interamericana de Direitos Humanos (CorteIDH). Este Tribunal Internacional apresenta competência consultiva e contenciosa, a primeira refere-se à interpretação das disposições destes diplomas internacionais, bem como de outros tratados de proteção dos direitos humanos no sistema interamericano, podendo tal competência ser provocada por qualquer Estado-membro da OEA, sendo signatário da CADH ou não.

A segunda competência, tem caráter jurisdicional, pertinente a solução de controvérsias, denúncias encaminhadas pela CIDH sobre supostas violações dos direitos dispostos na CADH por parte de algum Estado signatário, que diante desse contexto, havendo qualquer violação à Convenção, a CorteIDH determina a adoção de medidas que se façam necessárias à restauração do direito violado[(70)]. Entretanto, diferente do que ocorre na competência consultiva, a contenciosa limita- se aos Estados partes que reconhecerem expressamente tal jurisdição, nos termos no art. 62 da CADH[(71)].

Assim, feitas essas breves considerações sobre o sistema internacional, global e regional de proteção dos direitos humanos, faz-se necessário entenderno contexto doméstico, qual o grau hierárquico e de aplicação das convenções da OIT e da CADH em conjunto com o Protocolo de San Salvador, e consequentemente sua importância e principais implicações na proteção dos direitos humanos no Brasil.

3.3. A hierarquia dos tratados internacionais de direitos humanos na Constituição da República Federativa do Brasil de 1988 e a interpretação do Supremo Tribunal Federal

O advento da Constituição Federal em 1988 foi um dos marcos mais significativos para o processo de redemocratização do país, assim como do estabelecimento dos direitos fundamentais e da maior abertura do sistema jurídico brasileiro ao direito

(69) PIOVESAN, Flávia. *Direitos Humanos e o Direito Constitucional Internacional.* 15. ed. São Paulo: Saraiva, 2015. p. 344-345.

(70) *Ibidem*, p. 335.

(71) Art. 62.3: A Corte tem competência para conhecer de qualquer caso relativo à interpretação e aplicação das disposições desta Convenção que lhe seja submetido, desde que os Estados Partes no caso tenham reconhecido ou reconheçam a referida competência, seja por declaração especial, como preveem os incisos anteriores, seja por convenção especial.

internacional em sua "nova ordem"(72), estabelecida a partir da Segunda Guerra Mundial. Nesse período, foi instaurado o regime de proteção global dos direitos humanos e houve a emergência de conferir uma nova feição ao direito constitucional ocidental, aberto aos princípios e aos valores, com ênfase na dignidade humana(73).

Marcado pela mutação no eixo central do direito internacional, rumo à inserção crescente do ser humano como sujeito de direitos no plano internacional, a progressiva consolidação desse regime, e sua aceitação na América Latina, partiu da premissa que seus países, como o Brasil, realizassem a transição de governos autoritários para estados democráticos de direito(74).

Dessa forma, de acordo com Valerio Mazzuoli, a Constituição da República Federativa do Brasil de 1988 erigiu algumas disposições que evidenciam tal abertura, a saber: a eleição da dignidade da pessoa humana como um dos fundamentos da República (art. 1º, III(75)); a prevalência dos direitos humanos como um dos princípios que deve reger as relações do Brasil no cenário internacional (art. 4º, II(76)) e, por fim, a abertura do sistema jurídico brasileiro ao ordenamento internacional de proteção dos direitos humanos, processo que se desenvolveu concomitantemente com a ratificação pelo Estado brasileiro de inúmeros tratados internacionais de direitos humanos (TIDH)(77), tendo por representante o dispositivo constitucional do §2º, art. 5º, o qual determina que "*os direitos e garantias expressos nesta Constituição não excluem outros decorrentes do regime e dos princípios por ela adotados, ou dos tratados internacionais em que a República Federativa do Brasil seja parte*".

Ao tempo da promulgação deste dispositivo, surgiu na doutrina e jurisprudência diversas interpretações quanto ao *status* normativo dos tratados internacionais de direitos humanos, que podem ser organizadas em quatro vertentes.

---

(72) MAZZUOLI, Valerio de Oliveira. *O controle jurisdicional da convencionalidade das leis*. 3. ed. São Paulo: Revista dos Tribunais, 2013. p. 35.

(73) PIOVESAN, Flávia. *Direitos Humanos e Justiça Internacional*. 6. ed. São Paulo: Saraiva, 2015. p. 47.

(74) ACCIOLY, Hidelbrando; SILVA, G. E. do Nascimento e Silva; CASELLA, Paulo Borba. *Manual de Direito Internacional Público*. 21. ed. São Paulo: Saraiva, 2014. p. 484-520.

(75) Art. 1º A República Federativa do Brasil, formada pela união indissolúvel dos Estados e Municípios e do Distrito Federal, constitui-se em Estado Democrático de Direito e tem como fundamentos: [...] III – a dignidade da pessoa humana.

(76) Art. 4º A República Federativa do Brasil rege-se nas suas relações internacionais pelos seguintes princípios: [...] II – prevalência dos direitos humanos.

(77) Dos inúmeros tratados ratificados, citamos como exemplo: do sistema global de proteção dos direitos humanos, o Pacto Internacional sobre Direitos Civis e Políticos de 1966, o Pacto Internacional sobre Direitos Econômicos, Sociais, e Culturais de 1966, ambos promulgados em 1992; do sistema regional interamericano de proteção, o Pacto de San José da Costa Rica de 1969, promulgado em 1992, e Convenção Interamericana para Prevenir e Punir a Tortura de 1985, promulgada em 1989.

A primeira reconhece *status* supraconstitucional a estes diplomas internacionais, no qual teriam preponderância em relação as normas constitucionais, por estas não terem, de acordo com a interpretação, poderes revogatórios em relação às normas internacionais. O principal doutrinador pátrio desta corrente é Celso Duvivier de Albuquerque Mello(78).

A segunda vertente atribui natureza constitucional a esses tratados, uma vez que seus adeptos — dentre eles Caçado Trindade e Flávia Piovesan, entendem que a partir do que enuncia o § 2º, art. 5º da CRFB/88, consubstanciada estaria uma cláusula aberta de recepção de outros direitos elencados em TIDH subscritos pelo Brasil como pertencentes ao bloco de constitucionalidade, com aplicabilidade imediata a partir do ato de ratificação, por força do § 1º do mesmo artigo(79).

O terceiro posicionamento confere o *status* de lei ordinária aos tratados em matéria de direitos humanos, que, como quaisquer outros instrumentos convencionais de caráter internacional, devem ser concebidos como equivalentes às leis ordinárias, não possuindo legitimidade para confrontar nem complementar o que preceitua a Constituição Federal de 1988 em matéria de direitos humanos. Esta foi a posição assumida durante décadas pelo Supremo Tribunal Federal (STF).

A quarta e última interpretação, atribui caráter supralegal aos TIDH, reservando a estes um lugar diferenciado no ordenamento jurídico brasileiro, conferindo-lhes hierarquia infraconstitucional, porque não poderiam afrontar a supremacia da Constituição, porém dotados do atributo da supralegalidade, porquanto equipará-los à legislação ordinária seria subestimar o seu valor especial no contexto do sistema de proteção dos direitos humanos.

Parte dessa controvérsia foi solucionada com a promulgação da Emenda Constitucional n. 45 de 08 de dezembro de 2004 (doravante EC n. 45/04), conhecida como a "reforma do Poder Judiciário", que trouxe várias novidades como: a criação do Conselho

---

(78) MAUÉS, Antônio Gomes Moreira. Supralegalidade dos Tratados Internacionais de Direitos Humanos e interpretação constitucional. *SUR*, São Paulo, v. 10, n. 18, p. 215-235, jun. 2013. Disponível em: <http://www.corteidh.or.cr/tablas/r32493.pdf>. Acesso em: 06 set. 2019.

(79) É válido acrescentar que essa interpretação do art. 5º, § 2º da CRFB asseguraria hierarquia constitucional apenas aos diplomas internacionais que versassem sobre a proteção dos direitos humanos, devido seu caráter especial em relação aos tratados internacionais comuns, os quais possuiriam apenas *status* infraconstitucional, de lei ordinária. Dessa forma, aponta Gilmar Mendes que a partir deste posicionamento qualquer conflito entre o tratado internacional de direitos humanos e a Constituição Federal "deveriam ser resolvidos pela aplicação da norma mais favorável à vítima, titular do direito, tarefa hermenêutica da qual estariam incumbidos os tribunais nacionais e outros órgãos de aplicação do direito" (MENDES, Gilmar Ferreira. A supralegalidade dos Tratados Internacionais de Direitos Humanos e a prisão civil do depositário infiel no Brasil. In: MARINONI, Luiz Guilherme; MAZZUOLI, Valerio de Oliveira (Coords.). *Controle de convencionalidade:* um panorama latino-americano: Brasil, Argentina, Chile, México e Peru. Brasília: Gazeta Jurídica, 2013, p. 220).

Nacional de Justiça, a previsão de repercussão geral como requisito do cabimento do recurso extraordinário, e a instituição da súmula vinculante.

Além destas, destacam-se disposições importantes que vieram conferir uma valorização constitucional ao direito internacional dos direitos humanos[80], quais sejam: a submissão do Brasil à jurisdição do Tribunal Penal Internacional (art. 5º, § 4º[81]); a instituição do incidente de deslocamento de competência em casos de violações graves de direitos humanos para a justiça federal (art. 109, §5º[82]) e, a mais importante delas para este estudo, o que dispõe o § 3º, do art. 5º:

> Art. 5º Todos são iguais perante a lei, sem distinção de qualquer natureza, garantindo-se aos brasileiros e aos estrangeiros residentes no País a inviolabilidade do direito à vida, à liberdade, à igualdade, à segurança e à propriedade, nos termos seguintes: [...]
>
> §3º Os tratados e convenções internacionais sobre direitos humanos que forem aprovados, em cada Casa do Congresso Nacional, em dois turnos, por três quintos dos votos dos respectivos membros, serão equivalentes às emendas constitucionais.

Dessa forma, entende-se que os tratados internacionais de direitos humanos que forem aprovados com o mesmo quórum especial das emendas constitucionais[83] ingressarão no ordenamento jurídico brasileiro como norma constitucional. Tal prerrogativa provoca uma produção de efeitos diferenciados aos TIDH aprovados nos termos deste dispositivo, pois em caso de conflito entre uma lei e este tratado, prevalecerá este último, por fazer parte do bloco de constitucionalidade, servindo, portanto, de parâmetro para o controle de constitucionalidade das leis e atos normativos. Outro efeito importante é que tais tratados não podem ser objeto de denúncia pelo Presidente da República[84].

---

(80) MAUÉS, Antônio Gomes Moreira. Supralegalidade dos Tratados Internacionais de Direitos Humanos e interpretação constitucional. *SUR*, São Paulo, v. 10, n. 18, p. 215-235, jun. 2013. Disponível em: <http://www.corteidh.or.cr/tablas/r32493.pdf>. Acesso em: 06 set. 2019.

(81) Art. 5º: Todos são iguais perante a lei, sem distinção de qualquer natureza, garantindo-se aos brasileiros e aos estrangeiros residentes no País a inviolabilidade do direito à vida, à liberdade, à igualdade, à segurança e à propriedade, nos termos seguintes: [...] § 4º O Brasil se submete à jurisdição de Tribunal Penal Internacional a cuja criação tenha manifestado adesão.

(82) Art. 109: Aos juízes federais compete processar e julgar: [...] § 5º Nas hipóteses de grave violação de direitos humanos, o Procurador-Geral da República, com a finalidade de assegurar o cumprimento de obrigações decorrentes de tratados internacionais de direitos humanos dos quais o Brasil seja parte, poderá suscitar, perante o Superior Tribunal de Justiça, em qualquer fase do inquérito ou processo, incidente de deslocamento de competência para a Justiça Federal.

(83) Para serem equivalentes às emendas constitucionais, os TIDH deverão ser celebrados pelo Presidente da República, com aprovação pelo Congresso Nacional, em dois turnos, em cada casa, por três quintos dos votos dos respectivos membros, seguida de edição do correspondente decreto legislativo fim, e a promulgação e publicação de seu texto via decreto presidencial. Respeitado esse trâmite os TIDH poderão ser incorporados ao direito brasileiro com a mesma força de emenda constitucional. Foi o que ocorreu com a Convenção sobre os direitos das pessoas com deficiência, promulgada por meio do Decreto n. 6.949/2009.

(84) BARROSO, Luís Alberto. *O controle de constitucionalidade no direito brasileiro:* exposição sistemática da doutrina e análise crítica da jurisprudência. 6. ed. São Paulo: Saraiva, 2012. p. 173.

Como supramencionado, a inserção deste novo dispositivo constitucional resolveu parcialmente a controvérsia sobre a hierarquia dos tratados internacionais de direitos humanos no ordenamento jurídico brasileiro, determinando que às convenções que versassem sobre matéria de direitos humanos e fossem aprovadas com o mesmo quórum de emenda constitucional, seria atribuída hierarquia constitucional. Contudo, seguia carecendo de definição o status albergado pelos demais tratados internacionais de direitos humanos ratificados pelo Brasil antes da EC n. 45/04.

Os principais diplomas internacionais dos sistemas global e regional de proteção dos direitos humanos já haviam sido ratificados pelo Brasil antes da entrada em vigor da EC n. 45/04, ou seja, sem a possibilidade de integrarem o bloco de constitucionalidade pelo rito do § 2º, art. 5º da CRFB/88.

O *status* dos tratados internacionais, versassem ou não sobre direitos humanos, no Brasil, foi delimitado em junho de 1977, com o julgamento do Recurso Extraordinário (RE) n. 80.004/SE(85), de relatoria para o acordão do Ministro Cunha Peixoto. Na oportunidade, o STF adotou a tese da legalidade dos tratados internacionais ao julgar, no caso concreto, que as Convenções de Genebra sobre Letras de Câmbio e Notas Promissórias poderiam ser modificados por lei nacional posterior, ficando consignado que os conflitos entre duas disposições normativas, uma de direito interno e a outra de direito internacional, deveriam ser resolvidas pela mesma regra destinada a solucionar antinomias normativas num mesmo grau hierárquico: *lex posterior derrogat legi priori*(86).

A Corte Constitucional voltou a discutir a matéria em novembro de 1995, já sobre a égide da Constituição Federal de 1988, com o julgamento do *Habbeas Corpus* (HC) n. 72.131/RJ(87), mantendo o entendimento anterior. Os julgados do STF sobre a temática, até então, não diziam respeito à matéria de direitos humanos, razão pela qual, acrescida da inovação constitucional disposta no § 2º do art. 5º, criou-se a expectativa de que o posicionamento do Tribunal iria mudar, o que não ocorreu(88).

(85) RE n. 80.004/SE. Rel. Min. Cunha Peixoto. DJ de 29.12.1977.

(86) MENDES, Gilmar Ferreira. A supralegalidade dos Tratados Internacionais de Direitos Humanos e a prisão civil do depositário infiel no Brasil. In: MARINONI, Luiz Guilherme; MAZZUOLI, Valerio de Oliveira (Coords.). *Controle de convencionalidade:* um panorama latino-americano: Brasil, Argentina, Chile, México e Peru. Brasília: Gazeta Jurídica, 2013. p. 223.

(87) HC n. 72.131/RJ. Rel. Min. Marco Aurélio. DJ de 04.12.1995.

(88) MAUÉS, Antônio Gomes Moreira. Supralegalidade dos Tratados Internacionais de Direitos Humanos e interpretação constitucional. *SUR*, São Paulo, v. 10, n. 18, p. 215-235, jun. 2013. Disponível em: <http://www.corteidh.or.cr/tablas/r32493.pdf>. Acesso em: 06 set. 2019.

Nessa oportunidade, como em outras[89], o Supremo Tribunal Federal conferiu especificamente aos TIDH o mesmo status de lei ordinária, não os diferenciando dos demais diplomas internacionais ratificados pelo Brasil. No julgamento, cujo objeto era a prisão por dívida do depositário infiel, o Ministro Moreira Alves argumentou que o art. 7º (7) da Convenção Americana sobre Direitos Humanos[90], por ser norma geral, não revogaria a legislação ordinária de caráter especial, como o Decreto Lei n. 911/69 que equipara o devedor fiduciante ao depositário infiel para fins de prisão civil[91], tendo esse mesmo posicionamento sido reafirmado em julgados posteriores[92].

Entretanto, as mudanças trazidas pela EC 45/04 e a "abertura cada vez maior do Estado constitucional a ordens jurídicas supranacionais de proteção dos direitos humanos"[93], foram fatos relevantes para transparecer que a jurisprudência do STF estava defasada. A tese da legalidade dos TIDH não era mais condizente com o caráter especial conferido pela Constituição Federal a tais diplomas internacionais[94], o que ensejou o *overruling* na jurisprudência da Corte Constitucional em dezembro de 2008, com o julgamento do RE n. 466.343/SP[95].

---

(89) "No julgamento da Ação Direta de Inconstitucionalidade (ADIn) n. 1.347 (J. 05.10.1995), o STF recusou a utilização dos tratados internacionais como parâmetro de controle de constitucionalidade, negando que as Convenções da Organização Internacional do Trabalho (OIT) pudessem fundamentar a declaração de inconstitucionalidade de Portaria do Ministério do Trabalho, e na ADIn n. 1,480 (J. 04.09.1997), o Tribunal reafirmou que não apenas os tratados internacionais estão subordinados à Constituição, como também se situam no mesmo plano de validade, eficácia e autoridade das leis ordinárias" (MAUÉS, Antônio Gomes Moreira. Supralegalidade dos Tratados Internacionais de Direitos Humanos e interpretação constitucional. *SUR*, São Paulo, v. 10, n. 18, p. 217).

(90) Art. 7º. 7. Ninguém deve ser detido por dívidas. Este princípio não limita os mandados de autoridade judiciária competente expedidos em virtude de inadimplemento de obrigação alimentar.

(91) MENDES, Gilmar Ferreira. A supralegalidade dos Tratados Internacionais de Direitos Humanos e a prisão civil do depositário infiel no Brasil. In: MARINONI, Luiz Guilherme; MAZZUOLI, Valerio de Oliveira (Coords.). *Controle de convencionalidade:* um panorama latino-americano: Brasil, Argentina, Chile, México e Peru. Brasília: Gazeta Jurídica, 2013. p. 224.

(92) A exemplo: RE n. 206.482-3/SP, rel. Min. Maurício Côrrea, DJ de 27.05.1998; HC n. 77.053- 1/SP, rel. Min. Maurício Côrrea, DJ de 23.06.1998; HC n. 79.870-5/SP, rel. Min. Moreira Alvez, DJ de 20.10.2000; RE n. 282.644-8/RJ, rel. Min. Marco Aurélio, DJ de 20.09.2002; HC n.. 81.319-4 GO, rel. Min. Celso de Mello, DJ de 24.02.2002.

(93) MENDES, Gilmar Ferreira. A supralegalidade dos Tratados Internacionais de Direitos Humanos e a prisão civil do depositário infiel no Brasil. In: MARINONI, Luiz Guilherme; MAZZUOLI, Valerio de Oliveira (Coords.). *Controle de convencionalidade:* um panorama latino-americano: Brasil, Argentina, Chile, México e Peru. Brasília: Gazeta Jurídica, 2013. p. 225.

(94) É válido ressaltar que com a promulgação da Convenção de Viena sobre o Direito dos Tratados de 1969, pelo Brasil em dezembro de 2009, manter a hierarquia dos TIDH como a de leis ordinárias se tornaria ainda mais complicado, pois essa tese autorizaria o Estado brasileiro valer-se de lei posterior para revogar tratado internacional, provocando o descumprimento unilateral de um acordo internacional. Tal conduta seria contra os princípios internacionais fixados pela Convenção, que determina em seu art. 27, que nenhum estado pactuante "pode invocar as disposições de seu direito interno para justificar o inadimplemento de um tratado", o que poderia ensejar responsabilização internacional do Brasil.

(95) Julgamento conjunto RE n. 466.343/SP (Rel. Min. Cezar Peluso), RE n. 349.703/RS (Rel. Min. Ayres Britto), e HC n. 92.566/SP (Rel. Min. Marco Aurélio). Decisão publicada no DJe de 11.12.2008.

Este recurso extraordinário teve por objeto discutir a legitimidade da prisão civil do depositário infiel, prevista no art. 5º, LXVII da CRFB/88(96), em face do Pacto Internacional dos Direitos Civis e Políticos (art. 11(97)) e da Convenção Americana sobre Direitos Humanos (art. 7.7). Para determinar a legitimidade deste instituto, em relação aos tratados internacionais de direitos humanos ratificados, foi necessário definir qual a hierarquia destes no ordenamento jurídico brasileiro(98), portanto, no julgamento foram apresentadas duas teses: a posição majoritária, encabeçada pelo Ministro Gilmar Mendes, atribuiu aos TIDH o *status* da supralegalidade; e a posição minoritária, liderada pelo Ministro Celso de Mello, conferiu aos TIDH estatura constitucional. No julgamento, não foi sustentada a tese da supraconstitucionalidade dos tratados internacionais de direitos humanos.

O Ministro Gilmar Mendes definiu em seu voto que os tratados internacionais de direitos humanos seriam infraconstitucionais, porém, diante de seu caráter especial em relação aos demais atos normativos internacionais, também seriam dotados de um atributo de supralegalidade.

Dos fundamentos apresentados em favor dessa tese, o Professor Antônio Maués(99) destaca: (i) a supremacia da Constituição sobre todo o ordenamento jurídico, o que lhe atribui a prorrogativa de realizar o controle de constitucionalidade, inclusive, de tratados internacionais; (ii) a sugestão do risco que uma ampliação inadequada do termo "direitos humanos" poderia gerar com a produção normativa paralela ao controle de conformidade com a Constituição; (iii) o entendimento que a inserção do § 3º ao art. 5º significou que os TIDH ratificados pelo Brasil antes da EC 45/04 não deveriam gozar da mesma hierarquia que os ratificados nos moldes deste dispositivo constitucional.

Por sua vez, o Ministro Celso de Mello defendeu a tese que atribuía caráter constitucional aos tratados internacionais de direitos humanos, entendendo que o § 3º do art. 5º veio reforçar essa natureza, pois "não seria razoável colocar em níveis hierárquicos distintos tratados que dispõem sobre a mesma matéria"(100). O Ministro

---

(96) Art. 5º: Todos são iguais perante a lei, sem distinção de qualquer natureza, garantindo-se aos brasileiros e aos estrangeiros residentes no País a inviolabilidade do direito à vida, à liberdade, à igualdade, à segurança e à propriedade, nos termos seguintes: [...] LXVII – não haverá prisão civil por dívida, salvo a do responsável pelo inadimplemento voluntário e inescusável de obrigação alimentícia e a do depositário infiel.

(97) Art. 11: Ninguém poderá ser preso apenas por não poder cumprir com uma obrigação contratual.

(98) MARINONI, Luiz Guilherme. Controle de convencionalidade (na perspectiva do direito brasileiro). In: MARINONI, Luiz Guilherme; MAZZUOLI, Valerio de Oliveira (Coords.). *Controle de convencionalidade:* um panorama latino-americano: Brasil, Argentina, Chile, México e Peru. Brasília: Gazeta Jurídica, 2013. p. 57.

(99) MAUÉS, Antônio Gomes Moreira. Supralegalidade dos Tratados Internacionais de Direitos Humanos e interpretação constitucional. *SUR*, São Paulo, v. 10, n. 18, p. 215-235, jun. 2013. Disponível em: <http://www.corteidh.or.cr/tablas/r32493.pdf>. Acesso em: 06 set. 2019.

(100) *Idem*.

argumentou que tais instrumentos internacionais, ainda que ratificados antes da EC n.45/04, e por isso não recepcionados com o quórum especial igual ao de emenda constitucional, seriam dotados de caráter materialmente constitucional, compondo sob tal perspectiva a noção conceitual de bloco de constitucionalidade(101).

É importante destacar que um ponto comum foi compartilhado por todos os ministros, "de que o Supremo Tribunal Federal deveria reconhecer uma posição privilegiada às normas internacionais de proteção dos direitos humanos"(102). A decisão foi tomada por unanimidade, embasando a publicação da Súmula Vinculante n. 25(103), restando decidido que os tratados internacionais de direitos humanos têm o poder de paralisar a eficácia jurídica de qualquer norma infraconstitucional que com eles venha a colidir. Nesse sentido, aclara o Professor Antônio Maués(104):

> Em decorrência da adoção da tese da supralegalidade, a disposição constitucional que prevê, a prisão do depositário infiel teve sua força normativa esvaziada: uma vez que esta figura está sujeita a regulamentação legal para ter plena eficácia, o que o STF fez, ao proibir que o legislador ordinário decida sobre a matéria, foi impedir que a norma constitucional seja aplicada, salvo a hipótese, quase cerebrina, de que fosse aprovada por emenda constitucional o conteúdo das normas que tratam desse instituto, hoje constantes na legislação civil e processual civil. Mesmo nesse último caso, tal emenda constitucional estaria sujeita à revisão com base no princípio da proibição do retrocesso. Tendo em vista que o legislador não pode regulamentar o instituto da prisão civil sem desrespeitar a CADH, que é hierarquicamente suprior às leis, essa regulamentação tornou-se juridicamente impossível, tal como exemplifica a própria súmula vinculante n. 25.
>
> (...)
>
> Assim, podemos dizer que o STF reinterpretou a Constituição e estabeleceu uma norma que veda o legislador ordinário regulamentar

---

(101) MARINONI, Luiz Guilherme. Controle de convencionalidade (na perspectiva do direito brasileiro). In: MARINONI, Luiz Guilherme; MAZZUOLI, Valerio de Oliveira (Coords.). *Controle de convencionalidade*: um panorama latino-americano: Brasil, Argentina, Chile, México e Peru. Brasília: Gazeta Jurídica, 2013. p. 63.

(102) MAUÉS, Antônio Gomes Moreira. Supralegalidade dos Tratados Internacionais de Direitos Humanos e interpretação constitucional. *SUR*, São Paulo, v. 10, n. 18, p. 215-235, jun. 2013. Disponível em: <http://www.corteidh.or.cr/tablas/r32493.pdf>. Acesso em: 06 set. 2019.

(103) Súmula Vinculante n. 25: É ilícita a prisão civil de depositário infiel, qualquer que seja a modalidade de depósito.

(104) MAUÉS, Antônio Gomes Moreira. Supralegalidade dos Tratados Internacionais de Direitos Humanos e interpretação constitucional. *SUR*, São Paulo, v. 10, n. 18, p. 215-235, jun. 2013. Disponível em: <http://www.corteidh.or.cr/tablas/r32493.pdf>. Acesso em: 06 set. 2019.

o instituto. Por essas razões, vemos que as expressões usadas na ementa acima citada é fiel: não apenas a legislação ordinária, mas a própria Constituição foi interpretada à luz da CADH.

Esclarecidos os principais aspectos da hierarquia dos tratados internacionais de direitos humanos no ordenamento jurídico brasileiro, temos que tanto as Convenções da OIT que serão analisadas, quanto a Convenção Americana sobre Direitos Humanos e o Protocolo de San Salvador, por terem sido ratificados pelo Brasil antes da EC n. 45/2004, possuem status formal de supralegalidade, mesmo que seu conteúdo seja de direitos humanos fundamentais.

4. O descumprimento do Estado brasileiro de Convenções da OIT e do Protocolo de San Salvador do SIDH diante do acidente do trabalho de Brumadinho/MG

Este capítulo visa analisar o descumprimento da Convenção n. 115 — sobre Segurança e Saúde dos Trabalhadores, da Convenção n. 174 — sobre a Prevenção de Acidentes Industriais Maiores, ambas da Organização Internacional do Trabalho, e do Protocolo de San Salvador — que promulga o Protocolo Adicional à Convenção Americana sobre Direitos Humanos em matéria de Direitos Econômicos, Sociais e Culturais, do Sistema Interamericano de Direitos Humanos. A Organização Internacional do Trabalho foi fundada em 1919, e é uma agência das Nações Unidas, conforme explicado no capítulo anterior deste trabalho, seus membros tripartites já adotaram 188 Convenções Internacionais de Trabalho e 200 Recomendações sobre diversos temas (emprego, proteção social, recursos humanos, saúde e segurança no trabalho, trabalho marítimo etc)[105].

Em 1998, a Conferência Internacional do Trabalho aprovou a Declaração dos Princípios e Direitos Fundamentais no Trabalho, que estabeleceu os quatro princípios fundamentais da Organização: (i) liberdade sindical e reconhecimento efetivo do direito de negociação coletiva; (ii) eliminação de todas as formas de trabalho forçado; (iii) abolição efetiva do trabalho infantil; (iv) eliminação de todas as formas de discriminação no emprego ou na ocupação. Não obstante aos respectivos princípios, o objetivo central de todas as suas políticas e programas é o trabalho decente, que[106]:

> (...) abrange a promoção de oportunidades para mulheres e homens do mundo para conseguir um trabalho produtivo, adequadamente remunerado, exercido em condições de liberdade, equidade e segurança e capaz de garantir uma vida digna. O Trabalho Decente é o eixo central para onde convergem os quatro objetivos estratégicos da OIT:

(105) Informação do sítio oficial: < https://nacoesunidas.org/agencia/oit/>. Acesso em: 10 out. 2019.

(106) *Idem.*

a) respeito às normas internacionais do trabalho, em especial aos princípios e direitos fundamentais do trabalho;

promoção do emprego de qualidade;

c) extensão da proteção social;

d) fortalecimento do diálogo social.

Foi em consonância com estas diretrizes que a Convenção n. 155 da OIT, conhecida também como Convenção sobre Segurança e Saúde dos Trabalhadores de 1981, fora concluída em Genebra, em 22 de junho de 1981. A Convenção foi ratificada pelo Brasil e recepcionada em nosso ordenamento jurídico pelo Decreto n. 1.254, de 29 de setembro de 1994[107].

A respectiva convenção trata da segurança e saúde dos trabalhadores e o meio ambiente de trabalho, abrangendo todas as áreas de atividade econômica, inclusive a administração pública, visando a proteção de todos os trabalhadores, diretos ou não, incluindo os funcionários públicos, para a promoção de saúde com relação ao trabalho, definida nos termos do tratado como a que se refere não apenas a ausência de afecções ou de doenças, mas também os elementos físicos e mentais que afetam a saúde e estão diretamente relacionados com a segurança e a higiene no trabalho[108].

A seu turno a Convenção n. 174 da OIT, sobre a Prevenção de Acidentes Industriais Maiores, 1993, fora concluída em Genebra, 2 de junho de 1993, na 80ª reunião do Conselho de Administração da Repartição Internacional do Trabalho. A Convenção foi ratificada pelo Brasil e recepcionada em nosso ordenamento jurídico pelo Decreto n. 4.0851, de 15 de janeiro de 2002.

Este tratado internacional surgiu perante a necessidade na década de 90 de adotar um enfoque global e coerente quanto a manipulação de agentes químicos nocivos no ambiente de trabalho, levando em consideração a urgência de zelar para que sejam adotadas medidas apropriadas para prevenir os acidentes maiores, reduzir ao mínimo os riscos de acidentes maiores, e reduzir ao mínimo as consequências desses acidentes maiores. Tem por objetivo a prevenção de acidentes industriais maiores que envolvam substâncias perigosas[109] e a limitação das consequências de referidos acidentes[110].

(107) Disponível em: <http://www.planalto.gov.br/ccivil_03/decreto/1990-1994/D1254.htm>.

(108) Artigo 3 da Convenção n. 155.

(109) A expressão "substância perigosa" designa toda substância ou mistura que, em razão de propriedades químicas, físicas ou toxicológicas, seja uma só ou em combinação com outras, represente perigo.

(110) A expressão "acidente maior" designa todo evento inesperado, como uma emissão, um incêndio ou uma explosão de grande magnitude, no curso de uma atividade dentro de uma instalação exposta a riscos de acidentes maiores, envolvendo uma ou mais substâncias perigosas e que exponha os trabalhadores, a população ou o meio ambiente a perigo de consequências imediatas ou de médio e longo prazos.

Entendido isto, proveitoso ao objeto desse trabalho é a redação do artigo 9 da Convenção n. 155 da OIT, uma vez que trata da necessidade de um sistema de inspeção quanto a política nacional sobre o meio ambiente sadio do trabalho, vejamos sua redação:

> Artigo 9
>
> O controle da aplicação das leis e dos regulamentos relativos à segurança, à higiene e ao meio ambiente de trabalho deverá estar assegurado por um sistema de inspeção das leis ou dos regulamentos.

E ainda, o artigo 18.1 da Convenção n. 174 da OIT, uma vez que trata do dever do Estado de realizar inspeções para se fazer cumprir as determinações quanto a matéria de segurança e saúde do meio ambiente do trabalho com o risco de grandes acidentes, vejamos:

> Inspeção Artigo 18
>
> A autoridade competente deverá dispor de pessoal devidamente treinado e qualificado que tenha a competência adequada e com o apoio técnico e profissional suficiente para inspecionar, investigar, avaliar e assessorar assuntos tratados nesta Convenção e garantir a conformidade com a legislação nacional.

Verifica-se, portanto, um descumprimento do Estado brasileiro por ter sido negligente na fiscalização do empreendimento da Vale S/A no complexo de Brumadinho, em Minas Gerais. Uma vez que mesmo a partir dos relatórios do DNPM que alertavam o Estado da possibilidade de eclosão desta barragem desde 2015 — com o episódio da tragédia ambiental de Mariana/MG[111], o Estado brasileiro se manteve inerte.

Por conseguinte, o Protocolo Adicional à Convenção Americana sobre Direitos Humanos em matéria de Direitos Econômicos, Sociais e Culturais, "Protocolo de São Salvador", foi concluído em 17 de novembro de 1988, em São Salvador, El Salvador. Recepcionado em nosso ordenamento jurídico como o Decreto de n. 3.321, de 30 de dezembro de 1999.

Tratado internacional do Sistema Interamericano de Direitos Humanos, da Organização de Estados Americanos, visa reafirmar o propósito da Convenção Americana sobre Direitos Humanos de consolidar neste Continente, dentro do quadro das instituições democráticas, um regime de liberdade pessoal e de justiça social, fundado no respeito dos direitos essenciais do homem que justificam uma proteção internacional, de natureza convencional, coadjuvante ou complementar da que oferece o direito interno dos Estados americanos.

(111) *Responsabilidade civil do Estado frente à omissão nos desastres ambientais: Caso Vale.* Disponível em: <https://monografias.brasilescola.uol.com.br/direito/responsabilidade-civil-estado-frente-omissao-nos-desastres-ambientais-caso-VALE.htm>. Acesso em: 10 set. 2019.

Deste diploma internacional é caro a finalidade deste trabalho o artigo 11, que tratam do direito ao meio ambiente sadio:

Artigo 11

Direito ao Meio Ambiente Sadio

1. Toda pessoa tem direito a viver em meio ambiente sadio e a dispor dos serviços públicos básicos.

2. Os Estados-Partes promoverão a proteção, preservação emelhoramento do meio ambiente.

Assim, há descumprimento do Estado em suas obrigações positivas, ao não assegurar aos trabalhadores o meio ambiente sadio, não promovendo a proteção, preservação e melhoramento do meio ambiente.

Pois, ao tratar de tamanha omissão, está-se apontando uma ausência de ação do agente público quando ele tinha o dever de exercê-la. Caso típico das ações fiscalizadoras em geral, decorrente do poder de polícia estatal. Nessa hipótese, então, a responsabilidade tem origem na falta de tomada de alguma providência essencial ou ausência de fiscalização adequada e/ou realização de obra considerada indispensável para evitar o dano que vier a ser causado pelo fenômeno da natureza ou outro evento qualquer ou, ainda, interdição do local, dentre outras medidas aptas a evitar o acidente de trabalho que ocasionou a morte de mais de cem trabalhadores e deixou mais centenas de feridos(112).

5. Conclusão

Cambiante, fluído e volátil, o capital vai em busca de solos fecundos, fixando morada quando consegue casar a riqueza produzida com os custos da produção.

A legislação trabalhista, neste ponto, deve ser flexível; os salários achatados; a jornada claudicante. Relega-se a um segundo momento a implementação de mecanismos de segurança, higiene e medicina do trabalho, mercê do custo envolvido na operação. Opta-se, sempre, pelo menos oneroso. Afinal de contas, tudo se resume às forças centrípetas do mercado internacional.

Sabe-se que com a empresa Vale não foi diferente. A Mina do Feijão está localizada no *quadrilátero ferrífero* de Minas Gerais, região rica em minério, que tem como principal consumidor os Estados Unidos. No vale do Rio Paraopeba, especificamente, jaz uma das maiores concentrações de ferro do mundo inteiro, objeto de disputa pelos americanos no período que antecedeu o golpe militar de 1964 e que auxiliou na queda do então Presidente Jânio Quadros(113).

---

(112) *Idem.*

(113) *Apud* PEREIRA, Osny Duarte. Ferro e independência. Um desafio à dignidade nacional. Rio de Janeiro, 1967, p. 150. In: MEIRA, André Augusto Malcher; JUNQUEIRA, Fernanda Antunes Marques, MARANHÃO, Ney.

Nos anos seguintes, o minério viveu seus dias de glória. Com a desaceleração da produção chinesa, sofreu forte queda, mas se mantém com preço estável no mercado internacional.

A barragem do Córrego de Feijão, localizada à jusante do Rio Paraopeba, porém, desde o ano de 2015, não estava em operação, por conta do processo de beneficiamento do minério a seco. Em dezembro de 2018, após obtida a licença ambiental, referendada pelo governo do Estado de Minas Gerais — em tempo recorde, por sinal —, a Vale retomou o processo de ampliação das atividades do complexo Paraopeba, que incluiu a mina do Córrego do Feijão. Assim o fez, entretanto, em desacordo com normas básicas de prevenção ambiental, custando a vida de inúmeros trabalhadores e impondo à presente e futura gerações os altíssimos custos da degradação ambiental.

> De uma ponta, o grito da Terra. De outra, o grito dos pobres.
>
> É, de fato, chegada uma nova era geológica: o antropoceno, no qual, em nome do progresso, se hasteia o estandarte da injustiça ecológica e da injustiça social, alimentando-se de hábitos destrutivos para manter vivo o sonho do capitalismo.(114)

Nesse contexto, soubesse que perante os compromissos internacionais feitos o Estado brasileiro tem obrigações negativas e positivas, a primeira de não violar os direitos dispostos nos tratados internacionais, e a segunda de assegurar aos indivíduos o pleno exercício dos direitos e liberdades disciplinados neles.

Sendo assim ao Estado é exigido quando deve agir e não o faz, ou age deficientemente, deve o mesmo responder por sua negligência ou deficiência que levam ao ilícito do ensejador não evitado, que, por direito, deveria sê-lo.

No caso do acidente de trabalho de Brumadinho/MG fica evidenciado a omissão do Estado, pois este tendo o dever de agir conforme os dispositivos constitucionais, legais, e principalmente levando em conta o objeto de estudo, os tratados internacionais que é signatário, uma vez que esta tem o deve de agir, e tomar uma postura mais ativa de atuação preventiva.

Sob tal perspectiva, o reconhecimento efetivo pelo Estado da importância da proteção e promoção do equilíbrio no meio ambiente do trabalho como técnica de atingimento do propósito mais amplo de se erigir, em nossa sociedade, um meio ambiente sadio e equilibrado, em todas as suas dimensões.

O grito de Brumadinho: o rompimento da barragem do córrego do feijão e suas implicações na perspectiva do meio ambiente do trabalho. In: *Revista eletrônica do Tribunal Regional do Trabalho da 9ª Região*, Vol. 8, n. 76, mar. 2019, p. 104.

(114) *Ibidem*, p. 107.

Afinal, boa parte das catástrofes ambientais poderia ter sido evitada caso se praticasse rigorosa ação preventiva no combate à poluição junto aos mais variados ambientes de trabalho, especialmente no que tange às condições laborais praticadas e ao processo produtivo aplicado. Fala-se aqui da tragédia de Mariana. Fala-se também da tragédia de Brumadinho/MG.

Se executadas oportunamente as medidas de prevenção, zelando pela cultura do cuidado, não se estaria diante do maior acidente de trabalho experimentado pela história brasileira. E porque conectado umbilicalmente a danos ambientais, responde a Vale objetivamente pelos acidentes do trabalho ocorridos e, assim o faz, ancorada inclusive na teoria do risco integral, mas que não é o suficiente para garantir que outras tragedias, como as vividas em solo mineiro, em especial em Brumadinho/MG, ocorram as ventas do Estado.

6. Bibliografia

ACCIOLY, Hidelbrando; SILVA, G. E. do Nascimento e Silva; CASELLA, Paulo Borba. *Manual de Direito Internacional Público*. 21. ed. São Paulo: Saraiva, 2014.

ARAUJO, Luiz Alberto David; NUNES JÚNIOR, Vidal Serrano. *Curso de direito constitucional*. 10. ed. São Paulo, 2006.

BARROSO, Luís Alberto. *O controle de constitucionalidade no direito brasileiro*: exposição sistemática da doutrina e análise crítica da jurisprudência. 6. ed. São Paulo: Saraiva, 2012.

BBC. *Brumadinho:* a tragédia que poderia ter sido evitada. Disponível em: <https://www.bbc.com/portuguese/resources/idt-sh/Brumadinho>. Acesso em: 08 out. 2019.

CARTA CAPITAL. *Entenda a importância da atuação de ONGs internacionais em tragédias como a de Brumadinho (MG)*. Disponível em: <https://www.envolverde.cartacapital.com.br/a_imprtancia_da_atuacao-de-ongs- intrnacionais-em_tragedia_brumadinho_htm>. Acesso em: 08 out. 2019.

COMPARATO, Fabio Konder. *A afirmação histórica dos direitos humanos*. 3 ed. São Paulo: Saraiva, 2004.

DELGADO, Mauricio Godinho. *Curso de Direito do Trabalho*. São Paulo: LTr, 2017.

FELICIANO, Guilherme Guimarães; URIAS, João (Orgs.) *Direito Ambiental do trabalho:* apontamentos de uma teoria geral. São Paulo: LTr, 2013.

FONSECA, Maíra S. Marques da; PASQUALETO, Olívia de Quintana Figueiredo. Meio ambiente do trabalho e a responsabilidade civil do empregador. In: *Revista do Departamento do Trabalho e Seguridade social*, São Paulo: Revista os Tribunais, vol. 7, n. 1, jul. 2015/jun. 2016, p. 150-167.

GARCIA, Gustavo Filipe Barbosa. *Meio ambiente do trabalho:* Direito, Segurança e Medicina do Trabalho. 3. ed. Rio de Janeiro: Forense, 2011.

MARANHÃO, Ney. *Poluição labor ambiental:* abordagem conceitual da degradação das condições de trabalho, da organização do trabalho e das relações interpessoais travadas no contexto laborativo. Rio de Janeiro: Lumen Juris, 2017.

MARQUES, Eduardo. *A precariedade da Fiscalização de Barragens no Brasil*. Disponível em: <http://www.institutominere.com.br/blog/situacao-fiscalizacao-barragens-brasil>. Acesso em: 02 out. 2019.

MAUÉS, Antônio Gomes Moreira. Perspectivas do sistema interamericano de proteção dos direitos humanos no Brasil. In: NUNES, António José Avelãs; COUTINHO, Jacinto Nelson de Miranda (Org.). *O direito e o futuro*: o futuro do direito. Coimbra: Almedina, 2008.

_____. Supralegalidade dos Tratados Internacionais de Direitos Humanos e interpretação constitucional. *SUR*, São Paulo, v. 10, n. 18, p. 215-235, jun. 2013. Disponível em: <http://www.corteidh.or.cr/tablas/r32493.pdf>. Último acesso em: 06 set. 2019.

MAZZUOLI, Valerio de Oliveira. *O controle jurisdicional da convencionalidade das leis*. 3. ed. São Paulo: Revista dos Tribunais, 2013.

MEIRA, André Augusto Malcher; JUNQUEIRA, Fernanda Antunes Marques, MARANHÃO, Ney. O grito de Brumadinho: o rompimento da barragem do córrego do feijão e suas implicações na perspectiva do meio ambiente do trabalho. In: *Revista eletrônica do Tribunal Regional do Trabalho da 9ª Região*, vol. 8, n. 76, mar. 2019, p. 102-123.

MENDES, Gilmar Ferreira. A supralegalidade dos Tratados Internacionais de Direitos Humanos e a prisão civil do depositário infiel no Brasil. In: MARINONI, Luiz Guilherme; MAZZUOLI, Valerio de Oliveira (Coords.). *Controle de convencionalidade:* um panorama latino-americano: Brasil, Argentina, Chile, México e Peru. Brasília: Gazeta Jurídica, 2013.

MILARÉ, Édis. *Direito do Ambiente*. 10. ed. atual. e ampl. São Paulo: Revista dos Tribunais, 2015.

MPE/MG. *Relatório Final da CPI da Barragem de Brumadinho*. Disponível em: < https://www.mpmg.mp.br/conunicacao/noticias/mpemg-recebe-relatorio-final-da-cpi-da-barragem-brumadinho.html>. Acesso em: 08 out. 2019.

ORGANIZAÇÃO INTERNACIONAL DO TRABALHO [OIT]. *História. N.d.a.* Disponível em: <http://www.oitbrasil.org.br/content/hist%C3%B3ria>. Acesso em: 07/09/2019.

_________. *Tripartite Constituents. N.d.d.* Disponível em: <http://www.ilo.org/global/about--the-ilo/who-we-are/tripartite-constituents/lang--en/index.htm>. Acesso em: 07 out. 2019.

PATRICIO, Carolina Sautchuk. O direito do trabalhador a um meio ambiente sadio e a tutela jurisdicional. In: *Revista do Departamento do Trabalho e Seguridade social*. São Paulo, Revista dos Tribunais, vol. 7, n. 1, jul.2015/jun 2016, p. 182-195.

PILEGIS, Olga Regiane. Danos Labor-ambientais: o caso "recanto dos pássaros" à luz dos princípios informadores do direito ambiental do trabalho. In: *Revista do Departamento do Trabalho e Seguridade Social*. São Paulo, Revista dos Tribunais, vol. 7, n. 1, jul.2015/jun. 2016, p. 252-276.

PIOVESAN, Flávia. *Direitos Humanos e Justiça Internacional*. 6. ed. São Paulo: Saraiva, 2015.

______. *Direitos Humanos e o Direito Constitucional Internacional*. 15. ed. São Paulo: Saraiva, 2015.

SANTOS, Jéssica Lorena Bittencourt dos. *Responsabilidade civil do Estado frente à omissão nos desastres ambientais:* Caso Vale. Disponível em: <https://monografias.brasilescola.uol.com.br/direito/responsabilidade-civil-estado-frente-omissao-nos-desastres-ambientais-caso-samarco.htm>. Acesso em: 10 set. 2019.

SCALÉRCIO, Marcos; MINTO, Tulio Martinez. *Normas da OIT organizadas por tema.* 2. ed. São Paulo: LTr, 2017.

TEREZO, Cristina Figueiredo. *Sistema Interamericano de Direitos Humanos pela defesa dos direitos econômicos, sociais e culturais.* Curitiba: Appris, 2014.

TRT3R. *Ação Civil Pública 0010261-67.2019.5.03.0028.* 5ª Vara do Trabalho de Betim. Juíza Dra. Renata Lopes Vale. Data de Julgamento: 15.07.2019.

VALE. *Reportagem:* Esclarecimentos sobre a Barragem I da Mina de Córrego do Feijão. Disponível em: <http://www.vale.com/brasil/PT/aboutvale/news/Paginas/Esclarecimentos-sobre-a- barragem-I-da-Mina-de-Corrego-do-feijao.aspx>. Acesso em: 09 out. 2019.

VALE. *Reportagem:* Vale atualiza informações sobre o rompimento da barragem de Brumadinho. Disponível em: <http://www.vale.com/brasil/PT/aboutvale/news/Paginas/Vale-atualiza-informacoes-sobre-o-rompimento-da-barragem-de-Brumadinho.aspx>. Acesso em: 09 out. 2019.

7. Disposições normativas

BRASIL. *Constituição da República Federativa do Brasil de 1998.* Acesso em: 1º out. 2019.

BRASIL. *Consolidação das Leis do Trabalho.* Acesso em: 1º out. 2019.

BRASIL. *Decreto n. 1.254, de 29 de setembro de 1994.* Acesso em: 1º out. 2019.

BRASIL. *Decreto n. 2.241, de 2 de junho de 1997.* Acesso em: 1º out. 2019.

Teletrabalho e seus Impactos nas Relações Laborais. Estudo do Tema e suas Implicações nas Relações de Trabalho, Antes e Depois da Entrada em Vigor da Lei n. 13.467/17

Roberto Alves de Andrade Barbosa[1]

Resumo: A presente pesquisa busca analisar e constatar quais os impactos do teletrabalho nas relações trabalhistas, especialmente após a entrada em vigor da Lei n. 13.467/17, que trouxe diversas normas jurídicas sobre o tema, a fim de verificar se o "novo" conjunto normativo, garante maior proteção ao trabalhador, convergindo com preceitos constitucionais previstos na carta magna, ou se o efeito de tais normas provocará retrocesso social e precarização do trabalho, com redução do custo do trabalho para o empregador. Neste sentido, faz-se necessário o atingimento de alguns objetivos específicos, quais sejam: o estudo e a análise da evolução histórica do instituto e suas definições; a análise da regulamentação jurídica do tema, em especial, aquela trazida pela Lei n. 13.467/17, a fim de investigar a subordinação na relação laboral do teletrabalhador; a verificação da limitação de jornada prevista nas normas do direito do trabalho e os efeitos dessa modalidade contratual sobre os contratos de trabalho e a proteção jurídica trazida pela legislação; investigar e analisar as diversas formas de trabalho à distância, como o trabalho a domicílio, o teletrabalho, etc. Assim, a presente pesquisa tem como objetivos responder a certas indagações, ou seja, se o fato de o trabalhador não comparecer diariamente e pessoalmente na reclamada para registrar sua jornada nos controles de ponto, é-lhe suficiente para atribuir status de autonomia ou ainda assim será possível identificar traços de subordinação em tal relação jurídica? Se a regulamentação do tema trazida pela legislação em vigor, sob o aspecto do trabalho à distância, gerará benefícios ao trabalho pela flexibilização dos meios de desenvolvimento do seu labor, ou se essa nova modalidade de trabalho, poderá resultar na prestação de serviços em jornada exorbitante e com prejuízo do convívio familiar e social do trabalhador? As normas trabalhistas sobre o assunto efetivamente protegem ou desprotegem as relações

(1) Advogado Trabalhista. Especialista em Direito do Trabalho e Processo do trabalho pela Universidade de São Paulo (FDUSP, 2019).

laborais? A autonomia do teletrabalho prevista na norma consolidada efetivamente pode ser constatada em tal relação jurídica, ou trata-se de autonomia aparente, criada pelo próprio legislador a fim de burlar a Consolidação das Leis do Trabalho? Enfim, o presente estudo busca analisar a evolução histórica do tema ora analisado e a regulamentação em vigor, em especial, o estabelecido pela Lei n. 13.467/17 e a partir dos objetivos aqui traçados, constatar se de fato houve avanço ou retrocesso social, com a atual normatização do tema.

Palavras-chave: Teletrabalho — Evolução Histórica do Teletrabalho — Impactos nas Relações Laborais — Lei n. 13.467/2017 — Trabalho a Distância; Trabalho em Domicílio — Flexibilização das Normas Trabalhistas.

1. Introdução

O trabalho em casa surgiu no século XVI, durante o período de transição do feudalismo para o capitalismo. No período feudal as famílias produziam o que necessitavam para sobreviver dentro do sistema de servidão, ou seja, parte daquilo que era produzido pelo servo, era destinada ao senhor feudal, como pagamento pelas terras ou matéria prima concedidas, mas com a transição do feudalismo para o capitalismo, o trabalho a domicílio passa a dar espaço a um novo meio de produção concentrado em único local, e com a revolução industrial, e a inserção de máquinas no processo produtivo, o trabalho passou a ser desempenhado em locais chamados de indústrias.

É sabido ainda que já no ano de 1857, já se tinha notícia do trabalho remoto, quando J. Edgard Thompson, proprietário de uma estrada de ferro, descobriu que poderia utilizar o sistema de telégrafo da sua empresa para gerenciar divisões remotas de trabalho, descentralizando as operações.

Outra experiência relevante que vale ressaltar, ocorreu na Inglaterra em 1962, quando Stephane Shirley criou um pequeno negócio chamado *Freelance Programmers* para ser gerido em casa, escrevendo programas de computador para empresas, em 1988 tal negócio passou a contar com mil e cem teletrabalhadores.

Entretanto, o objeto do presente estudo, não é exatamente o trabalho em casa ou a domicílio, mas sim especificamente o teletrabalho, que na letra literal da legislação em vigor, abrange não só o trabalho a domicílio ou *home office*, mas também o trabalho desempenhado de qualquer lugar (*anywhere home*), já que o teletrabalho corresponde à prestação de serviços pelo empregado fora das dependências do empregador, independentemente do local, mas com a utilização de meios telemáticos, que vinculem o teletrabalhador à estrutura organizacional da empresa.

Assim, com o surgimento de novas tecnologias e os reflexos da globalização nas relações laborais, emerge uma nova modalidade de prestação de serviços, trata-se do labor executado fora do ambiente do empregador e com a utilização das referidas tecnologias, trata-se do teletrabalho, uma nova forma de labor trazida pela Lei n. 13.467/17, dentro do "pacote de flexibilização dos direitos trabalhista", instituído pela referida Lei.

Cumpre-nos desvendar com o presente trabalho, o surgimento dessa nova forma de trabalho, aparentemente, decorrente do processo de globalização e evolução tecnológica e quais os impactos positivos e/ou negativos de tal modalidade de trabalho, nas relações laborais, especialmente com a disciplina jurídica trazida com a entrada em vigor da Lei n. 13.467/17.

É preciso verificar cuidadosamente se o conjunto normativo trazido pela Reforma Trabalhista (Lei n. 13.467/17), garantirá efetivamente a proteção adequada a essa "nova" modalidade de trabalhador, em sintonia com as normas constitucionais protetivas do trabalhador previstas na constituição federal ou se o efeito de tal arcabouço normativo provocará retrocesso social e precarização do trabalho.

A investigação que ora se pretende, permeia-se também pela verificação da subordinação do teletrabalhador, do respeito à limitação de jornada prevista na constituição federal, da proteção jurídica trazida pela legislação, analisando-se inclusive em comparativo, as demais modalidades de trabalho à distância.

Outro ponto importante da presente pesquisa é tentar responder a certas indagações, dentre elas: se o fato de o trabalhador não comparecer diariamente e pessoalmente na reclamada para registrar sua jornada nos controles de ponto, é-lhe suficiente para atribuir *status* de autonomia ou ainda assim será possível identificar traços de subordinação em tal relação jurídica? Se a regulamentação do tema trazida pela legislação em vigor, sob o aspecto do trabalho à distância, gerará benefícios ao trabalho pela flexibilização dos meios de desenvolvimento do seu labor, ou se essa nova modalidade de trabalho, poderá resultar na prestação de serviços em jornada exorbitante e com prejuízo do convívio familiar e social do trabalhador? As normas trabalhistas sobre o assunto efetivamente protegem ou desprotegem as relações laborais? A autonomia do teletrabalho prevista na norma consolidada efetivamente pode ser constatada em tal relação jurídica, ou trata-se de autonomia aparente, criada pelo próprio legislador a fim de burlar a Consolidação das Leis do Trabalho?

Enfim, o presente estudo busca analisar a evolução histórica do tema ora analisado e a regulamentação em vigor, em especial, o estabelecido pela Lei n. 13.467/17 (Reforma Trabalhista) e a partir dos objetivos aqui traçados, constatar se de fato houve avanço ou retrocesso social, com a atual normatização do tema.

2. Aspectos gerais do teletrabalho

2.1. Evolução histórica do teletrabalho

Como já apontado na introdução do presente trabalho, o teletrabalho surge como um fenômeno decorrente dos reflexos da globalização nas relações trabalhistas e do surgimento de novas tecnologias, que viabilizam a otimização do tempo na prestação dos serviços e redução de custos operacionais para o trabalhador.

Trata-se o Teletrabalho de um produto da evolução tecnológica, que estabeleceu novas necessidades das gerações atuais de trabalhadores e os meios para o atingimento de tais objetivos.

As primeiras notícias que tem acerca do teletrabalho, resultam da utilização do sistema de telégrafo para gerenciar divisões remotas de trabalho, descentralizando as operações.

Também há que se ressaltar, um outro marco importante, ocorrido na Inglaterra em 1962, quando Stephane Shirley criou o *Freelance Programmers* para ser gerido em casa, voltado para elaboração de programas de computador para empresas, sendo que tal negócio em 1988 tal negócio passou a contar com mil e cem teletrabalhadores.

Importante lembrar que, no Brasil, o trabalho a domicílio foi muito exercitado no período feudal, mas, obviamente, à época não havia a característica precípua do teletrabalho, que correspondente à utilização de meios telemáticos e/ou sistemas da informação para o exercício de tais atividades.

Entretanto, o objeto do presente estudo, não é exatamente o trabalho em casa ou a domicílio, mas sim especificamente o teletrabalho, que na letra literal da legislação em vigor, abrange não só o trabalho a domicílio ou *home office*, mas também o trabalho desempenhado de qualquer lugar (*anywhere home*), já que o teletrabalho corresponde à prestação de serviços pelo empregado fora das dependências do empregador, independentemente do local, mas com a utilização de meios telemáticos, que vinculem o teletrabalhador à estrutura organizacional da empresa.

Assim, o teletrabalho, surge como uma nova modalidade de trabalho, realizada fora das dependências do empregador e com a utilização de tecnologias, vale dizer, o teletrabalho resulta do avanço tecnológico e dos reflexos da globalização nas relações laborais, tratando-se de uma nova forma de labor trazida pela Lei n. 13.467/17, dentro do "pacote de flexibilização dos direitos trabalhistas", instituído pela referida Lei.

A "flexibilização dos direitos trabalhistas" mencionada no parágrafo anterior, demonstra que, indubitavelmente, diversas normas sociais de proteção ao trabalhador, vem sofrendo modificações legislativas, em decorrência de diversos fatores, dentre eles, as novas tecnologias resultantes da revolução tecnológica que tem ocorrido mundialmente, mudanças no modo de produção, a globalização, a busca de outros métodos de exploração do trabalho, no intuito de otimizar os lucros e diminuir os custos para o empregador, são alguns dos diversos fatores que ensejaram a instituição jurídica e legal do teletrabalho.

O que se pode notar, é que à época da Revolução Industrial, as máquinas retiravam os trabalhadores de suas residências para operá-las na fábrica, porém, com o passar do tempo e o avanço tecnológico, as máquinas têm se tornado cada vez mais independentes, sendo que em alguns casos, acabam substituindo o próprio trabalhador, apesar de a Constituição Federal de 1988, em seu art. 7º, XXVII, garantir expressamente a proteção do trabalhador em face da automação.

Segundo Ana Cristina Barcellos Rodrigues:(2)

> (...) a empresa do futuro será aquela estruturada de forma bastante flexível e externalizada, com a atividade empresarial sendo realizada em parte com o pessoal interno, em parte com as empresas subcontradas (outsourcing revolution) e em grande parte com colaboradores externos, que utilizam os instrumentos da telemática e executam os serviços fora do local da empresa, resultando em uma redução drástica das dimensões das empresas (*downsizing*).

Importante salientar que, no Brasil embora o teletrabalho tenha instituído de forma expressa pela denominada Reforma Trabalhista, a Consolidação das Leis do Trabalho já previa o trabalho a domicílio, sendo que no ano de 2011, com a entrada em vigor da Lei n. 12.551/11, o art. 6º, da CLT, que já tratada do trabalho a domicílio, também passou a fazer referência ao trabalho a distância:(3)

> Art. 6º Não se distingue entre o trabalho realizado no estabelecimento do empregador, o executado no domicílio do empregado e o realizado a distância, desde que estejam caracterizados os pressupostos da relação de emprego.

Por sua vez, o parágrafo único do artigo supramencionado, embora não mencione a expressão teletrabalho, é expresso ao estabelecer que: (4)

> Parágrafo único. Os meios telemáticos e informatizados de comando, controle e supervisão se equiparam, para fins de subordinação jurídica, aos meios pessoais e diretos de comando, controle e supervisão do trabalho alheio.

Assim, os meios telemáticos e informatizados de comando, controle e supervisão equiparam-se aos meios pessoais e diretos de comando para fins subordinação jurídica, e ainda, não há diferença entre o trabalho realizado no estabelecimento ou à distância, desde que estejam preenchidos os requisitos da relação de emprego, vale dizer, ainda que o trabalho seja executado a distância e com utilização dos meios telemáticos e informatizados de comando, controle e supervisão do empregador, não há qualquer óbice para o reconhecimento do vínculo empregatício, desde que preenchidos os pressupostos para sua caracterização.

---

(2) RODRIGUES, Ana Cristina Barcellos. *Teletrabalho:* A Tecnologia Transformando as Relações de Trabalho. 2011. 142 f. Dissertação (Mestrado) – Universidade de São Paulo, Faculdade de Direito, São Paulo, 2011. p. 25.

(3) BRASIL. *Consolidação das Leis do Trabalho*. Disponível em: <http://www.planalto.gov.br/ccivil_03/decreto-lei/del5452.htm>. Acesso em: 27 jul. 2019.

(4) *Idem*.

Nota-se, portanto, que, em 2011, o legislador já havia feito referência ao trabalho a distância e ao trabalho com utilização de meios telemáticos e informatizados de comando, controle e supervisão, ou seja, houve proteção expressa e direito ao reconhecimento de vínculo de emprego do trabalhador que se enquadre em tais condições de trabalho.

Não obstante, o crescimento de trabalhadores executando suas atividades nos moldes acima, é inegável, de modo que a legislação até então existente, não tratava especificamente do tema, fazendo com que o legislador conceituasse e regulamentasse expressamente o teletrabalho com a entrada em vigor da Lei n. 13. 467/17.

Destarte, com a entrada em vigor da Lei n. 13.467/17, foi inserido na Consolidação das Leis do Trabalho — CLT, o Capítulo II-A, que passou a dar tratamento específico ao tema, com a inserção dos arts. 75-A a 75-E da CLT, tendo inclusive o art. 75-B da Norma Consolidada, considerado o teletrabalho como *a prestação de serviços preponderantemente fora das dependências do empregador, com a utilização de tecnologias de informação e de comunicação que, por sua natureza, não constituam como trabalho externo.*(5)

Cumpre salientar ainda que o art. 62, III da CLT, com redação dada pela Lei n. 13.467/17, também acrescentou o teletrabalhador na lista de trabalhados excluídos do regime previsto no Capítulo II, no intuito de afastar a limitação de jornada do teletrabalhador e exclui-lo do regime de horas extras.

A partir do breve relato histórico do Teletrabalho, acima transcrito, cabe agora analisar os demais aspectos do instituto.

2.2. Formas de trabalho a distância

É sabido que o teletrabalho foi a mais atual forma de trabalho a distância, definida pelo legislador, mas sabidamente, não é a única, posto que a Consolidação das Leis do Trabalho, quando da criação do Teletrabalho, já previa o trabalho a domicílio e o trabalho à distância, propriamente dito.

Fato é que ainda não há uniformidade na doutrina a respeito da classificação das categorias de trabalho à distância, mas os tipos de trabalho que serão aqui tratados, parecem ser uma unanimidade doutrinária.

2.2.1. Trabalho em domicílio

O trabalho em domicílio *home office* foi a primeira figura de trabalho a distância tratada pelo legislador pátrio, na realidade, as primeiras notícias de trabalho a domicílio

(5) BRASIL. *Consolidação das Leis do Trabalho*. Disponível em: <http://www.planalto.gov.br/ccivil_03/decreto-lei/del5452.htm>. Acesso em: 31 jul. 2019.

remontam-se ao feudalismo, época em que preponderava essa modalidade de labor, com a passagem para o sistema capitalista/fabril de produção, o trabalhador, deixou de executar suas atividades no âmbito domiciliar, deslocando-se para a indústria.

O Professor Mauricio Godinho Delgado, fala na existência de três possibilidades importantes, de trabalho no domicílio e explica:(6)

> b) Trabalho no Domicílio (*Home office*) e Teletrabalho (novo inciso III do art. 62 da CLT) — Dentro da situação-tipo aventada pelo art. 62, I, da CLT (labor externo insuscetível de controle de jornada) podem se inserir três outras possibilidades importantes, do ponto de visto do mundo laborativo: b.1) o tradicional trabalho no domicílio, há tempos existente na vida social, sendo comum a certos segmentos profissionais, como as costureiras, as cerzideiras, os trabalhadores no setor de calçados, as doceiras, etc.; b.2) o novo trabalho no domicílio, chamado *home office*, à base da informática, dos novos meios de comunicação e de equipamentos elétricos e eletrônicos convergentes; b.3) o teletrabalho, que pode se jungir ao *home office*, mas pode também se concretizar em distintos locais de utilização dos equipamentos eletrônicos hoje consagrados (informática, internet, telefonia celular, etc.). As duas últimas possibilidades (alíneas b.2 e b.3 passaram a merecer menção expressa no novo inciso III do art. 62 da CLT, assim intitulado: "III — os empregados em regime de teletrabalho".

Assim, o trabalho a domicílio é uma modalidade de labor fora das dependências do empregador no âmbito domiciliar, tendo sido chamado por Mauricio Godinho Delgado, de "tradicional trabalho no domicílio", muito com em certos segmentos profissionais, como no setor de costura, calçados, doceiras, etc.

Já o trabalho no domicílio chamado pelo referido Autor de "novo trabalho no domicílio", é conhecido como *home office* com utilização de tecnologia, ou seja, informática, equipamentos elétricos e eletrônicos etc.

Uma terceira modalidade de trabalho a domicílio, mencionada por Mauricio Godinho Delgado, é próprio o teletrabalho quando executado na modalidade *home office*.

De acordo com que se extrai da Norma Consolidada, inexiste distinção entre o trabalho realizado no estabelecimento do empregador e o executado no domicílio do empregado, sempre que estejam caracterizados os elementos da relação de emprego.

(6) DELGADO, Mauricio Godinho. *Curso de Direito do Trabalho*. 18. ed. São Paulo: LTr, 2019. p. 1068.

O legislador celetista ainda equiparou, para fins de subordinação jurídica, o trabalho realizado com utilização de meios telemáticos e informatizados, gozando da mesmo proteção do trabalho subordinado aos meios pessoais e diretos de comando, controle e supervisão, ou seja, haverá subordinação jurídica ainda que os meios de comando, controle e supervisão do trabalho, forem exercidos com utilização de tecnologias.

Vejamos o teor do art. 6º da CLT e seu parágrafo único:[7]

> Art. 6º Não se distingue entre o trabalho realizado no estabelecimento do empregador, o executado no domicílio do empregado e o realizado a distância, desde que estejam caracterizados os pressupostos da relação de emprego.
>
> Parágrafo único. Os meios telemáticos e informatizados de comando, controle e supervisão se equiparam, para fins de subordinação jurídica, aos meios pessoais e diretos de comando, controle e supervisão do trabalho alheio.

Salienta-se ainda que, embora já haja previsão constitucional do salário mínimo, o legislador celetista garantiu no art. 83 da CLT[8], o referido salário mínimo ao trabalhador em domicílio.

Portanto, o trabalho a domicílio ou *home office*, é uma das espécies de trabalho executado fora das dependências do empregador, com a peculiaridade de ser realizado no ambiente domiciliar, independentemente do uso de tecnologias ou não para a execução de tais serviços.

2.2.2. Trabalho a distância

O trabalho a distância é produto da globalização e evolução tecnológica ocorrida nas últimas décadas.

Destarte, com o avanço tecnológico, surgiram novas formas de relações de trabalho, como o trabalho a distância.

No Brasil, até a entrada em vigor da Lei n. 12.551/2011, a regulamentação do trabalho fora das dependências da empresa, limitava-se ao trabalho a domicílio, mas o legislador, deu maior amplitude à ideia de trabalho a distância, incluindo o trabalho realizado a distância na proteção jurídica.

---

(7) BRASIL. *Consolidação das Leis do Trabalho*. Disponível em: <http://www.planalto.gov.br/ccivil_03/decreto-lei/del5452.htm>. Acesso em: 10 ago. 2019.

(8) Art. 83 – É devido o salário mínimo ao trabalhador em domicílio, considerado este como o executado na habitação do empregado ou em oficina de família, por conta de empregador que o remunere.

Neste sentido, o art. 6º da CLT estabelece:[9]

Art. 6º Não se distingue entre o trabalho realizado no estabelecimento do empregador, o executado no domicílio do empregado e o realizado a distância, desde que estejam caracterizados os pressupostos da relação de emprego.

Parágrafo único. Os meios telemáticos e informatizados de comando, controle e supervisão se equiparam, para fins de subordinação jurídica, aos meios pessoais e diretos de comando, controle e supervisão do trabalho alheio.

Como se pode perceber, a legislação brasileira passou a reconhecer a possibilidade de reconhecimento de vínculo empregatício, de qualquer trabalho realizado a distância, desde que caracterizados os pressupostos da relação de emprego e ainda foi reconhecida a subordinação jurídica, por equiparação, do trabalho executado com utilização de meio telemáticos e informatizados de comando.

2.2.3. Teletrabalho como modalidade de trabalho a distância

Ainda na expansão normativa acerca das novas formas de trabalho a distância, decorrentes do processo de evolução tecnológica, a Lei n. 13.467/17 (Reforma Trabalhista) passou a prever expressamente o teletrabalho, inserindo o inciso III no art. 62 da CLT e acrescentando um Capítulo específico na Consolidação, vale dizer, houve a inclusão do Capítulo II-A ao Título II da CLT.

O Teletrabalho, que será melhor tratado nos Capítulos seguintes do presente estudo, revela uma nova dinâmica de trabalho, decorrente do processo de globalização e da evolução tecnológica, em que o trabalhador executa ser serviços na forma *home office* ou *anywhere office*, ou seja, trabalho realizado em casa ou em qualquer lugar, respectivamente, e de acordo com o art. 75-B da CLT, *com utilização de tecnologias de informação e comunicação que, por sua natureza, não se constituam como trabalho externo.*[10]

Neste sentido, o teletrabalho, necessita ser melhor analisado e estudado, especialmente, sob o aspecto dos impactos provocados, em razão da possível flexibilização dos direitos sociais que poderá ocorrer em virtude do conteúdo das normas trabalhistas criadas pela Lei n. 13.467/17 para disciplinar o tema.

3. Aspectos específicos do teletrabalho

3.1. Definição de teletrabalho

Definir teletrabalho não é uma tarefa simples, pois a doutrina traz diversos conceitos similares do tema, mas como se verificará a seguir, há certos pontos em comum entre as definições doutrinárias de teletrabalho.

---

(9) BRASIL. *Consolidação das Leis do Trabalho*. Disponível em: <http://www.planalto.gov.br/ccivil_03/decreto-lei/del5452.htm>. Acesso em: 14 out. 2019.

(10) Art. 75-B. Considera-se teletrabalho a prestação de serviços preponderantemente fora das dependências do empregador, com a utilização de tecnologias de informação e de comunicação que, por sua natureza, não se constituam como trabalho externo. (Incluído pela Lei n. 13.467, de 2017).

Passemos à análise de algumas definições doutrinárias.

Para Jack Nilles:[(11)]

> (...) levar o trabalho aos trabalhadores, em vez de levar estes ao trabalho; atividade periódica fora do escritório central, um ou mais dias da semana, seja em casa ou em um centro de telesserviço. (...) é bem possível manter-se logicamente ligado e ao mesmo tempo descentralizar-se fisicamente. Você pode levar o trabalho ao trabalhador em vez do trabalhador ao trabalho. Você e/ou seus funcionários podem teletrabalhar.

De acordo com Pinho Pedreira, o teletrabalho pode ser conceituado como:[(12)]

> (...) atividade do trabalhador desenvolvida total ou parcialmente em locais distantes da sede principal da empresa, de forma telemática. Total e parcialmente, porque há trabalho exercido em parte na sede da empresa em parte em locais dela distantes.

Para Manuel Martín Pino Estrada, o teletrabalho, caracteriza-se como:[(13)]

> (...) aquele realizado com ou sem subordinação por meio do uso de antigas e novas formas de telecomunicação em virtude de uma relação de trabalho, permitindo a sua execução à distância, prescindindo da presença física do trabalhador em lugar específico do trabalho.

De acordo com Geraldo Magela Melo:[(14)]

> (...) estará no regime jurídico do teletrabalho quem exercer, na maior parte do tempo, suas atividades extramuros empresariais, mas, via de regra, em um local específico, sem a necessidade de se locomover para exercer suas atividades. Por exemplo, residência própria, biblioteca, cafeteria, mas desde que utilizando das tecnologias da informação e telecomunicação, especialmente por meio da *internet*, como *e-mail*, *Whatsapp*, *Facebook*, para recebimento e envio das atribuições ao empregado.

(11) NILLES, Jack M. *Fazendo do Teletrabalho uma Realidade:* um guia para telegerentes e teletrabalhadores. Tradução de Eduardo Pereira e Ferreira. São Paulo: Futura, 1997. p. 15 e 25.

(12) PEDREIRA, Pinho. O Teletrabalho. *Revista LTr*, São Paulo, ano 64, maio 2000, p. 583-587.

(13) ESTRADA, Manuel Martín Pino. Teletrabalho: Conceitos e a sua Classificação face aos Avanços Tecnológicos. In: COLNAGO, Lorena de Mello Rezende; CHAVES JÚNIOR, José Eduardo de Resende; ESTRADA, Manuel Martin Pino (Coords.) *Teletrabalho*. São Paulo: LTr, 2017. p. 11.

(14) MELLO, Geraldo Magela. *O Teletrabalho na Nova CLT*. Disponível em: <https://portal.trt3.jus.br/internet/conheca-o trt/comunicacao/downloads/pdf/copy_of_artigoOTELETRABALHONANOVACLT.pdf. Acesso em: 17 ago. 2019, p. 1.

Glória Rabelo, define a figura do teletrabalho, nos seguintes moldes:(15)

> (...) uma flexibilização das normas trabalhistas que favorece as atividades produtivas ao inovar os alcances territoriais da relação de trabalho, bem como flexibilizar o tempo no qual este é prestado. O teletrabalho seria um trabalho realizado de acordo com uma modalidade temporal e espacial, enquadrando-se nas exigências decorrentes da globalização e na disponibilidade das tecnologias.

No âmbito normativo, a Reforma Trabalhista de 2017 (Lei n. 13.467, de 13 de julho de 2017) inseriu o art. 75-B na CLT, trazendo o conceito de teletrabalho: (16)

> Art. 75-B Considera-se teletrabalho a prestação de serviços preponderantemente fora das dependências do empregador, com a utilização de tecnologias de informação e de comunicação que, por sua natureza, não se constituam como trabalho externo.
>
> Parágrafo único. O comparecimento às dependências do empregador para a realização de atividades específicas que exijam a presença do empregado no estabelecimento não descaracteriza o regime de teletrabalho.

É possível verificar, a partir das definições trazidas acima, que há alguns traços em comum, entre elas, ou seja, no regime de teletrabalho as atividades são executadas fora das dependências do empregador, ou seja, na realidade, como dito por Jack Nilles(17) trata-se de *levar o trabalho aos trabalhadores, em vez de levar estes ao trabalho*;

Logo o teletrabalho, mostra-se como uma forma de trabalho à distância que pode ser executado na modalidade *home office* ou *anywhere office*, ou seja, o trabalho pode ser realizado na própria residência do trabalhador ou em qualquer lugar, que não ligue o trabalhador fisicamente ao estabelecimento empresarial, sendo que tal trabalho é desempenhado com a utilização de tecnologias da informação e de comunicação, especialmente por meio de internet, sendo possível inclusive que o teletrabalhador exerce parte de suas atividades nas dependências da empresa, que ainda assim, está caracterizado o regime de teletrabalho.

Nota-se, portanto, que, no regime de teletrabalho, embora o labor seja desempenhado à distância, o teletrabalhador fica constantemente conectado à empresa por intermédio de meios eletrônicos de comunicação, para fins de recebimento e envio de atividades.

---

(15) RABELO, Glória. *Teletrabalho e privacidade:* contributo e desafios para o direito do trabalho. Lisboa: Editora RH, 2004. p. 13.

(16) BRASIL. *Consolidação das Leis do Trabalho*. Disponível em: <http://www.planalto.gov.br/ccivil_03/decreto-lei/del5452.htm>. Acesso em: 14 ago. 2019.

(17) NILLES, Jack M. *Fazendo do Teletrabalho uma Realidade:* um guia para telegerentes e teletrabalhadores. Tradução de Eduardo Pereira e Ferreira. São Paulo: Futura, 1997. p. 15.

Portanto, o que se verifica em comum nos conceitos de teletrabalho acima transcritos, é o que teletrabalho consiste no desempenho de atividades, preponderantemente, à distância pelo trabalhador, com a utilização de tecnologias que, por sua natureza, mantêm o referido teletrabalhador conectado ao empregador, não se tratando, portanto, de mero trabalho externo, posto que no teletrabalho, o trabalhador fica conectado ao empregador.

3.1.2. Características do teletrabalho

A partir das definições descritas no item anterior, é possível identificar algumas características capazes de identificar a figura jurídica do teletrabalho.

Segundo Denise Fincado, há três características marcantes que identificam o teletrabalho:(18) *a) trabalho subordinado, b) fisicamente distante do empregador e c) com uso intenso de tecnologias de informação e comunicação.*

As características destacadas no parágrafo anterior, dizem respeito ao teletrabalho subordinado.

O legislador trouxe como característica do teletrabalho, o fato de que o teletrabalhador executa suas atividades na maior parte do tempo, fora das dependências do estabelecimento do empregador, mas isso não significa que, eventualmente, o teletrabalho, não possa desempenhar algumas atividades no espaço físico do empregador, pois conforme previsto no art. 75-B da CLT, basta que o serviço seja realizado à distância na maior parte do tempo.

Importante destacar ainda que, a lei prevê expressamente como elemento marcante do teletrabalho, o desempenho de atividades com significativa utilização de tecnologia de informática e de comunicação, exemplos: *notebook, celular*, etc.

Segundo Manuel Martín Pino Estrada, são marcantes as seguintes características do teletrabalho:(19)

> a) localização ou espaço físico localizado fora da empresa onde se realiza a atividade profissional; b) utilização das novas tecnologias informáticas e da comunicação; c) mudança na organização de trabalho (o trabalhador ocupa um posto de teletrabalho).

Nota-se que as características nucleares do teletrabalho, são a prestação de serviços fora do espaço físico da empresa e a utilização de tecnologias de informática }e de comunicação, ou seja, o serviço é executado preponderantemente, em ambiente

---

(18) FINCATO, Denise. Teletrabalho: Aproximações Epistemológicas. In: *Revista Magister de Direito Trabalhista e Previdenciário*, Porto Alegre, Magister, vol. 1, jul./ago. 2004, p. 80.

(19) ESTRADA, Manuel Martin Pino. *Análise Juslaboral do Teletrabalho*. Curitiba: Camões, 2008. p. 20-21.

diverso do estabelecimento empresarial e a vinculação ao empregador, ocorre de foram virtual, ou seja, por intermédio de utilização de tecnologias, ou seja, sem a presença física do teletrabalhador na empresa.

Destarte, pode-se afirmar que o local de prestação de serviços do teletrabalhador é flexível.

Outro ponto importante de se destacar acerca do teletrabalhador, foi que o legislador inseriu no Consolidação da Leis do Trabalho, o inciso III ao art. 62 da CLT, excluindo o teletrabalho da limitação de jornada prevista no Capítulo II, relativo à duração do trabalho.

Contudo, no presente estudo, será verificado se de fato se o teletrabalho, de fato, não se submete a controle de jornada, de modo a justificar a exclusão de tal trabalho da proteção prevista no capítulo da norma consolidada, ou seja, cumpre verificar se de fato é inviável o controle de horário do teletrabalhador.[20]

Neste sentido, indaga-se: o fato de o teletrabalhador exercer suas atividades fora das dependências do empregador, por si só, inviabiliza a aplicação das normas de controle de jornada, em especial, considerando o fato de que uma das características marcantes desse profissional é estar permanentemente conectado ao empregador por meio de tecnologias de informática e comunicação?

Para Alice Monteiro de Barros[21] *a prática de trabalho externo, por si só, não afasta as normas de controle de jornada. Se o empregado, embora sujeito a função externa, estiver sujeito a normas de controle de jornada, ainda que indireta, podem ser autorizadas o pagamento de horas extras.*

Na realidade, o exercício de atividades sob o regime do teletrabalho, não inviabiliza que o empregador realize o controle de jornada, aliás, a conexão do teletrabalhador com a empresa, por meio de tecnologias de informação e de comunicação, permite que seja realizado tal controle, não obstante o fato de ter o legislador excepcionado tal categoria de trabalhador da limitação de jornada prevista no capítulo II da CLT.

Neste sentido, nada impede que o empregador controle a jornada de trabalho do teletrabalhador, por intermédio de meios de comunicação, como e-mails, aplicativos de mensagens, chats ou até pela produção, como por exemplo, pelo tempo de digitação dispendido pelo teletrabalhador ou até mesmo pelo número de atendimentos realizados.

---

(20) Art. 62 – Não são abrangidos pelo regime previsto neste capítulo:

(...) III – os empregados em regime de teletrabalho. (Incluído pela Lei n. 13.467, de 2017).

(21) BARROS, Alice Monteiro de. *Curso de Direito do Trabalho*. 16. ed. São Paulo: LTr, 2016. p. 448.

Enfim, aparentemente, essa conexão do teletrabalhador ao empregador, por meio de tecnologias, acaba por viabilizar o controle e fiscalização da jornada pelo empregador.

Ademais, o art. 7º, inciso XXIII da Constituição, estabelece expressamente que a duração normal da jornada do trabalhador, é de oito horas diárias e quarenta e quatro horas semanais, sendo certo que tal norma não excepcionou, nenhuma categoria de trabalhador, lembrando-se ainda que o *caput* do art. 7º da Constituição Federal, prevê que os direitos elencados em seus incisos, são os direitos mínimos e que a lei poderá criar outros, desde que visem à melhoria da condição social dos trabalhadores.

Importante trazer o ensinamento de Geraldo Magela Melo:[22]

> (...) encontram-se excluídos da proteção da jornada os teletrabalhadores que não possuem nenhuma forma de controle do tempo de trabalho. Isto é, aqueles empregados que iniciam e terminam suas atividades no horário que bem entenderem, com total liberdade. A cobrança patronal é feita por meio de metas e resultados, sem acompanhar os momentos em que a atividade está efetivamente sendo desempenhada. Os teletrabalhadores que sofrerem vigilância dos períodos de conexão, controle de login e logout, localização física, pausas ou ligações ininterruptas para saber o andamento dos trabalhos, especialmente se de forma periódica, estão enquadrados na disposição do art. 7º da CF/88 e no art. 6º, parágrafo único, da CLT e possuem direito à proteção da jornada, inclusive eventuais horas extras.

Logo, o art. 62, III da CLT, ao que parece não está consonância com as disposições do art. 7º da CF, e ao disposto no art. 6º, vale ressaltar ainda que, o art. 75-B da CLT, é no sentido de que o teletrabalhador, exercem atividades que não constituem como trabalho externo.

3.1.3. A Lei n. 13.467/17 e o teletrabalho

Conforme visto alhures, a primeira regulamentação do trabalho a distância, surgiu com a alteração da redação do art. 6º da CLT, dada pela Lei n. 12.551/2011, quando o legislador ampliou a previsão legal que até então era somente voltada para o trabalho a domicílio, passou a incluir o trabalho a distância em sentido amplo, para determinar que inexiste distinção entre o trabalho realizado no estabelecimento do empregador e o trabalho realizado a distância, desde que presentes os pressupostos da relação de emprego, sendo que o parágrafo único do referido artigo, equipara os meios

---

(22) MELLO, Geraldo Magela. *O Teletrabalho na Nova CLT*. Disponível em: <https://portal.trt3.jus.br/internet/conheca-o trt/comunicacao/downloads/pdf/copy_of_artigoOTELETRABALHONANOVACLT.pdf. Acesso em: 29 ago. 2019, p. 1-2.

telemáticos e informatizados aos meios pessoais de comando, controle e supervisão para fins de subordinação jurídica.

Contudo, o referido art. 6º da norma celetista, não regulamentou especificamente o teletrabalho, sendo que tal regulamentação somente passou a efetivamente inserida na Consolidação das Leis do Trabalho, com a entrada em vigor da Lei n. 13.467/17, que incluiu o Capítulo II-A dedicado exclusivamente ao teletrabalho, com a previsão de cinco artigos, regulamentando o tema.

Assim, os arts. 75-A a 75-E da CLT, assim dispõem:(23)

Art. 75-A. A prestação de serviços pelo empregado em regime de teletrabalho observará o disposto neste Capítulo. (Incluído pela Lei n. 13.467, de 2017)

Art. 75-B. Considera-se teletrabalho a prestação de serviços preponderantemente fora das dependências do empregador, com a utilização de tecnologias de informação e de comunicação que, por sua natureza, não se constituam como trabalho externo. (Incluído pela Lei n. 13.467, de 2017)

Parágrafo único. O comparecimento às dependências do empregador para a realização de atividades específicas que exijam a presença do empregado no estabelecimento não descaracteriza o regime de teletrabalho. (Incluído pela Lei n. 13.467, de 2017)

Art. 75-C. A prestação de serviços na modalidade de teletrabalho deverá constar expressamente do contrato individual de trabalho, que especificará as atividades que serão realizadas pelo empregado. (Incluído pela Lei n. 13.467, de 2017)

§ 1º Poderá ser realizada a alteração entre regime presencial e de teletrabalho desde que haja mútuo acordo entre as partes, registrado em aditivo contratual. (Incluído pela Lei n. 13.467, de 2017)

§ 2º Poderá ser realizada a alteração do regime de teletrabalho para o presencial por determinação do empregador, garantido prazo de transição mínimo de quinze dias, com correspondente registro em aditivo contratual. (Incluído pela Lei n. 13.467, de 2017)

Art. 75-D. As disposições relativas à responsabilidade pela aquisição, manutenção ou fornecimento dos equipamentos tecnológicos e da infraestrutura necessária e adequada à prestação do trabalho remoto, bem como ao reembolso de despesas arcadas pelo empregado, serão previstas em contrato escrito. (Incluído pela Lei n. 13.467, de 2017)

Parágrafo único. As utilidades mencionadas no *caput* deste artigo não integram a remuneração do empregado. (Incluído pela Lei n. 13.467, de 2017)

Art. 75-E. O empregador deverá instruir os empregados, de maneira expressa e ostensiva, quanto às precauções a tomar a fim de evitar doenças e acidentes de trabalho. (Incluído pela Lei n. 13.467, de 2017)

Parágrafo único. O empregado deverá assinar termo de responsabilidade comprometendo-se a seguir as instruções fornecidas pelo empregador. (Incluído pela Lei n. 13.467, de 2017)

---

(23) BRASIL. *Consolidação das Leis do Trabalho*. Disponível em: <http://www.planalto.gov.br/ccivil_03/decreto-lei/del5452.htm>. Acesso em: 02 set. 2019.

Passemos à análise dos cinco artigos sobre o teletrabalho trazidos pelo legislador no Título II da CLT (Das Normas Gerais de Tutela do Trabalho), Capítulo II-A intitulado como (Do Teletrabalho).

O art. 75-A que encabeça a lista, estabelece tão somente que a prestação de serviços em regime de teletrabalho observará o disposto no Capítulo II-A.

Por sua vez, no art. 75-B, o legislador trouxe a definição de trabalho, ou seja, de acordo com tal norma, pode-se afirmar que o teletrabalho é a *prestação de serviços preponderantemente fora das dependências do empregador, com a utilização de tecnologias de informação e comunicação que, por sua natureza, não se constituam como trabalho externo.*

E ainda, o parágrafo único do referido artigo previu que *o comparecimento às dependências do empregador para a realização de atividades específicas que exijam a presença do empregado no estabelecimento não descaracteriza o regime de teletrabalho.*

Destarte, conforme se verifica no conceito legal, o legislador ressalvou expressamente na norma que, ainda que o teletrabalhador compareça às dependências do empregador para executar atividades específicas, estará caracterizado o teletrabalho, quando observados os requisitos do art. 75-B da Consolidação das Leis do Trabalho.

Fica claro que a previsão do parágrafo único do art. 75-B mencionado tem caráter excepcional, pois comparecimento do teletrabalho à empresa seria somente para realização de atividades específicas que exigissem sua presença física.

Importante salientar que o legislador exclui do conceito legal, o teletrabalho desempenhado em centros de teletrabalho ou telecentros, pois tal modalidade de trabalhador, desempenha suas atividades em centros compartilhados que podem ser considerados dependência do empregador, o que afastaria a ideia do trabalho desempenhado fora das dependências do empregador.

O art. 75-C, *caput*, prevê alguns requisitos formais para que haja o reconhecimento da prestação de serviços na modalidade de teletrabalho, são eles: a) previsão expressa no contrato de trabalho; b) especificação das atividades que serão realizadas pelo empregado. Logo, para que seja considerada a prestação de serviços como teletrabalho, tal informação deverá ser inserida no contrato de trabalho, não sendo aceita pelo legislador a contratação tácita do teletrabalhador, e além disso, deve constar expressamente do contrato de trabalho, a lista de atividades que serão realizadas pelo teletrabalhador.

Desataca-se ainda que, o § 1º do art. 75-C autorizou expressamente a alteração entre regime presencial e de trabalho, mediante mútuo consentimento das partes e registro de aditivo contratual, e o parágrafo segundo, contrariando, em certa medida o parágrafo primeiro, autorizou o empregador a alterar o regime de teletrabalho para o presencial, também mediante aditivo contratual, garantido prazo mínimo de 15 quinze dias para transição.

O parágrafo mencionado, parece ter sido criado apenas para garantir liberdade ao empregador na alteração do contrato de trabalho do teletrabalhador, sem que sejam observadas outras normas sociais e constituição que protegem o trabalhador de eventual alteração contratual potencialmente lesiva.

Na mesma linha foi o art. 75-D, ao direcionar para o contrato escrito, as disposições relativas à responsabilidades à responsabilidade pela aquisição, manutenção ou fornecimento dos equipamentos tecnológicos e da infraestrutura necessária e adequada à prestação do teletrabalho, bem como ao reembolso de despesas arcadas pelo empregado, previsão esta que dá margem ao empregador para transferir tais ônus ao seu teletrabalhador, mediante contrato, inclusive no que se refere a eventuais despesas arcadas pelo empregado, ou seja, tal norma não impõe qualquer encargo para o empregador, ao contrário, transfere para o contrato as obrigações relativas à aquisição, manutenção ou fornecimento de equipamentos tecnológicos e da infraestrutura necessária para o teletrabalho.

A norma acima mencionada ainda possui um parágrafo único, no sentido de que as utilidades de que trata o *caput* do artigo, não integram a remuneração do empregado.

Por fim, o art. 75-E, diz respeito às normas de higiene, saúde e segurança do trabalho, é impõe a obrigação do empregador de instruir expressa e ostensivamente seus empregados, quanto às precauções a serem tomadas para evitar doenças e acidentes de trabalho, e o parágrafo único, determina que o empregado deverá assinar termo de responsabilidade comprometendo-se a seguir as instruções do empregador.

Verifica-se que o conteúdo do art. 75-E é meramente formal, não prevendo qualquer garantia efetiva, real ou de fato ao teletrabalhador, do ponto de vista da prevenção e repressão às doenças e acidentes do trabalhado, transferindo para um documento "termo de instruções/orientações" e para o empregado os riscos relacionados a doença ou acidente do trabalho.

Além dos artigos supramencionados decorrentes da inclusão do Capítulo II-A na Consolidação das Leis do Trabalho, no que se refere ao teletrabalho, a Norma Consolidada também trouxe alterações em outros dois pontos, vale dizer, foi inserido na CLT, o inciso III no art. 62, para inserir o teletrabalho dentre as hipóteses de trabalho não protegidas pelas disposições legais de controle da duração do trabalho e ainda houve inclusão do teletrabalho, dentre as hipóteses previstas do art. 611-A, em que há a prevalência do negociado sobre o legislado, conforme se verificada no inciso VIII do referido artigo.[24]

---

(24) Art. 611-A. A convenção coletiva e o acordo coletivo de trabalho têm prevalência sobre a lei quando, entre outros, dispuserem sobre: (Incluído pela Lei n. 13.467, de 2017)

(...) VIII – teletrabalho, regime de sobreaviso, e trabalho intermitente; (Incluído pela Lei n. 13.467, de 2017)

Como se pode notar, a Lei n. 13.467/17, incluiu os teletrabalhadores na Consolidação das Leis do Trabalhadores, porém, paradoxalmente, a mesma norma que incluiu a previsão do teletrabalho na legislação trabalhista, excluiu tal categoria de trabalhador de diversas proteções jurídicas, como por exemplo das normas de controle e limitação de jornada, estas garantidas pela própria Constituição Federal de 1988, e ainda, autorização a flexibilização das normas sobre tema, com a inserção do art. 611-A na Consolidação das Leis do Trabalho, autorizando a prevalência de acordos e convenções coletivas de trabalho sobre a lei, quando se tratar do tema teletrabalho.

3.1.4. Subordinação e Teletrabalho (*Telessubordinação*)

Embora o teletrabalho não exerce suas funções dentro do estabelecimento empresarial, tal fato por si só, não afasta o vínculo empregatício, aliás, em sendo o teletrabalho uma das modalidades de trabalho a distância, o próprio legislador no art. 6º da Consolidação das Leis do Trabalho, deu o mesmo tratamento ao empregado que desempenhe suas atividades dentro do estabelecimento do empregador e ao empregado que exerce suas atividades em domicílio ou a distância, e ainda, a utilização remota de meios telemáticos e informatizados de comando, controle e supervisão, foi equiparada ao meios pessoais, para fins de subordinação jurídica.(25)

> Art. 6º Não se distingue entre o trabalho realizado no estabelecimento do empregador, o executado no domicílio do empregado e o realizado a distância, desde que estejam caracterizados os pressupostos da relação de emprego. (Redação dada pela Lei n. 12.551, de 2011)
>
> Parágrafo único. Os meios telemáticos e informatizados de comando, controle e supervisão se equiparam, para fins de subordinação jurídica, aos meios pessoais e diretos de comando, controle e supervisão do trabalho alheio. (Incluído pela Lei n. 12.551, de 2011)

Logo, conforme se extrai do texto legal, inexiste distinção entre o trabalho realizado no estabelecimento do empregador e o trabalho remoto, sendo que a utilização dos meios telemáticos e informatizados de comando, controle e supervisão, equipara-se aos meios pessoais de subordinação jurídica, vale dizer, o fato de o teletrabalhador não estar no mesmo espaço físico do empregador, por si só, não afasta a subordinação jurídica.

Conforme será verificado neste item, alguns doutrinadores, entendem que o avanço tecnológico, atrelado às novas modalidades de trabalho (a distância), abrandaram o poder diretivo do empregador, em decorrência da ausência física do trabalhador nas dependências do empregador.

(25) BRASIL. *Consolidação das Leis do Trabalho*. Disponível em: <http://www.planalto.gov.br/ccivil_03/decreto-lei/del5452.htm>. Acesso em: 08 set. 2019.

Contudo, segundo Pinho Pedreira[26], *o teletrabalho não reproduz, por si só, o afastamento da subordinação.*

Manuel Martín Pino Estrada, entende que o poder de direção do empregador, poder ser facilmente identificado na relação jurídica do teletrabalho e pontua:[27]

> (...) já existem programas de computador que fiscalizam o trabalhador à distância e com uma eficiência que não se compara à fiscalização física. Além disso, esta pode ser feita inclusive quando o empregador está dormindo, descansando ou viajando, para depois entrar no sistema e ver qual foi o teletrabalho mais produtivo, por quantas horas trabalhou, por quantas vezes colocou o dedo no teclado, por onde navegou na internet e ter até os nomes dos clientes que entrou em contato incluindo o horário, dentre outros dispositivos cada vez mais modernos.

Segundo Ivani Bramante:[28]

> O teletrabalhador desempenha atividade externa e descentralizada, fora das dependências da empresa, mas on-line, em contato e controle permanente. Logo, não estará sujeito ao controle de horário e à supervisão direta e presencial, do seu superior hierárquico, mas está sujeito a um poder diretivo indireto e virtual: o chamado poder de teledireção ou poder informático.

Na realidade, o que se pode observar é a legislação atual, previu alguns parâmetros a serem observados na constatação ou não da subordinação jurídica.

Fato é que, havendo telessubordinação do empregado, certamente haverá teledireção, por parte do empregador, ou seja, o empregador poderá exercer seu poder diretivo através dos meios telemáticos, e assim, consequentemente, haverá a subordinação do teletrabalhador.

Assim, se o trabalhador desempenha suas atividades a distância, mas sem qualquer autonomia, está caracterizada a subordinação jurídica.

Mauricio Godinho Delgado, explica:[29]

> (...) A primeira observação sobre a regulação do teletrabalho na ordem jurídica do País diz respeito à plena possibilidade da presença da

(26) PEDREIRA, Pinho. O Teletrabalho. *Revista LTr*, São Paulo, ano 64, maio 2000, p. 583-587.

(27) ESTRADA, Manuel Martín Pino. Teletrabalho: Conceitos e a sua Classificação em face aos Avanços Tecnológicos. In: COLNAGO, Lorena de Mello Rezende; CHAVES JÚNIOR, José Eduardo de Resende; ESTRADA, Manuel Martín Pino (Coords.) *Teletrabalho*. São Paulo: LTr, 2017. p. 17.

(28) BRAMANTE, Ivani Contini. Teletrabalho: teledireção, telessubordinação e teledisposição. *Revista LTr*: Legislação do Trabalho, São Paulo, v. 76, n. 04, abr. 2012, p. 403.

(29) DELGADO, Mauricio Godinho, DELGADO, Gabriela Neves. *A Reforma Trabalhista no Brasil:* com os comentários à Lei n. 13.467/17. São Paulo: LTr, 2017. p. 137.

subordinação jurídica nas situações de trabalho prestado mediante os meios telemáticos e informatizados de comando, controle e supervisão, ainda que realizado no domicílio do empregado e/ou em outras situações de trabalho à distância.

Nessa medida, a Lei n. 12.551, de 15.12.2011, superou certa controvérsia que se apresentava na jurisprudência relativamente ao enfrentamento do debate sobre a existência (ou não) da relação de emprego no tocante às situações de teletrabalho. O óbice que geralmente se colocava dizia respeito à falta de subordinação jurídica; tal óbice, contudo, foi plenamente superado pela nova redação do art. 6º da CLT, a partir de 2011.

Observe se que essa novel redação apenas explicitava a compreensão de certa corrente interpretativa sobre o assunto; não instituiu, de fato, a partir de dezembro de 2011, conceito jurídico novo ou direito social novo, insista-se, mas apenas corroborou linha de interpretação que, por intermédio da teoria de subordinação estrutural, enxergava, sim, a presença de subordinação jurídica em distintas situações de teletrabalho.

Dessa maneira, os pressupostos da relação de emprego no teletrabalho sempre puderam, assim, ser aferidos da situação concreta posta em análise com o simples concurso dos elementos fático-jurídicos inseridos no caput do art. 3º da CLT (trabalho por pessoa natural; prestado com não eventualidade, onerosidade e subordinação) e também no *caput* do art. 2º da CLT (trabalho igualmente prestado com pessoalidade). A nova regra inserida no art. 6º da CLT somente veio explicitar a amplitude, complexidade e modernidade do conceito juridico de subordinação. (...)

Como ensina o Professor Godinho Delgado, a regra do art. 6º da CLT, deu maior amplitude, complexidade e modernidade ao conceito jurídico de subordinação, vale dizer, uma vez preenchidos os requisitos dos arts. 3º e 6º, e constatada a subordinação ainda que estrutural, deverá ser reconhecida a subordinação jurídica e o consequentemente vínculo empregatício do teletrabalhador.

Conclui-se, portanto, que, embora subordinação jurídica clássica crie alguns empecilhos ao reconhecimento do vínculo empregatício do teletrabalhador, a teoria da subordinação estrutural, auxilia muito bem na verificação da subordinação dos teletrabalhadores, uma vez que estes estavam em zona limítrofe entre trabalho subordinado e trabalho autônomo, sendo certo que a mera ausência física do empregador, não pode servir de pretexto para flexibilização ou afastamento dos direitos sociais dessa nova modalidade de trabalhador.

4. Análise jurisprudencial do teletrabalho

4.1. Comentários sobre jurisprudência do teletrabalho

Tratando-se de tema recentemente normatizado, vez que o teletrabalho, somente passou a ser regulamentado de forma específica, com entrada em vigor da Lei n. 13.467/17, não se tem jurisprudência recentíssima sobre o tema.

Entretanto, conforme se verificará a seguir, há alguns julgados relativamente recentes, que sinalizam razoavelmente, como têm sido analisado questões relacionadas ao trabalho a distância e teletrabalho pelos tribunais.

Dito isto, cumpre tecer alguns breves comentários, acerca de alguns julgados de Tribunais Regionais do Trabalho variados, com relação ao teletrabalho.

Pois bem.

Em acórdão publicado em 13.03.2017, o Egrégio Tribunal Regional do Trabalho de Minas Gerais (3ª Região), proferiu o seguinte julgamento:[(30)]

> HORAS EXTRAS. TELETRABALHO. Como corolário do desenvolvimento das tecnologias de informação e comunicação, constata-se a evolução nos modos de prestação do trabalho e, num misto de vantagens e desvantagens sob a ótica jus trabalhista, surgiu o teletrabalho. Assim, havendo a menor possibilidade de aferição da jornada trabalhada por esse empregado, ainda que de forma mista (em ambiente institucional e home office), as horas prestadas em sobrejornada devem ser devidamente remuneradas, na forma do art. 7º, XVI, da Constituição da República. (TRT-3 – RO: 0010132-05.2016.5.03.0178, Segunda Turma – Data de publicação: 13.03.2017)

A emenda acima transcrita, é no sentido de que o teletrabalho decorre da evolução nos modos de prestação de serviços e surge como um misto de vantagens e desvantagens, sob a ótica trabalhista, tendo entendido o tribunal, que no que se refere à jornada de trabalho, havendo uma mínima possibilidade de aferir a jornada do teletrabalhador, ainda que de forma mista, ou seja, no estabelecimento do empregador e na forma de *home office*, as horas extras deverão ser remuneradas nos termos do art. 7º, XVI da Constituição Federal.

Já o Tribunal Regional da 4ª Região, proferiu o seguinte entendimento:[(31)]

> RECURSO ORDINÁRIO PRINCIPAL DO RECLAMADO. HORAS EXTRAS. Verifica-se que o autor efetivamente desempenhou a função de gerente-geral das unidades em que trabalhou. Afinal, assume que não estava subordinado a qualquer membro, bem como fazia parte do comitê de crédito com outros dois gerentes. Portanto, aplicável a Tese

---

(30) Disponível em: <https://trt-3.jusbrasil.com.br/jurisprudencia/512960691/recurso-ordinario-trabalhista-ro-101320520165030178-0010132-0520165030178?ref=serp>. Acesso 21 set. 2019.

(31) Disponível em: <https://trt-4.jusbrasil.com.br/jurisprudencia/631882356/recurso-ordinario-ro-218504320155040004?ref=serp>. Acesso 21 set. 2019.

Jurídica Prevalecente n. 6 deste Tribunal ao caso concreto. O entendimento exposto na Súmula n. 287 do TST não tem efeito vinculante, motivo pelo qual pode ser afastado. Confirma-se a sentença quanto ao enquadramento do demandante na hipótese prevista no § 2º do art. 224 da CLT. Apelo não provido. RECURSO ORDINÁRIO ADESIVO DO RECLAMANTE. HORAS EXTRAS DECORRENTES DA PARTICIPAÇÃO EM CURSOS, TREINAMENTOS, EVENTOS E TELETRABALHO. Do conjunto probatório produzido nos autos, tem-se tão somente provas acerca dos cursos realizados. Por outro lado, não há elementos probatórios no sentido de que estes eram realizados fora do horário de labor. A respeito dos demais eventos e teletrabalho, houve negativa do demandado, competindo ao reclamante o ônus de provar o fato constitutivo do seu direito. Todavia, não houve qualquer prova nesse sentido. Nego provimento ao recurso. (TRT-4 – RO: 00218504320155040004, Terceira Turma, rel. Alexandre Correa da Cruz – Data de Julgamento: 05.09.2018)

Nota-se que o entendimento acima, foi no sentido de que cabe ao Reclamante o ônus da prova de eventual trabalho a distância, em razão de cursos realizados, mas aqui, como se pode notar, não se trata de teletrabalhador de fato, mas sim de empregado comum que trabalhou nas dependências do empregador e afirmou ter realizado cursos e treinamentos à distância, logo não se trata da figura do teletrabalhador, tal como conceituada no art. 75-B da Consolidação das Leis do Trabalho.

No mesmo sentido, foi o entendimento do Tribunal Regional do Trabalho da Sétima Região, acerca do trabalho acerca do ônus da prova do trabalho *home office*, conforme a seguir transcrito:(32)

SENTENÇA. MANUTENÇÃO PELOS PRÓPRIOS FUNDAMENTOS. A parte recorrente não apresenta provas da alegada jornada de trabalho despendida em casa, sendo, portanto, correto o entendimento do Juízo de 1º grau de indeferir o pedido de horas extras de teletrabalho e dos demais pedidos dele decorrentes. Correta a a decisão atacada, devendo ser mantida por seus próprios fundamentos (art. 895, § 1º, IV, CLT). (TRT-7 – RO: 00006359420155070014, Terceira Turma, relator: FRANCISCO TARCISIO GUEDES LIMA VERDE JUNIOR, Data de Julgamento: 10.11.2016, Data de Publicação: 11.11.2016)

Importante destacar ainda o entendimento do Tribunal Regional da Segunda Região, ao indeferir a implementação pelo empregador de regime de teletrabalho a empregado com deficiência física, sob o fundamento de que a definição do local em que o trabalho será prestado, encontra-se dentro do poder diretivo do empregado:(33)

Trabalhador com Deficiência. Medidas de Facilitação do Trabalho. Ausência de Previsão Legal. Improcedência dos Pedidos. Não se discute que a Constituição Federal, como forma de materializar o princípio fundamental da dignidade da pessoa humana (art. 1º, III, CF) e o objetivo fundamental da República de assegurar o bem de todos,

(32) Disponível em: <https://trt-7.jusbrasil.com.br/jurisprudencia/404901411/recurso-ordinario-em- procedimento-sumarissimo-ro-6359420155070014?ref=serp>. Acesso em: 21 ser. 2019.

(33) Disponível em: <https://trt-2.jusbrasil.com.br/jurisprudencia/202069600/recurso-ordinario-ro-10761320125020049-sp-00010761320125020049-a28?ref=serp>. Acesso em: 21 set. 2019.

sem qualquer discriminação (art. 3º, VI), assegura às pessoas com deficiência proteção especial destinada à sua inserção na sociedade (art. 23, II e art. 203, IV). Todavia, conforme bem observado pelo Ministério Público do Trabalho em seu abalizado parecer exarado em primeira instância (fls. 225/232), em razão do princípio constitucional da legalidade (art. 5º, II, CF), basilar do Estado Democrático de Direito, os particulares somente são obrigados a adotar as medidas que lhe sejam determinadas pela lei. E, ainda, conforme restou exaustivamente demonstrado no parecer do i. Parquet trabalhista, não há, no plexo de normas que tutelam as pessoas com deficiência, qualquer determinação que obrigue o empregador a fornecer posto de trabalho em local mais próximo à residência do empregado, a adotar o sistema de teletrabalho, ou ainda a buscar o trabalhador em sua residência e a levá-lo novamente à casa após o expediente, medidas requeridas pelo autora recorrente. Portanto, inexistindo determinação legal em tal sentido, a distribuição geográfica dos seus postos de trabalho, a adoção ou não do regime de teletrabalho e o fornecimento de transporte próprio aos empregados são medidas que se inserem no poder diretivo do empregado, assegurado pelo art. 2º da CLT e amparado, ainda, no princípio da livre iniciativa (art. 170, CF), a ele competindo avaliar a oportunidade e conveniência de adotá-las. De se ressaltar que, conforme bem posto pelo membro do MPT no seu parecer retro mencionado, a excessiva tutela dos trabalhadores com deficiência, para além do quanto determinado na legislação, pode, inclusive, ter o efeito inverso, de ampliar a discriminação em face desses trabalhadores, que passariam a ser preteridos no preenchimento dos postos de trabalho a partir de critérios tais como a distância em relação ao local de trabalho. Recurso do reclamado a que se dá provimento. (TRT-2 – RO: 00010761320125020049, relatora: Maria da Conceição Batista, Data de Julgamento: 05.05.2015, 5ª TURMA, Data de Publicação: 08.05.2015)

O Tribunal Regional do Trabalho da Décima Região, ao analisar uma alegação de labor no período de férias, entendeu que, a correspondência eletrônico enviada ao trabalhador no período de suas férias, demonstra acionamento a distância para o empregado atender as suas demandas:[34]

FÉRIAS. DEMANDA DO EMPREGADOR POR MEIO ELETRÔNICO. INTERRUPÇÃO. CONCESSÃO IRREGULAR. DEVER DE REMUNERAR. Na atual sociedade tecnológica e digital, especialmente em tempos do teletrabalho, as questões envolvendo o tempo à disposição do empregador trazem novas perspectivas ao Direito do Trabalho. As incipientes legislação e jurisprudência a respeito do tema exigem a adoção de alguns parâmetros balizadores para a solução das controvérsias. Dentre eles, revela-se crucial determinar de quem partiu a iniciativa pelo labor. Se do empregado, não há que se falar em obrigação de remunerar; se do empregador, esta se impõe. Demonstrando a correspondência eletrônica que as férias foram interrompidas para atender às demandas da reclamada, impõe-se o pagamento respectivo. Recurso provido. (TRT-10 – RO: 310201201210001 DF 00310-2012-012-10-00-1 RO, relator: Desembargador Dorival Borges de Souza Neto, Data de Julgamento: 20.02.2013, 1ª Turma, Data de Publicação: 08.03.2013 no DEJT)

(34) Disponível em: <https://trt-10.jusbrasil.com.br/jurisprudencia/24432675/recurso-ordinario-ro-310201201210001-df-00310-2012-012-10-00-1-ro-trt-10?ref=serp>. Acesso em: 21 set. 2019.

Em julgado publicado no dia 05.10.2016, o Tribunal Regional do Trabalho da 1ª Região, entendeu que:[35]

RECURSO ORDINÁRIO DO RECLAMANTE. SUL AMÉRICA SEGUROS. ACORDO COLETIVO DE 2008. ALTERAÇÃO DA JORNADA DE TRABALHO. COMPENSAÇÃO REMUNERATÓRIA. VALIDADE. É válida a majoração da jornada de trabalho que não ultrapassa o limite máximo constitucional (de 07 para 08 horas), mediante compensação remuneratória superior, assim como a redução do intervalo intrajornada que não ultrapassa o limite mínimo legal (de 01h30min para 01h), mediante negociação coletiva. Isso porque inegável o prestígio e o reconhecimento do processo em que os legítimos representantes dos trabalhadores e empregadores buscam entendimento para concluir contratos, Convenções ou Acordos Coletivos, mormente após a promulgação da Carta de 1988, que valorizou a autocomposição, a ponto de permitir a reconfiguração dos direitos trabalhistas vigentes em diversos incisos do art. 7º do Texto Constitucional em vigor. SUBSTITUIÇÃO DE CARÁTER NÃO EVENTUAL E VACÂNCIA DO CARGO. DIFERENÇAS SALARIAIS. Súmula n. 159. INTERPRETAÇÃO. Enquanto perdurar a substituição que não tenha caráter meramente eventual, inclusive nas férias, o empregado substituto fará jus ao salário contratual do substituído. Vago o cargo em definitivo, o empregado que passa a ocupá-lo não tem direito a salário igual ao do antecessor. TELETRABALHO. ENCARGO PROBATÓRIO. Os meios telemáticos e informatizados de comando, controle e supervisão se equiparam, para fins de subordinação jurídica, aos meios pessoais e diretos de comando, controle e supervisão do trabalho alheio. Art. 6º, parágrafo único, da CLT. Recurso Ordinário interposto pelo reclamante conhecido e parcialmente provido. RECURSO ORDINÁRIO DA RECLAMADA. HORAS EXTRAORDINÁRIAS. ENCARGO PROBATÓRIO. É ônus do empregador que conta com mais de 10 (dez) empregados o registro da jornada de trabalho na forma do art. 74, § 2º, da CLT. A não apresentação injustificada dos controles de frequência gera presunção relativa de veracidade da jornada de trabalho, a qual pode ser elidida por prova em contrário. Súmula n. 338 do C. TST. SUBSTITUIÇÃO. LIMITES DE FUNÇÕES. Para a caracterização da substituição não é necessário o exaurimento de todas as tarefas, bastando que o substituto exerça importante e preponderante parcela das funções inerentes ao cargo do substituído. Recurso Ordinário da reclamada conhecido e não provido. (TRT-1 – RO: 00116130820145010023, relatora: MARCIA LEITE NERY, Data de Julgamento: 27.09.2016, Quinta Turma, Data de Publicação: 05.10.2016)

O julgado acima transcrito é uma decisão de suma importância, na medida em que o Tribunal Regional do Trabalho do Rio de Janeiro, aplicou expressamente a regra do art. 6º, parágrafo único, da Consolidação das Leis do Trabalho.

5. Conclusão

Conforme mencionado no início do presente trabalho, o objetivo do presente trabalho era responder alguns questionamentos acerca desse nova forma de trabalho, aparentemente, decorrente do processo de globalização e evolução tecnológica e quais

(35) Disponível em: <https://trt-10.jusbrasil.com.br/jurisprudencia/24432675/recurso-ordinario-ro-310201201210001-df-00310-2012-012-10-00-1-ro-trt-10?ref=serp> Acesso em: 21 set. 2019.

os impactos positivos e/ou negativos de tal modalidade de trabalho, nas relações laborais, especialmente com a disciplina jurídica trazida com a entrada em vigor da Lei n. 13.467/17.

Após análise do conjunto normativo existente no ordenamento jurídico pátrio acerca do tema trazido pela Lei n. 13.467/17, das considerações doutrinárias e de alguns julgados existentes acerca das impressões do regime jurídico do teletrabalho, antes da entrada em vigor da referida lei, pode-se concluir que as normas jurídicas insertas nos arts. 75-A a 75-E, 62, III e 611-A, VIII, privilegiam a evolução tecnológica e o capital, em detrimento dos direitos sociais.

Restou evidenciado, que as normas supramencionadas, conferem a prevalência da autonomia privada, em detrimento das normas sociais que oferecem as garantias mínimas ao trabalhador, demonstrando tais normas, que o que pretendeu foi criar mecanismos legais, garantindo maior autonomia ao empregador para negociar com o empregado da melhor forma que lhe aprouver para o aumento de seu capital, já que as normas supramencionadas, flexibilizaram alguns direitos sociais e aqueles que não foram flexibilizados, poderão sê-lo, já que o art. 611-A, VIII da Consolidação das Leis do Trabalho, por exemplo, autorizou a prevalência de acordos e convenções coletivas sobre a lei.

Não se verifica, portanto, nenhuma sintonia entre as normas de teletrabalho criadas pela Lei n. 13.467/17, com as normas constitucionais protetivas do trabalhador previstas na Constituição Federal, o que significa que esse novo arcabouço normativo provocará retrocesso social e precarização do trabalho, em afronta direta às previsões do art. 7º da Constituição Federal de 1988.[36]

Quanto à subordinação do teletrabalho, o art. 6º da Consolidação das Leis do Trabalho, em seu parágrafo único, previu expressamente a possibilidade de subordinação jurídica do trabalhador a distância, o que atinge também o teletrabalhador, que é uma das espécies de trabalhador a distância.

Também se buscou com o presente trabalho, responder a certas indagações, como: se o fato de o trabalhador não comparecer diariamente e pessoalmente na reclamada para registrar sua jornada nos controles de ponto, é-lhe suficiente para atribuir *status* de autonomia ou ainda assim será possível identificar traços de subordinação em tal relação jurídica? Se a regulamentação do tema trazida pela legislação em vigor, sob o aspecto do trabalho à distância, gerará benefícios ao trabalho pela flexibilização dos meios de desenvolvimento do seu labor, ou se essa nova modalidade de trabalho, poderá resultar na prestação de serviços em jornada exorbitante e

(36) BRASIL. *Constituição Federal*. Disponível em: <http://www.planalto.gov.br/ccivil_03/constituicao/constituicao.htm>. Acesso em: 21 set. 2019.

com prejuízo do convívio familiar e social do trabalhador? As normas trabalhistas sobre o assunto efetivamente protegem ou desprotegem as relações laborais? A autonomia do teletrabalho prevista na norma consolidada efetivamente pode ser constatada em tal relação jurídica, ou trata-se de autonomia aparente, criada pelo próprio legislador a fim de burlar a Consolidação das Leis do Trabalho?

O presente trabalho pode confirmar que, o fato de o trabalho ser desempenhado a distância pelo teletrabalhador, por si só, não presume automática que o trabalho é desempenhado de forma autônoma, ao contrário, o próprio legislador estabeleceu que inexiste diferença entre o trabalho prestado nas dependências do empregador ou fora de tais dependências, sendo que a própria utilização dos meios telemáticos e comunicação, viabilizam a subordinação jurídica e a possibilidade de controle da jornada do trabalhador.

O que se percebe, é a que a chamada "Reforma Trabalhista", inclusive quanto às normas relativas ao teletrabalho, foi instituída com intuito de privilegias a política neoliberal, em detrimento dos direitos sociais, com a criação de diversas normas tendentes a flexibilizá-los.

Não pode perder de vista que, independente do conteúdo da Lei n. 13.467/17, a Constituição Federal de 1988, que é norma ápice do ordenamento jurídico brasileiro, estabeleceu no seu art. 7º, os direitos sociais mínimos do trabalhador, logo, as normas previstas na Lei n. 13.467/17, devem estar em consonância com a Norma Constituição, já que esta na hierárquica da normas está no topo para pirâmide.

No que se refere às vantagens e desvantagens do teletrabalho, é possível as seguintes vantagens aparentes: diminuição do estresse do teletrabalhador, maior disponibilidade para família, redução de despesas, maior autonomia na execução de seus serviços, maior tempo livre, etc.

Porém, cumpre observar que, a depender da dinâmica e intensidade em que o teletrabalho for executado, ou seja, o intenso/abusivo exercício do poder diretivo do empregador e intensa cobrança com utilização dos meios tecnológicos e de comunicação, ainda que de forma remota, além de eliminar as aparentes vantagens do teletrabalho, podem provocar efeito contrário, como labor excessivo, aumento do estresse, afastamento mental do teletrabalhador do seio familiar e desaparecimento da suposta autonomia do trabalhador na execução de seus serviços.

Ademais, há algumas desvantagens que são inerentes ao teletrabalho, tais como:[37]

> (...) isolamento laboral (e doenças psiquiátricas); assunção de custos operacionais; não participação da vida coletiva laboral; tendência a não

(37) FINCATO, Denise. Meio Ambiente Laboral e Teletrabalho. In: *IV CONGRESSO IBERO-AMERICANO DE TELETRABALHO E TELEATIVIDADES PORTO ALEGRE*. Anais do IV congresso ibero-americano de teletrabalho e teleatividades. Porto Alegre: Lex Magister, 2011, p. 43.

> medir o tempo de trabalho (*workaholics*); problemas familiares; redução de oportunidades profissionais (quem não é visto não é lembrado) e dificuldade na regulação internacional

Portanto, o teletrabalho, tal como trazido pela Lei n. 13.467/17, oferece mais vantagens ao empregador, que poderá reduzir seus custos e aumentar sua produção, já que o legislador excluiu o teletrabalhador do limitação de jornada prevista na CLT, por exemplo, enquanto as normas relativas ao teletrabalho trazidas pela Lei n. 13.467/17, são mais exclusivas do que inclusivas em relação ao teletrabalhador, pois o legislador nitidamente priorizou o capital em detrimento dos direitos sociais.

6. Bibliografia

BARROS, Alice Monteiro de. *Curso de Direito do Trabalho*. 16. ed. São Paulo: LTr, 2016.

BRAMANTE, Ivani Contini. Teletrabalho: teledireção, telessubordinação e teledisposição. *Revista LTr*: Legislação do Trabalho, São Paulo, v. 76, n. 04, abr. 2012.

DELGADO, Mauricio Godinho. *Curso de Direito do Trabalho*. 18. ed. São Paulo: LTr, 2019.

______; DELGADO, Gabriela Neves. *A Reforma Trabalhista no Brasil:* com os comentários à Lei n. 13.467/17. São Paulo: LTr, 2017.

ESTRADA, Manuel Martín Pino. Teletrabalho: Conceitos e a sua Classificação face aos Avanços Tecnológicos. In: COLNAGO, Lorena de Mello Rezende; CHAVES JÚNIOR, José Eduardo de Resende; ESTRADA, Manuel Martin Pino (Coords.) *Teletrabalho*. São Paulo: LTr, 2017.

______. *Análise Juslaboral do Teletrabalho*. Curitiba: Camões, 2008.

______. Teletrabalho: Conceitos e a sua Classificação em face aos Avanços Tecnológicos. In: COLNAGO, Lorena de Mello Rezende; CHAVES JÚNIOR, José Eduardo de Resende; ESTRADA, Manuel Martín Pino (Coords.) *Teletrabalho*. São Paulo: LTr, 2017.

FINCATO, Denise. Teletrabalho: Aproximações Epistemológicas. In: *Revista Magister de Direito Trabalhista e Previdenciário*, Porto Alegre, Magister, vol. 1, jul./ago. 2004.

MELLO, Geraldo Magela *O Teletrabalho na Nova CLT*. Disponível em: <https://portal.trt3.jus.br/internet/conheca-o trt/comunicacao/downloads/pdf/copy_of_artigoOTELETRABALHONANOVACLT.pdf>. Acesso em: 17 ago. 2019, p. 1-2.

NILLES, Jack M. *Fazendo do Teletrabalho uma Realidade:* um guia para telegerentes e teletrabalhadores. Tradução de Eduardo Pereira e Ferreira. São Paulo: Futura, 1997.

PEDREIRA, Pinho. O Teletrabalho. *Revista LTr*, São Paulo, ano 64, maio 2000.

RABELO, Glória. *Teletrabalho e privacidade:* contributo e desafios para o direito do trabalho. Lisboa: Editora RH, 2004.

RODRIGUES, Ana Cristina Barcellos. *Teletrabalho*: A Tecnologia Transformando as Relações de Trabalho. 2011. 142 f. Dissertação (Mestrado) – Universidade de São Paulo, Faculdade de Direito, São Paulo, 2011.

7. Disposições normativas

BRASIL. *Consolidação das Leis do Trabalho*. Disponível em: <http://www.planalto.gov.br/ccivil_03/decreto-lei/del5452.htm>. Acesso em: 27 jul. 2019.

BRASIL. *Constituição Federal*. Disponível em: <http://www.planalto.gov.br/ccivil_03/constituicao/constituicao.htm>. Acesso 21 set. 2019.

8. Jurisprudência consultada

Disponível em: <https://trt-3.jusbrasil.com.br/jurisprudencia/512960691/recurso-ordinario-trabalhista-ro-101320520165030178-0010132-0520165030178?ref=serp>. Acesso em: 21 set. 2019.

Disponível em: <https://trt-4.jusbrasil.com.br/jurisprudencia/631882356/recurso-ordinario-ro-218504320155040004?ref=serp>. Acesso em: 21 set. 2019.

Disponível em: <https://trt-7.jusbrasil.com.br/jurisprudencia/404901411/recurso-ordinario-em-procedimento-sumarissimo-ro-6359420155070014?ref=serp>. Acesso 21 set. 2019.

Disponível em: <https://trt-2.jusbrasil.com.br/jurisprudencia/202069600/recurso-ordinario-ro-10761320125020049-sp-00010761320125020049-a28?ref=serp>. Acesso 21 set. 2019.

Disponível em: <https://trt-10.jusbrasil.com.br/jurisprudencia/24432675/recurso-ordinario-ro-310201201210001-df-00310-2012-012-10-00-1-ro-trt-10?ref=serp>. Acesso em: 21 set. 2019.

Direito à Desconexão: Análise Doutrinária e Jurisprudencial

Gabriela Menezes Zacareli[1]

Resumo: As tecnologias da informação, tais como a *internet* e os aparelhos de celular, vêm permitindo que o empregado esteja constantemente à disposição da empresa. Nesse contexto, a jornada de trabalho passou a se confundir com os períodos de folga e invadir a esfera da intimidade e a vida privada dos trabalhadores, que podem ser acionados a qualquer momento via celular, *e-mail*, *whatsapp* etc. Como resposta a essa situação de desrespeito aos direitos fundamentais da classe trabalhadora, doutrina e jurisprudência desenvolveram a noção de desconexão como direito decorrente das previsões constitucionais relativas à dignidade da pessoa humana, ao valor social do trabalho e aos direitos fundamentais à saúde, lazer, intimidade, vida privada e limitação da jornada de trabalho. Esse é o tema do presente trabalho, que se mostra atual e relevante, especialmente no atual contexto de implantação de políticas neoliberais, corte de direitos sociais e flexibilização da legislação trabalhista. Será analisado, no âmbito da presente monografia, o direito constitucional ao lazer, seu conceito, histórico e fundamentos, além da sua relação com a limitação da jornada de trabalho. Em seguida, o direito à desconexão será amplamente examinado, especialmente no que se refere aos casos emblemáticos apontados pela maioria da doutrina: o teletrabalho e os altos empregados. A pesquisa se embasa em doutrina e jurisprudência brasileiras e de outros países nos quais o direito à desconexão também tenha se desenvolvido como antídoto à exploração desmedida do trabalho via tecnologias da informação.

Palavras-chave: Direito à desconexão; Altos empregados; Teletrabalho; Lazer; Ócio; Jornada de trabalho; Trabalho externo; Dano existencial; Dano pessoal.

1. Introdução

O mundo do trabalho sofreu significativa transformação com o advento das tecnologias da comunicação e informação, que permitiram que se trabalhasse praticamente em qualquer local do planeta. A era do chamado "Capitalismo Informacional"

(1) Analista do Ministério Público da União. Graduação (2014) e Pós-Graduação pela Faculdade de Direito da USP, com Especialização em Direito e Processo do Trabalho (2018/2019).

representou significativa mudança nas relações de trabalho, com a globalização da economia, a generalização do *outsourcing*, o enxugamento do quadro de pessoal fixo das empresas, a automação e a informatização do sistema produtivo.

Essas mudanças vêm trazendo, em âmbito global, crescente nível de desemprego e do percentual de trabalhadores na informalidade. A existência de um "exército" de desempregados e informais favoreceu a disseminação de práticas empresariais de flexibilização do Direito do Trabalho, que deram origem a uma série de leis ao redor do globo. No Brasil, o maior exemplo disso é a Lei n. 13.467/2017, a famosa "Reforma Trabalhista", que positivou a máxima do "negociado sobre o legislado" e reduziu direitos dos trabalhadores, em manifesta violação ao princípio da vedação ao retrocesso.

Pois bem, a temática da presente monografia se insere nesse contexto na medida em que trata da questão do direito à limitação à jornada de trabalho e desconexão diante do advento de tecnologias que permitem a constante disponibilidade do trabalhador, a qualquer hora e independentemente do local em que se encontre. O notável avanço tecnológico vivenciado pelo ser humano na Terceira Revolução Industrial e as novas concepções de trabalho daí advindas constitui relevante fator para a redução do tempo livre do trabalhador. Aparelhos como o *notebook* e o celular permitem que o trabalho invada a vida do trabalhador a qualquer momento, o que, para a maioria do empresariado, não deve ser considerado tempo à disposição e dispensa qualquer contraprestação financeira.

Não se pretende aqui criticar os avanços científicos vivenciados pela humanidade, que tanto favoreceram o incremento da qualidade de vida das pessoas. Aliás, no campo das relações de trabalho, a automação de determinados processos produtivos reduziu a exposição do homem a ambientes perigosos, insalubres e penosos, favorecendo a preservação da saúde dos trabalhadores e a redução do índice de acidentes de trabalho. Um grande exemplo no Brasil é a mecanização do corte da cana-de-açúcar, que dispensa comentários adicionais.

Ocorre que, em matéria de tecnologias da informação no ambiente laboral, a opção do empresariado tem sido no sentido de fomentar a exploração do trabalho para além da jornada constitucionalmente estabelecida, justamente por meio dessas ferramentas. É praxe que os trabalhadores de diversos ramos da economia sejam contratados com a condição de que estejam à disposição via celular vinte e quatro horas por dia, sete dias por semana. Para operacionalizar esse sistema, as empresas costumam fornecer *smartphones* e arcar com as contas de telefone de seus empregados.

Essa prática, além de tolher o trabalhador de seu direito de lazer e convívio familiar, reduz o número de postos de emprego e favorece o crescimento do desemprego. Desse modo, nas relações de trabalho, as tecnologias da informação, longe de incrementar a qualidade de vida do trabalhador (com a possibilidade de *home office* e a redução da rigidez das jornadas, por exemplo), instrumentalizam o aumento das cargas horárias e a redução dos postos de trabalho.

Por esse motivo, a proteção ao direito fundamental ao lazer, nos termos do art. 6º da Constituição Federal (CF/88) e do art. 24 da Declaração de Direitos Humanos de 1948, ganhou força nas relações de trabalho e fomentou a construção doutrinária e jurisprudencial do direito à desconexão. Ora, se a base do modo de produção capitalista é o trabalho livre, não é coerente se exigir a constante disponibilidade do empregado, o que o assemelha a um verdadeiro escravo. O traço distintivo do trabalhador para o escravo é justamente a liberdade para dispor do seu tempo, para exercer atividades voltadas ao seu enriquecimento como ser humano, ao engrandecimento da sua condição de ser pensante, como as artes, estudos, esportes, entre outros.

Além disso, o respeito ao tempo livre de que deve dispor o trabalhador pode fomentar a busca do pleno emprego e até mesmo o aquecimento da economia pelo aumento da renda média dos cidadãos e pelo incremento do consumo de produtos e atividades voltadas ao lazer e entretenimento. A disponibilidade de tempo livre e renda fomentam diversos ramos da economia, tais como a indústria do cinema, da música, do turismo etc.

Assim, a tutela do tempo livre por meio do direito à desconexão adquire fundamental importância para o desenvolvimento do ser humano em termos individuais e coletivos, na medida em que favorece o progresso de toda a comunidade em termos sociais e econômicos.

Pretende a presente monografia analisar a fundo a temática do direito ao lazer e da desconexão, assim como os seus desdobramentos em casos emblemáticos, quais sejam, o do teletrabalho e o dos altos empregados.

2. Direito ao lazer e limitação da jornada de trabalho

2.1. Tempo livre, lazer e ócio: superação da concepção de "vadiagem"

2.1.1. Conceito, histórico e fundamentos

A vida humana, desde seus primórdios, organiza-se em função do tempo. Atualmente, adota-se a expressão "tempos sociais" para designar as diversas alocações temporais voltadas a atividades específicas do cotidiano, a exemplo do tempo de trabalho, tempo de estudos, tempo de convívio familiar e o tempo livre.[1]

É comum que lazer, ócio e tempo livre sejam tratados como sinônimos pela sociedade. Entretanto, estudos evidenciam que esses termos tratam de situações

(1) PADILHA, V. *Shopping Center:* a catedral das mercadorias e do lazer reificado. 2003. Tese (Doutorado em Ciências Sociais) – Universidade Estadual de Campinas, Campinas, 2003. Disponível em: <http://repositorio.unicamp.br/jspui/handle/REPOSIP/280103>. Acesso em: 12 nov. 2018, p. 192.

diferentes ao longo do tempo, apesar de todos se relacionarem à noção de tempo liberado, ou seja, tempo no qual o ser humano tem certa liberdade para definir o que irá fazer.(2)

Por tempo livre, entende-se como o oposto do tempo dedicado ao trabalho. Este visa à restauração da própria força de trabalho, prevenindo a exaustão do trabalhador. Em outras palavras, tempo livre é aquele que o trabalhador dispõe para si próprio e que não está à disposição do capital.(3) Esse conceito deriva das revoluções industriais, que consolidaram o trabalho livre e remunerado como base do modelo de produção capitalista.

Por sua vez, o termo lazer está associado ao uso do tempo para entretenimento, turismo e divertimento. Para o sociólogo Joffre Dumazedier, em obra da década de 1970, o lazer seria o conjunto de ocupações às quais o indivíduo pode se entregar de livre vontade, seja para repousar, seja para se entreter.(4)

Otávio Calvet formula o conceito jurídico de lazer, segundo o qual este seria "*o direito fundamental do homem de se desenvolver como ser humano de razão e desejo, na busca de sua elevação física, psíquica, social e espiritual, estimulando e aprimorando seus talentos e capacidades no interesse que bem lhe aprouver*".(5)

A palavra ócio, por outro lado, resguarda valores negativos de influência religiosa puritana, voltados a disciplinar pelo medo a classe operária no contexto da Primeira Revolução Industrial. Porém, a análise histórica do conceito de ócio demonstra que nem sempre o termo foi adotado de forma pejorativa.

Na Antiga Grécia, o ócio era um estado, ou seja, uma condição de liberdade relativa à necessidade de trabalhar. Segundo Aristóteles, o ócio seria o princípio de todas as coisas, uma vez que ele se volta para alcançar o fim supremo do homem, que é a felicidade.(6)

O termo grego *skholé* — do qual deriva o termo latino *schola* e o termo português "escola" – traduz-se como "tempo livre". A utilização atual do termo "escola" para

---

(2) AQUINO, Cássio Adriano Braz; MARTINS, José Clerton de Oliveira. Ócio, lazer e tempo livre na sociedade do consumo e do trabalho. *Rev. Mal-Estar Subj.*, Fortaleza, v. 7, n. 2, p. 479-500, set. 2007. Disponível em <http://pepsic.bvsalud.org/scielo.php?script=sci_arttext&pid=S1518-61482007000200013&lng=pt&nrm=iso>. Acesso em: 12 nov. 2018.

(3) FARIA, José Henrique de; RAMOS, Cinthia Letícia. Tempo dedicado ao trabalho e tempo livre: os processos sócio-históricos de construção do tempo de trabalho. *RAM, Rev. Adm. Mackenzie*, São Paulo, v. 15, n. 4, p. 47-74, ago. 2014. Disponível em: <http://www.scielo.br/scielo.php?script=sci_arttext&pid=S1678-69712014000400003&lng=en&nrm=iso>. Acesso em: 12 nov. 2018, p. 53.

(4) DUMAZEDIER, Joffre. *Lazer e Cultura Popular*. 3. ed. São Paulo: Perspectiva, 2004. p. 34.

(5) CALVET, Otavio Amaral. *The immediate application of the right of leisue in the private relationships of labor*. 2005. 176 f. Dissertação (Mestrado em Direito) — Pontifícia Universidade Católica de São Paulo, São Paulo, 2005. p. 103.

(6) ARISTÓTELES. *Política*. Madri: Gredos, 1988.

designar o local em que se transmite conhecimento decorre do fato de que os gregos associavam tempo livre ao exercício do intelecto.

Assim, o ócio de que tratava Aristóteles se referia à ação humana não utilitária, pela qual a alma alcança sua mais alta e distinta nobreza, na busca da felicidade pela liberdade e inteligência.(7)

Entretanto, as revoluções industriais promoveram profunda transformação na percepção do tempo e na disciplina do trabalho, o que foi especialmente impulsionado pelo fim da escravidão e consolidação do trabalho livre como a base do modelo capitalista de produção. A cultura popular e os valores morais da sociedade passaram a privilegiar os imperativos da produtividade e do consumo, que deveriam ser promovidos por todos os cidadãos, já que não existiam mais escravos destinados ao trabalho compulsório. Nesse contexto, o tempo de ócio passou a ser considerado tempo desperdiçado, improdutivo, tempo que não contribui para o desenvolvimento da sociedade e para a geração de riquezas.(8)

Inclusive, com base nesses ideais, o Brasil de 1941 assistiu à criação da Lei de Vadiagem, o art. 59 do Decreto-lei n. 3.688/1941 (Lei de Contravenções Penais), vigente até os dias de hoje.(9) Tal lei criminalizava a ociosidade, considerada contrária aos costumes da época. Estaria sujeita à pena de prisão a pessoa que se encontrasse ociosa quando estivesse apta ao trabalho.

Embora raramente aplicada hoje, a lei ainda persiste, mesmo perdendo o propósito com a evolução dos costumes e a nova realidade do País. Ocorre que o fortalecimento das indústrias do entretenimento e do turismo promoveu a revalorização do ócio, como forma de estimular o consumo nesses ramos.

Desse modo, o ócio se aproximou da ideia de lazer, a fim de fomentar o consumo no tempo livre da classe trabalhadora. O tema tem sido alvo de muita polêmica, pois parte dos estudiosos entende que o ócio foi manipulado de tal maneira que se tornou um mecanismo gerador de ideias consumistas, para a criação de falsas necessidades materiais,(10) alimentando a expansão do modelo capitalista de produção. Apesar da

(7) CABEZA, Manuel Cuenca. O Ócio Autotélico. *Revista do Centro de Pesquisa e Formação*, n. 2. São Paulo, SESC, maio 2016. p. 17. Disponível em: <https://www.sescsp. org.br/files/artigo/f0424b9b-7e21-4e59-a24f-9dd945f7c200.pdf>. Acesso em: 12 nov. 2018.

(8) ROIG, Diego de Oliveira. *Uma Breve História do Ócio*. Tese de Conclusão de Curso (Graduação em Educação Física). Universidade Estadual de Campinas, 2004. Disponível em: <www.bibliotecadigital.unicamp. br/ document/?down=000323727>. Acesso em: 12 nov. 2018, p. 7.

(9) Entregar-se alguém habitualmente à ociosidade, sendo válido para o trabalho, sem ter renda que lhe assegure meios bastantes de subsistência, ou prover a própria subsistência mediante ocupação ilícita: Pena – prisão simples, quinze dias a três meses. (art. 59 da Lei de Contravenções Penais – Decreto-lei n. 3.688/1941).

(10) AQUINO, Cássio; MARTINS, José. Ócio, lazer e tempo livre na sociedade do consumo e do trabalho. *Revista Mal-Estar e Subjetividade*, Fortaleza, vol. VII, v. 2, p. 479-500, 2007. Disponível em: <http://pepsic. bvsalud.org/pdf/malestar/v7n2/13.pdf>. Acesso em: 12 nov. 2018, p. 489.

relevância da polêmica, esta não será objeto do presente trabalho, sendo citada apenas a título de curiosidade.

Nesse contexto, verifica-se que o conceito de ócio na atualidade está atrelado ao de tempo livre, ao de intervalo entre uma jornada de trabalho e outro, à prática de atividades de lazer. Abandonou-se a concepção grega de ócio como o estado do ser humano que não precisava trabalhar e que podia utilizar todo o seu tempo para explorar o intelecto e buscar a felicidade. Abandonou-se também a concepção de ócio da religião puritana, o ócio como vadiagem, como prática contrária aos bons costumes.

O presente trabalho tratará do direito à desconexão como forma de preservação dos direitos ao tempo livre, ao lazer e ao ócio do trabalhador (direitos esses que serão referidos no texto, genericamente, como "direito ao lazer"). Antes disso, o próximo capítulo se dedicará a apresentar o panorama legislativo e constitucional do direito ao lazer, que servirá de arcabouço normativo para a construção do direito à desconexão.

2.1.2. Panorama legislativo

No Brasil, o direito ao lazer foi elevado à categoria de direito fundamental social pela Constituição Federal de 1988 (CF/88), ao lado dos direitos à educação, saúde, trabalho etc.(11) Além disso, o art. 227 da CF/88 determina que é dever da família, da sociedade e do Estado assegurar às crianças e aos adolescentes o direito ao lazer, com prioridade absoluta.(12)

Porém, antes disso o lazer já era previsto como direito humano em diversos diplomas internacionais. O Complemento à Declaração dos Direitos do Homem e do Cidadão (Liga dos Direitos do Homem e do Cidadão, 1936) prevê que o direito à vida comporta o direito ao trabalho reduzido o bastante para deixar lazeres suficientemente remunerados, a fim de que todos possam participar amplamente do bem-estar que o progresso da ciência proporciona.(13)

---

(11) "Art. 6º São direitos sociais a educação, a saúde, a alimentação, o trabalho, a moradia, o transporte, o lazer, a segurança, a previdência social, a proteção à maternidade e à infância, a assistência aos desamparados, na forma desta Constituição." (BRASIL. *Constituição Federal*. Disponível em: <http://www.planalto.gov.br/ccivil_03/constituicao/constituicao.htm>. Acesso em: 12 nov. 2018).

(12) "Art. 227. É dever da família, da sociedade e do Estado assegurar à criança, ao adolescente e ao jovem, com absoluta prioridade, o direito à vida, à saúde, à alimentação, à educação, ao lazer, à profissionalização, à cultura, à dignidade, ao respeito, à liberdade e à convivência familiar e comunitária, além de colocá-los a salvo de toda forma de negligência, discriminação, exploração, violência, crueldade e opressão." (BRASIL. *Constituição Federal*. Disponível em: <http://www.planalto.gov.br/ccivil_03/constituicao/constituicao.htm>. Acesso em: 12 nov. 2018).

(13) "Art. 2 – O primeiro dos direitos do homem é o direito à vida. (...) Art. 4 – O direito à vida comporta: a) O direito a um trabalho reduzido o bastante para deixar lazeres suficientemente remunerados, a fim de que todos possam participar amplamente do bem-estar que os progressos da ciência e da técnica tornam cada vez mais acessíveis e que uma repartição equitativa deve e pode garantir a todos". BRANDÃO, Adelino. *Os Direitos Humanos*. Antologia de Textos Históricos. São Paulo: Landy, 2001. p. 54.

A Declaração Universal de Direitos Humanos de 1948 prevê que todo homem tem direito ao repouso e lazer, inclusive à limitação da jornada de trabalho de forma razoável.[14] Por sua vez, o Pacto Internacional Relativo aos Direitos Econômicos, Sociais e Culturais de 1966, a fim de conferir efetividade à Declaração Universal de Direitos Humanos, previu que os Estados que o ratificassem (dentre os quais se encontra o Brasil) deveriam reconhecer a toda pessoa o direito de desfrutar de condições favoráveis de trabalho, que garantam o repouso, o lazer, a limitação razoável da duração do trabalho e férias remuneradas.[15]

O Protocolo de São Salvador (Protocolo Adicional à Convenção Interamericana sobre Direitos Humanos em Matéria de Direitos Econômicos, Sociais e Culturais de 1988), devidamente ratificado pelo Brasil, garante aos trabalhadores o repouso, o gozo de tempo livre e de férias remuneradas.[16]

Por sua vez, a legislação brasileira dispõe a respeito do direito ao lazer do idoso (arts. 3º, 20 e 23 da Lei n. 10.741/03 — Estatuto do Idoso)[17] e da criança (arts. 4º, 59, 71, 124 da Lei n. 8.069/90 — Estatuto da Criança e do Adolescente — ECA).[18]

---

(14) "Artigo XXIV: Todo homem tem direito a repouso e lazer, inclusive à limitação razoável das horas de trabalho e a férias remuneradas e periódicas" (ORGANIZAÇÃO DAS NAÇÕES UNIDAS. *Declaração Universal de Direitos Humanos*. Disponível em: <https://www.unicef.org/brazil/pt/resources_10133.htm. Acesso em: 12 nov. 2018.

(15) "Art. 7º: Os Estados integrantes do presente Pacto reconhecem o direito de toda pessoa de desfrutar condições de trabalho justas e favoráveis, que garantam sobretudo: (...) d) O repouso, a limitação razoável da duração do trabalho e férias remuneradas periódicas, assim como remuneração dos feriados". (BRASIL. *Decreto n. 591/1992*. Pacto Internacional Relativo aos Direitos Econômicos, Sociais e Culturais de 1966. Disponível em: <http://www.planalto.gov.br/ccivil_03/decreto/1990-1994/d0591.htm>. Acesso em: 12 nov. 2018).

(16) "Art. 7º: Condições justas, equitativas e satisfatórias de trabalho. Os Estados Partes neste Protocolo reconhecem que o direito ao trabalho, a que se refere o anterior, pressupõe que toda pessoa goze do mesmo em condições justas, equitativas e para o que esses Estados garantirão em suas legislações, de maneira particular: (...) h) repouso, gozo do tempo livre, férias remuneradas, bem como remuneração nos feriados nacionais" (BRASIL. *Decreto n. 3321/1999*. Protocolo Adicional à Convenção Interamericana sobre Direitos Humanos em Matéria de Direitos Econômicos, Sociais e Culturais. Disponível em: <http://www2.camara.leg.br/legin/fed/decret/1999/decreto-3321-31-dezembro-1999-370144-publicacaooriginal-1-pe.html>. Acesso em: 12 nov. 2018.

(17) "Art. 3º É obrigação da família, da comunidade, da sociedade e do Poder Público assegurar ao idoso, com absoluta prioridade, a efetivação do direito à vida, à saúde, à alimentação, à educação, à cultura, ao esporte, ao lazer, ao trabalho, à cidadania, à liberdade, à dignidade, ao respeito e à convivência familiar e comunitária".

"Art. 20. O idoso tem direito a educação, cultura, esporte, lazer, diversões, espetáculos, produtos e serviços que respeitem sua peculiar condição de idade".

"Art. 23. A participação dos idosos em atividades culturais e de lazer será proporcionada mediante descontos de pelo menos 50% (cinqüenta por cento) nos ingressos para eventos artísticos, culturais, esportivos e de lazer, bem como o acesso preferencial aos respectivos locais". (BRASIL. *Lei n. 10.741/03*. Disponível em: <http://www.planalto.gov.br/ccivil_03/leis/2003/L10.741compilado.htm>. Acesso m 13 nov. 2018.

(18) "Art. 4o É dever da família, da comunidade, da sociedade em geral e do poder público assegurar, com absoluta prioridade, a efetivação dos direitos referentes à vida, à saúde, à alimentação, à educação, ao esporte, ao lazer, à profissionalização, à cultura, à dignidade, ao respeito, à liberdade e à convivência familiar e comunitária".

Portanto, a relevância do direito ao lazer é constatada pela amplitude de seu tratamento legislativo, pela sua qualificação constitucional como direito fundamental social e pelo seu tratamento no Direito Internacional Público.

2.2. Limitação da jornada de trabalho

Conforme já dito, o direito ao lazer está intimamente relacionado à limitação da jornada de trabalho. Sem tempo livre, é inviável a garantia do direito fundamental ao lazer do trabalhador. Por isso, inclusive, que a maioria dos instrumentos de direito internacional que tutelam o direito ao lazer o trazem ao lado do direito à limitação razoável da jornada de trabalho.[19]

Além das questões relacionadas ao direito ao lazer, a limitação da jornada também visa a outros objetivos. Conforme ensina José Antônio Ribeiro de Oliveira Silva, a limitação de jornada se justifica por três fatores principais: o fisiológico, o social e o econômico.[20]

O primeiro aspecto diz respeito à reposição das energias despendidas no trabalho, condição *sine qua non* para a própria sobrevivência do trabalhador e para a manutenção da produção fabril. Portanto, o aspecto fisiológico diz respeito à manutenção da saúde do trabalhador.

O segundo fator está relacionado à utilização do tempo livre para o convívio social, para a realização dos projetos de vida pessoal do trabalhador. Aqui se insere, por certo, o direito ao lazer.

Em terceiro lugar, o fator econômico se relaciona à redução dos índices de desemprego. A limitação legal da jornada de trabalho implica a necessária contratação de mais trabalhadores, o que fomenta políticas de pleno emprego.

Nesse contexto, é importante que se trace um panorama dos parâmetros de limitação de jornada do trabalhador brasileiro. O presente trabalho terá por foco o empregado, ou seja, o trabalhador cujo contrato é regido pela Consolidação das Leis Trabalhistas (CLT).

"Art. 59. Os municípios, com apoio dos estados e da União, estimularão e facilitarão a destinação de recursos e espaços para programações culturais, esportivas e de lazer voltadas para a infância e a juventude".

"Art. 71. A criança e o adolescente têm direito a informação, cultura, lazer, esportes, diversões, espetáculos e produtos e serviços que respeitem sua condição peculiar de pessoa em desenvolvimento".

"Art. 124. São direitos do adolescente privado de liberdade, entre outros, os seguintes: (...)XII – realizar atividades culturais, esportivas e de lazer". (BRASIL. Lei *n. 8.069/90*. Disponível em: <http://www.planalto.gov.br/ccivil_03/LEIS/L8069.htm>. Acesso em: 13 nov. 2018.

(19) *Vide*: Complemento à Declaração dos Direitos do Homem e do Cidadão (Liga dos Direitos do Homem e do Cidadão, 1936; Declaração Universal de Direitos Humanos de 1948 e Pacto Internacional Relativo aos Direitos Econômicos, Sociais e Culturais de 1966.

(20) SILVA, José Antônio Ribeiro de Oliveira. *Flexibilização da jornada de trabalho e a violação do direito à saúde do trabalhador:* uma análise comparativa dos sistemas jurídicos brasileiro e espanhol. São Paulo: LTr, 2013. p. 37.

Segundo o art. 7º inciso XIII, da CF/88, a jornada de trabalho terá a duração de oito horas diárias e quarenta e quatro horas semanais. Pela via da negociação coletiva, admite-se a redução da jornada ou a compensação de horários.

Excepcionalmente, admite-se a sobrejornada, desde que esta seja remunerada com adicional de cinquenta por cento em relação ao salário hora, nos termos do inciso XVI do art. 7º da CF/88.

Aos que realizam trabalhos em turnos ininterruptos de revezamento, a jornada deverá ser de seis horas diárias, salvo disposição em contrário em negociação coletiva, conforme dispõe o inciso XIV do art. 7º da CF/88.

Em complemento à limitação de jornada diária e semanal, a Constituição prevê ainda o repouso semanal remunerado (art. 7º, XV, CF/88) e o gozo de férias anuais remuneradas com pelo menos um terço a mais em relação ao salário normal (art. 7º, XVII, CF/88).(21) A CLT regulamenta todos esses direitos, conforme descrito a seguir.

Em primeiro lugar, o diploma consolidado considera jornada de trabalho o tempo em que o empregado está à disposição do empregador, conforme dispõe o *caput* do seu art. 4º.(22) A Lei n. 13.467/2017 ("Reforma Trabalhista") restringe o conceito de tempo à disposição do empregador, motivo pelo qual acrescentou o § 2º ao art. 4º da CLT e elencou uma série de atividades que não são consideradas para fins de cálculo da jornada de trabalho, *in verbis*:

> § 2º Por não se considerar tempo à disposição do empregador, não será computado como período extraordinário o que exceder a jornada normal, ainda que ultrapasse o limite de cinco minutos previsto no § 1º do art. 58 desta Consolidação, quando o empregado, por escolha própria, buscar proteção pessoal, em caso de insegurança nas vias públicas ou más condições climáticas, bem como adentrar ou permanecer nas dependências da empresa para exercer atividades particulares, entre outras:
>
> I – práticas religiosas;

---

(21) "Art. 7º São direitos dos trabalhadores urbanos e rurais, além de outros que visem à melhoria de sua condição social: (...)

XIII – duração do trabalho normal não superior a oito horas diárias e quarenta e quatro semanais, facultada a compensação de horários e a redução da jornada, mediante acordo ou convenção coletiva de trabalho;

XIV – jornada de seis horas para o trabalho realizado em turnos ininterruptos de revezamento, salvo negociação coletiva;

XV – repouso semanal remunerado, preferencialmente aos domingos;

XVII – gozo de férias anuais remuneradas com, pelo menos, um terço a mais do que o salário normal"

(BRASIL. *Constituição Federal de 1988*. Disponível em: <http://www.planalto.gov.br/ccivil_03/constituicao/constituicao.htm>. Acesso em: 14 nov. 2018.

(22) "Art. 4º Considera-se como de serviço efetivo o período em que o empregado esteja à disposição do empregador, aguardando ou executando ordens, salvo disposição especial expressamente consignada". (BRASIL. *CLT*. Disponível em: <http://www.planalto.gov.br/ccivil_03/decreto-lei/Del5452.htm>. Acesso em: 16 nov. 2018).

II – descanso;

III – lazer;

IV – estudo;

V – alimentação;

VI – atividades de relacionamento social;

VII – higiene pessoal;

VIII – troca de roupa ou uniforme, quando não houver obrigatoriedade de realizar a troca na empresa.

Entretanto, mesmo antes da reforma legislativa de 2017, a CLT já relativizava o tempo à disposição do empregador em duas situações, a prontidão e o sobreaviso. No primeiro caso, o empregado permanece nas dependências da empresa aguardando ordens. Assim, o trabalhador não prestará serviços propriamente ditos, mas receberá dois terços da remuneração do horário normal em razão do tempo aguardando ordens. Poderá permanecer em prontidão por, no máximo, doze horas, de acordo com o previsto no art. 224, § 3º da CLT.(23)

Há ainda as horas de sobreaviso que consistem na possibilidade de o empregado permanecer em sua residência ou em outro local combinado, aguardando ordens da empresa. Nesse caso, receberá apenas um terço da remuneração da hora normal e poderá ficar nesse regime, por, no máximo, vinte e quatro horas, conforme dispõe o art. 224, § 2º da CLT.(24)

Apesar de as regras a respeito da prontidão e do sobreaviso restringirem tais figuras à categoria dos ferroviários, doutrina e jurisprudência vêm estendendo, por analogia, esses dispositivos às mais diversas categorias profissionais. Categorias como

---

(23) "Art. 244. As estradas de ferro poderão ter empregados extranumerários, de sobre-aviso e de prontidão, para executarem serviços imprevistos ou para substituições de outros empregados que faltem à escala organizada.

(...)

§ 3º Considera-se de "prontidão" o empregado que ficar nas dependências da estrada, aguardando ordens. A escala de prontidão será, no máximo, de doze horas. As horas de prontidão serão, para todos os efeitos, contadas à razão de 2/3 (dois terços) do salário-hora normal". (BRASIL. *CLT*. Disponível em: <http://www.planalto.gov.br/ccivil_03/decreto-lei/Del5452.htm>. Acesso em: 16 nov. 2018).

(24) Art. 244. As estradas de ferro poderão ter empregados extranumerários, de sobre-aviso e de prontidão, para executarem serviços imprevistos ou para substituições de outros empregados que faltem à escala organizada.

(...)

§ 2º Considera-se de "sobre-aviso" o empregado efetivo, que permanecer em sua própria casa, aguardando a qualquer momento o chamado para o serviço. Cada escala de "sobre-aviso" será, no máximo, de vinte e quatro horas, As horas de "sobre-aviso", para todos os efeitos, serão contadas à razão de 1/3 (um terço) do salário normal. (BRASIL. *CLT*. Disponível em: <http://www.planalto.gov.br/ccivil_03/decreto-lei/Del5452.htm>. Acesso em: 16/11/2018).

a dos trabalhadores de companhias aéreas e do setor de saúde comumente são mantidos em prontidão ou sobreaviso, pois são setores da economia em que o empregador precisa manter empregados em reserva, ante a necessidade constante de mão de obra para o correto funcionamento dos empreendimentos.

Finalmente, vale lembrar que a Reforma Trabalhista permitiu que a negociação coletiva dispusesse a respeito do regime de sobreaviso, com prevalência sobre a lei, conforme dispõe o art. 611-A, inciso VIII, da CLT.[25] A lei foi silente, no entanto, com relação à possibilidade de negociação alterar o instituto da prontidão. Até o momento não é possível delimitar em que medida a liberdade negocial relativa ao tempo em sobreaviso será considerada constitucional pelos tribunais pátrios.

Retornando à análise das regras de limitação da jornada da CLT, de acordo com o *caput* do art. 59, com redação dada pela Reforma Trabalhista, a duração diária do trabalho poderá ser acrescida de até duas horas extras, via acordo individual, convenção coletiva ou acordo coletivo de trabalho. O § 2º do referido artigo prevê o banco de horas anual, que deverá ser fixado via negociação coletiva. Por meio do banco de horas, permite-se a compensação de horas suplementares realizadas em até um ano, desde que a jornada diária não exceda a dez horas.

Por sua vez, a Reforma Trabalhista previu o "banco de horas semestral", que poderá ser criado por acordo individual escrito e permite a compensação de horas suplementares em até seis meses (art. 59, § 5º, CLT). A inovação legislativa de 2017 dispôs também sobre a compensação de horas mensal, que poderá ocorrer mediante acordo individual, tácito ou escrito (art. 59, § 6º, CLT).[26]

Outra mudança advinda da Reforma Trabalhista foi a permissão legal à fixação da jornada 12x36 por acordo individual escrito, convenção coletiva ou acordo coletivo de trabalho, observado ou indenizado os intervalos para repouso e alimentação (art. 59-A,

---

(25) "Art. 611-A. A convenção coletiva e o acordo coletivo de trabalho têm prevalência sobre a lei quando, entre outros, dispuserem sobre: (...)

VIII – teletrabalho, regime de sobreaviso, e trabalho intermitente"; (BRASIL. *CLT*. Disponível em: <http://www.planalto.gov.br/ccivil_03/decreto-lei/Del5452.htm>. Acesso em: 14 nov. 2018).

(26) "Art. 59. A duração diária do trabalho poderá ser acrescida de horas extras, em número não excedente de duas, por acordo individual, convenção coletiva ou acordo coletivo de trabalho. (...)

§ 2º Poderá ser dispensado o acréscimo de salário se, por força de acordo ou convenção coletiva de trabalho, o excesso de horas em um dia for compensado pela correspondente diminuição em outro dia, de maneira que não exceda, no período máximo de um ano, à soma das jornadas semanais de trabalho previstas, nem seja ultrapassado o limite máximo de dez horas diárias.

§ 5º O banco de horas de que trata o § 2º deste artigo poderá ser pactuado por acordo individual escrito, desde que a compensação ocorra no período máximo de seis meses.

§ 6º É lícito o regime de compensação de jornada estabelecido por acordo individual, tácito ou escrito, para a compensação no mesmo mês".

(BRASIL. *CLT*. Disponível em: <http://www.planalto.gov.br/ccivil_03/decreto-lei/Del5452.htm>. Acesso em: 14 nov. 2018).

CLT).[27] Ademais, fixou-se que a prestação de horas extras habituais não descaracteriza o acordo de compensação de jornada e o banco de horas.

Boa parte da doutrina considera essas disposições inconstitucionais, já que, como dito anteriormente, a CF/88 prevê que a compensação de horários depende de negociação coletiva, sem ressalvas. Além disso, a Reforma Trabalhista desvinculou a prestação de hora extra do seu caráter excepcional e liberou a realização de forma habitual, o que viola o limite máximo de jornada previsto na CF/88. Entretanto, o tema não é objeto do presente trabalho, razão pela qual não será tratado com minúcia.

Retornando à análise das limitações à jornada de trabalho na CLT, verifica-se que o art. 66[28] prevê que entre duas jornadas diárias deverá haver um intervalo mínimo de onze horas.

Além disso, o art. 67[29] prevê o repouso semanal remunerado de vinte e quatro horas consecutivas, o qual, salvo motivo de conveniência pública ou necessidade imperiosa, deverá coincidir com o domingo. O art. 70[30] dispõe ser vedado trabalhar em feriados nacionais ou religiosos, salvo exceções previstas na CLT.

O art. 71,[31] por sua vez, prevê o intervalo intrajornada para repouso e alimentação, que deverá ser gozado por todo trabalhador com jornada superior a quatro horas diárias. Quando a jornada ultrapassar quatro horas, mas não exceder seis horas, o intervalo será de quinze minutos. Caso a jornada exceda seis horas, o intervalo será de no mínimo uma e no máximo duas horas.

---

(27) "Art. 59-A. Em exceção ao disposto no art. 59 desta Consolidação, é facultado às partes, mediante acordo individual escrito, convenção coletiva ou acordo coletivo de trabalho, estabelecer horário de trabalho de doze horas seguidas por trinta e seis horas ininterruptas de descanso, observados ou indenizados os intervalos para repouso e alimentação" (BRASIL. *CLT*. Disponível em: <http://www.planalto.gov.br/ccivil_03/decreto-lei/Del5452.htm>. Acesso em: 14 nov. 2018).

(28) "Art. 66 – Entre 2 (duas) jornadas de trabalho haverá um período mínimo de 11 (onze) horas consecutivas para descanso". (BRASIL. *CLT*. Disponível em: <http://www.planalto.gov.br/ccivil_03/decreto-lei/Del5452.htm>. Acesso em: 14 nov. 2018).

(29) "Art. 67 – Será assegurado a todo empregado um descanso semanal de 24 (vinte e quatro) horas consecutivas, o qual, salvo motivo de conveniência pública ou necessidade imperiosa do serviço, deverá coincidir com o domingo, no todo ou em parte." (BRASIL. *CLT*. Disponível em: <http://www.planalto.gov.br/ccivil_03/decreto-lei/Del5452.htm>. Acesso em: 14 nov. 2018).

(30) "Art. 70 – Salvo o disposto nos arts. 68 e 69, é vedado o trabalho em dias feriados nacionais e feriados religiosos, nos têrmos da legislação própria". (BRASIL. *CLT*. Disponível em: <http://www.planalto.gov.br/ccivil_03/decreto-lei/Del5452.htm>. Acesso em: 14 nov. 2018).

(31) "Art. 71 – Em qualquer trabalho contínuo, cuja duração exceda de 6 (seis) horas, é obrigatória a concessão de um intervalo para repouso ou alimentação, o qual será, no mínimo, de 1 (uma) hora e, salvo acordo escrito ou contrato coletivo em contrário, não poderá exceder de 2 (duas) horas.

§ 1º – Não excedendo de 6 (seis) horas o trabalho, será, entretanto, obrigatório um intervalo de 15 (quinze) minutos quando a duração ultrapassar 4 (quatro) horas.

§ 2º – Os intervalos de descanso não serão computados na duração do trabalho".

(BRASIL. *CLT*. Disponível em: <http://www.planalto.gov.br/ccivil_03/decreto-lei/Del5452.htm>. Acesso em: 14 nov. 2018).

Ocorre que a Reforma Trabalhista também permitiu que negociação coletiva alterasse a duração do intervalo intrajornada, desde que respeitado o limite mínimo de trinta minutos (art. 611-A, III, CLT).(32) Tal dispositivo contrasta com o disposto no art. 71, § 3º da CLT,(33) mantido intacto pela Reforma Trabalhista, segundo o qual a redução do intervalo intrajornada dependeria de autorização do Ministério do Trabalho e existência de refeitórios nas dependências do empregador. Não se sabe ainda como tal impasse será tratado pelos tribunais, mas o tema não será aprofundado no presente trabalho, pois foge ao objeto da pesquisa.

Finalmente, cabe tratar do direito de férias, outra limitação relevante à jornada de trabalho. Conforme prevê o art. 130 da CLT,(34) a cada período de doze meses de vigência do contrato de trabalho, o empregado fará jus a férias de trinta dias, caso não haja faltado ao serviço injustificadamente por mais de cinco vezes. Os incisos do artigo trazem o número de dias de férias para os trabalhadores que tenham se ausentado mais dias durante o ano sem motivo.

As férias serão concedidas por ato do empregador, na época que lhe for conveniente (art. 136, CLT),(35) em um só período, nos doze meses subsequentes à data em que o empregado adquiriu o direito (art. 134, CLT).(36) Entretanto, desde que haja

---

(32) "Art. 611-A. A convenção coletiva e o acordo coletivo de trabalho têm prevalência sobre a lei quando, entre outros, dispuserem sobre: (...)

III – intervalo intrajornada, respeitado o limite mínimo de trinta minutos para jornadas superiores a seis horas"; (BRASIL. *CLT*. Disponível em: <http://www.planalto.gov.br/ccivil_03/decreto-lei/Del5452.htm>. Acesso em: 14 nov. 2018)

(33) "§ 3º O limite mínimo de uma hora para repouso ou refeição poderá ser reduzido por ato do Ministro do Trabalho, Indústria e Comércio, quando ouvido o Serviço de Alimentação de Previdência Social, se verificar que o estabelecimento atende integralmente às exigências concernentes à organização dos refeitórios, e quando os respectivos empregados não estiverem sob regime de trabalho prorrogado a horas suplementares". (BRASIL. *CLT*. Disponível em: <http://www.planalto.gov.br/ccivil_03/decreto-lei/Del5452.htm>. Acesso em: 14 nov. 2018).

(34) "Art. 130 – Após cada período de 12 (doze) meses de vigência do contrato de trabalho, o empregado terá direito a férias, na seguinte proporção:

I – 30 (trinta) dias corridos, quando não houver faltado ao serviço mais de 5 (cinco) vezes

II – 24 (vinte e quatro) dias corridos, quando houver tido de 6 (seis) a 14 (quatorze) faltas

III – 18 (dezoito) dias corridos, quando houver tido de 15 (quinze) a 23 (vinte e três) faltas

IV – 12 (doze) dias corridos, quando houver tido de 24 (vinte e quatro) a 32 (trinta e duas) faltas

§ 1º É vedado descontar, do período de férias, as faltas do empregado ao serviço

§ 2º O período das férias será computado, para todos os efeitos, como tempo de serviço".

(BRASIL. *CLT*. Disponível em: <http://www.planalto.gov.br/ccivil_03/decreto-lei/Del5452.htm>. Acesso em: 14 nov. 2018).

(35) "Art. 136 – A época da concessão das férias será a que melhor consulte os interesses do empregador". (BRASIL. *CLT*. Disponível em: <http://www.planalto.gov.br/ccivil_03/decreto-lei/Del5452.htm>. Acesso em: 14 nov. 2018).

(36) "Art. 134 – As férias serão concedidas por ato do empregador, em um só período, nos 12 (doze) meses subseqüentes à data em que o empregado tiver adquirido o direito". (BRASIL. *CLT*. Disponível em: <http://www.planalto.gov.br/ccivil_03/decreto-lei/Del5452.htm>. Acesso em: 14 nov. 2018).

concordância do empregado, as férias poderão ser usufruídas em até três períodos, sendo que um deles não poderá ser inferior a quatorze dias corridos e os demais não poderão ser inferiores a cinco dias corridos cada um (art. 134, § 1º, CLT, com redação dada pela Lei n. 13.467/2017).[(37)]

A CLT prevê ainda a hipótese de concessão de férias coletivas (art. 139)[(38)] e a "venda" de um terço das férias, mediante pagamento de abono de férias (art. 142).[(39)] O abono de férias é direito potestativo do empregado, ou seja, não pode ser alvo de oposição pelo empregador.

Em apertada síntese, essas são as principais normas voltadas à limitação da jornada do empregado no direito brasileiro. São essas as disposições que visam garantir o direito ao tempo livre e ao lazer.

Entretanto, há certos empregados que, diante das peculiaridades das atividades que desempenham, foram excluídos do controle de jornada. É o caso do empregado que realiza teletrabalho, conforme mudança implementada pela Reforma Trabalhista (art. 62, III, CLT), do gerente (art. 62, II, CLT) e do trabalhador externo, que exerce rotina de trabalho incompatível com a fixação de jornada (art. 62, I, CLT).[(40)] Apesar

---

(37) "§ 1º Desde que haja concordância do empregado, as férias poderão ser usufruídas em até três períodos, sendo que um deles não poderá ser inferior a quatorze dias corridos e os demais não poderão ser inferiores a cinco dias corridos, cada um". (BRASIL. *CLT*. Disponível em: <http://www.planalto.gov.br/ccivil_03/decreto-lei/Del5452.htm>. Acesso em: 14 nov. 2018).

(38) "Art. 139 – Poderão ser concedidas férias coletivas a todos os empregados de uma empresa ou de determinados estabelecimentos ou setores da empresa". (BRASIL. *CLT*. Disponível em: <http://www.planalto.gov.br/ccivil_03/decreto-lei/Del5452.htm>. Acesso em: 14 nov. 2018).

(39) "Art. 142 – O empregado perceberá, durante as férias, a remuneração que lhe for devida na data da sua concessão.

§ 1º Quando o salário for pago por hora com jornadas variáveis, apurar-se-á a média do período aquisitivo, aplicando-se o valor do salário na data da concessão das férias.

§ 2º Quando o salário for pago por tarefa tomar-se-á por base a media da produção no período aquisitivo do direito a férias, aplicando-se o valor da remuneração da tarefa na data da concessão das férias.

§ 3º Quando o salário for pago por percentagem, comissão ou viagem, apurar-se-á a média percebida pelo empregado nos 12 (doze) meses que precederem à concessão das férias.

§ 4º A parte do salário paga em utilidades será computada de acordo com a anotação na Carteira de Trabalho e Previdência Social.

§ 5º Os adicionais por trabalho extraordinário, noturno, insalubre ou perigoso serão computados no salário que servirá de base ao cálculo da remuneração das férias.

§ 6º Se, no momento das férias, o empregado não estiver percebendo o mesmo adicional do período aquisitivo, ou quando o valor deste não tiver sido uniforme será computada a média duodecimal recebida naquele período, após a atualização das importâncias pagas, mediante incidência dos percentuais dos reajustamentos salariais supervenientes".

(BRASIL. *CLT*. Disponível em: <http://www.planalto.gov.br/ccivil_03/decreto-lei/Del5452.htm>. Acesso em: 14 nov. 2018).

(40) "Art. 62 – Não são abrangidos pelo regime previsto neste capítulo:

I – os empregados que exercem atividade externa incompatível com a fixação de horário de trabalho, devendo tal condição ser anotada na Carteira de Trabalho e Previdência Social e no registro de empregados;

de a CLT expressamente excluir esses empregados das regras de limitação de jornada, é importante esclarecer que o texto consolidado não os priva do direito a férias e a descanso semanal remunerado.

Boa parte da doutrina entende que a exclusão desses trabalhadores do controle de jornada é inconstitucional, pois o direito à jornada de até oito horas diárias e quarenta e quatro horas semanais (art. 7º, XIII, CF/88) é garantido a todo e qualquer trabalhador. Entretanto, até o momento os dispositivos se encontram vigentes.

Dada a relevância dos trabalhadores excluídos do controle de jornada para a presente pesquisa, as peculiaridades do tema serão abordadas nos *Capítulos IV e V* deste artigo.

3. Direito à desconexão

3.1. Conceito, histórico e fundamentos

Conforme visto acima, o ordenamento jurídico confere ao empregado direito a tempo livre, por meio de normas que restringem a duração da jornada de trabalho a períodos razoáveis. Essa situação só foi atingida após muita luta da classe trabalhadora, que teve de se unir para superar a mentalidade escravocrata do empresariado e conquistar a ferro e fogo os direitos trabalhistas atualmente positivados.(41)

Ocorre que o impressionante progresso tecnológico experimentado pela humanidade nas últimas décadas tem ameaçado a sobrevivência do direito à limitação de jornada, devido aos inúmeros abusos perpetrados pelos empregadores. Ferramentas como *e-mail*, *smartphones* e *notebooks* permitiram a conexão do empregado com o seu trabalho em tempo integral.

Atualmente, é praxe de empresas de vários ramos da economia a contratação de trabalhadores com a condição de que estes mantenham os celulares constantemente ligados e acompanhem o *e-mail* institucional todos os dias, inclusive em domingos e feriados. Esse fenômeno impede que o direito ao lazer seja gozado em sua integralidade, já que o empregado nunca está, de fato, desligado do trabalho.

II – os gerentes, assim considerados os exercentes de cargos de gestão, aos quais se equiparam, para efeito do disposto neste artigo, os diretores e chefes de departamento ou filial;

III – os empregados em regime de teletrabalho;

Parágrafo único – O regime previsto neste capítulo será aplicável aos empregados mencionados no inciso II deste artigo, quando o salário do cargo de confiança, compreendendo a gratificação de função, se houver, for inferior ao valor do respectivo salário efetivo acrescido de 40% (quarenta por cento)".

(BRASIL. *CLT*. Disponível em: <http://www.planalto.gov.br/ccivil_03/decreto-lei/Del5452.htm>. Acesso em: 14/11/2018).

(41) No Brasil, por exemplo, a primeira lei que fixava o horário de trabalho de empregados foi criada no município do Rio de Janeiro, a Lei Municipal n. 1.350, de 31.10.1911.

Os direitos ao tempo livre e ao lazer implicam o desligamento completo do empregado de seu trabalho, com liberdade de deslocamento ilimitada. Caso contrário, haveria, em verdade, tempo à disposição do empregador, aprofundando-se a mais-valia que permeia as relações de trabalho.

Nesse contexto, o professor Jorge Luís Souto Maior, um dos primeiros juristas a escrever sobre o direito à desconexão, demonstra que a preocupação aparentemente surreal com o tema é um paradoxo do mundo do trabalho. Em suas palavras:

> Mas, esta preocupação é em si mesma um paradoxo, revelando, como dito, as contradições que marcam o nosso "mundo do trabalho".
>
> A primeira contradição está, exatamente, na preocupação com o não trabalho em um mundo que tem como traço marcante a inquietação com o desemprego.
>
> A segunda, diz respeito ao fato de que, como se tem dito por aí à boca pequena, é o avanço tecnológico que está roubando o trabalho do homem, mas, por outro lado, como se verá, é a tecnologia que tem escravizado o homem ao trabalho.
>
> Em terceiro plano, em termos das contradições, releva notar que se a tecnologia proporciona ao homem uma possibilidade quase infinita de se informar e de estar atualizado com seu tempo, de outro lado, é esta mesma tecnologia que, também, escraviza o homem aos meios de informação, vez que o prazer da informação transforma-se em uma necessidade de se manter informado, para não perder espaço no mercado de trabalho.
>
> E, por fim, ainda no que tange às contradições que o tema sugere, importante recordar que o trabalho, no prisma da filosofia moderna, e conforme reconhecem vários ordenamentos jurídicos, dignifica o homem, mas sob outro ângulo, é o trabalho que retira esta dignidade do homem, impondo-lhe limites enquanto pessoa na medida em que avança sobre a sua intimidade e a sua vida privada.[(42)]

Tendo em vista que a sociedade atual é regida pelo modo de produção capitalista, baseado no trabalho livre e remunerado, a discussão a respeito do direito de desconexão é, de fato, surreal. Ora, se o trabalhador é livre, se o trabalho deve ser remunerado, se a escravidão foi abolida desde o século XIX, por que razão seria necessário reafirmar que o empregado tem direito a se desconectar do trabalho?

---

(42) SOUTO MAIOR, Jorge Luiz. Do direito à desconexão do trabalho. *Revista do Tribunal Regional do Trabalho da 15ª Região*, Campinas, n. 23, p. 296-313, 2003. Disponível em: <https://juslaboris.tst.jus.br/bitstream/handle/20.500.12178/108056/2003_maior_jorge_direito_desconexao.pdf?sequence=1&isAllowed=y>. Acesso em: 15 nov. 2018, p. 296.

Eis que os novos patamares tecnológicos atingidos pela humanidade ofuscaram a capacidade de autocrítica da sociedade no que se refere aos limites do trabalho. Esqueceu-se de que nem tudo que é tecnologicamente viável respeita a dignidade da pessoa humana e promove o bem-estar social.

É por isso que tomou força a temática do direito à desconexão, especialmente no início dos anos 2000, ante a avalanche informacional promovida pela *internet*, pelos telefones celulares e computadores pessoais. A tecnologia, nesse caso, serviu para aprisionar o homem ao trabalho, ressuscitando a senzala e as correntes deixadas para trás com a Lei Áurea de 1888.

Pode-se conceituar o direito à desconexão como o direito ao não trabalho na sociedade pós-moderna.(43) Ou seja, é o direito de todo empregado de se desligar completamente do trabalho nos intervalos, nos dias de férias, feriados etc.(44)

Conforme assevera a doutrinadora Vólia Bonfim Cassar:

> (...) o direito à desconexão ou ao não trabalho perpassa por quatro elementos: o estresse enfrentado pelo trabalhador por ter que se manter o tempo todo atualizado, causando, além da fadiga mental, em alguns casos, o vício (doença relacionada ao trabalho); o direito ao descanso sem reflexos do trabalho (reposição das energias e higiene mental); o direito à privacidade e intimidade; direito a trabalhar menos, ou ao limite de trabalho (direito à saúde).(45)

O direito à desconexão do trabalho não se confunde com o direito aos descansos dentro e fora da jornada de trabalho, ainda que esses limites legais do tempo de trabalho sirvam para a sua adequada conformação. O direito à desconexão vai além do aspecto meramente cronológico inerente aos descansos regulamentares e adentra a esfera psíquica do ser humano obreiro.(46)

O trabalhador, em seus períodos de descanso, deve ficar completamente desvinculado de seu labor. Mínimas interrupções, inclusive de poucos minutos, podem vilipendiar todo o tempo destinado ao descanso, exatamente por macular a efetiva

(43) SOUTO MAIOR. *Op. cit.*, p. 297.

(44) ALMEIDA, Almiro Eduardo de; SEVERO, Valdete Souto. *Direito à desconexão nas relações sociais de trabalho*. São Paulo: LTr, 2014.

(45) CASSAR, Vólia Bomfim. Reflexos do avanço da tecnologia e da globalização nas relações de trabalho: novas profissões e métodos de execução de trabalho. Parte II. *Revista do Tribunal Regional do Trabalho da 1ª Região*, Rio de Janeiro, jul./dez. 2010, p. 162.

(46) BRAGA, Eduardo Souza. *Direito à desconexão do trabalho como instrumento de proteção à saúde do trabalhador*. 2015. Dissertação (mestrado) – Universidade Estadual Paulista Julio de Mesquita Filho, Faculdade de Ciências Humanas e Sociais, 2015. Disponível em: <http://hdl.handle.net/11449/136054>. Acesso em: 15 nov. 2018, p. 123.

desconexão. É que o trabalhador só se desliga do trabalho após algum tempo de cessação de suas atividades e qualquer lembrança ligada à sua rotina proporciona o reinício desse tempo necessário à desconexão efetiva.(47)

Também não se pode confundir o direito à desconexão com o direito ao lazer. A desconexão é condição para o gozo do direito ao lazer, de modo que esses não são sinônimos.

O direito à desconexão estaria, pois, implícito na análise conjunta dos direitos fundamentais à limitação de jornada de trabalho (art. 7º, CF/88) e ao lazer (art. 6º, CF/88). Conforme lecionam os doutrinadores Almeida e Severo:

> Dentro desta realidade, dois direitos fundamentais se complementam e assumem especial importância: o direito à limitada duração do trabalho e o direito à desconexão. [...] O direito à desconexão se inscreve, por conseguinte, tanto no art. 6º quanto no art. 7º da Constituição.(48)

Por tal motivo, muito embora não conste expressamente no Título II da Constituição, o direito à desconexão deve ser tido como direito fundamental a partir da leitura da cláusula de abertura contida no art. 5º, § 2º, da CF/88, que dispõe que os direitos e garantias constitucionais não excluem outros decorrentes do regime e dos princípios adotados pela Constituição, incluindo os tratados dos quais o Brasil faça parte.

De acordo com brilhante dissertação de mestrado a respeito do tema, da autoria de Eduardo Souza Braga, o desrespeito ao direito à desconexão tem implicações que vão muito além da esfera individual do trabalhador. Toda a sociedade é afetada quando se torna praxe empresarial manter os empregados conectados constantemente às suas atividades laborais. Nas palavras de Braga:

> O desrespeito ao direito de desconexão do trabalho, por afetar visceralmente o núcleo familiar e social do trabalhador, ocasiona mal-estar que extrapola os limites individuais. Vale enfatizar que o destinatário desse direito não é apenas o trabalhador, mas, de certo modo, toda a sociedade (primeiro a família, depois o núcleo mais íntimo de contato e, após, a comunidade, mais amplamente considerada).(49)

Daí a necessidade de que as autoridades públicas atribuam à desconexão o seu devido valor e fomentem políticas de fiscalização do cumprimento das jornadas de trabalho e punição das empresas que obriguem os empregados a permanecerem

---

(47) BRAGA. *Op. cit*, p. 124.

(48) ALMEIDA, SEVERO. *Op. cit.*, p. 32.

(49) BRAGA. *Op. cit.*, p. 127.

constantemente conectados por meios telemáticos. Só assim se promoverá o direito ao lazer em âmbito transindividual, com repercussões positivas na vida de todos.

3.2. Experiência internacional

É importante destacar que a preocupação quanto à desconexão do trabalho é comum a quase todos os países do globo. A expansão das tecnologias da informação é um fenômeno internacional, que alterou a sistemática da prestação de quase todos os tipos de serviços.

Por esse motivo, algumas empresas de países desenvolvidos passaram a adotar medidas de regulamentação das comunicações entre trabalhadores, a fim de evitá-las nos períodos de descanso. Cite-se, por exemplo, a iniciativa da empresa Volkswagen, na Alemanha, que implantou dispositivo de "hibernação" dos servidores após 18h15 (horário em que a jornada de trabalho é encerrada) até 7h00 do dia seguinte (quando a jornada começa). Essa medida restringe o recebimento de mensagens pelos *smartphones* dos trabalhadores da empresa, tendo em vista que foram distribuídos aparelhos desse tipo para cerca de um milhão de empregados.(50)

Outro exemplo, também alemão, é o da empresa automobilística Mercedes-Benz, que em agosto de 2014 concedeu a cem mil empregados a opção de participar do dispositivo *Mail on Holiday*, por meio do qual os *e-mails* enviados aos empregados durante seus períodos de folga seriam seguidos de uma resposta automática redirecionando o interlocutor para contatos disponíveis ou convidando-o a reenviar sua mensagem no retorno do interessado. A novidade do dispositivo reside na opção de supressão automática desses *e-mails* que, seguindo as conclusões de pesquisa sobre a qualidade de vida profissional realizada pela própria empresa, objetivam evitar a sobrecarga de mensagens no retorno das folgas.(51)

Entretanto, até o momento, só se tem notícia de um país que positivou o direito à desconexão de forma explícita em seu ordenamento jurídico: a França. A legislação francesa foi impulsionada por uma pesquisa, encomendada pelo Ministério do Trabalho daquele país em 2015, que tratou das transformações que a tecnologia trouxe ao ambiente de trabalho.

O relatório conclusivo a respeito da pesquisa foi elaborado pelo diretor de recursos humanos Bruno Mettling e foi intitulado de "Transformação Digital e Vida no Trabalho". Em sua análise, Mettling concluiu que a intensificação do trabalho e

---

(50) HARFF, Rafael Neves. Direito à desconexão: estudo comparado do direito brasileiro com o direito francês. *Revista eletrônica:* acórdãos, sentenças, ementas, artigos e informações. Porto Alegre, v. 13, n. 205, p. 53-74, jul. 2017. Disponível em: <https://juslaboris.tst.jus.br/bitstream/handle/20.500.12178/110510/2017_harff_rafael_direito_desconexao.pdf?sequence=1&isAllowed=y>. Acesso em: 15 nov. 2018, p. 65.

(51) HARFF. *Op. cit.*, p. 65.

o excesso de conexões profissionais podem levar ao desequilíbrio da relação entre vida privada e trabalho, o que implica, até mesmo, o adoecimento do trabalhador. O excesso de conexões no trabalho, que se estende ao domicílio do empregado, cria um sentimento de solicitação permanente, de acúmulo de tarefas e de forte pressão.(52)

Conforme explica Ana Cláudia Moreira Cardoso, socióloga que escreveu sobre o direito à desconexão e analisou o relatório de Mettling, a referida pesquisa faz referência a diversas situações que merecem mais atenção, tais como o sobreaviso, o teletrabalho, os trabalhadores informais e o caso dos gerentes, os quais também são motivo de preocupação no contexto brasileiro. O relatório sugere ainda um conjunto de medidas voltadas a garantir a desconexão do trabalho nos períodos de folga e traz alguns exemplos já adotados por empresas, como a Volkswagen e a Mercedes-Benz, já citadas acima.(53)

Menciona também as iniciativas de entidades sindicais e associações francesas com vistas a garantir a desconexão de categorias de trabalhadores, tais como a categoria profissional dos engenheiros ("Acordo Syntec"). Nas palavras de Cardoso:

> Na França, em 2014, um acordo entre a federação dos engenheiros e conselheiros, chamado "acordo Syntec", previu a obrigação à desconexão dos instrumentos de comunicação a distância para os gerentes em regime de "forfait jour", visando respeitar a duração mínima de repouso. O acordo da "Apec60", de 2013, sobre riscos psicossociais no trabalho também incluiu "regras de bom uso de mensagens eletrônicas" (METTLING, 2015, p. 31).
>
> (...)
>
> Na França, o acordo de abrangências nacional e interprofissional chamado "Em Direção de uma Política de Melhora da Qualidade de Vida no Trabalho e da Igualdade Profissional", de meados de 2013, também aborda a questão do "tempo de desconexão". Em seu art. 17, "Promover uma Gestão Inteligente das TIC's ao Serviço da Competitividade das Empresas Respeitando a Vida Privada dos Trabalhadores", a avaliação é que as TIC's podem destruir os limites entre lugar e tempo de trabalho e de não trabalho, gerando impactos negativos para a vida do trabalhador.

(52) METTLING, B. *Transformation numérique et vie au travail*. Rapport Ministre du Travail, de l'Emploi, de la Formation Professionnelle et du Dialogue Social, 2015. Disponível em: <https://www.ladocumentationfrancaise.fr/var/storage/rapports-publics/154000646.pdf>. Acesso em: 16 nov. 2018.

(53) CARDOSO, Ana Claudia Moreira. Direito e dever à desconexão: disputas pelos tempos de trabalho e não trabalho. *Revista da Universidade Federal de Minas Gerais*. Belo Horizonte, v. 23, n. 1 e 2, p. 63-85, 2016. Disponível em: <https://www.ufmg.br/revistaufmg/downloads/23/03_Cardoso,Ana_DireitoDesconexao_pags62a85.pdf>. Acesso em: 16 nov. 2018, p. 75-77.

Assim, entre as ações previstas no acordo, merece destaque aquela que determina às empresas que, após sondarem dos trabalhadores o que eles acham do uso das TIC's, criem meios para possibilitar a conciliação entre vida profissional e vida pessoal, bem como para a possibilidade de efetivos "tempos de desconexão" (METTLING, 2015, p. 40, tradução nossa).

Além da negociação do acordo interprofissional, as centrais sindicais francesas se mobilizam a respeito do tema em outros espaços. A Ugict-CGT, que representa os engenheiros, gerentes e técnicos, é a que mais tem investido nessa questão. Em 2014, ela lançou uma campanha que tinha o objetivo de "proteger a vida privada e os tempos de repouso dos trabalhadores" por meio da conquista do "direito à desconexão e à redução efetiva do tempo de trabalho" (UGICT-CGT, 2014, p. 4, tradução nossa)(54).

Pois bem, com base no relatório de Mettling, a França positivou o direito à desconexão em 2016, ano em que promoveu ampla reforma em sua legislação trabalhista.(55) Desse modo, a alteração legislativa promovida (LOI n. 2016-1088, agosto/2016) incluiu a seguinte disposição no Código de Trabalho Francês, com vigência a partir de janeiro de 2017:

> La négociation annuelle sur l'égalité professionnelle entre les femmes et les hommes et la qualité de vie au travail porte sur: 1º L'articulation entre la vie personnelle et la vie professionnelle pour les salariés; [...] 6º L'exercice du droit d'expression directe et collective des salariés prévu au chapitre Ier du titre VIII du présent livre, notamment au moyen des outils numériques disponibles dans l'entreprise; 7º Les modalités du plein exercice par le salarié de son droit à la déconnexion et la mise en place par l'entreprise de dispositifs de régulation de l'utilisation des outils numériques, en vue d'assurer le respect des temps de repos et de congé ainsi que de la vie personnelle et familiale. À défaut d'accord, l'employeur élabore une charte, après avis du comité d'entreprise ou, à défaut, des délégués du personnel. Cette charte définit ces modalités de l'exercice du droit à la déconnexion et prévoit en outre la mise en œuvre, à destination des salariés et du personnel

(54) CARDOSO. *Op. cit.*, p. 78.

(55) A despeito dos avanços da legislação francesa no que se refere ao direito à desconexão, é importante esclarecer que a maioria das medidas adotadas na reforma legislativa de 2016 foram voltadas à flexibilização de direitos trabalhistas, com a introdução do postulado da prevalência do negociado sobre o legislado. A respeito do tema, cite-se reportagem do jornal *Folha de S. Paulo*: "Apesar de protestos, Macron aprova reforma trabalhista na França". 22/9/2017. Disponível em: <https://www1.folha.uol.com.br/mundo/2017/09/1920875-apesar-de-protestos-macron-aprova-reforma-trabalhista-na-franca.shtml>. Acesso em: 16 nov. 2018.

d'encadrement et de direction, d'actions de formation et de sensibilisation à un usage raisonnable des outils numériques.(56)(57)

Apesar do avanço legislativo na França, é importante esclarecer que a nova norma não propõe uma regulação estrita do direito à desconexão. Ela somente oferece a possibilidade de negociação coletiva sobre a matéria ou de elaboração de estatutos de empresa, de acordo com as peculiaridades de cada categoria profissional e econômica. Sequer o conceito de direito à desconexão é definido pelo legislador.

Nesse contexto, as empresas com mais de cinquenta empregados estão obrigadas a dispor em negociação coletiva a respeito do tema desconexão. Já as empresas com número de empregados menor deverão estabelecer uma espécie de estatuto, o qual definirá as modalidades do exercício do direito à desconexão, com ampla divulgação no ambiente de trabalho. Em ambos os casos, portanto, a definição dos contornos do direito à desconexão deverá ocorrer posteriormente à vigência da lei, seja por meio de convenção coletiva, seja por meio de estatuto da pessoa jurídica.

Trata-se de uma legislação de caráter aberto, na esteira da flexibilização neoliberal de direitos trabalhistas sofrida pela França, onde, a partir de 2016, fixou-se a prevalência do negociado sobre o legislado. De qualquer forma, é um alento que a onda flexibilizatória francesa tenha, ao menos, permitido que o tema da desconexão fosse positivado e passasse a ser item obrigatório em negociações coletivas e estatutos de empresas.

Xavier e Colussi escreveram a respeito do direito à desconexão e analisaram convenção coletiva francesa(58) posterior à reforma de 2016, que já traz disposições acerca da desconexão, conforme transcrito a seguir:

> **Destaca-se, como exemplo, a Convenção Coletiva do Banque Populaire, de julho de 2016, a qual já abarca o direito à desconexão.**

---

(56) FRANÇA. *Code du travail.* Disponível em: <https://www.legifrance.gouv.fr/affichCode.do?cidTexte=LEGITEXT000006072050. Acesso em: 16 nov. 2018.

(57) Tradução livre: "A negociação coletiva anual sobre a igualdade profissional entre homens e mulheres e qualidade de vida no trabalho deverá conter: 1º A articulação entre vida pessoal e vida profissional para os assalariados; [...] 6º O exercício do direito de expressão individual e coletiva dos trabalhadores previstos no capítulo I do título VIII deste livro, especialmente através de ferramentas digitais disponíveis na empresa; *7º As modalidades do pleno exercício pelo assalariado de seu direito a desconexão e o estabelecimento, pela empresa, de dispositivos para regular o uso de ferramentas digitais com vista a assegurar o cumprimento dos períodos de repouso e férias, bem como o respeito à vida pessoal e familiar. Na falta de acordo, o empregador deve elaborar uma Carta, após parecer da comissão de trabalhadores ou, na sua falta, os delegados dos empregados. A Carta define as modalidades do exercício do direito de desconexão e prevê a implantação, para os funcionários, executivos e direção, de ações de formação e sensibilização para o uso razoável de ferramentas digitais".* (HARFF, *Op. cit.*, p. 68-69)

(58) Trata-se da Convenção Coletiva do Banque Populaire, Disponível em: <http://www.journal-officiel.gouv.fr/publications/bocc/pdf/2016/0034/boc_20160034_0000_0007.pdf>. Acesso em: 16 nov. 2018.

> **Ao refletir o atual cenário laboral impactado pelas novas tecnologias e pelo mundo digital, referida negociação busca um equilíbrio entre "a performance econômica, a satisfação dos clientes e o bem-estar no trabalho dos empregados". Refere, ainda, que as novas ferramentas digitais como notebooks, celulares, smartphones e tablets se multiplicaram, tornando necessária maior atenção aos empregados que as utilizam cotidianamente.**
>
> **Na referida Convenção Coletiva, constam diversas ações e propostas para o exercício efetivo do direito individual à desconexão, dentre as quais destaca-se:** a ausência de obrigatoriedade de responder e-mails fora do horário de trabalho, que poderá ser especificada em respostas automáticas; não responder imediatamente a uma mensagem enviada; favorecer as comunicações diretas, ou seja, não mediadas pelas tecnologias; realizar comunicações de forma respeitosa e inteligível, copiando nos e-mails somente quem necessário; alertar o superior sempre que tais medidas forem extrapoladas; e, por fim, a realização de ações de acompanhamento, formação e sensibilização dos empregados e gestores quanto à adequada utilização das ferramentas digitais. **Como se observa, trata-se de regras de boas práticas, que não estabelecem critérios objetivos sobre o que é certo ou errado em termos de utilização de novas tecnologias no trabalho.**[59] (Grifos nossos)

Em que pese seja pioneira no tema e tenha servido de incentivo a outros países, a lei francesa tem alguns pontos negativos, tais como: (a) conferir ao empregador todo o poder para estabelecer os parâmetros do direito à desconexão nas empresas com menos de cinquenta trabalhadores, deixando uma vasta parcela da população desprotegida; (b) deixar a cargo da negociação coletiva todos os aspectos da desconexão, sem estabelecer sequer parâmetros mínimos de observância obrigatória e (c) não prever nenhum tipo de sanção para o descumprimento do direito à desconexão.

Entretanto, fato é que a lei foi de extrema importância, pois trouxe a discussão a respeito da regulação do uso de meios eletrônicos nas relações de trabalho e serviu de exemplo para a comunidade internacional. Num país como a França, no qual 37%

---

(59) XAVIER, Eduardo de Souza, COLUSSI, Fernando Augusto Melo. O direito à desconexão diante das novas tecnologias da informação. *Anais do 4º Congresso Internacional de Direito e Contemporaneidade: mídias e direitos da sociedade em rede*. Universidade Federal de Santa Maria. 2017. Disponível em: <http://coral.ufsm.br/congressodireito/anais/2017/6-7.pdf>. Acesso em: 16 nov. 2018, p. 10-11.

dos trabalhadores ativos admitem utilizar ferramentas eletrônicas de trabalho em seus períodos de descanso,[60] a positivação da desconexão é um avanço e tanto.[61]

3.3. Direito à desconexão no Brasil

No Brasil, não há legislação específica que trate do direito à desconexão. Como detalhado no *Item 1* deste capítulo, a desconexão é garantida a partir da análise conjunta dos dispositivos constitucionais que preveem o direito ao lazer e à limitação da jornada de trabalho. É, pois, um direito fundamental implícito, na forma do disposto no art. 5º, § 2º, da CF/88, com amparo doutrinário e jurisprudencial.

A Lei n. 12.551/2011, que alterou o art. 6º da CLT[62] e equiparou os meios telemáticos aos meios pessoais e diretos de comando, controle e supervisão do trabalho, representou importante contribuição para a noção de desconexão. Isso porque a base do direito à desconexão está justamente nos meios telemáticos de comunicação aplicados às relações de trabalho. São eles que viabilizam a constante conexão do empregado ao trabalho, razão pela qual a sua utilização em períodos de folga deve ser entendida como tempo à disposição do empregador, devidamente remunerado, na forma do art. 4º, *caput*, da CLT.[63]

---

(60) "Na França, mais de um em cada três trabalhadores ativos (37%) admitem que utilizam todos os dias uma ferramenta do trabalho fora do seu horário, segundo estudo recente do escritório Eléas. Ao mesmo tempo, cerca de 12% sofrem de esgotamento no trabalho, conhecido como síndrome do *burnout*, segundo a agência Technologia". (TERUEL, Ana. "França reconhece direito de se desconectar do trabalho". *Jornal El País*. 04 jan. 2017. Disponível em: <https://brasil.elpais.com/brasil/2017/01/03/economia/1483440318_216051.html>. Acesso em: 16 nov. 2018).

(61) A respeito do assunto, cabe aqui registrar a posição divergente do jurista francês Jean Emmanuel Ray, segundo o qual a positivação do direito à desconexão é uma solução falsa para os grandes desafios do Direito do Trabalho na modernidade. Em seu discurso, no 9º Congresso Internacional da Associação Nacional de Magistrados do Trabalho (Anamatra), o catedrático francês defendeu que a relação com o *e-mail* é ambivalente. Para o acadêmico, não há uma desconexão intelectual. "'Se a gente quer uma informação, consegue. O trabalho não para. O problema não é desconexão técnica. Não é o receber, é a emissão', defendeu. Nesse ponto, de acordo com RAY, o grande desafio dos juristas será lidar com a emissão de dados virtuais indiscriminadamente". (As novas tecnologias: impactos sobre o Direito do Trabalho. *Revista da Associação Nacional de Magistrados da Justiça do Trabalho*. Edição Especial n. 188, 2017. Disponível em: <https://www.anamatra.org.br/attachments/article/25454/Jornal%20Congresso%20Internacional.%20VERSAO%20FINAL.pdf>. Acesso em: 16 nov. 2018, p. 25.

(62) "Art. 6º Não se distingue entre o trabalho realizado no estabelecimento do empregador, o executado no domicílio do empregado e o realizado a distância, desde que estejam caracterizados os pressupostos da relação de emprego.

Parágrafo único. Os meios telemáticos e informatizados de comando, controle e supervisão se equiparam, para fins de subordinação jurídica, aos meios pessoais e diretos de comando, controle e supervisão do trabalho alheio." (BRASIL. *CLT*. Disponível em: <http://www.planalto.gov.br/ccivil_03/decreto-lei/Del5452.htm>. Acesso em: 16/11/2018).

(63) Art. 4º Considera-se como de serviço efetivo o período em que o empregado esteja à disposição do empregador, aguardando ou executando ordens, salvo disposição especial expressamente consignada. (BRASIL. *CLT*. Disponível em: <http://www.planalto.gov.br/ccivil_03/decreto-lei/Del5452.htm>. Acesso em: 16 nov. 2018).

Porém, o direito à desconexão foi deveras reduzido pela Súmula n. 428 do Tribunal Superior do Trabalho (TST), segundo a qual:

SOBREAVISO APLICAÇÃO ANALÓGICA DO Art. 244, § 2º, DA CLT (redação alterada na sessão do Tribunal Pleno realizada em 14.9.2012) – Res. n. 185/2012, DEJT divulgado em 25, 26 e 27.9.2012

I – O uso de instrumentos telemáticos ou informatizados fornecidos pela empresa ao empregado, por si só, não caracteriza o regime de sobreaviso.

II – Considera-se em sobreaviso o empregado que, à distância e submetido a controle patronal por instrumentos telemáticos ou informatizados, permanecer em regime de plantão ou equivalente, aguardando a qualquer momento o chamado para o serviço durante o período de descanso.[64]

De acordo com a referida súmula, não é tempo à disposição do empregador o uso de instrumentos telemáticos, tais como telefones celulares, mesmo que fora do expediente de trabalho. BRAGA, ao analisar o conteúdo da Súmula n. 428 do TST, afirma que:

> Ali é desconsiderado, solenemente, o direito à desconexão do trabalho. Ali está alicerçada, ainda, uma visão estreita do que se deve compreender por tempo de trabalho e de não trabalho. Não houve, no verbete citado, uma melhor visualização da possibilidade de ocorrência de infrações a direitos fundamentais do trabalhador, como a tranquilidade íntima e a privacidade, corolários do desenvolvimento integral da personalidade humana.
>
> Pela redação do verbete jurisprudencial mencionado, o empregado pode ser importunado com questões afetas a seu trabalho sem que isso imponha algum dever a seu empregador, seja pecuniário ou não. Basta, para tanto, que não haja a possibilidade de ser chamado para a realização material de alguma atividade laborativa.
>
> Assim, segundo o entendimento sedimentado pelo Tribunal Superior do Trabalho, é lícito o envio, pelo empregador, através de meios remotos de comunicação, de inúmeras mensagens relacionadas ao trabalho a seus empregados em gozo de seus descansos, desde que não imponha o dever de resposta imediata ou exija essa ou aquela atividade correlacionada.
>
> Do mesmo modo, não está proibida a possibilidade de o empregador telefonar para seu empregado para tratar de algum assunto relacionado ao desenvolvimento de seu trabalho, desde que, reitere-se, não lhe exija a efetiva realização de determinadas atividades.

(64) TST. Súmula n. 428. Disponível em: <http://www3.tst.jus.br/jurisprudencia/Sumulas_com_indice/Sumulas_Ind_401_450.html#SUM-428>. Acesso em: 16 nov. 2018.

> Ora, ao ser molestado em seu período de não trabalho, mesmo sem a obrigação imediata de prestar serviços, o trabalhador se conecta imediatamente ao trabalho. Isso caracteriza flagrante desrespeito ao seu direito de desconexão e, concretamente, gera manifestos prejuízos na fruição de seu descanso.(65)

Concorda-se integralmente com a crítica do autor, já que a súmula em questão desconsidera que as interrupções ao descanso promovidas por telefones e mensagens eletrônicas violam o direito à desconexão e atrapalham a recomposição física e psíquica do trabalhador. Conforme já dito, o completo desligamento do trabalhador em suas folgas é essencial para a manutenção da sua saúde física e mental, o que foi manifestamente negligenciado pela Súmula n. 428 do TST.

Ressalta-se, entretanto, que o direito à desconexão tem sido cada vez mais referido pela jurisprudência, especialmente nos casos em que o trabalhador tem o seu direito de locomoção de alguma forma tolhido por aguardar ordens do empregador. Em situações como essas, as decisões dos tribunais têm sido bastante divergentes, variando da condenação do empregador ao pagamento de horas de sobreaviso, nos termos do art. 224, § 3º, da CLT já citado neste trabalho,(66) até a condenação em danos morais.

Abaixo, transcrevem-se ementas de julgados de tribunais regionais que condenam o empregador a pagar adicional de sobreaviso devido ao desrespeito ao direito à desconexão:

> HORAS EXTRAS. ADICIONAL DE SOBREAVISO. DIREITO À DESCONEXÃO. Em que pese o art. 244 da CLT referir-se à categoria dos ferroviários, quanto ao adicional de sobreaviso, nada impede a sua aplicação a empregados que exercem outras atividades, por analogia, ainda mais que se trata de norma de proteção à saúde e higidez do empregado. Nestes termos, inclusive, a súmula n. 428 do c. TST. A qualquer cidadão é garantido o direito constitucional ao lazer, ao descanso, sendo este imprescindível inclusive para a higidez física e mental de qualquer ser humano. Assim, manter o trabalhador conectado ao trabalho nos momentos em que deveria descansar, fere o que modernamente vem sendo chamado de direito à desconexão do empregado. (TRT-1 – RO 00069811720145010482 RJ. Relator Des. Leonardo Dias Borges. 10ª Turma. DJE 04.10.2017)

---

(65) BRAGA. *Op. cit.*, p. 126.

(66) "Art. 244. As estradas de ferro poderão ter empregados extranumerários, de sobre-aviso e de prontidão, para executarem serviços imprevistos ou para substituições de outros empregados que faltem à escala organizada.

(...)

§ 3º Considera-se de "prontidão" o empregado que ficar nas dependências da estrada, aguardando ordens. A escala de prontidão será, no máximo, de doze horas. As horas de prontidão serão, para todos os efeitos, contadas à razão de 2/3 (dois terços) do salário-hora normal". (BRASIL. *CLT*. Disponível em: <http://www.planalto.gov.br/ccivil_03/decreto-lei/Del5452.htm>. Acesso em: 16 nov. 2018).

SOBREAVISO. USO DE TELEFONE CELULAR. RESTRIÇÃO AO DIREITO DO TRABALHADOR À DESCONEXÃO PLENA. A circunstância de o empregado portar telefone celular fora de sua jornada normal de trabalho para possibilitar a sua localização, em caso de alguma necessidade do empregador, caracteriza, por si só, o regime de sobreaviso, uma vez que evidente a restrição ao direito do trabalhador em se desligar por completo dos seus afazeres profissionais no momento de seu descanso. Assim sendo, por aplicação do regime de sobreaviso previsto no art. 244 , § 2º , da Consolidação das Leis do Trabalho , faz jus o Acionante ao recenbimento das horas de sobreaviso postuladas na inicial, como se apurar em regular fase de liquidação. (TRT-1 – RO 00100306020155010020 RJ. Relator Des. Rogério Lucas Martins. 7ª Turma. DJE 29.03.2017)

SOBREAVISO. USO DO CELULAR. DIREITO AO LAZER E À DESCONEXÃO DO TRABALHO. EFICÁCIA HORIZONTAL DOS DIREITOS FUNDAMENTAIS. PAGAMENTO DEVIDO. A doutrina do Direito do Trabalho há muito logrou transcender a visão restrita da jornada enquanto mero tempo gasto diretamente na labuta, criando o conceito moderno embasado na ideia da alienação. Sob tal enfoque, constitui jornada todo o tempo alienado, isto é, que o trabalhador tira de si e disponibiliza ao empregador, cumprindo ou aguardando ordens, ou ainda, deslocando-se de ou para o trabalho. O conceito de alienação encontra-se incorporado ao Direito do Trabalho quando positiva a lei que o tempo de serviço (jornada) compreende todo o período em que o empregado esteja à disposição do empregador, aguardando ou executando ordens (art. 4º, CLT). Em regra, a jornada de trabalho pode ser identificada sob três formas: (1) o tempo efetivamente laborado (jornada "*stricto sensu*"); (2) o tempo à disposição do empregador (jornada "*lato sensu*") e (3) o tempo despendido no deslocamento residência trabalho e vice-versa (jornada "*in itinere*"). A esses três tipos pode ser acrescido um quarto, que alberga modalidades de tempo à disposição do empregador decorrentes de normas especificas, positivadas no ordenamento jurídico, tais como o regime de sobreaviso e o de prontidão (§ 2º e 3º, art. 244, CLT). Tanto a prontidão como o sobreaviso incorporam a teoria da alienação, desvinculando a ideia da jornada como tempo de trabalho direto, efetivo, e harmonizando-se perfeitamente com a feição onerosa do contrato de trabalho vez que não se admite tempo à disposição, de qualquer espécie, sem a respectiva paga. Embora o vetusto art. 244, § 2º vincule o sobreaviso à permanência do trabalhador em casa, sua interpretação deve ser harmonizada com a evolução tecnológica, conferindo *aggiornamento* e alcance teleológico à norma. Ora, na década de 40 não existia bip, celular, laptop, smartphone etc, pelo que, a permanência em casa era entendida como condição *sine qua non* para a convocação e apropriação dos serviços. E com os novos meios de comunicação, essa *conditio* foi repensada, já que a localização e acionamento do trabalhador tornou-se factível fora de casa. Em 15.12.2011, o art. 6º da CLT foi alterado passando a dispor que os meios telemáticos e informatizados de controle e supervisão se equiparam aos meios pessoais para fins de subordinação. Por certo o escopo da alteração não é autorizar que a empresa viole o direito ao lazer e ao descanso (arts. 6º da CF/88 e 66 da CLT) para permitir o uso dos avanços tecnológicos sem desligar o trabalhador da prestação de serviço. Assim, a subordinação no teletrabalho, embora mais amena que a sujeição pessoal, ocorre através de câmeras, sistema de logon e logoff, computadores, relatórios, bem como ligações por celulares, rádios etc. Nesse contexto se deu a reforma da Súmula n. 428 do C. TST, ficando assegurado, no caso de ofensa à desconexão do trabalho e ao direito fundamental ao lazer, o pagamento de sobreaviso (II, Súmula n. 428

incidentes na espécie). Tal exegese vai ao encontro da eficácia horizontal imediata dos direitos fundamentais (direito ao lazer e à desconexão), fazendo jus o reclamante ao tempo à disposição sempre que ficou em sobreaviso. Recurso obreiro provido. (TRT-2 – RO 00014375420135020062 SP. Relator Des. Ricardo Artur Costa e Trigueiros. 4ª Turma. DJE 09.05.2015)

Por sua vez, há tribunais que entendem que a ausência do direito à desconexão enseja dano moral, conforme ementas abaixo transcritas:

DIREITO À DESCONEXÃO. VIOLAÇÃO. DANO MORAL. O direito à desconexão ou ao tempo livre (para descanso, lazer etc.) é um direito fundamental expressamente previsto na Constituição Federal e em diversos diplomas legais internacionais, que tem por objetivo a preservação: (a) do trabalhador — sob as vertentes fisiológica, psicológica, política e espiritual; (b) da sociedade – sob a vertente econômica. A violação ao direito à desconexão ofende os direitos da personalidade e caracteriza dano moral. (TRT-24 – RO 00009495820105240041 MS. Relator Juiz Convocado Júlio César Bebber. 1ª Turma. DJE 22.05.2014)

VIOLAÇÃO AO DIREITO À DESCONEXÃO, AO ESQUECIMENTO, AO LAZER E À CONVIVÊNCIA FAMILIAR E SOCIAL. DANO EXISTENCIAL. ESPÉCIE DO GÊNERO DANO MORAL. Inegavelmente, a supressão de tempo para que o trabalhador se realize, como ser humano, pessoalmente, familiarmente e socialmente é causadora de danos morais. Viver não é apenas trabalhar; é conviver; é relacionar-se com seus semelhantes na busca do equilíbrio, da alegria, da felicidade e da harmonia, consigo própria, assim como em toda a gama das relações sociais materiais e espirituais. Quem somente trabalha, dificilmente é feliz; também não é feliz quem apenas se diverte; a vida é um ponto de equilíbrio entre o trabalho e o lazer, de modo que as férias, por exemplo, constituem importante instituto justrabalhista, que transcende o próprio Direito do Trabalho. Com efeito, configura-se o dano moral, quando o empregado tem ceifada a oportunidade de dedicar-se às atividades de sua vida privada, em face das tarefas laborais excessivas, deixando as relações familiares, o convívio social, a prática de esportes, o lazer, a cultura, vilipendiado ficando o princípio da dignidade da pessoa humana — art. 1º, III, CR. Nos casos de jornadas de trabalho extenuantes, o trabalhador é explorado exaustiva, contínua e ininterruptamente, retirando do prestador de serviços a possibilidade de se organizar interna e externamente como pessoa humana em permanente evolução, desprezado ficando, de conseguinte, o seu projeto de vida. A sociedade industrial pós-moderna tem se pautado pela produtividade, pela qualidade, pela multifuncionalidade, pelo just in time, pela competitividade, pela disponibilidade full time, e pelas metas, sob o comando, direto e indireto, cada vez mais intenso e profundo do tomador de serviços, por si ou por empresa interposta. Nessas circunstâncias, consoante moderna doutrina, desencadeia-se o dano existencial, de cunho extrapatrimonial, que não se confunde com o dano moral. (TRT- 3. RO 0011067-61.2014.5.03.0163 MG. Relator Des. Luiz Otavio Linhares Renault. 1ª Turma. DJE 03.09.2015)

DIREITO AO LAZER E À DESCONEXÃO DO TRABALHO. NÃO OBSERVÂNCIA POR PARTE DO EMPREGADOR. DANOS MORAIS. CABIMENTO. O direito ao lazer está expressamente previsto nos arts. 6º, 7º, IV, 217, § 3º e 227 da Constituição Federal, estando alçado à categoria de direito fundamental. Também está previsto no art. 4º do Complemento da

Declaração dos Direitos do Homem (elaborado pela Liga dos Direitos do Homem e do Cidadão em 1936), no art. XXIV da Declaração Universal dos Direitos Humanos, de 1948, no art. 7º do Pacto Internacional Relativo aos Direitos Econômicos, Sociais e Culturais, de 1966, ratificado pelo Brasil, e no art. 7º, "g" e "h" do Protocolo de San Salvador (Protocolo Adicional à Convenção Interamericana Sobre Direitos Humanos em Matéria de Direitos Econômicos, Sociais e Culturais), ratificado pelo Brasil (Decreto n. 3.321/99). Ao empregador incumbe organizar a jornada de trabalho de modo a assegurar ao trabalhador a preservação da sua vida privada, social e familiar, assegurando-lhe a desconexão do trabalho. Ao impedir o efetivo descanso do empregado, o empregador exerce o poder empregatício de forma abusiva, e sua conduta caracteriza ato ilícito, nos termos do art. 187 do Código Civil. Cabível, nesse caso, indenização por danos morais, pois o trabalho invade a vida privada do trabalhador, atingindo sua esfera íntima e personalíssima, nos termos do art. 5º., V e X da Constituição Federal e dos arts. 186 e 927 do Código Civil. No caso em tela, ficou provado que o autor era escalado para plantões que duravam quatorze dias seguidos, vinte e quatro horas, podendo ser chamado pelo telefone a qualquer momento, inclusive de madrugada, para dar suporte na área de tecnologia de informação. Recurso provido. (TRT-2 – RO 00001448820145020361 SP. Relator Des. Ivani Contini Bramante. 4ª Turma. DJE 18.03.2016)

Portanto, verifica-se que o tema, no Brasil, ainda é bastante incipiente, não havendo consenso dos tribunais a respeito do seu tratamento. A ausência de norma explícita a respeito do direito à desconexão é um dos fatores que restringe o uso dessa figura no direito pátrio. O ideal seria que o Congresso Nacional seguisse o exemplo francês e positivasse em lei a garantia ao direito de desconexão, o que por certo facilitaria a unificação do tratamento do tema pela jurisprudência.

Os próximos capítulos serão dedicados a estudar relações de trabalho específicas, cujas peculiaridades influem diretamente no direito (ou na ausência de direito) à desconexão. Trataremos, pois, do teletrabalho e dos altos empregados.

4. Teletrabalho e direito à desconexão

4.1. Conceito, histórico e fundamentos

O teletrabalho é um fenômeno em franca expansão, acompanhando a tendência da quarta revolução industrial, informatização do processo produtivo, expansão da comunicação em tempo real via *internet* e popularização dos *smartphones*. Sua generalização conta com o apoio massivo dos empregadores, tendo em vista que viabiliza uma sensível redução dos custos de produção, permitindo a redução dos escritórios, do mobiliário e dos gastos de manutenção predial. Por essa razão, inclusive, o tema foi regulamentado pela Lei n. 13.467/2017, mais uma das questionáveis "inovações" trazidas pela Reforma Trabalhista.

Apesar da atualidade do tema, o teletrabalho existe pelo menos desde a década de 1970, quando a telecomunicação se desenvolveu com maior vigor na indústria da informática dos Estados Unidos, especialmente no estado da Califórnia.[67] O interesse

(67) Eurofound and the International Labour Office. *Working anytime, anywhere:* The effects on the world

por tal modalidade de trabalho, naquela época, foi impulsionado pela crise do petróleo, pela popularização dos microcomputadores e pelo surgimento da telemática (ciência que trata da transmissão, a longa distância, de informação computadorizada).(68)

Essa forma de trabalho implica a redefinição do conceito de meio ambiente do trabalho, que passa a englobar a própria residência do trabalhador. Com isso, o trabalho invade a esfera mais íntima do ser humano, o seu lar, o que torna cada vez menos nítidas as barreiras que separam o tempo livre do tempo à disposição do empregador.

Dentre as tantas definições doutrinárias do teletrabalho,(69) (70) pode-se citar, em linhas gerais, aquela adotada pela Organização Internacional do Trabalho (OIT)(71) e por diversos doutrinadores, segundo a qual o teletrabalho é o fenômeno da prestação de serviços total ou parcialmente em ambiente diverso da empresa, mediante o uso de tecnologias da informação.(72)(73)(74)(75) O teletrabalho, ao aliar o uso de

---

of work, Publications Office of the European Union. Luxembourg, and the International Labour Office. Geneva: 2017. Disponível em: <https://www.ilo.org/wcmsp5/groups/public/@dgreports/@dcomm/@publ/documents/publication/wcms_544138.pdf>. Acesso em: 23 nov. 2018. p. 3.

(68) ROCHA, Cháris Telles Martins da; AMADOR, Fernanda Spanier. O teletrabalho: conceituação e questões para análise. *Cad. EBAPE.BR*, v. 16, n. 1, Rio de Janeiro, jan./mar. 2018. Disponível em: <http://www.scielo.br/pdf/cebape/v16n1/1679-3951-cebape-16-01-152.pdf>. Acesso em: 23 nov. 2018, p. 154.

(69) O termo "teletrabalho" também é objeto de divergência entre os estudiosos. O mesmo fenômeno é denominado *telecommuting*, trabalho remoto, trabalho a distância, *e-workplace, home office* etc.

(70) José Affonso Dallegrave Neto, em artigo publicado na *Revista do Tribunal Regional do Trabalho do Paraná*, leciona que o termo "teletrabalho" tem origem no prefixo grego "tele", que significa distância. Teletrabalho seria, pois, qualquer forma de trabalho realizado à distância da empresa (DALLEGRAVE NETO, José Affonso. O teletrabalho: importância, conceito e implicações jurídicas. *Revista Eletrônica do Tribunal Regional do Trabalho da 9ª Região*, Curitiba, set. 2014, v. 3, n. 33, p. 8-27).

(71) Segundo a OIT, teletrabalho é a forma de trabalho realizada a partir de um lugar distante da empresa e/ou estabelecimento, que permite a separação física entre o local de produção ou de execução da prestação de trabalho e o local onde funciona a empresa, mediante recurso de tecnologias que facilitam a informação e a comunicação (THIBAULT ARANDA, Javier. *El teletrabajo* — análisis jurídico-laboral. Consejo económico y social. Madri: 2001, p. 19.

(72) O Professor Otávio Pinto e Silva afirma que o teletrabalho *"pode ser conceituado como toda forma de trabalho à distância, desenvolvido por meio do uso das tecnologias da informática e telemática"*. (SILVA, Otávio Pinto e. *Subordinação, autonomia e parassubordinação nas relações de trabalho*. São Paulo: LTr, 2004, p. 122).

(73) Adotando conceito similar, cite-se também o autor Pinho Pedreira, em PEDREIRA, Pinho. O Teletrabalho. *Revista LTr*. São Paulo. n. 64. 2005, p. 584.

(74) De acordo com Manuel Martín Pino Estrada, o fundador do teletrabalho seria o americano Jack Niles, conforme trecho de artigo publicado no site Consultor Jurídico: "*Jack Nilles, o fundador do teletrabalho, o define como quaisquer formas de substituição de deslocamentos relacionados com a atividade econômica por tecnologias da informação, ou a possibilidade de enviar o trabalho ao trabalhador, no lugar de enviar o trabalhador ao trabalho. Isso faz que o desenvolvimento da atividade profissional seja realizado sem a presença física do trabalhador na empresa durante parte importante do dia, mas contatados por um meio de comunicação qualquer*". (ESTRADA, Manuel Martín Pino. O teletrabalho transfronteiriço no direito brasileiro e a globalização. *Revista Consultor Jurídico*, 30 dez. 2002. Disponível em: <https://www.conjur.com.br/2002-dez-30/teletrabalho_transfronteirico_direito_brasileiro>. Acesso em: 23 nov. 2018.

(75) *"A autoria do teletrabalho a Jack Nilles é também citada em acórdão do colendo Tribunal Superior do*

modernas tecnologias da informação e telecomunicação, permite que se considere local de trabalho tanto um terminal de computador, um notebook, um telefone celular, o domicílio do trabalhador ou qualquer outro lugar, independentemente de sua posição geográfica. Nas últimas décadas, a expansão da internet, dos computadores pessoais e dos *smartphones* favoreceu a sua adoção nos mais diversos ramos da economia.[76]

Os trabalhadores remotos lidam com um contexto de trabalho ainda pouco convencional, cercado de peculiaridades, especialmente no que concerne às questões referentes à saúde física e mental. Emergem do teletrabalho preocupações com os aspectos ergonômicos, fisiológicos, sociais e psicológicos que impactam no seu desempenho, na produtividade, na realização profissional e na saúde global do indivíduo.[77]

No que concerne à desconexão, é evidente que o teletrabalho traz peculiaridades para o controle de jornada e o gozo regular dos intervalos de descanso. É o que se pretende analisar nos próximos tópicos.

4.2. Teletrabalho no Brasil

Até 2017, o teletrabalho não tinha nenhuma regulamentação legislativa em âmbito nacional. Ante a ausência de regulamentação, discutia-se se sobre o teletrabalhador deveria incidir o conjunto de normas relativas ao controle de jornada.

Enquanto parte da doutrina e da jurisprudência[78] entendia que o teletrabalho deveria ser considerado trabalho externo cuja realização seria incompatível com o

---

Trabalho, por sua Oitava Turma, julgado em 17/9/2014 (Diário Eletrônico da Justiça do Trabalho de 19/9/2014), trazendo, ainda, outros conceitos, e assim lavrado: 'A propósito, JACK NILLES — antigo cientista da NASA — foi o fundador do teletrabalho, por intermédio de estudo realizado em 1973, denominando-o de telecommuting. NILLES o define pelo 'mover parte ou a totalidade do trabalho para fora do escritório, para casa ou um centro de teletrabalho'. Por sinal, IVANI CONTINI BRAMANTI cita LORENZO GAETA, segundo o qual: 'Teletrabalho é a prestação de quem trabalha com um videoterminal, geograficamente, fora da empresa a quem a prestação é dirigida'. Por seu turno, vejamos o ensino de RICARDO TADEU MARQUES DA FONSECA: 'O teletrabalho, que se define como trabalho prestado a distância por intermédio de sistemas de computadores e telecomunicações, foi apresentado como um meio de libertação do trabalhador dos rígidos horários e da frequência obrigatória ao local de trabalho, poupando-lhe dos gastos com locomoção, alimentação e vestuários'". (ZWICKER, Igor de Oliveira. O teletrabalho e sua evolução na jurisprudência do Tribunal Superior do Trabalho. *Rev. Trib. Reg. Trab. 3ª Reg.*, Belo Horizonte, v. 59, n. 90, p. 175-191, jul./dez. 2014. Disponível em: <https://juslaboris.tst.jus.br/bitstream/handle/20.500.12178/83094/2014_zwicker_igor_teletrabalho_evolucao.pdf?sequence=1&isAllowed=y>. Acesso em: 23 nov. 2018, p. 179.

(76) LANDI, Flávio. *Novas tecnologias e a duração do trabalho.* Dissertação (Mestrado em Direito). Universidade de São Paulo, 2009, p. 20.

(77) Fonseca, R.; Pérez-Nebra, A. A epidemiologia do teletrabalhador: impactos do teletrabalho na saúde mental. *Cadernos de Psicologia Social do Trabalho*, 15(2), 2012. p. 303-318. Disponível em: <https://doi.org/10.11606/issn.1981-0490.v15i2p303-318. Acesso em: 03 out. 2018.

(78) "AGRAVO DE INSTRUMENTO. RECURSO DE REVISTA. *HOME OFFICE*: ENQUADRAMENTO E EFEITOS JURÍDICOS. OUTROS TEMAS: SUBSTITUIÇÃO. ACÚMULO DE FUNÇÕES. HORAS EXTRAS. ADICIONAL

controle de horário, nos termos do art. 62, I, da CLT.[(79)] parecia prevalecer a posição que equiparava o teletrabalhador aos demais. O fundamento para que o teletrabalhador fosse equiparado ao trabalhador comum estaria no art. 6º da CLT, com redação dada pela Lei n. 12.551/2011, segundo o qual:

> **Art. 6º – Não se distingue entre o trabalho realizado no estabelecimento do empregador, o executado no domicílio do empregado e o realizado a distância,** desde que estejam caracterizados os pressupostos da relação de emprego.
>
> Parágrafo único. Os meios telemáticos e informatizados de comando, controle e supervisão se equiparam, para fins de subordinação jurídica, aos meios pessoais e diretos de comando, controle e supervisão do trabalho alheio. **(Grifos nossos)**

Desse modo, a jurisprudência ligeiramente majoritária costumava determinar o pagamento de horas extras ou horas em sobreaviso ao teletrabalhador que extrapolasse a jornada diária de oito horas ou a semanal de quarenta e quatro horas, conforme se verifica nos acórdãos abaixo transcritos:

> HORAS EXTRAS. TELETRABALHO. Como corolário do desenvolvimento das tecnologias da informação e comunicação, constata-se a evolução nos modos de prestação do trabalho

---

NOTURNO. HORAS DE SOBREAVISO. FÉRIAS INTERROMPIDAS. DECISÃO DENEGATÓRIA. MANUTENÇÃO. O teletrabalho e o trabalho em domicílio (home office) tornaram-se frequentes nas últimas décadas em face da invenção, aperfeiçoamento e generalização de novos meios comunicacionais, ao lado do advento de novas fórmulas organizacionais e gerenciais de empresas e instituições. Isso não elimina, porém, necessariamente, a presença de subordinação na correspondente relação socioeconômica e jurídica entre o trabalhador e seu tomador de serviços, desde que ultrapassado o conceito tradicional desse elemento integrante da relação empregatícia em favor de sua dimensão objetiva ou, até mesmo, em favor do conceito de subordinação estrutural. Dentro deste novo, moderno e atualizado enfoque da subordinação, os trabalhadores em domicílio, mesmo enquadrando-se no parâmetro do home office, podem, sim, ser tidos como subordinados e, desse modo, efetivos empregados. Não obstante, não se pode negar que, de maneira geral, em princípio, tais trabalhadores enquadram-se no tipo jurídico excetivo do art. 62 da CLT, realizando o parâmetro das jornadas não controladas de que fala a ordem jurídica trabalhista (art. 62, I, CLT). Por outro lado, a possibilidade de indenização empresarial pelos gastos pessoais e residenciais efetivados pelo empregado no exercício de suas funções empregatícias no interior de seu home office supõe a precisa comprovação da existência de despesas adicionais realizadas em estrito benefício do cumprimento do contrato, não sendo bastante, em princípio, regra geral, a evidência de certa mistura, concorrência, concomitância e paralelismo entre atos, circunstâncias e despesas, uma vez que tais peculiaridades são inerentes e inevitáveis ao labor em domicílio e ao teletrabalho. Finalmente, havendo pagamento pelo empregador ao obreiro de valores realmente dirigidos a subsidiar despesas com telefonemas, gastos com informática e similares, no contexto efetivo do home office, não têm tais pagamentos natureza salarial, mas meramente instrumental e indenizatória. Na mesma linha, o fornecimento pelo empregador, plenamente ou de modo parcial, de equipamentos para a consecução do home office obreiro (telefones, microcomputadores e seus implementos, etc.) não caracteriza, regra geral, em princípio, salário in natura, em face de seus preponderantes objetivos e sentido instrumentais. Agravo de instrumento desprovido" (TST. 6ª Turma. AIRR 62141-19.2003.5.10.0011, rel. Min. Mauricio Godinho Delgado – DEJT 16.04.2010).

(79) "Art. 62 – Não são abrangidos pelo regime previsto neste capítulo:

I – os empregados que exercem atividade externa incompatível com a fixação de horário de trabalho, devendo tal condição ser anotada na Carteira de Trabalho e Previdência Social e no registro de empregados"; (BRASIL. CLT. Disponível em: <http://www.planalto.gov.br/ccivil_03/decreto-lei/Del5452.htm>. Acesso em: 23 nov. 2018).

e, num misto de vantagens e desvantagens sob a ótica jus trabalhista, surgiu o teletrabalho. Assim, havendo a menor possibilidade de aferição da jornada trabalhada por esse empregado, ainda que de forma mista (em ambiente institucional e home Office), as horas prestadas em sobrejornada devem ser devidamente remuneradas, na forma do art. 7º, XVI, da Constituição Federal. (TRT-3 – RO 00101320520165030178. 2ª Turma. DJE 13.03.2017)

Segundo se infere, o Regional, mediante a análise de fatos e provas, concluiu não ser a hipótese de sobreaviso, já que constatou que o reclamante tinha sua liberdade de locomoção preservada, pois não necessitava permanecer em sua casa, e consignou tratar-se de teletrabalho, porquanto evidenciado pela prova testemunhal que ele permanecia cerca de três horas de seu tempo livre aos finais de semana realizando procedimentos de manutenção do sistema do reclamado. Em razão disso, determinou o pagamento dessas três horas, como extras, com adicional de 100%, garantidos os reflexos legais. (TST-AIRR-268300-58.2008.5.02.0005. Relatora Ministra Dora Maria da Costa. 8ª Turma. DEJT 13.06.2014)[80]

No que concerne ao tempo de sobreaviso, s.m.v., tem razão o trabalhador. Até a época da prolação da sentença, prevalecia o entendimento cristalizado na Súmula n. 428 do TST, que considerava que o uso do celular ou de outros meios telemáticos, fora do horário oficial de trabalho, não induzia o direito ao denominado sobreaviso. A partir, porém, da promulgação da Lei n. 12.551/2011, que alterou a redação do art. 6º da CLT, não mais pode prevalecer tal raciocínio. Com efeito, interpretar a Lei n. 12.551/2011 como um simples update de redação, ao argumento de que tal dispositivo legal trata apenas da configuração da relação de emprego a distância — o chamado teletrabalho — nada dispondo a respeito do controle da jornada, é muito pouco. Interpretar dessa forma seria entender que houve um provimento legislativo praticamente inútil, pois a modalidade de emprego a distância sempre existiu, sem maiores controvérsias. Não haveria necessidade de se movimentar o Congresso Nacional para tão pouco. Se existe um princípio hermenêutico de que a lei não contém palavras inúteis, por argumento a fortiori, somos obrigados a concluir que com mais razão não se pode conceber uma exegese que pressuponha não apenas palavras inúteis, mas a promulgação de toda uma lei em vão. Nessa mesma linha, entender que a referida lei apenas deixou expressa a possibilidade de configuração de emprego para as formas de teletrabalho tornaria sem sentido o próprio parágrafo único do art. 6º da CLT, acrescido por ela, porquanto o caput também foi alterado, justamente para incluir o trabalho a distância. Ainda nesse mesmo sentido de que não existem palavras inócuas na lei, o novo parágrafo único do art. 6º da CLT dispõe justamente a respeito da equiparação do controle telemático aos meios pessoais e diretos. A consequência dessa "equiparação" incide justamente nos mecanismos de comando, controle e supervisão do trabalho subordinado, isto é, trata-se de incidência sobre todos os "efeitos" da relação de emprego, e não apenas sobre os seus fatores constitutivos. A ementa da Lei n. 12.551 é inclusive taxativa a respeito, ao esclarecer que o referido dispositivo tem por objetivo, *in verbis*: "equiparar os 'efeitos' jurídicos da subordinação exercida

(80) Julgado extraído de: ZWICKER, Igor de Oliveira. O teletrabalho e sua evolução na jurisprudência do Tribunal Superior do Trabalho. *Rev. Trib. Reg. Trab. 3ª Reg.*, Belo Horizonte, v. 59, n. 90, p. 175-191, jul./dez. 2014. Disponível em: <https://juslaboris.tst.jus.br/bitstream/handle/20.500.12178/83094/2014_zwicker_igor_teletrabalho_evolucao.pdf?sequence=1&isAllowed=y>. Acesso em: 23 nov. 2018, p. 183.

por meios telemáticos e informatizados à exercida por meios pessoais e diretos." O que não havia era o reconhecimento — jurisprudencial — de que os meios telemáticos e informatizados se equiparavam aos meios pessoais e diretos. Isso é a novidade. E essa novidade é que deve ser ressaltada na interpretação, e não que a Lei n. 12.551/2011 tenha sido editada para chover no molhado. Tanto é assim que, reformulando seu entendimento a respeito da matéria, o Col. TST alterou a redação da Súmula n. 428 mencionada, para dispor, em seu item II, que: "Considera-se em sobreaviso o empregado que, à distância e submetido a controle patronal por instrumentos telemáticos ou informatizados, permanecer em regime de plantão ou equivalente, aguardando a qualquer momento o chamado para o serviço durante o período de descanso." Nessa linha de raciocínio, cumpre examinar o caso concreto dos autos. Na presente hipótese, o reclamante alega que recebia determinação da empresa para manter seu celular ligado, após sua jornada de trabalho no ambiente físico da empresa. A prova dos autos conduz a essa conclusão, pois a testemunha Edvaldo Nolasco Júnior, embora não tenha informação se era determinado ao autor permanecer com o celular ligado, declarou que havia uma relação de telefones do gerente, do encarregado e do autor, para que fossem acionados quando houvesse ocorrência. Agregou ainda que o autor era sempre acionado por morar perto da empresa e conhecer bem os procedimentos em caso de acidente (f. 112). Ora, se o telefone do autor estava relacionado para ser acionado em casos de ocorrência, é força concluir que a empresa determinava que ficasse ele ligado, sob pena de ser inócua a providência. Assim sendo, dou provimento ao apelo, para deferir ao autor as horas de sobreaviso, equivalentes a um 1/3 da hora normal, durante 8 horas do período da noite e 24 horas dos finais de semana. Tendo em vista a natureza salarial da parcela, ficam deferidos os respectivos reflexos pleiteados (TST-RR-2809-66.2011.5.03.0131. Relator Ministro José Roberto Freire Pimenta. 2ª Turma. DEJT 23.08.2013)[81]

Ocorre que a Reforma Trabalhista do ano de 2017 alterou substancialmente a CLT por meio da Lei n. 13.467/2017, o que gerou reflexos intensos na disciplina do teletrabalho. Pela primeira vez, uma lei nacional dispôs de maneira expressa a respeito do tema, excluindo o teletrabalhador do controle de jornada e determinando conteúdos obrigatórios para o contrato de trabalho dessa natureza.

Atualmente, conforme previsto no art. 62, III, da CLT, não são abrangidos pelas normas relativas ao limite diário e semanal de jornada os empregados em regime de teletrabalho.[82] Assim, sequer é necessário, de acordo com essa disposição legal, que o empregador mantenha sistema de controle de horários ou fiscalize o gozo dos intervalos para repouso e alimentação no contexto do teletrabalho.

---

(81) Julgado extraído de: ZWICKER, Igor de Oliveira. O teletrabalho e sua evolução na jurisprudência do Tribunal Superior do Trabalho. *Rev. Trib. Reg. Trab. 3ª Reg.*, Belo Horizonte, v. 59, n. 90, p. 175-191, jul./dez. 2014. Disponível em: <https://juslaboris.tst.jus.br/bitstream/handle/20.500.12178/83094/2014_zwicker_igor_teletrabalho_evolucao.pdf?sequence=1&isAllowed=y>. Acesso em: 23 nov. 2018, p. 182-183.

(82) "Art. 62 – Não são abrangidos pelo regime previsto neste capítulo: III – os empregados em regime de teletrabalho". (*CLT*. Disponível em: <http://www.planalto.gov.br/ccivil_03/decreto-lei/Del5452.htm>. Acesso em: 23 nov. 2018).

Como consequência disso, o empregado em teletrabalho não teria direito, conforme pretendeu a Reforma Trabalhista, ao recebimento de horas extras pelo labor trabalhado além do limite constitucional de 8h diárias e 44h semanais. Também não teria direito ao recebimento de adicional noturno pelo labor após as 22h ou mesmo ao cômputo da hora noturna reduzida de 52 minutos e 30 segundos.

A Reforma Trabalhista não excluiu expressamente o direito do teletrabalhador ao pagamento das horas em prontidão ou sobreaviso, nos termos do art. 224 da CLT.(83) Entretanto, como não existe mais a obrigação de o empregador manter sistema de controle da jornada em teletrabalho, inviabilizou-se, em termos práticos, o pleito por sobreaviso ou prontidão.

Além disso, a Reforma Trabalhista acrescentou um capítulo específico sobre teletrabalho na CLT, trazendo temas a serem obrigatoriamente tratados no contrato de trabalho do teletrabalhador. Trouxe também uma conceituação do teletrabalho, que segue aquela já tratada no item anterior, em consonância com a doutrina.(84)

Como ainda não há jurisprudência posterior à alteração legislativa, é difícil prever como os tribunais irão lidar o teletrabalho daqui em diante. Há vozes no sentido da inconstitucionalidade dos dispositivos da nova lei, tendo em vista que excluem empregados do limite de jornada previsto na Constituição Federal como direito social de todo trabalhador (art. 7º, XIII, CF/88).(85)

Entretanto, deve-se ressaltar que a CLT há muito já excluía do limite de jornada constitucional os gerentes de empresa e os trabalhadores externos, o que será objeto dos

---

(83) "Art. 244. As estradas de ferro poderão ter empregados extranumerários, de sobre-aviso e de prontidão, para executarem serviços imprevistos ou para substituições de outros empregados que faltem à escala organizada.

(...)

§ 2º Considera-se de "sobre-aviso" o empregado efetivo, que permanecer em sua própria casa, aguardando a qualquer momento o chamado para o serviço. Cada escala de "sobre-aviso" será, no máximo, de vinte e quatro horas, As horas de "sobre-aviso", para todos os efeitos, serão contadas à razão de 1/3 (um terço) do salário normal.

§ 3º Considera-se de "prontidão" o empregado que ficar nas dependências da estrada, aguardando ordens. A escala de prontidão será, no máximo, de doze horas. As horas de prontidão serão, para todos os efeitos, contadas à razão de 2/3 (dois terços) do salário-hora normal". (BRASIL. *CLT.* Disponível em: <http://www.planalto.gov.br/ccivil_03/decreto-lei/Del5452.htm>. Acesso em: 23 nov. 2018).

(84) Para a atual CLT, teletrabalho é "*a prestação de serviços preponderantemente fora das dependências do empregador, com a utilização de tecnologias da informação e de comunicação que, por sua natureza, não se constituam como trabalho externo*" (BRASIL. *CLT.* art. 75-B, *caput*. Disponível em: <http://www.planalto.gov.br/ccivil_03/decreto-lei/Del5452.htm>. Acesso em: 23 nov. 2018).

(85) "Art. 7º São direitos dos trabalhadores urbanos e rurais, além de outros que visem à melhoria de sua condição social: XIII – duração do trabalho normal não superior a oito horas diárias e quarenta e quatro semanais, facultada a compensação de horários e a redução da jornada, mediante acordo ou convenção coletiva de trabalho" (*Constituição Federal.* Disponível em: <http://www.planalto.gov.br/ccivil_03/constituicao/constituicao.htm>. Acesso em: 23 nov. 2018).

próximos capítulos deste trabalho. Essas normas sempre foram consideradas constitucionais pelos tribunais trabalhistas, razão pela qual se observa a tendência de que a exclusão do teletrabalho do limite de jornada também seja considerada constitucional e amplamente aplicada pelas cortes.

Infelizmente, os tempos são de avanço do neoliberalismo na política, na economia e no Direito do Trabalho. Flexibilização e desregulamentação se tornaram os temas do momento na esfera trabalhista. Com o teletrabalho, não poderia ser diferente.

Desse modo, a tendência é de que, de fato, a Reforma Trabalhista restrinja o direito à limitação da jornada do teletrabalhador, o que tem reflexos diretos em matéria de desconexão. Como já foi amplamente debatido nos capítulos anteriores, a desconexão ao trabalho está relacionada justamente à utilização do tempo livre, do tempo de não trabalho, para o efetivo descanso, lazer e entretenimento.

Quando a legislação retira do teletrabalhador o direito aos limites de jornada diário e semanal, ao descanso semanal remunerado, ao horário noturno reduzido e ao intervalo para alimentação, estimula-se que o empresariado passe a sobrecarregar seus empregados para além do que já vinha ocorrendo. A mais-valia ganha força e é expandida quando o empresariado percebe que está protegido por lei para aumentar a carga de trabalho de seus empregados.

Todos esses fatores influenciam diretamente o direito à desconexão do trabalho, já que se desconectar do trabalho envolve justamente usufruir dos intervalos entre jornada, das férias e de todos os outros períodos de não trabalho. Assim, visualiza-se que a Reforma Trabalhista, ao excluir o teletrabalhador da incidência das normas de controle de jornada, desprestigia o direito à desconexão e abre margem para que se exija dessa categoria de empregados a constante disponibilidade para exercer suas atividades a qualquer tempo. Houve uma tentativa, pois, de legitimar uma prática comum no meio empresarial, a de obrigar o empregado em regime de teletrabalho a estar constantemente *online* no ambiente virtual da companhia.

4.3. Direito comparado

A questão do efetivo desligamento do trabalho nos períodos de folga tem sido pauta relevante nos mais diversos países do globo. É uma constante preocupação no ambiente das empresas de todo o mundo, diante da revolução informacional pela qual a humanidade passou nas últimas décadas.

No contexto do teletrabalho, a preocupação é ainda mais acentuada, já que essa modalidade de prestação de serviços se dá preponderantemente no domicílio do empregado. Torna-se mais difícil separar vida pessoal e trabalho quando as atividades laborais são realizadas dentro da casa do empregado, sem o controle direto do empregador.

As peculiaridades do teletrabalho levaram diversos países a criar regras próprias para os empregados contratados nesse regime de prestação de serviços. A maioria deles, contudo, preferiu excluir (ou conferir liberdade para que o empregador optasse por excluir ou não) o teletrabalhador do controle de jornada.

Talvez o primeiro esforço internacional para disciplinar o teletrabalho tenha sido a Convenção nº 177 da Organização Internacional do Trabalho (OIT),(86) criada em 1996 e ainda não ratificada pelo Brasil. Apesar de a convenção não tratar especificamente do teletrabalho, ela visa estabelecer diretrizes ao trabalho em domicílio, razão pela qual também se aplica em grande medida ao teletrabalho.

A convenção tem forte preocupação em abolir qualquer forma de discriminação contra trabalhadores em domicílio, mas o faz de forma bastante genérica. Como toda norma que busca ser aplicável ao maior número de situações possíveis e que tem por escopo estabelecer padrões mínimos a um conjunto de países, a convenção deixa a desejar no quesito objetividade.

Devido à generalidade do diploma, não há nenhuma disposição na convenção a respeito de quais seriam os direitos do trabalhador em domicílio, como limites de jornada, férias e descansos, por exemplo. Entretanto, é inegável que a Convenção n. 177 da OIT foi relevante como marco legislativo nessa seara.

Em continuidade, é importante destacar o Acordo Marco Europeu do Teletrabalho de 2002, uma norma da União Europeia voltada a disciplinar o teletrabalho em seus países-membros. O acordo demonstra que desde o início dos anos 2000 o teletrabalho já era uma realidade na Europa, o que demandou o esforço conjunto dos países do continente para disciplinar o fenômeno de modo uniforme.

No que se refere à organização do trabalho, o Acordo em comento dispõe que o "*teletrabajador gestionará su tiempo*", o que significa que o controle rígido de trabalho utilizado como forma de estipulação de jornada não cabe no teletrabalho praticado na União Europeia.(87) Tal disposição permitiu que os países europeus estipulassem em suas leis internas a isenção do controle de jornada para o teletrabalhador.

(86) Organização Internacional do Trabalho. *Convenção n. 177. 20 de junho de 1996*. Disponível em: <https://www.ilo.org/dyn/normlex/es/f?p=NORMLEXPUB:12100:0::NO::P12100_INSTRUMENT_ID:312322>. Acesso em: 28 nov. 2018.

(87) "9) Organización del trabajo En el marco de la legislación, de los convenios colectivos y de las reglas de empresa aplicables, el teletrabajador gestionará la organización de su tiempo de trabajo. La carga de trabajo y los criterios de resultados del teletrabajador son equivalentes a los de los trabajadores comparables en los locales de la empresa. El empresario se asegurará que se toman medidas para prevenir el aislamiento del teletrabajador en relación con los otros trabajadores de la empresa, tales como darle ocasión de reencontrarse regularmente con sus compañeros y tener acceso a las informaciones de la empresa" (União Europeia. *Acordo Marco Europeu do Teletrabalho*. 2002. Disponível em: <https://www.uned.ac.cr/viplan/images/acuerdo-marco-europeo-sobre-teletrabajo.pdf>. Acesso em: 28 nov. 2018).

Entretanto, é bom lembrar, o mesmo acordo da União Europeia que isentou o empregador de controlar a jornada do teletrabalhador também garantiu a esse empregado isonomia em relação aos demais. Por isonomia, entenda-se a igualdade de condições de trabalho, de remuneração e também de produtividade. Com isso, o teletrabalhador não poderá ser obrigado a produzir mais que os demais trabalhadores, independentemente de haver ou não controle de jornada.

Ainda na Europa, cabe analisar o que dispõe a legislação portuguesa sobre o teletrabalho. No Código de Trabalho Português, garantiu-se que os teletrabalhadores tivessem os mesmos direitos que os demais empregados, inclusive no que se refere à carga horária.[88] Porém, o legislador permitiu que o empregador optasse por isentar ou não os que laboram em domicílio do horário de trabalho, ou seja, dos limites máximos para a jornada.[89][90] Em termos práticos, a legislação portuguesa deu carta branca para o empresário excluir o teletrabalhador do regime de controle de jornada, de modo que ele possa trabalhar além dos limites máximos aplicáveis aos demais.

O Código de Trabalho Chileno, na mesma toada, expressamente exclui aquele que trabalha fora do domicílio do empregador das normas atinentes à limitação da jornada diária e semanal.[91] Essa é a tendência na América Latina, o que também

---

(88) "Art. 169º Igualdade de tratamento de trabalhador em regime de teletrabalho 1 – O trabalhador em regime de teletrabalho tem os mesmos direitos e deveres dos demais trabalhadores, nomeadamente no que se refere a formação e promoção ou carreira profissionais, limites do período normal de trabalho e outras condições de trabalho, segurança e saúde no trabalho e reparação de danos emergentes de acidente de trabalho ou doença profissional" (PORTUGAL. *Código de Trabalho Português*. Disponível em: <http://cite.gov.pt/asstscite/downloads/legislacao/CT20032018.pdf#page=66>. Acesso em: 28 nov. 2018).

(89) "Art. 218.º Condições de isenção de horário de trabalho 1 – Por acordo escrito, pode ser isento de horário de trabalho o trabalhador que se encontre numa das seguintes situações: (...)c) Teletrabalho e outros casos de exercício regular de atividade fora do estabelecimento, sem controlo imediato por superior hierárquico". "Art. 219º Modalidades e efeitos de isenção de horário de trabalho 1 – As partes podem acordar numa das seguintes modalidades de isenção de horário de trabalho: a) Não sujeição aos limites máximos do período normal de trabalho; b) Possibilidade de determinado aumento do período normal de trabalho, por dia ou por semana; c) Observância do período normal de trabalho acordado. 2 – Na falta de estipulação das partes, aplica-se o disposto na alínea a) do número anterior. 3 – A isenção não prejudica o direito a dia de descanso semanal, obrigatório ou complementar, a feriado ou a descanso diário. 4 – Constitui contraordenação grave a violação do disposto no número anterior." (PORTUGAL. *Código de Trabalho Português*. Disponível em: <http://cite.gov.pt/asstscite/downloads/legislacao/CT20032018.pdf#page=66>. Acesso em: 28 nov. 2018).

(90) TOLEDO FILHO, Manoel Carlos. O teletrabalho na perspectiva da reforma trabalhista brasileira e do direito comparado. *Rev. TST*, São Paulo, vol. 83, n. 3, jul./set. 2017. p. 178-192. Disponível em: <https://juslaboris.tst.jus.br/bitstream/handle/20.500.12178/115874/2017_toledo_filho_manoel_carlos_teletrabalho_reforma.pdf?sequence=1&isAllowed=y>. Acesso em: 28 nov. 2018, p. 184.

(91) "Art. 22. La duración de la jornada ordinaria de trabajo no excederá de cuarenta y cinco horas semanales. Quedarán excluidos de la limitación de jornada de trabajo los trabajadores que presten servicios a distintos empleadores; los gerentes, administradores, apoderados con facultades de administración y todos aquellos que trabajen sin fiscalización superior inmediata; los contratados de acuerdo con este Código para prestar servicios en su propio hogar o en un lugar libremente elegido por ellos; los agentes comisionistas y de seguros, vendedores viajantes, cobradores y demás similares que no ejerzan sus funciones en el local

se verifica na Colômbia, onde o governo editou uma lei específica para disciplinar o teletrabalho.(92) (93)

Entretanto, a legislação colombiana abre uma exceção em relação aos teletrabalhadores cuja jornada possa ser fiscalizada. Nessa hipótese, eles poderão receber horas extras pelo labor para além da jornada diária.(94) Verifica-se, pois, que nesse país o teletrabalhador tem um patamar de proteção superior.

Desse modo, em termos gerais, percebe-se que a Reforma Trabalhista seguiu a tendência internacional ao excluir o teletrabalhador das normas atinentes ao limite de jornada. Nas palavras de Manoel Carlos Toledo Filho:

> Assim, o que o legislador aqui efetuou foi, essencialmente, incorporar uma tendência natural: admitir-se sim a existência formal de uma relação de emprego juridicamente protegida, mas com restrição no concernente ao direito à percepção de horas extras, o qual estaria, a princípio, excluído. Cuida-se de uma opção que também está explicitamente adotada pelo ordenamento chileno, conforme se constata pelo exame do art. 22 do Código do Trabalho daquele país, e, ainda que de modo mais temperado, pelo ordenamento português (Código do Trabalho, art. 218).(95)

É interessante notar que toda a legislação internacional aqui citada que dispõe expressamente sobre o teletrabalho foi criada nos anos 2000, o que demonstra a manifesta ascensão das políticas de flexibilização trabalhista no século XXI. Os ventos do neoliberalismo sopram forte na esfera juslaboral da imensa maioria dos países.

Nesse contexto, mostra-se deveras complicado tratar do direito à desconexão no contexto do teletrabalho. Se o teletrabalhador não é sequer abrangido pelas normas

---

del establecimiento". (CHILE. Código Del Trabajo – Ley de Chile. Disponível em: <https://www.leychile.cl/Navegar?idNorma=207436>. Acesso em: 28 nov. 2018).

(92) "ARTÍCULO 6º. GARANTÍAS LABORALES, SINDICALES Y DE SEGURIDAD SOCIAL PARA LOS TELETRABAJADORES. n. 1. A los teletrabajadores, dada la naturaleza especial de sus labores no les serán aplicables las disposiciones sobre jornada de trabajo, horas extraordinarias y trabajo nocturno. No obstante la anterior, el Ministerio de la Protección Social deberá adelantar una vigilancia especial para garantizar que los teletrabajadores no sean sometidos a excesivas cargas de trabajo". (COLOMBIA. *Lei n. 1221/2008*. Disponível em: <https://www.mintic.gov.co/portal/604/articles-3703_documento.pdf. Acesso em: 28 nov. 2018).

(93) ESTRADA, Manuel Martín Pino. *A realidade do teletrabalho no Brasil e nos tribunais brasileiros*. Disponível em: <https://core.ac.uk/download/pdf/16030569.pdf>. Acesso em: 26 set. 2019.

(94) "PARÁGRAFO. Cuando el teletrabajo sea ejecutado donde sea verificable la jornada laboral, y el teletrabajador a petición del empleador se mantiene en la jornada laboral mas de lo previsto en el artículo 161 del Código Sustantivo del Trabajo y de la Seguridad Social, o le asigna más trabajo del normal, el pago de horas extras, dominicales y festivos se le dará el mismo tratamiento de cualquier otro empleado" (COLOMBIA. *Lei n. 1.221/2008*. Disponível em: <https://www.mintic.gov.co/portal/604/articles-3703_documento.pdf>. Acesso em: 28 nov. 2018).

(95) TOLEDO FILHO. *Op. cit.*, p. 184.

que limitam a jornada de trabalho, como sustentar a existência do direito ao efetivo desligamento nos períodos de folga?

É claro que é possível sustentar o direito à desconexão do teletrabalhador como decorrência dos seus direitos fundamentais à saúde e à isonomia em relação aos demais empregados (art. 5º, *caput* e 7º, XXX, CF/88). Em todos os países analisados neste tópico, verificou-se que há disposição legal expressa que garante o direito de igualdade ao teletrabalhador em relação aos demais.

Ainda se vislumbra a defesa do direito à desconexão com base no direito ao repouso semanal remunerado e às férias (art. 7º, XV e XVII, CF/88), direitos que a Carta Magna confere a todos os trabalhadores. Até o alto empregado, que também é excluído do controle de jornada pelo art. 62 da CLT, como será visto no próximo capítulo, tem esses dois direitos garantidos pela jurisprudência majoritária.

Porém, em termos práticos, essas disposições se tornam letra morta quando o legislador exclui o empregado em teletrabalho do controle de jornada. A prova de que o empregador exigiria maior produtividade do teletrabalhador é de difícil obtenção quando o trabalho é prestado em âmbito domiciliar, de modo que as chances de êxito em uma demanda judicial com fundamento nos direitos fundamentais trabalhistas são mínimas.

Portanto, o direito à desconexão no teletrabalho foi esvaziado diante do avanço neoliberal do século XXI. A onda flexibilizatória retirou do teletrabalhador até mesmo o direito aos limites de jornada, de modo que sequer as suas folgas regulares estão garantias, que dirá a efetiva desconexão do trabalho para o gozo dessas folgas.

5. Altos empregados e direito à desconexão

5.1. Noções preliminares

A fim de conferir maior eficiência para a organização empresarial, é comum que os empregadores estabeleçam uma hierarquia entre cargos e funções. Surgem, desse modo, diferenciações entre os empregados, com base na concentração em alguns deles de prerrogativas de direção, assessoria e gestão. A classe trabalhadora é, pois, estratificada.

Os empregados que ocupam uma posição de chefia gozam de maior fidúcia por parte do empregador, o que lhes confere ampla autonomia para desempenhar suas funções. A subordinação jurídica, requisito caracterizador do vínculo empregatício, apesar de presente, é atenuada.

Por tais motivos, esses empregados recebem da ordem jurídica um tratamento diferenciado com relação aos demais, havendo normas jurídicas próprias que regem de modo diferente a sua relação de trabalho. Em suma, isso quer dizer que eles não se beneficiam da mesma proteção legal que os demais empregados, pois as normas próprias dos "empregados-chefes" são mais flexíveis. Em contrapartida, é praxe que eles recebam salários e benefícios em patamares superiores aos demais trabalhadores da empresa.

Também conhecidos como "altos empregados", os empregados com poder de direção, chefia e assessoramento se dividem em três categorias principais: (a) empregados ocupantes de cargos de confiança (art. 62, CLT), abrangendo-se o mercado de trabalho em geral; (b) empregados ocupantes de cargos ou funções de confiança no segmento bancário (art. 224, CLT) e (c) diretores de empresa.[(96)] Consoante Euclides Alcides Rocha, são altos empregados aqueles que ocupam "*cargos ou funções de reconhecida importância na empresa, como autênticos coparticipantes das tarefas diretivas do empresário*".[(97)]

5.1.1. Ocupantes de cargo de confiança — Art. 62, II, da CLT

A primeira categoria, regida pelo art. 62, II, da CLT,[(98)] corresponde aos empregados que ocupam cargos de gestão, aqueles que são investidos pelo empregador do poder de comandar a própria organização empresarial. Para a sua caracterização, a lei exige apenas dois requisitos: elevado poder e de gestão e diferença remuneratória em relação aos demais de, no mínimo, 40%.

Verificada a ocorrência cumulativa dessas duas condições, o empregado estará excluído do controle de jornada, ou seja, o alto empregado não é protegido pela legislação relativa à limitação da jornada diária e semanal de trabalho e não recebe horas extras pelo sobrelabor.

Porém, deve-se ressaltar que cargo de confiança, para os fins do art. 62, II, da CLT, é aquele que demanda fidúcia excepcional, pois a simples confiança está presente em todo e qualquer vínculo empregatício. Assim, para que o empregado esteja excluído da incidência das normas de controle de jornada, é necessária a presença de acentuada confiança, com o exercício de poderes de gestão da empresa e de representação desta, com poder de mando delegados pelo empregador.

---

(96) PORTO, Lorena Vasconcelos. *Os altos empregados no Brasil e no direito comparado*. Disponível em: <http://www.egov.ufsc.br/portal/sites/default/files/anexos/30352-31412-1-PB.pdf>. Acesso em: 07 jan. 2019.

(97) ROCHA, Euclides Alcides. In: NETO, Gustavo Adolpho Vogel Neto (Coord.). *Curso de Direito do Trabalho*. Rio de Janeiro: Forense, 2000. p. 129.

(98) Art. 62 – Não são abrangidos pelo regime previsto neste capítulo: (...) II – os gerentes, assim considerados os exercentes de cargos de gestão, aos quais se equiparam, para efeito do disposto neste artigo, os diretores e chefes de departamento ou filial. (...) Parágrafo único – O regime previsto neste capítulo será aplicável aos empregados mencionados no inciso II deste artigo, quando o salário do cargo de confiança, compreendendo a gratificação de função, se houver, for inferior ao valor do respectivo salário efetivo acrescido de 40% (quarenta por cento).

De acordo com Arnaldo SÜSSEKIND:

> Os gerentes e diretores-empregados, de que cogita o art. 62 da CLT, tal como definido no seu parágrafo único, são os investidos em cargos de gestão pertinentes à administração superior da empresa, enquanto que os chefes de departamentos e filiais são os que, no exercício desses cargos de alta confiança, têm delegação do comando superior da empresa para dirigir e disciplinar os respectivos setores. Mas, para excluí-los da aplicação do capítulo "Duração do Trabalho", a nova lei exige ainda que os salários não sejam inferiores aos dos correspondentes cargos efetivos acrescidos de 40%. Esse *plus* pode concernir a gratificação de função ou estar embutido, a qualquer título, no salário do cargo de confiança.(99)

Por anos a doutrina vem discutindo se é constitucional norma infraconstitucional que exclua certa classe de trabalhadores de direito trabalhista fundamental, tal qual a limitação de jornada (art. 7º, XIII e XVI, CF/88). Porém, como já dito no capítulo anterior, até o presente momento, a tendência da jurisprudência é de respeito a esses dispositivos legais, ceifando o direito fundamental ao lazer e ao tempo livre do alto empregado.

Consoante ensina Jorge Luiz Souto Maior, se a jurisprudência confere ao alto empregado direito ao repouso semanal remunerado, por força de disposição constitucional (art. 7º, XV, CF/88), não faz sentido que lhe seja vedada a limitação de jornada diária de 8h e semanal de 44h, e o pagamento de horas extras (art. 7º, XIII e XVI, CF/88):

> Mas, se dirá, e o empecilho do art. 62, II, da CLT? Ele de fato não existe. Para verificar isto, responda-se, sem maiores reflexões, à seguinte pergunta: os altos empregados têm direito a repouso semanal remunerado? Ninguém, por mais liberal que seja, responderá em sentido negativo. A resposta que, inevitavelmente, virá às nossas mentes é: sim, ele tem direito, afinal não se pode conceber que uma pessoa se obrigue a trabalhar para outro em todos os dias da semana, sem sequer uma folga. No entanto, o art. 62, II, da CLT, se aplicado friamente constituiria um obstáculo a esta conclusão, na medida em que exclui dos exercentes de cargo de confiança a aplicação de todo o capítulo II, da CLT, no qual se inclui o direito ao repouso semanal remunerado (art. 67, regulado, mais tarde, pela Lei n. 605/49). Ocorre que o inciso XV do art. 7º, da CF/88, conferiu a todos os trabalhadores, indistintamente, o direito ao repouso semanal remunerado e, portanto, a pretendida exclusão contida no art. 62, II, neste aspecto mostra-se inconstitucional. Note-se, a propósito, que a própria Lei n. 605/49, que tratou do direito ao descanso

(99) SÜSSEKIND, Arnaldo. *Instituições de Direito do Trabalho*. vol. 2, 19. ed. São Paulo: LTr, 2000. p. 799.

semanal remunerado não excluiu de tal direito os altos empregados. Ora, se têm direito ao descanso semanal remunerado, é porque o próprio ordenamento reconhece que o trabalho dos altos empregados deve ter limites. Além disso, utilizando-se a mesma linha de raciocínio, chegar-se-á, inevitavelmente, à conclusão de que o art. 62, II, da CLT, é inconstitucional, na medida em que o inciso XIII, do art. 7º, conferiu a todos os trabalhadores, indistintamente, o direito à limitação da jornada de trabalho.(100)

A fim de harmonizar a previsão celetista com a Constituição, há corrente doutrinária que entende que o art. 62 não impediu que o alto empregado postulasse horas-extras, mas apenas criou presunção relativa de que a jornada não é passível de controle. Entretanto, caso fosse provada a sobrejornada em juízo, o pedido de horas extras deveria ser julgado procedente.(101) Apesar de interessante, essa corrente doutrinária não foi bem aceita pela jurisprudência, que continua excluindo o direito a horas extras do empregado que efetivamente exerça cargo de gestão.

5.1.2. Bancário ocupante de cargo de confiança

O empregado ocupante de cargo de confiança no setor bancário também sofre restrições em seus direitos trabalhistas, apesar de continuar tendo direito a horas extras e ao controle de jornada diária e semanal. No entanto, diferente dos demais bancários, o ocupante de cargo de confiança, na forma do art. 224, § 2º, da CLT,(102) não tem direito à jornada especial dos bancários (6 horas). Em contrapartida, a legislação lhe garante o pagamento de remuneração superior em pelo menos um terço.

O bancário que ocupa cargo de confiança se sujeita ao parâmetro geral de 8 horas diárias, na forma da Súmula n. 102, IV, do TST.(103) Caso ultrapasse a jornada normal, terá direito ao pagamento de horas extras, com acréscimo de 50%.

---

(100) SOUTO MAIOR, Jorge Luiz. Do direito à desconexão do trabalho. *Revista do Tribunal Regional do Trabalho da 15ª Região*, Campinas, n. 23, p. 296-313, 2003. Disponível em: <https://juslaboris.tst.jus.br/bitstream/handle/20.500.12178/108056/2003_maior_jorge_direito_desconexao.pdf?sequence=1&isAllowed=y. Acesso em: 07 jan. 2019, p. 302-303.

(101) PORTO, Lorena Vasconcelos. *Os altos empregados no Brasil e no direito comparado*. Disponível em: <http://www.egov.ufsc.br/portal/sites/default/files/anexos/30352-31412-1-PB.pdf>. Acesso em: 07 jan. 2019.

(102) Art. 224 – A duração normal do trabalho dos empregados em bancos, casas bancárias e Caixa Econômica Federal será de 6 (seis) horas contínuas nos dias úteis, com exceção dos sábados, perfazendo um total de 30 (trinta) horas de trabalho por semana. (...) § 2º As disposições dêste artigo não se aplicam aos que exercem funções de direção, gerência, fiscalização, chefia e equivalentes ou que desempenhem outros cargos de confiança desde que o valor da gratificação não seja inferior a um têrço do salário do cargo efetivo. (BRASIL. *CLT*. Disponível em: <http://www.planalto.gov.br/ccivil_03/Decreto-lei/Del5452.htm. Acesso em: 10 jan. 2018.

(103) "Súmula n. 102 do TST

BANCÁRIO. CARGO DE CONFIANÇA (mantida) – Res. n. 174/2011, DEJT divulgado em 27, 30 e 31.05.2011

I – A configuração, ou não, do exercício da função de confiança a que se refere o art. 224, § 2º, da CLT, dependente da prova das reais atribuições do empregado, é insuscetível de exame mediante recurso de revista ou de embargos. (ex-Súmula n. 204 – alterada pela Res. n. 121/2003, DJ 21.11.2003)

É importante esclarecer que no setor bancário também existirá o alto empregado excluído do controle de frequência, na forma do art. 62, II, da CLT. O que o diferenciará do típico bancário ocupante de cargo de confiança são o valor do acréscimo remuneratório para o exercício da função e o grau de subordinação no exercício das atividades laborativas.

Enquanto o alto empregado do art. 62 tem ampla autonomia, gerencia uma agência bancária inteira e recebe acréscimo de pelo menos 40%, o ocupante de cargo de confiança bancário tem autonomia mais restrita e recebe acréscimo remuneratório de um terço. O empregado regido pelo art. 62 será o "gerente-geral da agência", enquanto o regido pelo art. 224, § 2º será simplesmente "gerente de agência", na forma da Súmula n. 287 do TST.(104)

Conforme afirma Mozart Victor Russomano:

> Há, na Consolidação, uma ideia de confiança progressivamente crescente, que pode ser enunciada em quatro níveis: a) confinaça genérica, comum a todos os contratos de trabalho, que pressupõe um *minimum* de fidúcia, da parte do empregador; b) confiança específica, relativa aos bancários,

---

II – O bancário que exerce a função a que se refere o § 2º do art. 224 da CLT e recebe gratificação não inferior a um terço de seu salário já tem remuneradas as duas horas extraordinárias excedentes de seis. (ex-Súmula n. 166 – RA n. 102/1982, DJ 11.10.1982 e DJ 15.10.1982)

III – Ao bancário exercente de cargo de confiança previsto no art. 224, § 2º, da CLT são devidas as 7ª e 8ª horas, como extras, no período em que se verificar o pagamento a menor da gratificação de 1/3. (ex-OJ n. 288 da SBDI-1 – DJ 11.08.2003)

IV – O bancário sujeito à regra do art. 224, § 2º, da CLT cumpre jornada de trabalho de 8 (oito) horas, sendo extraordinárias as trabalhadas além da oitava. (ex-Súmula n. 232- RA n. 14/1985, DJ 19.09.1985)

V – O advogado empregado de banco, pelo simples exercício da advocacia, não exerce cargo de confiança, não se enquadrando, portanto, na hipótese do § 2º do art. 224 da CLT. (ex-OJ n. 222 da SBDI-1 – inserida em 20.06.2001)

VI – O caixa bancário, ainda que caixa executivo, não exerce cargo de confiança. Se perceber gratificação igual ou superior a um terço do salário do posto efetivo, essa remunera apenas a maior responsabilidade do cargo e não as duas horas extraordinárias além da sexta. (ex-Súmula n. 102 – RA n. 66/1980, DJ 18.06.1980 e republicada DJ 14.07.1980)

VII – O bancário exercente de função de confiança, que percebe a gratificação não inferior ao terço legal, ainda que norma coletiva contemple percentual superior, não tem direito às sétima e oitava horas como extras, mas tão somente às diferenças de gratificação de função, se postuladas. (ex-OJ n. 15 da SBDI-1 – inserida em 14.03.1994)" (Tribunal Superior do Trabalho. Súmula n. 102. Disponível em: <http://www3.tst.jus.br/jurisprudencia/Sumulas_com_indice/Sumulas_Ind_101_150.html#SUM-102. Acesso em: 10 jan. 2019).

(104) "Súmula n. 287 do TST

JORNADA DE TRABALHO. GERENTE BANCÁRIO (nova redação) – Res. n. 121/2003, DJ 19, 20 e 21.11.2003

A jornada de trabalho do empregado de banco gerente de agência é regida pelo art. 224, § 2º, da CLT. Quanto ao gerente-geral de agência bancária, presume-se o exercício de encargo de gestão, aplicando-se-lhe o art. 62 da CLT". (Tribunal Superior do Trabalho. Súmula n. 287. Disponível em: <http://www3.tst.jus.br/jurisprudencia/Sumulas_com_indice/Sumulas_Ind_251_300.html#SUM-287>. Acesso em: 10 jan. 2019).

segundo a exemplificação do § 2º, do art. 224; c) confiança estricta (art. 499); d) confiança excepcional, que é aquela que enquadra o gerente na alínea "c", do art. 62.[105]

Nesse sentido, transcreve-se abaixo interessante acórdão a respeito da diferença entre o gerente bancário abrangido pelo art. 62 da CLT e o gerente do art. 224, § 2º:

> ENQUADRAMENTO NA EXCEÇÃO DO INCISO II DO Art. 62 DA CLT. A regra do art. 62, II, da CLT, apenas exclui do regime legal da duração da jornada aquele trabalhador bancário com amplos poderes de mando e gestão, com espectro de abrangência não restrito a um grupo determinado de pessoas, mas a vários desses grupos ou a todos que compõem a instituição financeira, caso, por exemplo, dos superintendentes e gerentes nacionais ou regionais. Recurso ordinário improvido, no aspecto. ENQUADRAMENTO NO ART. 224, § 2º, DA CLT. CARGO DE CONFIANÇA BANCÁRIO. Aa alegação de exercício de cargo de confiança, como óbice ao pagamento da 7ª e 8ª horas diárias trabalhadas pelo empregado bancário como horas extras exige prova inequívoca da existência de poderes de gestão e de decisão na empresa, ou, ainda, de fidúcia especial – nos termos do art. 224, § 2º, da CLT. Como consequência, o autor faz jus ao percebimento de horas extras, assim consideradas as excedentes da 6ª diária. Recurso adesivo do reclamante provido, no aspecto. (TRT-4. 11ª Turma. RO 0021114-72.2015.5.04.0732. Julgamento em 09.02.2018)

Portanto, essa é mais uma categoria de alto empregado, mas que não está isenta do controle de jornada, apesar de cumprir jornada superior aos demais empregados do setor econômico bancário.

5.1.3. Diretor de empresa

Nos primórdios do capitalismo, o diretor da empresa geralmente era o proprietário ou familiar seu. Com o tempo, a atividade de direção passou por um processo de especialização, de modo que o cargo de diretor passou a ser exercido por profissionais da área de administração empresarial. Não basta mais ser dono da empresa para dirigi-la; é necessário ter formação e experiência suficientes para administrar os negócios de forma profissional, eficiente e proba.

Desse modo, surgiram os diretores de empresa recrutados externamente, os diretores eleitos na forma do estatuto social e até mesmo os empregados promovidos para diretores. Esse leque de possibilidades criou grande celeuma na doutrina e na jurisprudência a respeito de quais desses profissionais seriam considerados empregados ou autônomos.

Para Adriana Calvo, o grande debate sobre o regime jurídico do diretor surgiu, no Brasil, no momento em que a lei passou a possibilitar a existência de dois órgãos,

(105) RUSSOMANO, Mozart Victor. *Comentários à consolidação das leis do trabalho*. 17. ed. atual., rev. e ampl. Rio de Janeiro: Forense, 1997. 2 v, p. 138.

o conselho de administração e a diretoria, atribuindo a cada um deles a competência para escolher seus membros e fiscalizar suas atuações reciprocamente.(106)

A tendência verificada na jurisprudência é de se considerar empregado o diretor se, no caso concreto, constatar-se a existência de subordinação na realização das atividades cotidianas. Por isso, a Súmula n. 269 do TST prevê que o contrato de trabalho do empregado promovido a diretor será suspenso, a não ser que permaneça a subordinação inerente à relação de emprego.(107)

O diretor empregado, de qualquer forma, terá o mesmo regime jurídico do empregado ocupante de cargo de confiança, na forma do art. 62, II, da CLT. Assim, estará excluído do controle de jornada e do pagamento de horas extras pelo sobrelabor, conforme já explicado acima.(108)

5.2. Direito comparado

No ordenamento jurídico português, os altos empregados correspondem aos "empregados em comissão de serviço", disciplinados pelos arts. 112, 136, 161, 163, 164, 218 e 219 do Código de Trabalho Português de 2009. À semelhança do ordenamento brasileiro, o empregado em comissão de serviço pode exercer função de administração ou equivalente, cargo de direção ou chefia, ou ainda funções que demandem acentuada fidúcia, conforme dispõe o art. 161 do Código de Trabalho Português.

Além disso, o art. 218 dispõe que essa categoria de empregados é isenta de horário de trabalho, isenção essa que pode ser acordada numa das modalidades seguintes: não sujeição a limites máximos de trabalho; possibilidade de aumento do período normal de trabalho diário e semanal ou observância de período normal de trabalho. Conforme assevera Eliege Tebaldi:

> A legislação trabalhista portuguesa é uma das poucas legislações que dispõem sobre os empregados em comissão de serviço. Entretanto, a isenção de horário de trabalho dos empregados em comissão de serviço deixa tais empregados em situação vulnerável e expostos ao cumprimento

(106) CALVO, Adriana. *Diretor de Sociedade Anônima*: Patrão ou empregado? São Paulo: LTr, 2006. p. 44.

(107) Súmula n. 269 do TST. DIRETOR ELEITO. CÔMPUTO DO PERÍODO COMO TEMPO DE SERVIÇO (mantida) – Res. n. 121/2003, DJ 19, 20 e 21.11.2003. O empregado eleito para ocupar cargo de diretor tem o respectivo contrato de trabalho suspenso, não se computando o tempo de serviço desse período, salvo se permanecer a subordinação jurídica inerente à relação de emprego. (Tribunal Superior do Trabalho. *Súmula n. 269*. Disponível em: <http://www3.tst.jus.br/jurisprudencia/Sumulas_com_indice/Sumulas_Ind_251_300.html#-SUM-269>. Acesso em: 10 jan. 2019).

(108) A respeito do tema: SOUZA, Fernanda Garcez Lopes. *Regime Jurídico dos Diretores das Sociedades Anônimas e Limitadas* — trabalhista ou societário? 2010. 172 f. Dissertação (Mestrado em Direito) – Pontifícia Universidade Católica de São Paulo, São Paulo, 2010. Disponível em: <http://www.dominiopublico.gov.br/download/teste/arqs/cp134828.pdf>. Acesso em: 08 jan. 2019.

de excessivas cargas horárias de trabalho. O limite da duração do trabalho de oito horas diárias e 40 horas semanais contido no art. 203 do Código de Trabalho de 2009 busca tutelar o empregado, sua vida, sua saúde, seu convívio familiar e social, seu lazer, assim como proteger a dignidade do empregado. A isenção de horário de trabalho, porém, priva o empregado em comissão de serviço do direito à convivência familiar e social, do direito ao lazer, do direito à instrução e do direito ao descanso, dentre outros direitos.(109)

Na França, o que mais se assemelha à noção brasileira de alto empregado são os "*cadres*", modalidade de trabalhadores que ocupam os cargos de direção das empresas(110). Eles se beneficiam de uma remuneração invariavelmente muito superior aos valores previstos nas negociações coletivas francesas, aumentada por prêmios e gratificações. A estabilidade no emprego é preservada por um longo aviso-prévio e uma indenização de dispensa elevada, calculada em razão do tempo de trabalho.

A necessidade de motivação das dispensas, padrão na União Europeia, aplica-se também aos *cadres*. Todavia, a jurisprudência tende a apreciar o comportamento desses trabalhadores em relação à empresa com um rigor maior. Nesse sentido, todo desacordo, toda atitude que inspira a desconfiança do empregador, justifica a sua dispensa.(111)

Ademais, à semelhança do que ocorre no ordenamento jurídico brasileiro e no português, os *cadres* franceses também não têm direito ao pagamento de horas suplementares.

Na Espanha, o Real Decreto n. 1.382/1985 regula a relação laboral de caráter especial do empregado da alta direção, o que mais se assemelha ao alto empregado do ordenamento jurídico brasileiro. O direito espanhol considera que o empregado

(109) TEBALDI, Eliegi. *A duração do trabalho dos altos empregados e a inconstitucionalidade do art. 62, inciso II, da Consolidação das Leis do Trabalho.* Tese de Doutorado – Faculdade de Direito, Universidade de São Paulo, 2016. 155 f. p. 63.

(110) O artigo L3111-2 do Código de Trabalho Francês, define quem é o *cadre*: *Sont considérés comme ayant la qualité de cadre dirigeant les cadres auxquels sont confiées des responsabilités dont l'importance implique une grande indépendance dans l'organisation de leur emploi du temps, qui sont habilités à prendre des décisions de façon largement autonome et qui perçoivent une rémunération se situant dans les niveaux les plus élevés des systèmes de rémunération pratiqués dans leur entreprise ou établissement.* Em tradução livre: São considerados como tendo a qualidade de executivos aqueles dirigentes a que são confiadas responsabilidades cuja importância implica uma grande independência na organização do seu tempo, que têm o poder de tomar decisões de forma amplamente autônoma e que recebem remuneração entre os níveis mais altos dos sistemas de remuneração praticados na sua empresa ou instituição.

(111) PORTO, Lorena Vasconcelos. *Os altos empregados no Brasil e no direito comparado.* Disponível em: <http://www.egov.ufsc.br/portal/sites/default/files/anexos/30352-31412-1-PB.pdf>. Acesso em: 09 jan. 2019.

ocupante de cargo de alta direção possui menor hipossuficiência, razão pela qual confere grande autonomia para as partes fixarem livremente as condições de trabalho e remuneração.

Nesse contexto, o Real Decreto permite que a jornada seja fixada pelo contrato individual, mas este não pode estabelecer *prestações a cargo do empregado que excedam notoriamente as que sejam usuais no âmbito profissional correspondente.* Trata-se de uma limitação à autonomia da vontade, a qual, todavia, não é de fácil aplicação na prática.

A respeito do assunto, Lidia Karine Cezarini Almeida consigna que:

> Os ilustres doutrinadores Antonio Martin Valverde, Fermim Rodriguez e Joaquim Murcia fazem uma crítica com relação à regulamentação da jornada de trabalho dos altos empregados prevista no art. 7º do Real Decreto. Os autores afirmam que o Decreto permite que a jornada de trabalho seja fixada pelo contrato individual, porém, denotam que o contrato não pode determinar prestações para o empregado que excedam àquelas que sejam usuais no âmbito profissional correspondente, pois tal limitação com relação ao que é usual é de dificílima aplicação à prática. Data máxima vênia, não se pode concordar com tal crítica, pois a mesma trata da dificuldade de limitação exposta como relação ao tipo de trabalho realizado pelo alto empregado, porém o que o artigo quer dizer é que o alto empregado deve ter suas atribuições usuais da relação de emprego, não podendo estas serem extrapoladas, tendo em vista a jornada de trabalho diferenciada.(112)

Portanto, da análise do direito comparado é possível perceber que o alto empregado sofre limitação em seus direitos trabalhistas mundo afora. Seja pela ausência de limitação da jornada, seja pela enorme autonomia na fixação das cláusulas do contrato individual de trabalho, fato é que o empregado ocupante de cargos de direção é tratado de maneira diferenciada tanto no Brasil quanto nos demais países.

5.3. Direito à desconexão do alto empregado

Como já dito nos tópicos anteriores, o alto empregado (à exceção do bancário ocupante de cargo de confiança — art. 224, § 2º, CLT) é excluído, pelo art. 62, II, da CLT, das normas relativas ao controle de jornada. Por mais que seja questionável a constitucionalidade desse dispositivo legal,(113) a jurisprudência majoritária o vem aplicando de forma maciça.

---

(112) ALMEIDA. Lidia Karine Cezarini. *Direito do trabalho e o alto empregado.* 2009. 213 f. Dissertação (Mestrado em Direito) – Pontifícia Universidade Católica de São Paulo, São Paulo, 2009. p. 109. Disponível em: <https://tede2.pucsp. br/handle/handle/8762>. Acesso em: 09 jan. 2019.

(113) *"A realidade relativa à duração de trabalho dos altos empregados divorciada do Direito Constitucional além de ameaçar princípios constitucionais, ameaça também direitos fundamentais. Ora, parece-me claro*

Tanto o Supremo Tribunal Federal (STF) quanto o Tribunal Superior do Trabalho (TST), em diversas ocasiões, já proferiram acórdãos no sentido de que o art. 62, II, da CLT teria sido recepcionado pela Constituição de 1988. É o que se verifica nos julgados a seguir transcritos:

> Extraordinário. Inadmissibilidade. Cargo de gestão. Ausência de controle da jornada de trabalho. Possibilidade. Art. 62, II, da CLT. Decisão mantida. Agravo regimental improvido. Não afronta o art. 7º, XIII, da Constituição da República, a decisão que excepciona os ocupantes de cargos de gestão do controle de jornada de trabalho. (STF – RE-AgR 563851 RS. Rel. Min. Cezar Peluso. Julgamento em 26.02.2008. Publicação em 28.03.2008)

> HORAS EXTRAS – GERENTE – RECEPÇÃO DO Art. 62 DA CLT PELA ATUAL CONSTITUIÇÃO FEDERAL – O art. 7º, inciso XIII, da Constituição Federal veicula norma genérica, referindo-se apenas a relações de emprego sujeitas a controle de horário. Desse modo, mantém-se a possibilidade de a legislação infraconstitucional estabelecer normas específicas para o atendimento a situações diferenciadas, quando as circunstâncias do trabalho não permitem o controle da jornada, como é o caso do gerente a que se refere o art. 62 da CLT, que, assim, foi recepcionado pela atual Carta Política. Recurso de revista conhecido e desprovido. (TST, 5ª T., RR 6209592320005155555 620959-23.2000.5.15.5555, j. 1.10.2003. Rel. Min. Ríder de Brito, DJ 24.10.2003)

> INCONSTITUCIONALIDADE DO Art. 62, II, DA CLT. VIA DE EXCEÇÃO OU DEFESA. INOCORRÊNCIA. O art. 62, II, da CLT não obriga os gerentes a extrapolarem a jornada diária declinada pelo inciso XIII do art. 7º constitucional, mas apenas lhes retira o direito de receber horas extras, já que, acometidos de encargos de gestão, podem determinar seu próprio horário, não se submetendo ao poder diretivo do Empregador. De outra parte, a Lei Fundamental trata apenas genericamente da jornada de trabalho, não impedindo a legislação infraconstitucional federal de regulamentar especificamente o tema (CF, 22, I). Não há que se cogitar, portanto, da inconstitucionalidade do citado preceito consolidado, recepcionado em forma e conteúdo pela atual Constituição. (TST, 2ª T., RR 400267/1997, j. 22.11.200, Juiz convocado Márcio Ribeiro do Vale, DJ 7.12.2000)

Nesse contexto, é tarefa difícil defender o direito à desconexão dos altos empregados, pois sequer a jornada de trabalho desses profissionais obedece ao limite constitucional de 8h diárias e 44h semanais. Como garantir o direito a desconectar-se do trabalho se o alto empregado sequer tem a garantia de uma jornada delimitada no tempo?

Jorge Luiz Souto Maior, defendendo a inconstitucionalidade do art. 62, II, da CLT, propõe que a jornada desses empregados seja limitada no tempo de acordo com o tipo de trabalho executado:

> Em suma, atendendo aos pressupostos do direito ao não trabalho, para preservação da intimidade da vida privada e da saúde social, há de se

---

que a norma consolidada está em conflito com os princípios e normas constitucionais. O art. 62, inciso II, da Consolidação das Leis do Trabalho viola os arts. 1º, inciso III, 5º, caput; 6º, caput; e 7º, incisos XIII e XVI, da Carta Fundamental, sendo, portanto, inconstitucional". (TEBALDI, Eliegi. A duração do trabalho dos altos empregados e a inconstitucionalidade do art. 62, inciso II, da Consolidação das Leis do Trabalho. Tese de Doutorado – Faculdade de Direito, Universidade de São Paulo, 2016. 155 f. p. 133).

> considerar que os altos empregados — exercentes de cargos de confiança — estão inseridos no direito à limitação da sua jornada de trabalho, em conformidade com o tipo de trabalho executado: para os que trabalham, a maior parte do tempo, no estabelecimento do empregador, inserindo-se no contexto da unidade produtiva, sua jornada normal deve ser a mesma de seus subordinados; para os que executam seus serviços, com grande autonomia no que se refere ao contexto produtivo, o limite de sua jornada deve ser, obrigatoriamente, fixado em contrato individual, de forma a respeitar os períodos legais de descanso (RSR, férias, feriados...) e a vida privada do empregado, com previsão da carga de trabalho a ser exigida, sob pena de recair sobre o empregador o ônus da prova das horas trabalhadas.

No mesmo sentido, Valdete Souto Severo afirma que o art. 62 da CLT não teria sido recepcionado pela nova ordem constitucional.(114) Esse posicionamento foi adotado na Primeira Jornada de Direito Material e Processual do Trabalho, em seu Enunciado nº 17, abaixo transcrito:

> 17. LIMITAÇÃO DA JORNADA. REPOUSO SEMANAL REMUNERADO. DIREITO CONSTITUCIONALMENTE ASSEGURADO A TODOS OS TRABALHADORES. INCONSTITUCIONALIDADE DO Art. 62 DA CLT. A proteção jurídica ao limite da jornada de trabalho, consagrada nos incisos XIII e XV do art. 7º da Constituição da República, confere, respectivamente, a todos os trabalhadores, indistintamente, os direitos ao repouso semanal remunerado e à limitação da jornada de trabalho, tendo-se por inconstitucional o art. 62 da CLT.

Já Lorena Porto Vasconcelos defende que o art. 62 da CLT é constitucional porque não exclui o alto empregado do direito à limitação da jornada de trabalho. O dispositivo apenas desobrigaria o empregador de adotar mecanismos de controle de jornada do alto empregado, criando uma presunção relativa de que a jornada foi cumprida nos limites constitucionais. Por esse raciocínio, seria viável o pleito de horas extras pelo alto empregado, caso este provasse que a sua jornada excedia o limite constitucional.(115)

---

(114) SEVERO, Valdete Souto. *A constituição federal e a lente invertida de quem aplica o direito do trabalho*. p. 1-16, p. 6. Anamatra. Disponível em: <http://www.amatra4.org.br/publicacoes/cadernos/caderno-08>. Acesso em: 09 jan. 2019.

(115) *"Em segundo lugar, o empregado ocupante de cargo de confiança não tem direito às horas-extras (art. 62, II, da CLT). O direito à limitação da jornada de trabalho e às horas extraordinárias é assegurado pela Constituição Federal de 1988 (art. 7º, incisos XIII e XVI). Tal direito não poderia, portanto, ser suprimido pela legislação infraconstitucional (CLT) e em verdade não o é. O que ocorre é que se presume (presunção "iuris tantum") que o empregado ocupante de cargo de confiança, por gozar de maior fidúcia e ter maior autonomia, não tem sua jornada controlada pelo empregador. Dessa forma, não podendo ser determinada a sua jornada, não se poderia averiguar o trabalho extraordinário e sua conseqüente remuneração. Por isso é que, se o empregado comprova que a sua jornada era controlada e que de fato realizou trabalho extraordinário, tem direito à percepção das horas-extras".* (PORTO, Lorena Vasconcelos. *Os altos empregados no Brasil e no direito comparado*. Disponível em: <http://www.egov.ufsc.br/portal/sites/default/files/anexos/30352-31412-1-PB.pdf>. Acesso em: 07 jan. 2019).

Porém, os entendimentos doutrinários no sentido de garantir ao alto empregado o direito à limitação constitucional de jornada não prosperaram. Assim, o direito à desconexão do alto empregado é deveras restrito.

A Lei n. 13.467/2017 também promoveu alteração significativa na situação jurídica dos altos empregados. A partir de então, a CLT permitiu que os contratos de trabalho dos empregados que auferem salários superiores ao dobro do limite máximo estabelecido para benefícios do Regime Geral da Previdência Social poderão prever cláusula compromissória de arbitragem(116) e estipular condições de trabalho que preponderem sobre a lei e sobre os instrumentos coletivos de negociação.(117)

É dizer: a partir da Reforma Trabalhista, toda a legislação regente das condições de trabalho dos empregados que recebem remunerações mais altas que o habitual do mercado de trabalho (dentre os quais se encontram os ocupantes de cargo de confiança e diretores de empresa, ou seja, os altos empregados) pode ser afastada pelo que dispuser o contrato de trabalho estipulado entre as partes. Se essas alterações legislativas forem consideradas constitucionais pela jurisprudência, viabilizar-se-ão restrições ainda maiores ao alto empregado em termos de gozo de direito a descanso, lazer e desconexão.

Contudo, mesmo que o cenário político não seja propício à defesa de direitos de altos empregados (ou de quaisquer empregados, diga-se de passagem), cabe ao operador do direito a tarefa de seguir em frente e buscar meios jurídicos legítimos para defender os interesses de seus clientes e da sociedade como um todo. No que concerne ao direito à desconexão dos altos empregados, é possível garanti-lo a partir da efetivação dos direitos fundamentais trabalhistas previstos expressamente na Constituição Federal.

Poder-se-ia defender a desconexão no período de férias e no descanso semanal remunerado, direitos esses constitucionalmente garantidos (art. 7º, XV e XVII, CF/88). Aliás, conforme entende a jurisprudência amplamente majoritária, esses intervalos também são direito do alto empregado:

---

(116) "Art. 507-A. Nos contratos individuais de trabalho cuja remuneração seja superior a duas vezes o limite máximo estabelecido para os benefícios do Regime Geral de Previdência Social, poderá ser pactuada cláusula compromissória de arbitragem, desde que por iniciativa do empregado ou mediante a sua concordância expressa, nos termos previstos na Lei n. 9.307, de 23 de setembro de 1996".

(117) "Art. 444 – As relações contratuais de trabalho podem ser objeto de livre estipulação das partes interessadas em tudo quanto não contravenha às disposições de proteção ao trabalho, aos contratos coletivos que lhes sejam aplicáveis e às decisões das autoridades competentes. Parágrafo único. A livre estipulação a que se refere o *caput* deste artigo aplica-se às hipóteses previstas no art. 611-A desta Consolidação, com a mesma eficácia legal e preponderância sobre os instrumentos coletivos, no caso de empregado portador de diploma de nível superior e que perceba salário mensal igual ou superior a duas vezes o limite máximo dos benefícios do Regime Geral de Previdência Social".

Cargo de confiança. Art. 62, II, da CLT. Repouso semanal remunerado e feriados. Não concessão. Pagamento em dobro. Incidência da Súmula n. 146 do TST. O empregado exercente de cargo de gestão, inserido no art. 62, II, da CLT, tem direito ao gozo do repouso semanal e à folga referente aos feriados com a remuneração correspondente. Assim, caso não usufrua esse direito ou não tenha a oportunidade de compensar a folga na semana seguinte, o empregador deve pagar, em dobro, a remuneração dos dias laborados, nos termos da Súmula n. 146 do TST. O objetivo do art. 62, II, da CLT é excluir a obrigação de o empregador remunerar, como extraordinário, o trabalho prestado pelos ocupantes de cargo de confiança, mas isso não retira do empregado o direito constitucionalmente assegurado ao repouso semanal remunerado, previsto no art. 7º, XV, da CF. Sob esse entendimento, a SBDI-I, por unanimidade, conheceu do recurso de embargos, por divergência jurisprudencial, e, no mérito, negou-lhe provimento. (TST-E-RR-3453300-61.2008.5.09.0013, SBDI-I, rel. Min. José Roberto Freire Pimenta, Julgamento em 17.11.2016)

Assim, na interrupção do contrato de trabalho decorrente de férias e de descanso semanal remunerado, o alto empregado poderia desligar o seu telefone celular e deixar de atender telefonemas e responder *e-mails* relacionados ao trabalho.

Ademais, é factível defender o direito à desconexão como consectário dos direitos fundamentais ao lazer e à saúde (art. 6º, CF/88), especialmente nos casos em que o alto empregado cumpre jornadas tão extenuantes que se torna antissocial ou contrai doenças físicas ou psicológicas. Nessas situações, entende-se que é viável o alto empregado pleitear indenização por danos morais e materiais decorrentes da violação ao seu direito à desconexão.

Finalmente, a sistemática violação ao direito à desconexão poderá gerar indenização por dano existencial, quando o excesso de jornada prejudicar o projeto de vida e as relações interpessoais do empregado.

6. Conclusão

Este trabalho buscou retratar o panorama normativo, doutrinário e jurisprudencial do direito à desconexão, com ênfase no ordenamento jurídico brasileiro. Demonstrou-se que o direito à desconexão decorre dos direitos fundamentais à saúde, limitação da jornada de trabalho e lazer (arts. 6ºe 7º da CF/88). Seria, pois, direito fundamental implícito, na forma do art. 5º, § 2º, da CF/88.

Primeiramente, dedicou-se um capítulo para tratar dos direitos ao lazer e à limitação de jornada diária e semanal de trabalho. A partir da análise realizada, ficou claro que lazer (entendido em sua acepção genérica, abarcando ócio e tempo livre) e limitação de jornada são direitos de extrema relevância no mundo inteiro, razão pela qual foram positivados em diversas normas de direito internacional público. Foram alçados à categoria de direitos humanos, de caráter universal e indisponível.

Além disso, demonstrou-se que o direito ao lazer depende, necessariamente, da garantia de limitação das jornadas de trabalho, razão pela qual, inclusive, a maioria dos diplomas internacionais disciplinam esses preceitos em conjunto, no mesmo artigo. A jornada limitada a períodos razoáveis, que permitam aos empregados gozar de tempo livre, é condição *sine qua non* para o lazer.

A análise também destacou outros fatores que justificam a limitação razoável da jornada laboral, quais sejam, os aspectos fisiológico e econômico. O primeiro aspecto diz respeito à reposição das energias despendidas no trabalho, condição para a própria sobrevivência do trabalhador e para a manutenção da produção fabril. Portanto, o aspecto fisiológico diz respeito à manutenção da saúde do trabalhador.

O fator econômico se relaciona à redução dos índices de desemprego e manutenção do consumo. A limitação legal da jornada de trabalho implica a necessária contratação de mais trabalhadores, o que fomenta políticas de pleno emprego. Com mais pessoas empregadas, o mercado consumidor se aquece, favorecendo o crescimento da economia como um todo.

O próximo capítulo da monografia tratou do direito à desconexão em todas as suas nuances, com a análise de seu conceito, histórico e fundamentos. Foi esclarecido que o progresso tecnológico experimentado pela humanidade nas últimas décadas, que permitiu a constante disponibilidade do empregado via *internet* ou telefone, tem ameaçado a sobrevivência do direito à limitação de jornada.

Essas circunstâncias fizeram surgir o direito à desconexão como resposta à sistemática e reiterada violação a direitos trabalhistas perpetrada pelas empresas a partir do uso das novas tecnologias da informação. Conceituou-se o direito à desconexão como o direito ao não trabalho na sociedade moderna. Ou seja, é o direito a gozar dos períodos de interrupção do contrato de trabalho sem quaisquer interferências por parte do empregador, totalmente desconectado da empresa, sem ter de acessar *e-mails* e atender ligações telefônicas do empregador.

O direito à desconexão também foi analisado à luz do direito comparado, especialmente no que se refere à experiência francesa, primeiro país a positivar em sua legislação infraconstitucional esse direito. Demonstrou-se que as recentes alterações da legislação trabalhista francesa, apesar de terem enfoque manifestamente neoliberal, permitiram um avanço em termos sociais no que se refere à positivação da desconexão como matéria a ser tratada obrigatoriamente em negociações coletivas.

Os *Capítulos IV* e *V* tiveram como enfoque os casos emblemáticos envolvendo o direito à desconexão: o teletrabalho e os altos empregados. Em relação ao teletrabalho, destacaram-se as recentes alterações da matéria promovidas pela Lei n. 13.467/2017, a famigerada Reforma Trabalhista.

Atualmente, conforme previsto no art. 62, III, da CLT, não são abrangidos pelas normas relativas ao limite diário e semanal de jornada os empregados em regime de teletrabalho. Assim, sequer é necessário, de acordo com essa disposição legal, que o empregador mantenha sistema de controle de horários ou fiscalize o gozo dos intervalos para repouso e alimentação no contexto do teletrabalho.

Em tópico a respeito do direito comparado, verificou-se que a exclusão do teletrabalhador do controle de jornada é tendência mundial. Desde o início dos anos 2000, boa parte dos países europeus vem legislando no sentido de que o teletrabalhador estaria isento do controle de horários, devido a uma suposta incompatibilidade entre a fixação de jornada e o trabalho a distância.

Assim, o direito à desconexão no teletrabalho foi esvaziado diante do avanço neoliberal do século XXI. A onda flexibilizatória retirou do teletrabalhador até mesmo o direito aos limites de jornada, de modo que sequer as suas folgas regulares estão garantidas, que dirá a efetiva desconexão do trabalho para o gozo dessas folgas.

A análise dos altos empregados voltou-se a esclarecer, em primeiro lugar, quais trabalhadores seriam enquadrados nessa categoria. Adotou-se a posição doutrinária segundo a qual os altos empregados seriam os ocupantes de cargo de confiança do art. 62, II, da CLT; os bancários ocupantes de cargo de confiança, na forma do art. 224, § 2º, da CLT e os diretores de empresa com vínculo empregatício.

À semelhança do que ocorre no teletrabalho, a pesquisa de direito comparado a respeito dos altos empregados demonstrou que é praxe a sua exclusão do controle de jornada nos mais diversos países. O mesmo se vê no ordenamento jurídico do Brasil, que, por força do art. 62, II, da CLT, expressamente exclui o ocupante de cargo de confiança da incidência das normas relativas à duração do trabalho.

Apesar de a constitucionalidade do art. 62 ter sido questionada por diversos doutrinadores, os ministros do STF e do TST já se manifestaram em diversas ocasiões a respeito do tema e sempre consideraram que tal dispositivo teria sido recepcionado pela CF/88. A posição amplamente majoritária da jurisprudência ignora que art. 7º da CF/88 garantiu o limite de jornada de trabalho para todo e qualquer empregado, sem restrições, de modo que impedir que o alto empregado goze de horário razoável de labor violaria direito fundamental expressamente previsto na Carta Magna.

Apesar de a ausência de limitação de jornada restringir sobremaneira o direito à desconexão do alto empregado, demonstrou-se ser factível a sua defesa no descanso semanal remunerado e nas férias. Além disso, também seria viável defender o direito à desconexão como consectário dos direitos fundamentais ao lazer e à saúde (art. 6º, CF/88), especialmente nos casos em que o alto empregado cumpre jornadas tão extenuantes que se torna antissocial ou contrai doenças físicas ou psicológicas. Nessas situações, entendeu-se que caberia ao alto empregado pleitear indenização por danos morais e materiais decorrentes da violação ao seu direito à desconexão.

Portanto, a monografia analisou em profundidade o tema desconexão e demonstrou como as reformas à legislação trabalhista trazidas pelas políticas neoliberais impactaram esse direito. A ascensão do neoliberalismo, aliado à popularização das tecnologias da informação, estão minando as garantias trabalhistas relativas à limitação de jornada e ressuscitando as correntes da escravidão.

O empregado que não pode se desconectar do trabalho em seus períodos de folga não é empregado: é escravo. O trabalho livre e remunerado, base do modelo capitalista de produção, está sendo gradativamente substituído pela moderna escravidão, em que os *smartphones* fazem as vezes das correntes e senzalas do século XIX.

Nesse contexto, cabe aos operadores do Direito agir para impedir que tamanho retrocesso social prevaleça sobre a Constituição Federal e sobre os direitos humanos. A efetivação do direito à desconexão é, certamente, uma importante arma para libertar o trabalhador e garantir a sua dignidade como ser humano.

7. Bibliografia

ABRANTES, José João. *O direito laboral face aos novos modelos de prestação de trabalho*. IV Congresso Nacional de Direito do Trabalho. Coimbra: Almedina. 2002. p. 83-94.

AUTUORI, Maria Helena Villela; GREGORIN, Daniela. O teletrabalho. In: SCHOUERI, Luis Eduardo *et al* (Orgs.). *Internet:* o direito na era virtual. São Paulo: Lacaz Martins, Halembeck, Pereira Neto, Gurevich & Schoueri Advogados, 2000.

BARRERO FERNANDÉZ, Antonio. *Teletrabalho*. Lisboa: Editorial Estampa, 1999.

BARROS, Alice Monteiro de. *Curso de Direito do Trabalho*. 6. ed. São Paulo: LTr, 2010.

BATALHA, António Lopes. *A Alienabilidade no Direito Laboral*. Trabalho no Domicílio e Teletrabalho. Lisboa: Universitárias Lusófonas, 2007.

BELMONTE, Alexandre Agra. Problemas jurídicos do teletrabalho. *Revista de Direito do Trabalho*. São Paulo, v. 127, jul./set./2007.

BENTO, Rafael Tedrus. Parassubordinação e teletrabalho: Novas formas de trabalho. *Revista de Direito do Trabalho*. São Paulo, v. 148, out./dez. 2012.

BETTENCOURT, Pedro Ortins de. *Os Regimes do Teletrabalho*. Estudos jurídicos em Homenagem ao Professor António Motta Veiga. Coimbra: Almedina, 2007.

BRATEFIXE JUNIOR, Antonio Carlos. *O teletrabalho e a reforma trabalhista*. CONVERGÊNCIA DIGITAL, Brasil, maio 2017. Disponível em: <http://www.convergenciadigital.com.br/cgi/cgilua.exe/sys/start.htm?UserActiveTemplate=site&infoid=45151&sid=15>. Acesso em: 03 out. 2018.

CALVET, Otávio Amaral. *Direito ao lazer nas relações de trabalho*. São Paulo: LTr, 2006.

CARMO, Julio Bernardo do. *Trabalho à distância e subordinação*. Exegese sadia da Lei n. 12.551/11. Alagoas, 2012. Disponível em: <https://migalhas.uol.com.br/depeso/148267/trabalho-a-distancia-e-subordinacao--exegese-sadia-da-lei-12-551-11>. Acesso em: 03 out. 2018.

DARWIN, Charles Robert. Estudos sobre as modalidades distribuídas e flexíveis de trabalho no contexto empresarial português: O teletrabalho. In: *Associação Empresarial de Portugal*, Lisboa, set. 2006.

DELGADO, Mauricio Godinho. *Curso de Direito do Trabalho*. 17. ed. São Paulo: LTr, 2018.

DRAY, G. M. Teletrabalho. Sociedade da informação e direito. In: MARTINEZ, Pedro Romano (Coord.). *Estudos do Instituto de direito do Trabalho*. vol. III. Curso de Pós-Graduação em Direito do Trabalho. Coimbra: Almedina, 2001.

ESTRADA, Manuel Martín Pino. *Teletrabalho & direito:* o trabalho à distância e sua análise jurídica em face aos avanços tecnológicos. Curitiba: Juruá, 2014.

______. Panorama juslaboral do teletrabalho no Brasil, na OIT, Venezuela e Espanha. *Revista de Direito do Trabalho*, São Paulo, n. 123, jul./set. 2006.

______. *A realidade do teletrabalho no brasil e nos tribunais brasileiros*. Disponível em: <https://core.ac.uk/download/pdf/16030569.pdf>. Acesso em: 26 set. 2019.

FINCATO, Denise Pires. *Teletrabalho:* uma análise juslaboral. São Paulo, 2011. CD ROM Juris Síntese n. 92 – nov./dez. 2011.

GARCIA, Gustavo Filipe Barbosa. Teletrabalho carece de legislação para garantir o direito à desconexão. *Revista Consultor Jurídico*, 15 jun. 2016.

MACHADO, Paulo Affonso Leme. *Direito ambiental brasileiro*. 14. ed. São Paulo: Malheiros, 2006.

MAGALHÃES. José Maria Vilhena de. *Seguro contra acidentes de trabalho*. Lisboa: Empresa Lusitana, 1913.

MAGANO, Octávio Bueno. *Manual de Direito do Trabalho*. 3. ed. São Paulo: LTr, 1991.

MALLET, Estevão. Trabalho, tecnologia e subordinação: reflexões sobre a Lei n. 12.551. *Revista do Advogado*, São Paulo, n. 115, p. 44-51, abr. 2012.

MARTINS, Sergio Pinto. Teletrabalho. *Repertório IOB – Trabalhista e Previdenciário*, n. 18/2001.

MELO, Raimundo Simão de. *Direito ambiental do trabalho e a saúde do trabalhador*. 2. ed. São Paulo: LTr, 2006.

MENDES, René. *Medicina do trabalho e doenças profissionais*. São Paulo: Sarvier, 1980.

MIZIARA, Raphael. Reforma não permite que empresa transfira custos de home office ao trabalhador. *Conjur*, Brasil, jul. 2017. Disponível em: <http://www.conjur.com.br/2017-jul-25/raphael-miziara-reforma-nao-livra-empregador-custos-teletrabalho>. Acesso em: 03 out. 2018.

MORI, Amaury Haruo. *O direito à privacidade do trabalhador no ordenamento jurídico português*. São Paulo: LTr, 2011.

MURARI, Marlon Marcelo. *Limites constitucionais ao poder de direção do empregador e os direitos fundamentais do empregado*. O equilíbrio está na dignidade da pessoa humana. São Paulo: LTr, 2008.

NASCIMENTO. Amauri Mascaro. *Curso de Direito do Trabalho*. 26. ed. São Paulo: Saraiva, 2011.

OLIVEIRA, José de. *Acidentes do trabalho:* teoria, prática, jurisprudência. 2. ed. São Paulo: Saraiva, 1992.

OLIVEIRA, Paulo Eduardo Vieira. *O dano pessoal no direito do trabalho*. 2. ed. São Paulo: LTr, 2010.

OLIVEIRA, Sebastião Geraldo de. *Indenização por acidente do trabalho ou doença ocupacional*. 7. ed. São Paulo: LTr, 2013.

PADILHA, Valquíria. *Shopping Center:* a catedral das mercadorias e do lazer reificado. 2003. Tese (Doutorado em Ciências Sociais) – Universidade Estadual de Campinas, Campinas, 2003. Disponível em: <http://repositorio.unicamp. br/jspui/handle/REPOSIP/280103>. Acesso em: 12 nov. 2018.

PADILHA, Norma Sueli. *Do meio ambiente do trabalho equilibrado*. São Paulo: LTr, 2002.

PAIVA, Mário Antônio Lobato de. *Diretrizes para utilização dos meios eletrônicos no ambiente de trabalho*. São Paulo: 2011. CD ROM Juris Síntese n. 92 – nov./dez. 2011.

PEREIRA, Marcela Andresa Semeghini. *A vida de todos os dias:* Tempo Disponível e Tempo de Trabalho dos Professores da Área de Humanidades da UNESP. Tese (doutorado) – Universidade Estadual Paulista (UNESP), Faculdade de Filosofia e Ciências. Orientador: Marcos Tadeu Del Roio. 286 p.

PLÁ RODRIGUEZ, Américo. *Princípios do direito do trabalho*. 3. ed. São Paulo: LTr, 2004.

PONTES DE MIRANDA, Francisco Cavalcanti. *Tratado de Direito Privado*. 3. ed. São Paulo: Revista dos Tribunais, 1984. t. 54.

REIS, Jair Teixeira. *Subordinação jurídica e o trabalho à distância*. São Paulo: LTr, 2007.

REMIÃO, Daniela Ervis. Análise juslaboral do teletrabalho nos países do Mercosul e União Europeia — e a discriminação aos teletrabalhadores. In: BARZOTTO, Luciane Cardoso (Coord.). *Trabalho e igualdade*: tipos de discriminação no ambiente de trabalho. Porto Alegre: Livraria do Advogado; Escola Judicial do TRT da 4ª Região, 2012. p. 323-331.

RESEDÁ, Salomão. O direito à desconexão: uma realidade no teletrabalho. *Revista de Direito do Trabalho*, São Paulo, n. 126, abr./jun. 2007.

ROCHA, Cláudio Jannotti da; MUNIZ, Mirella Karen de Carvalho Bifano. O teletrabalho à luz do art. 6º da CLT: o acompanhamento do direito do trabalho às mudanças do mundo pós-moderno. *Revista do Tribunal Regional do Trabalho da 3ª Região*, Belo Horizonte, v. 57, n. 87/88, p. 101-115, jan./dez. 2013.

RODRIGUES, Ana Cristina Barcellos. *Teletrabalho:* a tecnologia transformando as relações de trabalho. Dissertação (Mestrado em Direito). Universidade de São Paulo, 2011.

ROMITA, Arion Sayão. *Direitos fundamentais nas relações de trabalho*. São Paulo: LTr, 2005.

SANTOS, Enoque Ribeiro dos. *Responsabilidade objetiva e subjetiva do empregador*. 2. ed. São Paulo: LTr, 2008.

SOUTO MAIOR, Jorge Luiz. Do direito à desconexão do trabalho. *Revista do Departamento de Direito do Trabalho e da Seguridade Social*, v. 1, p. 91-115, 2006.

______. A prescrição do direito de ação para pleitear indenização por dano moral e material decorrente de acidente do trabalho. *Revista LTr*, v. 70, p. 535-547, 2006.

______. A responsabilidade civil objetiva do empregador com relação a danos pessoais e sociais no âmbito das relações de trabalho. *Revista Trabalhista* (Rio de Janeiro), v. 3, p. 97-112, 2004.

______. Ambiente do trabalho nas negociações coletivas. *Jornal Trabalhista Consulex*. Brasília, v. 834, p. 4-6, 2000.

______. Doença profissional: aplicação do art. 118 da Lei n. 8.213/91: ausência de auxílio doença. *Revista de Direito do Trabalho* (São Paulo), v. 26, 2000.

SÜSSEKIND, Arnaldo; MARANHÃO, Délio; VIANNA, Segadas; TEIXIEIRA, Lima. *Instituições de direito do trabalho*. 20. ed. São Paulo: LTr, 2002.

TEIXEIRA, Sérgio Torres. O novo modelo de relação de emprego — repercussões das inovações tecnológicas sobre os elementos estruturais do vínculo empregatício. *Revista LTr*, n. 60, 10/96.

VILLATORE, Marco Antônio César; ALMEIDA, Ronald Silka de. *Manual Prático* — Duração do Trabalho e Controle de Horário – Registro Eletrônico de Ponto (REP) – Sistema de Registro Eletrônico de Ponto (SREP) – Disciplinamentos. Curitiba: LTr, 2011.

Caminhos *Demoníacos* do Direito do Trabalho

Pedro Tarozzo Tinoco Cabral Lima[1]

Resumo: Evgeni Pachukanis, autor de *A teoria geral do direito e o marxismo*, a partir do estudo da obra *O capital*, de Marx, conseguiu relacionar a forma jurídica à forma mercantil, emprestando uma singularidade histórica ao fenômeno jurídico, o qual, pela visão pachukaniana, é determinado pelo modo de produção capitalista. A forma mercantil estaria tão intimamente vinculada à forma jurídica que, em um cenário de superação do modo de produção capitalista, as manifestações jurídicas tenderiam igualmente a desaparecer, ou, em outras palavras, a crise do capital seria necessariamente seguida pela crise do direito. A análise pachukaniana em *A teoria geral do direito e o marxismo*, contudo, não foi acompanhada por uma perspectiva política que apontasse uma interpretação dialética da história, a qual pudesse indicar um caminho transitório de uma sociedade jurídico-capitalista para uma sociedade ajurídica-comunista. O direito, como fenômeno social capitalista, sempre tenta encobrir a materialidade da luta de classes ao trabalhar com figuras não sensíveis (das quais se destaca a própria noção de forma jurídica), distanciando-se das relações concretas que movem a sociedade. A análise de Pachukanis em *A teoria geral do direito e o marxismo,* contudo, peca, em certo sentido, ao não aprofundar as contradições materiais que envolvem a forma jurídica, restringindo-se a relacioná-la com a forma mercadoria sem demonstrar um caminho intermediário ou transitório para superá-la. Assim, ainda que a esfera da produção esteja pressuposta pela análise do jurista soviético, suas contradições não são aprofundadas, não há uma descida às profundezas da esfera da produção, local onde se dá o verdadeiro conflito de classes. Pretendemos, com nossa monografia, sair da aporia política de Pachukanis legada em *A teoria geral do direito e o marxismo*, essa ausência de caminho que o autor soviético nos coloca inicialmente. Para tanto, nos serviremos da tradição dialética dos *Diálogos* platônicos, os quais podem nos emprestar seu método de análise para atingirmos uma interpretação dialética do Direito do Trabalho. Procuraremos, nesse sentido, dar movimento à forma jurídica, caminhando rumo às profundezas da esfera da produção, buscando o que há de *transitório* ou *demoníaco* (*daimônico*) no direito, notadamente, no Direito do Trabalho, e quais os limites de seu saber parcial.

Palavras-chave: Forma jurídica — Dialética — Direito do Trabalho — Transição.

---

(1) Mestrando em Filosofia (Unicamp). Especialista em Direito do Trabalho (USP). Bacharel em Direito (USP), Graduando em Letras (USP).

1. Introdução — A aporia pachukaniana

'Bem, então o que poderia ser Eros?',
perguntei. 'Um mortal?'
'Isso está fora de questão.'
'Então o quê?'
'Como sugeri antes', ela disse, 'intermediário
entre mortal e imortal.'
'E ao que te referes, Diotima?'
'A um grande dáimon, Sócrates, pois todo
o daimônico está entre o divino e o mortal.'
O Banquete, 202d-e[2]

Evgeni Pachukanis, autor de *A teoria geral do direito e o marxismo* (*Obschaia teoria prava i marksizm*, de 1927),[3] detém o mérito de, a partir do estudo de *O capital*, de Marx, conseguir identificar o que dá singularidade ao fenômeno jurídico, vinculando-o, historicamente, ao sistema capitalista, notadamente, à esfera da circulação de mercadorias, à troca de equivalentes. Tal vinculação econômico-jurídica seria tão intrínseca que, para o jurista soviético, o direito somente existiria enquanto fenômeno social específico no modo de produção capitalista. Por conseguinte, segundo Pachukanis, em um cenário de superação da sociedade de classes a forma jurídica tenderia a ser igualmente superada, extinta, ou, melhor dizendo, o direito alcançaria o seu fim. Em suas palavras:[4]

> Marx imaginou a passagem para o comunismo avançado não como uma passagem para as novas formas do direito, mas como o desaparecimento da forma jurídica em geral, como a libertação dessa herança da época burguesa.

Tal afirmação a respeito do fim do direito é de extrema originalidade, uma vez que a vertente tradicional do ensino jurídico — muito inspirada na doutrina do direito natural presente nos textos de Locke e Rousseau — defende que o direito, como elemento social, possui um caráter supraclasses, atemporal ou natural à humanidade, a qual necessitaria, de forma imperiosa, de regras de convivência tipicamente jurídicas

(2) PLATÃO. *Diálogos V:* O banquete; Mênon (ou Da Virtude); Timeu; Crítias. Tradução, textos complementares e notas Edson Bini. Bauru: EDIPRO, 2010. (Clássicos Edipro), p. 77-78.

(3) PACHUKANIS, Evgeni. *A teoria geral do direito e o marxismo e ensaios escolhidos (1921-1929)*. Coordenação Marcus Orione, tradução Lucas Simone. São Paulo: Sundermann, 2017.

(4) *Ibidem*, p. 85.

para se organizar socialmente desde a Antiguidade clássica até a contemporaneidade, praticamente um "*discurso eterno sobre o homem eterno*".[(1)]

Pachukanis, em linhas gerais, retorna a Marx, ao seu método, à sua interpretação dialética da história, e com isso consegue desvencilhar o direito das formas arcaicas de regulação social — como a religião, a cultura, a moral etc. —, enxergando-o como uma decorrência necessária do capital: a de assegurar o livre intercâmbio de mercadorias. O capitalismo, para Pachukanis, impôs o surgimento, historicamente, de determinadas figuras jurídicas capazes de pôr em funcionamento a grande engrenagem que movimenta a circulação de mercadorias, e, em última análise, a sua própria produção.[(2)] No caso, as referidas figuras jurídicas que cumprem tal papel são os chamados *sujeitos de direito*. São os sujeitos de direito aqueles que subjetivamente movem o sistema, impulsionam a circulação de mercadorias, dando vazão à produção capitalista. Assim, os sujeitos de direito assumem o papel central na análise do jurista soviético, pois correspondem à outra face da moeda, que é a forma mercadoria. Nesse sentido, diz Márcio Bilharinho Naves:[(3)]

> De fato, é o conceito de forma-sujeito que está no centro da 'démarche' pachukaniana, e é ele que empresta a sua teoria o seu sentido primordial e toda a sua radicalidade. (...) E assim, do mesmo modo que Marx pôde identificar na forma mercadoria o elemento mais simples pelo qual iniciar a sua análise, também Pachukanis identificou na forma do sujeito esse elemento primário, irredutível, esse 'átomo da teoria jurídica' e cujos movimentos e articulações vai depender a possibilidade de uma compreensão materialista, isto é, científica, do elemento jurídico.

Sob a alcunha de "livres agentes", os sujeitos de direito vão ao mercado, vendem e compram mercadorias,[(4)] inclusive, dentre elas, aquela designada como força de trabalho, escondendo ideologicamente a desigualdade material — e, no fundo, obliterando a extração de mais-valia — entre as partes contratantes.

Justamente nesse veloz e incessante intercâmbio entre o jurídico e o econômico — sujeito *versus* mercadoria — encontra-se a importância da forma jurídica para o

(1) EDELMAN, Bernard. *O direito captado pela fotografia* — elementos para uma teoria marxista do direito. Coimbra: Centelha, 1976. p. 18.

(2) NAVES, Márcio Bilharinho. *Marxismo e direito* — um estudo sobre Pachukanis. São Paulo: Boitempo, 2000. p. 39.

(3) NAVES, Márcio Bilharinho. Prefácio à edição brasileira. In: PACHUKANIS, Evgeni. *A teoria geral do direito e o marxismo e ensaios escolhidos (1921-1929)*. Coordenação Marcus Orione, tradução Lucas Simone. São Paulo: Sundermann, 2017. p. 15.

(4) Como bem lembra Hector Benoit ao analisar o Capítulo II, de *O capital: "As mercadorias não caminham mais sozinhas, elas precisam agora de seus possuidores"*. BENOIT, Hector. Sobre a crítica (dialética) de O Capital. *Revista Crítica Marxista*, Editora Brasiliense, n 3, p. 14-44, 1996.

capital, uma vez que sem os sujeitos de direito para impulsionar a circulação estaríamos diante de uma possibilidade de crise sistêmica, eis que:[5]

> Se a mercadoria não for alienada, todo o processo de produção corre o risco de ser abruptamente interrompido, exatamente porque o processo universal de alienação não se realizou. Alienar a mercadoria é condição fundamental para que seu valor se realize.

Ora, se na prática do sistema capitalista quem aliena as mercadorias são sujeitos de direito, então está colocada a importância destes para o capital. Assim, diante da vinculação intrínseca entre a forma jurídica e a forma mercantil, podemos dizer, com Pachukanis, que "*a relação econômica em seu movimento real torna-se fonte da relação jurídica*",[6] pois a primeira fomenta a criação da segunda, a qual, por seu turno, serve dialeticamente como garante da primeira em um movimento constante de produção e circulação de mercadorias.

E, ainda, somente a criação dos sujeitos de direito — formas jurídicas supostamente idôneas, que trocam "livremente", "equivalentes" entre si — é capaz de dar o subsídio ideológico que a burguesia almeja para manter em funcionamento um sistema que justifica terríveis mazelas contra a grande maioria da sociedade em prol de um número ínfimo de detentores dos meios de produção. Nas palavras de Pachukanis:[7]

> O Estado de direito é uma miragem, mas uma miragem extremamente conveniente para a burguesia, porque ela substitui a desvanecida ideologia religiosa, ela oculta às massas o fato da dominação burguesa.

Com a superação do capitalismo e a extinção das formas que lhes são correspondentes — mercadoria e dinheiro, por exemplo — tenderia a desparecer a concepção de sujeitos de direito, já que, em um universo comunista de produção racional de bens de consumo, imperaria o intercâmbio solidário de bens entre as pessoas de uma sociedade sem classes. Não haveria o ato de dar "A" com a expectativa de receber o seu equivalente "B", não haveria a irracional concepção individualista de sujeitos de direito que precisam ir ao mercado para trocar mercadorias em procura do seu sustento diário, mas a coletividade *solidária* de uma sociedade que produz racionalmente os bens de que necessita. "*Nessa linha, Pachukanis fará da legalidade necessariamente a legalidade burguesa. Sua consequência é rigorosa: um direito socialista é uma contradição em termos*".[8]

---

(5) ANTUNES, J.; BENOIT, A. H. R.. *Crise:* o movimento dialético do conceito de crise em O capital de Karl Marx. vol. 1. São Paulo: Týkhe Editora e Distribuidora, 2009. p. 26.

(6) PACHUKANIS, Evgeni. *A teoria geral do direito e o marxismo e ensaios escolhidos (1921-1929)*. Coordenação Marcus Orione, tradução Lucas Simone. São Paulo: Sundermann, 2017. p. 120.

(7) *Ibidem*, p. 178.

(8) MASCARO, Alysson Leandro. *Filosofia do direito*. 4. ed. São Paulo: Atlas, 2014. p. 481.

Entretanto, em que pese a sua importante e original concepção teórica, em *A teoria geral do direito e o marxismo*, Pachukanis acabou por não definir um caminho político a ser trilhado para que a forma jurídica pudesse ser extinta. Vejamos que no capítulo intitulado "As tarefas da teoria geral do direito",(9) Pachukanis assume como "tarefa" uma posição de denúncia da forma jurídica — que, sim, é importante —, mas que não abarca a construção ativa de uma teoria revolucionária, verdadeira "tarefa" bolchevique. Nesse sentido incipiente, concluindo quais seriam as "tarefas" da teoria geral do direito, dirá Pachukanis (somente) que:(10)

> A crítica da jurisprudência burguesa, do ponto de vista do socialismo científico, deve tomar como modelo a crítica da economia política burguesa, como feita por Marx. Para isso, ele deve, principalmente, partir em direção ao território do inimigo, ou seja, não deixar de lado generalizações e abstrações que foram elaboradas pelos juristas burgueses, baseados nas necessidades de seu tempo e de sua classe, mas, submetendo a uma análise essas categorias abstratas, descobrir seu verdadeiro significado, ou seja, em outras palavras, mostrar o condicionamento da forma jurídica.
>
> Toda ideologia morre junto com as relações sociais que a geraram. Porém, essa extinção definitiva é precedida pelo momento em que a ideologia, sob os golpes da crítica que lhe é dirigida, perde a capacidade de encobrir e de envolver as relações sociais a partir das quais ela cresceu. O desenraizamento da ideologia é um verdadeiro sinal de seu fim iminente. Pois, como diz Lassalle: 'Das Anbrechen einer neuen Zeit besteht imner nur in dem erlangten Bewustsein über das, was die bisher vorhandene Wirklichkeit an sich gewesen ist.' (Nota 10: "O raiar de um novo tempo consiste apenas na consciência que se obteve sobre o que tem sido de fato a realidade existente até então". Lassale, *Sistema dos direitos adquiridos*.)

Fica claro, assim, pelo excerto acima extraído — que fecha e sintetiza as "tarefas da teoria geral do direito" —, que a crítica de Pachukanis em *A teoria geral do direito e o marxismo* recai quase que exclusivamente sobre a esfera da superestrutura (somente pressupondo a esfera da produção), já que direciona seus "*golpes da crítica*" à ideologia,(11) às "*generalizações e abstrações que foram elaboradas pelos juristas burgueses*",

(9) PACHUKANIS, Evgeni. *A teoria geral do direito e o marxismo e ensaios escolhidos (1921-1929)*. Coordenação Marcus Orione, tradução Lucas Simone. São Paulo: Sundermann, 2017. p. 69-87.

(10) *Ibidem*, p. 86-87.

(11) Veja-se que mesmo o conceito de "ideologia" aparece indeterminado em Pachukanis, como bem demonstra o professor Flávio Roberto Batista. Cf. BATISTA, Flávio Roberto. *O conceito de ideologia jurídica em Teoria geral do direito e marxismo*. Verinotio, n. 19, 2015.

sem adentrar teórica ou praticamente na esfera da produção, onde se dá a luta de classes propriamente dita.

Se nos ativermos à *A teoria geral do direito e o marxismo*, Pachukanis parece cair, ele próprio, na armadilha totalizante do direito, partindo da premissa de que os conceitos jurídicos fundamentais ("norma jurídica", "relação jurídica", "sujeito de direito" etc.) são igualmente aplicáveis "*a qualquer ramo do direito*",(12) sem, contudo, determinar as especificidades que envolvem a tutela jurídica do verdadeiro conflito, aquele de capital *versus* trabalho. Não pretendemos, por certo, exigir que Pachukanis, que escreveu na incipiente década de 1920, mencione o Direito do Trabalho como ramo específico do direito, o qual, como se sabe, "*é um fenômeno específico do século XX, destinado à reconstrução da sociedade esfacelada pelo capitalismo desorganizado*",(13) mas (esperávamos) que desde a realização de *A teoria geral do direito e o marxismo* a sua crítica apontasse um devir contraditório para a superação da forma jurídica, com conteúdo revolucionário, não somente a sua denúncia formal. Não pretendemos, contudo, acusar Pachukanis do "crime de 'abstração'",(14) tampouco de o autor soviético ser estritamente "circulacionista", uma vez que toda a sua análise pressupõe a esfera da produção, como dito alhures.(15) Entendemos, porém, que Pachukanis não estabelece uma mediação clara entre a forma jurídica e a esfera produtiva, notadamente em *A teoria geral do direito e o marxismo*, o que prejudica o desenvolvimento de uma teoria e prática transitórias para a superação do direito, ou seja, para transformar a sua crise em ato.(16)

Ora, é certo que o direito, justamente por acompanhar o desenvolvimento do sistema capitalista, é comumente apreendido como uma universalidade que abarca todos os ramos da vida social:(17)

> O direito é um fenômeno que pode interpenetrar todos os demais na sociedade, mas, ao mesmo tempo, também é interpenetrado por todos

---

(12) PACHUKANIS, Evgeni. *A teoria geral do direito e o marxismo e ensaios escolhidos (1921-1929)*. Coordenação Marcus Orione, tradução Lucas Simone. São Paulo: Sundermann, 2017. p. 69.

(13) SOUTO MAIOR, Jorge Luiz. *Curso de direito do trabalho:* teoria geral do direito do trabalho. Vol. I: Parte I. São Paulo: LTr, 2011. p. 615.

(14) Tal como narrado por EDELMAN, Bernard. *O direito captado pela fotografia* — elementos para uma teoria marxista do direito. Coimbra: Centelha, 1976. p. 21.

(15) Essa concepção foi profundamente abordada por NAVES, M. B. *Marxismo e direito* — um estudo sobre Pachukanis. São Paulo: Boitempo, 2000.

(16) Pontua-se que no texto recentemente traduzido para o português, "Como os sociais-fascistas falsificaram os sovietes na Alemanha", de 1933, Pachukanis destaca a "linha revolucionária consequente do internacionalismo proletário e a luta pela ditadura do proletariado", dando a entender que as tarefas políticas da classe trabalhadora perpassariam a luta contra a formal democracia burguesa por todo o mundo. PACHUKANIS, Evguiéni. Como os sociais-fascistas falsificaram os sovietes na Alemanha. In: PACHUKANIS, Evguiéni. *Fascismo*. Tradução Paula Vaz de Almeida. São Paulo: Boitempo, 2020. p. 96.

(17) MASCARO, Alysson Leandro. *Introdução ao estudo do direito*. 4. ed. São Paulo: Atlas, 2013. p. 11.

os demais fenômenos. Trata-se de uma via de mão dupla. A totalidade dos fenômenos sociais se comunica com o direito. O direito penetra e é penetrado pela totalidade.

Ou seja, o direito apresenta várias armadilhas que nos levam a pensá-lo quase que exclusivamente na esfera da superestrutura, na aparência da totalidade, na "*metafísica*" das relações sociais, passando ao largo da "*luta prática e real*".[18] Parece que Pachukanis incorre politicamente nesse erro em *A teoria geral do direito e o marxismo*. Daí decorre que quando um revolucionário se debruça para estudar a forma jurídica a partir da leitura da principal obra pachukaniana, ele se depara com uma ausência de caminho político a ser seguido, verdadeira *aporia*. Não raras as vezes que estudantes de direito, quando têm um primeiro contato com a leitura de *Teoria geral do direito e o marxismo*, compreendem a importância de se abordar criticamente a forma jurídica, mas, em função da ausência de caminho político para tanto, acabam por cair em aporias, servindo Pachukanis não para levantar um anseio revolucionário, ao contrário, servindo para silenciar ou no mínimo desviar a energia revolucionária desses jovens estudantes.

Neste nosso singelo estudo, tentaremos sair dessas aporias, indicando, senão um devir transitório, ao menos um saber provisório que nos permita caminhar conscientemente pelo universo jurídico. Nesse sentido, defenderemos que o Direito do Trabalho, como ramo específico do direito que trata diretamente do conflito de luta de classes, assume características próprias que não se coadunam com a teoria geral do direito, uma vez que o Direito do Trabalho aponta diretamente para a esfera da produção, produzindo, por seu turno, contradições insolúveis na forma jurídica.

Nosso trabalho procurará dialogar com os estudos contemporâneos de Pachukanis no âmbito da Faculdade de Direito da Universidade de São Paulo (USP), com o fito de somar-se à crítica que vem sendo construída a respeito da obra desse relevante pensador. Foram escolhidas, portanto, as leituras dos professores Flávio Roberto Batista, na sua *Crítica da tecnologia dos direitos sociais*,[19] e Gustavo Seferian Scheffer Machado, em *Direito do trabalho como barricada: sobre o papel tático da proteção jurídica do trabalhador*,[20] as quais serão abaixo analisadas.

---

(18) ANTUNES, Jadir. *Marx e o fetiche da mercadoria:* contribuição à crítica da metafísica. Jundiaí: Paco Editorial, 2018. p. 51: *"A luta contra o domínio da Metafísica, por isso, não pode se limitar a uma luta meramente intelectual, isolada e abstrata, mas deve se estender, sobretudo, para os domínios da luta prática e real"*.

(19) BATISTA. Flávio Roberto. *Crítica da tecnologia dos direitos sociais*. São Paulo: Expressão Popular, 2013.

(20) SEFERIAN Scheffer Machado, Gustavo. *Direito do Trabalho como barricada:* sobre o papel tático da proteção jurídica do trabalhador; orientador Jorge Luiz Souto Maior. São Paulo, 2017. Tese (Doutorado – Programa de Pós-Graduação em Direito do Trabalho e Seguridade Social). Faculdade de Direito, Universidade de São Paulo, 2017.

Nesta breve introdução, cumpre somente pontuar que se já é difícil esboçar uma crítica à teoria geral do direito, tal como Pachukanis pretendeu fazer, mais hercúleo será fazer a crítica de tal crítica, mas vamos tentar.

2. A busca por um método dialético

A busca por um método de análise consubstancia uma das principais questões da dialética,[21] notadamente, da teoria marxista.[22] A preocupação a respeito do modo de exposição demonstra a complexidade do movimento dialético na obra de Marx, o qual contém, como pressuposto do desenvolvimento da exposição de *O capital*, o fim desde o começo, em uma espiral de negações contraditórias que questionam a rigidez de um positivismo dogmático:[23] "*pode-se dizer que, já no primeiro livro de O capital, os pressupostos mesmos deste modo de produção são submetidos a esse movimento negativo de superação dialética*".[24]

Pachukanis parece compreender o movimento dialético que envolve a forma jurídica, a qual, apesar de intrínseca à esfera da circulação de mercadorias, teria como pressuposto a própria produção das mercadorias, e, pressupondo essa esfera — o interior da fábrica —, teria como princípio toda a luta de classes que envolve o modo de produção capitalista. Por isso, como pontua Marcio Bilharinho Naves, não haveria tão só uma determinação da mercadoria em face da forma jurídica, mas, sim, uma verdadeira *sobredeterminação* entre ambas, uma vez que a esfera da circulação da forma mercadoria pressuporia, historicamente, a esfera da produção capitalista. Em suas palavras:[25]

> A esfera da circulação, que determina diretamente as formas do direito, é por sua vez determinada pela esfera da produção, no sentido preciso de que só o específico processo de organização capitalista do trabalho permite a produção de mercadorias como tais, isto é, como resultado de um trabalho que se limita a ser puro dispêndio de energia laborativa indiferenciada. Ora, se a forma do direito depende da forma da mercadoria, e se esta só se realiza no modo de produção capitalista, então a forma jurídica também depende do modo específico

---

(21) BENOIT, Hector. *Platão e as temporalidades*: a questão metodológica. São Paulo: Annablume, 2015.

(22) BENOIT, Hector. "Sobre a crítica (dialética) de O Capital". *Revista Crítica Marxista*, Editora Brasiliense, n. 3, p. 14-44, 1996.

(23) Positivismo esse muito presente nos estudos jurídicos, tendo em H. Kensen o seu mais alto epígono, com a sua teoria "pura" do direito. KELSEN, Hans. *Teoria pura do direito:* introdução à problemática científica do direito. Tradução de J. Cretella Jr.; Agnes Cretella. 3. ed. São Paulo: Revista dos Tribunais, 2003.

(24) BENOIT, Hector. Sobre a crítica (dialética) de O Capital. *Revista Crítica Marxista*, Editora Brasiliense, n. 3, 1996, p. 16.

(25) NAVES, M. B. *Marxismo e direito* — um estudo sobre Pachukanis. São Paulo: Boitempo, 2000. p. 39.

de organização do processo do trabalho decorrente da instauração das relações de produção capitalistas. Podemos, então, dizer que, se o direito 'acompanha' o movimento da circulação, uma vez que esse movimento é 'comandado' pelas 'exigências' da produção, o direito sofre também a determinação dessa esfera, ainda que não de modo imediato.

Vemos, desse modo, que o método de exposição de *O capital* contém uma *ordem imanente de exposição*(26) conscientemente pensada e exposta por seu autor, que nos leva, em uma espiral negativa, da circulação à produção, da mercadoria à luta de classes. Em outras palavras, notamos que há uma verdadeira *temporalidade* no método de exposição de *O capital*, todo um *percurso dialético*, uma vez que as determinações da luta de classes vão sendo reveladas aos poucos, reconstruídas *lógica* e *historicamente*, conduzindo o leitor pelos caminhos contraditórios do devir revolucionário.(27) Tal percurso nos permite superar a suposta relação entre "coisas" que aparece no primeiro capítulo do livro I, no qual mercadoria se relaciona com mercadoria, para chegarmos às relações entre homens, à vampiresca extração de mais-valia na esfera da produção. Deixa-se, assim, a quieta condição de ser-mercadoria a caminho da inquietude do trabalhador e do trabalho.(28)

Observa-se que a disposição metodológica empregada por Marx — notadamente em *O capital* — reflete uma tradição filosófica que encontra seu grande mestre no autor dos *Diálogos*, Platão.(29) O filósofo ateniense, ao dispor os *Diálogos* segundo uma *temporalidade* muito bem definida — como dito, verdadeira *ordem imanente de exposição*(30) — nos apresentou um percurso que permite seguir a evolução da própria dialética a partir do percurso negativo das aventuras e desventuras vividas pelos seus personagens, especialmente por Sócrates. O devir contraditório representado pela trajetória socrática nos instiga a pensar com cuidado todo o modo de exposição, investigar a sua *léxis* (ou "*a ação de dizer, ou ainda o modo de exposição que está objetiva e literalmente posto pelo autor no próprio texto*"),(31) e como as aparências vão sendo superadas rumo à esfera conceitual. Os *Diálogos*, quiçá, permitem-nos "*encontrar alguma*

(26) BENOIT, Hector. *A Odisseia de Platão*: as aventuras e desventuras da dialética. São Paulo: Annablume, 2017. p. 10.

(27) BENOIT, Hector. Sobre a crítica (dialética) de O Capital. *Revista Crítica Marxista*, Editora Brasiliense, n. 3, 1996, p. 17.

(28) *Ibidem*, p. 15.

(29) "O capital de Marx, pelo seu modo de exposição ou *lexis*, inspira-se surpreendentemente em desenvolvimentos análogos à dialética das obras de Platão, talvez, graças, justamente, à mediação de Hegel." BENOIT. Hector. *Platão e as temporalidades:* a questão metodológica. São Paulo: Annablume, 2015. p. 179.

(30) BENOIT, Hector. *A Odisseia de Platão:* as aventuras e desventuras da dialética. São Paulo: Annablume, 2017. p. 10.

(31) BENOIT, Hector. *Platão e as temporalidades:* a questão metodológica. São Paulo: Annablume, 2015.

forma ou, talvez, algum estilo no qual o sensível não seja antagônico ao conceito, mas, sim, ao contrário, seja a sua forma suprema de expressão".(32)

Tal abordagem nos possibilita traçar um caminho transitório entre o mundo sensível e o inteligível, no qual as múltiplas determinações históricas encontram seu devir conceitual. Assim, se em Marx tal devir pode ser representado pela superação da abstração das formas burguesas (mercadoria, dinheiro, forma jurídica etc.) em favor da consciência que envolve o desvelamento essencial da luta de classes,(33) em Pachukanis, o mesmo devir contraditório da dialética nos permitiria averiguar a relação da *forma* jurídica com certo *conteúdo* jurídico.

De modo que se mostra muito frutífero usar o arcabouço metodológico legado por Platão para realizar a interpretação dos textos de Marx (e de Pachukanis), já que a concatenação de ideias em um percurso negativo, no qual as aparências vão sendo desveladas em busca da essência que está posta desde o começo, nos leva a atingir seu princípio, fundamento, *Grund* ou *arkhé*.(34)

Nesta nossa monografia, portanto, nosso caminho metodológico pretende seguir, negativamente, os *Diálogos*, relacionando-os com a forma jurídica, tal como

---

(32) BENOIT, Hector. *A Odisseia de Platão:* as aventuras e desventuras da dialética. São Paulo: Annablume, 2017. p. 11.

(33) Veja-se uma excelente utilização dessa tática interpretativa em: DILLENBURG, Fernando Frota. "O valor de troca como simulacro do valor: a relação entre Marx e o estrangeiro de Eleia". *Trabalho apresentado no XIV Colóquio Internacional do CPA*; V Semana de estudos clássicos do CEC, Campinas-SP, 2018. p. 173: "O objetivo deste artigo é estabelecer uma relação entre duas obras clássicas que compõem a tradição dialética, os *Diálogos* de Platão e *O capital* de Marx, considerando, particularmente, como os dois autores trataram o papel das imagens ou dos simulacros no domínio da consciência dos homens. Para enfrentar tal desafio analisaremos o diálogo *Sofista* de Platão e o Livro I d'*O Capital* de Marx. Antes de expor o diálogo *Sofista*, localizemos este diálogo no interior dos *Diálogos*, ou, mais precisamente, no interior da *léxis* deixada por Platão."

(34) Como nos ensina o professor Hector Benoit: "A violência da luta de classes é o fim do primeiro livro de *O capital*, fim que, na verdade, é princípio *Grund, arché*, princípio pressuposto no modo de exposição desde o começo. Mas este princípio está pressuposto no modo de exposição não porque seja um princípio *a priori*, ele está lá no começo enquanto pressuposto, mas só na medida em que ele já está lá *objetivamente* e *historicamente* posto enquanto princípio do modo de produção capitalista. O que fez exatamente o *desenvolvimento dialético* do modo de exposição foi *demonstrar* qual é o princípio *histórico* que está posto sob as contradições do modo de produção capitalista. Mas, para justamente não cair no dogmatismo do entendimento, primeiramente, colocou o princípio como *pressuposto* para através do desenvolvimento realizar a sua *ex-posição*. No entanto, ao avançar do começo para o princípio (e isto foi sendo feito a cada desenvolvimento lógico que ganhava determinações históricas), as contradições se desenvolviam e as categorias da Economia Política burguesa e da economia burguesa eram negadas: a esfera da circulação (paraíso das ilusões) — a produção de mais-valia absoluta e relativa (manifestação da luta de classes) —, reprodução simples, acumulação de capital (transmutação das leis de propriedade e quebra definitiva da troca de equivalentes), acumulação primitiva (separação violenta dos produtores dos meios de produção, violência da luta de classes como *princípio* do capitalismo, violência como fim e novo *princípio*, negação da negação (socialismo)." BENOIT, Hector. Sobre a crítica (dialética) de O Capital. *Revista Crítica Marxista*, Editora Brasiliense, n. 3, 1996, p. 39.

descrita por Pachukanis, com o intuito de demonstrar as contradições que perpassam a forma *e o* conteúdo do direito, especialmente do Direito do Trabalho, e que ao fim possibilitem negá-lo, colocando a teoria marxista-pachukaniana em movimento, como verdadeira prática revolucionária. Procuramos, desse modo, "*uma teoria que dialeticamente se ultrapasse a si mesma enquanto mera teoria analítica, uma teoria que pelo seu momento analítico-sintético se metamorfoseie em programa de ação de uma classe e, finalmente, em efetiva ação de fazer histórica, práxis*".(35) Ao fim, a consequência da utilização desse método dialético de análise pode nos ajudar a sair da perigosa circunscrição à esfera da circulação (dos quais muitos acusam Pachukanis), evitando análises adstritas à metafísica da forma mercadoria, adentrando nossa investigação ao conteúdo concreto da luta de classes.

Assim, nossa singela trajetória procurará trazer alguns aspectos da dialética enunciada nos *Diálogos*, especialmente de alguns momentos-chave, os quais, apesar de serem pormenorizadamente estudados em itens específicos a seguir, merecem ser pontuados neste momento de esclarecimento metodológico.

Um primeiro momento importante para o nosso objeto de estudo será aquele no qual a *léxis* (ação de dizer) dos *Diálogos* nos leva a acompanhar a saída de Sócrates da aporia na qual foi colocado por Parmênides. Incapaz de se contrapor à totalidade não contraditória do Ser-Um parmediano, o jovem Sócrates permanecerá em silêncio, até encontrar um incipiente saber que, mesmo sendo parcial, o possibilita a voltar a falar. Os diálogos que representam essa passagem são *Parmênides*, *Apologia* e *Banquete*.

Esse recorte inicial dos *Diálogos* será utilizado como um verdadeiro aprendizado para que nós, estudantes de direito, possamos superar certa aporia que a teoria pachukaniana nos coloca. Nesse sentido, apontamos que a *Teoria geral do direito e o marxismo* não nos apresenta uma teoria política capaz de nos levar a uma prática revolucionária. Quase adstrita à esfera da circulação, a teoria a respeito da forma jurídica acaba ficando muito distante da esfera da produção. Não há um caminho transitório para a superação do modo de produção capitalista, o que mina a vontade revolucionária de alguns, colocando-os no ceticismo, tal como no momento de aporia socrática.

Propomos, então, o caminho do Direito do Trabalho como o início de um trilhar intermediário, um saber ao menos parcial que nos permita retomar o caminho da combatividade. Pensamos que essa interpretação é interessante uma vez que, apesar de o Direito do Trabalho ainda representar o mundo da aparência, relacionado à forma jurídica, ele ao menos dirige seu intérprete ao mundo do trabalho, rumo aos verdadeiros conflitos por detrás da máscara jurídica, tal como pretendemos abordar mais adiante.

(35) BENOIT, Hector. Sobre o desenvolvimento (dialético) do programa. *Critica Marxista (Roma)*, Editora Xamã, n. 4, p. 9-44, 1997, p. 11.

Por ora, esperemos deixar claro que a utilização dos *Diálogos* como suporte interpretativo servirá para nos emprestar a noção de um saber parcial, intermediário ou *metaxy*, o qual representa um primeiro degrau de apoio para "voltar a falar", ou, ao menos, para indicar o prumo num universo jurídico muito amplo e abstrato, pautado e reforçado de não contradições dogmáticas, no qual é muito fácil se perder e onde, consequentemente, a indicação de um saber parcial (representado pela indicação de que existe "o" grande conflito por detrás do Direito do Trabalho) pode ser fundamental para simbolicamente nos dar voz, para nos colocar diante da verdadeira contradição da luta de classes: capital *versus* trabalho.

Um segundo momento será o de superação da não contradição nos *Diálogos* e o apontamento da possibilidade de ser construída uma cidade transitória. Nesse momento há uma verdadeira revolução na dialética, pois diante da inauguração do caminho da negatividade pelo personagem intitulado o Estrangeiro de Eleia no diálogo *Sofista*, rompe-se com os dogmas do mestre Parmênides, sendo possível apontar a realização concreta, no mundo sensível, de um projeto de cidade transitória ao fim do diálogo *Leis*. Veremos que tal caminho só se abriu com a superação da própria noção de legalidade, especialmente no diálogo *Apologia*, quando as premissas fundadoras das leis da cidade serão viradas de cabeça para baixo, tal como exporemos mais adiante. Basta aqui indicar que são representantes dessa virada os diálogos *Sofista*, *Político*, *Apologia* e *Leis*.

Bem, planejamos, com o auxílio dos *Diálogos*, indicar caminhos da *i-legalidade*, que, para nós, juristas, aparecem como o oposto da legalidade que pretendemos fazer refletir nas relações sociais, sempre tentando trazer para o universo formal do Direito do Trabalho os "direitos" da classe trabalhadora. Superar do Direito do Trabalho certamente se mostrará contraditório e truncado, não intuitivo, mas, com a ajuda da tradição dialética, pensamos ser possível alcançar certo saber positivo sobre o modo de superação desse ramo do direito e, com sorte, de toda a forma jurídica.

3. Um saber parcial e o saber do Direito do Trabalho

O grande intuito de Pachukanis foi o de se contrapor à defesa de um direito dito "socialista", no qual a forma jurídica seria utilizada indistintamente para dar azo a certo conteúdo operário. Para Pachukanis fica claro que enquanto a forma jurídica existir com ela existirá o direito burguês. Desse modo, Pachukanis dialoga com teóricos do chamado "socialismo jurídico", afirmando que seria preciso extinguir a forma jurídica e com ela todo o direito. Márcio Naves sintetiza bem esse dilema, ao dispor que:(36)

> O problema da relação entre o direito e o socialismo é o "centro nervoso" da teoria pachukaniana. Poderíamos mesmo dizer que é com base nela,

(36) NAVES, Márcio Bilharinho. *Marxismo e direito* — um estudo sobre Pachukanis. São Paulo: Boitempo, 2000. p. 87.

> isto é, no modo como Pachukanis apresenta esta questão e a resolve, que a sua análise da relação entre a forma jurídica e a forma mercantil se ilumina e ganha pleno significado — a um tempo, teórico e político. De fato, se Pachukanis admitisse a possibilidade de um direito "socialista", toda a sua construção teórica estaria comprometida. Se o socialismo implica a gradativa superação das formas mercantis, um direito que se qualificasse como "socialista" seria tanto uma impossibilidade teórica como um objeto a ser combatido politicamente. Se o socialismo implica a gradativa reapropriação pelas massas das condições materiais da produção, com a superação da separação entre os meios de produção e a classe operária e a extinção das formas mercantis, isso significa que o fundamento último da existência do direito é negado na fase de transição, e a persistência do direito só pode aparecer como um obstáculo ao socialismo — mesmo que o direito possa, durante certo tempo, cumprir determinado papel 'revolucionário'.

Ou seja, diante de um cenário de tomada do poder pelos trabalhadores em nada adiantaria perpetuar o Estado e suas leis, isso em nada mudaria o caráter burguês desse novo governo, o qual tenderia em breve a instaurar uma nova classe parasitária, aquela da burocracia estatal. De certo, o texto de Pachukanis, que foi publicado na década de 1920, assume ares de presságio diante do exemplo stalinista das décadas seguintes.[37] Assim, cabe pontuar que a análise de fundo de Pachukanis se mostra correta: é preciso superar a forma jurídica. É preciso pôr fim ao direito.

Porém, embora tal objetivo final de Pachukanis se mostre acertado, é preciso dizer que há um longo caminho transitório nessa "*gradativa superação das formas mercantis*", sendo preciso um trilhar transitório para se atingir essa "*gradativa reapropriação pelas massas das condições materiais da produção*", para usar as palavras de Márcio Naves, acima citado. Pensamos que Pachukanis, em *A teoria geral do direito e o marxismo*, peca justamente por não se preocupar com o devir transitório para superar a forma jurídica. Em outras palavras, Pachukanis não nos diz o que fazer para superar a forma jurídica. Politicamente, como superar a forma jurídica? Isso Pachukanis não nos diz. Com isso nos coloca em aporia, em uma ausência de caminho para fazer o que ele próprio almeja – superar a forma jurídica.

Talvez com o intuito de construir pela primeira vez uma crítica *científica* do direito ou mesmo talvez em função de *A teoria geral do direito e o marxismo* ter um caráter precário, de esclarecimento pessoal do autor, Pachukanis tenha dado um

---

(37) Segundo Márcio Naves, a terceira e definitiva edição de *A teoria geral do direito e o marxismo*, de Pachukanis, data de 1927. Cf. NAVES, Márcio Bilharinho. Prefácio à edição brasileira. In: PACHUKANIS, Evgeni. *A teoria geral do direito e o marxismo e ensaios escolhidos (1921-1929)*. Coordenação Marcus Orione, tradução Lucas Simone. São Paulo: Sundermann, 2017. p. 7.

demasiado destaque à forma jurídica em *A teoria geral do direito e o marxismo*, descuidando-se da relação que tal forma possa ter com o conteúdo a ela vinculado. Diz assim Pachukanis no começo do capítulo intitulado "*As tarefas da teoria geral do direito*":(38)

> A teoria geral do direito pode ser definida como o desenvolvimento dos conceitos jurídicos fundamentais, ou seja, dos mais abstratos. A esses últimos pertencem, por exemplo, definições como 'norma jurídica', 'relação jurídica', 'sujeito de direito' etc. Graças a sua natureza abstrata, esses conceitos são igualmente aplicáveis a qualquer ramo do direito, seu significado lógico e sistemático permanece o mesmo, independentemente do conteúdo concreto a que eles se aplicam. Ninguém haverá de negar, por exemplo, que o conceito de sujeito de direito civil e de sujeito de direito internacional são subordinados ao conceito mais geral de sujeito de direito como tal, e que, por conseguinte, essa categoria pode ser definida e desenvolvida sem depender deste ou daquele conteúdo concreto. Por outro lado, se nos mantivermos dentro dos limites de qualquer um dos ramos do direito, podemos constatar que as categorias jurídicas fundamentais supracitadas não dependem do conteúdo concreto das formas jurídicas, no sentido de que elas mantêm o seu significado com quaisquer mudanças desse conteúdo material concreto.

Aqui, contudo, podemos nos perguntar o quanto há dessa suposta desvinculação entre forma e conteúdo na obra de Marx, especialmente, em *O capital*. Parece-nos, ao contrário, que Marx fundamenta até a sua análise mais abstrata das categorias burguesas em um conteúdo concreto, de luta de classes, pressupondo essa luta desde as suas páginas iniciais. De modo que a própria abstração capitalista só se mostra como abstração justamente para esconder essa realidade concreta de conflito. Nesse sentido, para Marx, a forma mercadoria vai entrando em contradição conforme o véu da realidade concreta vai se descortinando, ganhando determinação. Assim, o conteúdo burguês da forma mercadoria vai sendo revolucionado quando entra em cena o conteúdo revolucionário da luta proletária, que somente se torna posta no capítulo XXIV de *O capital*,(39) que trata da chamada *acumulação originária* do modo de produção capitalista. Esse capítulo, especificamente, é fundamental, pois representa esse desvelamento da luta de classes, mostrando a violência originária na qual se funda o sistema, pela expropriação dos trabalhadores das terras comunais que antes as possuíam, tornando-os livres (vulgo despossuídos) para venderem sua força de trabalho no

(38) PACHUKANIS, Evgeni. *A teoria geral do direito e o marxismo e ensaios escolhidos (1921-1929)*. Coordenação Marcus Orione, tradução Lucas Simone. São Paulo: Sundermann, 2017. p. 69.

(39) MARX, Karl. *O capital:* crítica da economia política: livro I: o processo de produção do capital. 2. ed. Tradução de Rubens Enderle. São Paulo: Boitempo, 2017. p. 785-833.

mercado. Podemos dizer que a "forma mercadoria" da força de trabalho depende de um conteúdo concreto muito particular: aquele da violência burguesa originária que talhou o trabalhador, expropriando-o.

Quando Pachukanis escreve *A teoria geral do direito e o marxismo*, ele acaba não abarcando o conteúdo concreto que perpassa a forma jurídica, que é aquele da sua violência originária. Tem-se, historicamente, pela experiência stalinista das décadas posteriores, que a forma jurídica burguesa acaba realizando seu conteúdo concreto de violência por meio da violência dominadora da burocracia stalinista (quase como uma maldição da forma jurídica), demonstrando que é necessário sim pensar a forma, mas de maneira que esteja objetivamente colocado um horizonte de superação de seu conteúdo. A forma, isoladamente considerada, acaba forçosamente se realizando. Somente um conteúdo verdadeiramente revolucionário pode dialeticamente revolucionar a forma, criando novas formas de a sociedade se organizar. Tal sentido revolucionário será apontado mais abaixo, sendo importante, por ora, descrever o erro metodológico de uma análise que desvincula forma de conteúdo.

O método utilizado por Pachukanis restringe-se ao estudo da forma jurídica, sendo importante, como dito acima, para criticá-la, mas que não lhe emprega movimento, pois ausente o rigor metodológico de seu modo de exposição, impedindo-nos de descobrir a *temporalidade* que a envolve. Marx, por seu turno, traça cuidadosamente um caminho para a apreensão do que seria o capital, passando da aparência e do repouso da forma mercadoria, paulatinamente, ao conteúdo inquieto da produção, como descreve o professor Benoit:[(40)]

> Os objetos tomados em *O capital* obedecem sempre a esse movimento contraditório que os arranca do seu ser aparente e em repouso, que os recoloca na inquietude da sua produção e que os removimentando redescobre os seus pressupostos. Refundados sob um novo princípio não dogmático (princípio deduzido do desenvolvimento das suas próprias contradições, do desdobramento dos seus antagonismos), os objetos são assim superados, isto é, negados dialeticamente. Se a esse movimento são submetidos os diversos objetos particulares que vão aparecendo durante os diversos capítulos (a riqueza, a mercadoria, a forma do valor, a forma dinheiro, a produção da mais-valia, a mais-valia absoluta, a mais-valia relativa, a acumulação de capital...), pode-se dizer que, já no primeiro livro de *O capital*, os pressupostos mesmos deste modo de produção são submetidos a esse movimento negativo de superação dialética. E assim, já no primeiro livro de *O capital* se realizava a crítica (da Economia

(40) BENOIT, Hector. Sobre a crítica (dialética) de O Capital. *Revista Crítica Marxista*, Brasiliense, n. 3, 1996, p. 16.

Política burguesa) e também a teoria programática para a negação desse modo de produção, o modo de produção capitalista, tomado em sua 'forma simples e fundamental'.

Percebemos, portanto, que há um sentido negativo em Marx, que parte da aparência da forma mercadoria à essência da luta de classes, o qual reflete um rigor metodológico de certa *temporalidade* de sua *léxis* (ação de dizer), imbuindo em seu leitor a intenção de seu autor, "*revolucionando todo o processo hermenêutico desses textos*",(41) e, com ele, revolucionando todo o modo de produção capitalista. Entretanto, como dito, Pachukanis não avança politicamente na crítica à forma jurídica em *A teoria geral do direito e o marxismo*, deixando inacabado o percurso metodológico de *O capital*, que é o de ser uma "*obra revolucionária*" ("*O capital é uma obra científica, mas também, ao mesmo tempo e na mesma relação, isto é, de maneira inseparável, é uma obra revolucionária, ou seja, uma teoria revolucionária.*").(42) Pachukanis opta por analisar a forma jurídica separadamente, o que prejudica o fim último de sua obra, que seria superá-la. Muito provavelmente, Pachukanis estava preocupado — com razão — em se contrapor aos teóricos do chamado "socialismo jurídico", mas o autor soviético desprivilegiou as posturas práticas a serem adotadas pela classe trabalhadora, forjando uma teoria desvinculada da prática, recaindo em certo positivismo metodológico, uma vez que impregnou a sua crítica à forma jurídica com a própria necessidade acadêmica de realizar uma crítica à forma jurídica, de certo modo, fazendo intervir elementos exógenos(43) aos textos de Marx, quais sejam, a vontade/necessidade do próprio Pachukanis de salientar a crítica da forma, afastando-a em demasia de seu conteúdo. Assim, a estática crítica da forma pela forma (de Pachukanis) a afastou da dialética crítica da forma pelo conteúdo (de Marx).

Observamos, dessa maneira, que a crítica da forma jurídica merece ser acompanhada de um conteúdo transitório, senão sob o perigo de andar em círculos nos quais a forma levará à mesma forma, perpetuando-a sem superá-la. O nosso intuito, com a presente monografia, é questionar o caráter aparentemente "estático" não só do direito como também da própria crítica pachukaniana. Se o direito pressupõe a suposta "*não contradição de suas categorias*", a dita "*a-historicidade absoluta*" de suas formulações,(44)

---

(41) BENOIT, Hector. *Platão e as temporalidades:* a questão metodológica. São Paulo: Annablume, 2015, p. 119.

(42) BENOIT, Hector. "Sobre a crítica (dialética) de O Capital". *Revista Crítica Marxista*, Editora Brasiliense, n. 3, 1996, p. 14.

(43) MORENO, Arley. Apresentação. In: BENOIT, Hector. *Platão e as temporalidades:* a questão metodológica. São Paulo: Annablume, 2015. p. 9-11.

(44) "Assim o caráter de classe da Economia Política burguesa estaria presente nesse caráter estático, não contraditório das suas categorias, nessa a-historicidade absoluta das suas formulações, nessa extirpação da negatividade a que são submetidas as suas expressões teóricas." BENOIT, Hector. Sobre a crítica (dialética) de O Capital. *Revista Crítica Marxista*, Brasiliense, n. 3, 1996, p. 20.

pensamos que Pachukanis, ao não assumir expressamente um caminho político, acaba caindo na mesma aparência imutável da forma jurídica, verdadeira tautologia.

Para sair dessa aporia inicial, na qual a forma anda em círculos e se relaciona com a própria forma, propomos, inspirados nos *Diálogos* de Platão, um *saber parcial* que nos permita dar um primeiro passo para fora da forma, rumo ao conteúdo. Para tanto, propomos a leitura das obras do professor Hector Benoit, *Platão e as temporalidades: a questão metodológica*(45) e *A Odisseia de Platão: as aventuras e desventuras da dialética*,(46) as quais nos servirão de suporte teórico, desde já salientado.

Assim, a partir da leitura de Benoit, temos que o modo de exposição dos *Diálogos* perpassa toda uma *temporalidade* na qual a sua *léxis* (ação de dizer) nos leva a caminhar ao lado de seu principal personagem, Sócrates. Expondo os *Diálogos* de forma metodologicamente ordenada, Platão nos demonstra como Sócrates foi capaz de desenvolver a sua dialética a partir das contradições que perpassam a sua trajetória pessoal. Temos, assim, um devir contraditório nos *Diálogos*, um caminho cuja negatividade se dá por meio de seus "*encadeamentos lógicos-dialéticos*"(47) representados tragicamente pelo concatenamento de suas cenas até o resultado conceitual anunciado em seus últimos atos, ou seja, um começo no diálogo *Parmênides* até um fim no diálogo *Leis*:

> A partir da temporalidade da *léxis*, fizemos a leitura dos diálogos de Platão, descobrindo uma certa temporalidade da *nóesis* (ou conceitual) que emanou do interior da própria *léxis*. Como vimos, Sócrates e os diversos personagens são sujeitos de um devir rigorosamente determinado, permeado por diversos momentos *aporéticos* e desenvolvimentos sempre renovados que podem ser compreendidos, em si mesmos, como encadeamentos lógicos-dialéticos.

Em *Parmênides*,(48) há o *começo*(49) dos diálogos, no qual Sócrates entra em embate com o grande mestre de Eleia, Parmênides. Sócrates, jovem à época da cena

(45) BENOIT, Hector. *Platão e as temporalidades:* a questão metodológica. São Paulo: Annablume, 2015.

(46) BENOIT, Hector. *A Odisseia de Platão:* as aventuras e desventuras da dialética. São Paulo: Annablume, 2017.

(47) BENOIT, Hector. *A Odisseia de Platão:* as aventuras e desventuras da dialética. São Paulo: Annablume, 2017. p. 537.

(48) PLATÃO. *Diálogos IV:* Parmênides (ou das formas); Político (ou da realeza); Filebo (ou do prazer); Lísis (ou da amizade). 2. ed. Tradução, textos complementares e notas Edson Bini. São Paulo: EDIPRO, 2015. (Clássicos Edipro), p. 31-86.

(49) "(...) mas não de um começo ocasional ou arbitrário. Trata-se de um começo como princípio e fundamento de todos os *Diálogos*, um princípio filosoficamente posto, princípio como *arkhé* ou seu equivalente alemão *Grund*. O começo que como começo *funda* e *fundamenta*." BENOIT, Hector. *A Odisseia de Platão:* as aventuras e desventuras da dialética. São Paulo: Annablume, 2017. p. 21.

narrada nesse diálogo, havia abandonado o estudo das coisas físicas em busca de uma teoria das ideias. Sócrates intuía que as ideias existiriam em si e por si mesmas, sendo capazes de se relacionar com as coisas sensíveis. Contudo, Sócrates ainda estava longe de admitir um devir contraditório que pudesse perpassar a interação entre o mundo sensível e o mundo das ideias e, especialmente, um devir contraditório entre as ideias em si, tal como nos narra o professor Benoit:(50)

> (...) colocava o jovem Sócrates já dois elementos fundamentais da chamada 'teoria das ideias', a existência das ideias em si e por si mesmas, assim como a questão participação das ideias e as coisas sensíveis.
>
> Quanto à questão da participação, que será o problema fundamental deste diálogo, Sócrates observa, desde já, que existe, por um lado, a participação das coisas nas ideias e, por outro lado, também a participação das próprias ideias entre si. Sendo que esta última forma de participação é justamente, a mais difícil de compreender de maneira viável e não contraditória.

Ou seja, "seria possível construir tal logos *internamente* contraditório? Essa é a questão colocada!".(51) Contudo, Sócrates não foi capaz de inaugurar o caminho dialético da negatividade, sendo solapado pela imobilidade da dialética parmediana.(52)

> Na dialética parmediano-eleática não existe o movimento ou o devir. O elemento primeiro, o começo, aquele que é posto como princípio, será para sempre primeiro e jamais sofrerá qualquer superação. Como no caso de Aquiles, o herói dos pés ligeiros, no célebre paradoxo de Zenão, o elemento que não começa como primeiro jamais será primeiro. Naquele paradoxo, Aquiles, apesar da sua velocidade, ao começar a corrida atrás da tartaruga, jamais a superará, permanecendo sempre segundo. Nesse paradoxo, Zenão demonstra a ausência de movimento: uma distância entre dois pontos é divisível ao infinito, por isso sempre restará uma distância entre Aquiles e a tartaruga. Mas, na verdade, apenas demonstrava, de outra maneira, que tudo é um, ou que o múltiplo não existe e que, assim, não pode existir também o movimento. Como se vê, sempre repetia a verdade de Parmênides: o Ser é Um.

Notamos que Sócrates será silenciado pela muralha eleática da não contradição, que não admite um devir contraditório no mundo das ideias, jogando Sócrates na imobilidade do Ser-Um parmediano. Haveria, para Parmênides, sempre um retorno

(50) *Ibidem*, p. 23.

(51) *Ibidem*, p. 24.

(52) *Ibidem*, p. 32.

ao Um sem nenhuma determinação, uma vez que o todo abarcaria o semelhante e o dessemelhante, o um e o múltiplo, e, poderíamos dizer, lembrando-nos de *A teoria geral do direito e o marxismo*, a forma e qualquer um de seus conteúdos, os quais retornariam sempre à noção de Um (ou, no nosso caso, à noção de forma de *A teoria geral do direito e o marxismo*), sem devir, sem movimento, presos tal como o cão que caça o próprio rabo na figura tautológica, ou uma "*reafirmação da universalidade abstrata como verdade última desta dialética analítica da não contradição*".(53) Sócrates, diante do saber parmediano, ficará calado por cerca de dez anos, sem rumos que o levem adiante na sua teoria das ideias.

Somente no diálogo *Apologia de Sócrates*(54) a temporalidade da *léxis* nos levará a ver que nosso protagonista conseguirá um saber que, embora seja provisório, o possibilitará a voltar a falar após o fatídico encontro com Parmênides. Trata-se da revelação da sacerdotisa do Oráculo de Delfos, que afirmou que Sócrates seria o mais sábio dos homens. Instigado pela revelação de que seria o mais sábio dos homens, Sócrates passou a se interrogar por que seria o mais sábio, justamente quando ainda enfrentava as aporias deixadas por Parmênides, achando que nada sabia. Foi, entretanto, por saber que nada sabia que Sócrates descobriu um saber incipiente e precário, mas que o devolveu à fala filosófica, já que encarando outros "sábios" percebeu que eles nada sabiam, mas achavam que sabiam, enquanto o próprio Sócrates não achava que sabia de algo, mas certamente sabia que nada sabia:(55)

Modesto e pobre saber? Certamente. Mas um pobre saber que, com certeza, também anunciava um novo começo para sair do silêncio. Sólido intermediário ou *metaxy* entre saber e não saber, entre saber ou não saber. Como o instante entre o movimento e o repouso, este intermediário não se confunde com nenhum dos dois polos, é muito mais o ponto de chegada onde termina o não saber absoluto e é o ponto de partida em direção ao saber, é o 'átopos' que permite a passagem de um para outro.

Começava a se anunciar um saber *intermediário* ou *metaxy*, o saber que não se sabe, humilde saber, mas que representa um primeiro degrau para sair das aporias deixadas por Parmênides.

No diálogo *O Banquete*,(56) tal saber incipiente será complementado pelo impulso da dialética demoníaca de Eros, pois de nada adianta a construção de um

---

(53) *Ibidem*, p. 40.

(54) PLATÃO. *Diálogos III* – Socráticos: Fedro (ou Do Belo); Eutífron (ou Da Religiosidade); Apologia de Sócrates; Críton (ou Do Dever); Fédon (ou Da Alma). 2. ed. Tradução, textos complementares e notas Edson Bini. São Paulo: EDIPRO, 2015. (Clássicos Edipro), p. 135-166.

(55) BENOIT, Hector. *A Odisseia de Platão:* as aventuras e desventuras da dialética. São Paulo: Annablume, 2017. p. 46.

(56) PLATÃO. *Diálogos V*: O banquete; Mênon (ou Da Virtude); Timeu; Crítias. Tradução, textos complementares e notas Edson Bini. Bauru: EDIPRO, 2010. (Clássicos Edipro), p. 33-107.

primeiro degrau sem este estar acompanhado da vontade de transpô-lo. No percurso socrático, quando "*a dialética conceitual fracassa, onde as determinações tornam-se instransponíveis, irrompem os intermediários demoníacos e são eles que impulsionam Sócrates para diante*".[(57)] Nesse momento, no qual surge a necessidade de escalar esse primeiro degrau do saber, retomando o caminho dialético em direção às ideias, Sócrates vai ser auxiliado pela sacerdotisa Diotima, a qual o iniciará nas coisas do amor, arte de Eros.

Segundo a sacerdotisa, Eros não seria nem deus, nem mortal, verdadeiro intermediário ou *metaxy*, que traduz e transmite o que vem dos deuses aos homens e vice-versa, pois, segundo ela, a sua função seria:[(58)]

> A de interpretar e transmitir coisas humanas aos deuses e coisas divinas aos seres humanos; súplicas e sacrifícios que partem daqui para o alto e ordens e dádivas que procedem do alto para cá. Estando a meio caminho, ele (o *dáimon*) promove a suplementação recíproca, resultando em que o todo se combina em um. Ele é o veículo de toda atividade divinatória e toda sacerdotal no que respeita aos sacrifícios, rituais de iniciação, encantamentos, e toda profecia e magia. Deuses não se misturam com seres humanos, mas o *daimônico* é o meio de toda associação e diálogo de seres humanos com deuses e de deuses com seres humanos, estejam estes despertos ou adormecidos. Todo aquele que possui, nessas matérias, um saber que o habilita, é um homem espiritual (*daimonios aner*), ao passo que aquele que possui um saber que habilita em outras matérias, como nas artes ou ofícios manuais, é o trabalhador manual. Esses *dáimons* são muito diversificados, um deles sendo Eros. (*O Banquete*, 202 e, 203).

Nascido da união entre Poros (a riqueza, o caminho, passagem) e Penia (pobreza, miséria, indigência),[(59)] Eros carrega em sua própria genealogia a característica de ser intermediário, um *dáimon* ou *demônio*, representando, assim, o saber que não se sabe, mas, agora, cunhado de um impulso erótico, aquele da vontade de engendrar em belos corpos a vontade mortal de alcançar a imortalidade, um caminho *demoníaco*, transitório, entre o mundo sensível e o divino, pautado pelo magnetismo da eternidade. No percurso socrático, nosso protagonista, munido desse impulso demoníaco, conseguirá retomar o caminho da sua busca pela teoria das ideias: inicialmente a arte erótica o

(57) BENOIT, Hector. *A Odisseia de Platão*l as aventuras e desventuras da dialética. São Paulo: Annablume, 2017. p. 47.

(58) PLATÃO. *Diálogos V:* O banquete; Mênon (ou Da Virtude); Timeu; Crítias. Tradução, textos complementares e notas Edson Bini. Bauru: EDIPRO, 2010. (Clássicos Edipro), p. 78.

(59) BENOIT, Hector. *A Odisseia de Platão:* as aventuras e desventuras da dialética. São Paulo: Annablume, 2017, p. 48. Notas 8 e 9.

levará a procurar a noção de belo em belos corpos, mas, tal como Eros, a busca pelo belo será direcionada ao plano das ideias, à ideia de Belo em si e por si:[(60)]

> Pois, o desejo mais profundo, contido em Eros, é o de se aproximar de uma beleza que esteja para além dos corpos e olhos sensíveis. A pulsão mais profunda deste ser demoníaco é voltada para a ideia em si e por si do belo, algo que somente se contempla com os olhos divinos da alma.

Aprendemos com esse saber erótico, das coisas do amor, um caminho para nos tirar da aporia nos deixada por Pachukanis em *A teoria geral do direito e o marxismo*, tal como Penia procurou seu Poros, criando o intermediário Eros, defendemos ser o Direito do Trabalho o ramo jurídico especializado que surge da união entre a forma jurídica burguesa e o conteúdo material da luta de classes. Nesse sentido, enxergamos *caminhos demoníacos do Direito do Trabalho*, pois é justamente por meio de seus institutos que a burguesia tentará esconder a extração de mais-valia e onde a classe trabalhadora será "sujeitada" por meio da noção de sujeitos de direito para vender "livremente" sua força de trabalho como mercadoria. Mas, contraditoriamente, ao mesmo tempo também é o único ramo do direito que tem como objeto específico a relação capital *versus* trabalho, consubstanciando o ramo do direito que por excelência permite que os trabalhadores nele se apoiem taticamente, defendendo as mínimas liberdades burguesas contra a burguesia. Ou seja, o Direito do Trabalho é o ramo do direito no qual a forma jurídica, de fato, encontra, sem subterfúgios, o conteúdo de classe.[(61)]

Pachukanis poderia ter dirigido a sua análise precipuamente para as formas jurídicas que envolvem a compra e venda da força de trabalho, desvelando a mera aparência das relações mercantis-monetárias do direito comercial. Dirá Pachukanis somente que: "*A esfera da circulação, a esfera compreendida pela fórmula M-D, D-M, desempenha o papel principal*".[(62)] O jurista soviético insistirá que seria preciso um "*estudo aprofundado de cada um dos ramos do direito tomados separadamente*",[(63)] contudo não chega a analisar o que de fato acontece no interior da fábrica.

(60) *Ibidem*, p. 49-50.

(61) Notamos que Edson Bini, na sua tradução de *O banquete*, optou por deixar sem tradução o termo *daimon*, para afastá-lo na noção judaico-cristã de *demônio*, de conotação pejorativa, representando o absolutamente mau. Nós, ao contrário, seguindo a tradução do professor Benoit, escolhemos o termo *demônio* e *demoníacas* justamente para provocar a burguesia com o horror que ela tem ao Direito do Trabalho, o "absolutamente mau" e que aponta, ainda que incipientemente, para a terrível verdade da exploração de classes, talvez sugerindo um caminho intermediário ou *daimônico*. Indicamos a leitura da nota 142 de Edson Bini para esclarecer ainda mais a noção de *Daimon megas*, cf. PLATÃO. *Diálogos V:* O banquete; Mênon (ou Da Virtude); Timeu; Crítias. Tradução, textos complementares e notas Edson Bini. Bauru: EDIPRO, 2010. (Clássicos Edipro), p. 78.

(62) PACHUKANIS, Evgeni. *Prefácio à segunda edição* de *A teoria geral do direito e o marxismo e ensaios escolhidos (1921-1929)*. Coordenação Marcus Orione, tradução Lucas Simone. São Paulo: Sundermann, 2017. p. 60.

(63) *Ibidem*, p. 56.

Pachukanis mencionará a relação jurídica que perpassa o trabalhador, como no seguinte excerto: "*O trabalhador assalariado se apresenta no mercado como vendedor livre de sua força de trabalho, por isso a relação de exploração capitalista é mediada pela forma jurídica do contrato*",[(64)] mas o faz de passagem, sem focar nessa abordagem que apenas menciona.

Sem se dirigir à esfera da produção, Pachukanis sugere que a forma jurídica não entraria em contradição com a expropriação dos trabalhadores. O trecho que sintetiza essa análise do jurista russo é a seguinte:[(65)]

> A forma jurídica da propriedade não se encontra em contradição alguma com o fato da expropriação da propriedade de um número significativo de cidadãos. Pois a qualidade de ser sujeito de direitos é uma qualidade puramente formal. Ela qualifica todas as pessoas como igualmente 'dignas' da propriedade, mas nem de longe faz delas proprietárias. A dialética da propriedade capitalista está magnificamente retratada n'O capital de Marx, tanto onde ela decorre das formas 'imutáveis' do direito, como onde ela as rompe por meio da violência direta (período da acumulação primitiva).

Por meio desse trecho paradigmático até poderiam ser possíveis duas leituras de Pachukanis: uma na qual, como sobredito, a forma jurídica não entraria em contradição com a expropriação dos trabalhadores, a forma pela forma, estática, sem relação com o conteúdo concreto da "*expropriação da propriedade de um número significativo de cidadãos*". E uma outra, na sequência do mesmo excerto, no qual Pachukanis menciona uma "*dialética da propriedade capitalista*", retomando a noção de acumulação originária do capítulo XXIV de *O capital*, para afirmar que essa dialética da propriedade capitalista (e por certo da do conteúdo de luta de classes que a acompanha) romperia com a noção das "*formas 'imutáveis' do direito*".

Porém, Pachukanis não desenvolve essa segunda perspectiva no decorrer da exposição, voltando a sua atenção para a esfera da circulação, tal como podemos observar nos seguintes trechos:[(66)]

> Enquanto a tarefa da construção de uma economia unificada e planificada ainda não tiver sido executada, enquanto ainda estiver em vigor o nexo mercantil entre empresas isoladas e grupos de empresas, continuará em vigor a forma jurídica.

(64) PACHUKANIS, Evgeni. *A teoria geral do direito e o marxismo e ensaios escolhidos (1921-1929)*. Coordenação Marcus Orione, tradução Lucas Simone. São Paulo: Sundermann, 2017. p. 138.

(65) *Ibidem*, p. 157.

(66) *Ibidem*, p. 161.

E, um pouco mais adiante:[67]

> Na medida em que as empresas estatais submetem-se às condições de circulação, a ligação entre elas manifesta-se não na forma de uma subordinação técnica, mas na forma de contratos.

As passagens acima, extraídas do capítulo *Mercadoria e sujeito*[68] de *A teoria geral do direito e o marxismo*, parecem ser as mais fundamentais para se compreender a lógica do pensamento pachukaniano exposto na sua mais reconhecida obra, ou seja, a de um grande mergulho teórico para dentro da forma jurídica. Os capítulos seguintes, intitulados *Direito e Estado*,[69] *Direito e moral*[70] e *Direito e delito*,[71] irão se afastar cada vez mais do foco gravitacional da produção, terminando, Pachukanis, por analisar os institutos do Direito Penal, sem avançar na relação capital *versus* trabalho. Enquanto isso, a esfera da produção, onde a forma jurídica encontra seu conteúdo e se realiza, vai ficando para trás.

Somente esse distanciamento da análise pachukaniana da esfera da produção foi capaz de produzir leituras que, embasadas em Pachukanis, se perdem na esfera da circulação, assumindo a forma como o problema central (e único e estático, diríamos) do direito burguês. Um bom exemplo dessa leitura que privilegia a forma é a obra do professor Flávio Roberto Batista, intitulada *Crítica da tecnologia dos direitos sociais*. Nesse livro, o jurista da USP é enfático:[72]

> Repito, ainda uma vez, porque constitui o núcleo do trabalho: o problema é de forma. É a forma jurídica que determina a insuperável ineficácia dos mecanismos processuais de implementação transindividual dos direitos sociais.

Assim, ele enxerga que a forma seria quase que uma barreira insuperável para a superação da própria forma, ou, ao menos, a forma jurídica, notadamente individual, prejudicaria a implementação dos direitos sociais, notadamente coletivos, os quais mantêm uma característica de serem transindividuais, tal como a saúde, a educação etc. Nesse sentido, haveria certa incongruência na implementação prática dos direitos sociais, os quais, por certo, não poderiam ser fluídos coletivamente perante a forma

(67) *Ibidem*, p. 161.

(68) *Ibidem*, p. 137-167.

(69) *Ibidem*, p. 165-182.

(70) *Ibidem*, p. 183-198.

(71) *Ibidem*, p. 199-223.

(72) *Ibidem*, p. 214.

jurídica burguesa, que os leva sempre ao plano subjetivo da individualidade. De modo que:(73)

> Todo direito subjetivo, por mais que a doutrina jurídica tente atribuir-lhe o aspecto coletivo ou difuso, é individual, porque, no limite, somente assim pode ser exigido e fruído. Além disso, todo direito subjetivo é patrimonial, se não originariamente, ao menos se tornando patrimonializável com a sistemática da responsabilidade pelo descumprimento das obrigações jurídicas.

Destacamos que o professor Flávio Batista não analisa o Direito do Trabalho especificamente, tratando os direitos sociais como um todo uniforme, em mais uma abordagem puramente abstrata da forma jurídica. Essa linha de investigação o levará a realizar uma crítica da forma puramente afeta ao âmbito da circulação ("*a forma jurídica vinculada à troca mercantil*"),(74) tal como ele coloca os direitos sociais em geral, sem os direitos vinculados ao trabalho como polo fundamental da estrutura jurídica.

Em comentários aos textos de Bernard Edelman(75) — "*Edelman demonstra com precisão como a juridicização destes fatos (greve e organização sindical) os adapta forçosamente à forma jurídica e, consequentemente, desnatura-os completamente*"(76) — o professor Flávio Batista adota a tese de que há uma inexorável adaptação do conteúdo à forma, sem contradição alguma, verdadeira muralha intransponível da forma jurídica, que sinaliza uma ausência de caminho, aporia. Não há nenhuma menção à dualidade de poder contida como *potência* de qualquer movimento paredista, ou mesmo às interrelações táticas que a forma jurídica pode assumir para ajudar (ou prejudicar) a organização dos trabalhadores, sindicalizados ou não, exemplos de conteúdo material da luta de classes — e que merecem ser profundamente estudados pelos estudantes revolucionários que se debruçam sobre o direito.

Os descaminhos teóricos escolhidos pelo professor Flávio Batista o colocarão diante de uma verdadeira aporia política, que muito provavelmente reflete os descaminhos escolhidos por Pachukanis, este ao se distanciar paulatinamente da esfera da produção e aquele ao escolher como objeto de estudo os direitos sociais em geral, desprivilegiando o caráter contraditório do Direito do Trabalho. Assim, enquanto o jurista soviético não aponta um devir transitório para a superação da forma jurídica,

---

(73) BATISTA, Flávio Roberto. *Crítica da tecnologia dos direitos sociais*. São Paulo: Expressão Popular, 2013. p. 219.

(74) *Idem*.

(75) EDELMAN, Bernard. *A legalização da classe operária*. Coord. tradução Marcus Orione. São Paulo: Boitempo, 2016; e *O direito captado pela fotografia* — elementos para uma teoria marxista do direito. Coimbra: Centelha, 1976.

(76) BATISTA, Flávio Roberto. *Crítica da tecnologia dos direitos sociais*. São Paulo: Expressão Popular, 2013. p. 231.

o professor da USP acaba sugerindo uma superação "política" da forma pela forma, isto é, pela esfera da circulação, habitat natural da própria forma. Se não vejamos:(77)

> A técnica dos direitos sociais que pode desempenhar uma função política emancipatória deve causar perturbação intensa a ponto de fazer com que o direito colabore para a fragilização das próprias condições de reprodução da estrutura econômica.
>
> Entendo que só há uma maneira para que isso ocorra. Deixei estabelecido no capítulo anterior que a especificidade das práticas técnicas econômica e jurídica no modo de produção capitalista está ligada à generalização das trocas mercantis de equivalentes, especialmente no que tange ao seu espraiamento para o próprio âmbito de produção, em que até a extração de sobretrabalho que caracteriza a exploração de mão de obra toma a forma de uma troca entre duas mercadorias de idêntico valor: força de trabalho e salário. Uma tecnologia dos direitos sociais que se pretenda emancipatória deve, portanto, atuar de modo a solapar exatamente este alicerce do edifício do modo de produção capitalista. E isso é possível, ao menos do ponto de vista teórico, por meio de mecanismos que já estão identificados na doutrina, e que receberam o nome de alocação universal.

Há, aqui, ao final desse trecho, uma nota de rodapé, de nº 318, que remete o leitor do professor Flávio Batista, dentre outras, à obra do então senador Eduardo Suplicy, intitulada *Renda de cidadania: a saída é pela porta*, deixando clara a vinculação "política" de fundo que pode sair dessa análise "política" da forma. O trecho em comento, em si, é muito ilustrativo, pois o professor Flávio Batista parece caminhar rumo à esfera da produção, à contradição que envolve "força de trabalho e salário", mas acaba caindo na "alocação universal", na "renda básica de cidadania", um projeto petista que nada tem de revolucionário, absolutamente.

Mais curiosa ainda é a síntese dessas posições realizada pelo professor Marcus Orione ao prefaciar o referido livro do professor Flávio Batista:(78)

> (...) com a adoção da renda mínima de cidadania pela forma jurídica, o trabalho perderia a sua característica abstrata, uma vez que cada cidadão, neste contexto, poderia buscar trabalhar não em razão de seu sustento, mas como forma de realização.

Para o professor Orione, o vínculo direto entre renda mínima e a concretude do trabalho salta aos olhos como um lindo arco-íris, porém irrealizável, uma vez que

---

(77) *Ibidem*, p. 261.

(78) ORIONE, Marcus. Prefácio. In: BATISTA, Flávio Roberto. *Crítica da tecnologia dos direitos sociais*. São Paulo: Expressão Popular, 2013. p. 18.

aparece sem nenhuma mediação ou noção transitória que possa efetivamente "solapar" os alicerces do edifício do modo de produção capitalista. Faltaria uma preocupação eminentemente política para realizar, na prática, essa suposta contradição anunciada }no mundo acadêmico. Mas, como se sabe, o projeto petista nada mais é do que a enunciação retórica de uma possibilidade nunca tangível de um mundo melhor (sequer socialista) para os trabalhadores — se o livro do professor Batista possibilita esse caminho "político", deve ser porque há algo em sua leitura de Pachukanis que o permite, e que é o estudo exclusivamente abstrato da forma jurídica. Na abstração jurídica o projeto petista não encontra contradição fática.

Voltamos a dizer que a nossa preocupação para sair das aporias nas quais Pachukanis nos coloca em *A teoria geral do direito e o marxismo* é justamente procurar um caminho transitório, *demoníaco*, no qual figuras intermediárias nos auxiliem a caminhar rumo à superação real da forma jurídica. Jogar a palavra de ordem "renda mínima", abstratamente, só reflete uma análise puramente abstrata da forma jurídica, sem correlação real com a luta de classes. O nosso caminho é inverso, procuramos caminhos realizáveis para tomar os meios de produção, para efetivamente mudar como se produz, o que se produz, o conteúdo da produção com a superação das classes — a forma seguirá o seu destino.

Desse modo, entendemos que, partindo do estudo do direito, só o Direito do Trabalho, concretamente considerado, não uma análise genérica e abstrata dos chamados "direitos sociais", pode nos auxiliar a compreender as interrelações que perpassam, contraditoriamente, a forma *e o* conteúdo dos institutos jurídicos trabalhistas e, contraditoriamente ainda, nos auxiliar em nossa formulação política para a superação desse mesmo Direito do Trabalho.

Nesse sentido, os livros do professor Souto Maior, a respeito da evolução histórica do Direito do Trabalho, são paradigmáticos,(79) pois nos permitem acompanhar o desenvolvimento dos institutos jurídicos trabalhistas a partir da sua correlação com os conflitos sociais que perpassavam os diversos momentos históricos do Brasil e do mundo. Talvez precisamente daí decorra nosso primeiro saber, *o saber parcial*, o saber de que, apesar de não sabermos quais são todos os elementos que movem contraditoriamente a sociedade capitalista, ao menos sabemos que é *injusto* quando a classe trabalhadora é explorada, já que aí há um conflito que coloca trabalhadores de um lado e patrões de outro. Esse primeiro degrau rumo à esfera da produção o estudo do Direito do Trabalho pode nos dar. Não a metafísica das relações comerciais, a qual não se confunde com um verdadeiro horizonte de superação da sociedade capitalista, a

(79) SOUTO MAIOR, Jorge Luiz. *Curso de direito do trabalho:* teoria geral do direito do trabalho. Vol. I: Parte I. São Paulo: LTr, 2011; e *História do direito do trabalho no Brasil:* curso de direito do trabalho. Vol. I: parte II. São Paulo: LTr, 2017.

qual está forjada no *modo de produção* capitalista, cujas entranhas, na esfera da produção, são reguladas pelo Direito do Trabalho, não por outro ramo qualquer do direito, nos dizeres do professor Souto Maior: "*A divisão do trabalho gera, ao mesmo tempo, uma separação de classes de pessoas, que se solidificam com a institucionalização do poder, tornando-se a história da humanidade, desde então, uma eterna luta de classes*".[(80)]

Percebemos, então, que se o Direito do Trabalho hoje procura proteger os trabalhadores, ele o faz não por uma benesse do Estado, ou de um bom patrão, mas, ao contrário, decorre de uma feroz luta de classes, na qual a burguesia, diante de movimentos emancipatórios da classe trabalhadora, concede direitos a contragosto. Como bem pontua o professor Souto Maior: "*Sem a devida análise, o Direito do Trabalho pode acabar sendo apontado como obra do Estado liberal, quando, em verdade, somente surgiu quando o Estado liberal, diante dos horrores que produziu, foi posto em questão*.[(81)] Vejamos, a título de exemplo, mesmo sem entrar nos exemplos mais grandiosos (Revolução Russa de 1917 e a consequente Criação da OIT em 1919, ou, no Brasil, o movimento sindical da década de 1980 e seu reflexo, a Constituição "Cidadã" de 1988), que, desde seus primórdios, a legislação que envolve as relações de trabalho tem relação com a luta de classes: "*Como consequência das graves agitações de Yorkshire, em 29 de agosto de 1833, o Lord Althorp Act estipulou a diminuição da jornada de trabalho*".[(82)] Podemos pontuar, inclusive, que o sentido contrário também é verdadeiro, quando há uma destruição dos direitos trabalhistas é porque a classe trabalhadora se encontra desorganizada, fragilizada, haja vista a Reforma Trabalhista que vem sendo realizada no Brasil após anos de desorganização da classe trabalhadora sob o manto do lulo-petismo.

Entendendo essa lógica dialética do Direito do Trabalho, o professor Gustavo Seferian, em sua sugestiva tese de doutorado, coloca o *Direito do Trabalho como Barricada*. Nela, o professor de Osasco ressalta o caráter contraditório que perpassa o Direito do Trabalho:[(83)]

> É claro que há quem possa defender que o Direito do Trabalho seja a expressão maior da afirmação dos pilares estruturais da juridicidade, ao conferir proteção à parte hipossuficiente na relação de trabalho a fim de que se aproxime de condições ideais de liberdade e igualdade

(80) SOUTO MAIOR, Jorge Luiz. *Curso de direito do trabalho:* teoria geral do direito do trabalho. Vol. I: Parte I. São Paulo: LTr, 2011. p. 46.

(81) *Ibidem*, p. 161.

(82) *Ibidem*, p. 162.

(83) SEFERIAN Scheffer Machado, Gustavo. *Direito do Trabalho como barricada:* sobre o papel tático da proteção jurídica do trabalhador. Orientador Jorge Luiz Souto Maior. São Paulo, 2017. Tese (Doutorado – Programa de Pós-Graduação em Direito do Trabalho e Seguridade Social). Faculdade de Direito, Universidade de São Paulo, 2017. p. 114.

na pactuação dos contratos laborais. Esta posição nos parece pouco apropriada, ou ao menos limitada, haja vista que não se atenta ao fato de que a redução da contratação da força de trabalho a um aspecto circulacionista proporciona, formal e aparentemente, distorções na sua abordagem e na compreensão do processo de produção, onde a mercadoria ora em tela revela sua funcionalidade para fomento do capital.

Donde podemos extrair que se pararmos para analisar a forma jurídica isoladamente, em laboratório, restritos a seu aspecto "circulacionista", sem nos debruçarmos sobre as interações da mercadoria força de trabalho e sua função "*para fomento do capital*", perdemos a historicidade da própria forma jurídica e, com a ausência de história em nossa análise, perdemos todo o horizonte transitório. Ou seja, se Pachukanis usa a interpretação dialética da história de Marx para vincular a forma mercadoria à forma jurídica, infelizmente, na sequência, o jurista soviético perde o horizonte histórico para demonstrar como superar a mesma forma jurídica. Em outras palavras, em *A teoria geral do direito e o marxismo*, Pachukanis utiliza-se da história, mas não indica como *fazer história*, como ser um agente político da transição revolucionária. Uma dessas "lacunas" em Pachukanis seria, por exemplo, qual o "direito" ou a forma de regulamentação social de um Estado transitório, já controlado pelos bolcheviques. Qual a essência das "leis" que ali serão produzidas? Qual o conceito das ordens emanadas pelos Conselhos? Todas elas perguntas não tangenciadas por Pachukanis em seu *A teoria geral do direito e o marxismo.*

Por isso, o jurista osasquence se arrepia com a leitura que Pachukanis sugere ao analisar a forma pela forma, apartada de seu conteúdo. Se o direito, para Pachukanis, está intimamente relacionado à forma jurídica e esta, por seu turno, está relacionada à forma mercadoria do modo de produção capitalista, em um cenário de superação do modo de produção capitalista, como essa novel sociedade vai se regulamentar se a própria noção de regulamentação terá ficado para trás juntamente com a própria noção de direito? Nas palavras do professor Gustavo Seferian: "*Estaríamos falando de um outro direito. Que não teria por funcionalização primeira aquelas dadas pelo Direito do Trabalho moderno*", pois, "*falar de Direito do Trabalho é falar do capitalismo*". Sim, entendemos que há uma grande lacuna em Pachukanis, qual seja, aquela de não apontar novas formas de regulação social que nos permitam sair da forma jurídica do capitalismo, de modo que parecemos cair em um terreno no qual a ausência de forma jurídica parece refletir uma ausência de regulamentação social, que por certo não há de ser verdadeira. Se o Direito do Trabalho representa um saber parcial é porque ele representa o conteúdo concreto de uma classe explorada que se organiza (faticamente, com reflexos na institucionalidade jurídica). Essa organização da classe trabalhadora, se não potencializada subjetivamente por meio de um movimento revolucionário, acaba retornando à forma jurídica, ao direito que tudo engendra, Ser-Um parmediano-pachukaniano. Somente a organização dos trabalhadores, unidos em uma luta defensiva pelas suas condições materiais de existência, pode nos emprestar um retorno ao caminho quase perdido na trilha da forma pela forma. Com os pés firmes no *saber provisório* de que é preciso organizar a classe trabalhadora contra as injustiças perpetradas pela burguesia, poderemos elevar nossa vontade *demoníaca* de revolução a um outro patamar, aquele de superação do saber parcial, com a superação do Direito do Trabalho em si e por si. Se o direito trabalhista imageticamente nos empresta a figura da barricada, chega uma hora de construí-la na prática, realizar concretamente a ideia de barricada, no devir do conteúdo histórico e concreto da classe trabalhadora, face *demoníaca* da revolução proletária.

4. A ilegalidade dialética — Superando a forma jurídica do Direito do Trabalho em busca de uma cidade fundada em koinonia

A forma jurídica nos insere nos meandros da *legalidade*, cunhando as figuras de sujeitos de direito para movimentar as mercadorias na esfera da circulação, escondendo a extração de mais-valia na esfera da produção, fim último da forma jurídica. O Direito do Trabalho serve para afastar o nosso olhar da mera legalidade que mascara a luta de classes, superando-a, para apontar o começo das suas contradições, como um *saber parcial e provisório*; assume, assim, um caráter *demoníaco* (*daimônico*), que nos retira da aporia legada por Pachukanis em *A teoria geral do direito e o marxismo*, colocando-nos no rumo das contradições que envolvem o capitalismo: o conflito capital *versus* trabalho. Contudo, para aprofundar a nossa crítica e descer às profundezas do conteúdo material por detrás da forma jurídica, é preciso abandonar a segurança legada pelo Direito do Trabalho. O Direito do Trabalho, como instrumento jurídico da burguesia que é, sempre tenta dar uma conotação legalista aos anseios da classe trabalhadora,[84] como verdadeiro pelego que amortece a luta de classes e perpetua a exploração capitalista, jogando-a numa esfera de aparente não contradição. De modo que para superar a noção de forma jurídica e a aparência de legalidade que a acompanha, contraditoriamente, é preciso superar a própria noção de Direito do Trabalho, quebrando seus limites conservadores (legais), saindo da aparência não contraditória da legalidade burguesa em busca da essência *i-legal* e contraditória da luta de classes, inaugurando, em certo sentido, o caminho do *não ser-trabalhista*, onde para se falar da injustiça que a burguesia perpetra é preciso abarcar o caminho "proibido" da *i-legalidade*.

Ou seja, em certo ponto, é preciso sair de trás do Direito do Trabalho como barricada, que pode servir de instrumento de luta, mas que ainda é limitado, e partir

(84) Como bem nos alerta EDELMAN, Bernard. *A legalização da classe operária*. Coord. tradução Marcus Orione. São Paulo: Boitempo, 2016.

para o ataque direto contra a burguesia. O caminho que sugerimos para tanto é aquele que rompe com a legalidade da forma jurídica, os caminhos da *i-legalidade* dialética, que apontam para o abandono das seguras fórmulas jurídicas e passam para o âmbito da criminalidade, para o perigo de, ao se colocar em ato, sermos acusados pelas leis da cidade, julgados e até mesmo eventualmente condenados a beber sua cicuta. Se as regras, como visto, são dadas pela burguesia (inclusive, dentre elas, as trabalhistas), em certo momento é preciso quebrá-las, já que a revolução exige outros pressupostos que não os da legalidade burguesa, notadamente a sua forma jurídica, pautada pela individualidade que perpassa a noção de sujeitos de direito.

Novamente, aqui, em busca da superação da legalidade burguesa, voltamo-nos aos *Diálogos* para encontrar outra inspiração na *temporalidade* da sua *léxis* na qual a legalidade (da burguesia) possa ser superada dialeticamente rumo à ilegalidade (revolucionária), em um movimento de rompimento que possibilite a construção de uma nova cidade fundada em outros pressupostos. Os diálogos que representam essa mudança de rumo são *Sofista*, *Político*, *Apologia* e *Leis*.

No diálogo *Sofista*[85] há a introdução de um novo personagem anônimo, intitulado Estrangeiro de Eleia, que será quem conseguirá, de fato, superar o dogma da não contradição legado por Parmênides. Nesse diálogo, o Estrangeiro e os demais personagens estão à procura do conceito de sofista, de político e de filósofo, para tentar distinguir uns dos outros, tarefa, diga-se, assaz árdua.

Eles, portanto, escolhem o conceito de sofista para começar e, liderados pelo Estrangeiro, partem à sua caça. O método de investigação utilizado será o de procurar os elementos mais essenciais do sofista para que se possa atingir o seu conceito excluindo as determinações que lhe são acessórias, e consequentemente não o definem. Entretanto, esse método de investigação apresentará grandes dificuldades para nossos caçadores. Isso porque o sofista, presa ligeira que é, se esconde no ato *mimético*, mistura de arte e jogo:[86]

> Assim, o sofista praticaria esta mescla agradável de arte e jogo que é o ato mimético. Trata-se, de fato, como vimos, de uma arte (*tékhne*), uma arte do parecer, uma *doxostiké* que simula possuir a ciência, a *epistême* de todas as coisas. Porém, indo além do âmbito do conhecimento, tal arte mostra-se como jogo, um jogo capaz também de *produzir*, por imitação, todas as coisas.

(85) PLATÃO. *Diálogos I:* Teeteto (ou Do conhecimento), Sofista (ou Do ser), Protágoras (ou Sofistas). Tradução, textos complementares e notas Edson Bini. Bauru: EDIPRO, 2007. (Clássicos Edipro), p. 157-247.

(86) BENOIT, Hector. *A Odisseia de Platão:* as aventuras e desventuras da dialética. São Paulo: Annablume, 2017. p. 282.

O sofista seria, desse modo, um "mero feiticeiro", "imitador das coisas verdadeiras",[(87)] possuidor da arte do parecer "uma *doxostikê*". Porém, a arte da cópia em si ainda apresentaria mais de uma determinação, podendo ser dividida em duas: a imitação que realmente copia o modelo (*eikastikê*) e a imitação que não copia as proporções exatas do modelo, sendo uma cópia enganosa, denominada, pelo Estrangeiro, como *phántasma*, e traduzida pelo professor Benoit como *simulacro*.[(88)] Ou seja, a arte de fabricação de imagens (*eidôlopoiikê*), segundo o Estrangeiro, abarcaria tanto a arte da cópia (*eikastiké*, ou *produção de semelhanças*) quanto a arte do simulacro (*phantastiké*, ou da *imaginação*).[(89)] Nesse ponto o diálogo retomará e colocará em questão justamente a base da fundamentação parmediana da não contradição: para encurralarmos o sofista, precisamos abarcar filosoficamente não só o Ser-Um parmediano da não contradição (o aparecer) como também o Não Ser e seu devir contraditório (o parecer sem ser do sofista). Em outras palavras, como encontrar o sofista, que opina o falso, sem sair da esfera totalizante de Parmênides, que não admite que a opinião seja falsa (ela somente é), e ao mesmo tempo não falarmos falsidades? Nas palavras do Estrangeiro de Eleia (236e-237a):[(90)]

> **Estrangeiro:** Estamos, meu caro amigo, realmente empenhados numa investigação muito difícil, pois a matéria de *aparecer e parecer, mas não ser*, e de dizer coisas, mas não verdadeiras, tudo isso é agora, como o foi sempre, motivo de muita perplexidade. Sabe Teeteto, é sumamente difícil compreender que forma de discurso um indivíduo deveria usar para dizer que realmente há a falsidade e, ao dizê-lo, não se envolver em contradição.
>
> **Teeteto:** Por quê?
>
> **Estrangeiro:** Porque essa afirmação implica a hipótese audaciosa de que o não ser existe, pois se assim não fosse a falsidade não poderia vir a ser. Mas o grande Parmênides, meu rapaz, do tempo em que éramos crianças até o fim de sua vida, nunca deixou de protestar contra isso e repetiu continuamente tanto em prosa quanto em verso:
>
> *Nunca te submete ao pensamento de que — disse ele — o não ser é;*
>
> *Mas mantém tua inteligência afastada dessa senda de investigação.*

---

(87) *Ibidem*, p. 283.

(88) *Ibidem*, p. 283.

(89) A tradução de Edson Bini apresenta do seguinte modo essa fala do Estrangeiro (236c do *Sofista*): "Estrangeiro: São essas, portanto, as duas espécies de produção de cópias a que aludi: a produção de semelhanças e a produção de imaginação (*fastastiken*, ou seja a produção ou formação de aparências)" – cf. nota 37 da edição de Edson Bini. PLATÃO. *Diálogos I: Teeteto (ou Do conhecimento), Sofista (ou Do ser), Protágoras (ou Sofistas)*; tradução, textos complementares e notas Edson Bini. Bauru: EDIPRO, 2007. (Clássicos Edipro), p. 190.

(90) *Ibidem*, p. 190-191.

Donde podemos concluir que a realidade ontológica do falso depende da hipótese do não ser,[91] pois *"se assim não fosse a falsidade não poderia vir a ser"*, tal como acima citado. Nesse momento, a caça ao sofista, infalivelmente, desembocará no "*caminho proibido, aquele do não ser*".[92] Essa virada do caminho metodológico escolhido pelo Estrangeiro representa, na verdade, o rompimento radical com toda uma tradição filosófica, uma vez que pensar a via do não ser quebra os pressupostos da dialética parmediana:

> Trata-se, portanto, da tentativa de instauração, por força, de um novo fundamento ou princípio. Trata-se da procura do novo começo que possa abalar a hegemonia absoluta do ser eleático.
>
> Enquanto a refutação radical de Parmênides e a instauração conceitual do novo caminho não forem realizadas, segundo o estrangeiro, 'não poderemos falar de discursos falsos ou de opiniões falsas, nem de imagens, cópias, imitações e simulacros, nem das artes que se relacionam a estes, sem sermos obrigados a sustentar, se maneira ridícula, o contrário do que nós próprios afirmamos' (241e). Não efetivando esses atos, a arte do sofista não poderá ser determinada e não se poderá diferenciar a prática ilusionista do sofista da ação desveladora do filósofo.

O Estrangeiro, então, abrirá as portas da negatividade dialética, aquela que tanto influenciará Hegel e o próprio Marx, utilizando-a contra os princípios da dialética não contraditória de Parmênides, tal como nos mostra o professor da UFRGS, Fernando Dillenburg:[93]

> E onde estaria, de acordo com o Estrangeiro de Eleia, o caráter não puro dessas ideias de Parmênides? Segundo o Estrangeiro, quando Parmênides afirma que o Ser é Um, ou que o Ser é o mesmo que si, ele já está admitindo a contradição no interior do Ser, pois o "um" não é o mesmo que o Ser, uma vez que o um já é um predicado diferente do sujeito Ser. O Estrangeiro mostra, assim, que a proposição de Parmênides é ela própria contraditória, negando a tese central de Parmênides segundo a qual as ideias seriam puras, não contraditórias. O Estrangeiro de Eleia prova, desse modo, a existência da contradição no reino das ideias, comprova que a ciência não é neutra e pura, mas contraditória.

(91) BENOIT, Hector. *A Odisseia de Platão:* as aventuras e desventuras da dialética. São Paulo: Annablume, 2017. p. 285.

(92) *Ibidem*, p. 290.

(93) DILLENBURG, Fernando Frota. O valor de troca como simulacro do valor: a relação entre Marx e o estrangeiro de Elei". *Trabalho apresentado no XIV Colóquio Internacional do CPA*; V Semana de estudos clássicos do CEC, Campinas-SP, 2018. p. 176.

> O Estrangeiro dá vida ao não ser, fundando assim a via do não ser, a via da contradição. Como se vê, depois da longa e trágica trajetória de Sócrates, o Estrangeiro de Eleia, esse personagem anônimo, funda, finalmente, a ciência negativa da dialética. É nesse sentido que afirmamos que no diálogo Parmênides é colocado o problema fundamental dos diálogos e no diálogo Sofista o problema é solucionado, dando ser ao não ser, a negatividade presente tanto nas ideias como nas coisas sensíveis. Como se vê, ao contrário da lógica parmenidiana, a dialética negativa de Platão, a dialética propriamente dita, desde a sua origem, procura resolver os problemas do mundo sensível, ao invés de se separar dele.

Tal como bem colocado pelo professor gaúcho, a imobilidade do Ser-Um parmediano vai ser posta à prova pelo Estrangeiro de Eleia, já que a característica do ser (*ousia*) de ser aparentemente eterno ganhará novos contornos ao se relacionar com o devir (*gênesis*), movimento mutável e determinante. O Ser, portanto, não poderá ser se não se relacionar com outro, formando um Ser-Um, pois, ao menos para ser conhecido como Ser, tal Ser deverá sofrer a ação de ser conhecido, sob pena desse grandioso Ser de alguma forma não ser algo (no caso, conhecido). Mas, sendo conhecido, o Ser é posto em movimento, ganha determinação, ganha devir, "a *ousia* é desestabilizada, ou seja, sendo conhecido, o ser real e verdadeiro é posto em movimento, abandona o campo do repouso".(94) A partir dessas constatações, o Estrangeiro forjará a noção de *ser-em-comum* (*koinonein*), quando o Ser passa a ser apreensível, sofrer determinações, e, portanto, ser passível de ser contraditório. Ou seja: "sob a ação da 'potência' ou *dynamis* do conhecer, o ser real, considerado antes imutável, passa a ter um *koinonein* ou um 'estar-em-comum' com o movimento".(95) Quando o Ser ganha movimento, diante da ação negativa da dialética posta pelo Estrangeiro, a própria noção de "ideias" ou "formas" ganha movimento, como nos diz o professor Benoit:(96)

> (...) o próprio movimento torna-se uma ideia ou forma fundamental do Ser, sem a qual é impossível o próprio Ser existir, ou se exercer como potência (*dýnamis*) que move e é movida, que age e que sofre, que vive e que conhece, que possui inteligibilidade e que se manifesta da forma mais pura no domínio da *nóesis*.

Os estudos do professor Benoit são paradigmáticos para a compreensão da dialética, uma vez que, movidos por uma vontade *demoníaca*, vão fundo no caminho da negatividade, explorando todas as suas possibilidades. Foi só com a ajuda deles que

(94) BENOIT, Hector. *A Odisseia de Platão:* as aventuras e desventuras da dialética. São Paulo: Annablume, 2017. p. 299.

(95) *Ibidem*, p. 299.

(96) *Ibidem*, p. 301.

conseguimos compreender uma questão da dialética que nos era de difícil entendimento e que se coloca neste momento da *léxis* dos *Diálogos*: o *em si* e *por si*. O gênero do Ser, para existir como Ser, ou seja, para ser *em si*, só consegue fazê-lo se ao mesmo tempo e na mesma relação estabelecer *por si* uma relação com outro gênero diferente de si, colocando-se no movimento que busca a própria identidade a partir da diferenciação com os demais, ou seja, só é possível ser (em si) se for no seio de algo diferente (por si), isto é, a própria identidade só se faz identidade se se diferencia das demais, de modo que não é possível ser *em si* se não for *por si*.

Trazendo essas concepções teóricas para o nosso objeto de estudo (o Direito do Trabalho) podemos notar enormes ganhos de compreensão. Um primeiro deles será o de que a burguesia atua sofisticamente, criando falsas imagens que se passam por realidades imutáveis, tal como a noção de mercadoria, dinheiro, direito etc., mas que na verdade escondem suas contradições essenciais. Assim, partindo para a análise desmistificada dessas formas capitalistas, podemos perceber que essas mesmas formas somente existem como aparência, meros simulacros, inseridas na arte de imitar que o burguês tenta mostrar como se real fosse. Notamos ainda que a própria noção de *forma* empregada por Marx para se referir à "forma mercadoria" ganha uma conotação de movimento, uma vez que ela só será a "forma mercadoria" se puder se diferenciar de outras formas, em si e por si.[97] Nesse sentido, a "forma jurídica", tal como elencada por Pachukanis, se for pensada pela chave da negatividade dialética, só poderá existir em si e por si se for concebida sob a perspectiva contraditória, aquela que relaciona a "forma jurídica" com a determinação real de seu conteúdo. Assim, apenas ilusoriamente seria possível desvincular a forma de seu conteúdo, já que isso seria um retorno à não contradição da própria forma, que deixaria de ter devir, deixaria de ser *por si* e, portanto, deixaria de ser forma *em si*, perdendo qualquer significado que justificasse a sua existência real, o ser da forma ontologicamente.

Será mais assombroso ainda pensar que, se a forma é *em si*, é porque ela se relaciona *por si* com a noção contraditória de forma, a não forma, digamos. Ela praticamente pressupõe a sua negação para ser como forma, para poder admitir um conceito de forma e se diferenciar da não forma. De modo que o conceito de legalidade só é enquanto legalidade se estiver acompanhado ao mesmo tempo e na mesma relação pela *i-legalidade*, a sua não legalidade, sua negação que a caracteriza em si e por si como legalidade. A forma jurídica, por esse viés, contém, contraditoriamente, sua negação, a não forma, tal como a legalidade se define pela *i-legalidade*, e, talvez, a noção de sujeitos de direito só possa se definir pela noção de não sujeitos de direito,

(97) Veja-se, nesse sentido, o trecho dos *Grundrisse* conhecido como "Formações econômicas pré-capitalistas", no qual o devir da forma mercadoria será apreendido a partir da sua diferenciação negativa em relação às formas existentes nos modos de produção anteriores. MARX, Karl. *Grundrisse*: manuscritos econômicos de 1857-1858: esboços da crítica da economia política; supervisão editorial Mario Duayer; tradução Mario Duayer, Nélio Schneider (colaboração de Alice Helga Werner e Rudiger Hoffman). – São Paulo: Boitempo; Rio de Janeiro: Ed. UFRJ, 2011. p. 388-423.

sua negação contraditória e que, sendo posta historicamente adquire toda uma conotação especial, justamente quando, para surgir *em si* e *por si* como sujeito de direito, esse mesmo sujeito de direito teve que se relacionar com o não sujeito de direito, ou, melhor dizendo, quando o direito burguês surgiu, criando sujeitos proprietários, foi porque os diferenciou dos não proprietários, expropriando-os fática e historicamente como nos lembra a acumulação originária e seu violento processo de expropriação descritos no Capítulo XXIV, de *O capital*. Assim, para cada sujeito proprietário, houve a justaposição de inúmeros não sujeitos não proprietários.

Contudo, a síntese histórica nos mostrará que esse devir contraditório da forma jurídica e da acepção de sujeitos que a acompanha foi velado pela sofística burguesa, a qual forjou a *aparência ilusória* de que os não sujeitos expropriados seriam proprietários (proprietários de sua própria força de trabalho) e que, portanto, seriam igualmente sujeitos de direitos, livres para venderem a sua força de trabalho. Porém, o caminho da negatividade nos permite averiguar que a força de trabalho só é *em si* e *por si* se ela se relaciona com a não força de trabalho, de modo que só há força de trabalho se houver não força de trabalho, assim, enquanto o trabalhador (não sujeito em sua acepção originária) possui força de trabalho (sendo contraditoriamente transformado em sujeito para vendê-la) o não trabalhador possuirá não força de trabalho (sendo transformado em sujeito para comprá-la). Ou seja, o trabalhador, para ser trabalhador *em si* e *por si*, precisará se relacionar com o não trabalhador, um possuindo e o outro não a tal da força de trabalho. E, se, dentro do sistema capitalista, há a extração de mais-valia, poderíamos também dizer que se dessa relação alguém ganha é porque alguém não ganha. A conclusão é infalível: o burguês não trabalha e ganha, enquanto o trabalhador trabalha e não ganha.

E, mais ainda, se a forma jurídica estimula essa injustiça, é porque a não forma jurídica, *i-legal*, de alguma maneira está contida ao mesmo tempo e na mesma relação, *em si* e *por si*, ou, ao menos, se encontra latente nessa mesma relação de expropriação, contendo a negação da legalidade individualista da forma jurídica, isto é, a negação da legalidade como uma noção de ser-em-comum (*koininia*) que acompanha a ilegalidade, já que, para ser, o sujeito de direito individual se diferencia do não sujeito coletivo e ilegal. Assim, onde nasce a expropriação individualista nasce também a possibilidade de superá-la por meio da contradição latente em sua negação, ou talvez pudéssemos dizer, com Marx e Engels, que ao mesmo tempo em que a burguesia cria as condições de apropriação egoística da força de trabalho ela cria seus algozes, a classe trabalhadora que *é-em-comum* na *i-legalidade* ("*A burguesia, porém, não se limitou a forjar as armas que lhe trarão a morte; produziu também os homens que empunharão essas armas — os operários modernos, os proletários*").[98] Procuremos encontrar essa ilegalidade ***koinológica***.

(98) Continuam Marx e Engels no Manifesto: "O verdadeiro resultado de suas lutas não é o êxito imediato, mas a união cada vez mais ampla dos trabalhadores." MARX, Karl, ENGELS, Friedrich. *Manifesto Comunista*. São Paulo: Boitempo, 2007. p. 46 e 48.

Os *Diálogos*, agora munidos desse devir contraditório deixado pelo Estrangeiro de Eleia, nos levarão pela sua *léxis* até o próximo evento que será aquele do julgamento de Sócrates, em *Apologia*. Ou seja, logo após toda essa explanação sobre o ser e o devir e a contraditoriedade da dialética negativa, isto é, na imediata sequência de sua ordem de exposição, os *Diálogos* colocarão Sócrates em julgamento, quase nos perguntando, como seus leitores, se aprendemos, ou não, a lição com o Estrangeiro. A nosso ver, seu protagonista, Sócrates, que permaneceu literalmente calado durante toda a exposição do Estrangeiro, parece ter aprendido a negatividade inerente à verdadeira dialética, uma vez que ele próprio negará seu julgamento, colocando-se, contraditoriamente, na *ilegalidade* ao mesmo tempo em que, a seu ver, cumpria as leis da cidade, mas, contudo, sendo condenado e morto por fazê-lo.

Percebemos que no diálogo *Político*[99] o Estrangeiro já havia lançado a possibilidade da ilegalidade, justamente ao contestar, negativamente, de onde adviria a legitimidade de um poder. No caso, a legitimidade do poder adviria da legitimidade daqueles que exercem a arte política, os *basileus*, únicos que possuiriam sabedoria para exercê-la. Ou seja, segundo o Estrangeiro, a legitimidade do poder não provém da legislação. A legislação possui necessariamente um caráter estático que não consegue acompanhar a mobilidade da natureza humana, assim, "*a lei não pode sempre determinar rigorosamente o que é o melhor e o mais justo para todos, sobretudo, por causa da diversidade e instabilidade a que estão submetidos os homens, as ações e as coisas humanas*".[100]

As leis, nesse sentido, representariam uma limitação, a de jamais conseguirem acompanhar o devir humano, já que a arte perfeita da legislação, totalmente racional e justa, não seria facilmente encontrada em seus cidadãos, sendo raríssima. De modo que a própria inviolabilidade das leis "*seria uma espécie de segundo princípio ou segundo recurso, que se torna belo e justo na medida em que não se possui o primeiro, ou seja, a própria arte ou ciência política*".[101] A rigor, para o Estrangeiro de Eleia, o verdadeiro político seria aquele que não se preocupará com a lei escrita, desrespeitando-a, sem nenhum pudor, quando se mostrar necessário. Ademais, ainda seguindo o raciocínio do Estrangeiro, quando a "*multidão resolve romper as leis existentes, acreditando que vai aperfeiçoar a cidade, procede, tanto quanto lhe é possível, da mesma forma que o político verdadeiro (300d)*".[102] Isso é praticamente o conceito de um momento revolucionário, que ganha maior significado se pensarmos que o revolucionário *em si* e *por si* precisa

(99) PLATÃO. *Diálogos IV:* Parmênides (ou das formas); Político (ou da realeza); Filebo (ou do prazer); Lísis (ou da amizade). 2. ed. Tradução, textos complementares e notas Edson Bini. São Paulo: EDIPRO, 2015. (Clássicos Edipro), p. 87-178.

(100) BENOIT, Hector. *A Odisseia de Platão:* as aventuras e desventuras da dialética. São Paulo: Annablume, 2017. p. 357.

(101) *Ibidem*, p. 360.

(102) *Ibidem*, p. 363.

se relacionar com o não revolucionário (seguidor de leis) para ser. De modo que temos a *i-legalidade* revolucionária acompanhada pela legalidade não revolucionária. Como transformar uma em outra? Eis a (transitoriedade demoníaca da) questão.

Por ora, veremos que Sócrates, no decorrer da *léxis*, em seu julgamento descrito na *Apologia*, seguirá os dizeres do Estrangeiro sem titubear, pois admite que, em um cenário no qual fosse condenado a não filosofar, ele desrespeitaria as leis da cidade e continuaria exercendo seu mister, ou seja, entraria na *i-legalidade*. Em suas palavras, diante de seus juízes e acusadores (*Apologia de Sócrates*, 29c-30c, com o perdão da longa citação, que segue na integralidade por representar um momento fundamental da *léxis*):(103)

E, assim, mesmo na hipótese de me absorverdes agora e não serdes convencidos por Anito, que afirmou que ou não devia eu simplesmente ter sido submetido a julgamento, ou, se fui, tenho que ser executado, uma vez que se eu for absolvido, vossos filhos serão todos inteiramente arruinados por se dedicarem a praticar o que ensino — se me disserdes à guisa de resposta a isso: 'Sócrates, nesta oportunidade não agiremos segundo o que diz Anito, mas te deixaremos ir sob a condição de que não despendas mais teu tempo nessas investigações e não te devotes mais à filosofia, sendo que se fores pego em flagrante assim fazendo, morrerás'; se me absolvêsseis sob tal condição, declararia a vós: 'Homens de Atenas, contais com meu respeito e minha amizade, mas acatarei o deus, de preferência a vós, e por quanto durar minha existência e for eu capaz de prosseguir, jamais renunciarei à filosofia e cessarei de vos exortar, e de meu modo costumeiro com qualquer um de vós que venha a topar no meu caminho salientar: 'Homem excelente, sendo como és, um cidadão de Atenas, a maior das cidades-Estado e a mais notória por sua sabedoria e poder, não te sentes envergonhado por te preocupares com a aquisição de riqueza, reputação e honras, enquanto não te importas e nem atentas para sabedoria, a verdade e o aperfeiçoamento de tua alma?'. E então se qualquer um de vós contestar o teor de minhas palavras, e afirmar que realmente se importa, não permitirei que vá embora, dispondo-me sim a interrogá-lo, examiná-lo e submetê-lo a testes... e se apurar que não é detentor da virtude, a despeito de afirmar que é, o censurarei por desprezar coisas de máxima importância, enquanto se importa com coisas secundárias. Assim agirei com todo aquele que encontrar, jovem e velho, estrangeiro e concidadão, porém mais especialmente com os concidadãos, porquanto sois ligados mais estreitamente a mim. Certificai-vos de que assim o deus me ordena fazer e creio não haver nenhum outro maior benefício concedido a esta cidade do que o serviço que presto a deus. Pois tudo o que faço em minhas andanças é vos instar, jovens e velhos entre vós, a não zelardes por vossos corpos ou vossas riquezas mais do

---

(103) PLATÃO. *Diálogos III – Socráticos:* Fedro (ou Do Belo); Eutífron (ou Da Religiosidade); Apologia de Sócrates; Críton (ou Do Dever); Fédon (ou Da Alma). 2. ed. Tradução, textos complementares e notas Edson Bini. São Paulo: EDIPRO, 2015. (Clássicos Edipro), p. 150-151.

que pela perfeição possível de vossas almas; e vos digo que a riqueza não gera virtude, mas esta gera a riqueza e todos os demais bens aos seres humanos, tanto os benefícios privados quanto os públicos. Se com esse discurso corrompo os jovens, então seu conteúdo é nocivo. Mas se alguém afirma que profiro um discurso distinto desse, afirma algo destituído de senso. Assim, digo-vos, ó homens de Atenas: fazei como Anito vos indica ou não, e absolvei-me ou não, mas cientes de que não alterarei minha conduta, mesmo que tenha eu que muitas vezes morrer.

Talvez só a consciência do saber que não se sabe o que vem depois da morte, "saber negativo de *thánatos*",[104] possa ter dado a força necessária para desafiar a própria morte e seus algozes, colocando um saber negativo na própria morte, condenando os seus juízes, negativamente, ao ser ele, Sócrates, condenado — oposição discursiva característica da dialética socrática.[105] De uma aparente arrogância, na qual Sócrates ao menos se equipara com o verdadeiro político (já que rompe com as leis da cidade), nosso protagonista demonstrará uma terrível humildade, pois se coloca a serviço da cidade mesmo quando ela mesma não o acolhe. Ponderamos, contudo, que a perspectiva de Sócrates ainda é individual: ele, unicamente, na ilegalidade. De modo que as preocupações que perpassarão os diálogos seguintes, *Críton*[106] e *Fédon*[107], não avançarão no devir contraditório da ilegalidade socrática, legando os discípulos de Sócrates a uma grande aporia de cerca de 50 anos após a sua morte. Porém, é certo que a via da ilegalidade foi aberta definitivamente, o que possibilitará um outro personagem apresentado na sequência da *léxis* dos *Diálogos*, o chamado Ateniense, a pensar a construção de uma outra cidade, fundada em outros pressupostos, no diálogo *Leis*.[108]

É interessante ressaltar, de plano, que no diálogo *Leis* o elemento externo que possibilitará sair da aporia que reinava após a morte de Sócrates, ou seja, o "estrangeiro", será o novo protagonista da *léxis* dos *Diálogos*, o personagem intitulado o Ateniense. Há, assim, uma superação concreta em relação às posições individualistas socráticas, uma vez que, ao contrário de Sócrates – que jamais saíra da cidade de Atenas —, o Ateniense será, ele próprio, estrangeiro nesse diálogo, indicando, na temporalidade da *léxis*, que houve o rompimento com uma teoria autocentrada, ao menos em Sócrates-Atenas, ganhando força a perspectiva contraditória de colocar a negatividade dialética à prova além muros.

---

(104) BENOIT, Hector. *A Odisseia de Platão:* as aventuras e desventuras da dialética. São Paulo: Annablume, 2017. p. 375.

(105) *Ibidem*, p. 375.

(106) PLATÃO. *Diálogos III – Socráticos:* Fedro (ou Do Belo); Eutífron (ou Da Religiosidade); Apologia de Sócrates; Críton (ou Do Dever); Fédon (ou Da Alma). 2. ed. Tradução, textos complementares e notas Edson Bini. São Paulo: EDIPRO, 2015. (Clássicos Edipro), p. 167-183.

(107) *Ibidem*, p. 185-274.

(108) PLATÃO. *As leis, ou da legislação e epinomis*. 2. ed. Tradução de Edson Bini. Bauru: EDIPRO, 2010.

No diálogo *Leis*, a partir da conversa com o cretense Clínias e o espartano Megilo, o Ateniense terá a oportunidade de realizar concretamente o projeto de cidade, ou seja, de colocá-la em ato, em função do convite que lhe fizeram para pensar a formação de uma nova colônia de Creta. Para tanto, para construir uma cidade real no futuro, o Ateniense voltará negativamente seus olhos para o passado, procurando as determinações do tempo que levarão, transitoriamente, à nova *polis*.[109] Será a partir da análise histórica que o Ateniense chegará à conclusão de que foi o individualismo despótico dos reis de outrora que levou à destruição das cidades do passado, ou seja, fundadas em uma busca individual pelo poder sem limites os soberanos dessas antigas cidades as direcionaram rumo ao conflito, entrando em guerra com suas vizinhas pela simples ânsia pelo poder. O Ateniense proporá, então, com fulcro na máxima de Hesíodo (de que "*frequentemente a metade é mais que o todo*"),[110] formas de limitação do poder dos governantes:[111]

O preceito significa, explica ele, que não devemos tomar o todo, bastando uma parte, pois, o que se situa no interior da medida é superior ao sem medida (690e). Ou seja, a tentativa de se apossar da totalidade, sem limite e medida, levaria à destruição irremediável. Os reis daquela época teriam procurado ir além das leis que haviam jurado e prometido em comum respeitar. Dessa forma a dissonância, que é a maior ausência de conhecimento e ignorância, se manifestou arruinando todas as instituições.

Desse modo, podemos perceber que, se para Sócrates a teoria da reminiscência abarcava o âmbito individual da alma (o aprender como recordar), no diálogo *Leis* a noção política colocada pelo Ateniense vinculará o aprendizado à busca pela verdade histórica outrora esquecida, o aprendizado como a busca da verdade dos acontecimentos, negando-se o esquecimento (*a-létheia*), de maneira que a recordação negativa das cidades do passado possibilitará construir as cidades do futuro: "a investigação histórica não somente é não esquecimento (*a-létheia*), mas, também, parece vincular-se, de alguma maneira, à capacidade de previsão, isto é, de pre-ver, ver-antes-de, *pro-idein*".[112]

Assim, contra os pressupostos do individualismo fundadores das cidades do passado, que nada trouxeram além de tragédia, o Ateniense colocará como base da nova cidade a *comunidade* (*koinonia*) como seu princípio fundador. Pautada pela noção de comunidade coletiva, e não pelo individualismo, uma esfera do poder não procuraria se sobrepor à outra, a amizade, e não a guerra, levaria a nova cidade a ter uma

---

(109) BENOIT, Hector. *A Odisseia de Platão:* as aventuras e desventuras da dialética. São Paulo: Annablume, 2017. p. 451.

(110) *Ibidem*, p. 462.

(111) *Ibidem*, p. 462.

(112) *Ibidem*, p. 463.

vida longa e próspera, nas palavras do Ateniense: "*Defendemos a ideia de que um Estado deve ser livre, racional e amigo de si mesmo, o legislador devendo desempenhar seu trabalho visando isso*".(113) Para o Ateniense, o exemplo histórico demonstra que quando as cidades se afastam da comunhão que as deve nortear elas caem em ruína, tal como teria sido a trajetória da Pérsia:

> Os persas não souberam obedecer a tal hierarquia e, particularmente, não foram capazes de conservar a temperança, assim cometeram grandes excessos, que, de maneira irremediável, provocaram a ruína do regime. Como explica o ateniense: 'constatamos que ano a ano mais se corrompem e a causa, para nós, está em que, para reduzir o excesso de liberdade do povo, aumentam mais do que necessário o despotismo e, assim, arruinaram na cidade o caráter solidário e o elemento comum' (697c-d).

Sob o manto do princípio fundador da *comunidade*, o Ateniense proporá uma cidade com ampla liberdade democrática, na qual a cidade seja governada por *Conselhos*(114) eleitos pelo voto direto de seus cidadãos. Só assim, com ampla participação popular na elaboração das leis, há a possibilidade de essas leis serem obedecidas de maneira incontestável, já que, mesmo que não sejam plenas de sabedoria e mesmo que não acompanhem inteiramente o devir humano, foram as leis possíveis de serem criadas, leis *realizáveis* pela vontade da maioria democrática.

Como percebemos, o Ateniense se preocupa em realizar uma cidade possível, concreta, *transitória* entre a ideia de cidade perfeita e a imperfeição das cidades sensíveis.(115) Essas determinações comunitárias da cidade levarão o Ateniense a discutir o regime de propriedade (*ousia*) que deve se estabelecer nessa nova *polis*, chegando à conclusão de que a comunidade política só poderá ser estabelecida se houver certa

---

(113) PLATÃO. *As leis, ou da legislação e epinomis*. 2. ed. Tradução de Edson Bini. Bauru: EDIPRO, 2010. p. 158.

(114) "No diálogo *Leis*, de Platão, especificamente nos livros V e VI, encontramos a preocupação por fundar uma cidade possível e, ao mesmo tempo, transitória, rumo a uma certa forma de verdade. Não se trata, portanto, de um ideal abstrato, dogmático, anteposto (de fora) ao presente, sem vinculação efetiva com este, mas exatamente de uma forma que estabelece uma negatividade interna, que ultrapassa o presente de forma concreta. Graças a tais linhas gerais buscadas, encontramos nesse diálogo não mais a proposição de uma cidade dogmática e autoritária, governada pelo Rei-Filosofo – como a cidade projetada por Sócrates em *A República*. Busca-se nas *Leis* uma cidade onde os comuns (a comunidade) possam viver enquanto tais, em solidariedade mútua, submetidos a leis conscientemente estabelecidas, absorvidas por todos e assim adotadas. A laconicidade constitucional dos lacedemônios deveria ser ultrapassada pela persuasão no preâmbulo de cada lei, similar, aliás, ao preâmbulo de cada música. A "submissão" à comunidade se daria pela persuasão e não pela secura da força." PADIAL, Rafael de Almeida. Marx e a posteridade do antigo conceito de Conselhos das Leis. In: *Trabalho apresentado no XIV Colóquio Internacional do CPA*; V Semana de estudos clássicos do CEC, Campinas, 2018. p. 228.

(115) BENOIT, Hector. *A Odisseia de Platão:* as aventuras e desventuras da dialética. São Paulo: Annablume, 2017. p. 478.

harmonia entre a riqueza e a pobreza de seus cidadãos, os quais não poderão ser nem tão ricos nem tão pobres. Há uma verdadeira limitação em relação à propriedade, para que a esfera individual seja desestimulada em benefício da comunidade. Ou seja, tendo como parâmetro ideal a cidade "*absolutamente comunista*",(116) tentaremos chegar o mais próximo possível dessa bela ideia de equidade, realizando, na prática, o que for possível. No fundo, quem possui o "*kóinon, o-que-é-comum*, não precisaria das leis".(117)

A noção de *comunidade* (*koinonia*) vinculada à legitimação das leis nos traz novos horizontes para interpretar a forma jurídica, na qual a existência das leis se apresenta para garantir os direitos de sujeitos de direitos individualmente considerados. Se, como vimos, o sujeito de direito para ser *em si* e *por si* precisa se relacionar com o não sujeito de direito, poderemos pontuar que o individualismo que perpassa os sujeitos precisa se relacionar com o seu polo negativo, a coletividade comunista forjada em *koininia*. Assim, para existir, o sujeito (individualista) precisa enfrentar o não sujeito (coletivo e comunista) sobrepujando-o. Pensamos que o caminho negativo dessa análise, no qual, invertendo-se os polos, o coletivo comunista sobrepuja o individualista nos auxilia a compreender como talvez superar a forma jurídica: realizando, transitoriamente, na medida do possível, concretamente, o conceito de comunidade de classe. Procuramos, assim, "*uma dialética negativa, cuja ação de negação determina e transforma o seu objeto realmente existente*".(118)

Entendemos, assim, que só a elaboração de vínculos de comunidade reais, na prática da luta de classes, é capaz de superar a rigidez estática da forma jurídica, ou seja, só o movimento real da classe trabalhadora em luta defensiva pelas suas condições mínimas de existência pode colocar em xeque o direito burguês, negando-o historicamente. Para tanto, é necessário procurar o que há de mais *comum* entre os trabalhadores, o que efetivamente os une, e que tem a potencialidade de lançar uma luta comunista de dentro da produção, centro nervoso do capitalismo. Desse modo, quando o capitalismo mostra seus limites, nas suas diversas crises cíclicas, é preciso que os trabalhadores se defendam em comum, em uníssono, em prol da manutenção das suas condições mínimas de existência: a defesa de seu salário e a defesa de seu emprego:(119)

> Os sindicatos e as outras organizações de massa devem unir os que têm trabalho aos desempregados por meio de compromissos mútuos de solidariedade. O trabalho disponível é repartido entre todos os operários

(116) *Ibidem*, p. 478.

(117) *Ibidem*, p. 503.

(118) *Ibidem*, p. 545.

(119) TROTSKY, Leon. *Programa de transição para a revolução socialista*l a agonia mortal do capitalismo e as tarefas da IV Internacional. Traduzido por Ana Beatriz da Costa Moreira. São Paulo: Sundermann, 2017. p. 26-27.

existentes, e essa repartição deve determinar a duração da jornada de trabalho. O salário médio de cada operário continua o mesmo da antiga semana de trabalho.

Temos a necessidade de estabelecer um programa de reivindicações políticas que seja *transitório*, que seja aferível imediatamente na realidade do local de trabalho (manutenção do salário e manutenção do emprego), comum a toda a classe trabalhadora, esfera ilegal e coletiva da não forma jurídica. Esse programa transitório será capaz de forjar laços comunitários entre quaisquer trabalhadores, uma vez que todos precisam assegurar a manutenção de seus respectivos salários e empregos, colocando em contradição as imposições da burguesia capitalista que pretende demitir e reduzir salários em momentos de crise. Contudo, exigir o mínimo (salário e emprego) mostra-se impossível para o capitalista (que precisa reduzi-los), instaurando-se, assim, uma verdadeira contradição entre a vontade do sujeito capitalista de exigir a formalização de um contrato sob as suas condições e a vontade da classe trabalhadora comunitariamente organizada, que não aceitará ter suas condições de vida ainda mais rebaixadas. A luta defensiva, desse modo, caminha no sentido da instauração de uma verdadeira *dualidade de poder* no interior da fábrica, já que a estática manutenção da forma jurídica enfrenta a erupção de um movimento grevista defensivo, no qual a *legalidade* jurídica individual é posta diante da sua negação, a *i-legalidade* coletiva. Essa dialética negativa da luta de classes, na qual a forma é questionada pelo conteúdo concreto das reivindicações operárias, é o que possibilita sair da esfera individual dos sujeitos de direito (relação contratualista entre cada trabalhador individualmente considerado) para se atingir a *koinonia* que envolve a luta comunista da coletividade (em que o caráter privado abre espaço para o comum a todos).

Assim, entre o programa mínimo (reformas) e o programa máximo (comunista) há um devir intermediário,(120) transitório, no qual é possível estabelecer uma mediação entre o mínimo e o máximo, no qual a defesa do mínimo (salário e emprego) abre um caminho provisório para se chegar ao máximo. Nessa toada, quando o Direito do Trabalho for utilizado pela burguesia para proteger seus "direitos eternos" em relação à propriedade dos modos de produção, ele entrará em contradição com a ilegalidade comunista representada pela organização dos trabalhadores que não aceita o desemprego e a carestia de vida, exigindo um direito *ao* trabalho:(121)

> Estas reivindicações evidentemente parecem mínimas e aparecem como mínimas mesmo para os setores mais atrasados das massas. No entanto, o programa propõe em seguida as formas *transitórias* de

---

(120) BENOIT, Hector. Sobre o desenvolvimento (dialético) do programa. *Critica Marxista*, Editora Xamã, n. 4, 1997, p. 31.

(121) *Ibidem*, p. 32.

> defesa contra a carestia de vida e de defesa do direito ao trabalho. Estas formas transitórias irão *superar* o caráter *mínimo* ou *parcial* daquelas reivindicações.
>
> (...)
>
> As duas escalas móveis combinadas, apesar de aparecerem como reivindicações *mínimas,* são assim portanto reivindicações *transitórias,* pois carregam em si o desenvolvimento e a ampliação das contradições *insuperáveis* do modo de produção capitalista. As duas escalas combinadas colocam a *conservação dos salários atuais* e o *pleno emprego,* ou seja, colocam algo que só pode ser atingido com *o fim do mercado de trabalho,* portanto, algo que só pode ser atingido, com a supressão do capitalismo, por uma *economia socialista planejada.* No entanto, imediatamente, para a consciência atual atrasada de amplos setores da classe trabalhadora, no processo "defensivo" de luta pelas escalas móveis, desvela-se apenas que o modo de produção capitalista não está garantindo à classe trabalhadora enquanto classe o direito "mínimo" ao trabalho e o direito "mínimo" da mera conservação do seu salário atual. A aparência contraditória da qual se parte não é, no entanto, uma mera ilusão, pois carrega internamente (como pressuposto) o processo contraditório de manifestação da verdade: o capitalismo é realmente incapaz de dar trabalho e existência digna para todos.

Um programa efetivamente de transição pressupõe a superação do capitalismo, procurando instaurar na prática as suas contradições ("*Um programa não é criado para uma redação, uma sala de leitura ou um clube de discussão, mas para a ação revolucionária de milhões de homens*").[122] De modo que enquanto a defesa de uma renda mínima universal, por exemplo, surge como algo etéreo e jamais alcançável, a manutenção quotidiana do salário e do emprego mostra-se como um porvir realizável, perto da realidade concreta e comum da classe trabalhadora. Vejamos que se a renda mínima jamais será realizada ninguém lutará por ela, enquanto a luta defensiva pela manutenção das mínimas condições de existência da classe trabalhadora levará a uma conclusão inexorável: "*o capitalismo é realmente incapaz de dar trabalho e existência digna para todos*", dando o pontapé inicial para o questionamento de todo o sistema, um saber parcial, provisório, que nos permite caminhar, transitoriamente, organizando a classe trabalhadora, em dualidade de poder, negando a forma jurídica, de maneira comunitária, para que seja atingida, ao fim do processo, a superação da sociedade

---

(122) TROTSKY, Leon. *Programa de transição para a revolução socialista:* a agonia mortal do capitalismo e as tarefas da IV Internacional. Traduzido por Ana Beatriz da Costa Moreira. São Paulo: Sundermann, 2017. p. 105.

de classes, *em si* e *por si*, negada pela não sociedade de classes contida na *koinonia* da classe trabalhadora.

5. Conclusão

A utilização metodológica dos *Diálogos* de Platão, pela leitura do professor Benoit, nos ajudou a compreender o movimento que envolve a forma jurídica, a qual não pode ser separada de seu conteúdo concreto, contraditório, senão sob o risco de cairmos na aporia que, de certo modo, nos lega uma leitura inicial da obra *A teoria geral do direito e o marxismo*, de Pachukanis.

Diante desse escopo, conseguimos compreender as limitações impostas pelo estudo da forma pela forma, que refletirá a elaboração de reivindicações "políticas" irrealizáveis, tal como a renda mínima universal, vulgo, "socialismo para os dias de festa", como diria Trotsky. A nossa perspectiva, ao contrário, foi a de procurar ao máximo o que há de conteúdo por detrás da aparência estática da forma, colocando-a em movimento com o auxílio do saber parcial e provisório do Direito do Trabalho, o qual nos direcionou de maneira *demoníaca* rumo à verdadeira contradição, que não pode cair no esquecimento histórico, de que o embate se dá no âmbito da produção, entre capital *versus* trabalho.

Os *Diálogos* nos inspiraram, também, a perquirir uma noção de comunidade (*koinonia*) que pudesse se contrapor à individualidade latente da forma jurídica e de seus sujeitos de direito. De modo que seja aberta uma possibilidade histórica, real e concreta, para que a luta defensiva dos trabalhadores se realize, colocando em ato a superação da sociedade de classes.

Esperamos, por fim, ter ao menos contribuído para lançar questionamentos a respeito da forma jurídica, tentando aprofundar o árduo caminho aberto por Pachukanis.

6. Bibliografia

ANTUNES, Jadir. *Marx e o fetiche da mercadoria:* contribuição à crítica da metafísica. Jundiaí: Paco Editorial, 2018.

BATISTA, Flávio Roberto. O conceito de ideologia jurídica em Teoria geral do direito e marxismo. *Verinotio*, n. 19, 2015.

______. *Crítica da tecnologia dos direitos sociais*. São Paulo: Expressão Popular, 2013.

BENOIT, Hector; ANTUNES, Jadir. *O problema da crise capitalista em O capital de Marx*. Jundiaí: Paco Editorial, 2016.

BENOIT, Hector. Sobre o desenvolvimento (dialético) do programa. *Revista Crítica Marxista*, Editora Xamã, n. 4, p. 09-44, 1997.

______. "Sobre a crítica (dialética) de O Capital". *Revista Crítica Marxista*, Editora Brasiliense, n. 3, p. 14-44, 1996.

_____. *Platão e as temporalidades:* a questão metodológica. São Paulo: Annablume, 2015.

_____. *A Odisseia de Platão:* as aventuras e desventuras da dialética. São Paulo: Annablume, 2017.

DILLENBURG, Fernando Frota. O valor de troca como simulacro do valor: a relação entre Marx e o estrangeiro de Eleia. *Trabalho apresentado no XIV Colóquio Internacional do CPA*; V Semana de estudos clássicos do CEC, Campinas, 2018.

EDELMAN, Bernard. *A legalização da classe operária*. Coord. tradução Marcus Orione. São Paulo: Boitempo, 2016.

_____. *O direito captado pela fotografia* — elementos para uma teoria marxista do direito. Coimbra: Centelha, 1976.

KELSEN, Hans. *Teoria pura do direito*l introdução à problemática científica do direito, 3. ed. Tradução de J. Cretella Jr., Agnes Cretella. São Paulo: Revista dos Tribunais, 2003.

MARX, Karl. *O capital:* crítica da economia política: livro I: o processo de produção do capital. 2. ed. Tradução de Rubens Enderle. São Paulo: Boitempo, 2017.

_____. *Grundrisse:* manuscritos econômicos de 1857-1858: esboços da crítica da economia política; supervisão editorial Mario Duayer; tradução Mario Duayer, Nélio Schneider (colaboração de Alice Helga Werner e Rudiger Hoffman). São Paulo: Boitempo; Rio de Janeiro: Ed. UFRJ, 2011.

MARX, Karl; ENGELS, Friedrich. *Manifesto Comunista*. São Paulo: Boitempo, 2007.

MASCARO, Alysson Leandro. *Filosofia do direito*. 4. ed. São Paulo: Atlas, 2014.

MONTORO, André Franco. *Introdução à ciência do direito*. São Paulo: Revista dos Tribunais, 2005.

MORENO, Arley. Apresentação. In: BENOIT, Hector. *Platão e as temporalidades:* a questão metodológica. São Paulo: Annablume, 2015.

NAVES, Márcio Bilharinho. *Marxismo e direito* — um estudo sobre Pachukanis. São Paulo: Boitempo, 2000.

_____. (Org.) *O discreto charme do direito burguês:* ensaios sobre Pachukanis. Campinas: IFCH-Unicamp, 2009.

_____. Prefácio à edição brasileira. In: PACHUKANIS, Evgeni. *A teoria geral do direito e o marxismo e ensaios escolhidos (1921-1929)*. Coordenação Marcus Orione, tradução Lucas Simone. São Paulo: Sundermann, 2017.

ORIONE, Marcus. Prefácio. In: BATISTA, Flávio Roberto. *Crítica da tecnologia dos direitos sociais*. São Paulo: Expressão Popular, 2013.

PACHUKANIS, Evgeni. *A teoria geral do direito e o marxismo e ensaios escolhidos (1921-1929)*. Coordenação Marcus Orione, tradução Lucas Simone. São Paulo: Sundermann, 2017.

_____. Obschaia teoria prava i marksizm. In: PACHUKANIS, Evgeni. *Izbrannye proizvedeniia po obschei teoria prava i gosudarstva*. Moscou, Izdatel'stvo "Nauka", 1980.

PADIAL, Rafael de Almeida. Marx e a posteridade do antigo conceito de Conselhos das Leis. *Trabalho apresentado no XIV Colóquio Internacional do CPA*; V Semana de estudos clássicos do CEC, Campinas, 2018.

PLATÃO. *Diálogos I:* Teeteto (ou Do conhecimento), Sofista (ou Do ser), Protágoras (ou Sofistas). Tradução, textos complementares e notas Edson Bini. Bauru: EDIPRO, 2007. (Clássicos Edipro).

______. *Diálogos III – Socráticos:* Fedro (ou Do Belo); Eutífron (ou Da Religiosidade); Apologia de Sócrates; Críton (ou Do Dever); Fédon (ou Da Alma). 2. ed. Tradução, textos complementares e notas Edson Bini. São Paulo: EDIPRO, 2015. (Clássicos Edipro).

______. *Diálogos IV:* Parmênides (ou das formas); Político (ou da realeza); Filebo (ou do prazer); Lísis (ou da amizade). 2. ed.Tradução, textos complementares e notas Edson Bini. São Paulo: EDIPRO, 2015. (Clássicos Edipro).

______. *Diálogos V:* O banquete; Mênon (ou Da Virtude); Timeu; Crítias. Tradução, textos complementares e notas Edson Bini. Bauru: EDIPRO, 2010. (Clássicos Edipro).

______. *As leis, ou da legislação e epinomis.* 2. ed. Tradução de Edson Bini. Bauru: EDIPRO, 2010.

SEFERIAN Scheffer Machado, Gustavo. *Direito do Trabalho como barricada:* sobre o papel tático da proteção jurídica do trabalhador; orientador Jorge Luiz Souto Maior. São Paulo, 2017. Tese (Doutorado – Programa de Pós-Graduação em Direito do Trabalho e Seguridade Social). Faculdade de Direito, Universidade de São Paulo, 2017.

SOUTO MAIOR, Jorge Luiz. *Curso de direito do trabalho:* teoria geral do direito do trabalho. Vol. I: parte I. São Paulo: LTr, 2011.

______. *História do direito do trabalho no Brasil:* curso de direito do trabalho. Vol I: parte II. São Paulo: LTr, 2017.

TROTSKY, Leon. *Programa de transição para a revolução socialista:* a agonia mortal do capitalismo e as tarefas da IV Internacional. Traduzido por Ana Beatriz da Costa Moreira. São Paulo: Sundermann, 2017.

